JUS PUBLICUM

Beiträge zum öffentlichen Recht

Band 91

Marcel Kaufmann

Untersuchungsgrundsatz und Verwaltungsgerichtsbarkeit

Mohr Siebeck

Marcel Kaufmann, geboren 1966; 1987–93 Studium der Rechtswissenschaften in Würzburg, Bonn und Göttingen, dort Erstes Staatsexamen; 1993–1996 Promotionsstipentiat der Konrad-Adenauer-Stiftung; 1997 Promotion; 1998 Zweites Staatsexamen in Göttingen; 1998–2001 wiss. Assistent am Juristischen Seminar der Universität Göttingen; 2001 Habilitation.

Als Habilitationsschrift auf Empfehlung der Juristischen Fakultät der Universität Göttingen gedruckt mit Unterstützung der Deutschen Forschungsgemeinschaft.

Die Deutsche Bibliothek – CIP-Einheitsaufnahme

Kaufmann, Marcel:
Untersuchungsgrundsatz und Verwaltungsgerichtsbarkeit / Marcel Kaufmann. – Tübingen : Mohr Siebeck, 2002
(Jus publicum ; Bd. 91)
ISBN 3-16-147881-9

Das Buch wurde von Gulde-Druck in Tübingen aus der Garamond-Antiqua gesetzt, auf alterungsbeständiges Werkdruckpapier gedruckt und von der Großbuchbinderei Heinr. Koch in Tübingen gebunden.

ISSN 0941-0503

Vorwort

Die vorliegende Arbeit ist von der Juristischen Fakultät der Georg-August-Universität Göttingen im Sommersemester 2001 als Habilitationsschrift angenommen worden.

Mein Dank gilt in erster Linie meinem akademischen Lehrer, Herrn Bundesverfassungsrichter a.D. Professor Dr. Hans Hugo Klein, für die wissenschaftliche wie persönliche Förderung und Prägung, die ich als sein Assistent habe erfahren dürfen. Meinem Doktorvater, Herrn Professor Dr. Ralf Dreier, danke ich nicht nur für die Begutachtung dieser Arbeit, sondern auch und vor allem für die Fortsetzung des wissenschaftlichen wie persönlichen Austauschs über die Zeit meiner Tätigkeit an seinem Lehrstuhl hinaus. Ebenso danke ich Herrn Professor Dr. Volkmar Götz, daß er sich den Mühen der Begutachtung dieser Schrift unterzog. Die Deutsche Forschungsgemeinschaft hat die Veröffentlichung dieser Schrift dankenswerterweise durch die Gewährung einer Druckbeihilfe ermöglicht.

Die Arbeit ist entstanden in der harmonischen und anregenden Atmosphäre des Lehrstuhles für Öffentliches Recht von Herrn Professor Klein und der Göttinger Juristischen Fakultät. Allen, die hieran Anteil hatten, fühle ich mich bleibend verbunden. Michael Hecker danke ich für den stetigen, freundschaftlichen Gedankenaustausch. Carolina Scheps hat die Entstehung dieser Schrift begleitet. Ihr sei sie in Dankbarkeit gewidmet.

Berlin, im Juli 2002 Marcel Kaufmann

Inhaltsübersicht

Inhalt

Einleitung

Kapitel 1

Untersuchungsgrundsatz und Verwaltungsgerichtsbarkeit in historischer Perspektive

Kapitel 2

Untersuchungsgrundsatz und Verfassungsrecht

Kapitel 3

Zur Dogmatik des Untersuchungsgrundsatzes

Zusammenfassung in Thesen

Einleitung

I. Begriffe

1. Untersuchungsgrundsatz

Im Prozeßrecht bezeichnen der Untersuchungsgrundsatz[1] und sein Gegenüber, die Verhandlungsmaxime[2], zwei unterschiedliche Verfahren der prozessualen Rekonstruktion des Sachverhalts. Gerichtsverfahren verwirklichen den Untersuchungsgrundsatz, wenn das Gericht den Sachverhalt von Amts wegen ermittelt, ohne an die Anträge oder das sonstige Verhalten der Parteien gebunden zu sein. Dagegen besagt die Verhandlungsmaxime, daß die Beschaffung des Tatsachenstoffs und der Beweismittel in erster Linie Sache der Parteien ist. Während das Gericht nach Maßgabe der Verhandlungsmaxime dem Urteil nur solche Tatsachen zugrundelegen darf, die von den Parteien vorgebracht wurden, berechtigt und verpflichtet der Untersuchungsgrundsatz das Gericht, selbst die entscheidungserheblichen tatsächlichen Umstände in das Verfahren einzuführen. Gilt die Verhandlungsmaxime, dann bedürfen zugestandene oder nicht bestrittene Tatsachen keines Beweises, sondern sind vom Gericht ohne weiteres der Entscheidung zugrundezulegen. Eine derartige Bindung des Gerichts an das unstreitige Parteivorbringen im Tatsächlichen schließt die Untersuchungsmaxime dagegen gerade aus.[3]

Untersuchungs- und Verhandlungsgrundsatz sind keine Rechtssätze, sondern Sammelbezeichnungen für einschlägige Normen der jeweiligen Prozeßgesetze. Als Richtungsbegriffe vermögen sie es überdies, die Gestimmtheit des Verfahrens hinsichtlich der Verteilung von Richter- und Parteienmacht bei der Sachverhaltsermittlung zu fokussieren.[4] Im Verwaltungsprozeß beruht die Geltung des Untersuchungsgrundsatzes auf § 86 Abs. 1 VwGO, der das Gericht zur

---

[1] Im folgenden synonym: Untersuchungsmaxime, Inquisitionsmaxime.

[2] Im folgenden synonym: Verhandlungsgrundsatz, Beibringungsgrundsatz.

[3] Vgl. *M. Dawin*, in: *F. Schoch/E. Schmidt-Aßmann/R. Pietzner*, Verwaltungsgerichtsordnung, § 86, Rn. 8; F. *O. Kopp/R. Schenke*, Verwaltungsgerichtsordnung, § 86, Rn. 1; *K. Redeker/H. v. Oertzen*, Verwaltungsgerichtsordnung, § 86, Rn. 2; *D. Leipold*, in: *Stein-Jonas*, ZPO, vor § 128, Rn. 75ff.; *L. Rosenberg/K. Schwab/P. Gottwald*, Zivilprozeßrecht, 424ff.

[4] Ausführlich unten, Kap. 3, Abschnitt I.

Erforschung des Sachverhalts verpflichtet, es von der Bindung an Vorbringen und Beweisanträge der Beteiligten freistellt und diese zugleich zur Mitwirkung an der gerichtlichen Inquisition verpflichtet.

Den beiden auf die Sachverhaltsermittlung bezogenen Maximen treten weitere Verfahrensgrundsätze zur Seite, die zum Teil Ausdruck prozeßtheoretischer Grundentscheidungen sind (Mündlichkeit, Unmittelbarkeit, Beschleunigung), sich aus rechtsstaatlichen Traditionen speisen (Öffentlichkeitsgrundsatz) und heute in unterschiedlicher Dichte und Reichweite verfassungsrechtliche Absicherung erfahren haben (rechtliches Gehör, Dispositionsgrundsatz, Parteiengleichheit und faires Verfahren).[5] Von besonderer Bedeutung im hiesigen thematischen Zusammenhang ist das Gegensatzpaar von Dispositions- und Offizialmaxime. Diese Grundsätze beziehen sich nach heutiger Begriffsbildung nicht auf die Sachverhaltsermittlung, sondern auf den Streitgegenstand. Sie behandeln die Frage, wem die Befugnis zur Einleitung und zur Beendigung des Verfahrens sowie zur Bestimmung seines Gegenstandes zukommt. Diese Rechte fallen unter der Dispositionsmaxime in das Belieben der Parteien, während bei der Offizialmaxime das Gericht über den Prozeß verfügt. Offizial- und Untersuchungsmaxime und ihre Gegenbegriffe wurden und werden nicht immer unterschieden. Zu Beginn der Begriffsgeschichte[6] erstreckten sich Untersuchungs- und Verhandlungsgrundsatz auf die Gesamtheit des Gerichtsverfahrens. Im Zivilprozeß bildeten Dispositions- und Verhandlungsgrundsatz ungeachtet der später entwickelten Unterscheidung stets eine ideelle Einheit. Die für den Verwaltungsprozeß kennzeichnende Kombination von Parteidisposition über den Streitgegenstand[7] und Sachverhaltsermittlung von Amts wegen gebiert dagegen beträchtliche Wertungswidersprüche. Ungeachtet der hiermit indizierten Affinität zwischen Verhandlungs- und Dispositionsgrundsatz und ihrer Gegenbegriffe ist ihre terminologische Unterscheidung – im Einklang mit der herrschenden Meinung – möglich und sinnvoll.[8]

---

[5] Im Überblick *L. Rosenberg/K. Schwab/P. Gottwald*, Zivilprozeßrecht, 422; *W. Berg*, FS Menger (1985), 537ff.; *F. Hufen*, Verwaltungsprozeßrecht, Rn. 586ff.; *G. Lüke*, JuS 1961, 41ff.; *C.-F. Menger*, Allgemeine Prozeßgrundsätze, 433ff.

[6] Zurückgehend auf *Nicolaus T. von Gönner* im Jahre 1802; Handbuch Bd. 1, 182ff. Ausführlich hierzu unten, Kap. 1, Abschnitt I. 1.

[7] Antragserfordernis für die gerichtliche Tätigkeit (§§ 42 Abs. 1, 43, 47, 80 Abs. 5, 80 a, 123 VwGO); ne ultra petita (§ 88 VwGO); Zulässigkeit der Klageänderung (§ 91), Klagerücknahme (§ 62) und Erledigungserklärung (§ 162 Abs. 2); Möglichkeit des Vergleichs (§ 106); Zulässigkeit von Anerkenntnis- und Verzichtsurteil (vgl. § 87 a Abs. 1 Nr. 2 VwGO; in einzelnen unten, Kap. 3, Abschnitt III. 1. b)

[8] Deutlich namentlich *G. Lüke*, JuS 1961, 41; vgl. *W. Höfling/V. Breustedt*, in: NKVwGO, § 86, Rn. 4; *B. Köhler-Rott*, Der Untersuchungsgrundsatz im Verwaltungsprozeß und die Mitwirkungslast der Beteiligten, 7f.; *M. Dawin*, in: *F. Schoch/E. Schmidt-Aßmann/R. Pietzner*, Verwaltungsgerichtsordnung, § 86, Rn. 13f. mit Anm. 14; jeweils m. w. N. Gegenposition in der Literatur zur VwGO namentlich *A. Lang*, VerwArch 1961, 60, 63; unscharf noch *Eyermann/Fröhler*, VwGO, 9. Aufl., § 86, Rn. 1; ab der 10. Aufl. anders (Rn. 3); als nicht interessengerecht bezeichnet

2. *Verwaltungsgerichtsbarkeit*

Verwaltungsgerichtsbarkeit bezeichnet zunächst den Gerichtszweig der allgemeinen, von der besonderen Verwaltungsgerichtsbarkeit (vgl. Art. 95 Abs. 1 GG, § 1 SGG, § 1 FGO) ebenso wie von der ordentlichen Gerichtsbarkeit (Art. 95 Abs. 1 GG) gesonderten Verwaltungsgerichtsbarkeit, der durch Art. 95 Abs. 1 VwGO, § 1 VwGO als Teil der rechtsprechenden Gewalt konstituiert wird. § 1 VwGO betont die durch Art. 19 Abs. 4 GG vorgezeichnete konzeptuelle Direktive der Verwaltungsgerichtsbarkeit, die Rechtsprechung in Verwaltungssachen durch unabhängige Richter und durch besondere, namentlich von den Verwaltungsbehörden getrennte Gerichte auszuüben. Gegenstand dieser Untersuchung sind, soweit das geltende Recht betrachtet wird, vornehmlich die einschlägigen Regelungen des Verfahrens der allgemeinen Verwaltungsgerichte, also des Verwaltungsprozesses.[9]

Im weiteren Sinne zählen auch die Finanz- und die Sozialgerichtsbarkeit und eine Reihe von Sonderverwaltungsgerichten[10] zur Verwaltungsgerichtsbarkeit. Die Sachverhaltsermittlung im *finanz*- sowie im *sozialgerichtlichen* Verfahren folgt weitgehend den gleichen Regeln wie im allgemeinen Verwaltungsprozeß.[11] Insoweit erstrecken sich die Betrachtungen zur Dogmatik und zu den verfassungsrechtlichen Bezügen des § 86 Abs. 1 VwGO auch auf die Parallelvorschriften in den genannten Verfahrensregelungen, ohne daß dies jeweils gesondert erwähnt würde. Die *Verfassungsgerichtsbarkeit* zählt dagegen nicht zur Verwaltungsgerichtsbarkeit. Auch besteht keine Veranlassung, das Verfahren der Sachverhaltsermittlung im Verfassungsgerichtsprozeß (§ 26 BVerfGG) in die vorliegende Untersuchung einzubeziehen. Grund ist die Inkommensurabilität des verfassungsgerichtlichen mit dem verwaltungsgerichtlichen Verfahren, die sich nicht nur aus dem Sonderstatus des Bundesverfassungsgerichts als Gericht und oberstes Verfassungsorgan,[12] sondern auch und vor allem aus der spezifischen Struktur der Prozesse vor dem BVerfG ergibt. So erfordert etwa die nicht-kontentiose Ausgestaltung zahlreicher Verfahren, namentlich der Verfassungsbeschwerde gemäß Art. 93 Abs. 1 Nr. 4 a GG und § 13 Nr. 8 a BVerfGG, nahezu

namentlich *W. Grunsky*, Grundlagen des Verfahrensrechts, 167f., die Differenzierung zwischen Dispositions- und Verhandlungsmaxime.

[9] Begriff des Verwaltungsprozesses bei *E. Schmidt-Aßmann*, in: *F. Schoch/E. Schmidt-Aßmann/R. Pietzner*, Verwaltungsgerichtsordnung, Einl., Rn. 1.

[10] Insbesondere Bundespatentgericht, Art. 96 Abs. 1 GG, § 65 PatG; Disziplinargerichtsbarkeit, §§ 41, 42, 55 BDO; Dienstgerichtsbarkeit und Berufsgerichtsbarkeit; im einzelnen *P. Stelkens*, in: *F. Schoch/E. Schmidt-Aßmann/R. Pietzner*, Verwaltungsgerichtsordnung, Rn. 18.

[11] § 76 Abs. 1 Sätze 1, 2 und 5 FGO sind nahezu identisch mit § 86 Abs. 1 VwGO, während die Sätze 3 und 4 die Mitwirkungspflicht der Beteiligten näher konturieren; § 103 SGG ist identisch mit § 86 Abs. 1 VwGO.

[12] *BVerfGE* 7, 1 (14); vgl. *H.H. Klein*, Bundesverfassungsgericht und Staatsräson, 40f.; *G. Roellecke*, in: HdbStR II, § 55, Rn. 10.

zwangsläufig die Etablierung eines Verfahrens mit gerichtlichen Inquisitionsbefugnissen.[13] Gleiches gilt für „quasi-strafrechtliche Verfahren“[14], in denen es bereits an einer tatsachenfeststellenden Vorinstanz fehlt.[15] Eine andere Funktionsnotwendigkeit des Untersuchungsgrundsatzes im verfassungsgerichtlichen Verfahren folgt aus der Kontrollkompetenz des BVerfG gegenüber dem Gesetzgeber, deren wirksame Wahrnehmung der Einbeziehung von Prognosen, Wertungen und Abwägungen im Tatsächlichen zwingend bedarf.[16] Der Untersuchungsgrundsatz im verfassungsgerichtlichen Verfahren verweist damit, nur insoweit ähnlich seinem verwaltungsprozessualen Pendant, auf Konzeption und Position des Verfassungsgerichts im allgemeinen, bildet damit jedoch einen eigenen Gegenstand juristischer Untersuchung.[17]

Individualrechtsschutz gegenüber Maßnahmen der öffentlichen Gewalt beginnt nicht mit dem Grundgesetz, sondern fußt auf einer lange währenden Evolution rechtsstaatlicher Strukturen. Zahlreiche der prägenden Elemente des heutigen Konzepts der Verwaltungsgerichtsbarkeit erschließen sich erst mit dem Blick auf ihre historischen Entwicklungslinien.[18] Namentlich die Entwicklung des Untersuchungsgrundsatzes führt unmittelbar zurück in den Kampf um Gestalt und Form des Rechtsschutzes in Verwaltungssachen, der seinerseits stets Teil der Auseinandersetzungen um die verwaltungsrechtsdogmatischen wie verfassungsrechtlichen Leitpositionen und -begriffe des 19. Jahrhunderts war. Daher meint Verwaltungsgerichtsbarkeit vorliegend nicht nur einen Zweig der bundesdeutschen Gerichtsbarkeit, sondern auch die ab 1863 in den deutschen Staaten etablierte Verwaltungsgerichtsbarkeit moderner Prägung sowie deren Vorstufen im 19. Jahrhundert.

---

[13] Vgl. *S. Smid*, Rechtsprechung, 538f.

[14] *F. Ossenbühl*, in: BVerfG und Grundgesetz (1976), 458, 474.

[15] Präsidentenanklage (Art. 61 GG, § 13 Nr. 4 BVerfGG); Richteranklage (Art. 98 Abs. 2, 5 GG, § 13 Nr. 9 BVerfGG); Verwirkung von Grundrechten (Art. 18 GG, § 13 Nr. 1 BVerfGG); Parteiverbotsverfahren (Art. 21 Abs. 2 GG, § 13 Nr. 2 BVerfGG).

[16] *F. Klein*, in: *T. Maunz/B. Schmidt-Bleibtreu/F. Klein/G. Ulsamer*, Bundesverfassungsgerichtsgesetz, § 26, Rn. 4f.; *F. Ossenbühl*, in: BVerfG und Grundgesetz (1976), 458, 468.

[17] Die Spannweite dieses Themas indizieren die Arbeit von *K.J. Philippi*, Tatsachenfeststellung des Bundesverfassungsgerichts, in der erstmals die rechtliche Bedeutung tatsächlicher Ermittlung und Prognosen des BVerfG anhand der Rechtsprechung bis 1971 analysiert wurde, sowie die Untersuchung von *F. Ossenbühl*, in: BVerfG und Grundgesetz (1976), 458ff., in der die Bedeutung von Tatsachenfeststellung und Prognose für die Positionierung des BVerfG im verfassungsrechtlichen Gewaltengefüge entwickelt wird; weiterhin *K. Engelmann*, Prozeßgrundsätze im Verfassungsprozeßrecht, der das verfassungsgerichtliche Verfahren aus einer prozessualen, maximenorientierten Sichtweise erschließt.

[18] Zur Bedeutung der historischen Perspektive für die Einsicht in die derzeitige Ordnung der Verwaltungsgerichtsbarkeit *R. Grawert*, Die Verwaltung 1983, 66, 67, 78; *E. Schmidt-Aßmann*, in: *F. Schoch/E. Schmidt-Aßmann/R. Pietzner*, Verwaltungsgerichtsordnung, Einl., Rn. 70; in einem weiteren Zusammenhang auch *H. Bauer*, Geschichtliche Grundlagen, 19; für die Methode der Zivilprozeßlehre mit Blick auf den Gemeinen Prozeß *H. Schlosser*, ZNR 1982, 42, 48f.

3. Verbindung von Untersuchungsgrundsatz und Verwaltungsgerichtsbarkeit

Untersuchungsgrundsatz und Verwaltungsgerichtsbarkeit sind im Zuge ihrer historischen Entwicklung in eine enge, bisweilen geradezu selbstverständliche Verbindung geraten. So hieß es in der Begründung des Entwurfes der VwGO aus dem Jahre 1953 zu § 87 Abs. 1 (später § 86 Abs. 1) lediglich, hier würden „seit jeher bewährte Verfahrensgrundsätze“ wiedergegeben.[19]

Diese Hintergrundgewißheit wird heute mürbe. Auf der einen Seite wird – in einer dramatischen Wendung – der „Aufstand der Gerichte gegen die Inquisitionsmaxime“ notiert,[20] werden Annäherungen zwischen Zivil- und Verwaltungsprozeß beim Verfahren der Sachverhaltsermittlung beobachtet[21] und suchen jüngere Schriften nach einem flexibleren Verständnis des Untersuchungsgrundsatzes unter Einbeziehung der Beteiligtenmitwirkung.[22] Normtheoretische und funktionsrechtliche Zweifel an einer ins Unendliche zielenden Inquisition werden ebenso laut[23] wie etwa die Frage, welche Auswirkungen die Präklusionsmöglichkeiten gemäß § 87 b VwGO auf das Verständnis des Verwaltungsprozesses im allgemeinen entfalten.[24] Auf der anderen Seite ist im Schrifttum eine „Renaissance des reinen Untersuchungsgrundsatzes“ im Sinne grundsätzlicher Alleinverantwortung des Gerichts für die Sachverhaltsaufklärung zu beobachten,[25] die nicht nur von einschlägigen monographischen Einlassungen,[26]

---

[19] BT-Drs. I/4278, 43; im einzelnen unten, Kap. 1, Abschnitt II. 3. c).

[20] *H. Faber*, FS RAV Hannover (1981), 79; Nachweise und Kritik zur „Aufweichung des Amtsermittlungsprinzips“ in der Rechtsprechung des BVerwG bei *W. Höfling/V. Breustedt*, in: NKVwGO § 86, Rn. 22ff.

[21] *C.H. Ule*, DVBl. 1954, 137, 146; *G. Lüke*, JuS 1961, 41, 43; *J. Martens*, KritV 1989, 341ff.; *C.-F. Menger*, Allgemeine Prozeßgrundsätze, 435; *K. Redeker/H. v. Oertzen*, Verwaltungsgerichtsordnung, § 86, Rn. 1; *O. Mühl*, GS Bruns (1980), 145, 160.

[22] *B. Köhler-Rott*, Der Untersuchungsgrundsatz im Verwaltungsprozeß und die Mitwirkungslast der Beteiligten, mit der rechtspolitisch gemeinten Frage, ob der Untersuchungsgrundsatz im Verwaltungsprozeß durch die Verhandlungsmaxime zu ersetzen sei, 229ff.; auch *M. Pfeifer*, Der Untersuchungsgrundsatz und die Offizialmaxime im Verwaltungsverfahren, 123ff.; *H. Bürck*, DÖV 1982, 223, 223ff.; *K. Redeker*, DVBl. 1981, 83ff.; bereits *A. Lang*, VerwArch 1961, 60ff.

[23] Hier nur *H. Faber*, FS RAV Hannover (1981), 79ff.

[24] Vgl. die Nachw. unten, Kap. 3, Abschnitt III. 3. a) cc).

[25] So *M. Nierhaus*, Beweismaß und Beweislast, 273; gemeint sind die Werke von *W. Berg*, Die verwaltungsrechtliche Entscheidung, 36ff.; auch *ders.*, Die Verwaltung 1976, 161ff.; weiterhin *B. Kropshofer*, Untersuchungsgrundsatz und anwaltliche Vertretung im Verwaltungsprozeß, 20ff.; *M. Marx*, Die Notwendigkeit und Tragweite der Untersuchungsmaxime, passim.

[26] Namentlich *W. Berg*, Die verwaltungsrechtliche Entscheidung, 36ff.; auch *ders.*, Die Verwaltung 1976, 161ff.; weiterhin *B. Kropshofer*, Untersuchungsgrundsatz und anwaltliche Vertretung im Verwaltungsprozeß, 20ff.; *M. Marx*, Die Notwendigkeit und Tragweite der Untersuchungsmaxime, passim.

sondern dem Grunde nach auch von den maßgeblichen Kommentierungen und Darstellungen des Untersuchungsgrundsatzes[27] getragen wird.

Das tradierte Modell des Untersuchungsgrundsatzes wird zudem mit verfassungsrechtlichen Vorgaben für das verwaltungsgerichtliche Verfahren imprägniert, namentlich dem Gebot effektiven Rechtsschutzes[28] und dem öffentlichen Interesse an der objektiven Rechtmäßigkeit des Verwaltungshandelns.[29] Auf diese Weise wird ein relativ geschlossenes, auf verwaltungsrechtlicher Überlieferung und verfassungsrechtlichen Basiswertungen errichtetes Modell der verwaltungsprozessualen Sachverhaltsermittlung konserviert. Das verbreitete Unbehagen an diesem Modell ist demgegenüber bislang zu diffus und punktuell, als daß es sich zu einem konsistenten, verfassungsrechtlich wie rechtshistorisch abgesicherten Gegenentwurf hätte verdichten können.

---

[27] *M. Dawin*, in: *F. Schoch/E. Schmidt-Aßmann/R. Pietzner*, Verwaltungsgerichtsordnung, § 86; *M. Nierhaus*, Beweismaß und Beweislast, 258 ff.; hieran vielfach anschließend *W. Höfling/V. Breustedt*, in: NKVwGO, § 86; auch *F. O. Kopp/R. Schenke*, Verwaltungsgerichtsordnung, § 86; etwas distanzierter gegenüber dem tradierten Modell *K. Redeker/H. v. Oertzen*, Verwaltungsgerichtsordnung, § 86.

[28] Exemplarisch *R. Schenke*, in: BK, Art. 19 Abs. 4 GG, Rn. 86.

[29] Exemplarisch *M. Dawin*, in: *F. Schoch/E. Schmidt-Aßmann/R. Pietzner*, Verwaltungsgerichtsordnung, § 86, Rn. 16.

II. Bezüge und Grenzen

Der Untersuchungsgrundsatz fokussiert Idee und Konzept der Verwaltungsgerichtsbarkeit aus einem bestimmten Blickwinkel. Die Erschließung des Untersuchungsgrundsatzes in seiner dogmatischen, verfassungsrechtlichen wie rechtshistorischen Dimension steht daher in mannigfachen Beziehungen zu aktuellen Feldern der rechtswissenschaftlichen Diskussion. Dies gilt namentlich für die Funktion der Verwaltungsgerichtsbarkeit im Wandel des allgemeinen Verwaltungsrechts (1) sowie für die dogmatische Entwicklung des Untersuchungsgrundsatzes im Verwaltungsverfahren angesichts der Ausweitung des Kooperationsspektrums zwischen Staat und Privaten (2). Weitere mögliche Bezüge ergeben sich mit Blick auf die Europäisierung des Verwaltungsrechtsschutzes (3) und die Entwicklung des Prozeßverständnisses im allgemeinen (4).

1. Funktion der Verwaltungsgerichtsbarkeit

Die Diskussion um die Funktionserweiterung der Verwaltungsgerichtsbarkeit kreist um den Begriff der *Gestaltungsfunktion*.[30] Sie reagiert damit auf jene Auseinandersetzung um die Organisation der öffentlichen Verwaltung, in welcher der Idealtypus der hierarchischen, in ihrer Tätigkeit durch Parlamentsgesetze hinreichend determinierten Ministerialverwaltung mit anderen Formen der Verwaltungslegitimation kontrastiert wird.

a) Das Modell der *hierarchischen Verwaltung*[31] sieht sich mit Zweifeln an der Steuerungsfähigkeit des Gesetzes konfrontiert, die sich aus dem methodischen Grundproblem der Normkonkretisierung, den Bedingungen der apriorisch-abstrakten Normierung komplexer Lebenssachverhalte sowie aus sozialwissenschaftlichen Beobachtungen der operativen Verselbständigung von Wertsphären speisen.[32] Angesichts der zentralen Bedeutung der hierarchischen Verwal-

---

[30] Hierzu jüngst *F. Schoch*, Die Europäisierung des verwaltungsgerichtlichen Rechtsschutzes, 12ff.; repräsentativ weiterhin *W. Brohm*, NJW 1984, 8ff.; *ders.*, DV 24 (1991), 137ff.; *E. Schmidt-Aßmann*, in: *F. Schoch/E. Schmidt-Aßmann/R. Pietzner*, Verwaltungsgerichtsordnung, Einl., Rn. 176f.; *ders.*, FS Menger (1985), 107ff.; auch *W. Schmidt*, NJW 1978, 1769.

[31] *H. Dreier*, Hierarchische Verwaltung im demokratischen Staat, insb. 141ff.

[32] Im Überblick: *H. Dreier*, Hierarchische Verwaltung im demokratischen Staat, 306f.; *O. Lepsius*, Steuerungsdiskussion, 10ff.

tungsgliederung im demokratisch-rechtsstaatlichen Legitimationsmodell des Grundgesetzes entfalten die aus der Methodenlehre und aus nachbarwissenschaftlichen Wirklichkeitsbeschreibungen importierten Zweifel stets Rückwirkungen auf das Demokratieprinzip des Grundgesetzes, namentlich mit Blick auf die Prämisse der Singularität des Staatsvolkes als Legitimationssubjekt und den entsprechend geführten Strängen sachlicher und personeller Legitimation.

Während diese Entwicklung eine Erweiterung der Funktionsbeschreibung der Verwaltungsgerichtsbarkeit nahelegen könnte, führt ein weiteres Phänomen im Wandel des allgemeinen Verwaltungsrechts, nämlich der *Konturverlust* des subjektiv-öffentlichen Rechts, zur inneren Aufweichung der tradierten Funktionsbeschreibung. Die Konzeption des subjektiven Rechts beruht auf der Individualisierbarkeit von Interessen und dementsprechend scharfen Zäsuren.[33] Staatliches Handeln ist dagegen zunehmend eingebettet in eine Gemengelage divergierender Interessen, die keine eindeutige Zuordnung auf Individuen, Gruppen oder das Gemeinwesen im ganzen erlaubt. Als Ausgangspunkt für die trennscharfe Ermittlung subjektiver Rechtspositionen, wie ihn namentlich die Schutznormtheorie voraussetzt, wird der Begriff des Interesses angesichts dieser Diversifizierung zunehmend unpraktikabel.[34]

b) Die erste der genannten Entwicklungen führt zu der Erwägung, die Verwaltungsgerichtsbarkeit in einen Prozeß pluralisierender Rechtserzeugung und polyzentrischer Steuerung einzubeziehen, der die Systemgrenzen des Rechts überschreitet und in eine *arbeitsteilige Gemeinwohlkonkretisierung* durch Verwaltung und Gerichtsbarkeit mündet.[35] Die Freiheit bei der Sachverhaltsermittlung, wie sie der Untersuchungsgrundsatz im tradierten Verständnis gewährleistet, ist dann nur logische Konsequenz dieser Grenzüberschreitung. Ähnliches gilt für die mit der zweiten Entwicklungslinie implizierte Einvernahme der Verwaltungsgerichtsbarkeit in einen „allgemeinen Verteilungsstreit der Gruppeninteressen"[36]. Wandelt sich die Zweckbestimmung des Prozesses von der individuellen Rechtsausübung vor Gericht zum „Kollektivrechtsschutz für Minderheiten"[37], könnte sich eine Neubeschreibung des Prozesses als Vermittlungsver-

---

[33] *M. Kaufmann*, Grundrechtlicher Anspruch auf Akteneinsicht als Voraussetzung der Demokratie?, 52.

[34] Vgl. *E. Schmidt-Aßmann*, in: *F. Schoch/E. Schmidt-Aßmann/R. Pietzner*, Verwaltungsgerichtsordnung, Einl., Rn. 176. Dahinter steht freilich die Problematik der Schutznormtheorie selbst, namentlich der Rekurs auf den diffusen Interessenbegriff. Im einzelnen noch unten, Kap. 2, Abschnitt IV. 2. a).

[35] Namentlich *W. Brohm*, DVBl. 1986, 321, 329.

[36] Kritisch *E. Schmidt-Aßmann*, in: *F. Schoch/E. Schmidt-Aßmann/R. Pietzner*, Verwaltungsgerichtsordnung, Rn. 176.

[37] *W. Brohm*, DV 24 (1991), 137, 141; vgl. skeptisch *E. Schmidt-Aßmann*, in: *F. Schoch/E. Schmidt-Aßmann/R. Pietzner*, Verwaltungsgerichtsordnung, Einl., Rn. 176.

fahren nach Billigkeitsmaßstäben[38] anbieten, was gleichermaßen eine aktive Rolle des Gerichts bei der Sachverhaltsrekonstruktion nahelegte.

c) Angesichts der für diese Untersuchung gewählten Perspektive verbietet es sich, die in der Dogmatik des allgemeinen Verwaltungsrechts angesiedelten Faktoren einer möglichen Funktionsverschiebung der Verwaltungsgerichtsbarkeit gleichsam im vorhinein abzuarbeiten. Gleichwohl gilt es, den Bezügen zur Reformdebatte im allgemeinen Verwaltungsrecht und ihren zentralen dogmatischen Manifestationen, so in den Begriffen des öffentlichen Rechts im allgemeinen, des subjektiv-öffentlichen Rechts oder der Steuerungsfähigkeit rechtlicher Normen, aus der Perspektive des verwaltungsgerichtlichen Verfahrens Rechnung zu tragen.

Die Strategie kann insoweit nur darin bestehen, den funktional wie historisch abgestützten, verfassungsrechtlichen Begriff der Rechtsprechung selbst auf seine Widerstandsfähigkeit gegenüber den in der verwaltungsrechtlichen Debatte implizierten Funktionsverschiebungen hin zu erproben.[39] Interpretiert man die Geschichte der Verwaltungsgerichtsbarkeit als Ringen um Differenzierung zwischen Politik und Recht, dann wird die Integration der Verwaltungsgerichte in einen arbeitsteiligen Prozeß der Gemeinwohlkonkretisierung als neuerlicher, gewissermaßen neo-konstitutionalistischer Versuch einer Entdifferenzierung erscheinen. Rekonstruiert man weiterhin die funktionalen Voraussetzungen der Rechtsprechung als neutraler Streitentscheidung nach Maßgabe des Rechts, fällt die Diskrepanz zwischen aktiver Gestaltung und Einflußnahme auf den Interessenabgleich einerseits, der verfassungsrechtlich implizierten richterlichen Distanz gegenüber dem streitigen Geschehen andererseits ins Auge. Der Rechtsstaat des Grundgesetzes ist durch eine kunstvolle Balance zwischen objektiver Rechtsbindung allen Verwaltungshandelns (Art. 20 Abs. 3 GG) und der Gewähr subjektiver Rechtsausübung vor den Verwaltungsgerichten (Art. 19 Abs. 4 GG) gekennzeichnet, die auf der spezifischen Legitimationsleistung gerichtlicher Verfahren beruht. Dieses Equilibrium würde gestört, müßte sich die Verwaltungsjustiz neuen Formen politischer Ingerenz öffnen, um sich demokratische Legitimitäten jenseits der strikten Bindung an das Gesetz zu erschließen.[40]

---

[38] Vgl. *W. Brohm*, DVBl. 1986, 321, 328.

[39] Insofern besteht Anlaß, auf den Entscheidungscharakter der Verfassung als verbindliche Rahmensetzung sozialer und politischer Prozesse zu verweisen: *H.H. Klein*, Die Grundrechte im demokratischen Staat, 79; auch ebd., 31.

[40] Zur damit einhergehenden Gefahr der Schwächung der Verwaltungsgerichtsbarkeit durch Überforderung mit politischen Gestaltungsaufgaben *V. Götz*, Handlungsspielräume der Verwaltung und Kontrolldichte gerichtlichen Rechtsschutzes, 252f.

2. *Kooperativer Verwaltungsvollzug*

Ein weiterer Bezug zur allgemeinen verwaltungsrechtsdogmatischen Debatte öffnet sich unter dem Leitbegriff der *kooperativen Wahrnehmung* von Verwaltungsaufgaben.[41] Besondere Brisanz gewinnt dieser Bezug für das hier gewählte Thema durch die Modifikationen im Verständnis der Sachverhaltsermittlung von Amts wegen, wie sie §§24, 26 VwVfG den Verwaltungsbehörden überträgt.

a) Für den materiell-verfahrensrechtlichen Untersuchungsgrundsatz wird mittlerweile eine Hinwendung zur „nachvollziehenden Amtsermittlung" beobachtet,[42] die durch die weitreichende Verlagerung der Sachverhaltsverantwortung von der Behörde auf private Antragsteller oder Investoren gekennzeichnet ist. Originäre Amtsermittlung wandelt sich so zu einer Kontrolle a posteriori im Rahmen einer arbeits- und verantwortungsteiligen Kooperation zwischen Behörden und Privatpersonen.

Ersichtlich spiegeln diese Modifikationen im Verständnis des Untersuchungsgrundsatzes des VwVfG nur einen allgemeinen Zug zur kooperativen Verantwortung von Staat und Privatpersonen für die Wahrnehmung öffentlicher Aufgaben wider, der seinen augenfälligsten Ausdruck mittlerweile im Vorhaben- und Erschließungsplan nach §12 BauGB findet. Ähnliches gilt für die zunehmende Verschränkung von staatlicher Risikoverwaltung und privater Risikominderungspflicht, die sich etwa im Arzneimittel-, Atom-, Gentechnik- oder Umweltrecht beobachten läßt. Vergleichbar mit der zunehmenden Unwirklichkeit staatlicher Souveränität im Außenverhältnis, wandelt sich auch im Innern die staatliche Alleinverantwortung für das Gemeinwohl zu einer eher formalen Gewährleistungs- oder Letztverantwortung.[43] Die Abstraktion des Staates nimmt zu.

b) Angesichts ihrer Auswirkungen auf den verwaltungsverfahrensrechtlichen Untersuchungsgrundsatz könnte es naheliegen, die „Kooperationsdebatte" auch in die Betrachtung des verwaltungs*gerichtlichen* Verfahrens der Sachverhaltsermittlung einzubeziehen. Den hier gewählten Prämissen zufolge besteht jedoch kein unmittelbarer dogmatischer Zusammenhang zwischen beiden Themen.

Begreift man die heutige Verwaltungsgerichtsbarkeit als Produkt einer mit Art. 19 Abs. 4 GG weitgehend abgeschlossenen Ausdifferenzierung der Verwal-

---

[41] Im Kontext der – dramatisierenden – Frage nach einem verwaltungsrechtlichen „Methoden- und Richtungsstreit" zuletzt *C. Möllers*, VerwArch 1999, 187, 193ff.

[42] *J.-P. Schneider*, Nachvollziehende Amtsermittlung bei der Umweltverträglichkeitsprüfung, insb. 133ff.; vgl. *ders.* VerwArch 1996, 38, 40f.

[43] Namentlich *U. Di Fabio*, Risikoentscheidungen im Rechtsstaat, 457f.; kritisch *ders.*, VVDStRL 56 (1997), 235, 251f.; bereits *E. Forsthoff*, Lehrbuch des Verwaltungsrechts, 76; vgl. etwa *W. Pauly/J. Roscheck*, DVBl. 1996, 784, 784; *M. Schmidt-Preuß*, VVDStRL 56 (1997), 160, 181ff.

tungsgerichte aus der aktiven Verwaltung, wird man im Gegenteil auf die Artverschiedenheit der beiden „Untersuchungsgrundsätze" im Rechtssinne Wert legen, auch und gerade in Ansehung ihrer gemeinsamen Wurzel und ihrer weitgehend identischen Formulierung. Während der Untersuchungsgrundsatz für die Verwaltung angesichts ihres Initiativrechts, der Pluralität der Rationalitätskriterien ihres Handelns und den Spielräumen rechtlich eröffneten Ermessens von jeher eine Selbstverständlichkeit beschreibt, muß der Untersuchungsgrundsatz im Verwaltungsprozeß auf seine Anschlußfähigkeit in einem Verfahren neutraler Streitentscheidung nach Maßgabe des Rechts hin überprüft werden, das weitgehend auf Initiative privater Beteiligter zustande kommt.

So verführerisch es ist, die in der Tendenz zur „nachvollziehenden Amtsermittlung" emergierende Gestimmtheit zugunsten stärkerer Eigenverantwortung des Bürgers und seiner tatsächlichen Gleichordnung mit dem Staat im Verwaltungsrechtsverhältnis auf den Verwaltungsprozeß zu übertragen,[44] so deutlich wird zugleich die *Inkommensurabilität* der Dogmatik eines verwaltungsrechtlichen mit der eines prozessualen Instituts, legt man den verfassungsrechtlichen Begriff der Rechtsprechung mit hinreichender Konsequenz auch der Betrachtung der Verwaltungsjustiz zugrunde. Die Ausblendung des verwaltungsverfahrensrechtlichen Untersuchungsgrundsatzes in der vorliegenden Untersuchung kann sich sonach nicht nur auf darstellungstechnische Gründe, sondern auch auf eine normativ abgesicherte (§ 1 VwGO) Prämisse der Betrachtung berufen.

3. *Europäisierung des Verwaltungsrechtsschutzes*

Eine weitere Dimension möglicher Bezüge eröffnet sich mit der zunehmenden Europäisierung des Verwaltungsrechts, durch die auch der Verwaltungsrechtsschutz eine immer stärkere europäische Ausrichtung erfährt.[45] In der zunehmend komplizierten Gemengelage zwischen nationalem und europäischem Recht rücken wegen des Anspruchs der europäischen Rechtsordnung auf einheitliche Geltung und effektiven Vollzug auch die allgemeinen Regeln der Rechtsdurchsetzung, nämlich Vollstreckung und Prozeß, in das Blickfeld des Gemeinschaftsrechts.[46] Eine moderne Verwaltungsprozeßlehre bedarf daher unbeschadet ihrer primär dogmatischen Aufgabenstellung der Einbeziehung

---

[44] Vgl. etwa die Beobachtungen bei *K.-H. Ladeur*, Sprachformation und Rechtsparadigma, 209 mit Blick auf die Planungskontrolle.

[45] *M. Brenner*, DV 31 (1998), 1ff.; *F. Schoch*, Die Europäisierung des verwaltungsgerichtlichen Rechtsschutzes, 17ff.

[46] Im Rahmen einer allgemeine Problembeschreibung *C.D. Classen*, Die Europäisierung des Verwaltungsrechtsschutzes, 2; vgl. *P.M. Huber*, in: Mangoldt/Klein/Starck, GG, Art. 19 Rn. 533.

nicht nur der rechtshistorischen, sondern grundsätzlich auch der rechtsvergleichenden Perspektive.[47]

a) Die weitgehende Ausblendung dieser Perspektive in der vorliegenden Untersuchung bedarf insoweit der Erklärung. Maßgeblich sind zwei Gründe. Zunächst entfalten die einschlägigen Normen der supranationalen Rechtsordnungen, namentlich das Primärrecht der Europäischen Union und ihrer Integrationsgemeinschaften sowie die EMRK, weder konkrete Vorgaben für das nationale Verwaltungsprozeßrecht noch mittelbare Rückwirkungen auf das hierdurch konstituierte Verfahren, soweit die prozessuale Rekonstruktion des Sachverhalts in Rede steht.

Zwar lassen sich Verbindungen zwischen einzelnen Verfahrensgarantien des Art. 6 Abs. 1 EMRK – die sich über den deutschen Wortlaut hinaus auch auf bestimmte verwaltungsrechtliche Streitigkeiten aus dem Bereich privater Lebensgestaltung erstrecken sollen[48] – zum Verfahren der Sachverhaltsermittlung ziehen, namentlich was die Gewährleistung der Unabhängigkeit des Richters und eines kontradiktorischen Verfahrens der Beweisaufnahme betrifft.[49] Nähere Festlegungen über die Verteilung von Richter- und Parteienmacht bei der Sachverhaltsermittlung lassen sich dieser Vorschrift, soweit das Spektrum der im deutschen Prozeßrecht vorfindlichen Varianten den Rahmen der Betrachtung bildet, jedoch nicht entnehmen.

Mit Blick auf das europäische Gemeinschaftsrecht haben die Mitgliedstaaten die Gesetzgebungskompetenz für den Verwaltungsprozeß behalten.[50] Allgemeine „Elementarprinzipien" des verwaltungsgerichtlichen Rechtsschutzes – Effektivität, Unabhängigkeit des Richters oder die Wahrung rechtlichen Gehörs[51] – sind zwar erkennbar und lassen sich zu Rechtsgrundsätzen des Gemeinschaftsrechts verdichten, treffen aber keine Festlegung über das Verfahren der Sachverhaltsermittlung.[52] Das Verfahren vor den europäischen Gerichten selbst, dem EuGH und dem Gericht erster Instanz, ist hinsichtlich der Sachver-

---

[47] *E. Schmidt-Aßmann*, in: *F. Schoch/E. Schmidt-Aßmann/R. Pietzner*, Verwaltungsgerichtsordnung, Einl., Rn. 70.

[48] Vgl. *J.A. Frowein/W. Peukert*, EMRK-Kommentar, Art. 6, Rn. 6ff., 15ff., Übersicht über die Rsp. 51ff.; zurückhaltend *P.M. Huber*, in: Mangoldt/Klein/Starck, GG, Art. 19 Rn. 541; *M. Brenner*, DV 31 (1998), 1, 10.

[49] *J.A. Frowein/W. Peukert*, EMRK-Kommentar, Art. 6, Rn. 100ff., 122ff.

[50] Eingebettet in die institutionelle und verfahrensmäßige Autonomie der Mitgliedstaaten; vgl. *F. Schoch*, Die Europäisierung des verwaltungsgerichtlichen Rechtsschutzes, 23f.

[51] Im Überblick *M. Brenner*, DV 31 (1998), 1, 12ff.

[52] Dagegen ist *M. Brenner*, DV 31 (1998), 1, 22f., der Ansicht, der Untersuchungsgrundsatz lasse sich als allgemeines Prinzip des verwaltungsgerichtlichen Rechtsschutzes in Europa begreifen. Rechtsvergleichend läßt sich dies, wie sogleich zu zeigen ist, nicht bestätigen. Die Ableitung eines entsprechenden „allgemeinen Rechtsgrundsatzes" des Gemeinschaftsrechts ist damit methodisch unzulässig. In der Sache rekurriert *Brenner* pauschal auf die aus der deutschen Diskussion vertrauten Argumente, die weitgehend (unten, Kapitel 2, Abschnitte II. bis IV.) widerlegt werden können.

haltsermittlung durch eine komplizierte, im Lichte der Maximendogmatik untypische Kombination der Möglichkeit amtswegiger Sachverhaltsermittlung und Zeugenbefragung auf der einen[53] mit weitreichenden Substantiierungspflichten der Parteien auf der anderen Seite[54] gekennzeichnet. Überlagert wird dieses etwas undurchsichtige Verteilungsmodell[55] durch diverse Präklusionsmöglichkeiten bei verspätetem Sachvortrag.[56] Vorbildfunktion für die nationalen Verfahren gleich welchen Gerichtszweiges kommt dem Verfahren der Gemeinschaftsgerichte insoweit kaum zu.

b) Weiterhin setzt die Fruchtbarmachung der rechtsvergleichenden Perspektive die Vergewisserung über das eigene System des Verwaltungsrechtsschutzes voraus.[57] Im allgemeinen besteht hieran für die deutsche Verwaltungsgerichtsbarkeit kein Mangel. Hinsichtlich des Untersuchungsgrundsatzes stehen indes historisch tradierte, häufig ungefragt weitergeführte Begründungen, verfassungsrechtlich heikle Anknüpfungen und eine bisweilen orientierungsschwache Dogmatik gleichsam isoliert im Raum. Zur Zeit fehlt es, so die im folgenden zu erhärtende These, an einer konsistenten Beziehung zwischen dem verfassungsrechtlich vorgezeichneten Modell der Rechtsprechung auf der einen, dem Verfahren der Sachverhaltsermittlung im Verwaltungsprozeß auf der anderen Seite.

Rechtsvergleichung setzt die Beseitigung dieses Desiderats voraus, und zwar nicht nur im eigenen Rechtsraum, sondern auch für jene Ordnungen des Verwaltungsprozesses, die zum Vergleich herangezogen werden sollen. Zwar erfährt das Anliegen dieser Untersuchung eine Bestätigung in dem Umstand, daß die Ermittlung des Sachverhalts von Amts wegen mitnichten zum unangefochtenen Kernbestand des Verwaltungsprozesses der europäischen Verfassungsstaaten zählt.[58] Ergiebige Vergleiche dieser Regelungen mit der deutschen

---

[53] Art. 45 § 3, Art. 47 § 1 der Verfahrensordnung des Gerichtshofes der Europäischen Gemeinschaften vom 19. Juni 1991, ABl. Nr. L 176, S. 7; vgl. Art. 68 § 1 der Verfahrensordnung des Gerichts erster Instanz vom 2. Mai 1991, ABl. Nr. L 136, S. 1; beide Verfahrensordnungen abgedruckt bei *H. v. Groeben/J. Thiesing/C. Ehlermann*, Kommentar zum EU-/EG-Vertrag, nach Art. 188.

[54] Kläger: Art. 38 § 1 lit. c) VerfO EuGH, Art. 44 § 1 lit. c) VerfO Gericht erster Instanz; Beklagter: Art. 40 § 1 VerfO EuGH, Art. 46 § 1 VerfO Gericht erster Instanz.

[55] Vgl. *J. König*, Die Tatsachenermittlung im Verfahren vor dem Gerichtshof der Europäischen Gemeinschaften, insb. 73f.

[56] Art. 42 § 2 VerfO EuGH, Art. 47 § 2 VerfO Gericht erster Instanz.

[57] Vgl. zur Methodik namentlich *C. Starck*, JZ 1997, 1021, 1028.

[58] So gilt zwar im *französischen Verwaltungsprozeß* praktisch die Inquisitionsmaxime, gleichwohl trifft die Darlegungslast im Prozeßverlauf grundsätzlich den Kläger. Als eine dem deutschen Verwaltungsprozeß fremde Bedingung tritt hinzu, daß das Verwaltungsgericht die Behörden nicht zur Herausgabe der Akten zwingen kann, was – um der drohenden Beweisnot des Bürgers, namentlich bei Ermessensentscheidungen, abzuhelfen – zu einem komplizierten System von Substantiierungslasten des Klägers, Darlegungspflichten der Behörde und negativen Fiktionen führte (ausführlich *V. Schlette*, Die verwaltungsgerichtliche Kontrolle von Ermessensakten in Frankreich, 54; vgl. *C. Lerche*, Landesbericht Frankreich, 5). Die damit eröffnete Kluft zum

Rechtslage erfordern jedoch tiefere Einblicke in Geschichte, ideellen Bestand und verfassungsrechtliche Parameter der jeweiligen, höchst divergenten Systeme, als sie in einer einzelnen Schrift sinnvoll zu leisten sind. Aus der Perspektive der Rechtsvergleichung muß sich diese Untersuchung insoweit auf Vorarbeiten für den deutschen Verwaltungsprozeß beschränken.

4. Allgemeines Prozeßverständnis

Ein letztes Feld der Verweisungen und Einschränkungen eröffnet sich mit der allgemeinen Prozeßlehre. Das verwaltungsgerichtliche Verfahren in Deutschland hat sich in einem dialektischen Prozeß der Annäherung an das Zivilrecht auf der einen, seiner Kontrastierung mit dessen zentralen Grundsätzen und Wertentscheidungen auf der anderen Seite entwickelt. Das Verfahren der Sachverhaltsermittlung steht in einem engen konzeptuellen Zusammenhang mit den übrigen Prozeßmaximen, mit Zentralbegriffen wie dem Parteibegriff oder der Organisation des kontradiktorischen Verfahrens, mit Prozeßzielen und prozeßrechtlichen, mittlerweile verfassungsrechtlich vorgeprägten Basiswertungen.

a) Die entsprechenden Diskussionen der allgemeinen Prozeßlehre können, etwa im Falle des Prozeßzieles der Wahrheitsermittlung oder des sogenannten Rechtsschutzanspruchs, nicht im vorhinein abgearbeitet werden, sondern nur punktuell aus der Perspektive des hier gewählten Forschungsgegenstandes erschlossen werden. Gleiches gilt für Diskussionen von grundlegendem rechts- und verfassungspolitischem Gehalt wie jene um den sogenannten „sozialen Zivilprozeß", dessen Rückwirkungen auf das Funktionsverständnis des Richters auch die Verwaltungsgerichtsbarkeit nicht unbeeinflußt lassen.

---

deutschen Modell vertieft sich rasch, bezieht man das völlig abweichende Funktionsverständnis des Staatsrates und seines verwaltungsgerichtlichen Unterbaus in die Betrachtung ein.

Gleiches gilt mutatis mutandis für den Rechtsschutz gegen hoheitliches Handeln in *Großbritannien*, wo zwar das Vorliegen der tatbestandlichen Voraussetzungen für die Ausübung hoheitlicher Befugnisse grundsätzlich (im einzelnen aber *W. Spoerr*, VerwArch 82 (1991), 25, 47, zur Einschränkung der Tatsachenkontrolle durch die Gerichte) der gerichtlichen Nachprüfung unterliegt, aber die Darlegungs- und Beweislast für die mangelhafte Tatsachengrundlage administrativer Entscheidungen im Rahmen des Beibringungsgrundsatzes dem Rechtssuchenden obliegt (*M. Herdegen*, Landesbericht Großbritannien, 41).

Wiederum anders stellt sich die Rechtslage in *Italien* dar, wo Verwaltungssachen zum Teil vor den ordentlichen Gerichten im streitigen Verfahren nach Maßgabe der Verhandlungsmaxime, zum Teil vor den Verwaltungsgerichten verhandelt werden, deren Verfahren indes nicht vollständig kodifiziert ist. Grundsätzlich gilt auch vor den italienischen Verwaltungsgerichten der Verhandlungsgrundsatz, allerdings sind ihnen zugleich punktuelle Untersuchungs- und Instruktionskompetenzen übertragen (*M. Hartwig*, Landesbericht Italien, 64f.). Ähnlich findet sich in *Spanien* ein Wechselspiel zwischen einem auf die Verhandlungsmaxime hin berechneten Parteiverfahren nach Maßgabe der zivilprozessualen Vorschriften, das durch richterliche Ermessensspielräume hinsichtlich der eigenen Sachverhaltsermittlung oder auch der Beweislastregeln modifiziert wird (*R. Hofmann*, Landesbericht Spanien, 158f.).

b) Eine weitere Einschränkung folgt aus der weitgehenden Fixierung des Verwaltungsprozesses auf das Verfahren der Zivilgerichte, nämlich die weitgehende Ausblendung des Strafprozesses. Gegenüber dem von der Dispositionsmaxime beherrschten Parteienprozeß vor den Zivil- und den Verwaltungsgerichten ist der Strafprozeß ein aliud,[59] dessen Einordnung in den verfassungsrechtlichen Begriff der Rechtsprechung spezifische, außerhalb des hier gewählten Themas liegende Probleme mit sich bringt. Exemplarisch sei die Position von *Claus Roxin* herausgegriffen, wonach die Parallelisierung des Straf- mit dem Zivil- und dem Verwaltungsprozeß daran scheitere, daß die in den zuletzt genannten Verfahren gegenständlichen Rechtspositionen mit dem „Strafanspruch" des Staates strukturell nicht vergleichbar seien.[60]

Der Strafprozeß fungiert nicht nur als Verfahren neutraler Streitentscheidung, sondern auch als Verwirklichungsvoraussetzung jeder Kriminalstrafe und damit als Instrument zur Effektuierung der Strafverfolgung.[61] Dagegen ist der Verwaltungsprozeß gerade durch die weitgehende, durch Art. 19 Abs. 4 GG abgeschlossene Emanzipation vom Verfahren der aktiven, materiellen Entscheidungsprogrammen verpflichteten Verwaltung gekennzeichnet. Für die aktuelle Dogmatik des verwaltungsgerichtlichen Verfahrens der Sachverhaltsermittlung sind die entsprechenden Regelungen des Strafprozesses in ihrem historischen Herkommen, ihren prozeßtheoretischen Begründungen und verfassungsrechtlichen Bezügen – dieses Axiom sei gewagt – weitgehend[62] bedeutungslos.

---

[59] *T. Kleinknecht/K. Meyer/L. Meyer-Goßner*, Strafprozeßordnung, Einl., Rn. 9; *S. Smid*, Rechtsprechung, 188.

[60] *C. Roxin*, Strafverfahrensrecht, § 1. Rn. 11f.; vgl. *P. Rieß*, in: Löwe-Rosenberg, StPO, Einl. Abschn. B, Rn. 17.

[61] *C. Roxin*, Strafverfahrensrecht, § 1, Rn. 11f.; zustimmend *S. Smid*, Rechtsprechung, 192.

[62] Aufschlußreich indes der Blick auf die Einschränkungen der „materiellen Wahrheitsermittlung", denen auch und gerade das strafprozessuale Verfahren um des Schutzes anderer Rechtsgüter willen unterliegt; hierzu unten, Kap. 2, Abschnitt IV. 3. a) bb).

III. Zielsetzung und Gang der Untersuchung

Der Untersuchungsgrundsatz im Verwaltungsprozeß wird in historischer, verfassungsrechtlicher und einfach-gesetzlicher Hinsicht erschlossen. Dem liegt zunächst die methodische Annahme zugrunde, daß die Bewältigung aktueller dogmatischer Aufgabenstellungen des Verwaltungsprozesses ohne Einbeziehung der rechtshistorischen Perspektive auf Geschichte und Theorie der Verwaltungsgerichtsbarkeit unvollständig bliebe.[63] Das Erkenntnisinteresse richtet sich insoweit darauf, den Untersuchungsgrundsatz als Relikt jenes grundlegenden, vielgestaltigen Konstruktionsproblems der Verwaltungsgerichtsbarkeit zu erklären, das aus ihrer prekären Positionierung an der Schnittstelle zwischen Politik und Recht resultierte.

Der Untersuchungsgrundsatz konserviert, so die daran anschließende Vermutung, Begründungsmuster und Leitvorstellungen einer Verwaltungsgerichtsbarkeit, die unter den heutigen verfassungsrechtlichen Direktiven der Überprüfung bedürfen. Die Entfaltung dieser Direktiven und ihre Kontrastierung mit überkommenen wie aktuellen Rückführungen des Untersuchungsgrundsatzes auf verfassungsrechtliche Normen und Wertungen bilden den zweiten Schritt dieser Untersuchung. Der materielle Begriff der Rechtsprechung und die Entscheidung des Art. 19 Abs. 4 GG zugunsten eines Systems individueller Rechtsausübung vor den Verwaltungsgerichten legen, so die Vermutung, eine kritische Durchsicht der tradierten Dogmatik des Untersuchungsgrundsatzes der VwGO nahe. In einem dritten Schritt werden deren Bestand und ihre möglichen Antinomien gesichtet, bevor zum Abschluß eine Neujustierung des Systems prozessualer Risikoverteilung vorgeschlagen wird.

1. Den *rechtshistorischen Betrachtungen* liegt die Vermutung zugrunde, daß der Untersuchungsgrundsatz im Verwaltungsprozeß das Relikt eines rechtsstaatlichen Differenzierungsprozesses darstellt, nämlich zwischen aktiver Verwaltung und Rechtsprechung in Verwaltungssachen. Die ideelle Legierung von Untersuchungsgrundsatz und Verwaltungsprozeß auf der einen, Verhandlungs-

---

[63] Vgl. zu diesem methodischen Postulat *E. Schmidt-Aßmann*, in: *F. Schoch/E. Schmidt-Aßmann/R. Pietzner*, Verwaltungsgerichtsordnung, Einl., Rn. 70. Das beginnende rechtshistorische Interesse an der Sachverhaltsermittlung im Verwaltungsprozeß indiziert die Studie von *M. Richter*, Die Untersuchungsmaxime im älteren Verwaltungsprozeß (1999), die sich allerdings weitgehend auf den preußischen Verwaltungsprozeß nach 1870 und die Entwicklung des Verwaltungsprozesses im Dritten Reich beschränkt.

maxime und Zivilprozeß auf der anderen Seite könnte sich als prozeßtheoretisches Spiegelbild einer spezifischen rechtshistorischen Formation erweisen, die durch die grundlegenden rechts- und staatstheoretischen Dichotomien in der Fassung des 19. Jahrhunderts geprägt wurde – Politik und Recht, Staat und Gesellschaft, öffentliches Recht und Privatrecht, Gemeinwohl und Individualinteresse.

Zur Erhärtung dieser Vermutungen ist zunächst zu zeigen, wie die zu Beginn des 19. Jahrhunderts entwickelte begriffliche Polarität von Verhandlungs- und Untersuchungsmaxime in rechts- und prozeßtheoretischer, rechtspolitischer und schließlich staatstheoretischer Weise gesättigt wurde, bis die Maximen geradezu als Wesensausdruck ihrer jeweiligen Verfahrensarten galten. Im Zuge dessen ist die Institutionengeschichte der Verwaltungsgerichtsbarkeit und ihres Verfahrens im 19. Jahrhundert zu skizzieren, soweit sie aus der gewählten Perspektive von Belang ist. Weiterhin gilt es, die Begründungen des Untersuchungsgrundsatzes zu ermitteln, die ihrerseits in engem Bezug zu den wesentlichen Konzeptionsfragen des Rechtsschutzes in Verwaltungssachen im besonderen, des keimenden Verwaltungsrechts im allgemeinen standen. Die historischen Darstellungen sind freilich kein Selbstzweck, sondern werden in ihrer Spannweite, Tiefe und Schwerpunktsetzung gleichsam rückwirkend durch das vornehmlich rechtsdogmatische Erkenntnisinteresse dieser Untersuchung bestimmt.

2. Hieran schließt sich die Frage nach den *verfassungsrechtlichen Bezügen* des Untersuchungsgrundsatzes an. Dabei gilt es, sowohl die tradierten wie auch die neu erschlossenen Begründungen auf ihre Vereinbarkeit mit dem verfassungsrechtlichen Begriff der Rechtsprechung zu untersuchen, auf den Art. 19 Abs. 4 GG verweist. Die Leitthese der verfassungsrechtlichen Untersuchungen lautet, daß der materielle Begriff der Rechtsprechung als Verfahren unabhängiger Streitentscheidung keine Präferenz zugunsten der gerichtlichen Sachverhaltsermittlung erkennen läßt, sondern aus funktionalen wie rechtlichen Gründen eher auf Distanz des Richters zur Tatsachengrundlage des Urteils drängt.

Im einzelnen ist zunächst das Verhältnis zwischen den Instituten des Verwaltungsprozesses und den verfassungsrechtlichen Direktiven im allgemeinen zu klären, bevor die Systematik dieser Direktiven unter dem grundgesetzlichen Rechtsstaatsprinzip skizziert wird. Hieran schließt sich – gleichsam als These – die Entfaltung des materiellen Begriffs der Rechtsprechung in seiner verfassungsrechtlichen wie funktionalen Dimension an. Dem werden antithetisch die beiden wesentlichen Begründungen des Untersuchungsgrundsatzes im geltenden Verfassungsrecht gegenübergestellt, die sich unter den Leitbegriffen des effektiven Rechtsschutzes und des öffentlichen Interesses an der Richtigkeit des Verwaltungshandelns versammeln. Der erste Begründungsstrang gibt Anlaß, die rechtliche Bedeutung des Effektivitäts- und des Rechtsschutzbegriffs zu hinterfragen. Die Bezugnahme auf öffentliche Interessen bedarf der Überprüfung im Lichte der rechtsstaatlichen Prämisse vollständiger Normativierung des Gemeinwohls. Sie gibt überdies Anlaß zur näheren Auseinandersetzung mit dem Institut des subjektiv-öffentlichen Rechts sowie mit dem Begriff der prozessualen Wahrheit.

3. Das dritte Kapitel widmet sich zunächst der Rechtsnatur des Untersuchungsgrundsatzes, bevor Dogmatik und Praxis seines tradierten Modells umrissen werden. Der Betrachtung liegt die Idee zugrunde, daß die potentiellen Wertungswidersprüche zwischen dem verfassungsrechtlichen Modell der Rechtsprechung auf der einen, dem Untersuchungsgrundsatz auf der anderen Seite ihren Niederschlag auch in handfesten dogmatischen Einzelfragen des geltenden Prozeßrechts finden dürften. Derartige Widersprüche lassen sich zunächst in der Wechselwirkung zwischen Untersuchungs- und Dispositionsgrundsatz ausmachen. Weiterhin stellt sich das Problem einer ins Unendliche zielenden Inquisition, berücksichtigt man die verfassungsrechtlich vorgegebenen Funktionsbedingungen der Gerichtsbarkeit als kontradiktorisches Streitverfahren nach Maßgabe der Parteidisposition. Schließlich gelingt im tradierten Modell auch keine konsistente rechtliche Konzeption der Beteiligtenmitwirkung im Verwaltungsprozeß.

Angesichts der Antinomien des tradierten Modells rechtfertigt sich, so die abschließende These, auch de lege lata ein an der Risikozuweisung des Zivilprozesses orientiertes, lastenbasiertes Modell der Verteilung von Richter- und Parteienmacht im Verwaltungsprozeß. Die Ermittlung des Sachverhalts von Amts wegen wird in diesem Modell als Reservekompetenz des Gerichts verstanden.

Kapitel 1

Untersuchungsgrundsatz und Verwaltungsgerichtsbarkeit in historischer Perspektive

Die historische Darstellung gliedert sich in drei Abschnitte. Zunächst wird die Entwicklung des Verfahrens der Sachverhaltsermittlung in den unterschiedlichen Systemen und Normierungen des Zivilprozesses dargestellt (I). Der zweite Abschnitt ist der Institutionengeschichte der Verwaltungsgerichtsbarkeit und ihrer Verfahrensmaximen gewidmet (II). In einem letzten Schritt werden die Begründungen des Untersuchungsgrundsatzes in ihren Beziehungen zur Debatte um die Ausgestaltung des Rechtsschutzes gegen Maßnahmen der öffentlichen Gewalt analysiert (III).

I. Das Verfahren der Sachverhaltsermittlung im Zivilprozeß

Die Freilegung der rechtstheoretischen wie rechtshistorischen Wurzeln des Untersuchungsgrundsatzes im Verwaltungsprozeß wäre unvollständig, würde nicht zuvor die Parallelentwicklung der Verhandlungsmaxime im Zivilprozeß beleuchtet. Seit der beginnnenden Ausdifferenzierung des Verwaltungsstreitverfahrens aus dem gewöhnlichen Gang der Verwaltungssachen diente der Zivilprozeß als Verfahrensvorbild. Ähnlich der heutigen Rechtslage galten die Zivilprozeßordnungen der Länder als subsidiäres oder entsprechend anwendbares Verfahrensrecht des Verwaltungsstreitverfahrens. Zugleich bildete der Zivilprozeß den Gegenentwurf in jenen Verfahrensfragen, wo die Bewahrung verwaltungstypischer Eigenheiten intendiert war.

Rechtfertigt sich schon von daher ein Blick auf den positiven Rechtsstoff des Zivilprozesses unter dem Gesichtspunkt der Sachverhaltsermittlung (1), so ist der Blick auf die Entwicklung der rechtstheoretischen Begründungsmuster der Verhandlungsmaxime unverzichtbar, um das verwaltungsprozessuale Parallelgeschehen rekonstruieren zu können. In der Theorie des Zivilprozesses und des Verwaltungsstreitverfahrens entfalteten sich im Laufe des 19. Jahrhunderts Argumentationsstränge und Begründungsmuster, die zum Teil spiegelbildlich aufeinander bezogen sind. Die Geschichte der Begründung der Verhandlungsmaxime (2) kann von daher – in der gebotenen schlaglichtartigen Vergrößerung – gleichsam als Rückseite jener Entwicklung gelesen werden, an deren Ende die enge ideelle Legierung von Verwaltungsprozeß und Untersuchungsmaxime stand.

1. Das positive Recht bis zur Entstehung der ZPO

Die Form der deutschen Zivilrechtspflege zu Beginn des 19. Jahrhunderts war uneinheitlich. Deutschland zerfiel in die Gebiete des gemeinen und des exklusiv-partikularen Prozeßrechts. In ersterem bestanden Landesgesetze, welche unter Anerkennung der subsidiären Geltung des gemeinen Rechts mehr oder minder umfassende und selbständige prozessuale Regelungen trafen, denen jedoch Struktur und Begriffe des gemeinen Prozesses als Bauplan zugrundelagen.[1] Hierzu zählten die süddeutschen Länder, Sachsen, die sächsischen

[1] *G.J. Dahlmanns*, Der Strukturwandel des deutschen Zivilprozesses im 19. Jahrhundert, 16;

Fürstentümer, beide Mecklenburg, Schleswig-Holstein, Braunschweig, Oldenburg, Hannover, Kurhessen, Nassau, Hessen-Darmstadt rechtsrheinisch und die freien Städte.[2] Das Gebiet des exklusiv-partikularen Prozeßrechts teilte sich wiederum in das Gebiet des preußischen Prozesses und das des französischen Prozesses, welches im wesentlichen Rheinpreußen, Rheinhessen, Rheinbayern und Westfalen umfaßte.[3] In der Mitte des Jahrhunderts nahm die Rechtszersplitterung zu, als sich einzelne Länder im Zuge der Bemühungen um die Reform des Zivilprozeßrechts neue Prozeßordnungen gaben.

Der gemeine deutsche Zivilprozeß (a) galt dem Schöpfer der Maximendichotomie, *Nikolaus T. von Gönner*, als Quelle der Verhandlungsmaxime. Das Gegenmodell, den Untersuchungsgrundsatz, entnahm er dem preußischen Zivilprozeß, der mit Blick auf die richterliche Prozeßinstruktion im allgemeinen, die Sachverhaltsermittlung im besonderen im 18. Jahrhundert einen Sonderweg eingeschlagen hatte (b). Zusammen mit dem französischen Prozeß (c) war das Material beisammen, aus dem die territoriale Zivilprozeßgebung der Länder schöpfen konnte (d). In den Reformbestrebungen des Zivilprozesses nach 1848 (e), die in der reichseinheitlichen Zivilprozeßordnung mündeten, gewann die Verhandlungsmaxime ihre bis heute vertraute Gestalt.

a) Der gemeine deutsche Zivilprozeß

Unter den gemeinrechtlichen Territorien gab es kein Gebiet, in welchem ausschließlich nach dem in den Lehrbüchern entwickelten System des gemeinrechtlichen Prozesses verfahren wurde.[4] Ungeachtet dessen galt schon den zeitgenössischen Beobachtern die vielfältige Rechtswirklichkeit des gemeinen Prozesses als Ausdruck einer einheitlichen deutschen Zivilrechtspflege.[5]

aa) Der gemeine Prozeß speiste sich aus einer Vielzahl von Quellen, die ihre historischen Wurzeln im römisch-kanonischen und germanischen Recht hatten.[6] Diese bereits in sich heterogenen prozeßrechtlichen Überlieferungen wurden von partikularen Prozeßordnungen überlagert und durchbrochen, die zum Teil den gemeinen Prozeß durchführten, zum Teil prozeßrechtliche Elemente

---

einen Überblick über die Gesetzgebung der Partikularstaaten gibt *F. Bomsdorf*, Prozeßmaximen und Rechtswirklichkeit, 284ff.

[2] *L. Rosenberg/K. Schwab/P. Gottwald*, Zivilprozeßrecht, 23; *A. Wach*, Handbuch Bd. 1, 130, Fn. 2.

[3] *L. Rosenberg/K. Schwab/P. Gottwald*, Zivilprozeßrecht, 23.

[4] *A. Wach*, Handbuch Bd. 1, 130, Fn. 2.

[5] Vgl. etwa *R. v. Gneist*, Verhandlung des 9. DJT, 3. Bd., 246: „Wir haben eine einheitliche Civilprozeßordnung Jahrhunderte lang in Deutschland gehabt ...".

[6] *L. Rosenberg/K. Schwab/P. Gottwald*, Zivilprozeßrecht, 16.

altdeutscher Herkunft bewahrten.[7] Insofern repräsentierte der gemeine Prozeß einerseits eine lediglich virtuelle, im Schrifttum und der universitären Prozeßrechtslehre[8] gebildete Einheit.[9] Andererseits diente das gemeinrechtliche System in vielfältiger Verbindung und Wechselwirkung als Bauplan und subsidiäre Rahmenordnung der partikularen Rechte.[10] Auch erschöpfte sich das Lehrgebäude des gemeinen Prozesses nicht in der bloßen Beobachtung okkasioneller Gemeinsamkeiten. Kennzeichnend war vielmehr eine dem heutigen Rechtsquellenverständnis fremd gewordene,[11] seinerzeit von Forschung und Lehre getragene *Emergenz* des gemeinen Rechts aus Überlieferung, Gerichtsbrauch und Partikulargesetzgebung, die eine gleichsam schwebende Normativität mit changierender Verdichtung und Verbindlichkeit entfaltete.[12]

Grundlage des gemeinen deutschen Zivilprozesses war die Rezeption des italienischen Prozesses im 14. und 15. Jahrhundert, der auf langobardisch-deutschen, römischen und kanonischen Wurzeln fußte.[13] Als Rechtsquellen traten die Gerichtsordnungen des 1495 errichteten Reichskammergerichts und der Jüngste Reichsabschied von 1654 hinzu.[14] Von großer Bedeutung für die emergierende Rechtseinheit des gemeinen Prozeßrechts waren die wissenschaftlichen Publikationen der Prozessualisten, die – über ihre Funktion als Hilfsmittel hinaus – in der Praxis als Rechtsquellen fungierten.[15] Das von den Kammerge-

---

[7] Vgl. *F. Bomsdorf*, Prozeßmaximen und Rechtswirklichkeit, 27; *A. Engelmann*, Der Civilprozeß II/3, 132.

[8] Aus dem hier interessierenden Zeitraum namentlich die Darstellungen von *N.T. Gönner*, Handbuch Bd. 1 und 2; *K. v. Grolman*, Theorie des gerichtlichen Verfahrens; *A.W. Heffter*, Institutionen des römischen und teutschen Civil-Prozesses; *C. Martin*, Lehrbuch des Teutschen gemeinen bürgerlichen Prozesses; *G.W. Wetzell*, System des ordentlichen Civilprocesses.

[9] Den hieraus folgenden Verlust des Anschlusses mit der Rechtswirklichkeit kritisiert *J.C. Schwartz*, Vierhundert Jahre deutscher Zivilprozeß-Gesetzgebung, 728, auch 731; vgl. *F. Bomsdorf*, Prozeßmaximen und Rechtswirklichkeit, 27.

[10] Zu weitgehend daher *H.-G. Kip*, Das sogenannte Mündlichkeitsprinzip, 19f.

[11] Vgl. aber zur Rechtsquellenlehre im Zivilprozeß im Zuge der historischen Schule *K.W. Nörr*, Ius commune X (1981), 141, 161 m.w.N. zur zeitgenössischen Literatur.

[12] *G.J. Dahlmanns*, Der Strukturwandel des deutschen Zivilprozesses im 19. Jahrhundert, spricht vom „Bauplan" des gemeinrechtlichen Gefüges prozessualer Grundbegriffe für die Prozeßordnungen der deutschen Staaten; *F. Bomsdorf*, Prozeßmaximen und Rechtswirklichkeit, 27f. bezeichnet das gemeine Prozeßrecht als einen durch Lehre und Gesetzgebung unterschiedlich ausgefüllten Rahmen.

[13] Vgl. hierzu und zum folgenden die gedrängten Darstellungen bei *J.W. Planck*, Lehrbuch Bd. 1, 5ff.; *A. Wach*, Handbuch Bd. 1, 130ff.; *E. Schumann*, in: *Stein-Jonas*, ZPO, Einleitung, Rn. 101 m.w.N.; *G. Zettel*, Der Beibringungsgrundsatz, 46ff.; ausführliche Darstellungen bei *A. Engelmann*, Der Civilprozeß II/3, 97ff.; *J.C. Schwartz*, Vierhundert Jahre deutscher Zivilprozeß-Gesetzgebung, 23ff.; *F. Bomsdorf*, Prozeßmaximen und Rechtswirklichkeit, 23ff.

[14] Vgl. hierzu namentlich die Übersicht bei *W.A. Danz*, Grundsätze des ordentlichen Prozesses, 41ff; *J.W. Planck*, Lehrbuch Bd. 1, 7ff.; zu den Quellen im einzelnen *F. Bomsdorf*, Prozeßmaximen und Rechtswirklichkeit, 284, und *H.-G. Kip*, Das sogenannte Mündlichkeitsprinzip, 163f., jeweils m.w.N.

[15] Vgl. *W.A. Danz*, Grundsätze des ordentlichen Prozesses, 21, 28. Siehe auch den dortigen

richtsordnungen und Reichsabschieden bestimmte Verfahren bezog sich zwar nur auf das der Reichsgesetzgebung unmittelbar unterworfene Kammergericht. Die Rezeption des romanisch-kanonischen Verfahrens auf Reichsebene wirkte jedoch auch auf die allmählich einsetzende Novellierung der Gerichtsverfahren in den Territorien ein.[16] Umgekehrt konnte die Prozeßordnung des sächsischen Rechtskreises, die ein vergleichsweise hohes Maß an dogmatischer Geschlossenheit und praktischer Bewährung aufwies, ihrerseits auf die Entwicklung des gemeinen Rechts einwirken, was bis zur Übernahme wesentlicher Elemente durch den Jüngsten Reichsabschied (1654) führte.[17] Auf der Basis des kammergerichtlichen und des sächsischen Prozesses bildeten Prozeßrechtslehre und Gerichtsbrauch das gemeine Prozeßrecht, das bis in das 19. Jahrhundert hinein in subsidiärer Geltung verblieb und seine Auswirkungen auf die Neukodifikationen bis hin zur Zivilprozeßordnung entfaltete.

bb) Das *ordentliche Verfahren* des gemeinen Prozesses zerfiel in zwei Teile, das Behauptungs- und das Beweisverfahren.[18] Im Behauptungsverfahren bzw. „Schriftenwechsel“ oblag es den Parteien, dem Gericht die zur Begründung der Angriffs- und Verteidigungsmittel dienlichen Tatsachen vorzutragen. Wurden erhebliche Tatsachen bestritten, erging ein der Rechtskraft unterliegendes, selbständig durch alle Instanzen appellables Beweisurteil (Beweisinterlokut), das Beweisthema, Beweislast und Beweisfrist bestimmte. Mit Rechtskraft des Beweisinterlokuts begann das Beweisverfahren, das – jedenfalls nach dem gemeinrechtlichen Lehrgebäude[19] – wiederum in die Verfahrensschritte des Beweisantritts, der Beweisaufnahme und -ausführung zerfiel.[20]

Neben dem ordentlichen Prozeß kannte das gemeine Prozeßrecht den sogenannten *summarischen Prozeß*, der zum einen für besondere Verfahrensarten wie den Exekutiv-, Mandats- oder Arrestprozeß zum Tragen kam, zum anderen als sogenannter unbestimmt-summarischer Prozeß von den Untergerichten für die Rechtsstreitigkeiten des täglichen Lebens – Bagatellsachen, Alimentensachen, Bau- und Besitzstreitigkeiten – ausgebildet wurde. Kennzeichnend für den summarischen Prozeß war eine Verfahrensbeschleunigung durch Termin- und Schriftsatzkonzentration, Fristabkürzung und Absehen von Förmlichkeiten.[21]

Überblick über die Prozeßliteratur von „den ältesten Zeiten her“ bis zum Ende des Heiligen Römischen Reiches, 28–57.

[16] Vgl. *A. Engelmann*, Der Civilprozeß II/3, 117; hierauf bezugnehmend *F. Bomsdorf*, Prozeßmaximen und Rechtswirklichkeit, 25.

[17] Im einzelnen *L. Rosenberg/K. Schwab/P. Gottwald*, Zivilprozeßrecht, 22; *F. Bomsdorf*, Prozeßmaximen und Rechtswirklichkeit, 26; ausführlich *A. Engelmann*, Der Civilprozeß II/3, 121.

[18] Vgl. zum Verfahren hier nur *A. Engelmann*, Der Civilprozeß II/3, 134ff.

[19] Auf die häufig und in unterschiedlicher Weise abweichende Praxis weist *G.J. Dahlmanns*, Der Strukturwandel des deutschen Zivilprozesses im 19. Jahrhundert, 22, Fn. 51 hin.

[20] Im einzelnen *A. Engelmann*, Der Civilprozeß II/3, 145.

[21] *A. Engelmann*, Der Civilprozeß II/3, 170f.

cc) Schon vor der Wende der Prozeßrechtslehre zur sogenannten konstruktiven Methode[22] bemühte sich die vernunftrechtlich inspirierte Prozeßtheorie um die Entwicklung allgemeiner Grundsätze des gemeinen Prozesses. Neben der Verhandlungsmaxime galten vor allem die Schriftlichkeit und Mittelbarkeit, die Nichtöffentlichkeit und die Eventualmaxime als Prinzipien des gemeinen Prozesses,[23] und zwar sowohl im ordentlichen wie im summarischen Verfahren.[24]

Schriftlichkeit des Prozesses besagte, daß dem Urteil nur der Akteninhalt zugrundegelegt werden durfte (*quod non in actis, non in mundo*). Der Grundsatz galt unabhängig davon, ob das Verfahren als reiner Schriftprozeß geführt oder, wie im summarischen Prozeß verbreitet, das mündliche Vorbringen zu den Akten genommen wurde.[25] Die Schriftlichkeitsmaxime stand in engem Zusammenhang mit der für den gemeinen Prozeß kennzeichnenden Mittelbarkeit des Verfahrens, der Trennung des die Verhandlung leitenden, untersuchenden Gerichts vom streitentscheidenden Spruchkörper. Ziel dieser Trennung war die Sicherung der Objektivität der Rechtsprechung durch Schutz vor sachfremden Einflüssen.[26] Diesem Prozeßideal entsprach zwanglos der Grundsatz der Nichtöffentlichkeit des Verfahrens. Neben den Schriftlichkeitsgrundsatz trat die *Eventualmaxime* als zweites wesensbestimmendes Merkmal des gemeinen Prozesses. Sie bezeichnete die Teilung des Verfahrens in aufeinanderfolgende, durch Fristen markierte Abschnitte für Klageerhebung, Antwort und die folgenden Einlassungen. Hierin inbegriffen war das Erfordernis, alle konkurrierenden Prozeßhandlungen gleichzeitig und vollständig vorzunehmen, auch wenn sie nur eventuell entscheidungserheblich wurden.[27]

dd) Als dritter wesentlicher Grundsatz des gemeinen Prozesses galt im Anschluß an *Nicolaus T. von Gönner* die *Verhandlungsmaxime*.[28] *Gönner*s Anlie-

---

[22] Dazu sogleich unten, Abschnitt 2.

[23] *A. Engelmann*, Der Civilprozeß II/3, 134ff.; *G.J. Dahlmanns*, Der Strukturwandel des deutschen Zivilprozesses im 19. Jahrhundert, 17.

[24] Die Bindung des regulär-summarischen Verfahrens an die Verfahrensgrundsätze des ordentlichen gemeinen Prozesses betont *A. Engelmann*, Der Civilprozeß II/3, 170.

[25] *G.J. Dahlmanns*, Der Strukturwandel des deutschen Zivilprozesses im 19. Jahrhundert, 17.

[26] *G.J. Dahlmanns*, Der Strukturwandel des deutschen Zivilprozesses im 19. Jahrhundert, 18f.

[27] Vgl. nur *G.W. Wetzell*, System des ordentlichen Civilprocesses, 783; zum Ursprung der Eventualmaxime im italienisch-kanonischen Zivilprozeß etwa *G. Zettel*, Der Beibringungsgrundsatz, 49ff.

[28] *N.T. v. Gönner*, Handbuch Bd. 1, 183f. Vgl. aus der prozeßrechtlichen Literatur des 19. Jahrhunderts nur *H. Bayer*, Vorträge über den gemeinen ordentlichen Civilprozeß mit Beziehung auf Martin's Lehrbuch, 38f.; *A. Engelmann*, Der Civilprozeß II/3, 135; *G.W. Wetzell*, System des ordentlichen Civilprocesses, 369, in der hier zugrundeliegenden Bedeutung der Verhandlungsmaxime 372; *A. Renauld*, Lehrbuch des Gemeinen deutschen Civilprozeßrechts, 182; nach Inkrafttreten der ZPO *A. Wach*, Handbuch Bd. 1, 132, heute etwa *G.J. Dahlmanns*, Der Strukturwandel des deutschen Zivilprozesses im 19. Jahrhundert, 17, Fn. 11; *L. Rosenberg/K. Schwab/P. Gottwald*, Zivilprozeßrecht, 22; *F. Wieacker*, Privatrechtsgeschichte der Neuzeit, 186f., Fn. 47. Heute wird die Geltung des Verhandlungsgrundsatzes im gemeinen Prozeß, vor al-

gen war es, die fremdartigen und heterogenen Bestandteile des gemeinen Prozesses auf allgemeinene Grundsätze zurückzuführen und so den obwaltenden „Geist des Ganzen" zu erkennen.[29] Für die Themenkreise der Verfahrensherrschaft und der Sachverhaltsermittlung bildete *Gönner* zwei idealtypische Verfahrensalternativen. Zum einen könne, so *Gönner*, der aus der Dispositionsbefugnis des Bürgers über seine Rechte fließende Grundsatz, daß es kein Verfahren von Amts wegen in bürgerlichen Rechtsstreitigkeiten gebe (*judex ex officio non procedit*), als allgemeine Maxime für alle Teile des Verfahrens aufgefaßt werden.[30] Zum anderen könne das positive Recht dem Richter die Tatsachenermittlung von Amts wegen auferlegen, wodurch das Verfahren den Charakter einer richterlichen Untersuchung annehme (*Untersuchungsmaxime*).[31] Den ersten Weg, bei dem der Richter „nichts von Amts wegen" veranlasse, bezeichnet *Gönner* als *Verhandlungsmaxime*, „weil alles von dem Vorbringen der Parteien, oder von ihren Verhandlungen abhängt".[32]

Gönner war der Ansicht, daß der gemeine Prozeß im wesentlichen durch die Verhandlungsmaxime geprägt sei.[33] Er konnte sich dabei nicht nur auf den Schriftlichkeitsgrundsatz und das Beweisverfahren,[34] sondern auch auf die herrschende Dogmatik zu zwei umstrittenen Einzelfragen stützen, nämlich zum einen, ob der Richter mangelhaftes Parteivorbringen in tatsächlicher Hinsicht ergänzen, zum anderen, ob er im Prozeß sein privates Wissen verwerten dürfe.[35] Die erste, an die Auslegung von Cod. 2, 10 (11)[36] anknüpfende Frage wurde von der überwiegenden Meinung dahingehend beantwortet, daß der Richter nur rechtliche, keine tatsächlichen Momente ergänzen dürfe.[37] Dies wurde aus dem Schriftlichkeitsprinzip gefolgert, nach welchem allein der Akteninhalt als Tatsachengrundlage und Erkenntnisquelle gelten konnte, aber keine richterlichen Beifügungen.[38] In der Folge galt der Schriftlichkeitsgrundsatz als normative

---

lem mit Blick auf den summarischen Prozeß, namentlich von *F. Bomsdorf*, Prozeßmaximen und Rechtswirklichkeit, 23ff. bestritten; differenzierend *G. Zettel*, Der Beibringungsgrundsatz, 50f.; *K.E. Schönfeld*, Zur Verhandlungsmaxime im Zivilprozeß und in den übrigen Verfahrensarten, 42f.

[29] *N.T. v. Gönner*, Handbuch Bd. 1, 177, 193.

[30] *N.T. v. Gönner*, Handbuch Bd. 1, 182.

[31] *N.T. v. Gönner*, Handbuch Bd. 1, 183f.

[32] *N.T. v. Gönner*, Handbuch Bd. 1, 183, auch 191.

[33] *N.T. v. Gönner*, Handbuch Bd. 1, 190.

[34] Vgl. zu letzterem *N.T. v. Gönner*, Handbuch Bd. 1, 214,

[35] Hierzu und zum folgenden die Untersuchungen von *F. Bomsdorf*, Prozeßmaximen und Rechtswirklichkeit, 33ff.

[36] „Non dubitandum est judici, si quid a litigatoribus vel ab his qui negotiis adsistunt minus fuerit dictum, id supplere et proferre, quod sciat legibus et iuri publico convenire"; *P. Krueger* (Hg.), Codex Justinianus, Berlin 1877/1959.

[37] Vgl. zur älteren Lit. die Nachweise bei *F. Bomsdorf*, Prozeßmaximen und Rechtswirklichkeit, 34; aus der Lit. des 19. Jahrhunderts *G.W. Wetzell*, System des ordentlichen Civilprocesses, 373 mit Fn. 42.

[38] *F. Bomsdorf*, Prozeßmaximen und Rechtswirklichkeit, 34.

Grundlage der Verhandlungsmaxime,[39] indem er über die bloße Form der Verhandlung hinaus auf die Parteiverantwortung für den Tatsachenvortrag erstreckt wurde.[40]

Auch die zweite Frage nach der Verwertbarkeit des richterlichen Privatwissens hätte schon mit diesem weiten Verständnis des Schriftlichkeitsgrundsatzes beantwortet werden können.[41] Die ältere gemeinrechtliche Literatur betonte demgegenüber den noch heute maßgeblichen Gesichtspunkt der richterlichen Neutralität. Diese erfordere, so die weithin herrschende Literatur, daß der Richter, der privat von spezifischen, streiterheblichen Tatsachen Kenntnis erhalte, im betreffenden Rechtsstreit nicht mehr Richter sein, sondern nur als Zeuge dienen könne.[42] Die für diesen Konfliktfall von den Glossatoren entwickelte Parömie, der Richter solle *secundum allegata et probata*, nicht *secundum conscientiam* urteilen,[43] fiel in ihrer Bedeutung mit der aus dem Schriftlichkeitsprinzip hergeleiteten Alleinverantwortung der Parteien für den Tatsachenvortrag zusammen. Den Prozessualisten des 19. Jahrhunderts galt sie daher als weitere Quelle oder Ausprägung der Verhandlungsmaxime.[44]

b) Der preußische Prozeß

In Preußen führten die praktischen Unzulänglichkeiten des gemeinen Prozesses bereits im 18. Jahrhundert zu Versuchen einer grundsätzlichen Neuorientierung.[45] Vorläufiger Endpunkt dieser Entwicklung war die Allgemeine Gerichtsordnung (AGO) vom 6. Juli 1793, die *Gönner* als positiv-rechtliches Vorbild der Untersuchungsmaxime diente.[46]

aa) Auch in Preußen galt eingangs des 18. Jahrhunderts das gemeine Recht. Bereits die *„Neu verfaßte Cammer-Gerichtsordnung in der Chur- und Marck Brandenburg" vom 1. März 1709*[47] zeichnete indes den künftigen Weg der brandenburg-preußischen Gesetzgebung vor, indem sie die mündliche Verhandlung des summarischen Verfahrens als Regelverfahren einführte (Tit. XXIII, § 1) und

[39] *F. Bomsdorf*, Prozeßmaximen und Rechtswirklichkeit, 35; vgl. aus der Lit. des 19. Jahrhunderts *G. W. Wetzell*, System des ordentlichen Civilprocesses, 372.

[40] Vgl. *G.J. Dahlmanns*, Der Strukturwandel des deutschen Zivilprozesses im 19. Jahrhundert, 17, Fn. 12.

[41] So später *G. W. Wetzell*, System des ordentlichen Civilprocesses, 372f.

[42] *F. Bomsdorf*, Prozeßmaximen und Rechtswirklichkeit, 36f. m.w.N.

[43] *G. W. Wetzell*, System des ordentlichen Civilprocesses, 372 m.w.N. ebd., Fn. 40.

[44] Vgl. nur *G. W. Wetzell*, System des ordentlichen Civilprocesses, 372f.

[45] Vgl. zur Rechtsentwicklung in Preußen insb. *G.F. Gaertner*, Kritik des Untersuchungs-Prinzips des Preußischen Civil-Prozesses; *J. C. Schwartz*, Vierhundert Jahre deutscher Zivilprozeß-Gesetzgebung, 433ff.; *F. Bomsdorf*, Prozeßmaximen und Rechtswirklichkeit, 65ff.

[46] Vgl. *N. T. v. Gönner*, Handbuch Bd. 1, 193ff.

[47] Mylius, Christian Otto (Hg.), Corpus Constitutionum Marchicarum, Bd. 2, Berlin u.a. 1737ff., Nr. CXIX.

so die richterliche Prozeßinstruktion zu intensivieren trachtete. Die Praxis wurde den auf Beschleunigung der Rechtspflege zielenden Neuregelungen indes nicht gerecht.[48] Als Reaktion auf die Langwierigkeit der Prozesse erging das Edikt über das Verfahren in Bagatellsachen vom 24. Februar 1739[49]. Das Edikt führte die Prozeßinstruktion ex officio ein (§ 1) und sah die Konzentration der Verhandlung auf einen mündlichen Termin vor, der ohne Beteiligung von Advokaten, d.h. im direkten Verkehr von Parteien und Richter, verhandelt werden sollte.[50] Ob dies bereits zur Sachverhaltsaufklärung von Amts wegen führte, ist unklar. Jedenfalls dürfte die richterliche Prozeßinstruktion zu einem Tatsachen- und Rechtsgespräch zwischen Richter und Parteien geführt haben, das Spielräume für die amtswegige Tatsachenermittlung eröffnete.[51] Das Edikt von 1739 ebenso wie die anschließenden Reformen der Rechtspflege – namentlich das am 3. April 1748 erschienene „Project des Codicis Fridericiani Marchici"[52] – waren dem Anliegen gewidmet, das Gerichtsverfahren zu beschleunigen und hierfür insbesondere die Advokaten aus dem unmittelbaren Kontakt zwischen Gericht und Parteien auszuschließen.[53]

Das *„Corpus Juris Fridericianus Erstes Buch von der Prozeßordnung" vom 26. April 1781*[54] (CJF) setzte diesen Weg fort, indem es die Advokaten alter Art gänzlich aus dem Verfahren ausschloß. An ihre Stelle traten sogenannte Assistenzräte, die – als besoldete und beamtete Gerichtspersonen – nicht nur die Parteien vertreten, sondern zugleich als Beistände und Gehilfen des Richters bei der Sachverhaltsermittlung fungieren sollten.[55] Der Richter selbst sollte im Zusammenwirken mit den Assistenzräten „die Wahrheit von Amts wegen aufzusuchen schuldig" sein.[56] Damit korrespondierte die Obliegenheit der Parteien zum vollständigen und wahrheitsgemäßen Tatsachenvortrag. An eine Verletzung dieser Offenheitsverpflichtung knüpften sich zwar keine eigenständigen Sanktionen, aber verfahrensbezogene Präklusionsmöglichkeiten und Zugeständnisfiktionen.[57]

---

[48] *F. Bomsdorf*, Prozeßmaximen und Rechtswirklichkeit, 68.

[49] Mylius, Christian Otto (Hg.), Corpus Constitutionum Marchicarum Cont. Bd. 1, Berlin u.a. 1737ff., Nr. X, Sp. 243.

[50] Vgl. *J. C. Schwartz*, Vierhundert Jahre deutscher Zivilprozeß-Gesetzgebung, 476f.

[51] *F. Bomsdorf*, Prozeßmaximen und Rechtswirklichkeit, 69f.

[52] Berlin 1748.

[53] *F. Bomsdorf*, Prozeßmaximen und Rechtswirklichkeit, 74; vgl. *O. Hintze*, Preußens Entwicklung zum Rechtsstaat, 115.

[54] Berlin 1781.

[55] Vorbericht zum CJF, XXV; vgl. hierzu *J. C. Schwartz*, Vierhundert Jahre deutscher Zivilprozeß-Gesetzgebung, 500; *K. W. Nörr*, Naturrecht und Zivilprozeß, 28.

[56] Vorbericht zum CJF, XXIV.

[57] Im einzelnen *J. C. Schwartz*, Vierhundert Jahre deutscher Zivilprozeß-Gesetzgebung, 503f.

bb) Die richterliche Pflicht zur Sachverhaltsaufklärung folgte im CJF noch unmittelbar aus der rechtspolitisch vorrangigen Ausschaltung der Advokaten.[58] In der nun folgenden *„Allgemeinen Gerichtsordnung für die Preußischen Staaten" (AGO) vom 6. Juli 1793* wurden den Parteien zwar wieder echte Parteivertreter in Gestalt beamteter „Justizkommissare" zur Seite gestellt.[59] Gleichwohl blieb es bei der richterlichen Sachverhaltsermittlung von Amts wegen, die ursprünglich nur den Fortfall der Anwälte als echte Parteivertreter kompensieren sollte. Zeitgenössische Beobachter schlossen hieraus auf einen eigenen, der Gerechtigkeit selbst dienenden Wert des Untersuchungsgrundsatzes, der über seine Funktion als Instrument der Prozeßbeschleunigung hinausweisen sollte. Die höchste Pflicht des Richters, gerechte Urteile zu sprechen, sollte danach auch die Pflicht umfassen, „über die Thatverhältnisse, diesem untrennbaren Grunde des Rechtes, das reine Licht der Wahrheit zu verbreiten ..."[60]. Das Urteil sollte die „Überzeugung des Gerichts vom streitigen Sachverhalte" zum Ausdruck bringen.[61] Erstmals wurde sichtbar, wie der Untersuchungsgrundsatz, gleichsam als prozeßrechtlicher Schleusenbegriff[62], losgelöst von ursprünglichen Motiven der Beförderung von Idealvorstellungen über Funktion, Legitimation und staatstheoretisch fundierte Zweckstellungen des Gerichtsverfahrens dienen konnte.

Die erhoffte Wirkung des Untersuchungsgrundsatz kam namentlich in der programmatischen Einleitung zur AGO zum Ausdruck, in deren § 7 es hieß, der Richter habe „den Grund oder Ungrund der in einem Prozesse vorkommenden Thatsachen selbst und unmittelbar zu untersuchen, und so weit es zur richtigen Anwendung der Gesetze auf den vorliegenden Fall erforderlich ist, ins Licht zu setzen." Laut § 10 Einleitung AGO beruhten die Pflichten des Richters bei der Instruktion des Prozesses auf dem Grundsatz, „daß er sich bemühen müsse, die Wahrheit der dabei zum Grunde liegenden erheblichen Thatsachen auf dem sichersten und zugleich nächsten Wege zu erforschen und auszumitteln".[63] Das Beweisinterlokut fiel im preußischen Prozeß fort, da die formelle Beweislast wegen der richterlichen Ermittlungsbefugnisse nicht mehr zu bestimmen war. Die Frage der materiellen Beweislast stellte sich dagegen erst nach Abschluß des

---

[58] *J. C. Schwartz*, Vierhundert Jahre deutscher Zivilprozeß-Gesetzgebung, 498; *F. Bomsdorf*, Prozeßmaximen und Rechtswirklichkeit, 82f.

[59] Zur Kritik an der Institution der Assistenzräte *J. C. Schwartz*, Vierhundert Jahre deutscher Zivilprozeß-Gesetzgebung, 510.

[60] So in kritischer Absicht *G. F. Gaertner*, Kritik des Untersuchungs-Prinzips des Preußischen Civil-Prozesses, 9. Vgl. *F. Bomsdorf*, Prozeßmaximen und Rechtswirklichkeit, 89f. Bei *N. T. v. Gönner*, Handbuch Bd. 1, 212, 214, laufen beide Begründungsstränge noch parallel; vgl. auch *J. C. Schwartz*, Vierhundert Jahre deutscher Zivilprozeß-Gesetzgebung, 518.

[61] *J. C. Schwartz*, Vierhundert Jahre deutscher Zivilprozeß-Gesetzgebung, 516.

[62] Begriff in anderem Zusammenhang, aber vergleichbarer Bedeutung bei *E.-W. Böckenförde*, Entstehung und Wandel des Rechtsstaatsbegriffs, 143.

[63] Vgl. auch die §§ 5, 6 und 34 Einleitung AGO.

Beweisverfahrens. Sie wurde anhand der Regel bestimmt, daß „wider denjenigen erkannt werden muß, dessen Recht nur unter der Bedingung anerkannt werden kann, daß ein streitiger Umstand für wahr zu halten ist".[64] Dem übergeordneten Ziel der Wahrheitsermittlung entsprach auch die in § 13 Einleitung AGO ausgesprochene Pflicht der Parteien, „die zur Entscheidung ihres Prozesses gehörenden Thatsachen dem Richter, der Wahrheit und ihrer besten Wissenschaft gemäß, vorzutragen".

cc) Allerdings entsprach der preußische Prozeß nicht in jeder Hinsicht der Idealtypik der Untersuchungsmaxime, nach welcher im Prozeßverlauf – in der Terminologie *Gönners* – „alles von Amts wegen"[65] zu erfolgen hatte. So war die richterliche Ermittlungstätigkeit auf solche Tatsachen beschränkt, die „sich aus dem Vortrage der Parteien und aus dem Zusammenhange ihrer Verhandlungen" ergaben (Einleitung AGO, § 17).[66] Wie im gemeinen Prozeß war dem Richter auch nach preußischem Recht die Verwertung privater, außerhalb des Verfahrens erlangter Kenntnisse untersagt. In der Beschränkung der richterlichen Untersuchungspflicht und -befugnis auf solche Tatsachen, die durch das Vorbringen einer Partei, den Sachzusammenhang, durch Zeugenaussagen oder den Inhalt einer Urkunde zumindest nahegelegt wurden,[67] lag freilich noch kein Widerspruch zur Untersuchungsmaxime in der Fassung *Gönners*. Die Beschränkungen waren vielmehr Ausdruck des bis heute sichtbaren, prinzipiellen Dilemmas, die freie richterliche Tatsachenermittlung mit der ausschließlichen Befugnis der Parteien abzustimmen, das Gerichtsverfahren einzuleiten und seinen Streitgegenstand zu bestimmen.[68]

Dieses Dilemma mag sich in der wohl deutlichsten Abweichung des preußischen Gerichtsverfahrens vom Idealtypus der Untersuchungsmaxime niedergeschlagen haben, nämlich der Bindung der richterlichen Instruktion an zugestandene Tatsachen, soweit beide Parteien gegen deren „umständliche Entwickelung protestiren" (3, 3, § 27 AGO).[69] Zwar entsprach diese Bindung dem Institut des Geständnisses im gemeinen Prozeßrecht nicht zur Gänze, da sie das ausdrücklich konsentierte Handeln der Parteien voraussetzte. Gleichwohl konnten die Parteien, anders als es das Ziel der umfassenden Wahrheitsermittlung nahegelegt

---

[64] *N. T. v. Gönner*, Handbuch Bd. 1, 216. Zu den Auswirkungen der AGO auf das Beweisverfahren *J. C. Schwartz*, Vierhundert Jahre deutscher Zivilprozeß-Gesetzgebung, 520.

[65] *N. T. v. Gönner*, Handbuch Bd. 1, 191.

[66] *N. T. v. Gönner*, Handbuch Bd. 1, 214

[67] So die Umschreibung bei *N. T. v. Gönner*, Handbuch Bd. 1, 214.

[68] Zu weitgehend daher *F. Bomsdorf*, Prozeßmaximen und Rechtswirklichkeit, 93, der u. a. aus besagter Vorschrift schließen möchte, die Untersuchungsmaxime sei im preußischen Prozeß nicht verwirklicht gewesen; *J. C. Schwartz*, Vierhundert Jahre deutscher Zivilprozeß-Gesetzgebung, 517, interpretiert nämliche Vorschriften zutreffend als Ausfluß der Dispositionsbefugnis der Parteien über die zu verhandelnden (Privat-)Rechte.

[69] Vgl. auch ebd. im weiteren Verlauf für Ehescheidungssachen.

hätte, die richterliche Sachverhaltserforschung im Wege einvernehmlichen Handelns in Teilen unterlaufen.[70]

dd) In der Praxis waren die Gerichte durch die Konzentration der prozeßleitenden Befugnisse nach Maßgabe der AGO überfordert. Zahl und Dauer der Prozesse stiegen an, zumal die AGO kein abgekürztes Verfahren für einfach liegende Streitigkeiten kannte.[71] Die in der AGO normierte Rollenverteilung zwischen einem – als überlegen in Wissen und Befugnissen konzipierten – „Richterkönig" und den Justizkommissaren als Parteivertretern kehrte sich in der Praxis teilweise um. Für bestimmte Rechtsstreitigkeiten des täglichen Lebens wurden daher mit der „Verordnung über den Mandats-, den summarischen und den Bagatellprozeß" vom 1. Juni 1833[72] zahlreiche Erleichterungen der richterlichen Prozeßinstruktion eingeführt. Die Verordnung über das Verfahren in Civilprocessen vom 21. Juli 1846[73] ordnete den summarischen Prozeß gemäß der Verordnung aus dem Jahre 1833 für alle Rechtsstreitigkeiten an, welche weder Mandats-, Bagatell- noch Ehesachen waren.

Die mit den Verordnungen bewirkten Modifikationen liefen auf eine Angleichung des preußischen Gerichtsverfahrens an den gemeinrechtlichen unbestimmt-summarischen Prozeß hinaus. Die Formlosigkeit des bisher ausschließlich durch das richterliche Ermessen bestimmten Prozeßgangs wurde beseitigt, Parteien wie Richter in eine feste Verfahrensordnung eingebunden und den Parteien durch Einführung der Eventualmaxime wieder eine stärkere Selbstverantwortlichkeit im prozessualen Geschehen auferlegt.[74] Ob damit der preußische Zivilprozeß, wie die überwiegende Literatur annimmt, sich wieder an die gemeinrechtliche Verhandlungsmaxime anlehnte,[75] oder ob nach wie vor der Untersuchungsgrundsatz der AGO galt,[76] ist umstritten. Für letztere Ansicht spricht, daß die Verordnung von 1833 ausdrücklich von der Geltung der AGO

---

[70] Zu weitgehend indes die Schlußfolgerung von *F. Bomsdorf*, Prozeßmaximen und Rechtswirklichkeit, 96, die Untersuchungsmaxime hätte im positiven Recht Preußens keinen Ausdruck, da die genannte Vorschrift den Regelungskern des Untersuchungsgrundsatz – die Unabhängigkeit des Richters bei der Tatsacheneinführung und dem Parteivortrag – negiere.

[71] *F. Bomsdorf*, Prozeßmaximen und Rechtswirklichkeit, 222ff.; vgl. *J.F. Abegg*, Preußische Civil-Prozeßgesetzgebung, 226.

[72] Gesetzessammlung für die Königlichen Preußischen Staaten 1833, Nr. 7, 37ff.

[73] Gesetzessammlung für die Königlichen Preußischen Staaten 1846, Nr. 22, 291ff.

[74] Zum Verfahren im einzelnen *J. C. Schwartz*, Vierhundert Jahre deutscher Zivilprozeß-Gesetzgebung, 577ff.

[75] So die überwiegende Meinung der zeitgenössischen Literatur, vgl. nur *J.F. Abegg*, Preußische Civil-Prozeßgesetzgebung, 233, 236; später *A. Engelmann*, Der Civilprozeß II/3, 208f. („strenge Durchführung der Verhandlungs- und Eventualmaxime", 209); *A. Wach*, Handbuch Bd. 1, 134; auch *J. W. Planck*, Lehrbuch Bd. 1, 11 („Annäherung zu dem verlassenen Verhandlungsprinzip") heute *L. Rosenberg/K. Schwab/P. Gottwald*, Zivilprozeßrecht, 23; vgl. *D. Brüggemann*, Judex statutor und judex investigator, 48.

[76] *J. C. Schwartz*, Vierhundert Jahre deutscher Zivilprozeß-Gesetzgebung, 582f.; *F. Bomsdorf*, Prozeßmaximen und Rechtswirklichkeit, 225.

ausging (§ 74). Auch berührte die Stärkung der Parteiverantwortung nicht unmittelbar die richterlichen Befugnisse der Sachverhaltsaufklärung.[77] Andererseits sprechen sowohl das strenge Säumnisverfahren als auch die Zugeständnisfiktion bei unvollständigem Parteivortrag[78] gegen die Kontinuität der Untersuchungsmaxime im preußischen Zivilprozeß. In der Praxis dürfte auch der preußische Prozeß den verbreiteten Mittelweg einer „richtig verstandenen" Verhandlungsmaxime eingeschlagen haben, in dem der Richter sich namentlich durch die Ausübung des Fragerechts und die rechtliche Erörterung des Sach- und Streitstandes um die Ermittlung der prozessualen Wahrheit bemühte. Damit klingt schon in der Urform des Untersuchungsgrundsatzes im preußischen Prozeß ein weiteres Leitmotiv der Debatte an, nämlich der eher fiktive Charakter selbständiger richterlicher Inquisition in einem kontradiktorischen Verfahren nach Maßgabe der Parteidisposition.

c) Der französische Prozeß

Neben dem gemeinen deutschen Prozeß und der preußischen Allgemeinen Gerichtsordnung nahm auch das französische Prozeßrecht Einfluß auf die Entwicklung des deutschen Gerichtsverfahrens.[79] Der französische Prozeß nach dem damaligen Code de procedúre wurde nach 1806 im späteren Rheinpreußen, in Rheinbayern und Rheinhessen, 1809 im Königreich Westphalen und 1811 im Großherzogtum Berg eingeführt und blieb bis zum Inkrafttreten der ZPO in Kraft.[80] Wesentliche Modifikationen erfuhr der französische Zivilprozeß durch die Genfer Prozeßordnung vom 29. 12. 1819, die dem Gericht einen größeren Einfluß auf den Prozeßgang ermöglichte.[81]

Der französische Prozeß war, anders als sein gemeinrechtliches Gegenstück, durch Mündlichkeit und Öffentlichkeit gekennzeichnet. Weiterhin beschränkte sich die Tätigkeit des Richters, im Gegensatz namentlich zum preußischen Prozeß, im wesentlichen auf den Ausspruch der Streitentscheidung. Eine richterliche Prozeßleitung des vorangehenden Verfahrens fand dagegen nicht statt. Der Verkehr unter den Parteien, namentlich der Wechsel von Klagschrift, Antwort,

---

[77] *J. C. Schwartz*, Vierhundert Jahre deutscher Zivilprozeß-Gesetzgebung, 580, 582.

[78] § 8 der VO 1846 lautet: „Die Replik muß eine vollständige Beantwortung der Klagbeantwortung und die Duplik eine vollständige Beantwortung der Replik enthalten. Erfolgt die Beantwortung gar nicht oder nicht vollständig, so werden die vom Gegner angeführten Tatsachen ... für zugestanden und anerkannt erachtet ...". Ähnlich § 12 der VO 1833.

[79] Vgl. zum französischen Prozeß die kurze Darstellung bei *E. Schumann*, in: *Stein-Jonas*, ZPO, Einl., Rn. 103, ausführlich *W. Schubert*, Französisches Privatrecht in Deutschland zu Beginn des 19. Jahrhunderts, 570ff.

[80] Im einzelnen *W. Schubert*, Französisches Privatrecht in Deutschland zu Beginn des 19. Jahrhunderts, 576ff.

[81] *E. Schumann*, in: *Stein-Jonas*, ZPO, Einl., Rn. 103 a. E.

Replik und Duplik, wurde ohne Einschaltung des Gerichts über die Vermittlung eines Gerichtsvollziehers durch die Anwälte besorgt.[82] Jede Partei konnte im Anschluß an dieses Verfahren die mündliche Verhandlung beantragen, woraufhin die Zuteilung der Rechtssache an das erkennende Gericht erfolgte. Im mündlichen Termin stellten die Parteien ihre Anträge und legten die – den Richtern bis dahin unbekannte – Streitsache dar. Im Falle unzureichender Unterrichtung durch die jeweiligen Parteivorträge konnten Schriftwechsel und Beweisstücke in die mündliche Verhandlung einbezogen sowie ein weiteres schriftliches Verfahren angeordnet werden.[83]

Der französische Prozeß beruhte, besehen im Lichte der maximentheoretischen Differenzierungen, auf der Verhandlungsmaxime.[84] Dies folgt schon aus der fehlenden Prozeßinstruktion durch den Richter bis zur Verhandlung.[85] Weiterhin war dem französischen Zivilrichter nicht, wie es im preußischen Recht der Fall war, die Befugnis zur Einführung neuer Tatsachen aufgrund eigener Ermittlungen verliehen. Die französische Zivilprozeßordnung kannte im Gegensatz zum damaligen Strafprozeß keinen *pouvoir discrétionnaire*, der den Richter zur eigenständigen Wahrheitsermittlung berechtigt hätte. Allerdings sah die Prozeßordnung, insofern ähnlich ihren gemeinrechtlich inspirierten Gegenstücken, ein umfassendes Fragerecht sowie das Recht zur persönlichen Vorladung und Vernehmung der Parteien vor.[86]

d) Die Verhandlungsmaxime in der territorialen Zivilprozeßgesetzgebung bis 1848

Der gemeinrechtliche Prozeß, der preußische Gegenentwurf und französische Einflüsse bildeten die Grundlagen für die mit der Wende vom 18. zum 19. Jahrhundert einsetzenden Bestrebungen der deutschen Staaten, die bisherigen, im wesentlichen auf gemeinrechtlichen Grundlagen fußenden Prozeßordnungen neu zu kodifizieren.[87] Entsprechend vielfältig waren die Regelungen über

[82] *W. Schubert*, Französisches Privatrecht in Deutschland zu Beginn des 19. Jahrhunderts, 572f.

[83] *W. Schubert*, Französisches Privatrecht in Deutschland zu Beginn des 19. Jahrhunderts, 573f.

[84] *C.J. Mittermaier*, Der gemeine deutsche bürgerliche Prozeß Bd. 1, 94f.; *E. Zink*, Über die Ermittlung des Sachverhalts im französischen Civilprozesse, 81f., 372f.; a.A. *F. Bomsdorf*, Prozeßmaximen und Rechtswirklichkeit, 231, der die Verhandlungsmaxime maximalistisch im Sinne des *v. Gönner*schen „nichts von Amts wegen" auslegt und jede Abweichung als Beleg gegen die positiv-rechtlichen Verankerungen der Maximen heranzieht.

[85] *C.J. Mittermaier*, Der gemeine deutsche bürgerliche Prozeß Bd. 1, 95.

[86] Vgl. *E. Zink*, Über die Ermittlung des Sachverhalts im französischen Civilprozesse, 82f.; auch ebd., 372ff.

[87] Eine Darstellung im einzelnen führt über den Rahmen dieser Untersuchung hinaus. Vgl. dazu *J.C. Schwartz*, Vierhundert Jahre deutscher Zivilprozeß-Gesetzgebung, 529ff. sowie –

die Verteilung der Richter- und Parteienbefugnisse bei der Ermittlung des Sachverhalts, wobei Schriftlichkeit oder Mündlichkeit des Verfahrens, die Rolle der Advokaten und schließlich die Rezeption der Maximenlehre die wesentlichen Bestimmungsgrößen bildeten.[88] Das Verfahren der Sachverhaltsermittlung lief auf die vermittelnde Lösung einer „richtig verstandenen" Verhandlungsmaxime zu, in der es zwar bei der Alleinverantwortung der Parteien für den Tatsachenvortrag verblieb, dem Richter jedoch Frage- und Erörterungsrechte eingeräumt wurden, um die Parteien zum sachgemäßen und vollständigen Vortrag anzuhalten.[89]

aa) Preußische Einflüsse

In *Württemberg*, wo der preußische Einfluß am weitesten ging, wurde unter weitgehender Anlehnung an die Vorschriften der preußischen AGO eine Kombination aus Untersuchungs- und Verhandlungsgrundsatz gesucht. §77 des „Edikts über die Rechts-Pflege in den unteren Instanzen" vom 31. Dezember 1818[90] sah vor, daß der Richter die Parteien nicht nur von Amts wegen über die faktischen Umstände befragte, auf denen die gegenseitigen Ansprüche beruhten, sondern daß er „überhaupt für den unzweifelhaften Zweck jeder Partey von Amtswegen thätig" werden sollte. Hinsichtlich der Entscheidung des Gerichts war der Richter indes auf die Verwertung der aktenkundigen Tatsachen beschränkt (§78 Ziff. 2) und durfte keine Privatkenntnisse einbringen (§78 Ziff. 2). Die §§77, 78 des genannten Gesetzes statuierten sonach ein umfassendes richterliches Aufklärungsrecht bei Wahrung der Dispositionsfreiheit der Prozeßparteien,[91] wobei der Richter im Beweisverfahren zur Wahrheitserforschung nicht auf die von den Parteien angebrachten Beweismittel beschränkt war (§106).

Eine ähnliche, dem preußischen Verfahren nahekommende[92] Arbeitsteilung zwischen Parteien und Gericht sah die Verfahrensgesetzgebung im Herzogtum *Oldenburg* vor, die im Zivilprozeßgesetz von 1824 die richterliche Pflicht statu-

---

unter besonderer Berücksichtigung der Verhandlungsmaxime – *F. Bomsdorf*, Prozeßmaximen und Rechtswirklichkeit, 193ff.

[88] Vgl. *F. Bomsdorf*, Prozeßmaximen und Rechtswirklichkeit, 193.

[89] *K. Tiegelkamp*, Geschichte und Stellung der Verhandlungsmaxime, 33f., 36. *W.H. Puchta*, Das Prozeßleitungsamt des deutschen Civilrichters, 147, spricht bereits im Jahre 1836 von einem „Mittelweg zwischen der gemeinrechtlichen Verhandlungs- und der strengen preußischen Untersuchungsmethode".

[90] In: Sammlung der württembergischen Gesetze, hg. von *A.L. Reyscher*, dort. 4. Teil der Sammlung der Gerichtsgesetze von *F. Kappler*, 1. Abt., Tübingen 1928, 667ff.

[91] *F. Bomsdorf*, Prozeßmaximen und Rechtswirklichkeit, 195; vgl. *K. Tiegelkamp*, Geschichte und Stellung der Verhandlungsmaxime, 34f.; das preußische Vorbild bestätigt auch *W.H. Puchta*, Das Prozeßleitungsamt des deutschen Civilrichters, 145.

[92] *K. Tiegelkamp*, Geschichte und Stellung der Verhandlungsmaxime, 35 m.w.N.

ierte, bei der Untersuchung und Bestimmung der Tatsachen mitzuwirken und im Zusammenwirken mit den Parteien deren Schritte in Richtung auf eine rasche Sachverhaltsaufklärung zu lenken.[93] Das Prozeßgesetz von 1857[94] sah ein umfassendes Frage- und Aufklärungsrecht vor, das sich allerdings lediglich auf die vorgebrachten bzw. behaupteten Tatsachen bezog (Art. 103, § 1).

Der *bayerische* Prozeß kannte bereits im 18. Jahrhundert unter der Geltung des 1753 erlassenen „Codex Juris Bavarici Judicarii"[95] ein Fragerecht zur Erhellung der vorgetragenen Tatsachen. Auch konnten einzelne Beweismittel von Amts wegen hinzugezogen werden.[96] Zu Beginn des 19. Jahrhunderts wurden die richterliche Prozeßinstruktion und ein entsprechendes, ins Ermessen des Richters gestelltes Fragerecht auch in Bayern die Regel.[97]

bb) Entwicklungen auf gemeinrechtlicher Grundlage

Ähnlich gestaltete sich die Entwicklung des Verhältnisses von Parteien und Richtern hinsichtlich der Prozeßinstruktion und Sachverhaltsaufklärung in den gemeinrechtlich inspirierten Prozeßordnungen.

(1) So hatte sich das *kurhessische* Verfahren, das schon im 18. Jahrhundert das Vorgehen des Richters von Amts wegen betonte, durch das Prozeßgesetz vom 18. Oktober 1834[98] zu einem frei gestalteten, wesentlich dem richterlichen Leitungsrecht unterworfenen Verfahren entwickelt, das durch ein umfassendes Fragerecht des Richters zur Erforschung der Tatsachengrundlage gekennzeichnet war.[99] Das Verfahren in *Hannover* wurde durch die Prozeßgesetze aus den Jahren 1827 und 1847[100] vereinheitlicht. Das Gesetz von 1827 normierte in § 23 eine umfassende Fragepflicht, um „den jedesmaligen wahren Standpunkt in Gewißheit zu setzen".[101] Das Gesetz von 1847 sah in § 99 die Ausarbeitung des „Stands der Streitsache", d.h. eine amtliche Zusammenfassung des Sach- und Streitstandes im Laufe des Verfahrens vor, um die Parteien zum vollständigen

---

[93] § 7 des Reglements wegen Abkürzung und Verbesserung des gerichtlichen Verfahrens bey Ober- und Untergerichten im Herzogthum Oldenburg, Oldenburg 1824.

[94] Gesetz für das Herzogthum Oldenburg, den bürgerlichen Prozeß betreffend, Ausgabe erl. von *H.H. Becker*, Oldenburg 1859.

[95] 2. Aufl. München 1771.

[96] Im einzelnen *F. Bomsdorf*, Prozeßmaximen und Rechtswirklichkeit, 199; vgl. *W.H. Puchta*, Das Prozeßleitungsamt des deutschen Civilrichters, 145.

[97] Vgl. *F. Bomsdorf*, Prozeßmaximen und Rechtswirklichkeit, 201.

[98] Gesetz über das in minderwichtigen oder ihrer Beschaffenheit nach einfachen Rechtsstreiten zu beobachtende Verfahren, in: Sammlung von Gesetzes usw. für Kurhessen, 1834, Nr. XIX, 101 ff.

[99] *J.C. Schwartz*, Vierhundert Jahre deutscher Zivilprozeß-Gesetzgebung, 541; *F. Bomsdorf*, Prozeßmaximen und Rechtswirklichkeit, 203.

[100] Prozeß-Ordnung für die Untergerichte des Königreichs Hannover vom 5. Oktober 1827.

[101] Zum Verfahren in Hannover *J.C. Schwartz*, Vierhundert Jahre deutscher Zivilprozeß-Gesetzgebung, 554 ff.; vgl. *W.H. Puchta*, Das Prozeßleitungsamt des deutschen Civilrichters, 146.

Tatsachenvortrag anzuhalten. In § 98 war vorgesehen, daß das Gericht „so weit die Verhandlungsmaxime irgend zuläßt, den Parteien zu Hülfe zu kommen und die Wahrheit durch eine ziemlich weit gehende Ausübung des Fragerechts ermitteln soll".

Stärker vom gemeinrechtlich-sächsischen Vorbild geprägt blieben die Prozeßgesetze in den Städten *Lübeck, Hamburg* und *Bremen*, die keine ausdrücklichen Vorschriften über die Kooperation von Richtern und Parteien bei der Tatsachenermittlung kannten.[102] Die richterliche Offizialgewalt konnte dort allein auf der Grundlage des gemeinrechtlichen Gerichtsbrauchs sowie einzelner Vorschriften über die Parteivernehmung und Beibringung von Beweismitteln behutsam gestärkt werden.[103] Ebenso blieb es in *Sachsen* bei der bereits der Prozeßordnung von 1724[104] zugrundeliegenden Verhandlungsmaxime.[105] Das Verfahren wurde 1839 für geringfügige Rechtssachen dem summarischen Prozeß angenähert und durch die Einführung des unmittelbaren Verkehrs zwischen Gericht und Parteien beschleunigt. Durch die Einführung des richterlichen Fragerechts sowie der Pflicht des Richters, die Parteien in ihrem Vorbringen zu unterstützen, wurde die Verhandlungsmaxime entsprechend den Bedürfnissen der Praxis modifiziert.[106]

(2) Gegenüber den vorgenannten Gesetzen zeichnete sich der Zivilprozeß in *Baden* durch die explizite Übernahme der Verhandlungsmaxime aus.[107] Dies gilt namentlich für die Prozeßordnung in bürgerlichen Rechtsstreitigkeiten für das Großherzogtum Baden aus dem Jahre 1831[108], die zwar Öffentlichkeit und partielle Mündlichkeit des Verfahrens einführte, sich aber hinsichtlich der Tatsachenverantwortung ausdrücklich an das gemeine Recht anlehnte.[109]

Die Beschaffung des Verhandlungsstoffs sowie die Beibringung der Beweismittel oblag allein den Parteien, während der Richter nur die Anordnung der Augenscheinnahme und die Auferlegung des Noteids von Amts wegen anordnen konnte. Dem Gericht stand zwar ein Fragerecht zu, dessen Umfang jedoch auf die Aufhellung jener Tatsachen beschränkt war, die von den Parteien vorge-

---

102 Zu Bremen *K. Tiegelkamp*, Geschichte und Stellung der Verhandlungsmaxime, 37.

103 *F. Bomsdorf*, Prozeßmaximen und Rechtswirklichkeit, 208ff.; auch *J. C. Schwartz*, Vierhundert Jahre deutscher Zivilprozeß-Gesetzgebung, 588ff.

104 Erläuterung und Verbesserung der bisherigen Process- und Gerichtsordnung vom 10. Januar 1724, in: *Lüning*, Codex Augusteus Bd. 1, 2381ff.

105 *K. Tiegelkamp*, Geschichte und Stellung der Verhandlungsmaxime, 36f.

106 *K. Tiegelkamp*, Geschichte und Stellung der Verhandlungsmaxime, 36; *F. Bomsdorf*, Prozeßmaximen und Rechtswirklichkeit, 215f.; jeweils m.w.N.

107 Ein weiterer Fall der ausdrücklichen Übernahme der Verhandlungsmaxime unter den für den hier einschlägigen Zeitraum kennzeichnenden Modifikationen ist *Braunscheig;* vgl. hierzu *K. Tiegelkamp*, Geschichte und Stellung der Verhandlungsmaxime, 39.

108 Erl. von *W. Thilo*, Karlsruhe 1841.

109 *J. C. Schwartz*, Vierhundert Jahre deutscher Zivilprozeß-Gesetzgebung, 539f.; *K. Tiegelkamp*, Geschichte und Stellung der Verhandlungsmaxime, 38; *F. Bomsdorf*, Prozeßmaximen und Rechtswirklichkeit, 218f.

tragen worden waren (§338).[110] Im Rahmen der Zeugenvernehmung beschränkte sich das Fragerecht auf die Erläuterung der von den Parteien gestellten Fragen (§§490, 498). Schließlich hatte der Richter die Befugnis, die Parteien unter Androhung einer Geständnisfiktion zur vollständigen Erklärung über Tatsachen zu veranlassen (§389). Die negativen Erfahrungen mit den Mißbrauchs- und Verschleppungsmöglichkeiten einer weitgehend „reinen" Verhandlungsmaxime führten alsbald zu Modifikationen, die auf Stärkung der richterlichen Befugnisse hinausliefen. Insbesondere durch die umfassende Anwendung des Fragerechts sollte der Richter die Sachverhaltsaufklärung befördern. Auch die badische Zivilprozeßordnung schlug damit den verbreiteten „Mittelweg zwischen Parteien- und Richtermacht" bei der Rekonstruktion des Sachverhalts ein.[111]

e) Die Verhandlungsmaxime in der Reform des Zivilprozesses nach 1848

Nach 1848 verwirklichte die deutsche Prozeßgesetzgebung in stärkerem Maße als zuvor die Prinzipien der Mündlichkeit und Öffentlichkeit. Die Rezeption französischer Prozeßgrundsätze führte zu einer weiteren Zurücknahme der Befugnisse des Richters. Die Hannoversche Prozeßordnung[112] ragt dabei aufgrund ihrer dogmatischen Konsistenz und Bedeutung für die künftige einheitliche Prozeßordnung in Deutschland unter den übrigen Landesgesetzen hervor.[113]

aa) Die Prozeßordnung *Hannovers* von 1850 erstrebte eine Verschmelzung des gemeinen mit dem französischen und Teilen des preußischen Prozesses, ließ sich also den Hauptströmungen der prozeßrechtlichen Entwicklung nicht mehr eindeutig zuordnen.[114]

Dem Grunde nach folgte das Verfahren in seiner Zweigliedrigkeit, der durch eine Art Beweisinterlokut bewirkten Trennung zwischen Parteivortrag und Beweiserhebung, dem gemeinrechtlichen Prozeß. Als Grundprinzip führte die hannoversche Prozeßordnung indes die Mündlichkeit des Verfahrens ein, die

---

110 Vgl. *J. C. Schwartz*, Vierhundert Jahre deutscher Zivilprozeß-Gesetzgebung, 540; *K. Tiegelkamp*, Geschichte und Stellung der Verhandlungsmaxime, 38.

111 *F. Bomsdorf*, Prozeßmaximen und Rechtswirklichkeit, 221.

112 Allgemeine bürgerliche Prozeßordnung vom 8. November 1850, bei: *A. Leonhardt*, Die Justizgesetzgebung des Königreichs Hannover, Bd. 2, Die bürgerliche Prozeßordnung und deren Nebengesetze, 3. Aufl. Hannover 1861.

113 Vgl. zur Hannoverschen Prozeßordnung eingehend *G.J. Dahlmanns*, Der Strukturwandel des deutschen Zivilprozesses im 19. Jahrhundert, 36ff.; weiterhin *A. Wach*, Handbuch Bd. 1, 138ff.; *J. C. Schwartz*, Vierhundert Jahre deutscher Zivilprozeß-Gesetzgebung, 610ff.; mit Blick auf den Verhandlungsgrundsatz namentlich *K. Tiegelkamp*, Geschichte und Stellung der Verhandlungsmaxime, 43f.

114 *G.J. Dahlmanns*, Der Strukturwandel des deutschen Zivilprozesses im 19. Jahrhundert, 36; vgl.

sich nicht – wie im gemeinen Prozeß – auf eine Gegenüberstellung der Parteien nach weitgehender Festlegung des Streitstoffes beschränkte, sondern auf „Entstehung" des Streitstoffes in der Verhandlung gerichtet war.[115] Folglich verlor die schriftliche Vorbereitung der Verhandlung an Bedeutung.[116] § 101 des Gesetzes sah vor, daß die mündlichen Parteivorträge „das ganze Streitverhältnis, sowohl seiner thatsächlichen, als rechtlichen Beziehung nach umfassen" sollten. Die mündliche Verhandlung diente in tatsächlicher Beziehung „als Grundlage für die richterliche Entscheidung selbst rücksichtlich derjenigen Punkte, welche eine Abweichung von dem durch die Schrift festgestellten Vorbringen enthalten".

Das hannoversche Verfahren nahm damit Elemente der Verhandlungsmaxime französischer Prägung auf, die durch die Reduktion der richterlichen Tätigkeit auf die Streit*entscheidung* gekennzeichnet war. Immerhin sollte das richterliche Fragerecht es ermöglichen, eine „klare Ansicht der den Parteivorträgen zum Grunde liegenden thatsächlichen Verhältnisse" zu gewinnen (§ 111 Abs. 1).[117] Hinzu traten die aus dem gemeinen Recht bekannten Befugnisse der Anordnung des persönlichen Erscheinens (§ 66), der Beibringung von Unterlagen und die Amtsbefugnisse hinsichtlich der Anordnung bestimmter Beweismittel.

bb) Ähnlich ging die neue *badische* Prozeßordnung von 1864[118] vom Mündlichkeitsprinzip und der Verhandlungsmaxime aus, wogegen die richterlichen Befugnisse auf ein Fragerecht zur Aufhellung des Parteivortrags in tatsächlicher Hinsicht reduziert wurden. Gleiches gilt für die bayerische Prozeßordnung von 1869[119] und die württembergischen Prozeßgesetze von 1865 und 1868[120], wobei letztere den Motiven zufolge ausdrücklich auf die Geltung der Verhandlungsmaxime als „allein angemesse Norm für das Verhältnis zwischen den Gerichten und den Parteien im Civilprozeß" hin berechnet waren, indes zugleich deren praktische Beschränkung durch eine starke richterliche Prozeßleitung vorsahen.[121] Zudem wurde in den vor den Gemeindegerichten stattfindenden Verfahren in geringfügigen Sachen der Verhandlungsgrundsatz weiterhin beschränkt,

---

[115] *G. J. Dahlmanns*, Der Strukturwandel des deutschen Zivilprozesses im 19. Jahrhundert, 38, mit Nachweisen zu den Vorstellungen *Adolf Leonhardts*, des Schöpfers der Hannoverschen Prozeßordnung.

[116] *J. C. Schwartz*, Vierhundert Jahre deutscher Zivilprozeß-Gesetzgebung, 610f.; *G. J. Dahlmanns*, Der Strukturwandel des deutschen Zivilprozesses im 19. Jahrhundert, 40f.

[117] Vgl. zur Geltung der Verhandlungsmaxime *A. Wach*, Handbuch Bd. 1, 139; *F. Bomsdorf*, Prozeßmaximen und Rechtswirklichkeit, 234; *K. Tiegelkamp*, Geschichte und Stellung der Verhandlungsmaxime, 42f.

[118] Prozeß-Ordnung in bürgerlichen Rechtsstreitigkeiten für das Großherzogthum Baden, Karlsruhe 1864.

[119] Prozeßordnung in bürgerlichen Rechtsstreitigkeiten, München 1869.

[120] Civilprozeß-Ordnung für das Königreich Württemberg, in: Die neue Justizgesetzgebung des Königreichs Württemberg, Bd. 2, Civilprozeß-Ordnung, Stuttgart 1868.

[121] Zit. nach *F. Bomsdorf*, Prozeßmaximen und Rechtswirklichkeit, 238, m.w.N.

so daß sich das Verfahren dem gemeinrechtlichen unbestimmt-summarischen Prozeß annäherte.[122]

cc) Mit den zuletzt genannten Reformgesetzen und der darauf folgenden Entwicklung der „Civilprozeßordnung für das Deutsche Reich“ traten das Verfahrensrecht des Verwaltungsprozesses und die Zivilrechtspflege endgültig auseinander.

Die Entstehungsgeschichte der reichseinheitlichen ZPO setzte mit dem sogenannten Hannoverschen Entwurf ein, der von einer durch Beschluß der deutschen Bundesversammlung eingesetzten Fachkommission im Jahre 1866 vorgelegt wurde.[123] Ein eng hieran angelehnter Entwurf einer Civilprozeßordnung für den Norddeutschen Bund – der sogenannte Norddeutsche Entwurf – wurde im preußischen Justizministerium unter dem Vorsitz des Justizministers *Leonhardt* umgearbeitet.[124] Der hieraus resultierende sogenannte Justizministerialentwurf (E I) war durch konsequente Durchführung der damaligen Prozeßideale gekennzeichnet, nämlich Mündlichkeit, Passivität und Distanz des Richters sowie die Herrschaft der Parteien über den Prozeß. Damit war die Entscheidung der späteren deutschen Zivilprozeßordnung zugunsten der Verhandlungsmaxime vorgezeichnet, die mit den liberalen Auffassungen vom Staat und der Funktion der Rechtspflege weitestgehend kongruierte. Zugleich nahm das Verfahren der Verwaltungsrechtspflege mit der Konstituierung eigenständiger Verwaltungsgerichte in den Ländern endgültig seinen eigenen Weg.

2. *Maximenschöpfung und prozeßrechtliche Methode*

Die Entwicklung der Dichotomie zwischen Verhandlungs- und Untersuchungsmaxime ist Teil des Methodenwandels der Prozeßtheorie. Als prozessuale Passepartout-Begriffe konnten die Maximen neue binnendogmatische, rechtstheoretische und politische Begründungsmuster aufnehmen und in die Prozeßtheorie projizieren. Die kontinuierliche Bedeutung der Prozeßmaximen für die Prozeßtheorie beruhte gerade auf der Kombination ihrer klaren begrifflichen Alternativstellung mit einer ausgeprägten Offenheit für konzeptuelle Begründungsüberhänge.

Der ursprünglich vernunftrechtlich-apriorisch konstruierte Gegensatz von Verhandlungs- und Untersuchungsgrundsatz (a) wurde im Fortschreiten der prozeßrechtlichen Methode zunächst mit den Motiven der Privatautonomie, der Dispositionsfreiheit und der Parteiherrschaft über den Tatsachenstoff zusammengeführt (b). Mit der Unterscheidung von formeller und materieller

[122] *K. Tiegelkamp*, Geschichte und Stellung der Verhandlungsmaxime, 45, m.w.N.

[123] Hierzu und zur Entstehungsgeschichte der CPO/ZPO im allgemeinen *E. Schumann*, in: Stein/Jonas, ZPO, Einl., Rn. 105ff.

[124] *E. Schumann*, in: Stein/Jonas, ZPO, Einl., Rn. 108.

Wahrheit als Ziel richterlicher Ermittlungstätigkeit entfaltete sich eine prozeßtheoretische Parallelwertung, deren Zuordnung zu den Prozeßmaximen ihren begrifflichen Gegensatz noch vertiefte (unter b). Zwar wurden die Vertiefung und rechtstheoretische Sättigung der Dichotomie von Verhandlungs- und Untersuchungsgrundsatz stets von einer Gegenbewegung begleitet, die – je nach herrschender methodischer Strömung – etwa die vernunftrechtliche Methode der Maximenschöpfung als solche kritisierte, die normative Qualität der Maximen zugunsten der jeweiligen Regelungen des positiven Rechts bestritt oder auf Modifikationen nach Maßgabe praktischer Bedürfnisse drängte. Auch diese Gegenbewegungen änderten indes nichts an der Bedeutung der Maximen für die Prozeßtheorie. Im Gegenteil gewann die Verhandlungsmaxime in der sogenannten konstruktiven Periode der Prozessualistik (c) eine weitere Bedeutung als Vehikel liberal-rechtsstaatlicher Wertungen des Zivilprozesses.

a) Vernunftrechtlich entwickelte Polarität

Die Prozeßrechtler *Nicolaus T. v. Gönner*, *Karl v. Grolman* sowie *Ludwig H. v. Almendingen* repräsentieren den Höhe- und Endpunkt der vernunftrechtlichen Periode des Zivilprozesses.[125] Sie leiteten zugleich die Hinwendung der Prozessualistik zur Pflege allgemeiner Grundsätze des Prozeßrechts ein, die in ihrer Bedeutung für die Entwicklung der Prozeßtheorie über besagte Periode weit hinausreicht.

aa) Das Erkenntnisinteresse *Grolmans* in seiner im Jahre 1800 erschienenen „Theorie des gerichtlichen Verfahrens in bürgerlichen Rechtsstreitigkeiten" richtete sich darauf, den allgemeinen Teil eines idealen Prozeßrechts zu entwikkeln, nämlich „aus unseren Gesetzen und der Natur der Sache abzuleitende processualische Grundregeln, welche in jeder Proceßart ihre Anwendung finden müssen".[126] Diese Grundregeln wurzelten ihrerseits in neuartigen Erwägungen zum Prozeßzweck, den *Grolman* in der Gewähr richterlicher Hilfe zur Durchsetzung der staatlich garantierten Privatrechte erblickte.[127]

In charakteristisch vernunftrechtlicher Manier ordnet *Grolman* „alle einzelnen, bey dem gerichtlichen Verfahren vorkommenden Handlungen" der „Erreichung des Endzwecks des gerichtlichen Verfahrens" zu,[128] was teilweise zur Umformung und Neuinterpretation des positiven Rechts führte. Die prozessuale Wesensschau *Grolmans* führte damit, insoweit kennzeichnend für die vernunftrechtliche Methode, zu einer gewissen Beweglichkeit gegenüber dem po-

---

[125] Hierzu insbesondere *K. W. Nörr*, Naturrecht und Zivilprozeß, 2ff.; zur Methode *Grolmans* auch *O. Vossius*, Zu den dogmengeschichtlichen Grundlagen der Rechtsschutzlehre, 29f.

[126] *K. v. Grolman*, Theorie des gerichtlichen Verfahrens, 22.

[127] *K. v. Grolman*, Theorie des gerichtlichen Verfahrens, 98.

[128] *K. v. Grolman*, Theorie des gerichtlichen Verfahrens, 98f., auch 103, 176.

sitiven Recht und dem gemeinrechtlichen Lehrbestand.[129] Sie ermöglichte indes zugleich die begriffliche Bändigung des heterogenen Materials und bereitete auf diese Weise die Entwicklung des modernen Verfahrensrechts vor.[130]

bb) Ähnlich setzte *Gönner* zu einer Systematisierung und Durchformung des Prozeßrechts auf vernunftrechtlicher Grundlage an. Charakteristisch war ein methodischer Dreischritt, dessen erstes Element die apriorische, nur lose am positiven Recht orientierte Bildung von Grundbegriffen und Prinzipien des Prozeßrechts darstellte. Sodann wurden geeignete Bestimmungen des positiven Rechts auf diese Grundsätze zurückgeführt und als deren Folge oder Ausdruck deklariert. Die solcherart erhärteten Grundsätze konnten dann – in einem dritten Schritt – wiederum als Maßstab zur Überprüfung der systemischen Kompatibilität einzelner positiv-rechtlicher Bestimmungen dienen.[131] Die Prozeßtheorie sollte *Gönner* zufolge auf die vernunftrechtlichen Prinzipien des Rechts zurückgeführt werden, indem der Rechtswissenschaftler „in den Geist des gemeinen deutschen Processes eindringt, die Gegenstände, die man antrifft, aus richtigen allgemeinen Principien ableitet, und die Harmonie der Grundsätze, welche in den Gesetzen enthalten sind, mit den ersten Forderungen der Rechtslehre durch eine richtige Entwickelung darstellt".[132]

Gönners Anliegen war es, die jeweiligen Prozeßordnungen auf allgemeine *Ordnungsgrundsätze* zurückzuführen, die ihrerseits mit „reinen Vernunftsätzen"[133], letzten Endes mit der vernunftrechtlichen Idee des Staates selbst, übereinstimmen sollten.[134] Dabei galten ihm sowohl der gemeinrechtliche Verhandlungsgrundsatz als auch die preußische Untersuchungsmaxime als vereinbar mit dem Zweck des Prozesses, die Rechte Privater zu schützen.[135] Wer, so die Begründung, einen Rechtsstreit der Entscheidung des Richters unterwerfe, erkläre durch konkludente Handlung, sein Recht nicht aufgeben zu wollen. Daher könne es der Staat dem Richter zur Pflicht machen, „nach geschehener Aufforderung durch eine Klage als (muß heißen: alle, M.K.) Mittel von Amtswegen anzuwenden, ohne welche dieser Zweck nicht erreicht werden kann, folglich nach angebrachter Klage die Merkmale des Rechtsstreits zu untersuchen".

---

[129] *K.W. Nörr*, Naturrecht und Zivilprozeß, 42; kritisch *F. Bomsdorf*, Prozeßmaximen und Rechtswirklichkeit, 109; *F. v. Hippel*, Wahrheitspflicht und Aufklärungspflicht der Parteien im Zivilprozeß, 166f.

[130] *H. Schlosser*, ZNR 1982, 42 , 49; *K. W. Nörr*, Ius commune X (1981), 141, 143.

[131] Ausführlich und mit z. T. überzogener Kritik *F. Bomsdorf*, Prozeßmaximen und Rechtswirklichkeit, 114ff. m.w.N.; vgl. zur Methode *P. Böhm*, Ius commune VII (1978), 136, 140.

[132] *N.T. v. Gönner*, Handbuch Bd. 1, 134.

[133] *N.T. v. Gönner*, Handbuch Bd. 1, 177.

[134] *P. Böhm*, Ius commune VII (1978), 136, 139; vgl. *N.T. v. Gönner*, Handbuch Bd. 1, 119.

[135] Später optierte *Gönner* für die Verhandlungsmaxime, da sie zum einen praktikabler sei als der Untersuchungsgrundsatz und zudem „der Natur der Civilsache als veräusserlicher Rechte ganz angemessen" sei, ohne daß er den gleichsam genetischen Zusammenhang von Zivilrecht und Verhandlungsmaxime hergestellt hätte, für den *Grolman* eintrat; vgl. *N.T. v. Gönner*, Entwurf eines Gesetzbuchs über das gerichtliche Verfahren, 1. Band, Vorrede, XXIf.

Auch die Untersuchungsmaxime konnte so aus der Natur des Staates und der Prozeßordnung deduziert werden.[136] Die Entscheidung zwischen beiden Maximen sei, so *Gönner*, mit Blick auf die vernunftrechtlichen Prinzipien neutral und damit eine Frage der jeweiligen positiven Gesetzgebung.[137] Auch habe die Untersuchungsmaxime nicht zur Folge, die Parteien von „der Verbindlichkeit, die Mittel anzugeben, woraus der Richter von der Wahrheit ihrer Behauptungen sich überzeugen kann, *ganz* zu befreien", da die Unaufklärbarkeit erheblicher Tatsachen gegebenenfalls zu Lasten derjenigen Partei gehe, die sich auf sie berufe.[138] Verhandlungs- und Untersuchungsmaxime galten *Gönner* damit als gleichberechtigte Wege[139] zur Wahrheitsermittlung als dem hohen Zweck des ganzen Verfahrens.[140] Keine Maxime schließe die andere aus,[141] so daß auch Mischformen denkbar seien.[142] Die vernunftrechtliche Methode sollte es allerdings ermöglichen, die jeweils herrschende Maxime – den Geist des Verfahrens – zu ermitteln.[143]

Ungeachtet der Konzessionen an die Praxis zog *Gönner* auf der Ebene der vernunftrechtlich ermittelten Idealbegriffe eine präzise begriffliche Trennlinie. Die Durchsetzungsfähigkeit der Maximen in der Rechtslehre des 19. Jahrhunderts beruhte gerade auf der scharfen Alternativstellung jenes „dort thut er *Nichts* – hier *Alles* von Amtswegen"[144], die sich der apriorischen Konstruktion der Maximen ohne Rücksicht auf die Kontingenzen der jeweiligen positivrechtlichen Ausformungen verdankte. Die begriffliche Polarisierung setzte sich in der prozeßrechtlichen Literatur auf breiter Linie durch und wurde zum Teil zur begriffslogischen Unvereinbarkeit beider Maximen übersteigert. Verhandlungs- und Untersuchungsmaxime seien, so etwa *E.H. Welsch*, „die absoluten Gegensätze, die sich nie vereinigen lassen, ... weil geradezu einander Entgegengesetztes doch unmöglich in Eines verschmolzen werden kann, und der unbedingte Gegensatz der Verhandlungs- und der Untersuchungs-Maxime sich doch nicht bezweifeln läßt."[145]

cc) Alsbald nach Schöpfung der Prozeßmaximen setzte eine Gegenbewegung ein, die vor allem die zugrundeliegende Methode der „philosophieren-

---

136 *N.T. v. Gönner*, Handbuch Bd. 1, 185, auch 187f.

137 *N.T. v. Gönner*, Handbuch Bd. 1, 186f., in Auseinandersetzung mit der Ansicht *Grolmans*.

138 *N.T. v. Gönner*, Handbuch Bd. 1, 188; Hervorhebung im wörtlichen Zitat durch mich, M.K. *Gönner* zielt damit auf die Grundproblematik jedes Prozesses nach Maßgabe der Untersuchungsmaxime, die angebliche richterliche Alleinverantwortung für den Sachverhalt mit der allgemeinen prozessualen Risikoverteilung im Wege der objektiven Beweislast abzustimmen.

139 *N.T. v. Gönner*, Handbuch Bd. 1, 179, 182.

140 *N.T. v. Gönner*, Handbuch Bd. 1, 214.

141 *N.T. v. Gönner*, Handbuch Bd. 1, 184.

142 *N.T. v. Gönner*, Handbuch Bd. 1, 190.

143 *N.T. v. Gönner*, Handbuch Bd. 1, 193.

144 *N.T. v. Gönner*, Handbuch Bd. 1, 191.

145 *E.W. Welsch*, Revision der Gesetzgebung und Rechtspflege in Baiern, 1. Heft, München 1819, 24, 27, zit. nach *F. Bomsdorf*, Prozeßmaximen und Rechtswirklichkeit, 162.

den“, apriorischen Begriffsbildung kritisierte. Die Methode der Maximenbildung habe, so *Carl J.A. Mittermaier*, zu inhaltlicher Unterbestimmtheit und Beliebigkeit in der Interpretation des positiven Rechtsstoffes geführt.[146] Anstatt „zu erforschen, wie aus den gemeinrechtlichen Quellen die processualischen Begriffe fließen“, habe *Gönner* sich „willkürlich allgemeine Begriffe“ konstruiert, die zugrundeliegenden Normen verformt und aus ihrem systematischen Zusammenhang gerissen.[147] Das auch im gemeinrechtlichen Prozeß bekannte richterliche Fragerecht,[148] die Auferlegung von Beweisen durch den Richter und die Wahlmöglichkeiten bei den Mitteln der Prozeßleitung würden in ihrer Bedeutung verkannt, interpretierte man sie allein nach Maßgabe idealtypisch gebildeter Maximen.[149]

Soweit sie die Maximen nicht gänzlich verwarf, betonte die praktisch ausgerichtete Literatur zum Zivilprozeß die Notwendigkeit, die Verhandlungsmaxime um Elemente des Untersuchungsgrundsatzes zu erweitern.[150] Diese Kritik und die entsprechenden Modifikationen in der legislativen Praxis, namentlich in Gestalt des richterlichen Fragerechts, standen der Etablierung des Gegensatzpaares in der Prozessualistik des 19. Jahrhunderts indes nicht entgegen.[151] Zudem traten der vernunftrechtlichen Begriffsbildung nunmehr weitere rechtstheoretische Begründungen zur Seite.

b) Verknüpfung mit dem Gedanken der Privatautonomie

Maßgeblich für die Verfestigung der Dichotomie von Verhandlungs- und Untersuchungsgrundsatz war die ideelle Sättigung, die mit der Projektion der Verhandlungsmaxime auf die Grundbegriffe der *Kant*schen Rechtsphilosophie eintrat.[152] Die Verhandlungsmaxime gewann damit einen auf individuelle Freiheit radizierten, metaphysischen Begründungsüberhang (aa). Die Historische Rechtsschule setzte diesen Überhang in binnendogmatische Plausibilität um. Am Ende der Entwicklungsphase erschienen Verhandlungsmaxime und die Be-

---

[146] *C.J. Mittermaier*, Der gemeine deutsche bürgerliche Prozeß Bd. 1, 72f.

[147] *C.J. Mittermaier*, AcP 12 (1829), 133, 134; zur Kritik auch *W.H. Puchta*, Das Prozeßleitungsamt des deutschen Civilrichters, 62.

[148] Vgl. hierzu nur *W.H. Puchta*, Das Prozeßleitungsamt des deutschen Civilrichters, 57ff.; *C.J. Mittermaier*, Der gemeine deutsche bürgerliche Prozeß Bd. 1, 77.

[149] *F. Bomsdorf*, Prozeßmaximen und Rechtswirklichkeit, 185 m.w.N. aus der zeitgenössischen Literatur; auch *F. v. Hippel*, Wahrheitspflicht und Aufklärungspflicht der Parteien im Zivilprozeß, 166f.

[150] So etwa *R. Osterloh*, Lehrbuch Bd. 1, 50f.; *W.H. Puchta*, Über die Grenzen des Richteramts, Vorrede, V, 149ff.; *ders.*, Das Prozeßleitungsamt des deutschen Civilrichters, 5, 63, 129; *C.J. Mittermaier*, Der gemeine deutsche bürgerliche Prozeß, 79f.; mit Blick auf den preußischen Prozeß *J.F. Abegg*, Preußische Civil-Prozeßgesetzgebung, 129ff.

[151] *F. Bomsdorf*, Prozeßmaximen und Rechtswirklichkeit, 187f.

[152] *K.W. Nörr*, Naturrecht und Zivilprozeß, 43.

schränkung des Zivilprozesses auf die Ermittlung der „formellen Wahrheit" (cc) als zwingende prozessuale Konsequenzen der materiell-rechtlichen Grundwertungen des Zivilrechts (bb).[153] Zugleich gewann die Verhandlungsmaxime klare dogmatische Konturen (dd), die nur noch der Normierung in einer einheitlichen deutschen Zivilprozeßordnung harrten.

aa) Vernunftrechtliche Schule

Solange das Prozeßrecht als bloßes technisches Recht, als die Kunst, „Akten anzufertigen und mit ihnen geschickt umzugehen"[154], begriffen wurde, konnten rechtsphilosophische Begründungen für seine konkrete Gestalt im ganzen sowie für einzelne prozessuale Institute nicht erschlossen werden. Die Dimension metaphysischer Begründungen öffnete sich erst, als das Prozeßrecht in eine ideelle Gleichursprünglichkeit mit dem Zivilrecht gebracht und auf dessen basale Wertungen zurückgeführt wurde.[155]

Materielles und prozessuales Recht wurden nicht mehr aus lediglich praktischen Gründen zusammen bearbeitet, sondern es sollte – beginnend mit *Grolman, Martin, Thibaut* und auch *Gönner* - das Prozeßrecht als Teil des Zivilrechts und im Geist desselben behandelt werden. In loser Anlehnung an die *Kant*sche Begrifflichkeit wurde, am deutlichsten bei *Grolman*, der Schutz des „äußeren Mein und Dein"[156] zum Prozeßzweck erhoben. In Anknüpfung an die *Kant*sche Definition des Rechts als wechselseitige Ordnung individueller Willkür nach einem allgemeinen Gesetz der Freiheit[157] argumentierte *Grolman*, daß aus der Befugnis des Bürgers, „mit seinen Rechten nach freier Willkühr zu schalten", die Beschränkung des Staats auf den Schutz dessen folge, was der

---

[153] Zur Vermengung von Dispositions- und Verhandlungsgrundsatz i.e.S. *F. Bomsdorf*, Prozeßmaximen und Rechtswirklichkeit, 161; zum wechselnden Begründungszusammenhang der Verhandlungsmaxime im Laufe des 19. Jahrhunderts im allgemeinen *B. Rimmelspacher*, Zur Prüfung von Amts wegen im Zivilprozeß, 24ff.

[154] *Nettelbladt*, Abhandlung von der praktischen Rechtsgelehrtheit, 1764, § 8, zit. nach *H.F. Gaul*, AcP 158 (1968), 27.

[155] *K.W. Nörr*, Ius commune X (1981), 141, 143; *Ders.*, Naturrecht und Zivilprozeß, 49f. m.w.N.

[156] *I. Kant*, Die Metaphysik der Sitten, Rechtslehre, § 5, 357; hierzu *R. Saage*, Eigentum und Gesellschaft bei Immanuel Kant, 12f.; zur Rezeption der *Kant*schen Rechtslehre vgl. *R. Dreier*, Zur Einheit der praktischen Philosophie Kants, 268f.; *G.-W. Küsters*, Kants Rechtsphilosophie, passim; speziell zur Rezeption durch *Grolman* siehe *O. Vossius*, Zu den dogmengeschichtlichen Grundlagen der Rechtsschutzlehre, 26ff.

[157] *I. Kant*, Die Metaphysik der Sitten, Rechtslehre, Einleitung, 337; zum Rechtsbegriff und dem hieraus abgeleiteten Rechtsprinzip in Beziehung zum allgemeinen Kategorischen Imperativ *R. Dreier*, Zur Einheit der praktischen Philosophie Kants, 294f.; zur Verknüpfung von Verhandlungsmaxime und „naturrechtlicher Freiheitsdogmatik" in dieser Periode *F. v. Hippel*, Wahrheitspflicht und Aufklärungspflicht der Parteien im Zivilprozeß, 177, unter Bezugnahme auf *v. Almendingen*.

Bürger als das Seine anerkenne. Darin inbegriffen war namentlich die Möglichkeit des *Rechtsverzichts.*[158] Der Endzweck des gerichtlichen Verfahrens bestand demnach nicht in dem Schutz jedweden Privatrechts, sondern nur solcher Rechte des Bürgers, welche „dieser als solche betrachten will".[159]

Nicht nur das subjektive Privatrecht, auch der prozessuale Anspruch wurde demnach als ein in die individuelle Willkür gestelltes Vermögen des Bürgers begriffen. Diese Figur wurde von *Grolman* in einem zweiten Schritt auf die *Tatsachenermittlung* erstreckt.[160] Nicht nur gab es *Grolman* zufolge kein Verfahren der Rechtsverfolgung von Amts wegen, sondern der Richter war bei der Prüfung der erhobenen Ansprüche auch auf das Parteivorbringen in *tatsächlicher* Hinsicht, auf die ihm an die Hand gegebenen Mittel, beschränkt.[161] Die Beweiserhebung sollte sich *Grolman* zufolge daher nur auf solche Tatsachen erstrekken, die nach dem Vortrag der Parteien streitig blieben. „Von Amtswegen *beweisen* wäre eben so viel, als: von Amtswegen *Rechte anerkennen*, deren Existenz doch von dem Willen dessen abhängt, für welchen sie anerkannt werden sollten".[162] Privatautonomie, Dispositionsbefugnis der Parteien über ihre Rechte im Prozeß und Tatsachenverantwortung der Parteien bildeten sonach bei *Grolman* eine konzeptuelle Einheit; eine Vorstellung, die zum Gemeingut der Prozessualistik des 19. Jahrhunderts avancierte.

bb) Historische Schule

Mit den Werken *Grolman*s und *Gönner*s erreichte die Natur- bzw. Vernunftrechtsperiode im Zivilprozeß ihren Höhepunkt und Abschluß zugleich. Das Bemühen der naturrechtlich orientierten Prozessualisten um den Entwurf idealer Prozeßordnungen wurde von der Historischen Rechtsschule nicht weitergeführt.[163] Die Prozeßmaximen, von den Vernunftrechtlern als Ergebnis vernünftigen Schließens aus apriorisch erkannten Rechtsprinzipien präsentiert, fanden indes nahtlosen Anschluß, da sie der Historischen Schule als Instrument der konstruktiven Systematisierung des Rechtsstoffes dienten.[164] Diese Bemühungen mündeten in historisch-systematischen Gesamtdarstellungen, in denen die

---

[158] Vgl. *K. W. Nörr*, Naturrecht und Zivilprozeß, 44.

[159] *K. v. Grolman*, Theorie des gerichtlichen Verfahrens, 103. Vgl. ähnlich *J. F. Lotz*, Civilistische Abhandlungen, 7.

[160] Vgl. zum methodischen Vorgehen *Grolmans K. W. Nörr*, Naturrecht und Zivilprozeß, 45.

[161] *K. v. Grolman*, Theorie des gerichtlichen Verfahrens, 104.

[162] *K. v. Grolman*, Theorie des gerichtlichen Verfahrens, 106; Hervorhebungen durch mich, M.K.

[163] Vgl. *K. W. Nörr*, Naturrecht und Zivilprozeß, 53.

[164] *R. Dreier*, Zum Begriff der „Natur der Sache", 44; vgl. *K. W. Nörr*, Naturrecht und Zivilprozeß, 51f.

heterogenen Quellen des Prozeßrechts zu großen, die regionalen Sonderbildungen überwölbenden Systemen zusammengeführt wurden.[165]

(1) Auch *Grolman* und *Gönner* hatten sich bei der Ermittlung allgemeiner Prinzipien an den Bestimmungen des positiven Rechts orientieren müssen. Die von *Grolman* herangezogene Rechtsquelle der „Natur der Sache" konnte – als Wesens- und Zweckbestimmung rechtlicher Institute[166] – in der Historischen Rechtsschule eine *heuristische* Funktion gewinnen, nämlich als Erkennismittel derjenigen höheren Regeln, welche „in der Beurtheilung des Instituts und Entscheidung einzelner Fälle den gelehrten Richter leiten" müssen[167]. Über die Rechtsquelle des *Juristen*rechts – das durch historische Forschung, Interpretation, Konstruktion sowie System- und Prinzipienbildung erarbeitete spezifisch „wissenschaftliche" Recht – fand das „Natur der Sache"-Argument Eingang in das rechtstheoretische Programm der Historischen Schule.[168] Einzelne naturrechtlich konstruierte Begriffe, namentlich die Prozeßmaximen, wurden auf diesem Wege in das neue rechtswissenschaftliche Paradigma übernommen.[169] Verhandlungs- und Untersuchungsgrundsatz verselbständigten sich damit von ihren vernunftrechtlichen Wurzeln und öffneten sich für das Einströmen neuer rechtstheoretischer Grundannahmen.

(2) Kennzeichnend für diese neuerliche rechtstheoretische Imprägnierung der Prozeßmaximen war, in einer bemerkenswerten Rückorientierung, die Fortführung der bei *Grolman* bereits angelegten Verknüpfung der Verhandlungsmaxime mit der Rechtslehre *Kants*.[170]

Dies wurde namentlich bei *Friedrich C. v. Savigny* deutlich, dessen System des römischen Rechts von den *Kant*schen Grundwertungen der Person, der Freiheit und des Willens bestimmt ist. Ungeachtet des rechtstheoretischen Paradigmenwechsels bildete das System *Savignys* – mit *Franz Wieacker* – eine dog-

---

[165] *H. Schlosser*, ZNR 1982, 42, 43 m.w.N.; zur historischen Methode im Prozeßrecht seinerzeit namentlich der *Savigny*-Schüler *A. Bethmann-Hollweg*, Grundriß, Vorrede, Vff.

[166] *K. v. Grolman*, Theorie des gerichtlichen Verfahrens, 10f.; hierzu *R. Dreier*, Zum Begriff der „Natur der Sache", 41.

[167] *C.J. Mittermaier*, Grundsätze, 110f., hierzu *R. Dreier*, Zum Begriff der „Natur der Sache", 44; ähnlich *A. Bethmann-Hollweg*, Grundriß, Vorrede XI, der die Erkenntnis der „Natur der Dinge" der Willkür positiver Gesetze und isolierter Interpretation derselben entgegensetzt.

[168] *R. Dreier*, Zum Begriff der „Natur der Sache", 44; *F. Wieacker*, Privatrechtsgeschichte der Neuzeit, 370f.; vgl. namentlich *F. C. v. Savigny*, System I, §§ 14ff., 45ff.; *G.F. Puchta*, Pandekten, § 16, 29ff.; zum wissenschaftsgeschichtlichen Hintergrund der Systembildung im Recht *A. Brockmöller*, Die Entstehung der Rechtstheorie, 24ff.

[169] Vgl. *E. Landsberg*, Geschichte der deutschen Rechtswissenschaft III, 2, 212; *R. Dreier*, Zum Begriff der „Natur der Sache", 46; vgl. *K.W. Nörr*, Naturrecht und Zivilprozeß, 53. Legitimiert wurde diese Methode durch die methodische Voraussetzung, daß das natürliche System der rechtlich relevanten Lebensverhältnisse und des rechtlichen Systems der Rechtsverhältnisse und Rechtsinstitute sich organisch entsprächen; hierzu *E.-W. Böckenförde*, Die Historische Rechtsschule und das Problem der Geschichtlichkeit des Rechts, 22.

[170] *K.W. Nörr*, Naturrecht und Zivilprozeß, 43ff.; 47ff.; *Ders.*, Ius commune X (1981), 141, 142.

matische Durchführung der rechtsethischen Grundannahmen[171] *Kants*: der sittlichen Autonomie der Person, der Konzeption der Rechts- als Freiheitsordnung und der Vorstellung eines autonomen rechtsgeschäftlichen Willens.[172] Bei *Savigny* leitete sich die Herrschaft der Parteien über den Prozeßstoff gleichsam selbstverständlich aus ihrer Befugnis zur willkürlichen Gestaltung der Privatrechtsverhältnisse her, in die der Richter nicht einzugreifen habe.[173] Der Richter war nach *Savigny* nur dazu berufen, über den Streit der Parteien zu entscheiden, soweit er ihm unterbreitet wurde. Das Tatsachengeständnis sollte den Richter binden, da er sich über unstreitiges Vorbringen „des eigenen Urtheils zu enthalten" habe.[174]

In der Renaissance des materiellen *Aktionenrechts* fand die Zusammenführung von materiellen Recht und Prozeßrecht ihren passenden dogmatischen Ausdruck.[175] Die Vorstellung eines materiell-rechtlich fundierten Klagerechts[176] rechtfertigte es nahezu zwangsläufig, die dogmatische Durchformung des Prozeßrechts an den Kategorien des materiellen Privatrechts zu orientierten. Die bei *Gönner* noch angelegte Vereinbarkeit des *Untersuchungs*grundsatzes mit dem Zivilprozeß ging im Zuge dieser rechtsmethodischen Engführung von materiellem Recht und Prozeßrecht verloren.

(3) Die Orientierung an den materiell-rechtlichen Basiswertungen und -begriffen des Zivilrechts bedeutete freilich nicht, daß auf die eigenständige wissenschaftliche Durchdringung des Prozesses vor der konstruktiven Periode der Prozessualistik gänzlich verzichtet worden wäre. Zwar gelang es der gemeinrechtlichen Lehre vom Zivilprozeß nicht, eine dem „Allgemeinen Teil" der Pandektistik gleichrangige prozessuale Systematik zu entwickeln. Es stand kein juristischer Grundbegriff zur Verfügung, der, ähnlich dem subjektiven Recht des Zivilrechts, als Ausgangspunkt einer systematischen Entfaltung des Prozesses hätte dienen können.[177] Ungeachtet dessen hatten die Bemühungen der Prozessualistik, wenngleich auf überkommener methodischer Grundlage, zu einer Systematisierung des prozessualen Rechtsstoffes geführt, an den die Historische

[171] Freilich ohne die Hypothek einer transzendentaltheoretischen Freiheitsbegründung; *N. Luhmann*, Subjektive Rechte, 67.

[172] *F. Wieacker*, Privatrechtsgeschichte der Neuzeit, 352f.; *H. Kiefner*, Der Einfluß Kants auf Theorie und Praxis des Zivilrechts im 19. Jahrhundert, 7, jeweils m.w.N. Die Bedeutung der Lehre *Kants*, namentlich der *Kant*schen Wissenschaftskriterien, für die Lehre *Savignys* sind umstritten; zu Hintergrund und Einzelheiten *J. Schröder*, Wissenschaft und Lehre, 161.

[173] *H. Kiefner*, Der Einfluß Kants auf Theorie und Praxis des Zivilrechts im 19. Jahrhundert, 18.

[174] *F.C. v. Savigny*, System VII, 41.

[175] *K.W. Nörr*, Ius commune X (1981), 141, 143, 151; hierzu ausführlich *W. Simshäuser*, Zur Entwicklung, 52ff.

[176] Vgl. hierzu *F. Weber*, Studium Generale 1960, 183; *O. Vossius*, Zu den dogmengeschichtlichen Grundlagen der Rechtsschutzlehre, 54ff.

[177] *W. Simshäuser*, Zur Entwicklung, 47; vgl. *H.F. Gaul*, AcP 158 (1968), 27, 30f.

Rechtsschule nach „Übernahme" des Prozeßrechts[178] bruchlos anknüpfen konnte.

Repräsentativ für den Stand der Prozessualistik in dieser Periode war das im Jahre 1800 erstmals erschienene, in den ersten Jahrzehnten des 19. Jahrhunderts führende Lehrbuch von *Christoph Martin*[179]. *Martin* ging es um die Entwicklung der „absolut wesentlichen Grundregeln" des gemeinrechtlichen Prozesses, die sich freilich aus den genannten Gründen an materiell-rechtlichen Wertungen des Zivilrechts orientierten. Zu den Grundregeln dieses Systems gehörte der Satz, daß es in Zivil-Sachen kein Verfahren von Amts wegen geben könne.[180] *Martin* kanonisierte – im Anschluß an *Grolman* – die Verknüpfung des „freien Dispositions-Recht(s) des vermeintlich Gekränkten über das Seine" mit der Regel, daß „wie für die Eröffnung, so auch für die Fortsetzung des Rechtsstreits das Verhandlungs-Prinzip" zugrundezulegen sei. Dies schloß die Befugnis des Richters aus, „die etwann nöthige Kenntniß von Thatsachen sich ohne Zuthun der Parteien (...) zu verschaffen."[181] Die später erschienenen Vorlesungen *Martins* auf der Basis seines Lehrbuches verdeutlichen, wie sich historisch-systematisierende Methode und materiell-rechtliche Basiswertungen in der praxisorientierten Dogmatik niederschlugen. Die Rechtfertigung der Verhandlungsmaxime ruhte danach auf drei Strängen, nämlich der historischen Entwicklung des Zivilprozesses, der „Abstraction aus den einzelnen Proceßvorschriften" und schließlich der „*Natur* des regelmäßigen Proceßgegenstandes, welcher der Disposition der Streittheile allein unterliegt".[182]

Ganz im Geiste *Grolmans* setzte es sich durch, auch und gerade die „Tatsachenherrschaft" der Parteien als Folge der privatrechtlichen Dispositionsbefugnis zu begreifen. Sogar die Beschränkung des gemeinen Prozesses auf die Erwirkung lediglich *formell* gerechter Ergebnisse – als den Gesetzen und dem Inhalt der Akten entsprechend – konnte aus dem Dispositionsgedanken gerechtfertigt werden. Unzureichender, nachteiliger Tatsachenvortrag einer Partei sei letzten Endes, so die Begründung, „als eine Art von Veräußerung" zu betrachten, da es sich bei dem Streitgegenstand „allein um veräußerliche Güter handelt, über welche der Partei die freie Disposition zusteht".[183] Der Position *Martins* schloß sich der seinerzeit verbreitete Kommentar von *Hieronymus Bayer* an, der das allgemeine Prinzip der Abhängigkeit des Richters von den Parteianträgen – hinsichtlich der Eröffnung und Fortsetzung des Streites, der Verwertung von Privatwis-

---

178 Als Zeitpunkt wird das Jahr 1821 angesehen, in dem *A. Bethmann-Hollweg* seinen Grundriß zu Vorlesungen über den Zivilprozeß, mit einer Vorrede über die wissenschaftliche Behandlung desselben, veröffentlichte.

179 *C. Martin*, Lehrbuch des Teutschen gemeinen bürgerlichen Prozesses (1. Aufl. 1800, hier zit. nach der 12. Aufl. 1838).

180 *C. Martin*, Lehrbuch des Teutschen gemeinen bürgerlichen Prozesses, 30.

181 *C. Martin*, Lehrbuch des Teutschen gemeinen bürgerlichen Prozesses, 31.

182 *C. Martin*, Vorlesungen Bd. 1, 125; Hervorhebung durch mich, M.K.

183 *C. Martin*, Vorlesungen Bd. 1, 137.

sen und der Bindung an den Klagantrag (*ne eat ultra petita partium*) – auf die Natur der im Zivilprozeß verfolgten Rechte und die hieraus sprießende Fähigkeit der Parteien, auf diese Rechte verzichten zu können, zurückführte.[184] Vorsichtiger sprach das Lehrbuch von *Justus T.B. Linde*, das die konstruktiv-systematische Richtung *Martins* fortsetzte und dessen Lehrbuch allmählich ablöste, davon, daß die Verhandlungsmaxime mit dem Recht willkürlicher Disposition über Privatrechte „wohl am beßten zu vereinigen" sei.[185]

(4) Die im Jahre 1825 erschienenen „Institutionen des römischen und teutschen Civil-Processes" von *August W. Heffter* unternahmen erstmals den Versuch, den Zivilprozeß auf historischer Grundlage systematisch zu entwikkeln.[186] Auch für *Heffter* bildete die einschränkungslose Dispositionsbefugnis der Parteien den entscheidenden Gesichtspunkt für die Bestimmung der Tatsachenverantwortlichkeit.[187] Hierfür fand er die prägnante Kennzeichnung des Zivilprozesses als „geregelter Kriegszustand". Die Beschränkung des Richters auf das von den Parteien Vorgelegte galt ihm als notwendiger Ausdruck seiner Neutralitäts- bzw. Objektivitätsverpflichtung.[188] Vor dem Hintergrund der Idee des Prozeßkrieges fand die Ansicht Verbreitung, eine prozessuale Wahrheitspflicht der Parteien sei mit der Verhandlungsmaxime nicht zu vereinbaren.[189]

Die Hauptreihe der systematisch-historisch orientierten Schriften zum Prozeßrecht mündete im System *Georg W. Wetzells*.[190] *Wetzell* führt Prozeßrechtsgeschichte und prozeßrechtliches System in eine enge Legierung.[191] Die Begründung der Verhandlungsmaxime setzte bei der mittlerweile als selbstverständlich vorausgesetzten, jedem „Rechtssubjekt *an sich* zustehenden Befugniß" an, frei über seine privatrechtlichen Verhältnisse zu verfügen. Hieraus ergebe sich, so *Wetzells* Fassung einer seinerzeit selbstverständlichen Erkenntnis, „das Postu-

---

[184] *H. Bayer*, Vorträge über den gemeinen ordentlichen Civilprozeß mit Beziehung auf Martin's Lehrbuch, 12; anders hingegen die gegen *Martin* gerichtete Polemik von *K.E. Morstadt*, Materialkritik von Martin's Civilprozeß-Lehrbuch, 89ff., der die Prämisse bestreitet, daß im Zivilprozeß nur disponible Rechte zur Sprache kämen; ferner diejenige, daß zwischen Disponibilität des Rechts und Verhandlungsmaxime ein genetischer Zusammenhang bestehe. In der Sache scheint er der oben umrissenen Position *Gönners* zu folgen; vgl. namentlich zum preußischen Zivilprozeß ebd. 93, Anm. 31.

[185] *J.T. Linde*, Lehrbuch des deutschen gemeinen Civilprozesses, 164.

[186] Zur Einordnung *Heffters* vgl. *E. Landsberg*, Geschichte der deutschen Rechtswissenschaft III, 2, 299f.

[187] *A.W. Heffter*, Institutionen des römischen und teutschen Civil-Prozesses, 4.

[188] *A.W. Heffter*, Institutionen des römischen und teutschen Civil-Prozesses, 5. Zum Gedanken des Prozeßkriegs auch *K.S. Zachariae*, Vierzig Bücher vom Staate, Bd. 4, 51, 57.

[189] Vgl. *F. Bomsdorf*, Prozeßmaximen und Rechtswirklichkeit, 167 m.w.N.

[190] *G.W. Wetzell*, System des ordentlichen Civilprocesses, 1854–62; zu dessen Stellung und Bedeutung *K.W. Nörr*, Ius commune X (1981), 141, 165.

[191] *K.W. Nörr*, Ius commune X (1981), 141, 165f. m.w.N.; methodisch abweichend noch *Bethmann-Hollweg*, der Geschichte und System des Prozesses gänzlich zu trennen; dagegen *G.W. Wetzell*, System des ordentlichen Civilprocesses, Vorrede, Vf.

lat, daß auch die Proceßführung von der freien Entschließung der Parteien abhängig" sei. Im gemeinen deutschen Recht sei „dies nicht bloß in Beziehung auf die Begründung des Processes (...), sondern auch rücksichtlich derjenigen Vorgänge anerkannt, welche von der einmal gelegten Grundlage aus zur Vorbereitung der richterlichen Entscheidung erforderlich sind."[192] Als dogmatischer Ausdruck der hieraus folgenden Parteienmacht galt *Wetzell*, auch hierin Repräsentant der Prozeßrechtslehre seiner Zeit, gerade die Verhandlungsmaxime.[193]

cc) Formelle und materielle Wahrheit

Gönner hatte mit den beiden Prozeßmaximen keine unterschiedlichen Wahrheitsbegriffe verknüpft. Verhandlungs- und Untersuchungsgrundsatz galten ihm ungeachtet ihrer „wesentlichen Verschiedenheit" als gleichwertige Wege zum Ziel richterlicher Überzeugungsbildung.[194] Beide seien gleichermaßen geeignet, dem „hohen Zweck des ganzen Verfahrens", nämlich der Wahrheitserforschung, zu dienen.[195] Die Wahl zwischen den Prozeßmaximen und die Gewichtung ihrer Anteile bei der konkreten Ausgestaltung der Prozeßordnung konnten daher nach Gesichtspunkten der Zweckmäßigkeit erfolgen.[196] Dieser pragmatische Ausgangspunkt *Gönner*s rückte durch die geschilderte rechtsphilosophische und -methodische Aufladung der Maximenpolarität zunehmend in den Hintergrund, um erst im späteren Verlauf der Debatte wiederentdeckt zu werden. An die Stelle eines einheitlichen Wahrheitsbegriffs trat nunmehr die Differenzierung zwischen formeller und materieller Wahrheit, die mit Verhandlungs- und Untersuchungsgrundsatz sowie deren Grundwertungen verknüpft wurde.

(1) So war ursprünglich die Untersuchungsmaxime im preußischen Prozeß lediglich eingeführt worden, um den Einfluß der Advokaten zurückzudrängen und das Verfahren zu beschleunigen. Bereits in der Einleitung der AGO trat diesen praktischen Gesichtspunkten der Gedanke zur Seite, im Wege der richterlichen Inquisition dem *materiellen* Recht besser Geltung verschaffen zu können, als dies im üblichen Verfahren des gemeinen Prozesses möglich sei. Dem liege, so eine auch in ihrer Anlehnung an die Rechtsphilosophie *Hegel*s zeittypische Interpretation, die Idee zugrunde, daß „die einzelnen, bestimmten privatrechtlichen Verhältnisse in ihrer unmittelbaren Existenz an und für sich wahr und wirklich seyen". Der preußische Prozeß gehe daher, so *Gustav F. Gaertner*, „von der Verwirklichung dieses materiellen Rechts ... als dem höchsten Zwecke

---

[192] *G. W. Wetzell*, System des ordentlichen Civilprocesses, 61f.
[193] Vgl. *G. W. Wetzell*, System des ordentlichen Civilprocesses, 369.
[194] *N. T. v. Gönner*, Handbuch Bd. 1, 181f.
[195] *N. T. v. Gönner*, Handbuch Bd. 1, 214.
[196] Vgl. etwa *N. T. v. Gönner*, Handbuch Bd. 1, 212.

des Staates und dem höchsten Gesichtspunkte für die Prozeßtheorie" aus.[197] Setze man Staat und Rechtsverwirklichung solcherart in Beziehung zueinander, dann liege es im Interesse des Staates und seiner Gerichtsbarkeit, die Wirklichkeit der dem streitigen Rechtsverhältnis zugrundeliegenden Tatsachen selbst zu ermitteln. In diesem Falle sei der Richter verpflichtet, „materielles Recht" zu sprechen, was die Aufgabe umfasse, das Sachverhältnis selbst zu untersuchen, „denn in der vollkommenen Übereinstimmung der factischen Grundlage des Urtheils mit der äußerlichen Existenz der in Frage stehenden Thatsachen liegt eben dasjenige, was man materielles Recht nennt, und die Untersuchung des Sachverhältnisses durch den Richter hat keinen andern Zweck, als jene Übereinstimmung herbeizuführen".[198]

Im weiteren Verlauf seiner Abhandlung sucht *Gaertner* dieses Ergebnis zu erschüttern, indem er den zufälligen Inhalt konkreter Privatrechtsverhältnisse vom wahren und wirklichen Recht, der Anerkennung des freien Rechtssubjekts, abschichtet.[199] Das wirkliche Recht liege in der Anerkennung der Person in ihrem erwiesenen Dasein, so daß es allein auf die dem Gerichte erwiesenen Tatsachen, nicht auf ein etwaiges „Verhalten der Thatsachen in der Äußerlichkeit" ankomme.[200]

(2) Wie diese recht voraussetzungsreiche Argumentation beispielhaft deutlich macht, führte die Dichotomie der Prozeßmaximen nunmehr zu einer Grundsatzfrage der Prozeßtheorie, nämlich derjenigen, wie das Verhältnis zwischen Prozeßergebnis und materieller Rechtslage im allgemeinen zu verstehen sei. Für den heutigen Verwaltungsprozeß bedarf diese Frage der gesonderten Behandlung, sobald die verfassungsrechtlichen wie prozeßtheoretischen Grundlagen gelegt sind.[201] Damals bot sich der Ausweg an, die prozessuale *„Verdoppelung" der Wahrheit* mit dem Prozeßzweck der privaten Rechtsbewährung zu koppeln. Verhandlungsmaxime und Beschränkung des Prozesses auf die Ermittlung der „formellen Wahrheit" galten demzufolge als Voraussetzungen dafür, die private Dispositionsbefugnis auch im Verfahren der gerichtlichen Rechtsdurchsetzung zu erhalten. Mangelhafter Tatsachenvortrag einer Partei sei, so die entscheidende Wendung bei *Martin*, als „eine Art von *Veräußerung* zu betrachten". Die Veräußerung sei zulässig, da der Prozeß allein um derartige veräußerliche Güter geführt werde, also solche, über welche den Parteien die freie Disposition zustehe.[202]

---

197 *G.F. Gaertner*, Kritik des Untersuchungs-Prinzips des Preußischen Civil-Prozesses, 23, Anm. * unter Bezugnahme auf *Zum Bach*.

198 *G.F. Gaertner*, Kritik des Untersuchungs-Prinzips des Preußischen Civil-Prozesses, 21f.

199 *G.F. Gaertner*, Kritik des Untersuchungs-Prinzips des Preußischen Civil-Prozesses, 70f.

200 *G.F. Gaertner*, Kritik des Untersuchungs-Prinzips des Preußischen Civil-Prozesses, 71.

201 Vgl. unten, Kap. 2, Abschnitt IV. 3. a) cc).

202 *C. Martin*, Vorlesungen Bd. 1, 137; Hervorhebung durch mich, M.K.

In Verknüpfung mit der Prozeßkriegsidee *Heffters* – „Das Recht ist den Wachenden geschrieben; der gerichtliche Prozeß vertritt die Stelle der natürlichen Rechtsverfolgung und stellt einen geregelten Kriegszustand dar“[203] – erschienen die Beschränkung des Urteils auf die formelle Gerechtigkeit und die neutral-passive Stellung des Richters als von der Privatautonomie geradezu gebotene Strukturelemente des Prozesses. Später fand diese Vorstellung nahtlos Anschluß an das vom staatstheoretischen *Liberalismus* beeinflußte Bild des Zivilprozesses,[204] das die Dichotomie von Verhandlungs- und Untersuchungsgrundsatz endgültig zementierte. Vorerst sorgte die Verknüpfung von Wahrheitsbegriff und Prozeßmaximen für eine weitere Idealisierung. Während auf der einen Seite die „formelle Wahrheit“ des Zivilprozesses zum notwendigen Ausdruck der Privatrechtsfreiheit avancierte, wurde auf der anderen Seite dem Untersuchungsgrundsatz zugetraut, eine andere *Qualität* der Sachverhaltsermittlung im Prozeß zu gewährleisten. Für den Verwaltungsprozeß wurde auf dieser Grundlage, wie im folgenden zu zeigen,[205] eine Verbindung zwischen der materiellen Qualität der Streitsache und der Geltung des Untersuchungsgrundsatzes konstruiert. Der Dichotomie von Untersuchungs- und Verhandlungsmaxime trat damit eine durchschlagende Parallelwertung zur Seite, indem die eine Maxime mit der Hoffnung auf die ganze Wahrheit, die andere mit der Aussicht auf Wahrung der privaten Verfügungsmacht über die streiterheblichen Tatsachen befrachtet und gerechtfertigt wurde.

dd) Der Inhalt der Verhandlungsmaxime seit der Historischen Schule

Der historisch-systematisierenden Methode der Prozessualistik gelang zweierlei, nämlich zum einen die rechtstheoretische Neufundierung der zunächst vernunftrechtlich entwickelten Maximenpolarität, zum anderen die dogmatische Konfirmierung des positiv-rechtlichen Bestandes.

Seither gewann der Rechtsgehalt der Verhandlungsmaxime feste Konturen. Im Anschluß an *Gönner* wurde die gemeinrechtliche Parömie „ne procedat judex ex officio“, die sich ursprünglich nur auf die Einleitung des Rechtsstreits bezog, auf das gesamte Verfahren erstreckt und als Element der Verhandlungsmaxime ausgewiesen.[206] Folgerichtig galt als deren zweites Element der Rechtssatz „Ne eat judex ultra petita partium“. Als drittes folgte die Regel „Quod non in actis, non est in mundo“, die nicht nur die Schriftform der Verhandlung, sondern auch die Beschränkung des Richters auf das von den Parteien gelieferte

---

[203] *A.W. Heffter*, Institutionen des römischen und teutschen Civil-Prozesses, 4f.; vgl. dazu heute *P. Böhm*, Ius commune VII (1978), 136, 152.

[204] Hierzu sogleich unten, c) cc).

[205] Unten, Abschnitt II.

[206] Vgl. hierzu wie zu diesem Abschnitt im ganzen *F. Bomsdorf*, Prozeßmaximen und Rechtswirklichkeit, 167.

Material unter Ausschluß seines Privatwissens („secundum allegata et probata, non secundum conscientiam") zum Ausdruck brachte.[207] Säumnisverfahren, Geständniswirkungen und die Folgen unstreitigen oder unzureichend bestrittenen Vorbringens ergaben sich zwanglos aus den genannten Grundsätzen.

c) *Konstruktive Periode und liberales Prozeßverständnis*

Die unmittelbare Rückführung der Verhandlungsmaxime auf die Basiswertungen des Zivilrechts wurde im Zuge des Übergangs zur sogenannten konstruktiven Periode der Prozeßrechtswissenschaft problematisch. In dieser Phase entwickelte die Prozeßtheorie eigenständige Grundbegriffe, aus denen ein konsistentes System des Zivilprozesses erwachsen sollte (aa). Diese Grundbegriffe erwiesen sich als Einfallstore für die öffentlich-rechtliche Bewertung und Gestaltung des Prozesses im Lichte des liberalen Staatsverständnisses, als dessen prozessuales Gegenstück gerade die Verhandlungsmaxime erschien (bb).[208] Im liberalen Modell konnte die mit der Verselbständigung des Prozeßrechts brüchig gewordene Verknüpfung zwischen Privatautonomie und Parteienherrschaft im Verfahren rekonstruiert werden, indem beide als Ausdruck staatsbürgerlicher Freiheit interpretiert wurden. Die Kritik an dieser Verknüpfung mußte an den Prämissen des liberalen Prozeßverständnisses selbst ansetzen (cc).

aa) Konstruktive Periode

Die in der konstruktiven Periode des Zivilprozesses einsetzende Emanzipation des Prozeßrechts aus den „Fesseln des Privatrechts"[209] stand in engem Zusammenhang mit Parallelentwicklungen in anderen Rechtsgebieten: der Ablösung aktionenrechtlichen Denkens im Privatrecht, der Entwicklung einer eigenständigen Systematik des Verwaltungsrechts, vor allem aber dem Siegeszug des Instrumentariums der „Begriffsjurisprudenz". Die durch *Windscheid* eingeleitete Differenzierung zwischen materiellem Anspruch und prozessualem Aktionenrecht[210] eröffnete die rechtstheoretische Option, die funktionelle Abhängigkeit des Prozesses vom materiellen Recht aufzulösen. An die Stelle der Entfaltung des historisch-dogmatischen Materials trat das Anliegen der Begriffsju-

---

[207] Dieser Dreischritt „idealtypisch" bei *G. W. Wetzell*, System des ordentlichen Civilprocesses, 371f.; vgl. etwa *H. Bayer*, Vorträge über den gemeinen ordentlichen Civilprozeß mit Beziehung auf Martin's Lehrbuch, 32; *A. Renaud*, Lehrbuch, 181f.; in kritischer Wendung *W. Endemann*, Das deutsche Zivilprozeßrecht, 366ff.; nach Inkrafttreten der ZPO namentlich noch *A. Wach*, Vorträge, 40, 41ff.; vgl. dazu heute *V. Lipp*, Das private Wissen des Richters, 24.

[208] *K. W. Nörr*, Ius commune X (1981), 141, 191.

[209] Zu diesem Schlagwort *H. F. Gaul*, AcP 158 (1968), 27, 31.

[210] In seiner Schrift über „Die Actio des römischen Civilrechts, vom Standpunkte des heutigen Rechts", 1856; hierzu eingehend *W. Simshäuser*, Zur Entwicklung, 71ff.

risprudenz, die juristische Dogmatik in die Idealgestalt eines geschlossenen, hierarchisch gegliederten Begriffssystems zu fassen. Es sei, so die berühmten Wendungen *Puchtas*, „die Aufgabe der Wissenschaft, die Rechtssätze in ihrem systematischen Zusammenhang, als einander bedingende und voneinander abstammende, zu erkennen, um die Genealogie der einzelnen bis zu ihrem Prinzip hinaus verfolgen und ebenso von den Prinzipien bis zu ihren äußersten Sprossen herabsteigen zu können." Auf diesem Wege könnten neue Rechtssätze als „Produkt wissenschaftlicher Deduktion" erkannt werden.[211]

Für das Prozeßrecht hatte die Übernahme der begriffsjurisprudentiellen Methodik weitreichende Folgen.[212] Der Prozeßtheorie stellte sich die Aufgabe, das System des Prozeßrechts auf der Basis eigenständiger prozessualer Grundbegriffe zu entwickeln.[213] Die unmittelbare, natürliche Betrachtung der Rechtssätze sollte durch die innere begriffliche Durchdringung, die „Erkenntniß der wahren Natur eines Rechtsinstituts"[214], überformt werden. An den Denkformen des materiellen Rechts kam die Prozeßtheorie dabei allerdings nicht vorbei, sondern nutzte sie als Vorbild der eigenen Begriffsbildung. Beispielhaft für dieses Verfahren ist die Figur des *Prozeßrechtsverhältnisses*, wie sie *Oskar Bülow* in seiner epochemachenden Schrift über die Lehre von den Prozeßeinreden und die Prozeßvoraussetzungen[215] entwickelte. Ähnlich wurde die Konstruktion des subjektiv-öffentlichen Rechts in der Prozeßtheorie fruchtbar gemacht. Sie erlaubte die Entwicklung eines weiteren prozessualen Zentralbegriffs, des sogenannten *Rechtsschutzanspruchs*[216].

Der Begriff des Rechtsschutzanspruchs in der von *Adolf Wach* geformten Gestalt, nämlich als Anspruch des Klägers gegen den Staat auf Erlaß eines günstigen Urteils nach Maßgabe der materiellen Rechtslage,[217] beruhte auf der öffentlich-rechtlichen Interpretation des Prozeßrechtsverhältnisses. Das prozessuale Verfahren und die entsprechenden Rechtsbeziehungen wurden damit kategorial von jenen materiellen Rechtsbeziehungen des Privatrechts gesondert, die es

---

211 *G.F. Puchta*, Cursus der Institutionen I, 36; vgl. hierzu *K. Larenz*, Methodenlehre, 20; *W. Simshäuser*, Zur Entwicklung, 88; *R. Dreier*, Zum Begriff der „Natur der Sache", 48.

212 Vgl. *H.F. Gaul*, AcP 158 (1968), 27, 31.

213 *K.W. Nörr*, Ius commune X (1981), 141, 190; vgl. *F. Weber*, Studium Generale 1960, 183, 184f., der indes unkritisch dem Verdikt *Goldschmidts* über die Leistungen der Prozessualistik in der ersten Hälfte des 19. Jahrhunderts – „beschreibende Prozeßkunde" – folgt und damit die konstruktiven Leistungen der Literatur in der Nachfolge *Gönners* verkennt; vgl. zur Entwicklung der Prozessualistik von der praktischen Wissenschaft zur Theorie *A. Brockmöller*, Die Entstehung der Rechtstheorie, 27f.

214 *O. Bülow*, Die Lehre von den Prozeßeinreden und die Prozeßvoraussetzungen, 299.

215 Gießen 1868.

216 Hierzu in einzelnen *W. Simshäuser*, Zur Entwicklung, 89ff.; *F. Weber*, Studium Generale 1960, 183, 184f., jeweils m.w.N.

217 *A. Wach*, FS Windscheid, 73; zur öffentlich-rechtlichen Natur des Feststellungsanspruchs insb. 78ff., 99ff.

im Prozeß zu klären galt.[218] Das Grundverhältnis des Rechtsschutzsuchenden zum Staat gewann die Form des subjektiv-öffentlichen Rechts.[219] Diese Form entsprach der neuen Aufgabe des Prozeßrechts, die rechtlich geschützte Sphäre des einzelnen im Prozeß von der Machtsphäre des Staates abzugrenzen.[220]

Das Verhältnis von Gericht und Parteien wurde damit unter liberal-rechtsstaatlichen Gesichtspunkten neu gefaßt.[221] Auch die Verteilung der Aufgaben und Befugnisse bei der Stoffsammlung rückte in einen unmittelbaren Zusammenhang zu verfassungsrechtlichen und staatstheoretischen Grundannahmen. Der Verhandlungsmaxime erschloß sich auf diese Weise ein neuartiger Begründungsstrang, der freilich in der Sache – trotz der paradigmatischen Verschiebung des Prozeßverständnisses – mit den zuvor gefundenen Mustern übereinstimmte. Die Ursache für diese Kontinuität lag im Modell des liberalen Prozesses und seiner Zweckbestimmung inbegriffen. Die Figur des öffentlich-rechtlichen Rechtsschutzanspruchs erlaubte es, die Verknüpfung von Privatautonomie, prozessualer Dispositionsfreiheit und der Beschränkung auf die Ermittlung „formeller Wahrheit" zu retten, aber zugleich den modernen Erkenntnissen über die Abgrenzung von privatem und öffentlichem Recht Rechnung zu tragen.[222] Während zuvor der Prozeß als Verlängerung des privatrechtlichen Anspruchs erschien, war es nunmehr die privatrechtliche Natur der Streitsache, aus der sich die Notwendigkeit der Verhandlungsmaxime im öffentlich-rechtlich konzipierten Streitverfahren ergab.[223]

bb) Verhandlungsmaxime als Ausdruck des liberalen Prozeßverständnisses

Die Erkenntnis eines Wechselverhältnisses zwischen Staatscharakter und Prozeßrecht war freilich nicht gänzlich neu. Bereits *Martin* hatte die Prozedur des Zivilprozesses als Ausdruck der jeweiligen Staatsverfassung verstanden.[224] Dagegen wurde freilich eingewandt, daß die Prozeßordnungen den Wandel der Staatsverfassungen offenbar unverändert überleben könnten. Auch könnten

---

218 Idealtypisch bei *A. Wach*, Vorträge, 39: „Das Streitverhältnis, der Prozeß, ist öffentliches Rechtsverhältniss: ein Verhältnis zwischen dem Recht pflegenden Staat und den Recht suchenden Streittheilen. Die Streitsache ist rein privatrechtlicher Natur: ein Rechtsverhältniss allein zwischen Kläger und Beklagtem."

219 *F. Weber*, Studium Generale 1960, 183, 184.

220 *F. Weber*, Studium Generale 1960, 183, 184.

221 Vgl. *F. Weber*, Studium Generale 1960, 183, 184.

222 *W. Henckel*, Parteilehre und Streitgegenstand im Zivilprozeß, 25, spricht von der „Wiederherstellung der Einheit des actio-Begriffs wenigstens für den Bereich des Prozeßrechts"; vgl. *J. Schaper*, Studien zur Theorie und Soziologie des gerichtlichen Verfahrens, 44.

223 Vgl. *A. Wach*, Vorträge, 39.

224 *C. Martin*, Lehrbuch des Teutschen gemeinen bürgerlichen Prozesses, 1ff.; zum Zusammenhang von „Prozeß und Grundansicht des Staats" auch *C.J. Mittermaier*, Der gemeine deutsche bürgerliche Prozeß, 8ff., 10.

unter ein und derselben Staatsverfassung unterschiedliche Verfahrensordnungen gelten, was im Falle eines zwingenden Zusammenhangs kaum zu rechtfertigen wäre.[225]

Für das vernunftrechtlich inspirierte Prozeßrecht und seine Fortschreibung durch die Historische Schule dürfte diesem Einwand zu folgen sein. Zwar konnte sich der Zivilprozeß kaum in gänzlicher Unabhängigkeit von den jeweiligen verfassungsrechtlichen Leitbildern entwickeln, sondern war immer auch Ausdruck der „Gestimmheit" der jeweiligen staatspolitischen Ordnung.[226] Dies erwies sich gerade in jenem Sonderfall, wo ein neuartiges Prozeßmodell an die Stelle des gemeinen Prozesses trat, nämlich in Preußen. Die Einführung der Untersuchungsmaxime wurde weithin – in einer Vorwegnahme heutiger Vorbehalte – als Ausdruck einer vormundschaftlichen, „väterlich bureaukratischen Rechtspflege" verstanden.[227] *Eduard Gans* sah in der Untersuchungsmaxime gar den „Gedanken des Preußischen Staates" selbst verwirklicht.[228] Dessen „Charakter der Beaufsichtigung, der Vorsorge, der Leitung überhaupt" erweise sich auch und gerade daran, daß der „Richter aus seiner verfassungsmäßigen Höhe in den Kreis der Thatsachen selbst" hinabsteigen müsse.[229] Ein rechtstheoretisch fundierter *Ableitungszusammenhang* zwischen Staatsverfassung und Zivilprozeß konnte jedoch weder für Preußen noch für jene Territorien, deren Prozeßordnungen den Grundsätzen des gemeinen Rechts folgten, konstruiert werden. Der Zivilprozeß jener Epoche beruhte allein auf den Prinzipien des Privatrechts, die ihrerseits zunächst vernunftrechtlich begründet, dann in historischer Betrachtung „vorgefunden" wurden. Das Zivilrecht wiederum galt nicht als Ausdruck einer liberalen Staatsverfassung, sondern wurde als gleichsam staatsfreies Recht der gesellschaftlichen Sphäre konzipiert, das Freiheit, Eigentum und Privatautonomie des Bürgers zu sichern hatte.

Nunmehr, nach Maßgabe des liberalen Staatsverständnisses, fand die Verhandlungsmaxime eine unmittelbare Rechtfertigung in der Zweckbestimmung des Zivilprozesses, die ihrerseits in den Prämissen des bürgerlichen Rechtsstaats wurzelte.[230] Der Zivilprozeß wurde als staatliche Gewährung des Rechtsschutzes für

---

225 *K.E. Morstadt*, Materialkritik von Martin's Civilprozeß-Lehrbuch, 63ff., insb. 66ff.

226 Vgl. im allgemeinen zum Spannungsbogen zwischen Staatsgewalt, privaten Rechtsverhältnissen und deren Unterstellung unter den Spruch der Staatsgewalt *D. Brüggemann*, Judex statutor und judex investigator, 40.

227 *A. W. Heffter*, Civil-Prozeß, 3; vgl. auch *K.E. Morstadt*, Materialkritik von Martin's Civilprozeß-Lehrbuch, 91; *J.F. Abegg*, Preußische Civil-Prozeßgesetzgebung, 121; *J.F. Lotz*, Civilistische Abhandlungen, 22; vgl. hierzu *F. Bomsdorf*, Prozeßmaximen und Rechtswirklichkeit, 162, 192.

228 *E. Gans*, Über die Untersuchungsmaxime, 477.

229 *E. Gans*, Über die Untersuchungsmaxime, 474.

230 „Es konnte nicht anders sein; auf der Verhandlungsmaxime mußte der Reichsprocess erbaut werden", schreibt *A. Wach*, Vorträge, 41. Vgl. *D. Brüggemann*, Judex statutor und judex investigator, 41f.; *M. Rümelin*, Rechtspolitik und Doktrin in der bürgerlichen Rechtspflege, 32. Im allgemeinen zu den „Prozeßidealen" der Reichsjustizgesetze *F. Wieacker*, Privatrechtsgeschichte

Privatrechtsansprüche begriffen. Zweck des Prozesses sei, so exemplarisch *Adolf Wach*, die „Wahrung der Gerechtigkeit durch Übung der Gerichtsbarkeit“[231], der Prozeß die Form der gerichtlichen Verwirklichung des objektiven Privatrechts.[232] Das Interesse des Staates beschränke sich auf die geordnete Rechtspflege selbst, nämlich auf die Eröffnung des Rechtswegs, die ordnungsgemäße Aburteilung des Streitmaterials und die Gewähr der Vollstreckung. Dagegen sei die Streitsache selbst ein dem Staat fremdes, privates Interesse. Hieraus folge, daß den Parteien die Herrschaft über das Streitverhältnis, seinen Beginn und seine Fortführung sowie seinen Inhalt in tatsächlicher Hinsicht zukommen müsse.[233]

Die Untersuchungsmaxime im Zivilprozeß verfiel dagegen gleichsam automatisch dem Verdikt einer unangemessenen staatlichen Einmischung in die privatrechtlichen, gesellschaftlichen Rechtsbeziehungen. Die privatrechtliche Natur der Streitsache schließe, so erneut *Wach*, die Anwendbarkeit der „freien Forschungsmaxime“ ebenso aus wie den Prozeßzweck der objektiven Feststellung des wahren Sachverhalts. Der Untersuchungsgrundsatz komme nur in Betracht, wenn die Streitsache im öffentlichen Interesse liege. Im Zivilprozeß sei die freie richterliche Erforschung des Sachverhalts dem Richter nicht nur nicht geboten, sondern nicht gestattet, da der Staat sich in das ihm fremde Privatinteresse nicht einzumischen habe.[234]

cc) Soziale Funktion des Prozesses

Die Maximen des Zivilprozesses gewannen zu jenem Zeitpunkt an politischer und staatstheoretischer Brisanz, als die Prämissen des liberalen Prozeßverständnisses selbst[235] prekär wurden. Im liberalen Modell sollte der Prozeß die formale Rechtsgleichheit der Parteien im Rechtskampf[236] gewährleisten. Jede auf den

---

der Neuzeit, 467; *G.J. Dahlmanns*, Der Strukturwandel des deutschen Zivilprozesses im 19. Jahrhundert, 86f.; *B. Rimmelspacher*, Zur Prüfung von Amts wegen im Zivilprozeß, 24; auch *D. Leipold*, JZ 1982, 441, 442f.; *K.E. Schönfeld*, Zur Verhandlungsmaxime im Zivilprozeß und in den übrigen Verfahrensarten, 49ff.

231 *A. Wach*, Handbuch Bd. 1, 4f.

232 *A. Wach*, Handbuch Bd. 1, 3.

233 *A. Wach*, Vorträge, 39f.; dazu die (weitgehende) Kritik von *P. Böhm*, Ius commune VII (1978), 136, 151.

234 *A. Wach*, Vorträge, 148 und ebd., Exkurs (Anm. *).

235 Vgl. *W. Henckel*, Prozeßrecht und materielles Recht, 119, Anm. 223: Schon in der Begriffsjurisprudenz seien die Mittel der Logik nur eingesetzt worden, um rechtspolitische Wertungen konsequent durchzusetzen. Die Verhandlungsmaxime sei nicht nur die logische Folge des Zivilrechts, „sondern zugleich die Übernahme des Freiheitspathos, das hinter dem Begriff des subjektiven öffentlichen Rechts steht.“ Zum ganzen auch *M. Rümelin*, Rechtspolitik und Doktrin in der bürgerlichen Rechtspflege, 19; *K.A. Bettermann*, JBl. 1972, 57, 63; *D. Brüggemann*, Judex statutor und judex investigator, 45.

236 Hierzu noch *H.F. Gaul*, AcP 158 (1968), 27, 47 m.w.N.; *S. Smid*, Richterliche Rechtserkenntnis, 29f.

Ausgleich tatsächlicher Ungleichgewichte der Parteien gerichtete Maßnahme des Gerichts, etwa hinsichtlich ihrer prozessualen Gewandtheit oder ihres wirtschaftlichen Vermögens, hätte konsequenterweise als Kompetenzüberschreitung gewertet werden müssen.[237] Dieses Modell geriet unter Legitimationsdruck, als gegen Ende des 19. Jahrhunderts die soziale Funktion des Zivilprozesses entdeckt wurde.[238] Der Auseinandersetzung um die Verhandlungsmaxime geriet damit, wie *Max Rümelin* notierte, in den Kampf grundsätzlich verschiedener politischer Einstellungen.[239] Seither fungierten die Prozeßmaximen als Ausdruck unterschiedlicher *Prozeßzwecke*, die zudem für unterschiedliche Prozeßarten abweichend definiert werden konnten. Die richterliche Prozeßleitung wurde für die Wahrnehmung öffentlicher Aufgaben, namentlich der Sozial- oder Rechtsfürsorge, in Anspruch genommen, während der Kernbestand des Prozesses selbst – als „eigenartige und einheitliche Erscheinung des Rechts" – aus dem Blick zu geraten drohte.[240]

(1) So setzten *Anton Menger*[241] und *Franz Klein* der liberalen Prozeßauffassung das Postulat entgegen, den Prozeß als gesellschaftliche Erscheinung zu interpretieren. Der Prozeß als sozialer Konflikt müsse nicht nur materiell, sondern auch der Form nach auf die Interessen von Staat und Gesellschaft Rücksicht nehmen. *Klein* zufolge sollten die einzelnen Rechtsverhältnisse den Schutz des Staates als Teile der objektiven Rechtsordnung genießen, die der Staat um der Förderung der Gesellschaft willen zu wahren habe.[242] Der Staat sei „zur Fürsorge für alles berufen, was für die Gesellschaft und ihre wie des Staates Zukunft von Vorteil sein kann"[243]. Gemeinzwecke und Individualzwecke bedingten sich gegenseitig, so daß aus persönlichen Angelegenheiten solche der Öffentlichkeit würden. Auch und gerade für den Zivilprozeß komme es daher nicht in Betracht, „für immer am kahlsten und ausschließlich individuell erfaßten Rechtszwecke" festzuhalten.[244]

Diese Verschiebungen bei der Zweckbestimmung des Prozesses erlaubten unmittelbare Rückschlüsse auf das Verfahren der Sachverhaltsermittlung. So wandte sich *Klein* gegen „das Dogma, daß der Staat am Gegenstande des Civilstreites kein Interesse habe, und die darauf gegründete strenge Verhandlungs-

---

[237] *P. Böhm*, Ius commune VII (1978), 136, 152.

[238] Vgl. hierzu *D. Brüggemann*, Judex statutor und judex investigator, 45f.

[239] Nämlich solcher, die „auf den Gegensatz von Individualismus und Kollektivismus zurückführen"; *M. Rümelin*, Rechtspolitik und Doktrin in der bürgerlichen Rechtspflege, 26.

[240] *S. Smid*, Rechtsprechung, 284.

[241] Zur „sozialistischen Kritik Anton Mengers" am deutschen Zivilprozeßrecht vgl. *D. Leipold*, JZ 1982, 441, 443f.; gegen das „unsociale Wesen" der ZPO (CPO) wegen der Geltung der Verhandlungsmaxime wendet sich auch *J. C. Schwartz*, Vierhundert Jahre deutscher Zivilprozeß-Gesetzgebung, 738ff.

[242] *F. Klein/F. Engel*, Der Zivilprozeß Österreichs, 186ff., 188.

[243] *F. Klein/F. Engel*, Der Zivilprozeß Österreichs, 188.

[244] *F. Klein/F. Engel*, Der Zivilprozeß Österreichs, 189.

maxime"[245]. Die ausschließliche Disposition der Parteien habe, so *Klein*, im Richter eine „fast abergläubische Scheu vor jedem Eingreifen zu Gunsten der Wahrheitsermittlung" genährt. Heute sei jedoch der wißbegierige und tatkräftige Richter gefordert.[246] Insbesondere könne der Rückschluß auf das Wesen des Zivilrechts, namentlich die Verfügungsfreiheit über das Eigentum, nicht die Verfügungsmacht über Tatsachen rechtfertigen, da jene nicht die Fähigkeit zur Disposition über die Richtigkeit des Urteils verleihe.[247] Gleichen Sinnes äußerte *Richard Schmidt*, daß die Zweckbestimmung des Zivilprozesses für den Privatrechtsschutz an sich auf die Anerkennung der Verhandlungsmaxime gar keinen Schluß gestatte.[248]

(2) Der politisch motivierten Kritik an der Ableitung der Verhandlungsmaxime aus der liberalen Zweckbestimmung des Prozesses trat zur Seite, daß die Prozeßtheorie unterdessen die Unterscheidung zwischen der Parteidisposition über den Streitgegenstand einerseits, der Tatsachenherrschaft im Prozeß als Gegenstand der Verhandlungsmaxime andererseits entwickelte. *Raban v. Canstein*, auf den diese Differenzierung zurückgeht,[249] argumentierte, der von der Lehre übernommene Begriff *Gönner*s von der Verhandlungsmaxime sei zu weit, da er Rechtssätze umfasse, die zum größten Teil anderen Prozeßmaximen angehörten.[250] Das Dispositionsrecht der Parteien über den *Prozeßgegenstand*, das gemeinhin mit dessen privatrechtlicher Natur gerechtfertigt werde, sei von der Verfügungsmacht der Parteien über das *Sachverhältnis*, der faktischen Substantiierung des geltend gemachten Anspruchs im Prozeß, begrifflich zu unterscheiden.[251] Der Dispositionsmaxime liege die „Verzichtbarkeit der den Streitgegenstand bildenden Privatrechte und damit die Freiheit der Vornahme oder Unterlassung von Prozeßhandlungen" zugrunde.[252] Von den üblicherweise mit der Verhandlungsmaxime verknüpften Rechtssätzen sei nur die Teilregel „judex secundum allegata judicare debet" als deren Element anzuerkennen. Als Inhalt der Verhandlungsmaxime galt *Canstein* damit allein, daß die Parteien „als selb-

---

245 *F. Klein*, Vorlesungen, 55.

246 *F. Klein*, Vorlesungen, 55f.

247 *F. Klein*, zit. nach *P. Böhm*, Ius commune VII (1978), 136, 154f. m.w.N. Zur zeitgenössischen Kritik etwa *M. Rümelin*, Rechtspolitik und Doktrin in der bürgerlichen Rechtspflege, 47f.

248 *R. Schmidt*, Lehrbuch des Deutschen Civilprozeßrechts, 342; *K. Hellwig*, System I, 407; vgl. hierzu *M. Würthwein*, Umfang und Grenzen des Parteieinflusses, 32f.

249 Kritisch zur Vermischung von Dispositionsrecht und Verhandlungsmaxime allerdings bereits einige Jahre vor *Canstein W. Endemann*, Das deutsche Zivilprozeßrecht, 366, Anm. 10. *C.J. Mittermaier*, Der gemeine deutsche bürgerliche Prozeß, 80, differenziert bereits im Jahre 1822 zwischen der Dispositionsbefugnis der Parteien, in die der Richter nicht eingreifen dürfe, und der Sachverhaltsermittlung im Laufe des Verfahrens.

250 *R. v. Canstein*, Die rationellen Grundlagen des Civilprozesses, 196.

251 *R. v. Canstein*, Die rationellen Grundlagen des Civilprozesses, 185, Anm. 1 unter Bezugnahme auf *Ortloff*; weiterhin 195, Anm. 1.

252 *R. v. Canstein*, Die rationellen Grundlagen des Civilprozesses, 186.

ständige Prozeßsubjekte vor dem Richter verhandeln, und nicht der Richter mit den Parteien gleichsam als seiner Macht unterworfenen Erkenntnismitteln der Wahrheit die Untersuchung ... führt."[253]

Die Verhandlungsmaxime beschränkte sich damit – ebenso wie in der heutigen Begriffsbildung – auf die Stellung der Parteien als „Herren des Sachverhältnisses und Beweismaterials". Die Parteien hätten, so *Canstein*, für die Dauer ihrer Verhandlung „das freie Dispositionsrecht über den Sachverhalt, und können infolge dessen so viel oder so wenig, als ihnen entsprechend scheint, vom Sachverhalte und Beweismateriale vorbringen oder verschweigen; auch können sie nicht gezwungen werden, mehr vorzutragen, als ihnen beliebt."[254] Zwar gab *Canstein* damit die Vorstellung der Tatsachenherrschaft als Ausfluß der privatrechtlichen Dispositionsbefugnis nicht gänzlich auf.[255] Eben diesen Zusammenhang leugneten jedoch die Kritiker des Verhandlungsgrundsatzes. Die ideelle Verknüpfung von Privatautonomie und Dispositionsrecht der Parteien über die Tatsachen wurde von Teilen der Lehre aufgelöst oder zumindest relativiert.[256] Es könne, so namentlich *Konrad Hellwig*, die Freiheit im Vorbringen von Prozeßmaterial nicht aus der Freiheit in der Verfügung über den Prozeßgegenstand oder gar über die rechtserheblichen Tatsachen resultieren.[257] Ein Recht der Parteien auf einen positiv unwahren Tatbestand sei, so eine andere Stimme, ausgeschlossen, da Tatsachen nicht disponibel seien.[258] Für die Ordnung der Stoffsammlung könnten allein Zweckmäßigkeitserwägungen maßgeblich sein, nämlich die „größere oder geringere Tauglichkeit für die möglichst gründliche und schleunige Aufklärung des Sachverhalts"[259] Auf dieser Grundlage reduzierte sich die Rechtfertigung der Verhandlungsmaxime auf eine psychologisch gegründete Prognose: Vor dem Hintergrund einer prinzipiellen Begrenztheit der

---

[253] *R. v. Canstein*, Die rationellen Grundlagen des Civilprozesses, 196f.

[254] *R. v. Canstein*, Die rationellen Grundlagen des Civilprozesses, 198.

[255] Gleichwohl mußte seine Differenzierung aus Sicht des liberalen Prozeßmodells auf Widerspruch stoßen. Vgl. namentlich *A. Wach*, Vorträge, 40, Anm. *): Die Differenzierung *Cansteins* sei kein „förderndes Geschenk" – „hier, wie auch sonst wohl, vermissen wir in der genannten tüchtigen Schrift scharfes logisches Scheiden und korrekte Begriffsbildung. Was sich hier auszuschließen scheint, ist ... nur verschiedener Ausdruck desselben Gedankens."

[256] Vgl. *M. Rümelin*, Rechtspolitik und Doktrin in der bürgerlichen Rechtspflege, 28, wonach die weitergehenden Folgerungen aus der privatrechtlichen Verfügungsmacht auf die Tatbestandsermittlung „nicht in gleicher Weise zwingend" seien wie hinsichtlich der Herrschaft über den Streitgegenstand.

[257] *K. Hellwig*, System I, 407. Ein bis heute verfochtenes Argument; vgl. etwa *P. Böhm*, Ius commune VII (1978), 136, 145.

[258] *J. Kohler*, Der Prozeß als Rechtsverhältnis, 18.

[259] *R. Schmidt*, Lehrbuch des Deutschen Civilprozeßrechts, 341; vgl. auch *J. W. Planck*, Lehrbuch Bd. 1, 197, der die Entscheidung zwischen Untersuchungs- und Verhandlungsgrundsatz nicht Rechtsfrage, sondern als eine politische Frage ansieht, die allerdings auch mit Blick auf das öffentliche Interesse an der jeweiligen Rechtsfrage zu beantworten sei.

Erkenntnismittel verspreche die Mobilisierung der Sachkenntnis der Parteien den größeren Erfolg für die prozessuale Sachverhaltsermittlung.[260]

3. *Zusammenfassung und Ausblick*

Den gemeinen deutschen Zivilprozeß kennzeichnete, betrachtet im Lichte der Maximendogmatik, die weitgehende Dominanz der Verhandlungsmaxime. Allein in Preußen führten die Unzulänglichkeiten der Prozeßpraxis gegen Ende des 18. Jahrhunderts zur Einführung des Untersuchungsgrundsatzes, der zum einen durch die Ausschaltung der Advokaten, später auch durch ein Moment richterlicher Fürsorge für das materielle Recht motiviert wurde. In den Prozeßgesetzgebungen der Länder setzte sich die „richtig verstandene", um das richterliche Fragerecht ergänzte Verhandlungsmaxime auf breiter Linie durch. In den Reformen des Zivilprozesses nach 1848 wurde diese Grundausrichtung fortgeschrieben, namentlich in der für die spätere Rechtsentwicklung einflußreichen Prozeßgesetzgebung Hannovers. In der reichseinheitlichen Zivilprozeßordnung gewann die Verhandlungsmaxime ihre bis heute vertraute Gestalt.

Verhandlungs- und Untersuchungsgrundsatz erschienen zunächst als Produkt einer vernunftrechtlich-idealisierenden Begriffsbildung, welche die Beschreibung des jeweils dominierenden Ordnungsgesichtspunktes realer oder idealer Prozeßordnungen ermöglichen sollte. Überdies entwickelten die Maximen eine changierende Normativität, indem sie nicht nur in deskriptiv-heuristischer Weise, sondern auch als Mittel der Rechtserkenntnis an die geltenden Prozeßordnungen herangetragen wurden. Unter dem Einfluß der Rechtslehre *Kants* erfuhr die Verhandlungsmaxime eine Rückführung auf die materiellrechtliche Basiswertung der Privatautonomie. Die privatrechtliche Dispositionsbefugnis wurde, in einer bis heute prägenden Wendung, auf das Recht zur Disposition über die Beweisbedürftigkeit von Tatsachen im Prozeß erstreckt. Ungeachtet des geänderten rechtstheoretischen Fundaments übernahm die Historische Schule die materiellen Grundwertungen der vernunftrechtlich inspirierten Rechtstheorie. Die Verhandlungsmaxime gewann ihre bis heute vertraute Form und wurde mit der Parallelwertung von formeller und materieller Wahrheit verknüpft.

In der sogenannten konstruktiven Periode befreite sich die Prozeßtheorie aus den Fesseln des Privatrechts. Über die Einfalltore des Prozeßrechtsverhältnisses und des Rechtsschutzanspruchs öffnete sie sich der Bewertung am Maßstab öffentlich-rechtlicher und rechtspolitischer Direktiven. Die Verhandlungsma-

260 Vgl. etwa *J. Kohler*, Der Prozeß als Rechtsverhältnis, 21f. Die Verhandlungsmaxime erscheint *Kohler* somit aus Effizienzgründen vorzugswürdig; der Untersuchungsgrundsatz im Verwaltungsprozeß rechtfertige sich gerade daraus, daß die zugrundeliegenden Tatsachen aufgrund vorangehender behördlicher Ermittlungstätigkeit regelmäßig offenlägen (23).

xime galt hinfort als Wesenselement des liberalen Prozeßmodells, da sie als Sicherung individueller Freiheit gegenüber dem Gericht interpretiert wurde. Aufgeladen mit derartigen rechtspolitischen Grundwertungen, fiel die Verhandlungsmaxime gleichsam automatisch der Kritik jener Stimmen anheim, welche die soziale Funktion des Zivilprozesses und eine entsprechende fürsorgerische Verantwortung des Richters für die unterlegene Partei oder für die sachliche Richtigkeit des Urteils betonten. Dem trat die begriffliche Differenzierung zwischen Dispositions- und Verhandlungsgrundsatz zur Seite, aufgrund derer die Rückführung der Tatsachenherrschaft auf die materielle Dispositionsbefugnis problematisch wurde.

Der Streit um Verhandlungs- und Untersuchungsgrundsatz wird seither nicht selten als Streit um die „richtige" Prozeßideologie geführt. Die maßgebliche, jeder rechtspolitischen Wertung vorgelagerte Funktion der Verhandlungsmaxime besteht indes – soviel im Vorgriff auf die Ausführungen im zweiten Kapitel – darin, Selektivität und Autonomie des gerichtlichen Verfahrens sicherzustellen, um eine neutrale Streitentscheidung nach Maßgabe des Rechts zu ermöglichen. Unter den heutigen verfassungsrechtlichen Prämissen muß die Auseinandersetzung zwischen den Maximen daher, so die Vermutung, unter Berücksichtigung jener Funktionsdirektiven des Gerichtsverfahrens geführt werden, die aus dem verfassungsrechtlichen Begriff der Rechtsprechung selbst folgen.

II. Das Verfahren der Sachverhaltsermittlung im Verwaltungsprozeß

Im Jahre 1863 wurden in Baden erstmalig in Deutschland besondere, ausschließlich für die Entscheidung öffentlich-rechtlicher Streitigkeiten zuständige Gerichte ins Leben gerufen, die nach eigenen Prozeßvorschriften zu verfahren hatten. Diese Verwaltungsgerichtsbarkeit moderner Prägung hatte indes ihre Vorläufer, wobei im einzelnen streitig ist, in welchen Einrichtungen die erste Stufe jener Entwicklungsphase des Rechtsschutzes gegen die öffentliche Herrschaft zu erblicken ist, die mit der Errichtung der badischen Verwaltungsgerichtsbarkeit ihren vorläufigen Abschluß fand.[1] Zum Teil wird bereits die Rechtsprechung der alten Reichsgerichte als Verwaltungsrechtspflege im materiellen Sinne gedeutet,[2] während andere Stimmen die Vorläufer der Verwaltungsgerichtsbarkeit erst in der Kammerjustiz des 17. und 18. Jahrhunderts[3] oder gar in der Administrativjustiz des beginnenden 19. Jahrhunderts erblikken,[4] wie sie sich unter französischem Einfluß in den deutschen Süd- und Südweststaaten ausbildete.

Der Sache nach waren das im Jahre 1495 errichtete Reichskammergericht und der in seinen Anfängen um die gleiche Zeit (1498) gebildete Reichshofrat auch mit solchen Rechtsstreitigkeiten befaßt, die – als Auseinandersetzungen zwischen der Obrigkeit als Repräsentanten des Gemeinwesens und dem Untertan als Individuum – heute als öffentlich-rechtliche zu qualifizieren wären.[5] Allerdings war sowohl dem germanischen als auch dem rezipierten Recht die Unter-

---

[1] Hierzu und zum folgenden insbesondere *M. Sellmann*, in: Staatsbürger und Staatsgewalt (1963), 25, 27f.; auch *A. Görlitz*, Verwaltungsgerichtsbarkeit in Deutschland, 15ff.; ferner *E. Trostel*, VBlBW 1988, 363ff.

[2] *E. Loening*, Lehrbuch des Deutschen Verwaltungsrechts, 771ff.; *K. Jordan*, Art. Administrativjustiz, 137f.; *W. Rüfner*, FS Menger (1985), 3, 4ff.; *W. Fischer*, Der Streit um die Verwaltungsgerichtsbarkeit, 43ff.; *M. Sellmann*, in: Staatsbürger und Staatsgewalt (1963), 25, 32.

[3] So namentlich *J. Poppitz*, AöR 73 (1942), 158, 163ff.

[4] *P. Zorn*, VerwArch 2 (1893), 74, 79; die Systematisierung der Meinungsgruppen folgt *M. Sellmann*, in: Staatsbürger und Staatsgewalt (1963), 25, 27 m.w.N.

[5] *M. Sellmann*, in: Staatsbürger und Staatsgewalt (1963), 25, 32f.; *E. Schmidt-Aßmann*, in: *F. Schoch*, Verwaltungsgerichtsordnung, Einleitung, Rn. 71; *W. Fischer*, Der Streit um die Verwaltungsgerichtsbarkeit, 44; *H.-J. Feist*, Die Entstehung des Verwaltungsrechts als Rechtsdisziplin, 29f.; ausführlich *W. Rüfner*, Verwaltungsrechtsschutz in Preußen von 1749 bis 1842, 23ff.; aus der älteren Lit. *S. Jordan*, Art. Administrativjustiz, 138; *O. Bähr*, Der Rechtsstaat, 111ff.

scheidung zwischen Privatrecht und öffentlichem Recht in ihrer heutigen Form fremd.[6] Obrigkeitlicher Befehl und wohlerworbenes Recht des Untertanen galten als juristisch gleichartige Ansprüche im Rahmen eines „einartigen“ Rechtssystems,[7] wenngleich diese Konzeption zunehmend in Widerspruch geriet mit dem für die Entwicklung des modernen Staates kennzeichnenden, neuartigen monarchischen Verordnungsrecht, das die Rechtssätze und -gewohnheiten des gemeinen Rechts zu überlagern begann.[8]

Maßgeblich für die Zulässigkeit des Rechtswegs zu den Reichsgerichten war das Vorliegen eines privaten Rechts im subjektiven Sinne, das seinen Ursprung nicht nur im Zivilrecht, sondern auch in verwaltungs- oder polizeirechtlichen Vorschriften haben konnte.[9] Die Natur des jeweiligen Streitgegenstandes gab daher für eine institutionelle oder verfahrensrechtliche Differenzierung keinen Anlaß. Gleiches galt hinsichtlich des Verfahrens und der Organisation der Landesgerichte, mittels derer sich die Partikulargewalt der reichsgerichtlichen Jurisdiktion entziehen konnte. Auch die Landesgerichte waren zuständig für fiskalische Streitigkeiten, Streitigkeiten über die Anwendung des jeweiligen „Verwaltungsrechts“ und – in Ausnahmefällen – über die Grenzen der jeweiligen fürstlichen Hoheitsrechte,[10] ohne daß damit eine verfahrensmäßige Differenzierung gegenüber den zivilrechtlichen Streitigkeiten verbunden gewesen wäre.

1. *Territoriale Entwicklungen bis 1863*

Mit der Auflösung des Heiligen Römischen Reiches Deutscher Nation im Jahre 1806 entfiel der Rechtsschutz durch die Reichsgerichte. Dieser Verlust wurde teilweise durch den Justizzweig der *Kammerjustiz* aufgefangen, der namentlich in Preußen bis zur Einführung der Verwaltungsgerichtsbarkeit neuzeitlicher Prägung den Rechtsschutz auf dem Gebiet des öffentlichen Rechts gewährleistete. Kennzeichnend für dieses Modell war es, Streitigkeiten zwischen

---

[6] Vgl. hierzu nur *F. Fleiner*, Institutionen des Deutschen Verwaltungsrechts, 30f.; *M. Stolleis*, Geschichte des öffentlichen Rechts, Bd. 1, 65f.; *M. Sellmann*, in: Staatsbürger und Staatsgewalt (1963), 25, 31; *M. Bullinger*, Öffentliches Recht und Privatrecht, 13f.; *W. Rüfner*, FS Menger (1985), 3, 5; *Ders.*, Verwaltungsrechtsschutz in Preußen von 1749 bis 1842, 27f.; aus der älteren Literatur *N. T. v. Gönner*, Handbuch Bd. 2, 36ff.; *G. v. Weiler*, Über Verwaltung und Justiz und über die Grenzlinie zwischen beiden, 36; *C.J. Mittermaier*, AcP 21 (1838), 254, 279.

[7] *F. Fleiner*, Institutionen des Deutschen Verwaltungsrechts, 30; *ders.*, Verwaltungsrechtsschutz in Preußen von 1749 bis 1842, 28; vgl. *M. Bullinger*, Öffentliches Recht und Privatrecht, 49f.

[8] Vgl. hierzu mit Blick auf die Entwicklung des Verwaltungsrechtsschutzes in Preußen *O. Hintze*, Preußens Entwicklung zum Rechtsstaat, 105; auch *M. Bullinger*, Öffentliches Recht und Privatrecht, 29.

[9] Vgl. *W. Rüfner*, FS Menger (1985), 3, 5; *W. Henke*, Das subjektive öffentliche Recht, 10, 18.

[10] Zu den Landesgerichten und ihre Zuständigkeit ausführlich etwa *W. Rüfner*, Verwaltungsrechtsschutz in Preußen von 1749 bis 1842, 45ff., 48ff.

Untertanen und Verwaltung besonderen Kommissionen („Kammerkollegien") zu übertragen und die Zuständigkeit der ordentlichen Gerichte dementsprechend einzuschränken (a). Die süddeutschen Staaten bildeten seit der Jahrhundertwende das Modell der *Administrativjustiz* aus. Bei allen Unterschieden in der praktischen Gestalt der einzelnen territorialen Regelungen wurde damit die Form einer Verwaltungskontrolle durch *administrative Organe* bezeichnet, die jedenfalls in der oberen Instanz gerichtsähnlich verfaßt waren und ein dem Zivilprozeß angenähertes Verfahren anwandten (b). Dem Modell der Administrativjustiz stand das *justizstaatliche* Konzept der Verwaltungskontrolle durch die ordentlichen Gerichte gegenüber. Obschon zunächst eine der zentralen politischen Forderungen des liberalen Bürgertums, wurde dieses Modell nur vereinzelt Staatspraxis (c).

In den norddeutschen Staaten hielten sich pro forma die reichsrechtlichen Grundsätze, nach denen die Gerichte bei allen Rechtsverletzungen angerufen werden konnten. Kennzeichnend für Gesetzgebung und Praxis war indes die zunehmende Einschränkung des ordentlichen Rechtswegs gegen administrative Verfügungen zugunsten des Rechtsschutzes durch die Verwaltungsbehörden im Beschwerdeverfahren.[11] Die Verwaltungsrechtspflege in Norddeutschland wies damit – ungeachtet ihrer Heterogenität im allgemeinen[12] – insoweit Gemeinsamkeiten auf, als das Verfahren weitgehend formlos war und die Rechtsbeschwerden mit den laufenden Verwaltungsgeschäften gleichbehandelt wurden. Anhaltspunkte für eine differenzierende Betrachtung des Verfahrens der Verwaltung, der Verwaltungsrechtspflege und der ordentlichen Justiz hinsichtlich der Sachverhaltsermittlung bestehen damit für die norddeutschen Staaten nicht, so daß sich der folgende Überblick auf die genannten drei Ausprägungen des Rechtsschutzes gegenüber der Verwaltung beschränken kann.

a) Preußische Kammerjustiz

In Preußen übten in der ersten Hälfte des 18. Jahrhunderts die Verwaltungsbehörden der Mittelinstanz – Kriegs- und Domänenkammern – eine weitgehende Gerichtsbarkeit in Verwaltungsrechtssachen aus, ohne daß für die Zuständigkeitsabgrenzung zur ordentlichen Gerichtsbarkeit die heutige Unterscheidung von öffentlichem und privatem Recht von Belang gewesen wäre.[13] Auch das im

---

[11] Zusammenfassend *W. Rüfner*, DÖV 1963, 719, 720f.; zu den Staaten im einzelnen *M. Sellmann*, in: Staatsbürger und Staatsgewalt (1963), 25, 71ff.

[12] *G. v. Unruh*, FS Menger (1985), 21, 74.

[13] Hierzu und zum folgenden insb. *E. Loening*, Gerichte und Verwaltungsbehörden in Brandenburg-Preußen, 30ff.; *W. Rüfner*, Verwaltungsrechtsschutz in Preußen von 1749 bis 1842, 60ff.; *Ders.*, FS Menger (1985), 3ff.; *H.-J. Feist*, Die Entstehung des Verwaltungsrechts als

Jahre 1723 gebildete General-Ober-Finanz-Kriegs- und Domänen-Direktorium (Generaldirektorium) hatte rechtspflegende Befugnisse inne.

Im Laufe des 18. Jahrhunderts wurde die Gerichtsbarkeit der Kammern ausgebaut, ihre Zuständigkeit auf Kosten der ordentlichen Gerichte erweitert und ihr Verfahren justizförmiger gestaltet, bis sie im Zuge rechtsstaatlicher Bemühungen um die Wende zum 19. Jahrhundert zunächst beseitigt und ihre Kompetenzen den ordentlichen Gerichten übertragen wurden.

aa) Dieser Entwicklung lag das rechtspolitische Bemühen zugrunde, eine schärfere Kompetenzabgrenzung zwischen den Justizkollegien und den Kammern zu finden und damit zwischenbehördlichen Kompetenzkonflikten zu begegnen.[14] Das *Ressortreglement vom 19. Juni 1749*[15] ging im Grundsatz davon aus, daß alle Justizsachen in die Zuständigkeit der ordentlichen Gerichte gehörten.[16] Als Justizsache galt dabei in Übereinstimmung mit der gemeinrechtlichen Dogmatik jeder Rechtsstreit, in dem ein *subjektives Recht* geltend gemacht wurde, unabhängig davon, ob dieses Recht seine Wurzel im Privat- oder im Verwaltungsrecht (nach heutiger Differenzierung) hatte.[17] Zugleich normierte das Gesetz – insofern als Kompromiß zwischen Gegnern und Befürwortern der Kammerjustiz – eine umfängliche Reihe von Ausnahmen, wobei der Zuweisung von Rechtssachen an die Kammern nur aus der Retrospektive rudimentäre dogmatisch-theoretische Erwägungen unterlegt werden können.

Seinerzeit waren für die Kompetenzverteilung eher historische und praktische Gesichtspunkte, aber nicht die heutige Differenzierung zwischen privatrechtlichen und öffentlich-rechtlichen Streitigkeiten maßgeblich.[18] Gleichwohl klangen bei der Kompetenzverteilung bereits Vorformen jenes Leitmotivs an, nämlich das besondere *landesherrliche Interesse* an bestimmten Gegenständen und der Wunsch, diese von den fachlich unterrichteten und mit der einschlägi-

---

Rechtsdisziplin, 32ff.; *W. Fischer*, Der Streit um die Verwaltungsgerichtsbarkeit, 46ff.; *J. Poppitz*, AöR 73 (1942), 158, 176ff.

[14] Vgl. zu den Kompetenzstreitigkeiten eingehend *E. Loening*, Gerichte und Verwaltungsbehörden in Brandenburg-Preußen, 59ff.

[15] Mylius, Otto, (Hg.), Corpus Constitutionum Marchicarum, Cont. Bd. 4, Berlin u.a. 1737ff., Sp. 163ff., LXVI.

[16] Vgl. namentlich die Vorrede, wo ausgeführt wird, daß „regulariter alle Prozeßsachen, welche das Interesse privatum vel jura Partium quarum interest betrefffen, bei denen jedes Orts bestelleten ordentlichen Justiz-Collegiis erörtert und dedizieret werden müssen"; ferner § 15 des Reglements; im übrigen dessen Systematik, nach welcher in den §§ 1 bis 11 ausdrückliche Zuweisungen an die Kammern erfolgen.

[17] Vgl. nur *W. Rüfner*, Verwaltungsrechtsschutz in Preußen von 1749 bis 1842, 61.

[18] *W. Rüfner*, Verwaltungsrechtsschutz in Preußen von 1749 bis 1842, 73; dem folgt *H.-J. Feist*, Die Entstehung des Verwaltungsrechts als Rechtsdisziplin, 36; vgl. *O. Hintze*, Preußens Entwicklung zum Rechtsstaat, 118: es sei eine „gerechtere, vernünftigere, wenn auch mehr praktisch als rationell begründete Teilung der Gewalten zwischen den Justiz- und den Verwaltungsbehörden hergestellt worden", auch ebd., 119, 121.

gen Verwaltung vertrauten Behörden auch rechtlich entscheiden zu lassen.[19] Zudem traf das Ressortreglement selbst in der Einleitung eine Leitdifferenzierung zwischen den Streitigkeiten, die vornehmlich das Privatinteresse berührten, und „den Statum Oeconomicum et Politicum angehende und überhaupt in das *Interesse Publicum* einschlagende(n) Sachen". Gemeint waren Streitigkeiten über landesherrliche Einkünfte, Polizeisachen, wirtschaftspolitische Gegenstände und Militärsachen.[20]

Wenngleich auch vor 1749 die Justizsachen vor den Kammern insofern eine Sonderbehandlung erfahren hatten, als sie jedenfalls *rechtlich* und nicht allein nach Zweckmäßigkeitsgesichtspunkten entschieden werden sollten,[21] war das Verfahren bis dahin im wesentlichen *formlos* gewesen.[22] Die Kammern sollten – nach der Art einer „patriarchalischen Billigkeitsjustiz"[23] – möglichst rasch und auf direktem Wege entscheiden, so durch Parteivernehmung und die Untersuchung des Sachverhalts von Amts wegen. Nunmehr schrieb § 12 des Reglements vor, daß die Kammern nach den Vorschriften des Codex Fridericianus, der für die ordentlichen Gerichte geltenden *Prozeßordnung*, zu verfahren hätten, wobei allein das für die Verhandlungen vor den ordentlichen Gerichten kennzeichnende „konstitutionieren" – das mündliche Verhandeln der Anwälte vor dem Kollegium[24] – ausgeschlossen war. In geringen Sachen, insbesondere in Klagen der Bauern, sollten die Kammern alle Prozeßweitläufigkeiten vermeiden, ähnlich dem Verfahren im summarischen Prozeß die Anliegen der Parteien ohne Hinzuziehung eines Anwalts zu Protokoll nehmen und alsbald nach Recht und Billigkeit entscheiden. Soweit die Kammern und das Generaldirektorium Gerichtsbarkeit ausübten, wurden sie den Gerichten gleichgestellt. Insbesondere genossen die Mittelinstanzen in ihrer Spruchtätigkeit weitgehende Freiheit von äußerer Einwirkung durch das Generaldirektorium und den König selbst.[25]

Eine *Verfahrensdifferenzierung* zwischen Kammerjustiz und ordentlicher Gerichtsbarkeit, wie sie im 19. Jahrhundert zwischen Verwaltungs- und Ziviljustiz im allgemeinen kennzeichnend wurde, sah das preußische Reglement von 1749 gerade nicht vor. Dogmatisch bestand hierfür angesichts der „einartigen" Konstruktion subjektiv-rechtlicher Ansprüche keine Veranlassung. Auch das

---

[19] *W. Rüfner*, Verwaltungsrechtsschutz in Preußen von 1749 bis 1842, 74.

[20] *A. Wach*, Handbuch Bd. 1, 83, sieht hierin eine Vorwegnahme der späteren Differenzierungsbemühungen zwischen Zivilprozeß- und Verwaltungssache.

[21] *W. Rüfner*, Verwaltungsrechtsschutz in Preußen von 1749 bis 1842, 75; vgl. *O. Hintze*, Preußens Entwicklung zum Rechtsstaat, 108.

[22] *E. Loening*, Gerichte und Verwaltungsbehörden in Brandenburg-Preußen, 79; offenbar folgend *W. Fischer*, Der Streit um die Verwaltungsgerichtsbarkeit, 47; *M. Sellmann*, in: Staatsbürger und Staatsgewalt (1963), 25, 40.

[23] *O. Hintze*, Preußens Entwicklung zum Rechtsstaat, 107.

[24] *E. Loening*, Gerichte und Verwaltungsbehörden in Brandenburg-Preußen, 78.

[25] Im einzelnen *E. Loening*, Gerichte und Verwaltungsbehörden in Brandenburg-Preußen, 79.

landesherrliche Interesse an den Streitsachen und die Sachkenntnis der Verwaltungsbehörden boten keinen Anlaß für eine verfahrensmäßige Differenzierung, da es sich hierbei zwar um formierende Motive für die Zuständigkeitsverteilung handelte, sie jedoch noch nicht die Konstruktion eines Wesensunterschiedes zwischen zivil- und öffentlich-rechtlichen Streitigkeiten erlaubten, bei dem spätere Begründungen der Verfahrensdifferenzierung ihren Ausgang nahmen. Schließlich und vor allem bewegte sich das einheitliche preußische Prozeßrecht seinerseits auf eine gegenüber dem gemeinen Recht intensivere *richterliche Prozeßinstruktion* zu, bis in der Allgemeinen Gerichtsordnung (AGO) von 1793 die Ermittlung des Sachverhalts von Amts wegen vorgesehen wurde. Diese Entwicklung war ihrerseits von dem Bemühen um Verfahrensbeschleunigung geprägt und richtete sich gegen das Wirken der Advokaten im unmittelbaren Kontakt zwischen Gericht und Parteien, ohne daß rechtstheoretische Leitunterscheidungen eine Verfahrensdifferenzierung hätten forcieren können.

bb) Im Gegenteil war die Entwicklung nach 1749 durch das Bemühen gekennzeichnet, die Kammerjustiz der ordentlichen Gerichtsbarkeit möglichst anzunähern. Den Endpunkt dieser Entwicklung bildet die Errichtung der *Kammerjustizdeputationen* durch das *Regulativ vom 12. Februar 1782*[26]. Das Justizwesen bei den Kammern wurde völlig neu geordnet, indem bei jeder Kammer zur Bearbeitung der Justizsachen eine besondere Justizdeputation eingerichtet wurde, die – bestehend aus den Kammerjustitiaren und zwei zu bestellenden Assistenzräten – aufgrund ihrer organisatorischen Selbständigkeit eher die Stellung von Gerichten als Verwaltungsbehörden hatten.[27] Als Revisionsinstanz diente ab 1783 eine Revisionsdeputation, bei der die Richter die größere Zahl der Mitglieder stellten. Für die Justizdeputationen war die *Allgemeine Gerichtsordnung* maßgeblich, die im wesentlichen auf dem Untersuchungsgrundsatz beruhte.[28] Die Justizaufsicht sollte die Einhaltung dieser Verfahrensvorschriften gewährleisten, aber nicht auf die Sachentscheidungen Einfluß nehmen.[29]

cc) Gleichwohl führte der Ausbau der Kammerjustiz nicht zu einer echten Verwaltungsgerichtsbarkeit. Dies hätte zum einen eine Erweiterung und Durchformung des materiellen Verwaltungsrechts vorausgesetzt, für die noch keine dogmatische Grundlage bestand.[30] Zum anderen vollzog die preußische Justizpolitik gegen Ende des 18. Jahrhunderts insofern eine Wende, als sie die Kammerjustiz zu beseitigen und die *Allzuständigkeit der ordentlichen Gerichte* für alle Justizsachen herzustellen trachtete.[31] Dies gelang zunächst in der Pro-

---

[26] Historische, politisch-geographisch-statistisch- und militärische Beyträge, die Königlich Preußischen und benachbarten Staaten betreffend, 3. Teil, 2. Bd. 1785, 580ff.

[27] Vgl. *E. Loening*, Gerichte und Verwaltungsbehörden in Brandenburg-Preußen, 98.

[28] *E. Loening*, Gerichte und Verwaltungsbehörden in Brandenburg-Preußen, 97.

[29] *O. Hintze*, Preußens Entwicklung zum Rechtsstaat, 130.

[30] *O. Hintze*, Preußens Entwicklung zum Rechtsstaat, 153.

[31] Vgl. *H.-J. Feist*, Die Entstehung des Verwaltungsrechts als Rechtsdisziplin, 39f.

vinz Neu-Ostpreußen, in der durch das *Ressortreglement vom 3. März 1797*[32] die Zuständigkeit der ordentlichen Gerichte nicht nur in Privatrechtsstreitigkeiten zwischen Fiskus und Privatpersonen, sondern auch in jenen Fällen begründet wurde, in denen „gegen die von den Kammern in Angelegenheiten ihres Ressorts getroffenen Verfügungen ein Widerspruch sich findet, welcher zur Erörterung im Wege des Rechts geeignet ist" (§ 8). Ausgeschlossen blieb wie bisher der Rechtsweg über „wirkliche Majestäts- und Hoheitsrechte", gegen „allgemeine in Gegenständen des Kameralressorts ergehende Verordnungen" und über die „Verbindlichkeit zur Entrichtung allgemeiner Anlagen und Abgaben".

Aufbauend auf diesem Experiment wurde mit der *Verordnung wegen verbesserter Einrichtung der Provinzial-, Polizei- und Finanzbehörden vom 26. Dezember 1808*[33] die Verwaltung in der Mittelinstanz allein den ehemaligen Kammern übertragen, die in Regierungen umbenannt wurden. Die Kammerjustizdeputationen und die übrigen Sondergerichte der Verwaltung wurden aufgelöst. Die Rechtspflege der Kammern hörte auf und fiel den in Oberlandesgerichte umbenannten bisherigen Regierungen zu. Damit wurde in Preußen die volle organisatorische Trennung zwischen Verwaltung und Rechtsprechung durchgeführt.

dd) Die Verwirklichung des justizstaatlichen Ideals rief allerdings eine zunächst punktuelle, später breitere und rechtstheoretisch untermauerte *Gegenbewegung* hervor, welche die Zulässigkeit des Rechtswegs immer mehr beschränkte.[34] Diese erneute Wende zeigte sich zunächst auf dem Gebiet des *Steuerrechts*, wo für wichtige neue Steuern der Rechtsweg nicht zugelassen wurde.[35] Durch Kabinettsorder vom 18. November 1828[36] stellte der König im Zusammenhang mit der Frage der Zulässigkeit des Rechtswegs in Stempelsteuersachen fest, daß nach dem Preußischen Allgemeinen Landrecht (ALR) der Rechtsweg für Streitigkeiten über die Verbindlichkeit allgemeiner Staatsabgaben ausgeschlossen sei und der Steuerpflichtige insoweit auf die Beschwerde gegen die festsetzende Behörde verwiesen sei. Hintergrund dieser bald auch in der Literatur herrschenden Interpretation war das Anliegen des preußischen Finanzministeriums, die Kontrolle durch die – mit überwiegend zivilistisch ausgebildeten Richtern besetzten –Gerichte zugunsten des einfacheren, formfreien Verfahrens vor den Finanzbehörden zurückzudrängen und zugleich deren größere Sach-

[32] Novum corpus constitutionum Prussico-Brandenburgensium praecipue Marchicarum (NCC) 1797, Sp. 949.

[33] GS 1806/10, 464 ff.

[34] Hierzu *W. Rüfner*, FS Menger (1985), 3, 17; *O. Hintze*, Preußens Entwicklung zum Rechtsstaat, 154 ff.; *H.-J. Feist*, Die Entstehung des Verwaltungsrechts als Rechtsdisziplin, 81 f.

[35] Vgl. im einzelnen *W. Rüfner*, Verwaltungsrechtsschutz in Preußen von 1749 bis 1842, 150 ff.

[36] GS 1829, 16.

und Gesetzeskenntnis für die rasche und sachgemäße Entscheidung derartiger Streitigkeiten nutzbar zu machen.[37]

Ähnlich wurde bezüglich der *Polizeisachen* der Rechtsweg zunächst kasuistisch für einzelne Materien ausgeschlossen, die schon wegen der einseitigen zivilistischen Schulung der Richter und der mangelhaften Kodifizierung des Verwaltungsrechts als ungeeignet für die gerichtliche Verhandlung galten. Die einschlägigen Zuständigkeitsbestimmungen der Verordnung von 1808 wurden restriktiv ausgelegt und oblagen zudem der Kognition des Justizministers auf Anfrage des angegangenen Gerichts.[38] Schließlich wurde durch das Gesetz über die Zulässigkeit des Rechtswegs in Beziehung auf polizeiliche Verfügungen vom 11. Mai 1842[39] der Rechtsweg gegen derartige Verfügungen ausdrücklich ausgeschlossen. Die §§ 38 bis 40 der Verordnung vom 26.12.1808, die jede Gerichtsbarkeit der Verwaltungsbehörden abgeschafft hatten, wurden aufgehoben. § 2 des Gesetzes zufolge war der Rechtsweg zu den ordentlichen Gerichten nur noch bei Verletzung eines zum *Privateigentum* gehörenden Rechts und nur aufgrund einer besonderen gesetzlichen Vorschrift oder eines speziellen Rechtstitels zugelassen.

Im Zuge der beginnenden rechtstheoretischen Differenzierung zwischen privatem und öffentlichem Recht wurde die hoheitliche Tätigkeit der Verwaltungsbehörden zunehmend der Ausübung der tradierten Majestäts- und Hoheitsrechte gleichgestellt, über die der Rechtsweg von jeher ausgeschlossen war. Diese Entwicklung fand ihre rechtsdogmatische Stütze in § 1 Einl. AGO[40], der zunehmend als Ausschluß des Rechtswegs in öffentlich-rechtlichen Angelegenheiten gedeutet wurde. Diese Auslegung fand zwar in der Entstehungsgeschichte der Norm sowie der bisherigen Praxis der preußischen Rechtspflege keine Stütze,[41] zumal die AGO auch für das Verfahren vor den Kammerjustizdeputationen Anwendung gefunden hatte. Insofern dürfte die heutige Ansicht zutreffen, daß § 1 Einl. AGO mit der Eröffnung des Rechtswegs für jene „Sachen und Rechte, welche einen Gegenstand des Privateigentums ausmachen", *alle* Streitigkeiten über Rechte meinte, die *Privat*personen zukommen konnten, unabhängig davon, ob sie dem öffentlichen oder dem Privatrecht zuzuordnen waren. Dies hinderte Literatur und Praxis freilich nicht, § 1 Einl. AGO einen Sinn zu

---

[37] Vgl. *E. Loening*, Gerichte und Verwaltungsbehörden in Brandenburg-Preußen, 169; im allgemeinen zur Problematik der Verwaltungskontrolle durch die überwiegend zivilrechtlich geschulten Richter der ordentlichen Gerichtsbarkeit in Preußen *O. Hintze*, Preußens Entwicklung zum Rechtsstaat, 146ff., 153.

[38] Vgl. *W. Rüfner*, FS Menger (1985), 3, 18f.

[39] GS 1828,86.

[40] Die Vorschrift lautete: „Alle Streitigkeiten über Sachen und Rechte, welche einen Gegenstand des Privateigentums ausmachen, müssen, wenn kein gütliches Übereinkommen stattfindet, durch richterlichen Ausspruch entschieden werden".

[41] Ausführlich *E. Loening*, Gerichte und Verwaltungsbehörden in Brandenburg-Preußen, 156; vgl. *W. Rüfner*, FS Menger (1985), 3, 19f.

unterlegen, der mit der einsetzenden rechtstheoretischen Differenzierung zwischen privatem und öffentlichem Recht harmonierte, auf diesem Wege den gerichtlichen Rechtsschutz in Verwaltungsrechtssachen weiter beschränkte und der für die Entwicklung des 19. Jahrhunderts kennzeichnenden Bevorzugung von Entschädigungs- gegenüber Abwehransprüchen Vorschub leistete.

ee) Mit Blick auf das *Verfahren* im verwaltungsrechtlichen Rechtsschutz bleibt zweierlei festzuhalten. Zum einen führte der preußische Sonderweg der *Untersuchungsmaxime* im allgemeinen Prozeßrecht dazu, daß sich die Frage der Verfahrensdifferenzierung zwischen dem gerichtsförmigen Verwaltungsrechtsschutz und dem ordentlichen Prozeß nicht stellte. Dies korrelierte mit der Übernahme des „einartigen", weitgefaßten Begriffs des subjektiven *Privatrechts*, der gegenüber der späteren Differenzierung zwischen Privat- und öffentlichem Recht unkritisch war. Der Höhepunkt dieser Entwicklung, die Verwirklichung des justizstaatlichen Ideals des Verwaltungsrechtsschutzes vor den ordentlichen Gerichten, induzierte zugleich eine Gegenbewegung, die zu immer weitergehenden Rechtswegbeschränkungen und damit zur zunehmenden Bedeutung des verwaltungsinternen Beschwerdeverfahrens führte. Insofern wirkte es sich auf das Verfahren in Verwaltungsstreitsachen nicht mehr aus, daß der preußische Zivilprozeß in den ersten Jahrzehnten des 19. Jahrhunderts sich dem summarischen Prozeß des gemeinen Rechts wieder annäherte. Da die Verwaltungsbehörden entsprechend der tradierten Verwaltungspraxis den Sachverhalt auch im Beschwerdeverfahren von Amts wegen ermittelten, kam es zu einer – theoretisch nicht näher reflektierten – de-facto-Differenzierung zwischen Zivil- und Verwaltungsrechtspflege bei der Sachverhaltsermittlung. Diese schlug sich später, mit Einführung der Verwaltungsgerichtsbarkeit in Preußen, wie selbstverständlich auch im verwaltungsgerichtlichen Verfahren nieder.

b) Administrativjustiz

aa) Württemberg

In Württemberg entwickelte sich bereits in der ersten Hälfte des 19. Jahrhunderts eine „Verwaltungsgerichtsbarkeit neuzeitlicher Prägung"[42], nämlich in Gestalt der gerichtlichen Tätigkeit des Geheimen Rates. Seine Rechtsprechung beförderte die dogmatische Entwicklung des Verwaltungsrechts,[43] diente der Ausbildung dogmatischer Grundlagen des Verwaltungsprozesses und etablier-

---

[42] *M. Sellmann*, in: Staatsbürger und Staatsgewalt (1963), 25, 64; *O. Linder*, Die Entstehung der Verwaltungsrechtspflege des Gemeinen Rats in Württemberg, 102; *O. Sarwey*, Das öffentliche Recht und die Verwaltungsrechtspflege, 260; auch *J. Poppitz*, AöR 73 (1942), 158, 197; *H.-J. Feist*, Die Entstehung des Verwaltungsrechts als Rechtsdisziplin, 86ff.

[43] *O. Sarwey*, Das öffentliche Recht und die Verwaltungsrechtspflege, 260.

te wohl erstmals eine Gewähr subjektiver Rechtsausübung auf dem Gebiet des öffentlichen Rechts nach heutigem Verständnis.

(1) In der *ständischen Verfassung* Württembergs bis zum Jahre 1805 übten in erster Linie die Stände als „Volksvertretung" eine indirekte Einzelkontrolle über die Rechtmäßigkeit des staatlichen Handelns aus, indem sie die Zustimmung zu Gesetzen, namentlich die Steuerbewilligung, davon abhängig machten, wie mit Rechtsbeschwerden der Untertanen verfahren wurde. Die Verwaltungsbeschwerde als primäres Rechtsschutzmittel gegenüber unrechtmäßigem Verwaltungshandeln erhielt durch die – der Sache nach objektiv-rechtliche, präventiv wirksame – Kontrolle der Stände besonderes Gewicht.[44] Über den Bezirksverwaltungen stand als Mittelbehörde das Regierungskollegium (Oberrat) und über diesem seit Anfang des 17. Jahrhunderts der Geheime Rat, dem – „als Mittler zwischen den Ständen und dem Herzog" – die Aufgabe einer Rechtskontrolle der gesamten Verwaltung oblag.[45] Namentlich das Regierungskollegium übte neben der Zivil- und Strafgerichtsbarkeit als sog. Austrägalgericht die Gerichtsbarkeit in privatrechtlichen[46] und öffentlich-rechtlichen Streitigkeiten[47] der Untertanen mit dem Landesherrn aus, was der Sache nach, soweit Regierungs- und Polizeisachen in Rede standen, einer Verwaltungsgerichtsbarkeit nahe kam.

Während die Entwicklung in Preußen dahin ging, ordentliche und Verwaltungsgerichtsbarkeit institutionell zu differenzieren, aber verfahrensmäßig gleichzustellen, zeichnete sich die württembergische Rechtspflege dadurch aus, daß Justiz und Verwaltung zum großen Teil von denselben Behörden wahrgenommen wurden. Zugleich waren Justiz- und Verwaltungsverfahren deutlich voneinander geschieden. Das Regierungskollegium behandelte die Austrägalsachen allerdings nicht in den Formen des ordentlichen, gemeinen Zivilprozesses, sondern in einem *freieren Verfahren*, das dem summarischen Verfahren mit mündlicher Verhandlung angenähert war.[48]

(2) Mit der Aufhebung der ständischen Verfassung des nunmehrigen Königreichs Württemberg im Jahre 1805 wurde der Geheime Rat aufgehoben, und auch die durch die Stände ausgeübte Rechtskontrolle fiel fort. Die Geschäfte des Regierungskollegiums wurden geteilt und die Trennung von Justiz und Verwaltung zumindest in der oberen Instanz durchgeführt, indem die Rechtspflege einem neu eingerichteten obersten Gericht, dem *Oberjustizkollegium*, übertra-

---

[44] *O. Bühler*, Die Zuständigkeit der Zivilgerichte gegenüber der Verwaltung, 19.

[45] *O. Bühler*, Die Zuständigkeit der Zivilgerichte gegenüber der Verwaltung, 19.

[46] Als sog. Kanzleigericht, im einzelnen *O. Bühler*, Die Zuständigkeit der Zivilgerichte gegenüber der Verwaltung, 22.

[47] Soweit nicht, wie in den Fällen des schweren Mißbrauchs der landesherrlichen Gewalt (Verfassungsbruch), die Zuständigkeit des Reichshofrates gegeben war.

[48] *O. Linder*, Die Entstehung der Verwaltungsrechtspflege des Gemeinen Rats in Württemberg, 19; *O. Bühler*, Die Zuständigkeit der Zivilgerichte gegenüber der Verwaltung, 21.

gen wurden und zugleich die Kompetenz der ordentlichen Gerichtsbarkeit auf Zivilrechtssachen beschränkt wurde.[49] Der älteren Rechtsauffassung, wonach jede Rechtsverletzung eine Justizsache begründe und den ordentlichen Rechtsweg eröffne, wirkten königliche Dekrete entgegen, die – so für Ansprüche auf Befreiung von Staatsabgaben oder Entschädigungsforderungen – feststellten, daß in diesen Fällen „nicht von Privatrechten und Verbindlichkeiten ... sondern von dem Auflagerecht des Staats die Rede ist, welches keiner gerichtlichen Diskussion und keinem Gerichtsspruch unterworfen sein kann."[50] Hinsichtlich des Rechtsschutzes gegen Regierungsverfügungen im allgemeinen wurde angeordnet, daß „künftig dergleichen Gegenstände, wo es nicht unbestritten von bloßen Privat- oder Eigentumsrechten von Einzelnen, sondern von Regierungsverfügungen handelt, welche keiner gerichtlichen Entscheidung unterliegen können, nicht mehr an die Justizstellen gebracht" werden sollen, sondern die Petenten an die betreffenden Administrativbehörden zu verweisen seien.[51]

In Württemberg wurde demnach, anders als in Preußen, keine kasuistische Abgrenzung nach Zweckmäßigkeitsgesichtspunkten unternommen, sondern eine scharfkantige *Kompetenzbestimmung* nach Maßgabe der Trennlinie zwischen Privatrecht und öffentlichem Recht gesucht, wie sie die Rechtswissenschaft im Zuge des 19. Jahrhunderts entwickelte. Der dogmatische Ertrag dieser Differenzierung, wiewohl ursprünglich zur Einschränkung des Verwaltungsrechtsschutzes unternommen, zeigte sich namentlich im *Gutachten des Oberjustizkollegiums vom 22. Juni 1813* über die Frage, ob und auf welche Art gegen Verfügungen der Administrationsbehörden ein Rekurs an die Justizbehörden stattfinde.[52] In diesem Gutachten fand sich erstmals eine an die *Rechtsnatur* der Streitsache anknüpfende Verfahrensdifferenzierung bei der Sachverhaltsermittlung, was wiederum eine Differenzierung des Begriffs der Justizsache entlang der dogmatischen Trennlinie zwischen privatem und öffentlichem Recht voraussetzte.

Das Oberjustizkollegium unterschied drei Fallgruppen von Rechtsstreitigkeiten: Eingriffe durch die gesetzgebende Gewalt, bei denen zweifellos keine Justizsache vorliege; Privatrechtsverhältnisse der Staatsbürger mit den Behörden (Fiskalgeschäfte), für welche die Zuständigkeit der ordentlichen Gerichte begründet sei sowie solche Fälle, bei denen private Rechte durch Verfügungen von Verwaltungsbehörden beeinträchtigt würden. Es seien dies die Fälle, in de-

---

[49] Im einzelnen *O. Linder*, Die Entstehung der Verwaltungsrechtspflege des Gemeinen Rats in Württemberg, 26ff.; *O. Bühler*, Die Zuständigkeit der Zivilgerichte gegenüber der Verwaltung, 26ff.

[50] Königl. Dekret vom 13. Dezember 1812, Reg.Bl. 621.

[51] Königl. Dekret vom 8. März 1813, zit. nach *O. Linder*, Die Entstehung der Verwaltungsrechtspflege des Gemeinen Rats in Württemberg, 30, m.w.N.

[52] StA. Geh. Rat II, B. 358; auszugsweise mitgeteilt bei *O. Linder*, Die Entstehung der Verwaltungsrechtspflege des Gemeinen Rats in Württemberg, 31ff.

nen „von Behörden, welchen das Staatsoberhaupt die Ausübung der vollziehenden Gewalt anvertraut hat, ein Untertan in Verhältnissen, die aus dem *Staatsverbande* fließen, wo die streitigen Rechte und Pflichten auf Staatsgesetzen beruhen, absichtlich oder durch falsche Auslegung des Gesetzes, oder unrichtige Ansicht und Unterstellung des Faktums gegen das Gesetz behandelt wird." Da es in diesen Fällen um die Richtigkeit der Rechtsanwendung gehe, also wie in jedem Rechtsstreit entweder der Sinn des Gesetzes oder der Tatbestand streitig sei, müßten derartige Streitigkeiten grundsätzlich im rechtswissenschaftlichen Verfahren entschieden werden.

Gleichwohl sah das Oberjustizkollegium die Notwendigkeit einer institutionellen und verfahrensrechtlichen Differenzierung. Namentlich galt ihm allein das *Untersuchungsverfahren* als den Verwaltungsrechtssachen angemessen, da „die administrative Behörde auf der einen Seite dem Staat kein Recht vergeben darf, auf der andern Seite aber auch keinen Vorteil aus der Nachlässigkeit oder Unwissenheit eines Untertanen ziehen soll". Bemerkenswert an diesem Argument ist, daß hier Motive aus der zivilprozessualen Diskussion um Verhandlungs- und Untersuchungsgrundsatz – nämlich die Differenzierung zwischen formeller und materieller *Richtigkeit* des Urteils, die Frage der *Dispositionsbefugnis* über subjektive Rechte und der *Fürsorgegedanke* – sehr früh in einen zumindest impliziten Zusammenhang mit der Rechtsnatur des Streitgegenstandes gesetzt wurden. Während die Entwicklung in Preußen schon aufgrund des zivilprozessualen Sonderwegs für derartige Verfahrensdifferenzierungen unkritisch war, wurde in Württemberg die Notwendigkeit der Sachverhaltsermittlung von Amts wegen auch und gerade vor dem Hintergrund der erstrebten *justizförmigen* Behandlung der Verwaltungsstreitsachen entwickelt.

(3) Der Gedanke eines differenzierten Verfahrens bei ansonsten weitgehend justizförmiger Ausgestaltung des Verwaltungsrechtsschutzes blieb auch während der Debatten um die württembergische Verfassung von 1819 erhalten. Nachdem im Jahre 1815 der Versuch des Königs gescheitert war, den Landständen eine Verfassung zu oktroyieren, wurde die Frage des Verwaltungsrechtsschutzes erneut in den Verfassungsberatungen eines aus königlichen und ständischen Beauftragten bestehenden Ausschusses behandelt. In dessen *Sitzung vom 27. April 1816*[53] hieß es dazu, daß Beschwerden über Rechtsverletzungen durch Verwaltungsbehörden aufgrund fehlerhafter Anwendung staatsrechtlicher Normen von einer hierzu kollegialisch versammelten Abteilung von Rechtsgelehrten beim Regierungskollegium zur Untersuchung und Entscheidung zu übergeben seien. Diese Abteilung könne den Rechtsstreit an das ordentliche „Gericht zweiter Instanz" (Oberjustizkollegium) übergeben, wenn sie Verzug leide und besonders verwickelt sei. An nämliches Gericht sei auch der Rekurs

[53] StA. Geh. Rat II, 104f.; Beratungen auszugsweise im Wortlaut wiedergegeben bei *O. Linder*, Die Entstehung der Verwaltungsrechtspflege des Gemeinen Rats in Württemberg, 43.

zuzulassen, soweit der Gegenstand „nach den für eigentlich bürgerliche Rechtssachen gegebenen Vorschriften appellabel" sei. In beiden Fällen habe das Gericht aber „nicht die gewöhnliche Verhandlungsmaxime, sondern das *Untersuchungsverfahren* zu beobachten und die *schnelle Erledigung* der Beschwerde durch Einschreiten von Amtswegen herbeizuführen". Zu den genannten Motiven, die der Einführung der Untersuchungsmaxime für Verwaltungsrechtssachen zugrundelagen, trat sonach der Aspekt beschleunigter Behandlung hinzu.

Dies wurde weiterhin deutlich in einem Anbringen des königlichen Verfassungsausschusses an den König anläßlich der Vorlage des Entwurfes des Verfassungsabschnitts über die Kompetenzen des Regierungskollegiums vom 13. August 1816[54]. Dort hieß es, daß das vormalige Regierungskollegium der ständischen Verfassung es vermocht habe, Verfahren „im *summarischen Untersuchungsweg* durch den extrajudiziellen Ausspruch der Regierung zur Zufriedenheit sämtlicher Teile ... in kurzer Zeit und ohne Kostenaufwand zu erledigen", wogegen nach Fortfall dieser Funktion im Jahre 1805 die Verfahren „zur Beschwerde der Interessenten in den kostbaren und weitläufigen Prozeßweg geleitet" werden mußten.

(4) Das bislang favorisierte Modell des zweigleisigen Verwaltungsrechtsschutzes unter Einbeziehung der ordentlichen Gerichte setzte sich in der Folge allerdings nicht durch.[55] Die Verfassungsurkunde vom 25. September 1819 sah als primäres Rechtsmittel allein die herkömmliche *Verwaltungsbeschwerde* vor, d.h. das Recht, „über gesetz- und ordnungswidriges Verfahren einer Staatsbehörde oder Verzögerung der Entscheidung bei der unmittelbar vorgesetzten Stelle schriftliche Beschwerde zu erheben und nötigenfalls stufenweise bis zur höchsten Behörde zu verfolgen" (§ 37). Sofern die höchste zuständige Verwaltungsbehörde, d.h. in der Regel das jeweilige Ministerium, der Beschwerde nicht stattgab, konnte der Beschwerdeführer seine Sache zum einen den Ständen mit der Bitte um Verwendung vortragen, zum anderen gem. § 60 Ziff. 1 gegen die Verfügungen der Departementsminister den *Rekurs zum Geheimen Rat* einlegen. Auf dieser gesetzlichen Grundlage entfaltete sich bis 1876 die Rechtsprechungstätigkeit des Geheimen Rates, die sich seit den dreißiger Jahren zur umfassenden Rechtmäßigkeitskontrolle der Verwaltung bei Verletzungen subjektiver Rechte fortentwickelte.[56]

---

[54] StA. Geh. Rat II, B. 108, zit. nach *O. Linder*, Die Entstehung der Verwaltungsrechtspflege des Gemeinen Rats in Württemberg, 46.

[55] Über die Gründe herrscht Unklarheit; vgl. *O. Bühler*, Die Zuständigkeit der Zivilgerichte gegenüber der Verwaltung, 33.

[56] Die Beschränkung auf solche Fälle, in denen der Bürger eine *Rechts*verletzung – und nicht eine bloße Beeinträchtigung seiner Interessen bzw. Fragen der Ermessensausübung – geltend machte, beruhte auf der restriktiven Interpretation des § 60 Ziff. 1 Württ. Verf. durch den Geheimen Rat; zu dieser – im Sinne einer Effektuierung des Rechtsschutzes sinnvollen – Selbstbeschränkung vgl. *O. Linder*, Die Entstehung der Verwaltungsrechtspflege des Gemeinen Rats in

Gesetzliche Vorschriften über das *Verfahren* des Geheimen Rates für die Behandlung von Rekursen gegen Verfügungen der Verwaltungsbehörden gab es nicht.[57] Die Entwicklung des Verfahrensrechts lag weitgehend in der Hand des Spruchkörpers selbst. Immerhin ordnete der König in einem Dekret aus dem Jahre 1835[58] an, daß die Form der Behandlung von Rekursen, soweit tunlich, dem *Verfahren vor den ordentlichen Gerichten* angenähert werden sollte. Schon aus der Entstehungsgeschichte der württembergischen Administrativjustiz folgt indes, daß das Verfahren im Gegensatz zu dem der ordentlichen Gerichtsbarkeit durch den *Untersuchungsgrundsatz* bestimmt war.[59] Dies wird bestätigt durch den Umstand, daß das im behördlichen Instanzenzug zuständige Ministerium – nach Mitteilung der angefallenen Akten und Stellungnahme – damit beauftragt werden konnte, „weitere Erhebungen zu machen oder auch den Beschwerdeführer zu veranlassen, seinen Rekurs in diesem oder jenem Punkt näher zu begründen".[60] Die bereits frühzeitig aus grundsätzlichen Erwägungen heraus getroffene Festlegung auf den Untersuchungsgrundsatz in Verwaltungsstreitsachen verfestigte sich demnach in der Praxis der Verwaltungsrechtspflege des Geheimen Rats, die ihrerseits modellhaften Charakter für die spätere Verwaltungsgerichtsbarkeit in Württemberg und den übrigen Territorien gewann.

bb) Bayern

Auch in Bayern entwickelte sich zu Beginn des 19. Jahrhunderts eine dem französischen Modell nachgebildete Administrativjustiz, die indes nicht jene weiterführende Durchformung erhielt wie in Württemberg.[61] Ähnlich wie dort war auch für das bayerische Modell eine an der Rechtsnatur des Streitgegenstandes orientierte *Verfahrensdifferenzierung* hinsichtlich der Sachverhaltsermitt-

---

Württemberg, 64f.; *O. Bühler*, Die Zuständigkeit der Zivilgerichte gegenüber der Verwaltung, 35.

[57] Der Mangel eines Verfahrensgesetzes wurde verschiedentlich erkannt, ohne daß Abhilfe geschaffen wurde; vgl. *O. Linder*, Die Entstehung der Verwaltungsrechtspflege des Gemeinen Rats in Württemberg, 97.

[58] Dekret vom 3. Februar 1835, Geh. Rat III B. 72; zit. nach *O. Linder*, Die Entstehung der Verwaltungsrechtspflege des Gemeinen Rats in Württemberg, 81.

[59] Dies folgert auch *W. Fischer*, Der Streit um die Verwaltungsgerichtsbarkeit, 50f., aus dem Fehlen näherer Verfahrensvorschriften.

[60] *O. Linder*, Die Entstehung der Verwaltungsrechtspflege des Gemeinen Rats in Württemberg, 80.

[61] Zur bayerischen Verwaltungsrechtspflege *C.J. Mittermaier*, AcP 4 (1821), 305, 349ff.; *R. Schiedermair*, FS Nottarp, 173ff; *M. Sellmann*, in: Staatsbürger und Staatsgewalt (1963), 25, 52ff.; *J. Poppitz*, AöR 73/74 (1942), 158, 170f., *W. Fischer*, Der Streit um die Verwaltungsgerichtsbarkeit, 56f.; *H.-J. Feist*, Die Entstehung des Verwaltungsrechts als Rechtsdisziplin, 83ff.; ferner *Nibler*, AcP 3 (1822), 374, 387ff. Besondere Berücksichtigung des französischen Einflusses auf die bayerische Gesetzgebung in der Darstellung von *F.-K. Koch*, Die historischen Grundlagen der Verwaltungsrechtspflege in Frankreich.

lung kennzeichnend. Die dogmatische Fundierung fand sich indes nicht, wie in Württemberg, in einer Polarisierung öffentlich-rechtlicher und privatrechtlicher Streitigkeiten. Vielmehr kennzeichnete es die bayerische Praxis, den gerichtsähnlichen Verwaltungsrechtsschutz lediglich für die – letzthin enumerativ bestimmte – Zwischenkategorie der „administrativ-kontentiösen Streitigkeiten" zu eröffnen, die von den rein administrativen Angelegenheiten im Subordinationsverhältnis zwischen Staatsgewalt und Untertan abgegrenzt wurden.

(1) Die bayerische Gerichtsordnung von 1753[62] behandelte die – begrifflich nur vage bestimmten – Polizeisachen als Justizsachen und wies sie den ordentlichen Gerichten zu, sofern sie ein *jus reale vel perpetuum* betrafen.[63] Hinsichtlich des Verfahrens wurde der *summarische Prozeß* angeordnet.[64] Dies deutet auf das Bedürfnis nach Verfahrensbeschleunigung und intensivere richterliche Prozeßinstruktion für Polizeisachen hin und nimmt insoweit Motive vorweg, die zu Beginn des 19. Jahrhunderts die Option der Verwaltungsrechtspflege für den Untersuchungsgrundsatz bestimmten. Noch 1796 wurde entsprechend dieser Regelungen bestätigt, daß Sachen, bei denen *jura partium et singulorum* obwalteten, in die Zuständigkeit der Justizbehörden fielen.[65]

Dieser Grundsatz wurde im Zuge der unter französischem Einfluß verlaufenden Neuordnung der bayerischen Verfassung aufgegeben. Schon im Jahre 1799 wurde angeordnet,[66] daß „die in Polizeisachen entstehenden Streitigkeiten zwischen den Handwerkern, und sonst über einen das Publikum vorzüglich interessierenden Gegenstand, nicht mehr vor das forum civile gezogen werden" sollten. Bald wurden auch andere Streitigkeiten, bei denen ein überwiegendes Interesse des öffentlichen Wohls die Anwendung des gewöhnlichen Prozeßgangs bedenklich zu machen schien, den Verwaltungsbehörden zugewiesen.[67] Für privatrechtliche Streitigkeiten, an denen das öffentliche Interesse beteiligt war, wurde der Begriff der *administrativ-kontentiösen* Sachen geprägt, der solche Streitigkeiten zwischen Privaten umfaßte, bei denen „das Gemeinwohl in einer Art beteiligt ist, daß eine bloße ausschließliche Behandlung der privatrechtlichen Forderung nach dem Privat- oder Zivilrechte jenes höhere Interesse des Gemeinwohls verkürzen oder unberücksichtigt lassen könnte"[68].

---

[62] Codex Juris Bavarici Judicarii, 2. Aufl. München 1771.

[63] *Nibler*, AcP 3 (1822), 374, 387; *C.J. Mittermaier*, AcP 4 (1821), 305, 341.

[64] Kap. III, § 3, Nr. 4. *J. Poppitz*, AöR 73 (1942), 158, 210, ist der Ansicht, die Anwendung des summarischen Prozesses habe den Bedürfnissen der Verwaltung entsprochen.

[65] *C.J. Mittermaier*, AcP 4 (1821), 305, 342 m.w.N.

[66] Durch Verordnung vom 11. Januar 1799, Bayerische Generaliensammlung Bd. 6, 121; zit. nach *C.J. Mittermaier*, AcP 4 (1821), 305, 349.

[67] Vgl. im einzelnen *C.J. Mittermaier*, AcP 4 (1821), 305, 350.

[68] *R. Schiedermair*, FS Nottarp, 173, 183 m.w.N. Der Begriff im einzelnen war umstritten; vgl. aus der zeitgenössischen Literatur *K. Pöhlmann*, Über das Wesen der sogenannten administrativ-kontentiösen Sachen, 3f. einerseits, *N. T. v. Gönner*, Entwurf eines Gesetzbuchs über das gericht-

(2) Dem durch die Verfassung von 1808 konstituierten *Geheimen Rat* wurden durch *Edikt vom 4. Juni 1808*[69] richterliche Funktionen in den „kontentiösen administrativen Gegenständen" zugewiesen, in welchen er als letzte Instanz über den unteren und mittleren Verwaltungsbehörden fungierte.[70] Die richterlichen Funktionen wurden 1817 auf den nach französischem Vorbild konstituierten Staatsrat übertragen. Dessen Zuständigkeiten wurden in der Folge in jenem Maße beschnitten, wie die Zwischenkategorie der administrativ-kontentiösen Rechtssachen dogmatisch zweifelhaft wurde. Schon 1818 wurden dem Staatsrat die Zuständigkeit für Handwerks- und Gewerbestreitigkeiten entzogen. Sie sollten nunmehr als polizeiliche Gegenstände *„höchst summarisch"* im gewöhnlichen Verwaltungsverfahren mit einer Beschwerdeinstanz behandelt werden.[71] In der Folge wurde das jeweilige Beschwerdeverfahren zumeist in den materiellen Spezialgesetzen selbst geregelt. Der Staatsrat wurde aus der Verwaltungskontrolle zunehmend verdrängt, während der Verwaltungsrechtsschutz vornehmlich den Verwaltungsbehörden oblag.[72]

Hinsichtlich des *Verfahrens* war für die Landgerichte (als untere Verwaltungsbehörden, sofern nicht Spezialbehörden bestanden), die General-Kreiskommissariate und den Geheimen Rat grundsätzlich die *bayerische Zivilprozeßordnung von 1753* maßgeblich. Dies entsprach der Intention der bayerischen Lehre, die administrativ-kontentiösen Rechtssachen möglichst gerichtsähnlich zu verhandeln.[73] Ungeachtet der Annäherung an den Zivilprozeß trat der Staat nicht als Partei des Verfahrens auf. Vielmehr wurde die Wahrnehmung seiner Interessen der Verwaltungsbehörde als Gericht selbst anvertraut.[74] Im übrigen ordnete Kap. III § 3 Nr. 4 des Codex judiciarius bavaricus an, daß in allen Sachen, die das Polizeiwesen betrafen, der *summarische Prozeß* ohne Schriftwechsel und mit abgekürzten Terminen stattfinden sollte. Dieses Verbot prozessualer Weitläufigkeit in allen Administrativjustizsachen wurde durch ein Ministerialreskript vom 25. Februar 1819 erneut angemahnt.[75] In der Praxis wurde damit in allen administrativ-kontentiösen Rechtssachen nach dem Untersuchungsgrundsatz verfahren.[76] Die Sachaufklärung vor und außerhalb der

---

liche Verfahren, 2. Band, erste Abtheilung, 62f. andererseits; zur zeitgenössischen Kritik am Begriff schlechthin *C. v. Pfizer*, Über die Grenzen zwischen Verwaltungs- und Ziviljustiz, 58.

[69] RBl. 1808, Sp. 1329.

[70] Vgl. hierzu insb. *R. Schiedermair*, FS Nottarp, 173, 176f.

[71] *J. Poppitz*, AöR 73 (1942), 158, 210 m.w.N.

[72] *R. Schiedermair*, FS Nottarp, 173, 185.

[73] Vgl. namentlich die Vorschläge *N. T. v. Gönners*, Entwurf eines Gesetzbuchs über das gerichtliche Verfahren, 2. Band, erste Abtheilung, 56f.; 104f.

[74] *R. Schiedermair*, FS Nottarp, 173, 180.

[75] *F.-K. Koch*, Die historischen Grundlagen der Verwaltungsrechtspflege in Frankreich, 166 m.w.N.

[76] *K. Pöhlmann*, Über das Wesen der sogenannten administrativ-kontentiösen Sachen, 26, Anm. 1, berichtet, daß dieser „rein polizeiliche Weg" von der Praxis für alle administrativ-kontentiösen Sachen angewendet worden sei, nachdem durch Ministerial-Entschließung vom 10. Ja-

Verhandlung erfolgte durch die jeweils zuständigen Verwaltungsbehörden, soweit nicht die regelmäßig beigezogenen Akten genügten.[77]

cc) Sachsen

Aufschlußreich für die Entwicklung der Verfahrensgrundsätze des Verwaltungsprozesses ist auch die Entwicklung in Sachsen, wo im Jahre 1835 eine gesetzliche Zuständigkeitsverteilung zwischen Verwaltung und Justiz die Entwicklung eines gesonderten Rechtsschutzverfahrens in Verwaltungssachen einleitete.

(1) Grundlage dessen war die sächsische *Verfassung von 4. September 1831*, die in ihrem fünften Abschnitt die Trennung der Justiz von der Verwaltung vorsah. Nach § 49 Abs. 1 der Verfassung stand „jedem, der sich durch einen Akt der Staatsverwaltung verletzt glaubt", der Rechtsweg offen. Zugleich war im zweiten Absatz besagter Vorschrift vorgesehen, daß ein besonderes Gesetz Ausnahmen und Bestimmungen regele, damit „der freie Fortgang der Verwaltung nicht gehemmt werde." Dieses Verfassungsprogramm wurde durch die vier Gesetze vom 28. und 30. Januar 1835[78] realisiert. Das „Gesetz über Kompetenzverhältnisse zwischen Justiz- und Verwaltungsbehörden" (sog. A-Gesetz) grenzte die beiderseitigen Wirkungskreise gegeneinander ab, wobei die Leitdifferenzierung zwischen privatem und öffentlichem Recht zugrundegelegt wurde.[79] Der ordentlichen Justiz wurden alle „Irrungen" über privatrechtliche Verhältnisse des Staates, Entschädigungsansprüche im Falle der Amtspflichtverletzung sowie ausnahmsweise Streitigkeiten über Abgaben und Lasten zugewiesen, sofern besondere privatrechtliche Rechtstitel bestanden.[80]

Die verbleibenden öffentlich-rechtlichen Angelegenheiten wurden durch die Verwaltung erledigt, wofür das „Gesetz, das Verfahren in Administrativjustizsachen betreffend" (D-Gesetz) nähere Bestimmungen traf. Das D-Gesetz unterschied zwischen solchen Streitigkeiten, bei denen mehrere private Parteien beteiligt waren, und solchen, in welchen nur eine Partei der Behörde gegenüberstand. Für letztere Fallgruppe, namentlich den Rekurs im Administrativjustizwege gegen Verfügungen der Verwaltungsbehörden, ordnete das Gesetz ein formloses *Beschwerdeverfahren* nach Art einer Dienstaufsichtsbeschwerde an. Für den überwiegenden Teil der Verwaltungsrechtssachen schied damit eine ge-

---

nuar 1824 der Untersuchungsgrundsatz für die Behandlung der den Verwaltungsbehörden zugewiesenen Mietdifferenzen, die in dieser Beziehung nicht als Zivilrechtssachen gegolten hätten, vorgeschrieben worden sei.

[77] *R. Schiedermair*, FS Nottarp, 173, 179; *M. Sellmann*, in: Staatsbürger und Staatsgewalt (1963), 25, 56; dem folgt *F.-K. Koch*, Die historischen Grundlagen der Verwaltungsrechtspflege in Frankreich, 165.

[78] Sächs. GVBl. 1835, 55ff.

[79] *O. Mayer*, Das Staatsrecht des Königreichs Sachsen, 266.

[80] Vgl. *O. Mayer*, Das Staatsrecht des Königreichs Sachsen, 268 mit näheren Einzelheiten.

richtsähnliche Behandlung aus, so daß sich die Verfahrensfrage hinsichtlich der Sachverhaltsermittlung nicht stellte.[81] Namentlich war das gesamte Polizeirecht der Verwaltungsjustiz entzogen.[82]

Abweichende Bestimmungen traf das Gesetz allein für die erste Fallgruppe, die als „Parteistreitigkeiten des öffentlichen Rechts“ dem Zivilprozeß weitgehend angenähert wurden. Ähnlich wie die Kategorie der „administrativ-kontentiösen“ Rechtssachen in Bayern sollten damit jene Rechtssachen einem dem Zivilprozeß angenäherten Verfahren vor den Verwaltungsbehörden zugeführt werden, die Differenzen zwischen Privaten über „ein Recht, oder eine Verbindlichkeit einer Privatperson“ betrafen, „welches sich auf eine öffentliche Einrichtung staatsrechtlicher, kirchlicher, polizeilicher, gewerblicher oder andrer dergleichen Art, welche zum Ressort der Verwaltungsbehörden gehört“, bezog.[83]

(2) Mit Blick auf das *Verfahren* ist von Interesse, daß zwar die Beteiligten wie Parteien des ordentlichen Prozesses behandelt wurden, alle entsprechenden Rechte gegenüber der Verwaltungsbehörde hinsichtlich des Verfahrensganges hatten, die Entscheidungen der Verwaltungsbehörden in Rechtskraft erwuchsen und die Verwaltungsbehörden sich gleichsam als Verwaltungsgerichte konstituierten und entsprechend verfuhren;[84] daß indes gerade Verhandlungs- und Dispositionsmaxime ausgeschlossen oder modifiziert waren. So wurden Beweise von Amts wegen erhoben, die Sachlage konnte auch zum Nachteil des Klägers geändert werden und die Zurücknahme der Klage bedurfte der Einwilligung der Behörde, die in ihrer Entscheidung über die Anträge der Beteiligten hinausgehen konnte.

Das D-Gesetz selbst bezeichnete in § 5 das Verfahren als *summarisch*, d.h. als ein solches, das nicht an die strengen Formen des ordentlichen bürgerlichen Prozesses gebunden sein sollte. Als Wesensmerkmal des Verfahrens in Verwaltungssachen galt gerade die stärkere Beimischung der *Inquisitionsmaxime*.[85] Die Motive zum D-Gesetz schlossen unmittelbar an die zeitgenössische Verknüpfung des Gedankens der Privatautonomie mit der prozessualen Dispositionsfreiheit der Parteien an. So hieß es, die „Rücksicht auf zu erhaltende Übereinstimmung in den mit der öffentlichen Ordnung zusammenhängenden Resultaten solcher Streitigkeiten“ mache es nötig, „den Tatbestand der letzteren so aufzuklären, wie die einschlagenden Verhältnisse wirklich sind, nicht bloß, wie sie von den Parteien gegeben und dargestellt werden.“[86] Die Verwaltungsstreitigkeiten hätten, so die Motive, einen Bezug zum *öffentlichen Interesse*, so daß die für die Angelegenheiten des Zivilrechts kennzeichnende freie Parteidisposi-

---

81 Vgl. *W. Fischer*, Der Streit um die Verwaltungsgerichtsbarkeit, 54.

82 Vgl. *J. Poppitz*, AöR 73 (1942), 158, 215.

83 *J. Volkmann*, System des sächsischen Civil- und Administrativprozesses, Bd. 3, 598.

84 *O. Mayer*, Das Staatsrecht des Königreichs Sachsen, 269.

85 *J. Volkmann*, System des sächsischen Civil- und Administrativprozesses, Bd. 3, 3.

86 Landtagsakten 1833 I 2, 612.

tion nicht in Betracht komme. Vielmehr müsse der Verwaltungsrichter die öffentlichen Einrichtungen „als etwas außer der Privatwillkür Stehendes gegen die Einwirkungen der Beteiligten ... in Schutz nehmen."[87]

c) *Justizstaat*

Das System des Rechtsschutzes gegen Verwaltungsmaßnahmen in *Kurhessen* (Hessen-Kassel) weist insoweit Besonderheiten gegenüber den anderen deutschen Territorien auf, als es eine der wenigen Verwirklichungen des *justizstaatlichen* Ideals des Verwaltungsrechtsschutzes durch die ordentliche Gerichtsbarkeit darstellte.[88] Neben Kurhessen trat im wesentlichen *Braunschweig*, dessen einschlägige Verfassungsbestimmungen durch das kurhessische Vorbild geprägt wurden.[89] Demgegenüber entfaltete die Absage der *Frankfurter Nationalversammlung* an die Verwaltungsrechtspflege kaum praktische Wirksamkeit, obschon die einschlägigen Bestimmungen der Paulskirchenverfassung in die Verfassungen einiger kleinerer Territorien übernommen wurden.[90]

aa) Ausgangspunkt des *hessischen* Sonderwegs war das dem Landgrafen von Hessen-Kassel im Jahre 1742 erteilte unbeschränkte *privilegium de non appellando*, aufgrund dessen die Zuständigkeit der Reichsgerichte für Klagen der kurhessischen Untertanen gegen die Landesherrschaft weitgehend ausgeschlossen war. In Wahrnehmung dieses Privilegs trat im Jahre 1743 das Oberappellationsgericht in Kassel an die Stelle der Reichsgerichte.[91] Die bislang von den

---

[87] Ebd.

[88] Zur Rechtspflege in Kurhessen *O. Bähr*, Der Rechtsstaat, 135; *N. Bovensiepen*, AöR 32 (1914), 47ff.; *W. Fischer*, Der Streit um die Verwaltungsgerichtsbarkeit, 58ff. Differenzierend zur Umsetzung des justizstaatlichen Ideals *M. Sellmann*, in: Staatsbürger und Staatsgewalt (1963), 25, 67f., 69, der darauf hinweist, daß die Verwaltungsrechtspflege auch in Kurhessen nicht grundsätzlich und ausnahmslos abgelehnt worden sei.

[89] Eingehend *T. Henne*, Verwaltungsrechtsschutz im Justizstaat, 21ff.

[90] Hinzu tritt als lokale Besonderheit die justizstaatliche Lösung der Hansestädte, in denen noch nach dem Inkrafttreten der Reichsjustizgesetze von 1877 verwaltungsrechtliche Streitigkeiten in größerem Umfange den ordentlichen Gerichten zugewiesen waren (vgl. *F. Klein*, VVDStRL 8 (1950), 67, 74). So wurde in Hamburg im Jahre 1879 durch das Gesetz, betreffend das Verhältnis der Verwaltung zur Rechtspflege, vom 23. April 1879 (GS 1879, 110) die Zuständigkeit der ordentlichen Gerichte für solche Fälle begründet, in denen Privatrechte durch Verfügungen oder Maßregeln von Verwaltungsbehörden verletzt wurden (§ 24). Der Begriff des Privatrechts wurde – in einer geradezu antiquarischen Pflege des überkommenen, „einartigen" Begriff des Privatrechts – weit ausgelegt, so daß weite Teile öffentlich-rechtlicher Eigentumsbeschränkungen, des Polizei- und Wegerechts von den ordentlichen Gerichten nach dem Verfahren der ZPO behandelt wurden. Vgl. hierzu *G. Quast*, Die Entstehungsgeschichte der hamburgischen Verwaltungsgerichtsbarkeit, 127 und passim; *I. v. Voß*, Die Verwaltungsgerichtsbarkeit in Hamburg von 1921 bis 1945, 5; im Überblick *E.-R. Huber*, Deutsche Verfassungsgeschichte Bd. 6, 573.

[91] Edikt vom 26. November 1743; auszugsweise mitgeteilt bei *O. Bähr*, Der Rechtsstaat, 137.

Reichsgerichten ausgeübte Justiz ging in der Sache unverändert auf das neugeschaffene höchste Landesgericht über, das dadurch eine Stellung gleichsam außerhalb des kurhessischen Territorial-Verbandes[92] erlangte. Entsprechend der weiten Zuständigkeit der Reichsgerichte für öffentlich-rechtliche Streitigkeiten im heutigen Sinne konnte vor dem Oberappellationsgericht auch die sog. Extrajudizial-Appellation eingelegt werden, die namentlich die Appellation in Polizei- und Regierungssachen umfaßte.[93]

Diese Konstellation erlaubte es, die ursprüngliche Position der Reichsgerichte und die *„einartige" Konstruktion* des subjektiven Rechts in die neue Zeit zu verpflanzen. Zwar fiel die Extrajudizial-Appellation mit der Neuordnung der Staatsverwaltung Kurhessens im Jahre 1821 fort, an deren Stelle trat jedoch die Möglichkeit der selbständigen gerichtlichen Klage gegen die hoheitliche Tätigkeit der Verwaltungsbehörden.[94] Diese Konstruktion erhielt durch die *Verfassung vom 5. Januar 1831*[95] eine weitere Sicherung. §35 ermöglichte jedem Staatsbürger die gerichtliche Klage, soweit er sich in seinen Rechten verletzt glaubte. Dies galt ausdrücklich auch für „verfassungs- gesetz- oder ordnungswidriges Benehmen oder Verfahren einer öffentlichen Behörde". Gem. §113 konnte „niemand an der Betretung und Verfolgung des Rechtswegs vor den Landesgerichten gehindert werden".

Die kurhessische Rechtspflege entnahm diesen Bestimmungen den Grundsatz, daß „die persönliche Rechtssphäre der Unterthanen auch der Regierungsgewalt gegenüber wider Rechtsverletzungen zu schützen sei; einerlei, ob die zu erörternde Rechtsfrage auf dem Gebiete des von den Untertanen vertretenen Privatrechts, oder des von der Regierungsgewalt vertretenen öffentlichen Rechts sich bewege ... Danach erkannten die kurhessischen Gerichte ... kein das Privatinteresse berührendes ‚Lebensgebiet' an, welches an sich (formal) der Rechtsprechung entzogen und der Regierungsgewalt zu freiem Schalten und Walten überwiesen gewesen wäre."[96] Freilich wurde der Rechtsschutz in Verwaltungssachen in den kurhessischen Verfassungswirren der Jahre 1851 bis 1862 weitgehend eingeschränkt. Die Tätigkeit der ordentlichen Gerichtsbarkeit wurde in der Folge weitgehend durch den neugeschaffenen Kompetenzgerichtshof absorbiert, dem die Beurteilung oblag, ob ein Rechtsstreit sich zum Gerichtsverfahren eigne oder nicht.[97]

---

[92] So *O. Bähr*, Der Rechtsstaat, 140; in Anlehnung daran *N. Bovensiepen*, AöR 32 (1914), 47, 49.

[93] Im einzelnen *O. Bähr*, Der Rechtsstaat, 49.

[94] *O. Bähr*, Der Rechtsstaat, 143f.

[95] Hess. GVBl. 1831, 1ff.

[96] *O. Bähr*, Der Rechtsstaat, 147; vgl. *W. Fischer*, Der Streit um die Verwaltungsgerichtsbarkeit, 60.

[97] Einzelheiten bei *O. Bähr*, Der Rechtsstaat, 154ff.

Die Übernahme der „einartigen" Konzeption der Rechtsordnung, das entsprechend weite Verständnis des subjektiven Rechts und die weitgehende Zuständigkeit der ordentlichen Gerichtsbarkeit für Verwaltungsrechtssachen im heutigen Sinne schlugen sich auch in der *Verfahrensgestaltung* nieder. Die für die Administrativjustiz kennzeichnende Differenzierung zwischen Verhandlungs- und Untersuchungsgrundsatz je nach Verfahrensgegenstand fand in der kurhessischen Praxis keinen Widerhall. Im Gegenteil wurde für die Mehrzahl der Verhältnisse des öffentlichen Rechts kein Grund gesehen, „andere Formen des Austrags zu schaffen; vorausgesetzt, daß der Civilprozeß überhaupt immer mehr eine natürliche, von Formalitäten befreite, möglichst zusammengedrängte Gestalt annehme".[98] *Otto Bähr* nannte als wesentliche Bedingung dieser Verfahrensstraffung die engste Verbindung zwischen Haupt- und Beweisverfahren, wandte sich also namentlich gegen die für den gemeinen Prozeß kennzeichnende Trennung beider Verfahrensschritte durch das Beweisurteil.

Für den kurhessischen Justizstaat waren die in anderen Rechtsordnungen entwickelten Kriterien der Verfahrensdifferenzierung daher ohne Belang. Dies dürfte auch dadurch begünstigt worden sein, daß der kurhessische Zivilprozeß zwar auf der Verhandlungsmaxime beruhte, aber zugleich der richterlichen Prozeßleitung um der Effektivität der Rechtspflege willen hinreichend Raum gegeben hatte.[99] Das Beispiel Kurhessens zeigt an, wie sehr die scharfkantige Verfahrensdifferenzierung zwischen Verwaltungs- und Zivilprozeß mittlerweile auf jenen konstruktiven Leistungen der Rechtstheorie beruhte, die aufgrund der besonderen Positionierung des Oberappellationsgerichts nicht aktualisiert werden konnten – der Leitunterscheidung zwischen öffentlichem und Zivilrecht und der entsprechenden Problematik subjektiv-öffentlicher Rechte.

bb) Dieser Befund wird bestätigt durch die Praxis des justizstaatlichen Verwaltungsrechtsschutzes im Herzogtum *Braunschweig*. Auch hier galt als Zulässigkeitsvoraussetzung des Rechtsschutzes vor den ordentlichen Gerichten allein das Vorliegen einer *Privatrechtsverletzung*, auch wenn dieser eine Verwaltungshandlung zugrunde lag.[100] Die Gerichte legten bei der Verwaltungskontrolle fast ausnahmslos das weitgehend unverändert übernommene gemeine Zivilprozeßrecht zugrunde, ohne daß es zu gesonderten Verfahrensregeln für den Verwaltungsrechtsschutz gekommen wäre.[101] Auch in den Justizreformen nach 1848/49 blieben die zivilprozessualen Strukturen des Verwaltungsrechtsschutzes erhalten.[102]

---

98 *O. Bähr*, Der Rechtsstaat, 72f. *Otto Bähr* wirkte als Richter am Oberappellationsgericht in Kassel.

99 Hierzu oben, Abschnitt I. 1. d) bb).

100 Ausführlich *T. Henne*, Verwaltungsrechtsschutz im Justizstaat, 78ff.

101 *T. Henne*, Verwaltungsrechtsschutz im Justizstaat, 87ff.

102 Vgl. *T. Henne*, Verwaltungsrechtsschutz im Justizstaat, 158. Ein eher theoretisches Korrektiv bildeten die Befugnisse der *Staatsanwaltschaft*, die in jedem Zivilprozeß das Recht hatte,

cc) In den Beratungen der *Frankfurter Nationalversammlung* setzte sich, ohne daß dies ein zentraler Gegenstand der Beratungen gewesen wäre, ebenfalls der justizstaatliche Gedanke durch.[103] Er wurde in §49 Abs. 1 des Gesetzes betreffend die Grundrechte des deutschen Volkes vom 27. Dezember 1848 und in §182 Abs. 1 der Paulskirchenverfassung mit den Worten formuliert: „Die Verwaltungsrechtspflege hört auf; über alle Rechtsverletzungen entscheiden die Gerichte".

Entsprechende Regelungen wurden zwar in die Verfassungen *Oldenburg*s, *Anhalt-Bernburg*s, *Schwarzburg-Sonderhausen*s, *Reuß j.L.* und *Waldeck-Pyrmont*s übernommen,[104] zeitigten jedoch weder dort noch aufs Ganze gesehen nennenswerte Folgen.[105] So war mit der Übernahme der Regelung des §182 Abs. 1 der Paulskirchenverfassung in das oldenburgische Staatsgrundgesetz[106] gerade nicht die Zuständigkeit der Zivilgerichte für öffentlich-rechtliche Streitigkeiten im heutigen Sinne begründet, sondern lediglich den Verwaltungsbehörden die Entscheidung über Privatrechte im engeren Sinne genommen.[107] Das Verfahren nach der neuen oldenburgischen Prozeßordnung für die Zivilgerichte[108] erstreckte sich damit gerade nicht auf die genuinen Verwaltungsrechtssachen.[109]

2. *Entwicklung seit Einführung der Verwaltungsgerichtsbarkeit*

Im letzten Drittel des 19. Jahrhunderts richteten die deutschen Staaten auf breiter Linie Verwaltungsgerichte im heutigen Verständnis ein.[110] Damit wurde

---

Tatsachen und Beweismittel in den Prozeß einzuführen. Das vorrangige Interesse der Staatsanwaltschaft galt indes gerade nicht dem Verwaltungsrechtsschutz, sondern eher den Gegenständen der heutigen freiwilligen Gerichtsbarkeit, entfaltete aber auch dort kaum nennenswerte praktische Relevanz. Zum ganzen *Henne* ebd., 153ff.

[103] Vgl. hierzu nur *M. Sellmann*, in: Staatsbürger und Staatsgewalt (1963), 25, 75ff. m.w.N.

[104] Weitere Nachweise bei *M. Sellmann*, in: Staatsbürger und Staatsgewalt (1963), 25, 80. Eingehend zur Lage in Oldenburg *Ders.*, Entwicklung und Geschichte der Verwaltungsgerichtsbarkeit in Oldenburg, 23ff.

[105] *M. Sellmann*, in: Staatsbürger und Staatsgewalt (1963), 25, 81.

[106] Vom 18. Dezember 1849, Art. 105 (GBl. Bd. 12, 57ff.; Revidiertes Staatsgrundgesetz vom 22. November 1852, Art. 96, §2 (GBl. Bd. 13, 141ff.); dementsprechend Art. 3 des Gesetzes, betr. die Gerichtsverfassung für das Herzogtum Oldenburg, vom 29. August 1857 (GBl. Bd. 15, 801ff.).

[107] *M. Sellmann*, Entwicklung und Geschichte der Verwaltungsgerichtsbarkeit in Oldenburg, 33 mit weiteren Einzelheiten; differenzierend offenbar *H.-U. Erichsen*, Verfassungs- und verwaltungsgeschichtliche Grundlagen, 285, Anm. 586.

[108] Gesetz, betreffend den bürgerlichen Prozeß, vom 2. November 1857, GBl. Bd. 15, 909ff.

[109] So handelt es sich bei den oldenburgischen Regelungen denn auch weniger um einen Sieg (*R. Ogorek*, Individueller Rechtsschutz gegenüber der Staatsgewalt, 394) denn um die Agonie (*H.-U. Erichsen*, Verfassungs- und verwaltungsgeschichtliche Grundlagen, 285) der justizstaatlichen Idee.

[110] Bei Beginn des Ersten Weltkriegs hatten von den deutschen Gliedstaaten nur die beiden

zwar die justizstaatliche Lösung der Verwaltungskontrolle durch die ordentliche Gerichtsbarkeit endgültig verworfen. Zugleich trugen die neuen Verwaltungsgerichte jedoch grosso modo dem liberalen Anliegen Rechnung, dem Bürger Rechtsschutz gegenüber der Verwaltung im gerichtsförmigen Verfahren durch unabhängige Richter zu gewährleisten. Eine einheitliche Verwaltungsgerichtsbarkeit auf Reichsebene gab es dagegen nicht, sondern lediglich einige Rechtspflegeinstanzen für Einzelgebiete des Verwaltungsrechts. Bemerkenswerterweise überlebte dieses System den Wandel der Reichsverfassung in den Jahren 1918 und 1919.[111] Erst nach der Denaturierung der Verwaltungsrechtspflege im Dritten Reich wurde ab 1949 – nach Maßgabe der Direktive des Art. 19 Abs. 4 GG – ein einheitliches System der Verwaltungsrechtspflege in Bund und Ländern geschaffen.

Wenngleich die Entwicklung in allen Staaten aus der Rückschau konvergierte, waren die Einzelregelungen hinsichtlich der Gerichtsorganisation, der Zuständigkeit und des Verfahrens durchaus unterschiedlich.[112] So wurde in einigen Ländern ein dreistufiger Instanzenzug errichtet, während andere nur ein oberstes Verwaltungsgericht schufen. In den unteren Instanzen waren die Grenzen zwischen aktiver Verwaltungstätigkeit und gerichtlicher Verwaltungskontrolle nach heutigem Verständnis zumeist fließend.[113] Die Lehre unterschied zwischen dem stärker auf den Schutz subjektiver Rechte gerichteten *süddeutschen* Typ der Verwaltungsgerichtsbarkeit auf der einen, dem norddeutschen oder *preußischen*, eher auf die objektive Kontrolle der Exekutive hin berechneten Typus auf der anderen Seite.[114] Kennzeichnend für die Organisation der Gerichtsbarkeit süddeutscher Prägung war es, daß ein von den Verwaltungsbehörden organisatorisch strikt getrennter Verwaltungsgerichtshof über Rechtsbeschwerden gegen die letztinstanzlichen Entscheidungen der Verwaltungsbehörden entschied. Im preußischen System wurden dagegen den Verwaltungsbehörden selbst verwaltungsgerichtliche Befugnisse übertragen, während das preußische Oberverwaltungsgericht als selbständiges, mit unabhängigen Richtern besetztes Gericht konzipiert war.

Mecklenburg, Waldeck und Schaumburg-Lippe sowie die drei Hansestädte keine Verwaltungsgerichtsbarkeit. Zum „hanseatischen Justizstaat" noch oben, 1. c).

[111] *R. Grawert*, FS Menger (1985), 35, 46, 54; auch *O. Kimminich*, VBlBW 1988, 371, 376f.

[112] Einen vollständigen Überblick des im Jahre 1929 erreichten Standes der Gesetzgebung im Reich und den Ländern vermittelt *W. Apelt*, Der Instanzenzug der Verwaltung.

[113] Bis hin zur Erstentscheidung bestimmter Verwaltungssachen im Wege des gerichtsförmigen Verfahrens durch die Eingangsinstanz (sog. Verwaltungsstreitsachen) in Preußen; vgl. hierzu *Bühler*, in: *M. Fleischmann*, Wörterbuch des Deutschen Staats- und Verwaltungsrechts, Bd. 3, Art. Verwaltungsgerichtsbarkeit (Allgemeines), 746.

[114] So die einflußreiche Systematisierung bei *Bühler*, in: *M. Fleischmann*, Wörterbuch des Deutschen Staats- und Verwaltungsrechts, Bd. 3, Art. Verwaltungsgerichtsbarkeit (Allgemeines), 744ff.

Im übrigen unterschieden sich die einzelnen Systeme auch hinsichtlich der Zuständigkeitsverteilung zwischen Verwaltung, Verwaltungsgerichten und ordentlichen Gerichten, hinsichtlich des Umfangs der Ermessenskontrolle und des Zeitpunkts des verwaltungsgerichtlichen Tätigwerdens gegenüber der Verwaltung. Für die *Zuständigkeitsverteilung* fanden sich zwei – kaum in Reinform anzutreffende – Idealtypen, nämlich die Aufzählung der einzelnen Streitigkeiten im Wege des Enumerationsprinzips und die Zuweisung per Generalklausel.[115] Verbreitet waren Mischformen, etwa ein Enumerativsystem verbunden mit einer Generalklausel für Polizeisachen (insb. Preußen, Baden, Hessen, Oldenburg) oder ein Enumerativsystem für Parteisachen verbunden mit einer Generalklausel für die Anfechtung staatlicher Verfügungen (Württemberg, Sachsen), wobei im Geltungsbereich der Generalklausel die Zulässigkeit der Klage regelmäßig an eine subjektive Rechtsverletzung geknüpft wurde. Auch hinsichtlich des *Zeitpunkts des verwaltungsgerichtlichen Tätigwerdens* fanden sich in typisierender Betrachtung zwei Modelle. Nach dem einen konnten die Verwaltungsgerichte, so namentlich in Württemberg und Sachsen, erst angerufen werden, wenn alle Verwaltungsinstanzen bis hin zum Ministerium im verwaltungsinternen Beschwerdeverfahren durchlaufen waren. Nach dem anderen Modell wurden die Verwaltungsstreitsachen bereits früher aus dem verwaltungsinternen Instanzenzug abgezweigt. Hinsichtlich der Reichweite der verwaltungsgerichtlichen Kontrolle gegenüber *Ermessensentscheidungen* tendierte die Entwicklung zur reinlichen Scheidung von Rechts- und Ermessensfragen,[116] wobei die Verwaltungsgerichtsbarkeit nach preußischem Vorbild, entsprechend der Option für die weitergehende, objektive Verwaltungskontrolle, in stärkerem Maße auch Ermessensentscheidungen und die Auslegung unbestimmter Rechtsbegriffe in ihre Kontrollkompetenz einzog.[117]

Ebenso wie Organisation und Zuständigkeit der einzelnen Verwaltungsgerichtsbarkeiten erschien auch das *Verfahrensrecht* in unterschiedlicher Gestalt. In der Frage der Sachverhaltsermittlung herrschte indes insoweit Übereinstimmung, als die Verhandlungsmaxime nirgends in gleicher Weise wie im Zivilprozeß realisiert wurde. War schon zuvor die Verwirklichung des Untersuchungsgrundsatzes, sieht man von Kurhessen und Braunschweig ab, eine der sichtbarsten Gemeinsamkeiten der einzelstaatlichen Regelungen gewesen, so galt dies erst recht mit der Einführung des modernen Typs der Verwaltungsgerichtsbarkeit.

---

[115] Vgl. im einzelnen *Bühler*, in: *M. Fleischmann*, Wörterbuch des Deutschen Staats- und Verwaltungsrechts, Bd. 3, Art. Verwaltungsgerichtsbarkeit (Allgemeines), 748; *W. Rüfner*, Die Entwicklung der Verwaltungsgerichtsbarkeit, 912; *W. Brohm*, DV 24 (1991), 137, 138; relativierend *W. Henke*, Das subjektive öffentliche Recht, 31.

[116] *W. Rüfner*, Die Entwicklung der Verwaltungsgerichtsbarkeit, 912.

[117] *Bühler*, in: *M. Fleischmann*, Wörterbuch des Deutschen Staats- und Verwaltungsrechts, Bd. 3, Art. Verwaltungsgerichtsbarkeit (Allgemeines), 745; *W. Rüfner*, Die Entwicklung der Verwaltungsgerichtsbarkeit, 912f.; für die Entwicklung in der Weimarer Republik umfassend *M. Ibler*, Rechtspflegender Rechtsschutz im Verwaltungsrecht, 279ff.

a) Süddeutsche Verwaltungsgerichtsbarkeit

aa) In *Baden* wurde durch *Gesetz vom 5. Oktober 1863, die Organisation der inneren Verwaltung betreffend,*[118] die erste Verwaltungsgerichtsbarkeit moderner Prägung geschaffen.[119] Untere Instanz der zweistufigen Verwaltungsgerichtsbarkeit waren die Bezirksräte, die als Kollegialorgane beim Bezirksamt sowohl Aufgaben öffentlicher Verwaltung als auch die Verwaltungsrechtsprechung wahrnahmen. Als oberste Instanz fungierte ein von der Verwaltung abgesondertes, echtes Gericht, der Verwaltungsgerichtshof.

Das Verfahren folgte grundsätzlich dem *zivilprozessualen Verfahren.* Leitbild war ein formalisierter, öffentlicher Prozeß, in dem das rechtliche Gehör sowie die richterliche Unabhängigkeit des Entscheidungsträgers gewährleistet wurden. Zugleich sollte die aufgrund der Anlehnung an den Zivilprozeß befürchtete Formalisierung und Lähmung des Verfahrens vermieden werden.[120] Während das Gesetz über die Verwaltungsrechtspflege selbst keine näheren Regelungen über die Sachverhaltsermittlung enthielt, schrieb *§ 32 der Vollzugsverordnung vom 12. Juli 1864*[121] vor, daß das Gericht – ebenso wie die Verwaltungsbehörden – die zur Entscheidung erheblichen Tatsachen zu erforschen und festzustellen sowie die erforderlichen Beweise zu erheben habe. Im übrigen wurde dem Gericht ein Fragerecht „zur näheren Feststellung der Thatsachen“ eingeräumt (§ 71 Abs. 3). Zwar durften in der mündlichen Verhandlung keine neuen Tatsachen vorgebracht werden (§ 70 Abs. 2). Es lag jedoch im Ermessen des Gerichts, das nachträglich Vorgebrachte ungeachtet der Säumnis noch zu berücksichtigen (§ 43 Abs. 2, Abs. 3). Eine generelle Verpflichtung, die prozessuale Wahrheitsermittlung von Amts wegen zu betreiben, ließ sich diesen Vorschriften nur schwer entnehmen.[122] Das zeitgenössische Schrifttum hegte allerdings an der Geltung der Untersuchungsmaxime im badischen Prozeß keinen Zweifel.[123]

[118] RegBl. 399.

[119] Zu Baden siehe *E. Trostel*, VBlBW 1988, 363, 365f.; *Schenkel/Lewald*, in: *M. Fleischmann*, Wörterbuch des Deutschen Staats- und Verwaltungsrechts, Bd. 3, Art. Verwaltungsgerichtsbarkeit (Baden), 779ff.; *A. Schühly*, DÖV 1953, 613, zur Verwaltungsreform 1863 616f.; *P. Kohlmeier*, DÖV 1953, 618, zum Verfahren 621f.; neuerdings *M. Richter*, Die Untersuchungsmaxime im älteren Verwaltungsprozeß, 40ff.; kurzer Überblick bei *W. Rüfner*, Die Entwicklung der Verwaltungsgerichtsbarkeit, 915ff.

[120] Vgl. *J. C. Bluntschli*, Kommissionsbericht, in: Verhandlungen der bad. Stände-Versammlung, 1861/63, Beilagen, Nr. 581, 346, 348; hierzu *M. Richter*, Die Untersuchungsmaxime im älteren Verwaltungsprozeß, 42.

[121] Vollzugsverordnung zum Gesetze über die Organisation der inneren Verwaltung, insbesondere die Einrichtung und Zuständigkeit der Behörden und das Verfahren; RegBl. 333.

[122] So *M. Richter*, Die Untersuchungsmaxime im älteren Verwaltungsprozeß, 47.

[123] Vgl. die Kritik von *K.J. Schmitt*, BadVerwZ 1871, 245, 246

Das *Gesetz vom 14. Juni 1884, die Verwaltungsrechtspflege betreffend*,[124] weitete den Zuständigkeitskatalog wesentlich aus und enthielt eigene Verfahrensanordnungen. §5 Abs. 2 schrieb vor, daß die Verwaltungsgerichte „bezüglich der Erforschung der für die Entscheidung erheblichen Thatsachen und der Erhebung der Beweise an die Anträge der Parteien nicht gebunden" seien. §22 Abs. 2 des Gesetzes normierte die Pflicht des Vorsitzenden, in der mündlichen Verhandlung auf die vollständige Aufklärung des Sachverhalts, nicht nur auf vollständige Tatsachenerklärung der Parteien, hinzuwirken.

bb) In *Württemberg* konnte die Verwaltungsgerichtsbarkeit an die Tradition des Geheimen Rates anknüpfen. Die Einführung der modernen Verwaltungsgerichtsbarkeit nach dem Vorbild Badens stellte daher eine evolutionäre Fortschreibung, keine Umwälzung des Systems der Verwaltungsrechtspflege dar.[125] Für Parteistreitigkeiten waren die Kreisregierungen als Verwaltungsgerichte erster Instanz zuständig. Für diese Entscheidungen fungierte der Verwaltungsgerichtshof als Berufungsinstanz, während er im Beschwerdeverfahren i.S.d. Art. 13 des *württembergischen Gesetzes über die Verwaltungsrechtspflege*[126] die einzige gerichtliche Instanz über dem Instanzenzug der Verwaltung bildete. Anders als die meisten deutschen Verwaltungsgerichtsgesetze enthielt die Vorschrift eine unbeschränkte Generalklausel, nach welcher der Verwaltungsgerichtshof zuständig war für „Beschwerden gegen Entscheidungen oder Verfügungen der Verwaltungsbehörden, wenn jemand ... behauptet, daß die ergangene, auf Gründe des öffentlichen Rechts gestützte Entscheidung oder Verfügung rechtlich nicht begründet, und daß er hierdurch in einem ihm zustehenden Recht verletzt oder mit einer ihm nicht obliegenden Verbindlichkeit belastet sei." Ausgeschlossen war die Beschwerde gegen reine Ermessensentscheidungen. Zulässigkeitsvoraussetzung war weiterhin die Erschöpfung des Verwaltungsrechtswegs (Art. 59), so daß der Verwaltungsgerichtshof regelmäßig gegen die Entscheidung des zuständigen Ministeriums angerufen wurde.

Das *Verfahren* im Rechtsbeschwerde- sowie im Parteistreitverfahren war dem der Reichszivilprozeßordnung nachgebildet, unterschied sich jedoch „wesentlich durch eine Abschwächung der Verhandlungs- oder Dispositionsmaxime"[127]. Zwar traten die Gerichte nur auf Antrag der Beteiligten in Tätigkeit und durften bei der Entscheidung nicht über den Umfang des Gesuchs der Parteien hinausgehen (Art. 17). Das Verfahren nahm jedoch auch ohne Prozeßbetrieb der Parteien durch die prozeßleitende Tätigkeit des Gerichts seinen Fortgang.

---

[124] GVBl. 197.

[125] *W. Rüfner*, Die Entwicklung der Verwaltungsgerichtsbarkeit, 916f.; zur württembergischen Verwaltungsgerichtsbarkeit *K. Goez*, Die Verwaltungsrechtspflege in Württemberg; *ders.*, in: *Fleischmann*, Wörterbuch des Deutschen Staats- und Verwaltungsrechts, Bd. 3, Art. Verwaltungsgerichtsbarkeit (Württemberg),772ff.

[126] Vom 16. Dezember 1876, RegBl. 485.

[127] *K. Goez*, Die Verwaltungsrechtspflege in Württemberg, 567.

Bei der Erforschung der für die Entscheidung erheblichen Tatsachen und der Erhebung von Beweisen waren die Verwaltungsgerichte an die Anträge der Parteien nicht gebunden (Art. 17 Abs. 3). In jedem Stadium des Verfahrens konnten die Gerichte den nach ihrem Ermessen erforderlichen Beweis in vollem Umfang erheben, auch wenn er von den Parteien nicht angetreten war (Art. 36). Zur Begründung dieser – den heutigen Bestimmungen bereits weitgehend entsprechenden – Regelungen hieß es, daß bei den Streitigkeiten des öffentlichen Rechts „mehr oder weniger das öffentliche Interesse mitbeteiligt“ sei, so daß dem Verwaltungsgericht eine „freiere, von den Anträgen der Parteien unabhängigere Stellung eingeräumt“ werden müsse.[128]

cc) Anders als in Württemberg waren in *Bayern* die Ansätze zu einer Verwaltungsgerichtsbarkeit nicht weiter entwickelt worden.[129] Das *Gesetz über die Errichtung eines Verwaltungsgerichtshofs und das Verfahren in Verwaltungsrechtssachen vom 8. August 1878*[130] markierte insofern einen schwierigen Neubeginn.[131] In Bayern wurde allein der Verwaltungsgerichtshof als genuine verwaltungsgerichtliche Instanz eingerichtet, während als untere Instanzen die Verwaltungsbehörden als solche in ihrer normalen Besetzung entschieden. Allerdings hatten die Unterbehörden in Verwaltungsrechtssachen – Parteistreitigkeiten und Streitigkeiten im Staat-Bürger-Verhältnis, die enumerativ bezeichnet waren (Art. 8, 10) – ein *besonderes Verfahren* zu beobachten. Kennzeichnend war auch hier, daß die Feststellung des Sachverhalts von Amts wegen zu erfolgen hatte (Art. 20 Abs. 1) und das Gericht nicht auf das von den Parteien angebotene Beweismaterial beschränkt war (Art. 27 Abs. 1). Die Sachinstruktion und Beweisaufnahme oblag zunächst den Distriktverwaltungsbehörden als unterer Verwaltungsinstanz (Art. 27 Abs. 1), die zur richtigen Ermittlung des Sachverhalts nicht bloß das von den Parteien angebotene, sondern auch das sonst der Sachaufklärung dienende Material zu den Akten bringen mußten.[132]

In der Literatur wurde dementsprechend die Untersuchungsmaxime als leitender Grundsatz des bayerischen Verwaltungsprozesses anerkannt.[133] Die erkennende Behörde habe, „höchstens unterstützt durch die Beteiligten, selber von allen für die rechtliche Beurteilung der Streitsache erheblichen tatsächlichen Verhältnissen sich Kenntnis zu verschaffen und auf Grund dieser Kenntnis, ohne der Regel nach an die Anträge der Beteiligten gebunden zu sein, so zu

---

[128] *K. Goez*, Die Verwaltungsrechtspflege in Württemberg, 567.

[129] Vgl. zur bayerischen Verwaltungsgerichtsbarkeit *O. Bühler*, Die subjektiven öffentlichen Rechte, 169ff.; *A. Dyroff*, Bayerisches Verwaltungsgerichtsgesetz; *v. Seydel/Graßmann*, in: *Fleischmann*, Wörterbuch des Deutschen Staats- und Verwaltungsrechts, Bd. 3, Art. Verwaltungsgerichtsbarkeit (Bayern), 764ff.

[130] GVBl. 1878, 369.

[131] *W. Rüfner*, Die Entwicklung der Verwaltungsgerichtsbarkeit, 918.

[132] Vgl. *v. Seydel/Graßmann*, in: *Fleischmann*, Wörterbuch des Deutschen Staats- und Verwaltungsrechts, Bd. 3, Art. Verwaltungsgerichtsbarkeit (Bayern), 766.

[133] *A. Dyroff*, Bayerisches Verwaltungsgerichtsgesetz, 548.

entscheiden, wie sie es objektiv richtig erkennt".[134] Der Untersuchungsgrundsatz wurzele, so Literatur und Rechtsprechung im Einklang mit dem mittlerweile kanonisierten Begründungsmuster, in der „Obsorge für das öffentliche Interesse".[135] Dementsprechend sei der Umfang, in dem das Verwaltungsgericht zur Kognition auch über unstreitige Tatsachenaussagen verpflichtet sei, von der Wichtigkeit des Streitgegenstandes und der Bedeutsamkeit der hierbei beteiligten öffentlichen Interessen bestimmt.[136]

dd) Auch *Sachsen* richtete durch *Gesetz vom 19. Juni 1900*[137] eine Verwaltungsgerichtsbarkeit nach süddeutschem Vorbild ein, die für enumerativ bestimmte Parteistreitigkeiten und für Anfechtungsklagen gegen Verfügungen der Verwaltung zuständig war.[138] Das Gesetz regelte das Verfahren erschöpfend und verwies lediglich auf einzelne, ausdrücklich benannte Bestimmungen der Zivilprozeßordnung. Dem lag die zunehmend Raum greifende Ansicht zugrunde, daß das Verwaltungsstreitverfahren vom Zivilprozeß grundsätzlich verschieden, namentlich dessen „Verhandlungsmaxime und Verzichtsprinzip mit der Natur der Verwaltungsstreitsachen unvereinbar"[139] sei. Dementsprechend ordnete § 25 des Verwaltungsgerichtsgesetzes an, daß die Verwaltungsgerichte von Amts wegen den Sachverhalt erforschen und entsprechenden Beweis erheben, wobei sie zwar nicht über den Gegenstand der Verhandlung hinausgehen durften, aber weder an die gestellten Anträge noch an die zu ihrer Rechtfertigung vorgebrachten Gründe gebunden waren.

b) Preußische Verwaltungsgerichtsbarkeit

In Preußen stand die Effektuierung des Verwaltungsrechtsschutzes in Zusammenhang mit dem übergeordneten Projekt, die innere Verwaltung im ganzen zu reformieren. Dies umfaßte namentlich die Reform der Kreisverwaltung.[140]

---

134 *A. Dyroff*, Bayerisches Verwaltungsgerichtsgesetz, 549f.

135 Bay.VGH 14, 215, 217, zustimmend *A. Dyroff*, Bayerisches Verwaltungsgerichtsgesetz, 548.

136 Bay.VGH 14, 215, 217.

137 GVBl. 486.

138 Zu *Sachsen Wachler*, in: *Fleischmann*, Wörterbuch des Deutschen Staats- und Verwaltungsrechts, Bd. 3, Art. Verwaltungsgerichtsbarkeit (Sachsen), 768ff.; *W. Rüfner*, Die Entwicklung der Verwaltungsgerichtsbarkeit, 920f.

139 *Wachler*, in: *Fleischmann*, Wörterbuch des Deutschen Staats- und Verwaltungsrechts, Bd. 3, Art. Verwaltungsgerichtsbarkeit (Sachsen), 768ff.

140 Vgl. zur preußischen Verwaltungsgerichtsbarkeit *Friedrichs*, in: *Fleischmann*, Wörterbuch des Deutschen Staats- und Verwaltungsrechts, Bd. 3, Art. Verwaltungsgerichtsbarkeit (Preußen), 753ff.; *M. Ibler*, Rechtspflegender Rechtsschutz im Verwaltungsrecht, 202ff.; *U. Stump*, Preußische Verwaltungsgerichtsbarkeit 1875–1914, 25ff.; *R. Grawert*, in: Die Verwaltung 1983, 66ff.; *H. Heffter*, Die deutsche Selbstverwaltung im 19. Jahrhundert, 623ff.; *E. Trostel*, VBlBW 1988,

aa) Für das Verwaltungsstreitverfahren wurden durch die *Kreisordnung vom 13. Dezember 1872*[141] zwei verwaltungsgerichtliche Instanzen eingerichtet, die sich am Vorbild der sogenannten Deputationen für das Heimatwesen orientierten, welche seit 1871 gleichsam als Spezialverwaltungsgerichte für Armensachen fungierten.[142] Mit dem *Verwaltungsgerichtsgesetz aus dem Jahre 1875*[143] wurde die Verwaltungsgerichtsbarkeit weiter ausgebaut, indem das Oberverwaltungsgericht als dritte Instanz errichtet und Gerichtsverfahren und -verfassung neu geregelt wurden. Im wesentlichen abgeschlossen wurde die preußische Neuordnung der Verwaltungsgerichtsbarkeit durch das *Gesetz über die allgemeine Landesverwaltung vom 30. Juli 1883 (LVG)* und das *Zuständigkeitsgesetz vom 1. August 1883.*[144]

Neben dem eigentlichen Verwaltungsstreitverfahren kannte das preußische Recht das sogenannte *Beschlußverfahren*, das mit dem Verwaltungsstreitverfahren im wesentlichen übereinstimmte, aber nicht als echtes Parteiverfahren ausgestaltet war und regelmäßig im vereinfachten Verfahren ohne mündliche Verhandlung stattfand. Dadurch entstand ein komplizierter, zweigleisiger Behördenaufbau für Verwaltungsverfahren und verwaltungsgerichtliche Verfahren.[145] Die *Zuständigkeit* der Verwaltungsgerichtsbarkeit war im Zuständigkeitsgesetz, auf das § 54 Abs. 2 LVG verwies, enumerativ bestimmt. Zwischen den konkreten Zuständigkeitsbestimmungen und allgemeinen dogmatischen Gesichtspunkten, namentlich der Unterscheidung zwischen öffentlichem und privatem Recht, bestand nur ein loser Zusammenhang.[146] Zudem eröffnete § 127 LVG als Generalklausel den Verwaltungsrechtsweg[147] gegen Polizeiverfügungen.

bb) Während die süddeutschen Verwaltungsgerichtsgesetze den Amtsermittlungsgrundsatz bereits ähnlich der heutigen VwGO festgeschrieben hatten,

---

363, 366f.; *G. v. Unruh*, FS Menger (1985), 21ff.; *O. Müller*, Die Begriffe der Verwaltungsrechtspflege, insb. 74ff.; *E. Loening*, Gerichte und Verwaltungsbehörden in Brandenburg-Preußen, 286ff.; neuerdings mit Blick auf das Verfahren der Sachverhaltsermittlung *M. Richter*, Die Untersuchungsmaxime im älteren Verwaltungsprozeß, 64ff.

141 Pr. GS 1872, 661.

142 Aufgrund des Preuß. Gesetzes betr. die Ausführung des Bundesgesetzes über den Unterstützungswohnsitz v. 8.3.1871, GS 130; hierzu *Friedrichs*, in: *Fleischmann*, Wörterbuch des Deutschen Staats- und Verwaltungsrechts, Bd. 3, Art. Verwaltungsgerichtsbarkeit (Preußen), 753.

143 Gesetz, betr. die Verfassung der Verwaltungsgerichte und das Verwaltungsstreitverfahren vom 3. Juli 1875, GS 375.

144 Pr. GS 1883, 195, 237.

145 Hierzu zuletzt *M. Ibler*, Rechtspflegender Rechtsschutz im Verwaltungsrecht, 214f.

146 *Friedrichs*, in: *Fleischmann*, Wörterbuch des Deutschen Staats- und Verwaltungsrechts, Bd. 3, Art. Verwaltungsgerichtsbarkeit (Preußen), 755; *E. Loening*, Gerichte und Verwaltungsbehörden in Brandenburg-Preußen, 295f.; im einzelnen zur diffusen Rechtslage nunmehr *M. Ibler*, Rechtspflegender Rechtsschutz im Verwaltungsrecht, 267f.

147 Hierfür war gem. § 127 LVG ein verwaltungsinternes Beschwerdeverfahren in zwei Instanzen mit der Möglichkeit der Anschlußklage beim OVG oder – gem. § 128 LVG – die sog. Wahlklage bei der Verwaltungsgerichtsbarkeit vorgesehen.

waren die preußischen Gesetze weniger eindeutig. Die *Kreisordnung* von 1872 hatte in § 146 Abs. 1 noch vorgeschrieben, daß der Kreisausschuß „die Tatsachen, welche für die von ihm zu treffende Entscheidung erheblich sind, von Amts wegen zu erforschen und festzustellen sowie den Beweis in vollem Umfang zu erheben“ habe. Er sei befugt, „zu diesem Behufe Untersuchungen an Ort und Stelle zu veranlassen, Zeugen und Sachverständige zu laden und eidlich zu vernehmen“. In den Motiven wurde dies, insofern ähnlich der süddeutschen Gesetzgebung, mit dem Wesensunterschied zwischen öffentlich-rechtlichen und privatrechtlichen Streitigkeiten begründet.[148]

Im *Verwaltungsgerichtsgesetz* von 1875 fand sich diese Regelung nicht.[149] Das Verwaltungsgerichtsgesetz und später das *Landesverwaltungsgesetz* sahen vor, daß das Gericht *befugt* sei, „den angetretenen oder nach dem Ermessen des Gerichts erforderlichen Beweis in vollem Umfang zu erheben“ (§ 76 LVG). Zudem hieß es in § 71 Abs. 3 LVG – in einer gewissen Parallelführung zu den entsprechenden Regelungen im Zivilprozeß –, daß der Richter „dahin zu wirken“ habe, daß „der Sachverhalt vollständig aufgeklärt und die sachdienlichen Anträge von den Parteien gestellt werden“. Während schon im damaligen Entwurf der ZPO vorgesehen war, daß der Richter lediglich auf die vollständige *Erklärung* der Parteien über die Tatsachen hinzuwirken habe,[150] zielte die Berechtigung des preußischen Richters nach der bewußt abweichenden Formulierung auf die Ermittlung des *objektiven Sachverhältnisses*. In den Beratungen des Abgeordnetenhauses wurden zur Begründung des mit § 71 Abs. 3 LVG intendierten Untersuchungsgrundsatzes – insofern typisch für die damalige Argumentation – das öffentliche Interesse an Verwaltungssachen, die hieraus folgende Pflicht des Verwaltungsgerichts zur objektiven Wahrheitsermittlung und schließlich die korrespondierende Praxis der Verwaltungsbehörden genannt.[151] Im übrigen in-

---

148 Motive zur Regierungsvorlage, Abg.H. 1871/2, Drucks. Nr. 89, 68; vgl. hierzu *Berner*, VerwArch 31 (1926), 428, 430.

149 Vgl. *K. Friedrichs*, LVG, § 76, Anm. 3.

150 So auch die bis heute geltende Regelung, vgl. § 139 Abs. 1 Satz 1 ZPO.

151 Der Kommissionsentwurf zum Landesverwaltungsgesetz enthielt eine den Bestimmungen des Entwurfs zur ZPO entsprechende Formulierung. In den Beratungen des Abgeordnetenhauses machte der Staatsrechtslehrer und Abgeordnete *Albert Haenel* darauf aufmerksam, daß mit dem in der ZPO normierten richterlichen Fragerecht den Motiven zufolge keinesfalls eine Durchbrechung der Verhandlungsmaxime intendiert gewesen sei. Den Vorschriften über das Fragerecht müsse demzufolge ein „sehr beschränkter Sinn beigelegt werden“. *Haenel* argumentierte, daß dem Entwurf der ZPO zufolge „der Richter nicht das Recht haben würde, Thatsachen, die die Parteien nicht in die Kontestation geführt sehen wollen, trotzdem zu erheben. Allein unser Verwaltungsverfahren geht überall von der Untersuchungsmaxime aus. Es erkennt überall an, daß in diesen Streitigkeiten ein öffentliches Interesse obwaltet, welches die objektive Richtigkeit des aufgedeckten Sachverhältnisses aufgedeckt sehen will. Dann über die Verhandlungsmaxime hinaus dem Richter in diesen Verfahren Befugnisse gegeben werden, welche dahin führen, das Sachverhältnis, wie es objektiv vorliegt, auch aufzuklären.“ *Haenel* schlug aus diesen Gründen die vom Entwurf abweichende, dem späteren § 71 Abs. 3 LVG entsprechende Formulierung vor, die auch die Unterstützung von *Rudolf v. Gneist* - einem der „Väter“ des preußi-

terpretierten Rechtsprechung und Schrifttum die Bestimmung des § 76 LVG übereinstimmend dahingehend, daß aus der Befugnis, den nach richterlichem Ermessen erforderlichen Beweis zu erheben, nicht nur die Ermächtigung der Behörde folge, neue Beweismittel für behauptete Tatsachen, sondern zugleich auch *neue Tatsachen selbst* in den Verwaltungsprozeß einzuführen.[152]

cc) Umstritten war hingegen die Frage, wie weit die *Verpflichtung* des Gerichts reiche, den Sachverhalt von Amts wegen aufzuklären. Vereinzelt wurde vertreten, aus der bloßen Befugnis zur Sachverhaltsaufklärung folge *überhaupt keine Verpflichtung* des Verwaltungsrichters, die „materielle Wahrheit" zu ermitteln. Zur Begründung verwies *Otto Müller* auf die weitgehenden nachteiligen Folgen etwaiger Mitwirkungsmängel für die Parteien. Danach konnten die von der Gegenpartei vorgebrachten Tatsachen als zugestanden gelten, wenn eine Partei in der mündlichen Verhandlung ausblieb oder keine einschlägigen Erklärungen abgab (§ 79 Satz 2 LVG).[153] In der Konsequenz dieser Interpretation lag es, die Geltung der Untersuchungsmaxime im preußischen Streitverfahren zu verneinen und dem Gericht hinsichtlich der Sachverhaltsermittlung gänzliche Verfahrensfreiheit zu attestieren.[154]

Teile der Literatur und der Rechtsprechung hielten die Ausübung der Befugnis zur Beweiserhebung für eine *Ermessensfrage*, wobei es im wesentlichen auf die Ausprägung des *öffentlichen Interesses* an der Streitsache ankommen sollte. *Friedrichs* begründete diese vermittelnde Lösung zunächst mit der historischen Erwägung, daß die strikte Regelung des § 146 der Kreisordnung von 1872, nach der das Gericht zur Ermittlung aller erheblichen Tatsachen verpflichtet war, einerseits durch die „weichere" Ermächtigungsnorm des § 76 LVG ersetzt worden sei; daß andererseits der Begriff der *Befugnis* in § 76 LVG zugleich eine entsprechende Verpflichtung zur Sachverhaltsaufklärung beinhalte.[155] In Streitfragen von öffentlichem Interesse sollte das Gericht „jedem auftauchenden Zweifel nachgehen, alle ihm bekannten Tatsachen und Beweismittel ... benutzen und sich seine Überzeugung auf jede ihm zugängliche Weise zu beschaffen su-

schen LVG – fand (Abg.Haus, 12. Legislaturperiode, 2. Session, Sten. Berichte 1875/2, 1574f.). Zur Interpretation der Motive vgl. *Berner*, VerwArch 31 (1926), 428, 436.

[152] *K. Friedrichs*, LVG, § 76, Anm. 3 m.w.N. zur Rsp.; *ders.*, VerwArch 6 (1898), 358, 429; *M. v. Brauchitsch*, Die Preußischen Verwaltungsgesetze, Bd. 1, § 71 VVG, Anm. 3a.; *E. Loening*, VerwArch 7 (1899), 1, 66; *O. Müller*, Die Begriffe der Verwaltungsrechtspflege, 171. Dagegen sah *K. v. Stengel*, Die Organisation der Preußischen Verwaltung nach den neuen Reformgesetzen, 510 in der Befugnis des Gerichts zur Amtsermittlung nur eine – gegenüber der Pflicht der Parteien zum Tatsachenvortrag – subsidiäre, nachgeordnete Verpflichtung. Nicht das Gericht, sondern die Parteien hätten die Pflicht zur Beweisführung.

[153] *O. Müller*, Die Begriffe der Verwaltungsrechtspflege, 172ff.

[154] *O. Müller*, Die Begriffe der Verwaltungsrechtspflege, 175f.; *Müller* weist auf das gesetzgeberische Motiv hin, dem Richteramt eine „thunlichst freie Bewegung zu sichern", ebd., 175 m.w.N.; a.A. zur Interpretation dieser Passage *Berner*, VerwArch 31 (1926), 428, 439: Eine Abweichung von der Untersuchungsmaxime sei vom Gesetzgeber damit nicht intendiert gewesen.

[155] *K. Friedrichs*, LVG, § 76, Anm. 3; *ders.*, Verwaltungsrechtspflege, Bd. 2, § 419, 830.

chen"[156]. Begründet wurde diese Interpretation mit der vertrauten Gleichsetzung der Disposition über den Streitgegenstand mit der Verfügungsmacht über den Streitstoff. Sofern das öffentliche Interesse beteiligt war, sollten die Parteien weder unmittelbar noch mittelbar im Wege des Tatsachenvortrags über den Streitgegenstand verfügen können. Daher sei auch ein Geständnis in diesen Fällen nicht bindend,[157] was allerdings nicht ausschloß, daß unstreitige Tatsachen auch ohne Beweisaufnahme als wahr unterstellt werden konnten.[158] Dagegen konnte das Gericht in „Privatstreitigkeiten" davon absehen, die Wahrheit nach allen Seiten erschöpfend zu suchen und das fehlende Material selbständig herbeizuschaffen.

Die Vertreter der *strengen Untersuchungsmaxime* forderten, daß das Gericht in jedem Falle von Amts wegen den „ganzen Inbegriff(s) der Verhandlungen und Beweise", der zur Urteilsfindung erforderlich war, zu beschaffen *unbedingt* verpflichtet sei. Weder könne das Gericht hiervon im Einzelfalle nach seinem Ermessen abweichen, noch bestehe die Verpflichtung nur für bestimmte Streitgattungen, etwa in Abhängigkeit vom Grad des öffentlichen Interesses an der Sache oder der öffentlich-rechtlichen Natur der Streitsache.[159] Die Rechtsprechung ist dieser strengen, mit den gesetzgeberischen Motiven wohl am ehesten kongruierenden Auffassung dem Grunde nach gefolgt.[160] Mangelhafte Sachverhaltsaufklärung konnte sonach im Einzelfalle einen Revisionsgrund darstellen.[161] Eine durchgängig konsistente und einheitliche Linie bildete sich in dieser Frage jedoch nicht heraus. Vielmehr finden sich auch solche Urteile, in denen das Gericht entgegen der herrschenden Meinung von weitreichenden Substantiierungslasten der Parteien auszugehen schien.[162]

Dem inhärenten Problem, die Reichweite der richterlichen Untersuchungspflicht zu bestimmen, traten – in einer Vorwegnahme heutiger binnendogmatischer Antinomien[163] – Abstimmungsprobleme mit der *Dispositionsbefugnis* des Klägers über den Streitgegenstand hinzu.[164] §63 LVG schrieb vor, daß in der

---

156 *K. Friedrichs*, LVG, §76, Anm. 3.

157 *K. Friedrichs*, LVG, §71, Anm. 6.

158 *K. Friedrichs*, LVG, LVG, §71, Anm. 7 m.w.N. zur Rsp.

159 *M. v. Brauchitsch*, Die Preußischen Verwaltungsgesetze, Bd. 1, §71 VVG, Anm. 3a; *Berner*, VerwArch 31 (1926), 428, 432, 440.

160 Vgl. namentlich *Pr. OVGE* 13, 295; auch *Pr.OVGE* 35, 304 (305).

161 So etwa *Pr. OVGE* 35, 304 (305); 37, 218 (328); anders hingegen *Pr. OVG* bei *G. Anschütz*, VerwArch 5 (1897), 390, 405.

162 Unentschieden namentlich *Pr. OVGE* 14, 272 (277); vgl. die reichen Nachweise bei *K. Friedrichs*, LVG, §71, Anm. 3. Beispiele für Urteile, in denen das OVG geradezu gegenteilig eine weitgehende Substantiierungslast der Parteien annahm, bei *M. Richter*, Die Untersuchungsmaxime im älteren Verwaltungsprozeß, 114f. m.w.N. Dabei stellte das OVG auf §63 LVG ab, dem es die Pflicht des Klägers entnahm, die seinen Antrag begründenden Tatsachen genau zu bezeichnen (*Pr. OVG* PrVBl. 32 (1911), 795, 796).

163 Vgl. dazu unten, Kap. 3, Abschnitt III.

164 *K. v. Stengel*, Die Organisation der Preußischen Verwaltung nach den neuen Reformgeset-

Klageschrift die Person des Beklagten, der Gegenstand des Anspruchs und „die den Antrag begründenden Thatsachen genau zu bezeichnen“ seien. In Verbindung mit den Präklusionsfristen des § 52 Abs. 1 LVG stand dem Gericht ein schneidiges Instrument zur Verfügung, den Kläger frühzeitig zum vollständigen Tatsachenvortrag zu veranlassen. Nachdem das OVG sich zunächst bemühte, die strengen Anforderungen des § 63 LVG durch einschränkende Auslegung abzumildern,[165] wies es im Jahre 1905 eine nicht fristgemäß begründete Klage wegen Verstoßes gegen § 63 LVG als unzulässig zurück.[166] In der Literatur wurde hieraus der Schluß gezogen, daß die Untersuchungsmaxime für den Tatsachenvortrag im Rahmen der ordnungsgemäßen Klageerhebung nicht gelte.[167] Eine weitere Motivation zum frühzeitigen Tatsachenvortrag dürfte sich aus den eingeschränkten Möglichkeiten der Klageänderung sowie deren Verbot für die Rechtsmittelinstanzen (§ 92 Abs. 1 LVG) ergeben haben.[168] *Martin Richter* kommt nach eingehender Analyse der Rechtsprechungspraxis und Literatur zur Untersuchungsmaxime im preußischen Verwaltungsprozeß zu dem Schluß, daß die Parteien im Ergebnis für die Sachverhaltsaufklärung weitgehend selbst verantwortlich gewesen seien.[169]

dd) Die Rechtslage in den Staaten, deren Verwaltungsgerichtsbarkeit nach preußischem Vorbild eingerichtet wurde – *Oldenburg, Anhalt, Sachsen-Meiningen, Lippe* und die Staaten des *thüringischen* OVG in den unteren Instanzen[170] – glich im wesentlichen den Regelungen im preußischen Verwaltungsverfahrensgesetz. So sah das Gesetz für das Großherzogtum *Oldenburg* vom 9. Mai 1906, betreffend die Verwaltungsgerichtsbarkeit[171], zunächst in Analogie zur preußischen Rechtslage die Verpflichtung des Gerichts vor, auf die vollständige Aufklärung des Sachverhalts hinzuwirken (§ 74). In § 80 hieß es, insoweit klarer als die preußische Regelung, daß das Gericht den Sachverhalt von Amts-

zen, 508, ging aufgrund eines weiteren Begriffs der Verhandlungsmaxime, der wesentlich auf die klägerische Dispositionsbefugnis und das Vorliegen eines kontradiktorischen Streitverfahrens abstellte, ohne weiteres von der Geltung der Verhandlungsmaxime aus. Zustimmend, wenngleich ohne Begründung, *P. Zorn*, Verwaltungsarchiv 2 (1893), 74, 101. *K. Friedrichs*, VerwArch 6 (1898), 358, 434 ist der Ansicht, im preußischen Verwaltungsprozeß sei keine der beiden Maximen in Geltung.

165 Vgl. *K. Friedrichs*, LVG, § 63, Anm. 22 m.w.N.; *Berner*, VerwArch 31 (1926), 428, 434f.; heute *M. Richter*, Die Untersuchungsmaxime im älteren Verwaltungsprozeß, 100f.

166 *Pr.OVGE* 47, 449 (450); bestätigt durch *Pr.OVGE* 62, 103 (105); *Pr. OVG* PrVBl. 48 (1926), 99; PrVBl. 50 (1929), 543.

167 *Berner*, VerwArch 31 (1926), 428, 435.

168 *M. Richter*, Die Untersuchungsmaxime im älteren Verwaltungsprozeß, 139.

169 *M. Richter*, Die Untersuchungsmaxime im älteren Verwaltungsprozeß, 139.

170 Vgl. zur Klassifizierung erneut *Bühler*, in: *Fleischmann*, Wörterbuch des Deutschen Staats- und Verwaltungsrechts, Bd. 3, Art. Verwaltungsgerichtsbarkeit (Allgemeines), 745, auch *Ders.*, Die subjektiven öffentlichen Rechte, 498.

171 GesBl. 1906, 693, ebenfalls abgedruckt in *Scheer/Niebuhr* (Hg.), Sammlung der im Landesteil Oldenburg geltenden Gesetze, Verordnungen und Bekanntmachungen, Bd. 2, Oldenburg 1927, Nr. 176.

wegen erforsche. Die Regelung in Satz 2, wonach das Gericht ohne Rücksicht auf die Parteianträge den nach seinem Ermessen zur Aufklärung des Sachverhalts erforderlichen Beweis zu erheben habe, litt allerdings mit Blick auf den Umfang der gerichtlichen Verpflichtung zur Tatsachenermittlung unter den gleichen Unschärfen wie die preußischen Regelungen.[172]

In *Lippe* entsprachen die Vorschriften über die Verpflichtung des Gerichts, auf vollständige Aufklärung des Sachverhalts hinzuwirken (§26 Abs. 3)[173], der Befugnis zur Beweiserhebung und damit der selbständigen Tatsachenermittlung (§31) wortgetreu den preußischen Regelungen. Gleiches gilt für die Regelungen in *Hessen*[174]. Auch die Regelungen in *Sachsen-Meiningen* lehnten sich im wesentlichen an das preußische Vorbild an.[175] Für das *Thüringische* Verwaltungsgericht, das aufgrund des Staatsvertrages zwischen dem Großherzogtum Sachsen, dem Herzogtum Sachsen-Altenburg und den Fürstentümern Schwarzburg-Sondershausen und Schwarzburg-Rudolstadt vom 15. Dezember 1910[176] für die genannten Staaten als gemeinschaftliches oberstes Verwaltungsgericht fungierte, bestimmte Art. 35 des Staatsvertrages, daß das Gericht den nach seinem Ermessen zur Sachverhaltsaufklärung erforderlichen Beweis ohne Rücksicht darauf erhebe, ob die Parteien ihn angetreten hätten oder nicht.

c) *Verwaltungsrechtspflege des Reiches*

Parallel zur Entwicklung in den Ländern wurde bereits im Norddeutschen Bund und später im Deutschen Reich mit der Errichtung einer eigenen Verwaltungsrechtspflege begonnen.[177] Für eine allgemeine Verwaltungsgerichtsbarkeit bestand angesichts der Verwaltungshoheit der Länder allerdings weder ein

---

172 *M. Schultzenstein*, VerwArch 13 (1905), 329, 337, macht darauf aufmerksam, daß der oldenburgische Gesetzgeber zunächst irrtümlich davon ausgegangen war, daß im preußischen Verfahren die – durch Anteile des Untersuchungsgrundsatzes modifizierte – Verhandlungsmaxime gegolten habe. Die in §80 des oldenburgischen Gesetzes schließlich getroffene Regelung läßt sich insofern als Klarstellung verstehen.

173 Des Gesetzes vom 9. Februar 1898, die Verwaltungsgerichte und das Verwaltungsstreitverfahren betreffend, GesS. 1898, 281.

174 §§51 Abs. 3, 55 Abs. 1 des Gesetzes vom 8. Juli 1911, die Verwaltungsrechtspflege betreffend, GesS. 1911, 281. Zur Verwaltungsgerichtsbarkeit in Hessen vgl. *J. Weitzel*, DVBl. 1975, 869ff.

175 *O. Oberländer*, Verfassung und Verwaltung des Herzogtums Sachsen-Meiningen, 77.

176 Wiedergegeben bei *R. Knauth*, Die Gesetzgebung über die Verwaltungsrechtspflege in Thüringen, 3ff.

177 Vgl. im Überblick *Fleischmann*, in: *Ders.*, Wörterbuch des Deutschen Staats- und Verwaltungsrechts, Bd. 3, Art. Verwaltungsgerichtsbarkeit (Reich), 749ff.; *W. Kohl*, Das Reichsverwaltungsgericht, 41ff.; *R. Grawert*, FS Menger (1985), 35, 53f.; *E.-R. Huber*, Deutsche Verfassungsgeschichte Bd. 3, 985ff.

praktisches Bedürfnis noch ein rechtfertigender Grund.[178] Statt dessen bildete sich eine bunte Vielfalt verwaltungsgerichtlicher Behörden für bestimmte Sondermaterien des sich entwickelnden Reichsverwaltungsrechts heraus. Zwar konnte angesichts der Unterschiede in Organisation, Zuständigkeit und Verfahren von einem gemeinsamen Grundverständnis der Verwaltungsgerichtsbarkeit noch keine Rede sein.[179] Die Verfahrensvorschriften hinsichtlich der Sachverhaltsermittlung stimmten jedoch mit den entsprechenden landesrechtlichen Regelungen weitgehend überein.[180]

aa) Einwirkung auf die Verwaltungsgerichtsbarkeit der Länder

Dies galt schon für das in den §§20, 21 der Gewerbeordnung vom 21. Juni 1869[181] vorgesehene Rekursverfahren, das ursprünglich nur als Rechtsmittel gegen die Versagung der Genehmigung bestimmter konzessionsbedürftiger Anlagen eingeführt wurde, dann aber für zahlreiche andere nach Maßgabe der Gewerbeordnung zu erlassende Bescheide zugelassen wurde. Das bundes- bzw. reichsrechtliche Rekursverfahren führte zwar nicht zu einem eigenen, länderübergreifenden Instanzenzug, sondern überließ der Landesgesetzgebung die nähere Bestimmung von Behörden und Verfahren. Als Mindestanforderung über das Verfahren[182] schrieb §21 indes vor, daß die jeweilige Rekursinstanz befugt sei, Untersuchungen an Ort und Stelle durchzuführen, Zeugen und Sachverständige zu laden und „überhaupt den angetretenen Beweis in vollem Umfang zu erheben".

Anders als etwa in §76 des preußischen LVG wurde der Begriff der Befugnis in §21 GewO dahingehend ausgelegt, daß das landesrechtliche Verfahren lediglich eine *fakultative* Beweisaufnahme vorsehen müsse, daß m.a.W. der Richter von der Aufnahme angetretener Beweise absehen könne, ohne daß dies eine Verletzung des rechtlichen Gehörs zur Folge gehabt hätte.[183] Da es sich bei den Anforderungen des §21 GewO lediglich um *Minimal*anforderungen handelte, schloß die Vorschrift auch die Sachverhaltsermittlung von Amts wegen nicht aus, sofern diese – wie es die Regel wurde – landesrechtlich vorgesehen war. In

---

[178] *E.-R. Huber*, Deutsche Verfassungsgeschichte Bd. 3, 985.

[179] *W. Kohl*, Das Reichsverwaltungsgericht, 41.

[180] Die Reichsrayonkommission (1871), das Reichseisenbahnamt (1873) und die Berufungskommision für die Kaliindustrie bleiben im folgenden außer Betracht. Abweichungen im Verfahren hinsichtlich der Sachverhaltsermittlung bestehen nicht.

[181] BGBl. 1869, 245.

[182] Zum Charakter des §21 GewO als Katalog von *Minimal*anforderung für das jeweilige landesrechtlich normierte Verfahren vgl. *R. v. Landmann*, Gewerbeordnung für das Deutsche Reich, §21, Anm. 2.

[183] So namentlich *Pr. OVGE* 1, 301 (303f.), hierauf bezugnehmend *R. v. Landmann*, Gewerbeordnung für das Deutsche Reich, §21, Anm. 3.

zahlreichen Verwaltungsgesetzen des Reiches wurde in der Folge auf das Verfahren nach den §§20f. GewO verwiesen.[184]

bb) Spezielle Verwaltungsgerichtsbarkeit

Als erste verwaltungsgerichtliche Behörde des Reiches gilt das *Bundesamt für das Heimatwesen*, das aufgrund der §§42ff. des Bundesgesetzes über den Unterstützungswohnsitz vom 6. Juni 1870[185] errichtet wurde. Das Bundesamt entschied über Streitigkeiten wegen Ausgleichsansprüchen zwischen den kommunalen Armenverbänden aus unterschiedlichen Bundesstaaten (vgl. §§28, 30). Über den erhobenen Anspruch sollte gem. §38 Abs.1 zunächst diejenige Spruchbehörde im Verwaltungswege entscheiden, die dem in Anspruch genommenen Armenverband vorgesetzt war. Die zuständigen Landesbehörden waren – entsprechend der Regelung in §21 GewO – nach §39 befugt, den angetretenen Beweis in vollem Umfang zu erheben. Gegen die Entscheidung der Landesbehörden konnte, sofern Armenverbände verschiedener Bundesstaaten miteinander in Streit lagen, Berufung beim Bundesamt eingelegt werden. Hinsichtlich der Sachverhaltsaufklärung ordnete das Gesetz an, daß das Bundesamt zur Vorbereitung der Entscheidung eine Aufklärung der Sach- und Rechtslage unter Vermittlung der zuständigen Landesbehörde vornehmen konnte. Das Verfahren folgte damit dem Untersuchungsgrundsatz, wobei das Bundesamt sich der nachgeordneten Behörden zur Sachverhaltsermittlung bediente.[186]

Das auf Grund des Patentgesetzes vom 25. Mai 1877[187] errichtete *Patentamt* hatte über die Erteilung, die Erklärung der Nichtigkeit und über die Zurücknahme von Patenten zu befinden. Gegen entsprechende Beschlüsse konnten der Patentsucher und andere Berechtigte Beschwerde erheben, die wiederum vom Patentamt in einem gerichtlichen Verfahren durch gesonderte Beschwerdeabteilungen (§14 Abs.1 Ziff. 3 PatG 1891) letztinstanzlich entschieden wurden. Die Beschwerdeabteilungen konnten – ebenso wie im vorgelagerten Prüfverfahren selbst – gem. §26 Abs.3 i.V.m. §25 PatG 1891 die Ladung und Anhörung der Beteiligten, die Vernehmung von Zeugen und Sachverständigen sowie die Vornahme sonstiger zur Aufklärung der Sache erforderlicher Ermittlungen anordnen.

Das aufgrund des Gesetzes über die Untersuchung von Seeunfällen vom 27. Juli 1877[188] errichtete *Oberseeamt* war zuständig für Beschwerden gegen die

---

184 Nachweise bei *Fleischmann*, in: *Ders.*, Wörterbuch des Deutschen Staats- und Verwaltungsrechts, Bd.3, Art. Verwaltungsgerichtsbarkeit (Reich), 750.

185 BGBl. 1870, 360.

186 Vgl. *D. Berner*, VerwArch 31 (1926), 428, 429; *M. Richter*, Die Untersuchungsmaxime im älteren Verwaltungsprozeß, 54.

187 RGBl. 501, ersetzt durch das Patentgesetz vom 7. April 1891 (RGBl. 79).

188 RGBl. 549.

Entscheidung der Seeämter über die Entziehung der Gewerbebefugnis eines Schiffers oder Steuermanns wegen eines Seeunfalls. Das Verfahren vor den Seeämtern und dem Oberseeamt war dem Strafprozeß nachgebildet. § 40 Abs. 1 i. V. m. § 19 Abs. 1 ordnete die entsprechende Anwendung weiter Teile der Strafprozeßordnung an. Hinsichtlich der Sachverhaltsermittlung legte das Gesetz die Verantwortung für die Ermittlungen zur Vorbereitung der Hauptverhandlung gänzlich in die Hände der Behörde (§§ 15f.). Insofern folgte auch das Verfahren vor dem Oberseeamt dem Untersuchungsgrundsatz, allerdings in der für das verwaltungsgerichtliche Verfahren unüblichen Verweisung auf den Strafprozeß, was durch die Natur der vor den Seeämtern zu verhandelnden Gegenstände veranlaßt gewesen sein dürfte. Das Verfahren vor dem Oberseeamt bildet insofern einen Sonderfall, der in der übrigen Verwaltungsgerichtsbarkeit von Reich und Ländern keine Schule machte.

cc) Verwaltungsrechtspflege auf dem Gebiet des Versicherungs- und Versorgungswesens

Auf dem Gebiet des Versicherungs- und Versorgungswesens wurde erstmals die Durchführung und Handhabung eines verwaltungsrechtlichen Reichsgesetzes sowie die Organisation der Behörden und das Verfahren bis auf die untere Ebene geregelt.[189] Die spätere Trennung der Sozial- von der Verwaltungsgerichtsbarkeit und ihrer Verfahrensordnungen in der Rechtsordnung der Bundesrepublik Deutschland waren hierin bereits angelegt.

Als oberste Aufsichtsbehörde gegenüber den als Trägern der Unfallversicherung eingerichteten Berufsgenossenschaften, später auch den Versicherungsanstalten als Trägern der Invaliditäts- und Altersversicherung, wurde das *Reichsversicherungsamt* (RVA) durch das *Unfallversicherungsgesetz vom 6. Juli 1884 (UVG)*[190] errichtet. Das RVA nahm organisatorische, Verwaltungs- und verwaltungsgerichtliche sowie Exekutiv- und Disziplinaraufgaben wahr. Zu den verwaltungsgerichtlichen Angelegenheiten, die besonderen gerichtsähnlich verfaßten Spruchkollegien zugewiesen waren, zählten insbesondere Streitigkeiten über die Leistungsansprüche der Versicherten. Hinzu kamen alle Angelegenheiten, in denen Rechte und Pflichten der Arbeitgeber oder der Versicherten unmittelbar Gegenstand des Verfahrens waren, so etwa Streitigkeiten über Versicherungspflicht, Versicherungsberechtigung und Zugehörigkeit zu einem Versicherungsträger sowie über die Beitragsleistungen und Beitragserstattungen.[191] Diese Streitigkeiten konnten im Wege des Rekurses (§ 63 Abs. 1 UVG) nach

---

[189] *W. Kohl*, Das Reichsverwaltungsgericht, 55f.

[190] RGBl. 69 sowie das Gesetz, betreffend die Invaliditäts- und Altersversicherung vom 22. Juni 1889, RGBl. 97.

[191] Im einzelnen Geschichte und Wirkungskreis, 613f.; *Heine*, VerwArch 26 (1918), 431ff.

vorgängiger Entscheidung der Versicherungsträger und spezieller Schiedsgerichte vor das RVA gelangen.[192]

Das verwaltungsgerichtliche Verfahren vor den Spruchkollegien des RVA war als *Parteiverfahren* ausgestaltet, für das die Reichsversicherungsgesetze und die entsprechenden Ausführungsverordnungen nur gewisse Eckpunkte, aber keine allgemeinen prozeßrechtlichen Grundsätze normierten, sondern deren Entwicklung der Rechtsprechung des RVA überließen. Einige dieser richterrechtlich entwickelten Grundsätze wurden späterhin auf dem Verordnungswege ausdrücklich normiert. Bei seiner Rechtsschöpfung griff das RVA auf die Verwaltungsprozeßgesetze der Bundesstaaten, die prozeßrechtlichen Vorschriften der Reichsverwaltungsgerichtsbarkeit, aber auch auf die Reichsjustizgesetze zurück.[193] Insgesamt wurde die Anlehnung an die verwaltungsprozeßrechtliche Regelungsmasse bevorzugt, weil die Rechtsansprüche im Rahmen der Arbeiterversicherung, wiewohl vermögensrechtlicher Natur, zunehmend als subjektiv-öffentliche Rechte galten. Dafür wurden zum einen der Zwangscharakter der Versicherung,[194] zum anderen die Wurzel des Arbeitsversicherungsrechts in sozialpolitischen Ordnungsvorstellungen ins Feld geführt.[195] Das Verfahren vor dem RVA wurde grundsätzlich als *förmliches, kontradiktorisches Parteiverfahren* in weitgehender Anlehnung an das zivilprozessuale Verfahren gestaltet. Mit Blick auf die Sachverhaltsermittlung wurde indes der Anschluß an die verwaltungsprozessuale Gesetzgebung und Praxis gesucht. Hierfür war – in einer bemerkenswerten Parallelführung zum Verwaltungsprozeß – das *öffentliche Interesse* an der sachgemäßen Ausführung der sozialpolitischen Gesetze ausschlaggebend.[196] Als weiterer Gesichtspunkt trat, in einer Vorwegnahme heutiger Erwägungen, die *Fürsorgepflicht* der RVA gegenüber den privaten Parteien hinzu. Deren Unerfahrenheit, mangelnde Gesetzeskenntnis und Gewandtheit in gerichtlichen Angelegenheiten nötige, so die damalige Argumentation, das Gericht dazu, im Prozeßbetrieb „in gewissem Umfang auch Anwalt" der Parteien zu sein.[197]

Aus den genannte Gründen hatte das RVA frühzeitig die „Erforschung der *materiellen Wahrheit* von Amts wegen" und damit den Untersuchungsgrundsatz zur Verfahrensmaxime erhoben.[198] Demnach hatten die Schiedsgerichte als Berufungsinstanzen und das Amt selbst die Pflicht, auch ohne Antrag der Parteien und über deren Anträge hinaus den Sachverhalt völlig aufzuklären.[199] Die-

---

192 Zum Verfahren *W. Kohl*, Das Reichsverwaltungsgericht, 56.
193 Geschichte und Wirkungskreis, 694.
194 *W. Kohl*, Das Reichsverwaltungsgericht, 55 m.w.N.
195 Geschichte und Wirkungskreis, 695.
196 Geschichte und Wirkungskreis, 698.
197 Geschichte und Wirkungskreis, 698; *Heine*, VerwArch 26 (1918), 431, 453 m.w.N.
198 Geschichte und Wirkungskreis, 699; Hervorhebung durch mich, M.K.
199 Geschichte und Wirkungskreis, 700 m.w.N.

ser Standpunkt des RVA hat frühzeitig in den entsprechenden Ausführungsverordnungen seinen Niederschlag gefunden, wo vorgeschrieben war, daß das Gericht „den (nach seinem Ermessen) zur Klarstellung des Sachverhalts erforderlichen Beweis in vollem Umfange zu erheben" habe, „ohne Rücksicht darauf, ob dieser Beweis von den Parteien angetreten worden ist oder nicht".[200] Als Mittel zur Ergründung der „materiellen Wahrheit" stand zum einen die Ausübung des richterlichen Fragerechts zur Verfügung, das vom RVA stets als *Fragepflicht* verstanden wurde.[201] Zum anderen stellten das RVA und die unteren Instanzen *selbsttätig Ermittlungen* und Beweiserhebungen an, wobei dem RVA nicht nur die Beweismittel der Zivilprozeßordnung mit Ausnahme des Parteieids, sondern auch Mittel des Freibeweises zur Verfügung standen. In der Praxis wirkte das RVA auf die unteren Instanzen ein, das Fragerecht umfassend auszuüben und die Beweise gründlich zu erheben.[202]

dd) Weiterer Ausbau der Reichsverwaltungsgerichtsbarkeit

(1) Im Jahre 1918 wurde mit der Errichtung des *Reichsfinanzhofes* die zweite Säule der Sonderverwaltungsgerichtsbarkeit begründet. Im Hinblick auf das Verfahren der Sachverhaltsermittlung hatten sich Gesetzgebung, Literatur und Praxis mittlerweile soweit gefestigt, daß im finanzgerichtlichen Rechtsmittelverfahren selbstverständlich der Amtsermittlungsgrundsatz galt.[203] Gleiches traf auf das Verfahren vor dem *Reichswirtschaftsgericht* zu, das insbesondere für Streitigkeiten, die sich aus der Überführung der Kriegs- in die Friedenswirtschaft ergaben, und andere enumerativ benannte Streitfälle auf dem Gebiet der allgemeinen Wirtschaft zuständig war.[204] Auch das Reichswirtschaftsgericht konnte jederzeit von Amts wegen Beweis erheben, insbesondere Zeugen und Sachverständige eidlich vernehmen sowie eidesstattliche Versicherungen abnehmen.[205]

(2) In der lange währenden Kontroverse um die Errichtung eines *Reichsverwaltungsgerichts*,[206] die erst im Jahre 1941 mit der Errichtung einer „Fassade ei-

---

200 § 16 der Kaiserlichen Verordnung, betreffend das Verfahren vor den auf Grund des Invaliditäts- und Altersversicherungsgesetzes errichteten Schiedsgerichten, vom 1. Dezember 1890; § 17 Abs. 1 der Kaiserlichen Verordnung, betreffend das Verfahren vor den Schiedsgerichten für Arbeiterversicherung, vom 22. November 1900, RGBl. 983.

201 Geschichte und Wirkungskreis, 701, in der Annahme, die Fragepflicht im Verfahren vor dem RVA decke sich mit der zivilrichterlichen Fragepflicht. Tatsächlich dürfte die Fragepflicht im Rahmen des Untersuchungsgrundsatz weiter gereicht haben als im Zivilprozeß.

202 Einzelheiten in Geschichte und Wirkungskreis, 701f.

203 § 228 Satz 1 der Reichsabgabenordnung vom 13. Dezember 1919, RGBl. 1993.

204 Einzelheiten bei *W. Kohl*, Das Reichsverwaltungsgericht, 86ff.

205 § 34 Abs. 1 Satz 1 der Verordnung über das Reichswirtschaftsgericht vom 21. Mai 1920, RGBl. 1167.

206 Diese Kontroverse hat in der bereits zuvor zitierten Arbeit von *W. Kohl*, Das Reichsver-

nes obersten Verwaltungsgerichtshofes des Reiches" (*Wolfgang Kohl*)[207] endete, war die Frage der Sachverhaltsermittlung nie umstritten. Kern der Auseinandersetzung um das Reichsverwaltungsgericht waren ohnehin keine Verfahrensfragen, sondern der Widerstreit zwischen Partikularinteressen der Länder und dem Reich, die Frage der Unitarisierung des Rechtssystems und schließlich die Ressortstreitigkeiten auf der Reichsebene selbst. Gegenüber diesen Streitfragen war die Frage der Sachverhaltsermittlung, die ohnehin landes- und reichsrechtlich weitgehend übereinstimmend geregelt war, gänzlich neutral.

Nachdem durch Art. 107 i.V.m. Art. 31 Abs. 2, 166 WRV die Errichtung eines einheitlichen Reichsverwaltungsgerichts zum Verfassungsgebot erhoben worden war,[208] begannen im Reichsministerium des Innern bereits im Jahre 1919 die Arbeiten zur Errichtung eines Reichsverwaltungsgerichts (RVG). Der „Vorentwurf eines Gesetzes über das Reichsverwaltungsgericht" aus dem Dezember 1919[209] ging davon aus, das RVG als *Berufungs*instanz auszugestalten, die den Sachverhalt von Amtswegen festzustellen habe (§ 23).[210] Der aufgrund der politischen und wissenschaftlichen Diskussion modifizierte „Vorläufige Entwurf eines Gesetzes über das Reichsverwaltungsgericht" aus dem Jahre 1921[211] sah zwar vor, das RVG als reine Revisionsinstanz zu errichten. Nach § 32 des Entwurfs sollte die Rechtsbeschwerde allerdings auch auf die unrichtige oder unzureichende Feststellung des Sachverhalts gestützt werden können. Hierzu ordnete § 49 Abs. 1 an, daß das RVG bei der Überprüfung der Sachverhaltsermittlung „die tatsächlichen Feststellungen der angefochtenen Entscheidung, die für diese Prüfung von Bedeutung sind, nachprüfen und hierüber Beweis erheben" solle. Das hierin zum Ausdruck kommende Bemühen, dem RVG ein weitgehendes Verfügungsrecht über die Beschaffung der *tatsächlichen* Grundlagen seiner Entscheidung einzuräumen, zielte vornehmlich darauf, das RVG zu einer Quasi-Berufungsinstanz nach eigenem Ermessen zu erheben.[212] Die Anwendung der Untersuchungsmaxime war hierfür eine unausgesprochene, selbstverständliche

---

waltungsgericht, eine umfassende Darstellung erfahren, auf die durchgängig verwiesen wird. Vgl. auch O. *Kimminich*, VBlBW 1988, 371, 373ff.; *E.-R. Huber*, Deutsche Verfassungsgeschichte Bd. 6, 568ff.

207 *W. Kohl*, Das Reichsverwaltungsgericht, 1, vgl. ebd., 451ff.

208 Der Verfassungsauftrag ließ im einzelnen ambivalente Deutungen zu, da die Vorschrift keine nähere Festlegung der Organisation der Verwaltungsgerichtsbarkeit, namentlich hinsichtlich der Leitparadigmen des Justizstaats, der eigenständigen Verwaltungsgerichtsbarkeit oder eines Mischsystems enthielt; näher *R. Grawert*, FS Menger (1985), 35, 48; *O. Kimminich*, VBlBW 1988, 371, 372f., jeweils m.w.N.

209 Veröffentlicht in den Blättern für administrative Praxis, Bd. LXX (1920), 72ff.

210 Der vom späteren Präsidenten des Preußischen OVG *Bill Drews* entwickelte Gegenentwurf der preußischen Regierung (abgedruckt in Pr.VBl. 41 (1920), 253ff.) sah vor, das RVG als Revisionsinstanz auszugestalten.

211 Veröffentlicht Berlin 1921.

212 *W. Kohl*, Das Reichsverwaltungsgericht, 189.

Hintergrundannahme. An diesen Bestimmungen änderte sich auch im endgültigen Gesetzentwurf vom 15. Juli 1922[213] nichts mehr.

Nach dem Scheitern des Entwurfs im Reichsrat traten die Auseinandersetzungen in eine neue Phase, die von dem Gedanken der Angliederung des Reichsverwaltungsgerichts an das Reichsgericht in Gestalt von Verwaltungssenaten geprägt war. Trotz der geplanten organisatorischen Einfügung der Verwaltungssenate in das Reichsgericht sollten in jenen „Punkten, in denen das *Wesen* des verwaltungsgerichtlichen Verfahrens *Abweichungen* gegenüber dem Zivil- und Strafprozesse bedingt" – und dies galt namentlich für die Frage der Sachverhaltsermittlung – die jeweiligen Verfahren nicht angeglichen werden.[214] Auch in dieser Phase war die Frage der Sachverhaltsermittlung niemals streitig, sofern die Verwaltungssenate überhaupt als Berufungs- oder Quasi-Berufungsinstanzen ausgestaltet werden sollten. Hieran änderte sich auch dann nichts, als – in einer letzten Phase – die Umbildung des Preußischen Oberverwaltungsgerichts zum Reichsverwaltungsgericht geplant wurde. Der aus dieser Entwicklung resultierende Gesetzentwurf vom 20. März 1928[215], der sich hinsichtlich des Verfahrens ohnehin an die entsprechenden Bestimmungen der Reichsabgabenordnung anlehnte, sah für die Sachverhaltsermittlung vor, daß das RVG selbst Beweis erheben oder Behörden und Gerichte des Reiches darum ersuchen könne (§ 60). Auch dieser Entwurf scheiterte an den Differenzen zwischen Preußen und dem Reich, und die Diskussion um die Einführung des Reichsverwaltungsgerichts verstummte. Das schließlich durch Erlaß des Führers und Reichskanzlers vom 3. April 1941[216] eingerichtete Reichsverwaltungsgericht faßte die bestehenden Sonderverwaltungsgerichte und Spruchstellen auf Reichsebene sowie das Preußische Oberverwaltungsgericht zu einem einheitlichen Gericht zusammen, konnte indes unter den obwaltenden Umständen keine Wirksamkeit entfalten.

d) *Zurückentwicklung der Verwaltungsgerichtsbarkeit ab 1933*

Die Zurückentwicklung der Verwaltungsgerichtsbarkeit während der nationalsozialistischen Herrschaft[217] ist für die Herleitung und Entfaltung der heuti-

---

213 RR-Drucks. 1922, Nr. 187, §§ 36, 55.

214 Reichsminister des Innern an den Reichsfinanzminister vom 26. Juni 1924, zit. nach *W. Kohl*, Das Reichsverwaltungsgericht, 234; Hervorhebungen durch mich, M.K.

215 RMdI v. 20. März 1928, zit. nach *W. Kohl*, Das Reichsverwaltungsgericht, 312ff. m.w.N.

216 RGBl. I, 201. Gleiches gilt für den Erlaß des Führers und Reichskanzlers über die Vereinfachung der Verwaltung vom 28. August 1939 (RGBl. I, 1535) sowie die Zweite Verordnung über die Vereinfachung der Verwaltung vom 6. November 1939 (RGBl. I, 2168).

217 Hierzu *M. Stolleis*, FS Menger, 57ff.; *H.R. Külz*, KJ 1969, 167ff.; *W. Kohl*, Das Reichsverwaltungsgericht, 399ff.

gen Dogmatik des Untersuchungsgrundsatzes von nachrangiger Bedeutung.[218] Die Verwaltungsgerichtsbarkeit als Institution des liberalen Rechtsstaates trat in Widerspruch zum nationalsozialistischen Staats- und Rechtsverständnis. Am weitesten ging das Lager des „revolutionären Aktivismus", das den Eigenwert des Rechtssystems und der staatlichen Einrichtungen überhaupt verneinte.[219] Hieran anknüpfende Stimmen erklärten die Institution der Verwaltungsgerichtsbarkeit für schlechthin unvereinbar mit dem nationalsozialistischen Staat, konnten sich aber in der politischen Wirklichkeit und in der juristischen Fachöffentlichkeit nicht durchsetzen. Die Verwaltungsgerichtsbarkeit blieb vielmehr pro forma bestehen, wurde jedoch in einen neuen *Begründungs- und Funktionszusammenhang* gestellt. Zum einen wurde die Differenzierung zwischen kontrollfreier politischer Führung auf der einen, kontrollierter Umsetzung der Führungsakte durch die Exekutive auf der anderen Seite schärfer gezogen und zu Lasten der Verwaltungsgerichtsbarkeit verschoben. Zum anderen wurde den Verwaltungsgerichten die Funktion zugeschrieben, die Effizienz der nationalsozialistischen Herrschaft zu erhöhen.[220] Der Individualrechtsschutz als liberalrechtsstaatliche Kernaufgabe der Verwaltungsgerichte war damit nicht mehr vereinbar. Einher mit dem Verlust dieser „geistigen Leitlinie"[221] ging eine empfindliche Einbuße an materiellen Kontrollkompetenzen auf den Rechtsgebieten, auf denen sich die neue Staatsgewalt politisch durchsetzen wollte.

Der herrschenden Meinung zufolge sollte Verwaltungsgerichtsbarkeit nicht um des „alten Individualrechts", sondern des Rechts der Volksgemeinschaft auf Vollzug der Gesetze willen ausgeübt werden. Der „Volksgenosse" sollte vor den Verwaltungsgerichten nicht als Träger subjektiver Rechte, sondern lediglich als „Sachwalter des sozialen Interesses" auftreten können.[222] Da das Verfahren der Verwaltungsgerichte dem so verstandenen „Interesse der Volksgemeinschaft" dienen, sein Ziel allein in der „Herstellung der Ordnungslage" bestehen sollte, mußte es – so exemplarisch der unmittelbare Rückschluß bei *Justus Danckwerts* – „selbstverständlich in stärkstem Maße vom Untersuchungsprinzip und dem Grundsatze des Offizialbetriebs beherrscht" werden.[223] Zwar könne das Ver-

---

218 Vgl. zu Dogmatik und Praxis der Untersuchungsmaxime im Dritten Reich nunmehr *M. Richter*, Die Untersuchungsmaxime im älteren Verwaltungsprozeß, 155ff.

219 Nachweise bei *M. Stolleis*, FS Menger, 57, 58, eingehend die zeitgenössische Darstellung von *W. Fischer*, Der Streit um die Verwaltungsgerichtsbarkeit, 4ff.

220 Vgl. als zeitgenössische Stimme nur *J. Danckwerts*, Die Verwaltungsgerichtsbarkeit im nationalsozialistischen Staate, 109f.

221 *M. Stolleis*, FS Menger, 57, 64.

222 *J. Danckwerts*, Die Verwaltungsgerichtsbarkeit im nationalsozialistischen Staate, 112. Eingehend zum Schicksal des „subjektiven öffentlichen Rechts" im nationalsozialistischen Rechtsverständnis *H. Bauer*, Geschichtliche Grundlagen, 102ff.

223 *J. Danckwerts*, Die Verwaltungsgerichtsbarkeit im nationalsozialistischen Staate, 118. Auch sonst stand die Geltung der Untersuchungsmaxime nirgends ernsthaft in Frage; vgl. *M. Richter*, Die Untersuchungsmaxime im älteren Verwaltungsprozeß, 155 m.w.N.

fahren kontradiktorisch ausgestaltet werden, um eine befriedigende zweiseitige Erörterung des Sachstandes sicherzustellen. Ansonsten sei dem Verwaltungsgericht gerade mit Blick auf die Sachverhaltsermittlung „denkbar größte Handlungsfreiheit und Machtbefugnis" einzuräumen.[224] Folgerichtig wurden die Verwaltungsgerichte – in Übersteigerung eines aus dem 19. Jahrhundert vertrauten Motivs – als Teil der aktiven Verwaltung begriffen, die sich nur hinsichtlich ihres justizförmigen Verfahrens und der „Freistellung vom Dienstbefehl", aber nicht hinsichtlich ihrer grundsätzlichen Zielstellung von den übrigen Verwaltungsbehörden unterschieden.[225] Insofern kann erneut eine gewisse Affinität des Untersuchungsgrundsatzes zu Versuchen notiert werden, die Differenzierung zwischen politischer Steuerung und neutraler Rechtsentscheidung zurückzunehmen.

Diese Begriffsverschiebungen hatten hinsichtlich der Sachverhaltsermittlung allerdings keine Auswirkungen auf das geschriebene Recht.[226] Auch die gesetzlichen Grundlagen des durch Erlaß des Führers und Reichskanzlers vom 3. April 1941[227] eingerichteten Reichsverwaltungsgerichts ließen die bislang existierenden Verfahrensregelungen, die als solche nicht im Widerspruch zum gewandelten Verständnis der Verwaltungsgerichtsbarkeit standen, gänzlich unberührt.

3. *Die Entwicklung des geltenden Rechts*

a) *Die Rechtslage nach Kriegsende*

Soweit bei Kriegsende noch Verwaltungsgerichte bestanden, mußten sie gemäß Art. 1 und IV des Gesetzes Nr. 2 der Militärregierung[228] ihre Aktivitäten vorläufig einstellen. Allerdings nahmen die Verwaltungsgerichte in den Ländern der amerikanischen und britischen Besatzungszone sowie in den Berliner Sektoren dieser Besatzungsmächte ihre Tätigkeit schon ab Ende 1945 wieder auf, um die gerichtliche Kontrolle der alsbald wieder anlaufenden Verwaltungstätigkeit der deutschen Behörden zu gewährleisten.[229] Ein Jahr später schrieb

---

224 *J. Danckwerts*, Die Verwaltungsgerichtsbarkeit im nationalsozialistischen Staate, 119; weitergehend etwa *W. Fischer*, Der Streit um die Verwaltungsgerichtsbarkeit („parteiloses Untersuchungsverfahren"), 143.

225 *J. Danckwerts*, Die Verwaltungsgerichtsbarkeit im nationalsozialistischen Staate, 109.

226 Vgl. *M. Richter*, Die Untersuchungsmaxime im älteren Verwaltungsprozeß, 153.

227 RGBl. I, 201. Gleiches gilt für den Erlaß des Führers und Reichskanzlers über die Vereinfachung der Verwaltung vom 28. August 1939 (RGBl. I, 1535) sowie die Zweite Verordnung über die Vereinfachung der Verwaltung vom 6. November 1939 (RGBl. I, 2168).

228 ABl. MilReg Nr. 1, 13.

229 Zu den Gründen *P. v. Husen*, Gesetz über die Verwaltungsgerichtsbarkeit, 3; vgl. *C.H. Ule*, FS Menger (1985), 81; *E. Schmidt-Aßmann*, in: *F. Schoch*, Verwaltungsgerichtsordnung, Einleitung, Rn. 82f. – Im allgemeinen zur Entwicklung der Verwaltungsgerichtsbarkeit ab 1945

das Kontrollratsgesetz vom 10. Oktober 1946[230] in Art. 1 die Wiedererrichtung von Verwaltungsgerichten vor. Die Regelung der Organisation, der Zuständigkeiten und des Verfahrens blieb den einzelnen Zonenbefehlshabern überlassen.

Noch im Herbst 1946 wurden in der *amerikanischen* Besatzungszone entsprechende Gesetze erlassen.[231] Die Regelungen beruhten auf einem einheitlichen Entwurf („Heidelberger Entwurf"), den ein auf Anregung der amerikanischen Regierung gebildeter Gesetzgebungsausschuß unter Vorsitz von *Walter Jellinek* im März 1946 vorgelegt hatte. Sie stimmten bis auf geringfügige Abweichungen wörtlich überein.[232] Der Heidelberger Entwurf stellte die Kontinuität der rechtsstaatlichen Verwaltungsrechtspflege her, indem er deren wesentliche Institute – Generalklausel, Klagesystem mit subjektiv-rechtlicher Ausrichtung, Vorverfahren, aufschiebende Wirkung von Einspruch und Anfechtungsklage, begrenzte gerichtliche Ermessenskontrolle und ein besonderes Normenkontrollverfahren[233] – in einer dem heutigen Gesetzesstandard im wesentlichen entsprechenden Weise normierte.

§ 63 der Gesetze schrieb vor, daß das Verwaltungsgericht den Sachverhalt unter Heranziehung der Beteiligten von Amts wegen erforsche. An das Vorbringen und die Beweisanträge der Beteiligten sei das Gericht nicht gebunden. Nach § 64 hatte das Gericht in der mündlichen Verhandlung den nach seinem Ermessen erforderlichen Beweis zu erheben. Zudem konnte das Gericht gemäß § 57 die Beteiligten unter Setzung einer Frist zu Erklärungen und Gegenäußerungen auffordern, soweit es zur Aufklärung der tatsächlichen und rechtlichen Verhältnisse geboten war. In der Kommentarliteratur wurde der damit normierte *Untersuchungsgrundsatz* ohne weiteres als *Pflicht* des Gerichts verstanden, von sich aus alle für die Beurteilung des Falles erheblichen Tatsachen und Beweismittel zu sammeln, ohne an das Parteivorbringen gebunden zu sein. Es sei die *objektive Wahrheit* zu erforschen, nicht die relative Wahrheit auf der Grundlage des Parteivortrags. Die Pflicht zur Wahrheitserforschung bestehe *unbedingt*, und das Gericht könne nicht *willkürlich* davon Abstand nehmen.[234] Wie die zeitgenössischen Quellen indizieren, war die Anknüpfung an das bisherige Mo-

---

G. v. Unruh, Verwaltungsgerichtsbarkeit, 1178ff.; *E. Schmidt-Aßmann*, in: *F. Schoch*, Verwaltungsgerichtsordnung, Einleitung, Rn. 82ff.; *C.H. Ule*, FS Menger (1985), 81ff.

[230] ABl. MilReg Nr. 14, 315.

[231] Gesetz über die Verwaltungsgerichtsbarkeit in Bayern v. 25. September 1946 (GVBl. 281), in Württemberg-Baden v. 16. Oktober 1946 (RegBl. 221), in Hessen v. 31. Oktober 1946 (GVBl. 194); in Bremen bereits durch das Gesetz v. 1. Februar 1946 (GVBl. 17), nach der Wiedereingliederung in die amerikanische Besatzungszone durch Gesetz v. 5. August 1947 (GVBl. 117).

[232] *E. Schmidt-Aßmann*, in: *F. Schoch*, Verwaltungsgerichtsordnung, Einleitung, Rn. 89; *C.H. Ule*, FS Menger (1985), 81, 82; eingehend der zeitgenössische Bericht von *W. Jellinek*, DRZ 1948, 269ff.

[233] So die Aufzählung bei *E. Schmidt-Aßmann*,in: *F. Schoch*, Verwaltungsgerichtsordnung, Einleitung, Rn. 90.

[234] *P. v. Husen*, Gesetz über die Verwaltungsgerichtsbarkeit, § 57, Anm. 1.

dell der Sachverhaltsermittlung von Amts wegen niemals zweifelhaft. Die Neuregelungen fußten auf einer gänzlich unhinterfragten, auch durch die nationalsozialistische Umwidmung der Verwaltungsgerichtsbarkeit nicht desavouierten Tradition des Verwaltungsprozesses. So führte *Jellinek* unter Bezugnahme auf §63 der Verwaltungsgerichtsgesetze lediglich aus, es verstehe sich von selbst, daß Amtsbetrieb, nicht Parteibetrieb gelte.[235]

In der *britischen* Besatzungszone regelte die Militärregierung die Verwaltungsgerichtsbarkeit durch zwei Verordnungen, deren erste[236] als wesentliche Neuerungen die Generalklausel und die Klage auf Vornahme eines unterlassenen Verwaltungsaktes einführte, während die zweite Verordnung Nr. 165 über die Verwaltungsgerichtsbarkeit in der britischen Zone vom 15. September 1948[237] Aufbau und Verfahren der Verwaltungsgerichtsbarkeit regelte.[238] In Übereinstimmung mit den Regelungen in der amerikanischen Zone ging auch die Gesetzgebung in der britischen Zone vom *Amtsermittlungsgrundsatz* aus. Nach §61 der VO Nr. 165 „erforscht das Gericht den Sachverhalt von Amts wegen. Es ist an das Vorbringen und die Beweisanträge der Beteiligten nicht gebunden". Zudem schrieb §62 vor, daß das Gericht den nach seinem Ermessen erforderlichen Beweis in der mündlichen Verhandlung erhebe.

Auch die Rechtslage in der *französischen* Besatzungszone[239] glich hinsichtlich der Sachverhaltsermittlung den vorgenannten Normen.[240] In Baden wurden durch die Landesverordnung über den Aufbau der Verwaltungsgerichtsbarkeit vom 30. März 1947[241] die Generalklausel für Anfechtungsklagen und für Klagen auf Vornahme einer Amtshandlung eingeführt und ansonsten der Rechtszustand vor 1933 wiederhergestellt. Ähnlich wurde in Württemberg-Hohenzollern durch die Rechtsanordnung über die Verwaltungsrechtspflege vom 19. August 1946[242] das württembergische Gesetz über die Verwaltungsrechtspflege aus dem Jahre 1876 in seiner am 30. Januar 1933 geltenden Fassung für anwendbar erklärt.

Im amerikanischen und britischen Sektor von *Berlin* war die Verwaltungsgerichtsbarkeit bereits durch die Anordnungen der beiden Militärregierungen vom 19. November und vom 15. Dezember wiederhergestellt worden.[243] Beide

---

235 *W. Jellinek*, DRZ 1948, 269, 270.

236 Verordnung Nr. 141 vom 1. April 1948, ABl. der Britischen MilReg Nr. 23, 719.

237 Abl. der Britischen MilReg Nr. 24, 799.

238 Zur Entstehung *C.-F. Menger*, System des verwaltungsgerichtlichen Rechtsschutzes, 3ff.; *C.H. Ule*, FS Menger (1985), 81, 83f.

239 Zugelassen durch die Verfügung Nr. 76 vom 23. Juli 1946; vgl. hierzu *G. v. Unruh*, Verwaltungsgerichtsbarkeit, 1180.

240 Hierzu im allgemeinen *C.-F. Menger*, System des verwaltungsgerichtlichen Rechtsschutzes, 10ff.; *C.H. Ule*, FS Menger (1985), 81, 85f.

241 ABl. 89.

242 RegBl. 485.

243 Hierzu *H. Schneider*, AöR 74 (1948), 239ff. Die Anordnungen sind nicht amtlich veröf-

Regelungen verwiesen hinsichtlich der hier einschlägigen Verfahrensbestimmungen auf das vor dem 30. Januar 1933 geltende Recht. Damit galten für die Sachverhaltsermittlung die Vorschriften des Preußischen Landesverwaltungsgesetzes von 1883, die – wie dargestellt – überwiegend als Realisierung des Untersuchungsgrundsatzes gedeutet und angewendet wurden.[244]

b) Die Landesgesetzgebung nach Erlaß des Grundgesetzes

Die nach 1945 errichteten Verwaltungsgerichte der Länder konnten sich zunächst auf die Kompetenzzuweisung in Art. 107 der WRV stützen. An dieser Kompetenzzuweisung änderte sich auch nach Inkrafttreten des Grundgesetzes nichts (Art. 92 a.F.). Über Art. 74 Nr. 1, 72 Abs. 2 GG erhielt der Bund die konkurrierende Gesetzgebungszuständigkeit zur gesetzlichen Regelung der Verfassung und des Verfahrens der Verwaltungsgerichtsbarkeit.[245] Bis zum Erlaß der entsprechenden Bundesgesetze konnten somit die Länder die Verwaltungsgerichtsbarkeit regeln. Davon machten vier der Länder Gebrauch, in denen bis dahin keine eigenen Landesgesetze bestanden, nämlich Rheinland-Pfalz, Berlin, das Saarland und das neugebildete Land Baden-Württemberg.

Das *rheinland-pfälzische* Gesetz über die Verwaltungsgerichtsbarkeit vom 14. April 1950[246] lehnte sich nach Aufbau und Inhalt weitgehend an die Verwaltungsgerichtsgesetze in der amerikanischen Zone an. Hinsichtlich der Sachverhaltsermittlung ordneten die §§ 52, 53 die „Offizialmaxime“ an. In *Berlin* ersetzte das Gesetz über die Verwaltungsgerichtsbarkeit vom 8. Januar 1951[247] die in den Sektoren geltenden Regelungen der Besatzungsmächte. Auch nach der neuen Regelung galten gemäß § 28 die Vorschriften über das verwaltungsgerichtliche Verfahren, die am 30. Januar 1933 in Berlin in Kraft gewesen waren. Damit lag dem Berliner Verwaltungsprozeß bis zur bundesrechtlichen Verfahrensregelung der Untersuchungsgrundsatz in der spezifischen Ausprägung der §§ 71 Abs. 3, 76 des preußischen LVG von 1883 zugrunde. Den verwaltungsgerichtlichen Rechtsschutz im *Saarland* regelte das Gesetz über die Verwaltungsgerichtsbarkeit vom 10. Juli 1951[248], dessen §§ 53, 54 den Untersuchungsgrundsatz anordneten. Nach der Gründung des Landes *Baden-Württemberg* mußten die bis dahin bestehenden Landesregelungen zusammengeführt werden. Dies

---

fentlicht worden; vgl. aber die Nachweise ebd., 240, Anm. 2f. Zu Berlin auch *G. v. Unruh*, Verwaltungsgerichtsbarkeit, 1181f.

244 *H. Schneider*, AöR 74 (1948), 239, 245 für die Regelungen im amerikanischen, 252 für die Regelungen im britischen Sektor.

245 Anfänglich streitig; zur damaligen Diskussion nur *C.-H. Ule*, DVBl. 1950, 1ff., 41ff.

246 GVBl. 103.

247 VOBl. 46.

248 ABl. 1075.

geschah – nachdem zunächst auf die Verabschiedung einer bundeseinheitlichen Regelung gewartet wurde[249] –durch das Gesetz über die Neuordnung der Verwaltungsgerichtsbarkeit vom 12. Mai 1958[250]. Das neue Gesetz regelte in den §§ 63, 64 den Untersuchungsgrundsatz in gleicher Weise wie seine Vorläufer.

c) Die Bundesgesetzgebung

Nach Art. 96 Abs. 1 GG a.F. hatte der Bund den Auftrag, ein oberstes Bundesgericht für die allgemeine Verwaltungsgerichtsbarkeit einzurichten. Die Bundesregierung entschied im Jahre 1950, die Errichtung des Bundesverwaltungsgerichts und das von ihm zu beobachtende Verfahren in einem besonderen Gesetz zu regeln, ohne die bundeseinheitliche Errichtung der Verwaltungsgerichtsbarkeit im ganzen abzuwarten.[251] Das entsprechende Gesetz über das Bundesverwaltungsgericht wurde am 23. September 1952 erlassen.[252] Der Aufbau der Verwaltungsgerichtsbarkeit in den Ländern und das Landesverfahrensrecht blieben unberührt, da das Gesetz lediglich die Möglichkeit der Revision gegen Entscheidungen der Verwaltungsgerichte der Länder eröffnete und das Revisionsverfahren sowie die Ausnahmefälle des erstinstanzlichen Verfahrens vor dem Bundesverwaltungsgericht (§ 9) regelte. Für das Verfahren im ersten Rechtszug sah das Gesetz in § 38 Abs. 1 die Ermittlung des Sachverhalts von Amts wegen vor. Das Gericht sollte danach an diesbezügliche Parteianträge nicht gebunden sein und die Sachverhaltsermittlung nach pflichtgemäßem Ermessen betreiben.[253]

Am 1. April 1960 trat die bundeseinheitliche Verwaltungsgerichtsordnung[254] an die Stelle des Gesetzes über das Bundesverwaltungsgericht. Die Vorarbeiten hierzu hatten schon vor Erlaß dieses Gesetzes begonnen.[255] Auf dem 38. Deutschen Juristentag (1950) war die einheitliche Verwaltungsgerichtsordnung Beratungsgegenstand, ohne daß hierbei die Frage der Sachverhaltsermittlung thematisiert worden wäre. Die Vereinigung der Präsidenten der Verwaltungsgerichte legte im Jahre 1951 – nach Abstimmung mit der Arbeitsgemeinschaft der

---

249 *C.H. Ule*, FS Menger (1985), 81, 91.

250 GBl. 131.

251 *C.H. Ule*, FS Menger (1985), 81, 92f.

252 BGBl. I, 625.

253 Vgl. nur *C.H. Ule*, Gesetz über das Bundesverwaltungsgericht, § 38, Anm. 1f.

254 BGBl. I, 17; Zeitpunkt des Inkrafttretens, ausgefertigt unter dem 21. Juni 1960.

255 Zur Entstehungsgeschichte *E. Schmidt-Aßmann*, in: *F. Schoch*, Verwaltungsgerichtsordnung, Einleitung, Rn. 91; *C.H. Ule*, FS Menger (1985), 81, 93ff.; *G. v. Unruh*, Verwaltungsgerichtsbarkeit, 1189f.; *A. Görlitz*, Verwaltungsgerichtsbarkeit in Deutschland, 56ff.; zu den Vorarbeiten zu Beginn der 50er Jahre *P. v. Husen*, DVBl. 1951, 558ff.; *R. Naumann*, DVBl. 1952, 584ff.; zum Inkrafttreten der VwGO 1960 *C.H. Ule*, DVBl. 1960, 1ff.; *H. Schäfer*, JZ 1960, 73ff.

Innenminister – den sog. Präsidentenentwurf[256] vor, in dem Gliederung und Gehalt der späteren Verwaltungsgerichtsordnung bereits weitgehend vorgezeichnet waren.[257] In § 85 Abs. 1 war die Erforschung des Sachverhalts von Amts wegen „unter Heranziehung der Beteiligten" vorgeschrieben. § 85 Abs. 2 sah vor, daß der Vorsitzende auf die Ergänzung ungenügender tatsächlicher Angaben und auf die Abgabe aller zur Feststellung und Beurteilung des Sachverhalts wesentlichen Erklärungen hinzuwirken habe. Die Aufnahme des Untersuchungsgrundsatzes als solche stand sonach auch in den Vorarbeiten zur bundeseinheitlichen Verwaltungsgerichtsordnung nie in Rede.

Fraglich war indes die technische Umsetzung, soweit auf die Beweisregeln der ZPO verwiesen werden sollte.[258] So galten etwa die Regelungen der ZPO über den Urkundsbeweis und das Zwischenstreitverfahren zwischen Beweisführer und dem das Zeugnis verweigernden Zeugen als typisch für einen Prozeß mit Dispositionsmaxime und daher als unvereinbar mit dem Verwaltungsprozeß. Anstelle des pauschalen Verweises auf die Beweisregeln der ZPO wurde erwogen, solche der Strafprozeßordnung heranzuziehen.[259] Größere Bedeutung gewann allein die Frage, unter welchen Voraussetzungen das Gericht Beweisanträge der Beteiligten ablehnen kann. So war umstritten, ob das Gericht bei der Ablehnung gestellter Beweisanträge frei verfügen oder – in Entsprechung zum Strafprozeß[260] – eingeschränkt werden sollte.[261] Gegen die Aufnahme ausdrücklicher Einschränkungen wurde vorgebracht, die in der StPO niedergelegten Grundsätze über die Ablehnung von Beweisanträgen gälten mittlerweile als Gemeingut des Gerichtsverfahrens. Auch ohne ausdrückliche Normierung liege im Falle der Verletzung dieser Grundsätze ein wesentlicher Verfahrensmangel vor, der im Wege der Revision gerügt werden könne.[262]

Die Bundesregierung leitete im April 1953 einen eng an den Präsidentenentwurf angelehnten Entwurf der Verwaltungsgerichtsordnung dem Bundestag zu.[263] § 87 Abs. 1 und Abs. 3 (später: § 86) stimmten mit den Vorschriften des Präsidentenentwurfs inhaltlich überein. Dagegen wurde in § 87 Abs. 2 die Regelung eingeführt, daß es zur Ablehnung eines Beweisantrages eines begründeten Beschlusses bedürfe. In der Begründung des Entwurfes hieß es zu § 87 lediglich, hier würden „seit *jeher bewährte allgemeine Verfahrensgrundsätze* wiedergege-

---

[256] Abgedruckt in DVBl. 1951, Beilage zu Heft 18.
[257] *E. Schmidt-Aßmann*, in: *F. Schoch*, Verwaltungsgerichtsordnung, Einleitung, Rn. 91.
[258] Hierzu *R. Naumann*, DVBl. 1952, 584, 585.
[259] *R. Naumann*, DVBl. 1952, 584, 585.
[260] § 244 StPO a.F.
[261] *R. Naumann*, DVBl. 1952, 584, 585. Vgl. auch die Hinweise auf die Debatte im Rechtsausschuß des Bundestages in der ersten Wahlperiode im Stenographischen Protokoll d. 47. Sitzung des Rechtsausschusses vom 4. Februar 1959, 3. Wahlperiode, 38.
[262] *R. Naumann*, DVBl. 1952, 584, 585.
[263] BT-Drs. I/4278.

ben."[264] Das Gesetzgebungsverfahren konnte indes in der ersten Legislaturperiode nicht mehr abgeschlossen werden. Erst 1957 wurde der Regierungsentwurf erneut eingebracht. Der Rechtsausschuß legte nach intensiver Diskussion und einer Sachverständigenanhörung im Mai 1959 seinen Vorschlag mit schriftlichem Bericht[265] dem Plenum vor. Zu § 87 hieß es im Bericht, der Rechtsausschuß lege hinsichtlich der Erforschung des Sachverhalts von Amts wegen besonderen Wert auf die Feststellung, daß „die Gerichte der Verwaltungsgerichtsbarkeit gegenüber Beweisanträgen der Beteiligten nicht ein völlig ungebundenes und freies Ermessen walten lassen" dürften. Es gelte vielmehr auch im Verwaltungsprozeß „die in der Rechtsprechung allgemein anerkannte Regel, daß die Gerichte nichts unterlassen dürften, was zur vollständigen Aufklärung des Sachverhalts dienlich sei. Deshalb ist u.a. die Ablehnung eines Beweisantrags stets zu begründen."[266] Im Verfahren der parlamentarischen Beratung hatten sich damit endgültig die Vertreter der „rechtsschutzintensiveren" Ansicht durchgesetzt, nach denen eine weitgehende Ermessenskontrolle des Gerichts beim Umgang mit Beweisanträgen erforderlich war. Der Untersuchungsgrundsatz als solcher, wie er schließlich seine Normierung in § 86 Abs. 1 VwGO fand, war hingegen nie Gegenstand der Diskussion.[267]

Der Bundestag befand im Oktober und November 1959 in zweiter und dritter Lesung über den Vorschlag des Rechtsausschusses. Am 1. April 1960 trat die Verwaltungsgerichtsordnung in Kraft. Der in § 86 normierte Untersuchungsgrundsatz kennzeichnet seither – wie in den 160 Jahren zuvor – das Verfahren vor den deutschen Verwaltungsgerichten und ihren Vorläufern.

4. *Ausblick*

Beim Rückblick auf die Entwicklung der Verwaltungsgerichtsbarkeit und ihrer Verfahrensprinzipien überrascht die lapidare Äußerung in den Motiven der VwGO zunächst nicht, es handele sich bei der Untersuchungsmaxime um einen seit jeher bewährten Verfahrensgrundsatz des Verwaltungsprozesses. Rechtslage und Praxis deuten auf eine ungebrochene Tradition der Sachverhaltsermittlung von Amts wegen hin, die nicht erst mit der Errichtung der Verwaltungsgerichtsbarkeit im heutigen Verständnis beginnt, sondern bereits in den unterschiedlichen Vorläufern der administrativen Rechtspflege wurzelt.

---

[264] BT-Drs. I/4278, 43; Hervorhebung durch mich, M.K.

[265] BT-Drs. III/1094.

[266] BT-Drs. III/1094, 9; vgl. *H. Schäfer*, JZ 1960, 73, 77. Zu den Beratungen bereits Stenographisches Protokoll d. 47. Sitzung des Rechtsausschusses, 3. Wahlperiode, vom 4. Februar 1959, 38.

[267] Vgl. Stenographisches Protokoll d. 47. Sitzung des Rechtsausschusses, 3. Wahlperiode, vom 4. Februar 1959, 38.

Sucht man nach den Ursachen, so drängt sich zunächst der Umstand auf, daß die Vorläufer der gerichtsförmigen Verwaltungsrechtspflege aus der aktiven Verwaltung gleichsam herauswuchsen, so daß sich die Frage einer Verfahrensdifferenzierung zunächst gar nicht stellen konnte. In unmittelbarem Zusammenhang damit steht die mangelnde Durchsetzungsfähigkeit der justizstaatlichen Lösung in der Staatspraxis. Immerhin zeigt der Blick auf die wenigen Territorien, in denen die Verwaltungskontrolle den ordentlichen Gerichten oblag, daß dort keine Verfahrensdifferenzierung je nach Rechtsnatur der betreffenden Streitsache erfolgte. Bemerkenswerter ist, daß sich die Frage der Verfahrensdifferenzierung auch dann nicht stellte, als die Verwaltungsgerichte im Zuge der liberal-rechtsstaatlichen Bewegung als echte Gerichtskörper konstituiert wurden, die unter Wahrung der richterlichen Unabhängigkeit in einem kontradiktorischen Parteiverfahren judizierten.

Der genetische Ursprung der Verwaltungsgerichtsbarkeit in der aktiven Verwaltung schien hier, so die Vermutung, Beharrungskräfte zu mobilisieren, hinter denen etwaige Verwerfungen zwischen einem Parteiverfahren nach Maßgabe individueller Dispositionsmacht einerseits, der gerichtlichen Sachverhaltsuntersuchung andererseits zurücktraten. Ansatzpunkte für derartige konzeptuelle Verwerfungen finden sich überall dort, wo das abgesteckte Feld der Sachverhaltsermittlung verlassen wird und der Blick auf die großen, programmatischen Auseinandersetzungen der jungen Verwaltungsrechtswissenschaft schweift. So drängt die Figur des subjektiv-öffentlichen Rechts zu der Frage, warum im Verwaltungsprozeß nicht ein ähnlicher Zusammenhang von subjektiver Rechtsmacht, Parteidisposition über den Streitgegenstand und Sachverhaltsverantwortung der Parteien konstruiert wurde, wie er im Zivilprozeßrecht längst kanonisiert war. Die gesetzgeberischen Motive legen die Vermutung nahe, daß bestimmte, auf die Verfassungslage des Frühkonstitutionalismus hin berechnete Argumente wie das landesherrliche Interesse an den administrativen Streitsachen gleichsam bruchlos weitergeführt wurden, obschon sie unter den paradigmatischen Veränderungen des dogmatischen Umfelds im liberalen Rechtsstaat ihre Anschlußfähigkeit verloren. Dies betrifft namentlich das Argument, das öffentliche Interesse an den Verwaltungsstreitsachen erfordere die Sachverhaltsermittlung von Amts wegen.

Zur Ermittlung derartiger möglicher Verwerfungen bedarf es eines zweiten Blicks auf den historischen Bestand. Diesmal wird jedoch nicht die eher bruchlose Institutionengeschichte, sondern deren ungleich vielfältigere, heterogene Begleitung im Schrifttum fokussiert. Es gilt, die Ursachen jener konzeptionellen Legierung von Untersuchungsgrundsatz und Verwaltungsgerichtsbarkeit zu ermitteln, um ihre Plausibilität unter den heutigen verfassungsrechtlichen Prämissen prüfen zu können.

III. Die Begründung des Untersuchungsgrundsatzes

Im 19. Jahrhundert vollendete der Staat das bereits im Absolutismus angelegte Programm der Vereinheitlichung und Monopolisierung der Staatsgewalt, der Durchsetzung innerer Souveränität und rechtlicher Homogenisierung des Untertanenstatus sowie der Entwicklung eines einheitlichen Beamtenapparates und eines modernen Steuersystems. Schon dieses Programm erforderte einen immensen Zuwachs der Staatstätigkeit. Beschleunigt wurde die Ausweitung der Staatsaufgaben durch rasche, weitreichende Veränderungen der sozialen Wirklichkeit im Zuge der „industriellen Revolution", sei es hinsichtlich der Infrastruktur, der Staatsaufsicht über die Wirtschaft, des Gesundheits- und Armenwesens oder der herkömmlichen Gefahrenabwehr. Die erweiterten Steuerungsaufgaben brachten einen neuen Rechtstypus aus, der seit dem ausgehenden 18. Jahrhundert neben das gemeine Recht, die tradierte Reichspublizistik und die Polizeiwissenschaft trat.[1] Im Zuge der Entwicklung dieser neuartigen Rechtsmasse zum Verwaltungsrecht moderner Prägung stellte sich auch die Frage des Rechtsschutzes neu. Hatten zuvor die Gerichte im engeren Bereich des Privatrechts, im Falle privaten oder fiskalischen Handelns des Monarchen und schließlich in Schadensersatzangelegenheiten bei der Ausübung des monarchischen *ius eminens* weitgehend reibungslos judiziert, wurde die Frage der Rechtsbewährung nunmehr brisant für jenes Handeln der Obrigkeit, das weder staatsnotrechtlich legitimiert noch von privat-fiskalischer Art war. Der Begriff des *Privatrechts* als Dreh- und Angelpunkt des Konzepts staatlicher Rechtspflege unterlag im Zuge der Parallelentwicklung staatlicher Souveränität und rechtlich homogener Subordination des Staatsbürgers einer Neudefinition.[2]

Wie im vorangehenden Abschnitt zu zeigen war, wurde die Rechtspflege auf dem Gebiete des administrativen Rechts seit der Mitte des 18. Jahrhunderts vornehmlich durch verwaltungsinterne Instanzen geleistet. Dabei kam ein zunächst formloses, dann dem Zivilprozeß zunehmend angenähertes Verfahren zur Anwendung. Ungeachtet dieser Annäherung bildete das Verwaltungsstreitverfahren – in einem gleichsam dialektischen Prozeß – hinsichtlich der Sachver-

---

[1] Vgl. hierzu *M. Stolleis*, Geschichte des öffentlichen Rechts, Bd. 2, 240; *P. Badura*, Das Verwaltungsrecht des liberalen Rechtsstaates, 16ff.; *E. Forsthoff*, Lehrbuch des Verwaltungsrechts, 18ff.

[2] Hierzu namentlich *W. Henke*, Das subjektive öffentliche Recht, 14ff.

haltsermittlung charakteristische Divergenzen aus, die um so deutlicher hervortraten, als sich die Verfahrensordnungen im übrigen ähnlicher wurden. Im Zivilprozeßrecht beruhte die *Polarität* von Verhandlungs- und der Untersuchungsmaxime auf der begrifflichen Abstraktion der Befugnisse des Richters im gemeinen Prozeß auf der einen, der preußischen Allgemeinen Gerichtsordnung auf der anderen Seite. Im Wege der Verknüpfung mit dem Gedanken der *Privatautonomie* wurde diese Dichotomie zunehmend vertieft. Zum Ausgang des 19. Jahrhunderts erschien der Verhandlungsgrundsatz dem liberalen Privat- und Prozeßrechtsverständnis nicht nur als Korrelat der zivilrechtlichen Privatautonomie, sondern als Ausdruck *staatsbürgerlicher Freiheit* schlechthin. Während auch die Praxis der Zivilprozeßgesetzgebung bis hin zur ZPO dem Grunde nach durchgängig der Verhandlungsmaxime folgte, vollzog der Verwaltungsprozeß eine charakteristische Gegenbewegung. Am Ende der Entwicklung galt der Untersuchungsgrundsatz, bei allen Unterschieden zwischen Gerichtsorganisation und -verfahren der Länder und des Reiches im übrigen, als konstitutiver, notwendiger Bestandteil des Verwaltungsprozesses.[3]

Anders als es die relativ kontinuierliche Praxis erwarten läßt, war die Konzeption der Verwaltungsrechtspflege höchst umstritten. In der Literatur konkurrierte das *justizstaatliche* Leitbild der Verwaltungskontrolle durch die ordentlichen Gerichte, das als Konkretisierung grundlegender Postulate des liberal-rechtsstaatlichen Paradigmas galt, mit dem Konzept der *Administrativjustiz*, das die herrschende Staatspraxis theoretisch absicherte. Eine bruchlose Zuordnung der beiden konkurrierenden Modelle zu den politischen Grundströmungen ist allerdings nur mit Einschränkungen möglich. So konnten sich liberale Zielvorstellungen das Modell der Administrativjustiz zu eigen machen, um Verfahren und Richterpersonal aus der Verwaltungsperspektive beeinflussen zu können.[4] Umgekehrt konnte die Beschränkung des ordentlichen Rechtswegs beim Schutz „wohlerworbener Rechte" in den Dienst des liberalen Anliegens treten, die Perpetuierung intermediärer Gewalten und feudaler Privilegien zu bekämpfen.[5] Diesen Nuancen zum Trotz wurde die Konzeption des Justizstaates im wesentlichen von der liberalen Grundintention getragen, Freiheit und Eigentum gegen die Übergriffe einer antagonistischen, zunehmend raumgreifenden Staatsgewalt zu sichern.[6] Aus justizstaatlicher Sicht versprach allein die Zu-

---

[3] Eine Ausnahme bilden jene Länder, in denen die Verwaltungskontrolle den ordentlichen Gerichten überantwortet war (insbesondere Kurhessen, Braunschweig und Hamburg); hierzu oben, II. 2. c).

[4] *M. Stolleis*, Geschichte des öffentlichen Rechts, Bd. 2, 242.

[5] Nach *D. Grimm*, Zur politischen Funktion, 92f. sei die Beschränkung des ordentlichen Rechtswegs in Preußen im Jahre 1808 von der liberal gesinnten Beamtenschaft gerade aus diesem Grunde, nicht um des Erhalts monarchisch-absoluter Refugien willen geschehen. Ebenso *R. Ogorek*, Individueller Rechtsschutz gegenüber der Staatsgewalt, 383.

[6] *R. Ogorek*, Richterkönig oder Subsumtionsautomat?, 286 und die dort genannten zeitgenössischen Quellen. Vgl. etwa die Klage *Carl J. A. Mittermaiers* über die „allmählig zur Mode ge-

ständigkeit der ordentlichen Gerichte die unparteiische Behandlung der Verwaltungsstreitsachen im Wege eines geordneten, rechtsstaatlichen Verfahrens.[7] Damit kontrastierte das Anliegen der Verfechter der Administrativjustiz, Handlungsfreiheit und Verwaltungseffizienz der nunmehr rechtlich souveränen Staaten nicht durch die potentiell lähmende Kontrolltätigkeit der ordentlichen Gerichte zu gefährden.

1. Struktur der Debatte

Dieser Grundkonflikt entfaltete eine Binnenstruktur, die ihrerseits in die großen staats- und rechtstheoretischen Leitthemen eingeflochten war: den Dualismus von Staat und Gesellschaft, die Ausdifferenzierung von privatem und öffentlichem Recht, die Konzeption des subjektiv-öffentlichen Rechts und die rechtliche Typisierung des Gemeinwohls.

a) Der Streit um die Verwaltungsrechtspflege war zunächst ein Streit um die *Abgrenzung der Zuständigkeiten* zwischen Gerichten und Verwaltungsbehörden. Während die Staatspraxis im 18. Jahrhundert die Zuständigkeit der ordentlichen Gerichte zunehmend beschränkte, behauptete die justizstaatliche Bewegung die Zuständigkeit der Gerichtsbarkeit für alle Verletzungen *privater Rechte*. Dieser Begriff wurde über die wohlerworbenen Privatrechte hinaus gerade auf solche Rechtspositionen erstreckt, die sich aus den inhaltlich abgegrenzten, individualrechtlichen Beziehungen des Bürgers zum Staat und den hieraus folgenden mittelbaren Beziehungen der Bürger untereinander ergaben (2).

b) Im Lager der Administrativjustiz fand sich dagegen zunächst die im folgenden als *Souveränitätsargument* gekennzeichnete Figur, wonach die Landesgewalt um ihrer Souveränität willen nicht ihrer eigenen Gerichtsbarkeit unterstehen könne.

Hierauf reagierte die Gegenseite, gestützt auf die Leitströmungen der Ausdifferenzierung von Gesellschaft und Staat und der damit korrespondierenden Emanzipation des (Privat-)Rechts aus politischen Bindungen, mit dem Gedanken der *Sphärentrennung* (3). Recht und Politik, Gerichtsbarkeit und Verwaltung wurden als unabhängige Wertsphären konstruiert. Die Gerichtsbarkeit galt als Sphäre der Gerechtigkeitspflege, in der den Belangen der Politik keine Bedeutung zukomme. Auf diese Weise versuchte es die justizstaatliche Richtung, den Vorwurf der Herrschafts- oder Funktionsanmaßung der Gerichte ge-

wordene fabrikmäßige Betreibung der Staatsgeschäfte", für welche „immer mehr Verwaltungsbehörden für jeden möglichen Geschäftszweig oft mit dem ausgedehntesten Ansehen gegründet wurden, von welchen jede ihre Gewalt geltend machen, und immer weiter sich ausbreiten wollte"; AcP 4 (1821), 305.

[7] Vgl. *C. Schmitt*, Verfassungslehre, 132.

genüber der Administration zu unterlaufen. Dem entsprach die Entwicklung eines Methodenideals, wonach die richterliche Tätigkeit sich auf logizistisch-technische, gleichsam willenlose Akte der Rechtserkenntnis beschränken sollte.

Die Gegenseite griff das Leitthema der Sphärentrennung auf, leitete hieraus jedoch die *funktionale Inkompetenz* der ordentlichen Gerichte für die Entscheidung von Administrativstreitigkeiten ab. Sie stützte sich dabei auf das Argument, daß die Verwaltungssachen gerade dadurch gekennzeichnet seien, nicht nur nach rechtlichen, sondern auch nach politischen Gesichtspunkten entschieden werden zu müssen.

c) In der Mitte des 19. Jahrhunderts änderten sich die Koordinaten der Diskussion. Stand bisher die Frage der Zuständigkeitsabgrenzung zwischen ordentlicher Justiz und Verwaltungsrechtspflege im Mittelpunkt, ging es nunmehr um das übergeordnete Thema, wie die Rechtssphäre des Individuums im allgemeinen auf dem Gebiet des öffentlichen Rechts zu sichern sei. Angesichts des Vordringens des *liberal-rechtsstaatlichen Paradigmas* erwiesen sich weder die justizstaatliche Zielvorstellung noch die tradierten Formen der Administrativjustiz als überlebensfähig. Der Leitgesichtspunkt der Sphärentrennung hätte es nahegelegt, die Entscheidung von Administrativstreitigkeiten nicht als juridischen Akt, sondern als Fortsetzung gemeinwohl- und zweckmäßigkeitsorientierter Verwaltung mit anderen Mitteln zu begreifen und den Rechtscharakter des öffentlichen Rechts schlechthin zu negieren. Nunmehr richtete sich das Interesse darauf, auch die Administrativjustiz als *echte Gerichtsbarkeit*, nämlich als unabhängige Instanz zur Entscheidung von Rechtsstreitigkeiten im kontradiktorischen Verfahren, zu konzipieren.

Daß dies nicht ohne Brüche und Verwerfungen abgehen konnte, liegt auf der Hand. Zum einen konnte aus der problematischen Prämisse der Sphärentrennung der Vorwurf geformt werden, bei der Verwaltungsjustiz handele es sich, da weder Verwaltung noch Justiz, um ein lebensuntüchtiges *Zwitterwesen*. Sollte dagegen die Tätigkeit der Verwaltungsjustiz genuine *Rechtsanwendung* darstellen, war die organisatorische und verfahrensrechtliche Trennung der Gerichtszweige nicht ohne weiteres plausibel. In dieser prekären Lage lag es nahe, auf die Leitunterscheidung von Privatrecht und öffentlichem Recht[8] zurückzugreifen. War diese Abgrenzung bisher nur von akzessorischer Bedeutung, nämlich für die Frage der Zuständigkeitsverteilung zwischen Verwaltung und Justiz, so stellte sich nunmehr die Frage nach *Qualität und Inhalt* des öffentlichen Rechts

---

[8] Zu deren Problematik im allgemeinen *M. Bullinger*, Öffentliches Recht und Privatrecht, 75ff.; auch *M. Stolleis*, Öffentliches Recht und Privatrecht, 43, 59; zur früheren Kritik durch *Gierke* und *Kelsen* vgl. *E. Molitor*, Über öffentliches Recht und Privatrecht, 15ff.; dagegen die wohl h.L.; vgl. heute nur *D. Ehlers*, in: *H.-U. Erichsen (Hg.)*, Allgemeines Verwaltungsrecht, 30; *H.J. Wolff/O. Bachof/R. Stober*, Verwaltungsrecht I, 193f.; auch *D. Schmidt*, Die Unterscheidung von privatem und öffentlichem Recht, 23ff.

in Abgrenzung zum Privatrecht. Paradigmatisch hierfür war das neue Institut des subjektiv-öffentlichen Rechts (4).

d) Die Entdeckung einer neuen Rechts*qualität* wurde dabei zunächst von außen befördert, nämlich durch die Idealisierung des Privatrechts zur Sphäre bürgerlicher Freiheit schlechthin. Weiterhin konnten vertraute Figuren fortgeschrieben werden, so namentlich das landesherrliche Interesse an den Verwaltungsstreitsachen. So wurde der *Gemeinwohlbezug* öffentlich-rechtlicher Streitfragen zum Kriterium der Abgrenzung gegenüber dem Privatrecht erklärt. Das alte Souveränitätsargument, das mit der Unterscheidung von Verbands- und Organsouveränität mürbe werden mußte, konnte auf diese Weise substituiert werden. Seither wurde die alte Erwägung, die das Gemeinwohl verwirklichende Staatsgewalt dürfe nicht mit der privaten, ihren privaten Interessen verpflichteten Partei gleichgeordnet werden, durch die Hoffnung ersetzt, der Verwaltungsrichter selbst würde für die Verwirklichung des Gemeinwohls im Parteiverfahren Sorge tragen.

Die Notwendigkeit unterschiedlicher Verfahrensregelungen für Zivil- und Verwaltungsrechtspflege, namentlich hinsichtlich der Sachverhaltsermittlung, ergab sich hieraus nahezu von selbst. Dabei wurde übersehen, daß im Zuge der Kodifizierung des Verwaltungsrechts das Gemeinwohl von der außerrechtlichen Größe zum *Normgehalt* öffentlich-rechtlicher Vorschriften selbst mutierte. Gemeinwohlverwirklichung durch das Gericht ist seither nichts anderes als Rechtsanwendung – und dies wirft die Frage nach der Tragfähigkeit jenes stereotypen Arguments auf, die richterliche Sachverhaltsermittlung sei um des öffentlichen Interesses am Verwaltungsprozeß willen geboten (5).

e) Eine allgemeine Ideengeschichte der Verwaltungsgerichtsbarkeit wird in den nachstehenden Ausführungen nicht entwickelt. Sie beschränken sich vielmehr auf schlaglichtartige Vergrößerungen, deren Blickwinkel durch den Gegenstand dieser Untersuchung bestimmt wird. Ein Leitmotiv läßt sich gleichwohl erkennen. Die Geschichte der Verwaltungsgerichtsbarkeit ist eine Geschichte der *Differenzierungen*, nämlich zwischen aktiver Verwaltung und Verwaltungsgerichtsbarkeit, zwischen rechtsgebundener Gemeinwohlverwirklichung und der Entscheidung von Rechtsstreitigkeiten durch einen unabhängigen Dritten; letzten Endes eine Geschichte der funktionalen Differenzierung zwischen Politik und Recht.

Die nachfolgend entfalteten Aspekte der Diskussion um die Verwaltungsgerichtsbarkeit finden ihren Fluchtpunkt in der Schwierigkeit, daß diese Institution notwendigerweise an der *Schnittstelle* beider Systeme operiert. Administrativjustiz und Justizstaat erscheinen aus dieser Perspektive als Versuche von Recht und Politik, sich der Funktionslogik des jeweils anderen Systems zu bemächtigen. Heute erinnert vornehmlich der Untersuchungsgrundsatz in § 86 Abs. 1 VwGO noch an dieses Ringen um Differenzierung. In einer gleichsam archäologischen Sicht auf Schichten und Strukturen der Debatte um die Verwaltungsgerichtsbarkeit erscheint er nicht nur als deren letztes Petrefakt, sondern symbolisiert einen bis heute unausgestandenen Grundkonflikt in der Konzeption des Rechtsschutzes gegen Maßnahmen der öffentlichen Gewalt.

2. *Der justizstaatliche Begriff des Privatrechts*

Das justizstaatliche Lager bemühte sich darum, die Zuständigkeit der ordentlichen Gerichte auf alle individualrechtlichen Beziehungen des einzelnen zum Staat und die sich hieraus ergebenden mittelbaren Beziehungen der Bürger untereinander zu erstrecken. Rechtstheoretisches Instrument dieses Anliegens war die Erweiterung des tradierten Begriffs justizfähiger Privatrechte auf alle derartigen Rechtspositionen. Der hieraus folgende einheitliche Begriff privater Rechte beeinflußte die Diskussion um den Verwaltungsrechtsschutz bis in die zweite Hälfte des 19. Jahrhunderts hinein (a).

Indem auf diese Weise alle administrativen Rechtsstreitigkeiten in die Sphäre der Justiz eingezogen wurden, konnte sich die Frage von Verfahrensdifferenzierungen dem Grunde nach nicht stellen. Im Gegenteil hätte es in der Konsequenz des justizstaatlichen Ansatzes gelegen, die Verletzungen subjektiver Rechte gleich welcher Herkunft im einheitlichen Verfahren des Zivilprozesses zu behandeln (b).

a) Konzeption

aa) Die Strategie der justizstaatlichen Bewegung setzte bei einem *weiten Begriff justizfähiger Privatrechte* an. So bezeichnete *Ludwig Minnigerode* als Privatrechtsverhältnisse alle solche, „in welche der einzelne Staatsgenosse, oder Private, für sich und in eignem Namen kommen kann“[9]. Die ordentliche Gerichtsbarkeit sei zuständig, so oft Streit über die Frage entstehe, „ob Rechte, die Jemand in Anspruch nimmt, ihm tatsächlich zustehen? ob diese Rechte verletzt und wie sie wieder herzustellen seyen“.[10] Dies gelte auch und gerade für den Fall, daß sich derartige Privatrechte aus Beziehungen zu den Zweigen der Staatsverwaltung ergäben.[11]

Ähnlich bezeichnete *B. W. Pfeiffer* als Justizsachen „alle diejenigen Angelegenheiten, welche eine Entscheidung über Verletzung des Privat-Rechtszustandes aus dem Gesichtspuncte der Gesetzmäßigkeit erfordern“[12]. Privat-Rechte sollten sich nicht allein aus dem Privatrecht als Inbegriff der Rechtsverhältnisse

[9] *L. Minnigerode*, Was ist Justiz- und was ist Administrativ-Sache?, 34.
[10] *L. Minnigerode*, Was ist Justiz- und was ist Administrativ-Sache?, 82.
[11] *L. Minnigerode*, Was ist Justiz- und was ist Administrativ-Sache?, 36.
[12] *B. W. Pfeiffer*, in: Practische Ausführungen, Bd. 3, 182, 190.

der Staatsbürger untereinander ergeben können. Der Begriff umfaßte vielmehr alle Rechte, „welche besonderen Staatsgenossen, sei es durch Geburt im Staat (Recht auf Leben, Freiheit, Ehre), oder durch einen speciellen Titel zukommen konnten.[13]

bb) Die *Unterscheidung zwischen privatem und öffentlichem Recht* mußte zu diesem Zweck gerade negiert oder in ihrer Bedeutung relativiert werden. So ging *Sylvester Jordan* von einem nicht näher reflektierten Begriff des Privatrechts im Sinne „des Rechts eines Unterthans" aus. Für Verletzungen derartiger Privatrechte sei die Zuständigkeit der ordentlichen Gerichte gegeben, da es für die innere, wesentliche Beschaffenheit der Sache als Rechts- und damit als Justizsache keinen Unterschied mache, ob eine solche Verletzung vom Staat oder von einer Privatperson ausgehe.[14] Ungeachtet der Trennung in privates und öffentliches Recht könne zwischen den jeweiligen Gesetzen kein prinzipieller Gegensatz bestehen, sondern es müsse allen um der Einheit des Staatslebens willen „dasselbe Princip der Gerechtigkeit zum Grunde liegen, so verschieden sie auch in ihrer Richtung, ihrem nächsten Zweck und ihrem Gegenstande nach sein mögen". Zwischen den sogenannten Rechts- und den politischen Gesetzen könne kein innerer, *wesentlicher Unterschied* bestehen, da auch die letzteren auf Gerechtigkeit beruhen sollten.[15]

Ähnlich galten dem prominenten „Justizstaatler" *C.J. Mittermaier* sämtliche Gesetze als justizfähig, „sie mögen den Namen Civilgesetze oder Polizeiordnungen oder Cultusmandate haben". Es komme allein darauf an, ob diese Gesetze „Rechte und Verbindlichkeiten unter Privatpersonen, oder einzelner Privatpersonen gegen den Staat reguliren."[16] Die Unterscheidung zwischen Privatrecht und öffentlichem Recht und hieran anknüpfende Rechtswegdifferenzierungen seien verfehlt, weil sie auf einer ebenso unkritischen wie ahistorischen Adaption einer Unterscheidung des Römischen Rechts beruhten. Im deutschen Recht lasse sich dagegen in jedem *Privat*rechtsverhältnis ein Zusammenhang mit einem *staats*rechtlichen Verhältnis nachweisen, was indes an der Natur des Privatrechts nichts ändere. Bei der Grenzbestimmung zwischen ordentlicher Justiz und administrativer Behandlung einer Rechtssache könne es nur darauf ankommen, „ob ein Bürger bei seiner Klage, welche er bei den Civilgerichten anstellen will, auf ein gehörig entstandenes, definitiv ihm zustehendes, von den bestehenden Gesetzen geschütztes, Recht sich berufen kann, welches entweder durch eine Handlung eines Privatmannes oder des Staats verletzt wird, ohne Rücksicht darauf, aus welchen Gesetzen das Recht entstanden ist, in welchem Zusammenhange es mit administrativen Anstalten steht, und ob die die Klage veranlassende Handlung an und für sich rechtswidrig, oder im allgemeinen

---

[13] *B.W. Pfeiffer*, in: Practische Ausführungen, Bd. 3, 182, 197.

[14] *S. Jordan*, Art. Administrativjustiz, 145.

[15] *S. Jordan*, Art. Administrativjustiz, 153.

[16] *C.J. Mittermaier*, AcP 4 (1821), 305, 327.

rechtmäßig war, jedoch für den einzelnen Berechtigten neue Rechte begründete".[17]

cc) Daß dieser *„einartige" Begriff des Privatrechts* auch neben den Bemühungen der Rechtswissenschaft, öffentliches und privates Recht zu separieren und einen eigenständigen Begriff subjektiv-öffentlicher Rechte zu entwickeln, überlebensfähig war, hatte sich bereits beim Blick auf die vereinzelten Realisierungen des justizstaatlichen Modells gezeigt. So gingen die hamburgischen Gerichte bis 1922 (!) von einem denkbar weiten Begriff privater Rechte aus, um weite Gebiete der öffentlich-rechtlichen Eigentumsbeschränkungen, des Polizei- und des Wegerechts im ordentlichen Rechtswege verhandeln zu können.[18]

Literarisch belegt wird dieser bemerkenswerte Befund durch die einflußreiche, 1864 erschienene Schrift von *Otto Bähr* über den Rechtsstaat, die als letzter literarischer Vorstoß zugunsten einer Verwaltungskontrolle durch die ordentlichen Gerichte gilt.[19] Die Schrift verdeutlicht allerdings zugleich die Schwierigkeiten, angesichts der genannten paradigmatischen Verschiebungen im Grundverständnis des öffentlichen Rechts zu einem gleichsam „einartigen" Begriff privater Rechte vorzudringen.

So akzeptierte auch *Bähr* die Idee eines „die Gesammtheit des Rechtsgebiets erschöpfenden" Gegensatzes zwischen Privatrecht und öffentlichem Recht[20].

---

[17] *C.J. Mittermaier*, AcP 4 (1821), 305, 328f. Demgegenüber versucht *C. v. Pfizer*, Über die Grenzen zwischen Verwaltungs- und Ziviljustiz, 84ff., *Mittermaier* in besagter Abhandlung als Befürworter der Administrativjustiz zu vereinnahmen. Er verkennt, daß *Mittermaier* den Begriff des Privatrechts durchgehend weit zieht, ohne die von *Pfizer* eingangs unternommene Differenzierung – Subjektions- oder Gleichordnungsverhältnis als Zuordnungskriterium – mitzugehen.

[18] Auf der Grundlage von §24 des Gesetzes, betreffend das Verhältnis der Verwaltung zur Rechtspflege, vom 23. April 1879 (GS 1879, 110). Die Vorschrift begründete die Zuständigkeit der ordentlichen Gerichte für Streitigkeiten zwischen Bürger und Verwaltungsbehörden für solche Fälle, in denen Privatrechte durch Verfügungen oder Maßregeln dieser Behörden Verwaltungsbehörden verletzt wurden. Vgl. hierzu *G. Quast*, Die Entstehungsgeschichte der hamburgischen Verwaltungsgerichtsbarkeit, 127.

[19] *O. Bähr*, Der Rechtsstaat. Der Ansicht *R. Ogorek*, Richterkönig oder Subsumtionsautomat?, 329, *Bähr* habe im Gegensatz zu den früheren Verfechtern des Justizstaats die Kontrollkompetenz nicht für die ordentlichen Gerichte, sondern für besondere Verwaltungsgerichte gefordert, kann in dieser Ausschließlichkeit nicht beigetreten werden. Vielmehr ist *Bähr* der Ansicht, daß auch die ordentliche Gerichtsbarkeit für Streitentscheidungen auf dem Gebiete des öffentlichen Rechts imstande sei (69), mißt jedoch dieser Frage nicht die entscheidende Bedeutung bei. Sofern die gewöhnlichen Gerichte nicht für geeignet gehalten würden, über die Fragen des öffentlichen Rechts zu entscheiden, „so schaffe man Gerichte eigens für diesen Zweck" (69, 71). Gleichwohl möchte sich *Bähr* den Vorschlag eines gesonderten Gerichtszweigs „nicht ganz ohne Vorbehalt aneignen", möchte einer *„durchgreifenden* Trennung der Rechtsprechung auf dem Gebiete des öffentlichen und des Privatrechts nicht das Wort reden", sondern plädiert für die Einheit der Justiz jedenfalls in der letzten Instanz, für die „Vereinigung beider (Gerichtszweige, M.K.) unter einem höchsten Gericht, sei es auch nur als Cassationshof" (71). Zu weitgehend zur Ablehnung der gesonderten Verwaltungsgerichtsbarkeit durch *Bähr* allerdings *A. Görlitz*, Verwaltungsgerichtsbarkeit in Deutschland, 28.

[20] *O. Bähr*, Der Rechtsstaat, 18, unter Bezugnahme auf *Savigny*.

Ansätze zu einer Nivellierung zwischen privaten und öffentlichen „Privatrechten“ gewann er auf staatstheoretischer Ebene,[21] indem er zunächst den Staat als bloßen Spezialfall menschlicher Genossenschaften wie Familie, Vereine, Personengesellschaften oder Kirchen begriff. Zwar bilde, so *Bähr*, der Staat den Sonderfall einer „publicistisch construierten“ Genossenschaft;[22] dessen ungeachtet seien sich alle Genossenschaften jedoch insofern generisch gleich, als sie als höhere, überindividuelle Organisationen ein Gesamtinteresse verfolgten, im Innern durch rechtliche Über- und Unterordnungsverhältnisse gekennzeichnet seien und zur Regelung des Verhältnisses ihrer Glieder untereinander ein spezifisches Innenrecht – das „Genossenschaftsrecht“ – ausbrächten.[23] Auch *innerhalb* der Genossenschaft waren *Bähr* zufolge Streitigkeiten über Verletzungen individueller Rechte der Genossenschaftsglieder vorstellbar, die „einem Privatrechtsstreite ganz ähnlich“ seien, „weil ja, von der einen Seite wenigstens, Schutz des Genossenschaftsgliedes in seiner *individuellen Rechtssphäre* – der nämlichen, welche bei Privatrechtsstreitigkeiten Gegenstand des angegangenen Rechtsschutzes ist – Ziel dieses Streites ist“.[24]

Zwar hielt *Bähr* damit die Trennung zwischen privatrechtlichen und genossenschaftsrechtlichen Streitigkeiten aufrecht.[25] Er stellte jedoch, in einer Parallele zur Begriffsentwicklung des subjektiv-öffentlichen Rechts, den Begriff des Privat*interesses* als verbindende Klammer an den Platz des alten Privatrechtsverständnisses.[26] Jenes Privatinteresse – nach *Bähr* gerade Gegenstand des Rechts im allgemeinen[27] – ging seiner Konzeption zufolge qualitativ ungemindert in das Genossenschaftsverhältnis ein und wurde lediglich durch „publicistische“, aus der spezifischen Rechtsstellung als Glied der Genossenschaft fließende Interessen sowie durch die Gesamtinteressen der Genossenschaft ergänzt.[28] Letzten Endes fielen damit öffentlich-rechtliche und privatrechtlich begründete subjektive Rechte hinsichtlich ihrer Qualität und Geltung in eins.[29]

---

[21] Insofern trifft der Vorwurf *K. Sobota*s, Das Prinzip Rechtsstaat, 343, *Bähr*s Staatstheorie beruhe im Kern auf einer „Verquickung von zivilem und öffentlichem Recht.“

[22] *O. Bähr*, Der Rechtsstaat, 42.

[23] *O. Bähr*, Der Rechtsstaat, 20ff., zum Innenrecht als jeweiliges „ius publicum“ der Genossenschaften auch 32f.; zur Gleichartigkeit des „öffentlichen Rechts“ mit dem Innenrecht der übrigen Genossenschaften ebd., 45f.

[24] *O. Bähr*, Der Rechtsstaat, 36f.; Hervorhebung durch mich, M.K.

[25] Vgl. *O. Bähr*, Der Rechtsstaat, 36.

[26] Vgl. *O. Bähr*, Der Rechtsstaat, 39.

[27] *O. Bähr*, Der Rechtsstaat, 19f.

[28] *O. Bähr*, Der Rechtsstaat, 39f.

[29] So sehr deutlich in der Auseinandersetzung mit *v. Stahl*, s. *O. Bähr*, Der Rechtsstaat, 84: „Man kann überhaupt Rechte als solche nicht als verschieden gewerthet gegen einander abwägen wollen. Ein jedes Recht als Recht hat gleichen Werth und gleichen Anspruch auf Geltung.“

b) Konsequenzen für das Verfahren der Sachverhaltsermittlung

Im frühen Stadium der Debatte konnte für die Verfechter des justizstaatlichen Modells die Frage der Sachverhaltsermittlung kaum problematisch werden. Die „einartige" Konzeption des subjektiven Rechts schloß Verfahrensdifferenzierungen gedanklich aus, da sie gerade auf die umfassende Zuständigkeit der ordentlichen Gerichtsbarkeit für jede Rechtsverletzung hin berechnet war. Diese konzeptionelle Indifferenz verschärfte sich mit dem sogleich näher zu erörternden Gedanken der *Sphärentrennung* zwischen Recht und Politik, der zum einen die Tätigkeit der Gerichte auf die *Rechts*prüfung unter Ausblendung jeglicher Aspekte der Zweckmäßigkeit oder des Gemeinwohls beschränkte, zum anderen ein Methodenideal des gleichsam willen- und gewaltlosen, rein logisch-technischen Subsumierens forcierte.

aa) So erklärte *Mittermaier*, ein Gegenstand der Justiz sei stets (und nur) dann gegeben, wenn der Rechtssuchende sich auf ein „gehörig entstandenes Recht berufen kann, so daß der Richterliche Ausspruch nur auf die Prüfung des Daseyns der *behaupteten* Thatsachen, und auf die Subsumtion derselben unter die bestehenden Gesetze, sich gründen kann."[30] Wie selbstverständlich legte er auch für Verwaltungsstreitigkeiten das dem Zivilprozeß und seiner Verhandlungsmaxime zugrundeliegende Methodenideal zugrunde, ohne daß kontrastierende Aspekte des öffentlich-rechtlichen Rechtsstreits ins Blickfeld kamen oder kommen sollten. Im Gegenteil erkannte *Mittermaier* es als höchst nachteilig für die Rechtspflege, wenn die Gerichte an das *„Erwägen politischer und administrativer Gründe* sich gewöhnten, und auch in den rein juristischen Fällen leicht das Recht durch solche Rücksichten zu drehen und zu beugen lernten".[31]

Der in seinen Rechten Verletzte könne fordern, daß „unabhängige, selbständige, zum Richteramte ausschließend bestimmte, Personen über das von ihm *behauptete* Daseyn des Rechts und der Verletzung durch Prüfung *der vom Kläger geführten* Beweise entscheiden, und den Fall unter das Gesetz subsumiren".[32] Rechtsprechung sei gerade durch den Ausschluß jeglicher Rücksichten auf Billigkeit oder Zweckmäßigkeit gekennzeichnet. Für die Rechtsprüfung bedürfe der Richter „nur einer Prüfung der *vorhandenen* Beweise" sowie der „Kunst der richtigen Auslegung der Gesetze, und der Subsumtion bewiesener Thaten unter das Gesetz".[33] Der Richter mache sich nur klar, welches der rechtliche Gesichtspunkt sei, „überläßt es, wenn die Partheien gewisse Thatsachen behaupten, deren Beweis ohne kunstmäßige Bildung nicht geliefert werden kann, den *Partheien*, sich an die geeigneten Personen zu wenden, und durch sie

[30] *C.J. Mittermaier*, AcP 4 (1821), 305, 313; Hervorhebung durch mich, M.K.
[31] *C.J. Mittermaier*, AcP 4 (1821), 305, 314; Hervorhebung durch mich, M.K.
[32] *C.J. Mittermaier*, AcP 4 (1821), 305, 355; Hervorhebung durch mich, M.K.
[33] *C.J. Mittermaier*, AcP 4 (1821), 305, 357.

die Aufklärung geben zu lassen, z.B. über Pferdekrankheit, oder das Gericht wendet sich von Amtswegen wegen der Beantwortung vorkommender Mittel-Fragen an Sachverständige".[34] Auch bei der Frage etwa erforderlicher *Sachkunde* des Richters in Verwaltungssachen bestand für *Mittermaier* kein Anlaß, von der zivilprozessualen Verhandlungsmaxime abzugehen. Dem Einwand, verwaltungsprozessuale Streitigkeiten bedürften besonderer technisch-administrativer Kenntnisse, wurde vielmehr mit der Möglichkeit des Sachverständigengutachtens begegnet.[35]

Allein bei der Frage der zureichenden Verfahrens*beschleunigung* war *Mittermaier* vordergründig zu Konzessionen bereit. Zunächst argumentierte er, daß die Praxis des Zivilprozesses beileibe nicht derart behäbig sei, wie es die vielfältigen Beschwerden hierüber vermuten ließen. Im übrigen sei der gemessene Prozeßgang der Gerichte gerade Voraussetzung einer gründlichen Rechtsentscheidung, wogegen dort, wo es an bestimmten Formen im Verfahren fehle – nämlich bei den Verwaltungsbehörden – „Willkühr ihren Deckmantel findet und das Vertrauen der Partheien geschwächt wird, und daß gerade in der Hinweisung der administrativ-contentiosen Sachen an die Verwaltungsgerichte ein wichtiger Grund der Besorgniß in dem formlosen, höchst willkürlichen, durch nichts zu controlirenden, für jeden einzelnen Fall zu schaffenden, Verfahren liegt." Gleichwohl fand *Mittermaier* in diesem Punkte zu einer nicht unbedeutenden Modifikation. Sollten wirklich Nachteile durch die Formen des ordentlichen Prozesses zu besorgen sein, dann möge man in den administrativen Streitigkeiten „einen *summarischen* Prozeß bei den ordentlichen Gerichten ebensowohl, wie in Handels-, Wechselsachen usw., eintreten lassen, ohne daß man deswegen auf das Extrem springt, und den Gerichten diese Fälle ganz abnimmt".[36]

Eine Übernahme des Untersuchungsgrundsatzes dürfte *Mittermaier* mit der Konzession des summarischen Prozesses indes kaum gemeint haben, auch wenn beide Begriffe seinerzeit häufig in assoziativen Zusammenhang gebracht wurden. Konzentriert allein auf den Einwand mangelnder Verfahrensgeschwindigkeit, sollte die Einführung des summarischen Verfahrens aus Sicht der justizstaatlichen Bewegung nichts an dem Grundsatz ändern, daß es in der Verantwortung der Parteien liege, die Sache gehörig zu betreiben.[37]

bb) Aufschlußreich ist angesichts dieser Prämissen die Auseinandersetzung *Mittermaiers* mit dem Einwand *Oesterleys*, einige „öffentlich-rechtliche" Strei-

---

[34] *C.J. Mittermaier*, AcP 4 (1821), 305, 359.

[35] *C.J. Mittermaier*, AcP 4 (1821), 305, 360.

[36] *C.J. Mittermaier*, AcP 4 (1821), 305, 361. Ebenso *L. Minnigerode*, Was ist Justiz- und was ist Administrativ-Sache?, 72; *Nibler*, AcP 3 (1820), 374, 383.

[37] Vgl. *L. Minnigerode*, Was ist Justiz- und was ist Administrativ-Sache?, 73; auch bei *Nibler* und *Mittermaier* a.a.O. ist für die Einführung des summarischen Prozesses allein der Gesichtspunkt der Verfahrensbeschleunigung, nicht jener der Tatsachenherrschaft des Richters etwa um des Gemeinwohls willen maßgeblich.

tigkeiten dürften nicht vor den ordentlichen Gerichten verhandelt werden, da die Prozeßleitung nach den „langsamen und genau abgemessenen Formen des Processes" dem *öffentlichen Wohl* schaden könne;[38] weiterhin, daß „bei einigen Sachen, die an und für sich Justizsachen wären, Gegenstände in Frage kämen, welche andere Rechte der obersten Gewalt, als die zu der rechtsprechenden gehörten, betreffen, und die, ihres *höhern und ausgedehnteren Interesses* wegen, es nöthig machten, die Sache nicht processualistisch vor den ordentlichen Gerichtshöfen behandeln zu lassen".[39] In diesem Zusammenhang erwähnte *Mittermaier* auch den Berner „Entwurf einer Proceßform für Administrativ-Streitigkeiten", dessen Motive bereits im Jahre 1818 jedenfalls die *unbedingte* Anwendung des Verhandlungsgrundsatzes für Gegenstände von öffentlichem Interesse ausdrücklich aus dem Grunde ausschlossen, daß außer den streitenden Parteien noch eine dritte, nämlich der Staat, am Verfahren interessiert sei.[40]

Die Gegenstrategie der justizstaatlichen Bewegung gegen dieses „Gemeinwohlargument" bestand darin, zunächst die Bedeutung der Maximendifferenzierung als solcher zu relativieren. So kritisierte *Mittermaier* die „ungegründete und zu scharfe Trennung der beiden Maximen", um im zweiten Schritt die Bedeutung des Untersuchungsprozesses auf die Durchführung des „mündlichen Verfahrens statt des schriftlichen" zu verengen. Kennzeichnend für das justizstaatliche Verständnis administrativer Streitigkeiten war jedoch das dritte Argument, in welchem die Verantwortung der Verwaltungsbehörde als *Partei* des Rechtsstreits betont wurde. Es werde, so *Mittermaier*, „der vielvermögenden Verwaltungsbehörde, die als Gegner auftritt, nicht schwer fallen, durch die große Masse ihrer Beweise und Gründe die Gerechtigkeit ihrer Behauptungen bei Gericht darzuthun, und so wäre höchstens für die Privatparthei, nicht aber für die Verwaltung oder den Staat, etwas zu besorgen". Ebenso wie *Mittermaier* schrieb auch *Nibler* der Verwaltungsbehörde die Aufgabe zu, als Partei des Gerichtsverfahrens „mit höchster Kraft und Bündigkeit die nöthige Einwirkung des Staatswohls dem Richter bemerklich zu machen".[41]

Die „Justizstaatler" unterliefen auf diese Weise die eigentliche Pointe der Argumentation ihrer Gegner. Deren Rekurs auf das Gemeinwohl lag nämlich das Anliegen zugrunde, der (Verwaltungs-)Richter selbst solle als *Sachwalter des öffentlichen Interesses* agieren und zu diesem Behufe den Sachverhalt von Amts wegen ermitteln. Dahinter verbarg sich, so die Vermutung, ein grundlegend an-

---

[38] Vgl. die von *Mittermaier* in Bezug genommenen Passagen bei *G.H. Oesterley*, Handbuch des bürgerlichen und peinlichen Processes für das Königreich Hannover, 1. Theil, 91.

[39] *C.J. Mittermaier*, AcP 4 (1821), 305, 353; Hervorhebungen durch mich, M.K.

[40] Wiedergabe der genannten Argumente bei *C.J. Mittermaier*, AcP 4 (1821), 305, 253f.; der Berner Entwurf einer Prozeßordnung ist abgedruckt in AcP Bd. 3, 375ff.

[41] *Nibler*, AcP 3 (1820), 374, 384. Bei anderen Autoren des justizstaatlichen Lagers wird die Frage etwaiger Verfahrensdifferenzierungen dagegen gar nicht thematisiert; vgl. etwa *P.J. Siebenpfeiffer*, Gerechtigkeitspflege, der zwar die Idee einer „wohl eingerichteten Verwaltungsjustiz" akzeptiert (123), aber daran keine Schlußfolgerungen hinsichtlich des Verfahrens knüpft.

deres Verständnis der Verwaltungsgerichtsbarkeit. Wer damals auf das Gemeinwohl rekurrierte, verstand Verwaltungsgerichtsbarkeit als die *Fortsetzung aktiver Verwaltungstätigkeit* im justizförmigen Verfahren. Dagegen bestand das Anliegen der justizstaatlichen Richtung gerade darin, jede Rücksichtnahme auf Gemeinwohlbelange oder Aspekte politischer Zweckmäßigkeit aus dem Gerichtsverfahren auszuschließen, um eine unparteiische Entscheidung des Richters zu gewährleisten.

cc) Noch bei *Otto Bähr* läßt sich die aus den Prämissen des justizstaatlichen Modells herrührende *Indifferenz* gegenüber dem Verfahren der Sachverhaltsermittlung erkennen, wenn er eher beiläufig die Frage behandelt, inwieweit für den Austrag der Streitfälle des öffentlichen Rechts der gewöhnliche Zivilprozeß geeignet sei. So meinte *Bähr*, daß für „viele Verhältnisse des öffentlichen Rechts ... kein Grund vorliegen" werde, „andere Formen des Austrags zu schaffen; vorausgesetzt, daß der Civilproceß überhaupt immer mehr eine natürliche, von Formalitäten befreite, möglichst zusammengedrängte Gestalt annehme."[42] Als wesentliche Bedingung hierfür nannte *Bähr* die engste Verbindung von Haupt- und Beweisverfahren, also die Aufhebung der für den gemeinen Prozeß kennzeichnenden Verfahrenszäsur, aber nicht den Ersatz der Verhandlungsmaxime durch den Untersuchungsgrundsatz.

Weiter hieß es freilich, es seien auch Verhältnisse vorstellbar, bei denen die „Einführung eines anderen, der Form nach einer Beschwerdeführung in Verwaltungssachen ähnlichen Verfahrens *vielleicht* besser am Platze wäre". Hierunter rechnete *Bähr* solche Fälle, wo es um die gleichmäßige Anwendung des Gesetzes auf „ganze Classen von Unterthanen" gehe, z.B. Streitigkeiten über die Besteuerung, Befreiungsgründe von der Militärpflicht oder andere öffentliche Lasten.[43] Wie zuvor *Mittermaier* versuchte auch *Bähr* zunächst, die Maximen des Zivilprozesses den Bedürfnissen der Praxis anzupassen. Ansonsten stießen die Frage des Verfahrens im allgemeinen, der Sachverhaltsverantwortung im besonderen jedoch in ein konzeptuelles Vakuum, das für etwaige Verfahrensdifferenzierungen keinen systematischen Halt bot. Der von der Gegenseite behauptete Zusammenhang zwischen der Natur der Streitsache und der Verfahrensgestaltung wurde damit von der justizstaatlichen Bewegung notwendigerweise ausgeblendet.

dd) Auch die vordergründigen Konzessionen der justizstaatlichen Bewegung blieben im Kern dem ordentlichen Prozeß und der dort normierten Tatsachenverantwortung der Parteien treu. Jeder Positionswechsel in dieser Frage hätte, so kann im Vorgriff auf die weiteren Strukturelemente der Debatte vermutet werden, empfindliche Rückwirkungen auf die konzeptuellen Voraussetzungen des justizstaatlichen Paradigmas entfaltet.

---

[42] *O. Bähr*, Der Rechtsstaat, 72.

[43] *O. Bähr*, Der Rechtsstaat, 72; Hervorhebung im wörtlichen Zitat durch mich, M.K.

So dürfte namentlich das Ideal der Rechtsanwendung als eines willen- wie gewaltlosen Akts logisch-technischer Rechtserkenntnis kaum durchzuhalten gewesen sein, hätte man dem Richter die Befugnis und die Pflicht zur selbständigen Tatsachenermittlung zugeschrieben. Fast scheint es, als hätte die justizstaatliche Bewegung das Moment der *Unbestimmtheit* gescheut, das durch die richterliche Tatsachenherrschaft in das logizistische Subsumtionsmodell eingebrochen wäre. Nicht umsonst wurde der Untersuchungsgrundsatz im preußischen Zivilprozeß als Ausdruck des „vormundschaftlichen" Staatscharakters Preußens gewertet und auf der Gegenseite die Verhandlungsmaxime als Ausdruck eines liberalen Zivilprozeßrechts ästimiert, was stets gewisse Leitvorstellungen juristischer „Methodenreinheit" umfaßte.[44] Zudem hätte der Untersuchungsgrundsatz gerade mit dem Grundsatz der richterlichen *Unparteilichkeit* kollidiert, welcher der justizstaatlichen Bewegung, weit über formale Unabhängigkeitsgarantien hinaus, als zentrales Element der persönlichen Richtertugenden galt.[45]

Schließlich mußte der Untersuchungsgrundsatz der justizstaatlichen Bewegung als „Einbruchstelle" jener Verfahrensfreiheit, -flexibilität oder gar -willkür erscheinen, die den Verwaltungsbehörden zugesprochen, für die Gerichte jedoch um der unabhängigen Rechtserkenntnis willen gerade ausgeschlossen werden sollte.[46] An dieser Stelle wird deutlich, daß die Forderung nach richterlicher Sachverhaltsermittlung im administrativen Streitverfahren erheblich weiter zielte als auf bloße Verfahrensfragen. Indem der Richter zur selbsttätigen Wahrnehmung des Gemeinwohls im Verwaltungsstreit befähigt und verpflichtet werden sollte, stand das liberale Richterbild und die streng juridische Behandlung administrativer Rechtsstreitigkeiten selbst zur Diskussion.

3. Souveränitätsargument und Sphärentrennung

a) Souveränitätsargument

Während die justizstaatliche Bewegung im Begriff des Privatrechts ihren argumentativen Ausgangspunkt fand, stützten sich die Verfechter der Administrativjustiz zunächst auf die Figur des „Souveränitätsarguments", wonach die souveräne Landesherrschaft nicht ihren eigenen Gerichten untergeordnet werden könne.[47] Sie unterliefen damit das Bemühen der justizstaatlichen Bewe-

---

[44] Vgl. oben Abschnitt I. 2. c) bb).

[45] Vgl. *C. Schmitt*, Verfassungslehre, 131f.

[46] Vgl. zu diesem durchgängigen Motiv der justizstaatlichen Bewegung im allgemeinen etwa *B. W. Pfeiffer*, in: Practische Ausführungen, Bd. 3, 182, 213; *S. Jordan*, Art. Administrativjustiz, 146; *O. Kuhn*, Die Trennung von Justiz und Administration, 93.

[47] Vgl. neben den unter aa) genannten Quellen noch *C. v. Rotteck*, Art. Justiz, 7.

gung, ihre Forderung nach Ausdehnung der ordentlichen Gerichtsbarkeit auf die „Regierungssachen" in die Kontinuität des Rechtsschutzes vor den alten Reichsgerichten zu stellen.

aa) Im Anschluß an *Gönner* argumentierten die Vertreter der Administrativjustiz, daß die Reichsgerichte nur deshalb Rechtsschutz gegen die Maßnahmen der Landesherrschaft hatten gewähren können, weil es sich bei diesen um *subordinierte* Staatsgewalten gehandelt habe, deren Verantwortlichkeit vor den Reichsgerichten auf Bestimmungen des positiven Reichsrechts beruhte. Mit dem Untergang des Reiches sei diese Verantwortlichkeit entfallen, da die vormaligen Reichsstände in Souveränität erwachsen seien. Die reichsrechtlichen Hoheitsbeschränkungen, namentlich die durch die Subordination bewirkten Modifikationen der Gewaltenteilung zwischen Administration und Justiz im mehrstufigen Herrschaftsverband, könnten nicht in den Zustand der Souveränität übernommen werden.[48]

Diese Argumentation ist aus heutiger Sicht Ausdruck der Schwierigkeit, zwischen Verbands- und Organsouveränität zu unterscheiden. Da die damalige Staatslehre dem Monarchen zugleich die Souveränität des Staatsverbands im ganzen zuschrieb,[49] lag es nahe, jede Kontrolle der Regierung durch die Justiz als Souveränitäts- oder Funktionsanmaßung zu kritisieren. Dieser staatstheoretischen Konstruktion wurden die bereits erwähnten praktischen Erwägungen zugeordnet, daß Verwaltungsangelegenheiten regelmäßig nach schleuniger Erledigung verlangten, was durch den eher gemessenen Gang der Justiz konterkariert würde.[50]

bb) Das staatstheoretische Gegenargument, die reichsgerichtliche Jurisdiktionsgewalt sei nach dem Fortfall des Reichsverbandes den Territorien und damit den Landesgerichten zugewachsen,[51] konnte sich auch im justizstaatlichen

[48] Ausführungen zum „Souveränitätsargument" bei: *N.T. v. Gönner*, Entwurf eines Gesetzbuchs über das gerichtliche Verfahren, 2. Band, erste Abtheilung, 46f.; *R. v. Mohl*, Die Polizeiwissenschaft nach den Grundsätzen des Rechtsstaates, Bd.2, 50; *G. v. Weiler*, Über Verwaltung und Justiz und über die Grenzlinie zwischen beiden, 36ff.; *C. v. Pfizer*, Über die Grenzen zwischen Verwaltungs- und Ziviljustiz, 21f.; *C. v. Rotteck*, Art. Justiz, 7; *F.J. Stahl*, Rechts- und Staatslehre, 495ff.; schließlich *O. Kuhn*, Das Wesen der deutschen Administrativjustiz, 51f.: Die Stellung der Reichsgerichte sei ein „vorsündfluthiges Mammuth, dem man niemals wieder Odem einhauchen wird."

[49] Im einzelnen *A. Randelzhofer*, in: HdbStR I, § 15, Rn. 20f.; auch *M. Kaufmann*, Europäische Integration und Demokratieprinzip, 35f.

[50] *C. v. Pfizer*, Über die Grenzen zwischen Verwaltungs- und Ziviljustiz, 25f.; *K.S. Zachariae*, Vierzig Bücher vom Staate, Bd. 4, 98;

[51] *B.W. Pfeiffer*, in: Practische Ausführungen, Bd. 3, 182, 194. *Pfeiffer* als Richter am kurhessischen Oberappellationsgericht in Kassel dürfte den Sonderfall Kurhessens vor Augen gehabt haben, dessen Oberappellationsgericht – aufgrund des unbeschränkten privilegium de non appellando von 1743 – tatsächlich die Jurisdiktion der Reichsgerichte für Kurhessen übernommen hatte und über das Ende des Reichsverbandes hinweg behielt. Hierzu näher oben, Abschnitt II. 1. c).

Lager nicht durchsetzen.[52] Erfolgversprechender war der Einwand, eine wirksame Rechtspflege in Verwaltungssachen sei nicht gewährleistet, wenn die Verwaltung als „Richter in eigener Sache" agiere.[53] Als durchsetzungsfähig erwies sich schließlich das Argument, durch den Untergang der Reichsverfassung habe sich nichts am *Wesen* der durch Regierungshandlungen veranlaßten Rechtsverletzungen als *Justiz*sachen ändern können.[54]

Da allerdings mit der Repristinierung des „einartigen" Privatrechtsbegriffs allein noch nicht das Argument der Funktionsanmaßung durch den Richter entkräftet werden konnte, entwickelte die justizstaatliche Bewegung eine *Funktionsbeschreibung* der richterlichen Tätigkeit, die zum einen alle politischen Aspekte ausblendete, zum anderen den Prozeß der Rechtsanwendung auf ein rein *logisch-technisches Verfahren* verengte (b). Die Auswirkungen dieser Differenzierung waren indes ambivalent. Von der justizstaatlichen Bewegung ursprünglich zur Entkräftung des Vorwurfes der Funktionsanmaßung konzipiert, konnte auf ihrer Grundlage die Administrativjustiz als systemwidrige *Sphärenvermischung* desavouiert werden. Der Gegenseite bot sie das Argument, die ordentlichen Gerichte seien für die Entscheidung öffentlich-rechtlicher Streitigkeiten aus prinzipiellen wie methodischen Gründen nicht in der Lage.

b) Sphärentrennung

Das Motiv der Sphärentrennung spiegelte den seinerzeit aktuellen Stand der funktionalen Differenzierung zwischen Politik und Recht wider. Dabei wurden zunächst unterschiedliche Leitprinzipien entwickelt (aa), denen in einem zweiten Schritt unterschiedliche Methoden des Verwaltungshandelns auf der einen, des Gerichtsverfahrens auf der anderen Seite zugeordnet und mit spezifischen Rollentypologien verbunden wurden (bb). Ergebnis war eine scharfe, antagonistische Gegenüberstellung beider Sphären und ihrer Institutionen, die von beiden Seiten instrumentalisiert werden konnte, um die jeweils favorisierte Form der Verwaltungsrechtspflege zu stützen (cc).

aa) Unterschiedliche Leitprinzipien

(1) Als Wesen der Justiz galt die Beschränkung auf die *Rechtsanwendung*. Die Bezüge zum Gemeinwohl als einer politischen, außerrechtlichen Größe

---

[52] Zur Kritik *S. Jordan*, Art. Administrativjustiz, 144, mit dem zutreffenden Argument, die Reichsjustiz habe ihr rechtliches Fundament lediglich in der mittlerweile obsoleten Reichsverfassung gehabt.

[53] Vgl. etwa *L. Minnigerode*, Was ist Justiz- und was ist Administrativ-Sache?, 22f., 26.; *S. Jordan*, Art. Administrativjustiz, 147.

[54] Vgl. etwa *S. Jordan*, Art. Administrativjustiz, 144f.

wurden dagegen ausgeblendet. „Mag der dem Gerichte vorgelegte Fall mit noch so vielen Verwaltungsrücksichten zusammenhängen, noch so großen Einfluß auf das Wohl des Staats haben, und selbst noch so viele technische Kenntnisse oder administrative Instructionen nöthig machen, so findet doch der Richter ... leicht die juristische Entscheidung, da sie sich nicht auf das Wohl des Staats und auf Prüfung der Zweckmäßigkeit einläßt, sondern blos darin besteht, daß nach den bestehenden Gesetzen der Kläger in seinen erworbenen Rechten verletzt sey".[55] Da sich der Vorgang der Rechtsanwendung vor dem ordentlichen Gericht in der „Prüfung des Daseyns der behaupteten Thatsachen, und auf die Subsumtion derselben unter die bestehenden Gesetze"[56] erschöpfe, könne es dem Richter nicht einfallen, sich zum Souverän zu machen oder den Regenten einzuschränken.[57]

Die Behauptung funktionaler Differenzen wurde zum *Wesensgegensatz* der Sphären von Politik und Verwaltung überhöht. So bezeichnete *Pfeiffer* den Wirkungskreis der Justiz als „Realisierung des wesentlichen Staatszweckes, der Aufrechterhaltung des Privat-Rechtszustandes aller Staatsgenossen". Kennzeichnend hierfür seien richterliche Unabhängigkeit, Konzentration auf den Einzelfall und strenge Gesetzesbindung der Justiz. Dagegen sei der administrativen Sphäre die Orientierung an Gesichtspunkten der Zweckmäßigkeit und des Gemeinwohls zu eigen. Die Gerichtsentscheidung berühre damit, so *Pfeiffer*, stets nur den Punkt des verletzten Rechts, wogegen der Zusammenhang mit dem öffentlichen Wohl gänzlich außer Betracht bleibe.[58]

(2) Freilich wurde das Motiv der Sphärentrennung nicht nur von den Verfechtern der justizstaatlichen Lösung mobilisiert. Ein frühes Beispiel für die Strategie der Gegenseite, Verwaltung und Justiz als konträre Sphären zu begreifen und auf diese Weise den weiten Rechtsbegriff der justizstaatlichen Bewegung zu unterlaufen, findet sich in den Betrachtungen *E.J. Kulenkamp*s über das Verhältnis der Rechts-Pflege zur Verwaltung nach der Verfassung Frankreichs und Westphalens.

Verwaltungssachen hätten, so *Kulenkamp*, im Gegensatz zu den Privatrechtsverhältnissen eine „unmittelbare Beziehung auf den Staatszweck, auf das Wohl des Ganzen".[59] Demgegenüber beschäftige sich die Gerichtsbarkeit mit der „Ausmittelung, Sicherung und Realisirung von Rechts-Verhältnissen in concreten Fällen", wobei das Resultat ihrer Wirksamkeit nie „unmittelbaren, stets nur

---

[55] *C.J. Mittermaier*, AcP 4 (1821), 305, 314.

[56] *C.J. Mittermaier*, AcP 4 (1821), 305, 313.

[57] *C.J. Mittermaier*, AcP 4 (1821), 305, 300.

[58] *B.W. Pfeiffer*, in: Practische Ausführungen, Bd. 3, 182, 185ff. Ähnlich auch *P.J. Siebenpfeiffer*, Gerechtigkeitspflege, 102. Vgl. auf der Gegenseite ähnlich *O. Kuhn*, Die Trennung von Justiz und Administration, 13.

[59] *E.J. Kulenkamp*, Beyträge zu der Lehre von dem Verhältnisse der Rechts-Pflege zur Verwaltung, 63.

mittelbaren Einfluß auf das Wohl des Ganzen" habe.[60] Da das Wohl des Ganzen dem Wohl der Einzelnen vorgehe, nehme die Verwaltung keine Rücksicht auf Privatzwecke des Einzelnen, während die Justiz von diesen nicht abgehen dürfe.[61] In „Verwaltungs-Streitigkeiten", d.h. solchen, die durch einen Akt der öffentlichen Verwaltung veranlaßt werden,[62] seien die Gerichte „absolut und objectiv incompetent" zu entscheiden, weil sie „sonst über Acte der Verwaltung urtheilen müßten und letztere somit von ihnen abhängig würde, welches den Grundsätzen und dem Geiste der Verfassung zuwider wäre".[63]

Der Gedanke der Sphärentrennung erlaubte es den Vertretern der Administrativjustiz, den Rechtscharakter der administrativen Normen schlechthin zu negieren. Von „Rechten" könne, so *Otto Kuhn*, in der Sphäre des Gesellschaftsverbandes keine Rede sein, da dort nicht der Wille des Einzelnen, sondern der Gesamtwille zu herrschen habe. Der Bürger könne dort als Subjekt von Rechten gar nicht in Erscheinung treten.[64] Das öffentliche Recht selbst sei regelmäßig nur der „äußeren Form" nach objektives Recht. Inhaltlich handele es sich dagegen um die Fixierung politischer Entscheidungen nach Maßgabe von Gemeinwohl und Gesamtinteresse.[65] Die juridische Entscheidung öffentlich-rechtlicher Streitigkeiten wurde auf diesem Wege gleichsam begrifflich ausgeschlossen, da es sich hierbei niemals um Rechtsanwendung handeln konnte.

bb) Unterschiedliche Methodik

Ähnlich ambivalent war die Übertragung des Gedankens der Sphärentrennung auf die Mikroebene von Charakter und Methodik der Tätigkeiten des Richters auf der einen, des Verwaltungsbeamten auf der anderen Seite.

(1) Die justizstaatliche Lehre ließ zu diesem Zweck eine ausgefeilte *Rollentypologie* entstehen, wonach Richter langsam, gründlich, leidenschaftslos und rechtstreu, Verwaltungsbeamte dagegen schnell, effektiv, sachbezogen und staatsergeben arbeiteten.[66] Der Richter hatte anhand rechtlich-starrer Maximen die „ewigen Gebote der Gerechtigkeit zu vollziehen", der Verwaltungsbeamte

---

[60] *E.J. Kulenkamp*, Beyträge zu der Lehre von dem Verhältnisse der Rechts-Pflege zur Verwaltung, 64.

[61] *E.J. Kulenkamp*, Beyträge zu der Lehre von dem Verhältnisse der Rechts-Pflege zur Verwaltung, 66f.

[62] *E.J. Kulenkamp*, Beyträge zu der Lehre von dem Verhältnisse der Rechts-Pflege zur Verwaltung, 75.

[63] *E.J. Kulenkamp*, Beyträge zu der Lehre von dem Verhältnisse der Rechts-Pflege zur Verwaltung, 76.

[64] *O. Kuhn*, Das Wesen der deutschen Administrativjustiz, 5.

[65] *O. Kuhn*, Das Wesen der deutschen Administrativjustiz, 18; vgl. ebd., 46: beim öffentlichen Recht handele es sich um Politik im äußeren Gewande eines objektiven Rechts.

[66] *R. Ogorek*, Richterkönig oder Subsumtionsautomat?, 303 mit zahlreichen Nachweisen aus den oben angeführten Quellen.

anhand geschmeidiger und dynamischer normativer Vorgaben momentane Bedürfnisse zu vollziehen, okkasionell zu entscheiden und die jeweilige Staatsraison zu verwirklichen.[67] *Mittermaier*s Formulierung dieser Antithetik lautete: „Unbeugsam und fest wie das Gesetz, ohne menschlich gefällige Rücksichten, nicht hörend auf die Wünsche der Machthaber, in einem bestimmten Falle gerade auf die Art zu entscheiden, nicht bewegt durch die oft launenhaften Ansichten vom Staatswohl, von Zweckmäßigkeit, von höherer Politik, entschied der Richter den ihm vorgelegten Fall nach den bestehenden Gesetzen gründlich, aber eben darum freilich nicht mit der oft gerühmten seichten Schnelligkeit".[68]

In der Dialektik der Auseinandersetzung lag es, daß auch dieses Argument von der Gegenseite sogleich gegen die Zuständigkeit der ordentlichen Gerichte in Regierungssachen ins Feld geführt werden konnte. Den Gerichten ermangele es gerade, so die Verfechter der Administrativjustiz, an der für die Behandlung „öffentlich-rechtlicher" Streitigkeiten unabdingbaren Fähigkeit zur Einbeziehung rechtsfremder Erwägungen des Gemeinwohls. Das zivilgerichtliche Verfahren sei nicht schnell und nicht flexibel genug, den Anforderungen einer effizienten Verwaltung zu genügen.[69]

(2) Korrespondierend zur dichotomischen Rollentypologie wurde ein *Methodenideal* richterlicher Entscheidungsfindung entworfen und mit der Arbeitsweise des Verwaltungsbeamten kontrastiert.

Das Bemühen der justizstaatlichen Lehre richtete sich darauf, die richterliche Tätigkeit als Abfolge *logischer Operationen* zu konzipieren, in denen subjektiv-politische Überzeugungen keine Rolle spielten.[70] Sie konnte sich dabei auf *Carl v. Rotteck* berufen, der – gestützt auf *Montesquieu* – die juristische Entscheidungsfindung als Produkt des logisch eingesetzten richterlichen Sachverstandes ohne voluntative Momente verstand.[71] Der Prozeß der Rechtsanwendung wurde auf diese Weise von allen politischen Aspekten befreit. Politik als Willensbildung des Staates zur Durchsetzung öffentlicher Interessen und Rechtsprechung als willensfreie, rein vernunftgeleitete Operation erschienen auch methodisch als getrennte Sphären.[72]

Die justizstaatliche Bewegung machte sich *Rotteck*s methodische Überlegungen nahtlos zu eigen. So führte *Pfeiffer* unter Berufung auf *Rotteck* aus, das Erkennen und Urteilen sei gar keine Gewalt, sondern eine bloß logische Funktion.[73] *Minnigerode* erkannte als Entscheidungs-Normen für den Richter allein

---

[67] *R. Ogorek*, Richterkönig oder Subsumtionsautomat?, 304 m.w.N.

[68] *C.J. Mittermaier*, AcP 4 (1821), 305, 306; Zitat auch bei *R. Ogorek* a.a.O., 305.

[69] *G.L. Funke*, Die Verwaltung in ihrem Verhältnis zur Justiz, 48f.; *C. v. Pfizer*, Über die Grenzen zwischen Verwaltungs- und Ziviljustiz, 25ff.; 123 und die weiteren bei *R. Ogorek*, Richterkönig oder Subsumtionsautomat?, 305, Anm. 79 genannten Quellen.

[70] *R. Ogorek*, Richterkönig oder Subsumtionsautomat?, 306ff.

[71] *C. v. Rotteck*, Art. Justiz, 18.

[72] *R. Ogorek*, Richterkönig oder Subsumtionsautomat?, 312f.

[73] *B.W. Pfeiffer*, in: Practische Ausführungen, Bd. 3, 182, 243f.

die Gesetze. Der Richter habe, „ohne Rücksicht, wer die streitenden Theile seyen, die vorkommenden streitigen Fälle unter das Gesetz zu subsumiren, und seine Function ist daher eigentlich blos logisch".[74] Natürlich konnte auch diese Argumentation von den Verfechtern der Administrativjustiz ins Negative gewendet werden. Aus dieser Sicht sprach gerade die Bedeutung rechtsfremder Erwägungen bei der sachgemäßen Entscheidung von Administrativstreitigkeiten dafür, sie nicht allein dem justizförmigen Verfahren logischer Rechtsfindung zu überlassen.

cc) Begriff der Rechtspflege in Verwaltungssachen

Die Diskussion um die Ausgestaltung der Rechtspflege in Verwaltungssachen lief damit in eine Sackgasse. Administrativjustiz und Verwaltungsrechtsprechung durch die ordentlichen Gerichte erschienen jeweils als „begrifflich unmöglich", ohne daß eine argumentative Brücke für vermittelnde Lösungen zur Verfügung gestanden hätte.

(1) Dem justizstaatlichen Lager gestattete das Motiv der Sphärentrennung, die Administrativjustiz gleichsam a limine als *systemwidrige Vermischung* unterschiedlicher Leitprinzipien und -methoden zu verwerfen.[75] So hieß es etwa bei *Jordan*, schon der „Grund, aus welchem man die Administrativjustiz vorzugsweise für ersprießlich hielt, nämlich die Berücksichtigung des allgemeinen Wohles, welches bei solchen Sachen mit betheiligt sei, und die administrativen Rücksichten überhaupt, beweist, daß man bei dieser Justiz die Sache ganz verkenne, und sich blos mit dem Scheine, dem Namen begnüge, da es gerade zum Wesen der Rechtspflege gehört, das Recht allein und ausschließlich in's Auge zu fassen, und eine Justiz, welche dem Rechte nur ein – vielleicht halbgeöffnetes – Auge zuwendet, das andere aber auf fremde Dinge – sei es auch das allgemeine Wohl – richtet, den Namen einer Justiz nicht ansprechen kann."[76]

Ähnlich sprach *Rotteck* der Administrativjustiz den Charakter echter Rechtsprechung ab. Sobald als Prinzip der Justiz allein die Wahrung der Gerechtigkeit nach Maßgabe der Rechtserkenntnis in einem logisch-technischen Verfahren erkannt und mit der Verwaltungssphäre kontrastiert wurde, mußte die Administrativ*justiz*, so bei *Rotteck*, dem Grunde nach als „logisch unmöglich"[77] erscheinen.

(2) Auf der Gegenseite ermöglichte es das Motiv der Sphärentrennung, den Gedanken einer echten Verwaltungs-"Justiz" gänzlich aufzugeben und die Be-

---

[74] *L. Minnigerode*, Was ist Justiz- und was ist Administrativ-Sache?, 25. Ähnlich die methodischen Erwägungen bei *C.J. Mittermaier*, AcP 4 (1821), 305, 355, 357; *S. Jordan*, Art. Administrativjustiz, 153.

[75] Vgl. hierzu kritisch *K. v. Lemayer*, GrünhutsZ 22 (1895), 353, 370.

[76] *S. Jordan*, Art. Administrativjustiz, 146.

[77] Art. Justiz, 18.

handlung von Interessendifferenzen durch die Verwaltungsbehörden als genuinen *Bestandteil administrativer Tätigkeiten* zu interpretieren. Typisch ist der Ansatz *Kuhns*, das objektive Verwaltungsrecht lediglich der äußeren Form nach als Recht zu erkennen und den Bürger auf den verwaltungsinternen Beschwerdeweg zu verweisen.

Kuhn sprach allen auf das „Allgemeine im Staate" bezogenen Irrungen den Rechtscharakter aus dem Grunde ab, daß sich dort nicht zwei isolierte Einzelwillen gegenüberstünden, sondern stets das „Staatsganze, ein selbstbewußtes, ideales, dem Privatrechte völlig unbekanntes (politisches) Wesen (das öffentliche Interesse), wenigstens zugleich, als gegenüberstehend angesehen werden muß."[78] Von einem Rechtsprechen im eigentlichen Sinne könne, so *Kuhn* in einer Vorwegnahme späterer Vorstellungen im Streit um die Zweckbestimmung der Verwaltungsgerichte, bei der Entscheidung von öffentlich-rechtlichen Differenzen keine Rede sein, so daß die Administrativjustiz keine Justiz, sondern lediglich Administration darstelle. Sobald eine Entscheidung nicht lediglich Gründe der Gerechtigkeit, sondern auch solche des Gemeinwohls oder Gesamtinteresses zu berücksichtigen habe, könne sie nicht mehr als Justiz angesprochen werden.[79]

c) *Konsequenzen für das Verfahren der Sachverhaltsermittlung*

In der Konsequenz des Motivs der Sphärentrennung hätte es gelegen, die Behandlung von Administrativstreitigkeiten entweder als verwaltungsinternes Beschwerdeverfahren oder – wie es die justizstaatliche Richtung forderte – als Verfahren vor den ordentlichen Gerichten nach den Maximen des Zivilprozesses zu konzipieren.[80] So meinte *Otto Kuhn*, die Administrativsachen müßten in einem

---

[78] *O. Kuhn*, Die Trennung von Justiz und Administration, 107. Vgl. durchgängig *Ders.*, Das Wesen der deutschen Administrativjustiz, 5ff., speziell zum Ausschluß des kontradiktorischen (Partei-)Verfahrens ebd., 43, Anm. 1; auch *C. v. Rotteck*, Art. Justiz, 18.

[79] *O. Kuhn*, Das Wesen der deutschen Administrativjustiz, 7.

[80] Hierzu oben, 2.b). Einen Sonderfall bildete *Gönner*, der zwar vor dem Hintergrund des Souveränitätsarguments auf organisatorische Trennung zwischen Verwaltungsjustiz und ordentlicher Gerichtsbarkeit drängte, aber keine Verfahrensbesonderheiten für den Prozeß der Administrativjustiz vorsah. Vielmehr sollten die Verwaltungsrechtssachen, „eben weil sie Rechtssachen sind, gleich den Civilsachen" behandelt werden. Die Verhandlung vor den besonderen Administrativbehörden mit richterlichem Charakter ändere an der Eigenschaft als Rechtssachen nichts, da diese Behörden an die Bestimmungen über die Gerichtsverfassung und die gerichtlichen Verfahrensvorschriften gebunden seien. Mit dieser Ansicht stand *Gönner* allerdings unter den Verfechtern der Administrativjustiz allein. Deutlich liegt seiner „zivilprozessualistischen" Einstellung (*J. Poppitz*, AöR 73/74 (1942/43), 3, 32) der tradierte Begriff „einartiger" subjektiver Rechte zugrunde, der als Quelle privatrechtlicher Verhältnisse nicht nur das Zivilrecht, sondern auch die Verwaltungsgesetze anerkannte. Zudem wies die von ihm im Wege der vernunftrechtlichen Methodik gewonnene Maximenpolarität noch nicht jene Affinität zu den Leitprinzipien

„einfachen, auf Ausmittelung des wahren Sachverhältnisses und eines rascheren Geschäftsganges berechneten Verfahren", die Justizsachen dagegen „in den Formen des gerichtlichen, zwischen den Parteien zu führenden Prozesses und durch förmliches Urtheil abgethan" werden.[81] Diese ließen sich nur durch die Grundsätze des Rechts lenken, während jene durch die wandelbaren Rücksichten auf das Gemeinwohl bestimmt würden.[82]

Die Praxis verfolgte dagegen eine Kompromißlinie, die auch für die spätere Ausgestaltung der Verwaltungsgerichtsbarkeit prägend werden sollte. Dem Grunde nach sollte auch die Administrativjustiz einem gerichtsähnlichen Verfahren folgen (aa), allerdings über größere Verfahrensfreiheiten namentlich bei der Sachverhaltsermittlung verfügen (bb).

aa) Gerichtsähnliches Verfahren

So setzte sich auch im Lager der Administrativjustiz die Ansicht durch, daß der verwaltungsinterne Rechtsschutz gewisser formaler Verfahrensgarantien nach dem Vorbild der Rechtsprechung bedürfe. Hierzu zählten insbesondere die Gewährleistung einer quasi-richterlichen Weisungsfreiheit der Entscheidungsperson, die Garantie rechtlichen Gehörs und die Einrichtung eines Instanzenzuges.[83] Umgekehrt wurden das Fehlen verbindlicher Formen und die hieraus resultierende Verfahrenswillkür der Administrativjustizbehörden beklagt.[84] Im gleichen Atemzug betonte die Lehre allerdings, es sei „unmöglich ..., die Verwaltungsjustiz nach den nämlichen Grundsätzen wie die Civiljustiz zu behandeln".[85] Die Organisation der richterlichen Gewalt und die Ordnung des gerichtlichen Verfahrens wurden daher lediglich als Muster, aber nicht als getreulich zu kopierende Vorlage für die Rechtspflege der Verwaltungsbehörden anerkannt.[86]

Zunächst konnten technische Aspekte, etwa die Verfahrensgeschwindigkeit, die Qualität der streitentscheidenden Normen oder die Verwaltungssachkunde herangezogen werden, um die Notwendigkeit von Verfahrensabweichungen zwischen den „Justizzweigen" zu begründen. Mit Blick auf die *Verfahrensge-*

---

des jeweiligen materiellen Rechtsgebiets auf, wie sie in der weiteren Entwicklung der zivil- und verwaltungsprozessualen Dogmatik prägend wurde.

[81] *O. Kuhn*, Die Trennung von Justiz und Administration, 93.

[82] *O. Kuhn*, Die Trennung von Justiz und Administration, 93f. Geradezu idealtypisch an dieser Stelle der Gedanke der Sphärentrennung, welcher die einsetzende funktionale Differenzierung zwischen Politik und Recht markiert: „Es findet hier derselbe Gegensatz statt, wie zwischen Politik – Staatsklugheis- oder richtiger Staatsweisheits-Lehre, d.i. die Lehre von der besten Verwendung der zur Erreichung des Staatszwecks möglichen Mittel – und Recht."

[83] Vgl. *G. v. Weiler*, Über Verwaltung und Justiz und über die Grenzlinie zwischen beiden, 23.

[84] Namentlich *C. v. Pfizer*, Über die Grenzen zwischen Verwaltungs- und Ziviljustiz, 186.

[85] *C. v. Pfizer*, Über die Grenzen zwischen Verwaltungs- und Ziviljustiz, 13, Anm.

[86] *K.S. Zachariae*, Vierzig Bücher vom Staate, Bd. 4, 99.

schwindigkeit heißt es bei *Pfizer*, die Erledigung von Streitsachen der Ziviljustiz sei in der Regel nicht dringend und lasse daher „mancherlei Formen und Fristen" zu, die eine schnelle Erledigung ausschlössen, wogegen Verwaltungssachen durchweg „eine schleunige Erledigung" erforderten.[87] Weiterhin hieß es, die Entscheidung von Verwaltungsstreitigkeiten erfordere besondere *Sachkenntnis* in der betroffenen Materie sowie die Berücksichtigung von „persönlichen, Zeit- und Ortsverhältnissen"[88]. Schließlich wurde argumentiert, bei den Verwaltungsgesetzen handele es sich um „allgemeiner gefaßte", auf die „täglich wechselnden Verhältnisse" abgestimmte und darum einen „ungleich größeren Spielraum" übriglassende, schließlich einer „größeren Wandelbarkeit" unterworfene Normen als im Zivilrecht.[89]

Im justizstaatlichen Lager konnten diese Einwände allerdings problemlos verarbeitet werden, so etwa mit der Konzession des summarischen Verfahrens.[90] Gleichwohl wurde der Gedanke der Verfahrensdifferenzierung, namentlich die Kompetenz zur eigenständigen Sachverhaltsermittlung, im Verlauf der Diskussion geradezu zum *Rocher de bronze* einer eigenständigen Verwaltungsgerichtsbarkeit. Die Ursachen hierfür lassen sich nicht auf technische Aspekte verengen. Vielmehr wurde der Untersuchungsgrundsatz, so die im folgenden zu belegende These, über seine instrumentelle Funktion hinaus zum Symbol für ein eigenständiges konzeptuelles Leitbild der Verwaltungsrechtspflege, das sich von jenem der ordentlichen Justiz deutlich abheben sollte.

bb) Richterliche Obsorge für das Gemeinwohl

Kern dieses Leitbildes war die Vorstellung, die Verwaltungsrechtspflege solle nicht nur nach Recht und Gesetz entscheiden, sondern zugleich die Wahrung der öffentlichen Interessen gewährleisten. Das Gemeinwohlargument diente dazu, die Kompetenz eigenständiger richterlicher Sachverhaltsermittlung in einem Verwaltungsstreitverfahren zu rechtfertigen, das ansonsten dem kontradiktorischen Parteienprozeß der ordentlichen Gerichtsbarkeit zunehmend ähnlicher wurde.

---

[87] *C. v. Pfizer*, Über die Grenzen zwischen Verwaltungs- und Ziviljustiz, 25f. Vgl. auch die zustimmende Wiedergabe einschlägiger Passagen eines ungenannt bleibenden französischen Schriftstellers ebd., 190ff., 192f.; weiterhin *H. Bayer*, Vorträge über den gemeinen ordentlichen Civilprozeß mit Beziehung auf Martin's Lehrbuch, 48; *G.H. Oesterley*, Handbuch des bürgerlichen und peinlichen Processes für das Königreich Hannover, 1. Theil, 91.

[88] *G.H. Oesterley*, Handbuch des bürgerlichen und peinlichen Processes für das Königreich Hannover, 1. Theil, 91.

[89] *C. v. Pfizer*, Über die Grenzen zwischen Verwaltungs- und Ziviljustiz, 26f.; auch *G.H. Oesterley*, Handbuch des bürgerlichen und peinlichen Processes für das Königreich Hannover, 1. Theil, 91f.

[90] *C.J. Mittermaier*, AcP 4 (1821), 305, 361; vgl. oben, 2. b).

(1) Aufschlußreich für dieses Argument ist eine gleichsam externe Quelle, nämlich der Überreichungs-Bericht des Berner „*Entwurfs einer Proceßform für Administrativ-Streitigkeiten*" aus dem Jahre 1818.[91] §23 des Entwurfs sah die Zuständigkeit der Administrativjustiz für solche streitigen Gegenstände des Privatinteresses vor, die „mit einer allgemeinen Staatseinrichtung oder einem Zweige der Staatsverwaltung in solcher Verbindung stehen, daß sie nicht der *willkührlichen Verfügung* der Parthei ausschließend überlassen werden können, sondern die Möglichkeit der Einwirkung der Staatsgewalt offen bleiben muß".

Der Überreichungsbericht ging in der Begründung nämlicher Vorschrift zunächst von der später weitverbreiteten Gegenüberstellung von Gerichten und Verwaltungsbehörden aus. Charakter der gerichtlichen Rechtspflege sei die „strenge, rücksichtslose Gerechtigkeit", während Hauptzweck der Regierungsbehörden die „umsichtige Sorgfalt für die Erhaltung und die Wohlfahrth des Staates im Ganzen" sei, „welchem sehr oft Privatrechtsverhältnisse untergeordnet werden" müßten.[92] Stünden indes Privatrechte des Staatsbürgers mit der Staatsverwaltung in unmittelbarer Verbindung, könnten sie um der Vermeidung größter Nachteile für den Staat willen nicht nach den Regeln des strengen Privatrechts ausgetragen werden. Ihre Entscheidung müsse vielmehr einer Behörde übertragen werden, welche die Harmonie des Ganzen und den ungestörten Gang der Staatsverwaltung berücksichtigen könne. „Wo also ein Recht oder ein Verhältnis streitig wird, über welches der Staatsbürger *durchaus frei verfügen* kann, ohne daß diese Verfügung auf den Organismus des Staates oder auf den Gang seiner Verwaltung einwirkt – da ist ein Civilfall vorhanden, – ein Administrativfall hingegen, wo das streitige Verhältniß oder Recht mit einer allgemeinen Staatseinrichtung in unmittelbarer Verbindung steht".[93]

(2) Die Frage des Allgemeinbezugs eines Rechtsstreits sollte indes nicht nur Aufschluß über die Zuständigkeitsverteilung geben, sondern der Argumentation des Berner Berichts zufolge zugleich Rückschlüsse auf das anzuwendende Verfahren zulassen.

„Da die Civilfälle sich auf solche Gegenstände erstrecken, welche der *freien Verfügung* der Parteien unterliegen, so kann für dieselben auch der *reine Verhandlungsprozeß* statt haben, wo die Parteien die Procedur nach eigenem Gutfinden, ohne thätige Einwirkung der öffentlichen Gewalt, instruiren".[94] Im Ge-

---

[91] Entwurf abgedruckt bei *Mittermaier*, AcP 3 (1820), 242ff.; Überreichungsbericht auszugsweise wiedergegeben bei *Nibler*, AcP 3 (1820), 374, 375ff., Anm. 3. Hervorhebungen durch mich, M.K.

[92] AcP 3 (1820), 375f.

[93] AcP 3 (1820), 377. Vgl. zur Geltung der – durch das richterliche Fragerecht modifizierten – Verhandlungsmaxime im Prozeßentwurf im übrigen *C.J. Mittermaier*, AcP 3 (1819), 289, 306f. und *J.C. Gensler*, ebd., 307, Anm. 9.

[94] AcP 3 (1820), 378; Hervorhebungen durch mich, M.K.

gensatz dazu walte bei den Administrativstreitigkeiten „mit und nebst dem streitigen Privatinteresse auch ein *Interesse des Staates* für die ungestörte Entfaltung seiner innern Organisation und Verwaltung; nebst den unmittelbar streitenden Parteien ist noch eine *dritte*, nämlich der Staat, dabei interessirt ...“. In Fällen, wo das Interesse des Staates vorherrschend und überwiegend sei, müsse die „Einwirkung der Staatsgewalt auf den Gang der Untersuchung vorherrschen; es würde für Administrativ-Streitigkeiten auf die unbedingte Untersuchungsmaxime, oder auf den Informativ-Prozeß führen, – wo der Richter nach seinem Gutfinden und ohne Einwirkung der Parteien den Prozeß instruirt.“[95] Hieraus wurde zum einen der Ausschluß des Versäumnisurteils abgeleitet, zum anderen und vor allem die Pflicht des Richters, nicht nur die Begründetheit der vorgetragenen Ansprüche, sondern auch ihr Verhältnis zu den Forderungen des Staates zu beurteilen, um sie mit diesen in Einklang zu bringen. Das eingeklagte Privatinteresse müsse so entschieden werden, daß auch „dasjenige des Gemeinwesens nicht darunter leide.“[96]

(3) Bemerkenswert am Berner Bericht ist vor allem, daß der Gemeinwohlbezug der verwaltungsrechtlichen Streitigkeiten nicht nur als Abgrenzungskriterium gegenüber dem Zivilrecht und damit als zuständigkeitsrelevantes Merkmal erschien, sondern zugleich als Ausgangspunkt für Schlußfolgerungen hinsichtlich der richterlichen *Prozeßleitung* diente. Zudem wurden nunmehr *Gemeinwohlbezug* der Verwaltungsrechtsverhältnisse und *privatrechtliche Willkür* unmittelbar kontrastiert und als Differenzierungskriterium herangezogen. Schließlich schrieb der Bericht in einer bemerkenswerten Wendung dem *Richter* die Aufgabe zu, von Amts wegen für die Wahrung der Gemeinwohlaspekte in Verwaltungsrechtsstreitigkeiten Sorge zu tragen. Als Instrument dieser neuartigen richterlichen Pflichten und damit als Ausdruck eines gewandelten Amtsverständnisses erschien gerade der Untersuchungsgrundsatz.

Bei den Befürwortern der Administrativjustiz wurde die Argumentation des Berner Bericht dahingehend verkürzt, daß das kontradiktorische Verfahren des Zivilprozesses für „administrativ-kontentiöse“ Sachen, bei denen letzten Endes öffentliche Rechte des Staates verhandelt würden, schlechterdings nicht passe, sondern nur das *Untersuchungsverfahren* nach Art des Beschwerdeverfahrens vor den Verwaltungsbehörden in Betracht komme.[97] Diese Verknüpfung von Gemeinwohlargument und Verfahrensdifferenzierungen setzte sich in der Folge zunehmend durch.[98] Die „Beziehung, in welcher die Verwaltungssachen zum Allgemeinen stehen“, so heißt es etwa bei *Funke*, „macht es nothwendig, daß die Verpflichtungen gegen dasselbe genau erfüllt werden, die Verwaltungsbehörde

[95] AcP 3 (1820), 379.

[96] AcP 3 (1820), 380f.

[97] *K. Pöhlmann*, Über das Wesen der sogenannten administrativ-kontentiösen Sachen, 26.

[98] Vgl. neben den im folgenden genannten Quellen noch *G.H. Oesterley*, Handbuch des bürgerlichen und peinlichen Processes für das Königreich Hannover, 1. Theil, 92.

(als Verwaltungsgericht, M.K.) ist es, welche dafür zu sorgen hat, daß dies geschieht", und hierzu bedürfe es eines flexibleren Verfahrens, als es die Justizbehörden zu beobachten imstande seien.[99]

Bei *Kuhn* heißt es, im Rahmen administrativer Streitigkeiten habe die Behörde das öffentliche Interesse „als etwas außer der Privatwillkür der Einzelnen Bestehendes und ihrer freien Verfügung nicht Unterworfenes gegen die Einwirkung der Betheiligten zu schützen". Daher gelte es, das *Sachverhältnis* so zu ermitteln, wie es *wirklich* ist, nicht bloß so, wie es von den Parteien gegeben und dargestellt werde. Das Verfahren müsse daher den Behörden „jedenfalls eine Wirksamkeit von Amts wegen einräumen" und dürfe sie nicht in dem Maße an Formvorschriften binden, wie es bei der Behandlung von Justizsachen geboten sei.[100] Ähnlich argumentierte *C. v. Weiler*, da die Verwaltung das öffentliche Recht in seiner Bezogenheit auf den Staat zum Gegenstand habe, müsse „die Staatsgewalt, wo es auf eine nach Rücksichten auf Gemeinwohl wandelbare Wirksamkeit ankömmt, durch die möglichst wenigen Formen beschränkt und nicht als Parthei den Privaten gegenüber gestellt, sondern auf dem Standpunkte ihrer Superiorität erhalten" werden.[101] Im Gegensatz zur Justiz gehe es der Verwaltung nicht lediglich um die strenge Bemessung der Rechte Einzelner nach dem Gesetz in einem förmlichen Verfahren, sondern um die Einbeziehung wandelbarer, gegebenenfalls überwiegender Rücksichten auf das Gemeinwohl in einem flexiblen Verfahren.[102]

(4) Indem der Untersuchungsgrundsatz mit dem Gemeinwohlbezug der Verwaltungsstreitsache einerseits, mit der richterlichen Verantwortung zur Aktualisierung dieses Bezugs andererseits in Zusammenhang gebracht wurde, rückte die Frage der Sachverhaltsermittlung unvermittelt in das *Zentrum des Konflikts* zwischen Administrativjustiz und Justizstaat. Während beide Paradigmen – mit gegenläufiger Intention – die *Trennung* von Justiz und Verwaltung als je unterschiedliche Wertsphären forcierten, namentlich die justizstaatliche Bewegung das Wesen der Justiz in der gerechten Entscheidung des Einzelfalls im objektiv-logizistischen Subsumtionsverfahren erkannt hatte, sollte nun der Verwaltungsrichter im Wege des Untersuchungsgrundsatzes eine spezifische Zusatzfunktion als *„Hüter des Gemeinwohls"* im Verwaltungsprozeß erlangen. Zugleich sollte dieser Prozeß jedoch den Anforderungen an ein geordnetes gerichtliches Verfahrens nach dem Vorbild des ordentlichen Prozesses genügen.

---

99 *G.L. Funke*, Die Verwaltung in ihrem Verhältnis zur Justiz, 119f. Im übrigen führte *Funke* aaO, 118f., für den Untersuchungsgrundsatz das Argument ins Feld, die Sachverhaltsaufbereitung sei bei den Administrativstreitigkeiten weniger zeitraubend und aufwendig, zumal die Tatsachen wegen des öffentlichen Bezugs dieser Streitigkeiten häufig offen zutage lägen; sie könnte daher dem Verwaltungsrichter überlassen werden, während im Zivilprozeß die Parteien die Last der Tatsachenbeibringung zu tragen hätten.

100 *O. Kuhn*, Die Trennung von Justiz und Administration, 97.

101 *G. v. Weiler*, Über Verwaltung und Justiz und über die Grenzlinie zwischen beiden, 12f.

102 *G. v. Weiler*, Über Verwaltung und Justiz und über die Grenzlinie zwischen beiden, 13.

Die Sphärentrennung zwischen Politik und Recht, die Entwicklung unterschiedlicher Leitprinzipien und Methoden wurden damit für beide Seiten problematisch. Sollte die Administrativjustiz justizförmig ausgestaltet, ihre Organisations- und Verfahrensnormen der ordentlichen Justiz möglichst angeglichen werden, dann verlangte die mit dem Untersuchungsgrundsatz eingeforderte, aktive Rolle des Richters bei der Gemeinwohlkonkretisierung nach einer gänzlich *neuen Funktionsbeschreibung* des Verwaltungsrichters. Diese neue Funktionsbeschreibung hätte gerade den Gedanken der Sphärentrennung zwischen Justiz und Verwaltung partiell relativieren müssen, der bislang für beide Lager ein gleichermaßen zentrales Element der Argumentation war.

4. *Subjektiv-öffentliches Recht*

Die im folgenden zu erhärtende These lautet, daß im Fehlen dieser Funktionsbeschreibung eine konzeptionelle Problematik der Administrativjustiz verborgen lag, die ungelöst Einzug in die ab 1863 eingerichtete Verwaltungsgerichtsbarkeit moderner Prägung gehalten hat. Dieser Widerspruch besteht darin, daß angesichts der mit dem Siegeszug des Rechtsstaates einsetzenden *Verrechtlichung* des Verwaltungshandelns (a) einschließlich der weitgehenden Normativierung des Gemeinwohls[103] schwer zu begründen war, warum die Rechtsprechung in Verwaltungssachen weiterhin anderen methodischen Leitprinzipien folgen sollte als die ordentliche Gerichtsbarkeit. Festmachen läßt sich diese Antinomie zunächst am Begriff des subjektiv-öffentlichen Rechts, der in weitgehender Anlehnung an die Konstruktion des zivilrechtlichen Anspruchs gebildet wurde (b). Seither spiegelt sich der Konflikt zwischen Administrativjustiz und Justizstaat in der Konzeption der Verwaltungsgerichtsbarkeit selbst wider, nämlich in der Frage ihrer grundlegenden Zweckbestimmung (c).

a) Verrechtlichung des Verwaltungshandelns

Der Staat solle, so die berühmte Formulierung *Friedrich J. Stahls*, „Rechtsstaat sein, das ist die Losung und ist auch in Wahrheit der Entwicklungstrieb der neueren Zeit. Er soll die Bahnen und Grenzen seiner Wirksamkeit wie die freie Sphäre seiner Bürger in der Weise des Rechts genau bestimmen und unverbrüchlich sichern und soll die sittlichen Ideen von Staats wegen, also direkt, nicht weiter verwirklichen (erzwingen), als es der Rechtssphäre angehört, d.i. bis zur notwendigsten Umzäunung."[104] In der zweiten Hälfte des 19. Jahrhun-

---

[103] Hierzu sogleich unten, Abschnitt 5.

[104] *F.J. Stahl*, Rechts- und Staatslehre, 446.

derts drängte das Leitbild des Rechtsstaates auf die Gesetzesbindung der aktiven Verwaltung,[105] auf legislative Konturierung des materiellen Verwaltungsrechts einschließlich seiner Verfahrensbestimmungen und die Ausbildung eines „zweiseitig verbindlichen Verwaltungsrechts"[106], um die bürgerliche Freiheitssphäre wirksam gegenüber der Staatsgewalt abzugrenzen. Die Wissenschaft trug dem Rechnung, indem sie das öffentliche Recht in durchgehender Sonderung vom Privatrecht zu einem eigenständigen, kategorial geschiedenen Rechtssystem ausbaute.[107]

Damit war die im Gedanken der Sphärentrennung bereits rudimentär zum Ausdruck kommende *funktionale Differenzierung* zwischen Recht und Politik mitnichten obsolet. Sie wurde vielmehr durch den Gedanken des Rechtsstaates in die bis heute vertraute Form einer *strukturellen Koppelung* überführt. Als Rechtsstaat wurde der Staat zugleich eine Einrichtung des Rechts und eine Instanz der politischen Verantwortung für das Recht, seiner Durchsetzung und Fortschreibung.[108] Das Recht erscheint seither in einer Doppelfunktion als Mittel politisch-sozialer Gestaltung und als begrenzendes Moment.[109] Damit blieb es zwar bei dem richtigen Ausgangspunkt des Motivs der Sphärentrennung, die Verwaltung als politisches Handeln nach Maßgabe politischer Rationalitätskriterien zu begreifen. Die Verwaltungs*gerichtsbarkeit* dagegen rückte in das Zentrum des Rechtssystems, da sie mehr und mehr als Rechtsprechung im materiellen Sinne – nämlich als unparteiische Streitentscheidung nach Maßgabe des Rechts[110] – verstanden werden konnte.

Namentlich mit der Entwicklung des Begriffs *subjektiv-öffentlicher Rechte* wurde es problematisch, abweichende Verfahrensbestimmungen zwischen Zivil- und Verwaltungsgerichtsbarkeit mit divergierenden Funktionsbeschreibungen der beiden Gerichtszweige zu rechtfertigen. Nachdem der „einartige" Begriff des Privatrechts, wie er von der älteren justizstaatlichen Richtung vertreten wurde, der scharfkantigen Differenzierung zwischen Privatrecht und öffentlichem Recht zum Opfer gefallen war,[111] schuf die Verwaltungsrechtslehre nunmehr ein eigenständiges *Parallelinstitut*, das sich in der Sache deutlich an den zivilrechtlichen Begriff des Anspruchs anlehnte.[112] Für die Begründung ei-

---

105 *M. Stolleis*, Geschichte des öffentlichen Rechts, Bd. 2, 414; *E.-W. Böckenförde*, Entstehung und Wandel des Rechtsstaatsbegriffs, 151.

106 *E.-W. Böckenförde*, Entstehung und Wandel des Rechtsstaatsbegriffs, 151; vgl. *E. Forsthoff*, Lehrbuch des Verwaltungsrechts, 49.

107 *M. Bullinger*, Öffentliches Recht und Privatrecht, 60ff.

108 *N. Luhmann*, Das Recht der Gesellschaft, 415.

109 *E.-W. Böckenförde*, Verfassungsfragen der Richterwahl, 96.

110 Zum materiellen Begriff der Rechtsprechung nach Maßgabe des Grundgesetzes unten, Kap. 2, Abschnitt II.

111 Vgl. *M. Sellmann*, in: Staatsbürger und Staatsgewalt (1963), 25, 84.

112 Zur Methodik namentlich *C.F. Gerber*, Über öffentliche Rechte, 1: Die sichere Begründung des Staatsrechts bedürfe der „formellen Wiederannäherung an das Privatrecht" – wobei es

nes eigenständigen Leitbildes der Verwaltungsgerichtsbarkeit im allgemeinen, eines abweichenden Verfahrens bei der Sachverhaltsermittlung im besonderen war damit ein neuralgischer Punkt bezeichnet. Sobald die öffentlich-rechtliche Dogmatik begann, subjektive Rechtspositionen zu akzeptieren und nach dem Vorbild des subjektiven Privatrechts zu konstruieren, stellte sich die Frage der Begründung einer abweichenden Verfahrensgestaltung des Verwaltungsprozesses – und damit der Berechtigung einer gesonderten Verwaltungsgerichtsbarkeit – gänzlich neu. Wäre die Vorstellung privatrechtlicher Willkür bruchlos in die Konstruktion des subjektiv-öffentlichen Rechts eingegangen, wäre der Untersuchungsgrundsatz kaum mehr zu rechtfertigen gewesen.[113] Erst der Blick auf die Entwicklungsgeschichte des subjektiv-öffentlichen Rechts macht deutlich, warum es gleichwohl bei unterschiedlichen Wertungen für den zivilrechtlichen und den administrativen Prozeß blieb.

b) Entwicklung des subjektiv-öffentlichen Rechts

Am Beginn der Karriere des subjektiv-öffentlichen Rechts stand eine scharfe begriffliche Differenzierung zwischen subjektiven Privatrechten auf der einen, subjektiv-öffentlichen Rechten auf der anderen Seite. Das Privatrecht wurde als Sphäre gleichsam vorstaatlicher, gar „vorrechtlicher" Rechtspositionen des Bürgers verstanden (aa). Eine Übertragung dieser Konstruktion auf subjektiv-öffentliche Rechte des einzelnen gegen den Staat kam nicht in Betracht (bb). Freilich war die Grundlage dieser Antinomie, nämlich die gleichsam metajuristische Ableitung der privaten Rechte, nicht mehr zu halten, als im Zuge der operativen Schließung des Rechtssystems erkannt wurde, daß auch das Zivilrecht nur in der staatlichen, objektiven Rechtsordnung wurzeln kann (cc).

aa) Das Subjekt als Rechtsquelle

Der vernunftrechtlich inspirierten Rechtswissenschaft galten subjektive Rechte als Ausdruck der Person selbst, ohne daß es eines weiteren Rechtsgrundes bedurft hätte. Das Subjekt sollte, am deutlichsten sichtbar bei Positionen wie Freiheit oder Eigentum, bereits Rechte haben, bevor eine objektive Rechtsordnung sich bildet.[114] Im Vernunftrecht der Aufklärung wurden Freiheit (ein-

---

allerdings nur um die juristische Konstruktion, nie um die politische Privatisierung des Staatsrechts ging; vgl. hierzu *D. Wyduckel*, Ius Publicum, 258f. Zur dogmatischen Parallelentwicklung von Privatrecht und öffentlichem Recht *M. Bullinger*, Öffentliches Recht und Privatrecht, 63f.; mit Blick auf *Otto Mayer E. Forsthoff*, Lehrbuch des Verwaltungsrechts, 52.

[113] Deutlich bei *K.J. Schmitt*, BadVerwZ 1871, 245, 250.

[114] *N. Luhmann*, Subjektive Rechte, 45f.; vgl. *H. Kelsen*, Reine Rechtslehre, 134f. Zur Entwicklung *F. Kasper*, Das subjektive Recht, 51ff.; auch *E.-W. Böckenförde*, Die Bedeutung der Unterscheidung von Staat und Gesellschaft, 216: Ausgangs- und Bezugspunkt der neuen bürgerli-

schließlich der Eigentumsfreiheit[115]) und Recht in einer letzten Zuspitzung gleichgesetzt, wie es namentlich in der berühmten Formulierung *Kant*s zum Ausdruck kommt: „Freiheit (...), sofern sie mit jedes anderen Freiheit nach einem allgemeinen Gesetz zusammen bestehen kann, ist dieses einzige ursprüngliche, jedem Menschen kraft seiner Menschheit, zustehende Recht“[116]. Auf dieser Grundlage gingen die Bemühungen der Vernunftrechtslehre dahin, aus dem vorstaatlichen Ursprungsrecht individueller Freiheit die vollständige Ordnung eines „natürlichen Privatrechts“ zu deduzieren.[117] Der oben vermerkte Prozeß der Verselbständigung des Privatrechts fand sonach seinen Fluchtpunkt in einem philosophischen oder religiösen Menschenbild, dem Subjekt der Transzendentalphilosophie, das strukturell als Rechtsquelle einer wenngleich objektiven, so doch durchgängig auf subjektive Rechtsmacht radizierten Rechtsordnung fungierte.[118]

Die hohe Plausibilität, welche die Verknüpfung der *Verhandlungsmaxime* im Zivilprozeß mit der *Verfügungsmacht* des einzelnen über seine privaten Rechte genoß, wird durch die herausgehobene Bedeutung dieser philosophisch-weltanschaulichen Axiome für den Begriff des Rechts erst zur Gänze nachvollziehbar. Auch die Historische Rechtsschule schloß an den transzendentalphilosophischen Freiheitsbegriff *Kant*s an, obschon der ursprüngliche Kontext der Rechtsquellenlehre allmählich verlassen wurde.[119] *Savigny* sprach vom subjektiven Recht als der „der einzelnen Person zustehenden Macht: ein Gebiet, worin ihr Wille herrscht.“[120] Das objektive Recht sichere – insoweit wurde die ursprüngliche Rechtsquellenlehre modifiziert – dem individuellen Willen ein Gebiet, „in welchem er unabhängig von jedem fremden Willen zu herrschen hat“.[121]

---

chen Rechtsordnung sei die freie, selbstbestimmte und erwerbsorientierte Einzelpersönlichkeit gewesen.

[115] *H. Kelsen*, Reine Rechtslehre (1. Aufl.), 42ff.

[116] *I. Kant*, Die Metaphysik der Sitten, Rechtslehre, 345.

[117] Einzelheiten bei *F. Kasper*, Das subjektive Recht, 54ff.

[118] Vgl. *F. Kasper*, Das subjektive Recht, 58f. Die Durchsetzungsfähigkeit dieser Fehlvorstellung illustrieren noch die Ausführungen bei *H. Dernburg*, System des Römischen Rechts I, 65: „Rechte im subjektiven Sinne bestanden geschichtlich schon lange, ehe sich eine selbstbewußte staatliche Ordnung ausbildete. Sie gründeten sich in der Persönlichkeit der Einzelnen und in der Achtung, welche sie für ihre Person und ihre Güter zu erringen und zu erzwingen wußten. Erst durch Abstraktion mußte man allmählich aus der Anschauung der vorhandenen subjektiven Rechte den Begriff der Rechtsordnung gewinnen. Es ist daher eine ungeschichtliche und eine unrichtige Anschauung, daß die Rechte im subjektiven Sinne nichts seinen als Ausflüsse des Rechts im objektiven Sinn. Die Rechtsordnung gewährleistet und modelt die Rechte im subjektiven Sinne, aber sie nicht ihr Schöpfer.“ Aus heutiger Sicht dürfte, falls die Alternative überhaupt richtig gestellt ist, das Gegenteil gelten.

[119] Aus wissenssoziologischer Perspektive *N. Luhmann*, Subjektive Rechte, 64; vgl. in kritischer Wendung *F. Kasper*, Das subjektive Recht, 63, 98.

[120] *F. C. v. Savigny*, System I, 7.

[121] *F. C. v. Savigny*, System I, 333.

Überdies wurde das Freiheitspathos des subjektiven Rechts in der ersten Hälfte des 19. Jahrhunderts mit der überkommenen Figur der „wohlerworbenen Rechte“ (iura quaesita) zusammengeführt. Den Verselbständigungstendenzen des politischen Systems, wie sie namentlich im Souveränitätsbegriff kulminierten, setzte die Rechtslehre die Überhöhung der wohlerworbenen Rechte als Ausdruck „natürlicher“ Freiheit entgegen. Umgekehrt wurde diese naturrechtlich begründete Freiheit wiederum als wohlerworbenes Recht im positiv-rechtlichen Sinne etikettiert.[122] Es war demnach ein in zwei Richtungen verengter Begriff des subjektiven Rechts, nämlich als Rechtsquelle mit philosophischem Begründungsüberhang und als „wohlerworbenes Recht“ im tradierten Verständnis, mit dem sich die öffentlich-rechtliche Dogmatik bei der Frage nach subjektiv-öffentlichen Rechten auseinanderzusetzen hatte.

bb) Keine Übertragung auf subjektiv-öffentliche Rechte

Die Diskussion um subjektiv-öffentliche Rechte hatte damit zwei Stoßrichtungen. Sie wandte sich sowohl gegen die Translokation „wohlerworbener Rechte“ in die Rechtsordnung des modernen Staates[123] als auch gegen die Interpretation des subjektiven Rechts als transzendental-vorstaatlich verortete Rechtsquelle. Wichtigstes Gegenargument war die Lokalisierung der subjektiv-öffentlichen Rechte in der kontingenten Ordnung des Staats- und Verwaltungshandelns selbst.

(1) Diese Argumentation wird exemplarisch deutlich bei *Carl F. v. Gerber*, dessen Schrift über die öffentlichen Rechte aus dem Jahre 1852 als Ausgangspunkt der Begriffsgenese gilt. Ausgehend vom modernen Staatsverständnis, der deutlichen Differenzierung zwischen dem privatem und dem öffentlichem Rechtskreis und in scharfer Wendung gegen die privatrechtliche Interpretation von Herrschaftsrechten,[124] entfaltete *Gerber* zunächst das philosophisch überhöhte Verständnis des subjektiven Rechts als transzendental basierte Rechtsquelle, um in einem zweiten Schritt dessen Unvereinbarkeit mit dem öffentlichen Recht zu begründen. Das Staatsrecht könne nicht, so *Gerber*, „auf den einfachen Begriff der Persönlichkeit konstruiert werden“. Während das Privatrecht ein „System der freien Möglichkeiten der Rechte“, ein der Entscheidung des individuellen Willens anheimgestelltes Potential an Rechtsformen darstelle, sei das Staatsrecht als System möglicher Rechte durch den konkreten Staatsorganismus a priori limitiert. Es enthalte zwar „ebenfalls ein System der Möglichkeit der Rechte, aber nicht auf der Grundlage der unmittelbaren freien Persön-

---

[122] *W. Henke*, Das subjektive öffentliche Recht, 12.

[123] Vgl. *J. Masing*, Die Mobilisierung des Bürgers, 57; auch *H.-U. Erichsen*, Verfassungs- und verwaltungsgeschichtliche Grundlagen, 174.

[124] *C.F. Gerber*, Über öffentliche Rechte, 3f.

lichkeit, sondern nur innerhalb eines von vorn herein fest bestimmten Rahmens"[125].

Öffentliche Rechte konnten der Person sonach nicht als Individuum, sondern als Glied einer beschränkenden Gemeinschaft zugeordnet werden.[126] Aus dieser Verbindung konnte der einzelne nicht ausscheiden und seine Rechte, wie im Kontrastfall des Privatrechts, als „Rechte seiner isolirten Persönlichkeit ansehen"[127]. Nur Privatrechte, nicht die öffentlichen Rechte „liegen ganz in der Willenssphäre des Einzelnen und sind dessen unbeschränkter Disposition unterworfen".[128]

(2) Auch die Argumentation *Conrad Bornhaks*, die in ihrer konsequenten Ablehnung subjektiv-öffentlicher Rechte in der damaligen Debatte eine Extremposition markierte, erweist sich bei näherem Hinsehen als Auseinandersetzung mit dem Verhältnis subjektiv radizierter Rechtsmacht zur staatlichen Rechtsordnung. *Bornhak* wendet sich ausdrücklich nicht gegen objektiv-rechtlich gegründete Rechtspositionen des Staatsangehörigen gegenüber dem Staat, sondern allein gegen die Vorstellung, dem Staatsangehörigen könnten Rechte gegen den Staat aus *eigenem* Recht – „wider dessen Willen" – zukommen.[129] Damit wird im Ergebnis nur die fällige Konsequenz aus der gänzlichen Positivität und damit Kontingenz des Rechts gezogen, wie sie den modernen Staat kennzeichnet – *vor* jedem Versuch, materielle Sicherungen durch Binnenhierarchisierungen des Rechts oder den rhetorischen Rückgriff auf „Natur" einzuziehen. Letzten Endes sollte zunächst das subjektive Recht des Patrimonialstaates,[130] sodann die weitergehende Vorstellung ausgeschlossen werden, das Subjekt selbst könne als Quelle eigenen oder Träger vorstaatlichen Rechts der staatlichen Rechtsordnung gegenübertreten.

Deutlich wird diese Stoßrichtung der Kritik auch bei *Paul Laband*, wenn er die Qualifizierung des *Wahlrechts* als subjektiv-öffentliches Recht verneint.[131] Das Wahlrecht, so *Laband*, folge allen Wandlungen des Verfassungsrechts und verändere sich mit ihm wie ein Schatten desselben, ohne daß es auf die Zustimmung des einzelnen ‚Wahlberechtigten' ankomme. Es entspringe daher unmit-

---

[125] *C.F. Gerber*, Über öffentliche Rechte, 35.

[126] *C.F. Gerber*, Über öffentliche Rechte, 35. Ein Vorläufer dieser Position ist *O. Kuhn*, Die Trennung von Justiz und Administration, 21: Voraussetzung für das subjektive Recht sei die gleichsam außerrechtliche Stellung des Subjekts als freies, selbständiges Individuum; im öffentlichen Rechte trete der Einzelne hingegen nur als Glied eines Gemeinwesens auf.

[127] *C.F. Gerber*, Über öffentliche Rechte, 31.

[128] *C.F. Gerber*, Über öffentliche Rechte, 31.

[129] *C. Bornhak*, Preußisches Staatsrecht, Bd. 1, 285.

[130] Deutlich *C. Bornhak*, Preußisches Staatsrecht, Bd. 1, 286.

[131] *P. Laband*, Das Staatsrecht des Deutschen Reiches, 332 (seit der 2. Aufl. 1888, hier zit. nach der 5. Aufl. 1911); Einordnung in den obigen argumentativen Zusammenhang bei *J. Masing*, Die Mobilisierung des Bürgers, 59.

telbar der objektiven staatlichen Rechtsordnung, nicht einer originären Rechtsmacht des Subjekts.

(3) Vorstaatliche Ansprüche fielen begrifflich aus, da die staatliche Rechtsordnung dem subjektiv-öffentlichen Recht logisch vorausging. Die Alternative, subjektive Rechte im Wege der Selbstbindung des Staates zu konstruieren, drängte sich nicht auf, solange das Rechtsverhältnis zwischen Bürger und Staat als reines Subjektionsverhältnis verstanden wurde. Das aus diesen Prämissen resultierende Dilemma illustriert der Versuch *Friedrich J. Stahls*, Rechte des Bürgers gegenüber dem Staat als sogenannte *exemte Rechte* zu konstruieren. Im Falle der Verletzung derartiger Rechte – Grundeigentum, väterliche Gewalt, Gewerbebetrieb, Steuer- oder Militärfreiheit[132] – stehe der Staatsbürger, so *Stahl*, „dem betreffenden Hoheitsrecht wirklich als ein Gleicher gegenüber, als ein solcher, der *außerhalb desselben* sich befindet. Sie (die exemten Rechte, M.K.) fallen dadurch aus der Verwaltung und ihrem Zweck völlig heraus, unterliegen deßhalb bloß dem Gesichtspunkt der Gerechtigkeit, ja können füglich als ein *Privatrechtsgebiet* in der öffentlichen Sphäre betrachtet werden."[133] Das exemte Recht wurde so zum privaten Anspruch im tradierten Sinne, nämlich als „absolute (isolirte) Einzelberechtigung, d.i. die Rechte, bei welchen das Individuum durchaus nicht als Bestandtheil der Gesammtordnung, sondern absolut und isolirt als Person bloß nach seinem Rechte in Betracht kommt"[134].

Für subjektiv-öffentliche Rechte nach *Maßgabe* des objektiven Rechts war unter diesen Prämissen kein Raum. Auch diese konstruktive Schwierigkeit zeigte sich gerade dort, wo *Stahl* sie zu beheben trachtete. Er nahm dabei solche Fälle in den Blick, wo Gerechtigkeit und öffentliche Notwendigkeit oder Nützlichkeit konfligierten – für *Stahl* das eigentliche Tätigkeitsfeld der Administrativjustiz.[135] Derartige Konstellationen konnten sich namentlich dort ergeben, „wo Unterthanenrechte geltend gemacht werden, die zwar *nicht exemt* sind von der Administrativgewalt, aber doch eine *bestimmte Verbürgung* ihr gegenüber erhalten sollen, man könnte sagen, welche dieselbe equilibriren sollen", so etwa die Pressefreiheit. Derartige Rechte des Schriftstellers oder Buchhändlers gegenüber der staatlichen Aufsicht sollten, anders als Vermögen, natürliche Freiheit oder Eigentum, nicht bloßes *Objekt* der Administration sein, sondern sich als „genau bezeichnetes und verbürgtes Recht" gegen die Administrativgewalt

---

[132] *F.J. Stahl*, Rechts- und Staatslehre, 458ff., 460, 463. Der Einschätzung von *R. v. Gneist*, Der Rechtsstaat, 262 zufolge handelte es sich dabei um gerade die Exemtionen, welche die bevorrechteten Klassen sich beim Übergang in den modernen Staat bewahrt hatten.

[133] *F.J. Stahl*, Rechts- und Staatslehre, 457; Hervorhebung durch mich. Ähnlich bereits die Gedankenführung bei *O. Kuhn*, Das Wesen der deutschen Administrativjustiz, 43, Anm. 1, wo ein Eingriff in die private Rechtssphäre nur gedacht werden kann, wenn der einzelne als „außerhalb des Gesellschaftsverbandes stehend" betrachtet wird. Anders als bei *Stahl* soll *Kuhn* zufolge auch in diesen Fällen das kontradiktorische Verfahren nicht in Betracht kommen.

[134] *F.J. Stahl*, Rechts- und Staatslehre, 479.

[135] *F.J. Stahl*, Rechts- und Staatslehre, 486f.

richten.[136] Das „administrativ-kontentiöse“, den Formen des ordentlichen Prozesses angenäherte Verfahren vor der Administrativjustiz sollte danach für „öffentlich-rechtliche Gegenstände wegen konkurrirender Privatberechtigung eintreten“[137] – aber die Rechtsnatur dieser Privatberechtigung in Abgrenzung zu den justizfähigen Privatrechten einschließlich der exemten Rechte auf der einen, den bloßen Rechtsreflexen der hoheitlichen Tätigkeit auf der anderen Seite blieb unbestimmt. Die Entscheidung derartiger Verwaltungsrechtsstreitigkeiten konnte, wenn schon nicht schlichte Fortsetzung der Verwaltungstätigkeit mit anderen Mitteln, jedenfalls niemals reine Rechtsanwendung nach juristischen Rationalitätskriterien sein, sondern mußte stets die Frage nach den Grenzen des Rechts schlechthin beantworten.

cc) Objektivierung der subjektiven Rechte

Den Weg aus diesem Dilemma wies die zivilrechtlich orientierte Rechtstheorie. Im Übergang von der historischen zur konstruktiv-positivistischen Phase war dort die *Rechtsquellenqualität* des Subjekts gleichsam unbemerkt verabschiedet worden. Übrig blieben lediglich die konnotierten Wertungen – Subjekt, Wille, Freiheit – als Grundlagen der zivilrechtlichen Dogmatik.[138] Das subjektive Recht konnte hinfort als eine von der objektiven Rechtsordnung verliehene Willens- oder Rechtsmacht verstanden werden. Diese Konstruktion konnte unmittelbar auf den öffentlichen Rechtskreis übertragen werden.

(1) *Savigny* sprach vom subjektiven Recht als der „der einzelnen Person zustehenden Macht: ein Gebiet, worin ihr *Wille* herrscht“.[139] *Georg F. Puchta* führte – unter weitergehender Abstraktion von den ursprünglichen rechtsphilosophischen Bezügen – objektives und subjektives Recht in Kongruenz, indem er das subjektive Recht mit dem Willen des einzelnen gleichsetzte, sofern dieser dem allgemeinen Willen, also dem objektiven Recht, entspricht.[140] Mit der Willenstheorie *Bernhard Windscheids* war die Eliminierung philosophischer Begründungen des subjektiven Rechts zugunsten der Rückführung auf die objektive, positive Rechtsordnung weitgehend vollzogen. Als Ursprung subjektiver Rechte galt ihm allein die objektive Rechtsordnung, die aufgrund eines konkreten Tatbestandes einen „Befehl zu einem Verhalten bestimmter Art“ erläßt und „diesen Befehl demjenigen, zu Gunsten dessen sie ihn erlassen hat, zur freien Verfügung“ hingibt.[141] Das subjektive Recht konnte seither als „eine von der

---

136 *F.J. Stahl*, Rechts- und Staatslehre, 488; Hervorhebungen durch mich, M.K.
137 *F.J. Stahl*, Rechts- und Staatslehre, 492.
138 *N. Luhmann*, Subjektive Rechte, 65; *W. Henke*, Das subjektive öffentliche Recht, 28.
139 *F.C. v. Savigny*, System I, 7; Hervorhebung durch mich, M.K.
140 Vgl. *G.F. Puchta*, Cursus der Institutionen I, 8.
141 *B. Windscheid*, Pandektenrecht I, 155f.

Rechtsordnung verliehene Willensmacht oder Willensherrschaft" definiert werden.[142]

An dieser Rückführung subjektiver Rechte auf die objektive Rechtsordnung änderte sich auch nichts durch die Substantiierung des subjektiven Rechts, wie sie *Rudolf v. Ihering* unternahm. Die „Interessen" des Individuums bedurften *Ihering* zufolge gerade des Schutzes durch das objektive Gesetz.[143] Als Quelle subjektiver Rechte fungierte auch hier die objektive Rechtsordnung selbst. Das subjektive Privatrecht erschien als bloße „Funktion des Gesetzes"[144]. Seither stehen objektives und subjektives Recht in einem wechselbezüglichen Verhältnis: Das objektive Recht „will nur wollen, wenn und soweit der Einzelne will und nicht wollen, wenn der Einzelne nicht will; es nimmt seinen Willen nach Maßgabe privaten Wollens zurück."[145]

(2) Mit dieser „Objektivierung" des subjektiven Rechts war auch für das öffentliche Recht die maßgebliche konstruktive Schwierigkeit beseitigt. Der neue Begriff des subjektiven Rechts als eines objektiv-rechtlich geschützten Interesses konnte bruchlos auch der Lehre vom subjektiv-öffentlichen Recht zugrundegelegt werden.[146] Hinfort wurde, begrifflich auf den Punkt gebracht von *Georg Jellinek*[147], als Quelle des subjektiven Rechts die *freie Selbstbindung* des Staates in den Formen des Rechts nach Maßgabe subjektiven Wollens verstanden.[148] Konstruktiv bestand kein Problem, dem Individuum eigene rechtserhebliche Willensmacht durch das objektive Recht zu verleihen.[149] Der Rückgriff auf

---

[142] *B. Windscheid*, Pandektenrecht I, 156. Zur tieferen Problematik dieser Verknüpfung *F. Kasper*, Das subjektive Recht, 72f.

[143] Definition bei *R. v. Ihering*, Geist des Römischen Rechts III, 339; hierzu *W. Henke*, Das subjektive öffentliche Recht, 28; im allgemeinen zur Konzeption der subjektiven Rechte bei Ihering *G. Wagner*, AcP 1993, 319ff.

[144] *W. Henke*, Das subjektive öffentliche Recht, 28.

[145] *N. Luhmann*, Subjektive Rechte, 66; vgl. etwa bei *G. Jellinek*, System der subjektiven öffentlichen Rechte, 44: „Nur wenn ein individueller Wille als massgebend für das Dasein und den Umfang des Interesses anerkannt wird, verwandelt sich dieses in ein subjektives Recht".

[146] Unter direkter Bezugnahme auf *Ihering* die Begriffsbildung bei *O. Sarwey*, Das öffentliche Recht und die Verwaltungsrechtspflege, 79; einflußreich die Begriffsbildung von *G. Jellinek*, System der subjektiven öffentlichen Rechte, 51; mit Wirkung bis heute den Stand der Diskussion zusammenführend *O. Bühler*, Die subjektiven öffentlichen Rechte, 21; vgl. seinerzeit etwa *E. Loening*, Lehrbuch des Deutschen Verwaltungsrechts, 8f.; heute *W. Henke*, Das subjektive öffentliche Recht, 28 m.w.N. (Anm. 81); *H.-U. Erichsen*, Verfassungs- und verwaltungsgeschichtliche Grundlagen, 174ff. Heutiger Stand der Inbezugsetzung des objektiven mit dem subjektiven Recht bei *F. Kasper*, Das subjektive Recht, 47: „Subjektives Recht" sei kein dem objektiven Recht gleichgeordneter, sondern ein untergeordneter, aus dem objektiven Recht abgeleiteter Begriff, der lediglich die isolierte Einklammerung von Positionen des einzelnen im Rahmen der Gesamtrechtsordnung bezeichne.

[147] In der Schrift über das System der subjektiven öffentlichen Rechte, 1. Aufl. Freiburg 1892, zitiert nach der 2. Aufl., Tübingen 1905.

[148] *G. Jellinek*, System der subjektiven öffentlichen Rechte, 81ff., 86; *J. Masing*, Die Mobilisierung des Bürgers, 63.

[149] *H. Ehmke*, „Staat" und „Gesellschaft" als verfassungstheoretisches Problem, 264f.

die zivilrechtlichen Begründungsmuster des subjektiven Rechts war damit frei. Das subjektiv-öffentliche Recht konnte, mit der einflußreichen Kombinationsformel *Jellineks*, definiert werden als „die Fähigkeit, Rechtsnormen im *individuellen Interesse* in Bewegung zu setzen“[150].

Konstruktive Unterschiede zwischen privatem und öffentlichem subjektivem Recht waren damit nicht mehr erkennbar.[151] Namentlich beschränkte sich auch das subjektiv-öffentliche Recht auf die Geltendmachung *individueller* Interessen. Die alte Unterscheidung zwischen privaten und öffentlichen Interessen wurde in das Innere des öffentlichen Rechts selbst gespiegelt, um dort wiederum privatrechtsähnliche Positionen zu entwickeln.[152] Mit der Errichtung der Verwaltungsgerichtsbarkeit moderner Prägung wurden die subjektiv-öffentlichen Rechte in der Rechtspraxis als vollgültige Rechte anerkannt. Der Sache nach kehrte die Rechtsordnung damit, wenngleich verborgen durch die Kompetenzverteilung zwischen Zivil- und Verwaltungsgerichten und terminologische Grenzziehungen, zur justizstaatlichen Vorstellung einheitlich konzipierter „Rechte Privater“ zurück.[153]

c) Folgerungen für die Konzeption der Verwaltungsgerichtsbarkeit

Der Rückgriff auf die zivilrechtliche Konstruktion des subjektiven Rechts erwies sich als problematisch, sobald es um die Entwicklung einer korrespondierenden Zweckbestimmung der Verwaltungsgerichtsbarkeit ging. So wie in der Praxis das süddeutsche, eher dem subjektiven Rechtsschutz verpflichtete Modell mit der preußisch-norddeutschen, an der objektiven Verwaltungskontrolle orientierten Konstruktion konkurrierte, bildete sich auch in der wissenschaftlichen Debatte eine Zäsur. Auf der einen Seite standen jene Autoren, die aus dem in zivilistischer Manier konstruierten subjektiv-öffentlichen Recht unmittelbar auf den Individualrechtsschutz als Zweck der Verwaltungsgerichtsbarkeit

---

[150] *G. Jellinek*, System der subjektiven öffentlichen Rechte, 51; Hervorhebung durch mich, M.K.; vgl. ebd., 44: „Das subjektive Recht ist daher die von der Rechtsordnung anerkannte und geschützte auf ein Gut oder Interesse gerichtete menschliche Willensmacht“. Zur Rezeption der Willens- und der Interessentheorie in der Lehre vom subjektiven öffentlichen Recht aus der damaligen Literatur insbesondere *K. v. Stengel*, VerwArch 3 (1895), 177, 189ff.; mit Blick auf das Verfahren der Sachverhaltsermittlung *K.J. Schmitt*, BadVerwZ 1871, 245, 250.

[151] Vgl. *W. Henke*, Das subjektive öffentliche Recht, 29. In der Auseinandersetzung mit *Laband* gewinnt *K. v. Stengel*, VerwArch 3 (1895), 177, 199, aus dieser konstruktiven Gleichartigkeit das entscheidende Argument: Jedes Recht, auch das Privatrecht, könne „wider den Willen des Berechtigten von der Gesetzgebung aufgehoben werden. Deshalb folgen *alle subjektiven Rechte* der Rechtsordnung wie ihr Schatten, nicht bloß die politischen ...“; (Hervorhebung durch mich; mit „politischen“ subjektive Rechte meint *v. Stengel* hier subjektiv-öffentliche Rechte; M.K.).

[152] *J. Masing*, Die Mobilisierung des Bürgers, 65.

[153] So ausdrücklich *M. Bullinger*, Öffentliches Recht und Privatrecht, 53.

schlossen. Die Gegenseite sprach den Individualrechten lediglich eine sekundäre Auslöser- oder Hilfsfunktion zu, während der Hauptzweck der Verwaltungsgerichte in der Wahrung der objektiven Rechtsordnung bestehen sollte.[154]

aa) Namentlich *Otto Sarwey* begriff das Verwaltungsrecht im engeren Sinne als „Bestimmung derjenigen Rechtssphäre des Einzelnen, welche auch gegenüber den kollidirenden Forderungen des öffentlichen Interesses als unantastbar schlechthin zu achten" sei und welche „insofern den Willen der öffentlichen Gewalt und der Einzelnen ebenso" bestimme und einschränke wie die privatrechtliche Norm.[155] In Anlehnung an *Ihering* galten ihm subjektiv-öffentliche Rechte als rechtlich geschützte Interessen des einzelnen,[156] deren Geltendmachung allein dem Individuum obliege. Ähnlich hieß es bei *Jellinek*, daß sich aus der Natur des mit dem subjektiv-öffentlichen Recht verfolgten Interesses kein Differenzierungskriterium zum privaten Recht ergebe, da individuelles Recht ausschließlich das individuelle Interesse zum Gegenstand habe,[157] möge dies dem einzelnen im öffentlichen Recht auch vornehmlich aus Gründen des Gemeininteresses zugesprochen worden sein.[158] Später ging *Ottmar Bühler* nachgerade selbstverständlich davon aus, daß die Sicherung von Individualinteressen den wesentlichen Zweck der subjektiven Rechte bilde, seien sie privater oder öffentlich-rechtlicher Natur.[159]

Für *Sarwey* war klar, daß von Rechtsprechung nur die Rede sein könne, „soweit es sich um den Schutz der Einzelinteressen in Anwendung der Rechtsordnung" handele.[160] Dem lag die Differenzierung zwischen Verwaltung und Rechtsprechung in ihrer bis heute anschlußfähigen Form zugrunde. Absicht und Aufgabe der Verwaltung sei, so *Sarwey*, nicht die Verwirklichung der Rechtsordnung oder gar die Feststellung dessen, was im einzelnen Falle Recht sei, sondern die Erreichung materieller Zwecke in Konkretisierung des öffentlichen Interesses.[161] Dagegen sei Rechtsprechung als jene Tätigkeit zu bestimmen, „durch welche gegen ein auf sein entgegenstehendes subjektives Recht sich berufenden Einzelnen die Übereinstimmung des Verhaltens der Verwaltung mit der öffentlichen Rechtsordnung oder das Gegentheil festgestellt wird". Rechtsprechung sei damit „durch ihren Zweck wesentlich verschieden

---

[154] Zu den Auswirkungen der unterschiedlichen Konzepte auf das Verfahren der Sachverhaltsermittlung unten, Abschnitt 6.

[155] *O. Sarwey*, Das öffentliche Recht und die Verwaltungsrechtspflege, 65.

[156] *O. Sarwey*, Das öffentliche Recht und die Verwaltungsrechtspflege, 79.

[157] *G. Jellinek*, System der subjektiven öffentlichen Rechte, 52; vgl. *K.J. Schmitt*, BadVerwZ 1871, 245, 248f.

[158] *G. Jellinek*, System der subjektiven öffentlichen Rechte, 53.

[159] *O. Bühler*, Die subjektiven öffentlichen Rechte, 42.

[160] *O. Sarwey*, Das öffentliche Recht und die Verwaltungsrechtspflege, 76; auch ebd., 73, 405ff.

[161] *O. Sarwey*, Das öffentliche Recht und die Verwaltungsrechtspflege, 74.

von der verwaltenden Thätigkeit, auch soweit diese die Rechtsordnung zu verwirklichen hat."[162]

bb) Die Gegenstimmen begnügten sich nicht mit der objektiv-rechtlichen Fundierung der subjektiven Rechte im formalen Sinne, sondern wollten diese Rechte nur um der *objektiven Verwaltungskontrolle* willen dem Schutz der Verwaltungsgerichtsbarkeit überantworten. Bekanntermaßen war es namentlich *Rudolf v. Gneist*, der betonte, daß es sich beim Verwaltungsrecht – einem „Inbegriff von Normativbestimmungen für die Ausübung der obrigkeitlichen Gewalt, abgeleitet vom Staate und existent durch und in dem Staate" – um eine *objektive* Rechtsordnung handele, die „auch unabhängig von Parteianträgen um des öffentlichen Rechts und Wohles willen zu handhaben" sei. Alle Kontrollen der Staatsgewalt seien gleichermaßen zum Schutz der Gesamtheit wie des einzelnen bestimmt.[163] Die Rechte der Bürger im Verwaltungsstreitverfahren stellten aber keine eigenständigen Individualrechte dar, die um des Individuums willen anerkannt würden, sondern nur *sekundäre* Rechte, die sich aus dem Gebot der richtigen Anwendung der objektiven Rechtsordnung herleiteten. Die Verwaltungsrechtsprechung könne daher nicht in „publicistische Individualrechte" aufgelöst werden. Ihre Konzeption als Institution zum Schutz subjektiver Rechte sei eine „civilistische petitio principii".[164]

Ähnlich meinte *Otto Mayer*, im Verwaltungsrecht könne das subjektive Recht nicht die gleiche, alles beherrschende Rolle spielen wie im Privatrechtsverkehr. Die Verwaltungsrechtspflege diene bloß dem *objektiven* Recht, „der aufrecht zu erhaltenden Rechtsordnung, und dadurch *mittelbar* den durch diese geschützten Interessen, die nicht notwendig die bestimmte Form von subjektiven Rechten an sich tragen".[165] Im Gegensatz zu *Sarwey* negierte *Mayer* jeden aus der Natur der Tätigkeit hergeleiteten, in der abweichenden systemischen Positionierung begründeten Gegensatz zwischen aktiver Verwaltung und Verwaltungsgerichtsbarkeit. Verwaltungsgerichtliches Urteil und Verwaltungsakt fielen damit begrifflich zusammen.[166] Unterschiedlich war allein die Entstehungsweise des obrigkeitlichen Akts,[167] nämlich als behördliche Anordnung auf der einen, als Parteiverfahren vor einer richterlich unabhängigen Instanz auf der anderen Seite.[168] Damit entfiel auch die für den Zivilprozeß kennzeichnende Doppelung von öffentlich-rechtlichem Prozeßrechtsverhältnis und dem Unterbau eines zwischen den Parteien streitigen Privatrechtsverhältnisses. Vielmehr ging es im Verwaltungsprozeß ebenso wie im Verwaltungsverfahren unmittel-

---

[162] *O. Sarwey*, Das öffentliche Recht und die Verwaltungsrechtspflege, 73.
[163] *R. v. Gneist*, Der Rechtsstaat, 270.
[164] *R. v. Gneist*, Der Rechtsstaat, 271.
[165] *O. Mayer*, Deutsches Verwaltungsrecht, Bd. 1, 132, Hervorhebung durch mich, M.K.
[166] *O. Mayer*, Deutsches Verwaltungsrecht, Bd. 1, 138.
[167] *O. Mayer*, Deutsches Verwaltungsrecht, Bd. 1, 135.
[168] *O. Mayer*, Deutsches Verwaltungsrecht, Bd. 1, 135ff., 137.

bar um die Bestimmung des Verhältnisses von privater Partei und öffentlicher Gewalt in Gestalt des verwaltungsgerichtlichen Urteils.[169]

cc) Im subjektiv-rechtlichen Paradigma der Verwaltungsgerichtsbarkeit gewann die Differenzierung zwischen Politik und Verwaltung auf der einen, Recht und Gerichtsbarkeit auf der anderen Seite ihre bis heute vertraute Form. In der Konsequenz der Zuordnung der Verwaltungsgerichte zur Rechtssphäre und der konstruktiven Gleichartigkeit subjektiver Rechte des Privat- und des öffentlichen Rechts hätte es gelegen, auch das Verfahren vor den Verwaltungsgerichten allein juristischen Rationalitätskriterien zu unterwerfen. Die Anlehnung an das Verfahren des Zivilprozesses einschließlich des dort geltenden Verfahrens der Sachverhaltsermittlung hätte angesichts dieser Positionierung der Verwaltungsgerichte durchaus nahegelegen.[170]

Dagegen bot sich im „objektiv-rechtlichen" Paradigma, das die Trennung der Verwaltungsgerichte von der aktiven Verwaltung nicht mitvollzog, eine Vielzahl von Begründungen des Untersuchungsgrundsatzes an. Beginnend mit der konzeptuellen wie tatsächlichen Nähebeziehung zwischen aktiver Verwaltung und Verwaltungsgerichtsbarkeit, konnte die Dispositionsbefugnis des einzelnen über seine subjektiv-öffentlichen Rechte bestritten werden. Damit einher ging der Rekurs auf die besondere Qualität des öffentlichen gegenüber dem privaten Rechtskreis. Ihren Fluchtpunkt fanden diese Begründungen, die aus heutiger Sicht als Ausdruck einer mangelnden systemischen Differenzierung zwischen Recht und Politik erscheinen, in dem angeblich spezifischen Bezug öffentlich-rechtlicher Streitigkeiten zum Wohl der Allgemeinheit.

5. *Gemeinwohlbezug*

Das Gemeinwohlargument konnte sich auf eine lange Tradition stützen. Ursprünglich begründet im Interesse der Landesherrschaft an bestimmten Sachbereichen administrativer Steuerung, erhielt es im Motiv der Sphärentrennung erste theoretische Konturen (a). Mit der zunehmenden Normativierung des Verwaltungsrechts verlor das Gemeinwohlargument, verstanden als Aufforderung an den Verwaltungsrichter zur selbständigen Wahrung der streitbefangenen öffentlichen Interessen, seinen inneren Halt (b). Seine Überlebensfähigkeit erklärt sich aus der rechtstheoretischen Überhöhung, die der Gegensatz zwischen Privatrecht und Öffentlichem Recht im Zuge der Verselbständigungstendenzen beider Rechtsgebiete erfuhr (c).

---

[169] *O. Mayer*, Deutsches Verwaltungsrecht, Bd. 1, 139. Heutige Vorstellungen, das Verfahren der Verwaltungsgerichte werde durch die streitbefangenen (Grund-)Rechte beeinflußt, fänden hier eine – vermutlich unwillkommene – Rechtfertigung.

[170] Seinerzeit in dieser Deutlichkeit – soweit ersichtlich – allein *K.J. Schmitt*, BadVerwZ 1871, 245, 250.

a) Ursprung im Gedanken der Sphärentrennung

Verfolgt man die – bis in Motive und Dogmatik der heutigen Verwaltungsprozeßordnung weisende – Spur des Gemeinwohlarguments zur ihren Ursprüngen zurück, gelangt man erneut zur Diskussion um den Verwaltungsrechtsschutz im beginnenden 19. Jahrhundert. Rechtsgebundene, nur den Prinzipien der Gerechtigkeit verpflichtete Gerichtstätigkeit unter Ausblendung aller „politischen" Belange auf der einen, gemeinwohlkonkretisierende, an Recht und Gesetz nur lose gebundene Verwaltungstätigkeit auf der anderen Seite bildeten das Material jener dichotomischen Leitvorstellung der *Sphärentrennung*, aus der sowohl die Verfechter des Justizstaates als auch der verwaltungsinternen Rechtspflege ihre Argumente gezogen hatten. Unterschiedliche Leitbilder des Richters und des Verwaltungsmannes, namentlich die Gegenüberstellung eines logizistisch-technischen Methodenideals der Rechtsfindung mit einer auf eigenständige, effiziente Entscheidungsarbeit hin berechneten Konzeption der Verwaltungstätigkeit, ließen jede Gerichtsbarkeit in Verwaltungssachen in den Augen ihrer Kritiker als lebensuntüchtige Kreuzung zweier Wertsphären erscheinen.

„Gemeinwohl" und „Gerechtigkeit" als Kontingenzformeln von Politik und Recht[171] erschienen als *konträre Größen*. Diese Dichotomie verschärfte sich, als der Zweck der Rechtspflege in zunehmendem Maße als Schutz privatrechtlicher, vorstaatlich gegründeter Einzelinteressen identifiziert wurde. Unter dem Signum des Gemeinwohls schlug dagegen, so die zugespitzte Formulierung *Peter Häberles*, das „rechtlich Unbegrenzte" gegenüber Recht, Freiheit und privatem Interesse durch.[172] So gesehen legitimierte sich die öffentliche Verwaltung des monarchischen Staates geradezu „gegen" Recht und Gesetz, traten Gemeinwohl und Gerechtigkeit in eine Frontstellung und markierte das öffentliche Interesse zugleich die Grenzen des Rechts.[173]

Das Gemeinwohlargument bezeichnete daher, auch und gerade in Zusammenhang mit dem Untersuchungsgrundsatz, eine *Grenzüberschreitung*, nämlich den Einbruch politischer Rationalitätskriterien in die Sphäre der Rechtspflege. Wie schon im vorerwähnten Berner „Entwurf einer Proceßform für Administrativ-Streitigkeiten" aus dem Jahre 1818[174] deutlich wurde, sollte der Verwaltungsrichter mit Hilfe des Untersuchungsgrundsatzes in die Lage versetzt werden, wie ein Verwaltungsbeamter den Belangen des Gemeinwesens und ei-

---

[171] Begriff der Kontingenzformel bei *N. Luhmann*, Die Wissenschaft der Gesellschaft, 397; für das Rechtssystem *ders.*, Das Recht der Gesellschaft, 218ff.

[172] *P. Häberle*, Öffentliches Interesse als juristisches Problem, 69.

[173] *P. Häberle*, Öffentliches Interesse als juristisches Problem, 166f.

[174] Entwurf abgedruckt bei *Mittermaier*, AcP 3 (1820), 242ff.; Überreichungsbericht auszugsweise wiedergegeben bei *Nibler*, AcP 3 (1820), 374, 375ff., Anm. 3; dazu im einzelnen oben, Abschnitt 2.

ner effizienten Verwaltungstätigkeit, auch und gerade gegenüber den im Rechtswege geltend gemachten Privatrechten, Wirksamkeit zu verschaffen. Das Gemeinwohlargument markierte seither eine *Sollbruchstelle* des Rechtssystems gegenüber der Staatsverwaltung, das politischen Gesichtspunkten unmittelbare Wirksamkeit gegenüber reinen Rechtsgründen verschaffen sollte.[175] Die Administrativjustiz stand damit institutionell an der *Schnittstelle* von Recht und Politik – nämlich an jener Stelle, an der die rechtsinterne Differenzierung zwischen Recht und Unrecht als solche unter Berufung auf „Gemeinwohl" außer Kraft gesetzt werden konnte.[176] Gemeinwohlargument, Verfahrensdifferenzierung und der Untersuchungsgrundsatz als deren wesentliche Ausprägung markierten seit Beginn der Diskussion um die Verwaltungsgerichtsbarkeit jenen Punkt, wo die Bemühungen des politischen Systems und des Rechtssystems um operative Geschlossenheit miteinander kollidierten.

b) Normativierung des Gemeinwohls

Diese Konkurrenz wechselseitiger Geschlossenheitsansprüche wurde mit der Institution des Rechtsstaates überwunden. Der Rechtsstaat fungiert seither, wie oben bereits angedeutet, zugleich als eine Einrichtung des Rechts und als Instanz der politischen Verantwortung für das Recht[177]. Die ursprünglich gegenläufigen Perspektiven der juristischen Fesselung der politischen Gewalt und der politischen Instrumentalisierung des Rechts konnten auf diese Weise als Einheit bezeichnet werden.[178]

aa) Im Rechtsstaat kulminierte die beiderseitige operative Schließung von Recht und Politik. Mit Blick auf das *Gemeinwohl* ergaben sich daraus zwei aufeinander bezogene Entwicklungen. Auf der einen Seite ging die Politik dazu über, mehr und mehr Gemeinwohltatbestände *positiv-rechtlich* zu normieren. Seither galt die konkrete Gesetzgebung des Volkes als praktischer Niederschlag der jeweiligen Vorstellungen vom Gemeinwohl, der öffentliche Interessen und

---

175 Zu den systemtheoretischen Prämissen der folgenden Äußerungen *N. Luhmann*, Das Recht der Gesellschaft, insb. 407ff.

176 Das Gemeinwohl fungierte – mit einem Begriff *Gotthard Günther*s – als Rejektionswert, d.h. als ein Wert, der sich dem in Rede stehenden Wertepaar entzieht, indem er dessen Alternativsituation als solche betrifft (vgl. *G. Günther*, Formalisierung der transzendental-dialektischen Logik, 229; hierzu *M. Kaufmann*, StWStP 1997, 161, 163). Für die Administrativjustiz entstand die prekäre Lage, daß ihre Entscheidungen wiederum Rechtmäßigkeit beanspruchen mußten, also einen Codewert der gerade rejizierten Alternative. Die Erweiterung des strikt alternativen Codes um eine weitere Nennung mußte die Entscheidungslage der Administrativjustiz so verkomplizieren, daß keine sicheren Operationen mehr möglich waren. An diese Paradoxien setzte – aus Sicht des Rechts zu Recht – die Kritik der justizstaatlichen Bewegung an, wie die herangezogenen Metaphern („Zwitterwesen", „halb geöffnetes Auge" etc.) trefflich illustrieren.

177 *N. Luhmann*, Das Recht der Gesellschaft, 415.

178 *N. Luhmann*, Das Recht der Gesellschaft, 422.

der materialen Staatszwecke.[179] Auf der anderen Seite stellte sich der Verwaltungsrechtsprechung die Aufgabe, das Gemeinwohl *als Rechtsbegriff* operabel zu machen und rechtsdogmatisch zu erschließen („Gemeinwohljudikatur").

Die tradierte Frontstellung zwischen Gemeinwohl und Gerechtigkeit, wie sie im Gedanken der Sphärentrennung ursprünglich angelegt war, konnte durch die *Normativierung* des Gemeinwohls im thematisch zunehmend weiter gespannten und differenzierteren öffentlichen Recht aufgefangen werden.[180] Die Interpretation und Konkretisierung des öffentlichen Interesses wurde damit, wie sich etwa an der Rechtsprechung des Preußischen Oberverwaltungsgerichts nachweisen läßt, in dem Maße zur *richterlichen Aufgabe*, wie das öffentliche Interesse zum normativen Tatbestandsmerkmal der Verwaltungsgesetze gerann.[181]

bb) Die Vorstellung, damit seien die Gerichte ähnlich wie die Verwaltungsbehörden in den Prozeß der Gemeinwohlkonkretisierung eingebunden worden, verkennt allerdings gerade die Pointe der Normativierung des Gemeinwohls. Diese Pointe besteht darin, daß seit dem Wechsel seiner Systemreferenz die Konkretisierung der Gemeinwohltatbestände *reine Rechtsanwendung* ist. Sobald das Gemeinwohl zum Tatbestandsmerkmal der Normativbestimmungen des Verwaltungshandelns geriet, bestand aus methodischer Sicht kein Anlaß mehr, hieran die Forderung abweichender Verfahrensregelungen zu knüpfen. Im Gegenteil war die Vorstellung der freien Gemeinwohlkonkretisierung durch den Verwaltungsrichter Ausfluß der – mit dem Rechtsstaat gerade *überwundenen* – Vorstellung, daß auf dem Gebiete des „öffentlichen Rechts" nicht so sehr das strenge Recht als vielmehr das Staatsinteresse oder das öffentliche Wohl herrsche, daß dort m.a.W. nicht „die gebundene Anwendung von Gesetzen auf konkrete Fälle, sondern die freie Verwirklichung des Staatszwecks lediglich im Rahmen der Gesetze" walte.[182]

Im positiven Recht findet eine derartige, auf die *Methodik der Rechtsanwendung* durchschlagende Differenzierung zwischen öffentlichem und privatem Recht seither keine Stütze mehr.[183] Vielmehr gilt, daß jeder Satz des objektiven

---

[179] Deutlich bei *C.F. Gerber*, Grundzüge eines Systems des Deutschen Staatsrechts, 31ff., 33, Anm. 5: „Die gesammte Gesetzgebung eines Volks ist der praktische Niederschlag seiner derzeitigen Vorstellung vom Staatszwecke und von der Bestimmung der Stellung seiner Staatsgewalt gegenüber dem individuellen, dem gesellschaftlichen, gewerblichen Leben der Bürger, der Familie, der Gemeinde, der Kirche und der Sphäre der geistigen Kultur."

[180] Insoweit zutreffende Beobachtungen bei *P. Häberle*, Öffentliches Interesse als juristisches Problem, 208ff.

[181] *P. Häberle*, Öffentliches Interesse als juristisches Problem, 222f. Konkret zur Rechtsprechung des Preußischen Oberverwaltungsgerichts ebd., 245ff., 279. Vgl. zur Auslegung des „öffentlichen Interesses" als *Rechts*begriff durch das Sächsische Oberverwaltungsgericht *O. Bühler*, Die subjektiven öffentlichen Rechte, 429f.

[182] So die klassische Kritik bei *H. Kelsen*, Reine Rechtslehre, 286.

[183] Noch weitergehend *H. Kelsen*, Reine Rechtslehre, 286.

Rechts, gehöre er dem Privatrecht oder dem öffentliches Recht an, einerseits in einem übergeordneten Sinne den Interessen der Gesamtheit dient, andererseits aus Sicht des Rechtsunterworfenen auch Privatinteressen berühren kann.[184] In besagtem Wechsel der Systemreferenz, der Auflösung des „Gemeinwohls" in Tatbestände des öffentlichen Rechts, liegen denn auch die Zweifel begründet, ob das Gemeinwohlargument noch in der Lage ist, den Untersuchungsgrundsatz im Verwaltungsprozeß zu rechtfertigen. Mit der Normativierung des Gemeinwohls, so der Verdacht, dürfte die zentrale Funktion des Untersuchungsgrundsatzes in ursprünglicher Lesart, dem Richter die Berücksichtigung *„rechtsfremder" Gesichtspunkte* zu überantworten, gerade verlorengegangen sein.

cc) Ein Hinweis darauf, daß diese Problematik schon zum Ende des 19. Jahrhunderts erkannt und in ihrer Bedeutung für das Verwaltungsstreitverfahren thematisiert werden konnte, findet sich bei *Karl v. Lemayer*. Der Pauschalverweis auf das öffentliche Interesse könne, so *Lemayer*, Verfahrensdifferenzierungen wie den Ausschluß des kontradiktorischen Parteiverfahrens im allgemeinen, der Verhandlungsmaxime im besonderen nicht rechtfertigen. Der Grundgedanke der Verwaltungsgerichtsbarkeit erschöpfe sich nicht darin, daß an allen Verwaltungsrechtssachen ein öffentliches Interesse bestehe. Er liege vielmehr darin, daß für gewisse Gebiete *innerhalb* der Angelegenheiten von öffentlichem Interesse deren rechtliche Anforderungen derart umschrieben und begrenzt seien, daß „hinsichtlich derselben eine Rechtssphäre des Einzelnen sich ergibt".

Innerhalb dieses Bezirks dürfe die „Anwendung der rechtlichen Kategorien nicht immer wieder durch die Hinweisung auf das hier bestehende öffentliche Interesse in Frage gestellt werden".[185] Es sei eine Fehlvorstellung, daß das „öffentliche Interesse überall als vager, die juristische Bestimmtheit der Verhältnisse auflösender Factor in das Verwaltungsrechtsverfahren hineinragt." Vielmehr sei es den Verwaltungsgerichten aufgegeben, „diesen Factor auf *bestimmte rechtliche Proportionen* zurückzuführen. Wo aber dieses nach dem geltenden öffentlichen Rechte nicht möglich ist, das öffentliche Interesse wirklich nur als solches, als weiter nicht definirte und determinirte Forderung der Gesammtheit auf dem Plane steht, da ist auch die Aufgabe der Verwaltungsgerichtsbarkeit zu Ende."[186]

Die mit dem Wechsel der Systemreferenz verbundene Problematik wird damit präzise markiert. Der Verweis auf Gemeinwohl oder öffentliche Interessen

---

[184] Zu den rechtstheoretischen Voraussetzungen (vgl. *H. Kelsen*, Hauptprobleme der Staatsrechtslehre, 269) noch unten, Kap. 2, Abschnitt IV. 1. a); dazu *D. Wyduckel*, Ius Publicum, 280f.

[185] *K. v. Lemayer*, GrünhutsZ 22 (1895), 353, 474; in diese Richtung bereits *K.J. Schmitt*, BadVerwZ 1871, 245: „Streitige Rechtsfragen, erhoben auf dem Grunde des bestehenden Gesetzes, müssen endlich aufhören, innerhalb des Staates lediglich als einseitige Interessen- oder Macht-Fragen tractirt zu werden."

[186] *K. v. Lemayer*, GrünhutsZ 22 (1895), 353, 474. Eben hier hat aus heutiger Sicht die Frage der gerichtlichen Kontrolle von *Ermessens*entscheidungen der Verwaltung ihren dogmatischen Ort.

als Argument zur Rechtfertigung des Untersuchungsgrundsatzes transferierte die überkommene Frontstellung zwischen Recht und Politik in die verwaltungsprozessuale Dogmatik und ließ sie dort als Fremdkörper zurück. Dieser konnte zwar, gleichsam in einer Immunreaktion der verwaltungsrechtlichen Dogmatik, in stereotype Begründungsformeln eingekapselt, aber nicht mehr konzeptuell verarbeitet werden.

c) Fortschreibung des Gemeinwohlarguments

Bis in die Begründung der geltenden Verwaltungsgerichtsordnung hinein zeigt sich die suggestive Kraft des Verweises auf „seit jeher bewährte allgemeine Verfahrensgrundsätze“[187] des Verwaltungsrechts. Sucht man nach Ursachen dieser Resistenz, fallen zunächst jene Resonanzmöglichkeiten in den Blick, die das Gemeinwohlargument in der gegen Ende des 19. Jahrhunderts vordringenden Besinnung auf den „Zweck im Recht“ fand. Der Gesichtspunkt des öffentlichen Interesses konnte sich im Zuge dessen gleichsam subkutan in der Dogmatik des Verwaltungsprozesses festsetzen, nämlich über den Begriff des subjektiv-öffentlichen Rechts und seiner Operationalisierung in Gestalt der Schutznormtheorie.[188]

Die zweite Ursache für die Scheinplausibilität des Gemeinwohlarguments ist der Schutznormtheorie rechtslogisch vorgelagert. Es handelt sich um die „zwecktheoretische“ Polarisierung zwischen dem Privatrecht als staatsisoliertem Raum bürgerlicher Freiheit auf der einen (aa), der Ordnung des staatlichen Gemeinwesens auf der anderen Seite (bb). Das Gemeinwohlargument schöpft auch insofern aus den Beständen einer überwundenen Frontstellung, nämlich der kategorialen Sonderung beider Rechtskreise, die mit ihrer Prozeßfunktion im Zuge der Auseinandersetzung um die Kompetenz der Zivilgerichte gegenüber den Verwaltungsbehörden einsetzte.[189]

aa) Privatrecht als Sphäre bürgerlicher Freiheit

Wie beim Blick auf das Institut des subjektiv-öffentlichen Rechts bereits notiert, gewann die Vorstellung einer gesonderten Qualität des öffentlichen Rechts gleichsam von außen Plausibilität, indem das Privatrecht zur staatsfreien Sphäre bürgerlicher Freiheit erklärt wurde. Im 19. Jahrhundert fand das vernunftrechtliche Denkmodell eines vor- oder außerstaatlichen Systems allgemei-

---

[187] BT-Drs. I/4278, 43.

[188] Hierzu unten, Kap. 2, Abschnitt IV. 2. a).

[189] Begriff und Analyse der Prozeßfunktion bei *M. Bullinger*, Öffentliches Recht und Privatrecht, 49ff., 51; vgl. *E. Molitor*, Über öffentliches Recht und Privatrecht, 14f.; *W. Martens*, Öffentlich als Rechtsbegriff, 86f.

ner Rechtssätze der zwischenmenschlichen Beziehungen[190] Einzug in das politische Programm des Liberalismus. Das Privatrecht wurde als eigenständige, vom öffentlichen Recht qualitativ gesonderte und im wesentlichen staatsfreie Ordnung der bürgerlichen Erwerbsgesellschaft verstanden,[191] auch nachdem die Rechtsquelle des Privatrechts in die staatliche Rechtsordnung selbst verlagert werden mußte.[192]

Während in Österreich unter dem bestimmenden Einfluß der Rechtslehre *Kants* ein Bürgerliches Gesetzbuch als Ausdruck eines vom Staate getrennten, methodisch isolierten Privatrechts entstand,[193] war es im übrigen Deutschland die Wissenschaft, die den Schritt zum autonomen Privatrecht unternahm.[194] Die Historische Rechtsschule konnte dabei, wie geschildert, an die von *Kant* vorgezeichnete Konstruktion des Privatrechts als eines a priori erkennbaren, vorstaatlichen Rechts anknüpfen; einer Ordnung des „äußeren Mein und Dein", die zwar der Sicherung durch die Staatsgewalt bedurfte, aber in ihren wesentlichen materiellen Prinzipien jeder staatlichen Setzung vorauslief.[195] Zwar trat mit *Savigny* an die Stelle der Vernunft als Quelle des Privatrechts der „Volksgeist".[196] Die Prinzipien der *Kant*schen Rechtslehre blieben jedoch als materielle Basiswertungen des positiven Rechts erhalten, nämlich – mit *Franz Wieacker*

---

[190] Hierzu, namentlich bezugnehmend auf *Pufendorf*, *M. Bullinger*, Öffentliches Recht und Privatrecht, 32ff.; im allgemeinen *F. Wieacker*, Privatrechtsgeschichte der Neuzeit, 301ff.

[191] Vgl. *M. Bullinger*, Öffentliches Recht und Privatrecht, 37; *D. Grimm*, Zur politischen Funktion, 99ff.; *E.-W. Böckenförde*, Die Bedeutung der Unterscheidung von Staat und Gesellschaft, 215ff.; *H.H. Rupp*, HdbStR I, § 28, Rn. 4; *M. Stolleis*, Öffentliches Recht und Privatrecht, 55ff.; zur Bedeutung *Hegels* in diesem Zusammenhang *M. Riedel*, Der Begriff der „Bürgerlichen Gesellschaft", 101.

[192] Deutlich bereits bei *R. v. Mohl*, Encyklopädie der Staatswissenschaften, 193f.: Der Staat habe das Recht, die „objectiven Grundsätze für Regelung des Privatrechtes durch befehlende Normen festzustellen"; zugespitzt bei *H. Zöpfl*, Grundsätze gemeinen deutschen Staatsrechts, 34: Das Privatrecht sei „hinsichtlich seiner praktischen Gültigkeit vom Staate abhängig und demselben untergeordnet". Das Privatrecht sei allein daran zu erkennen, daß dem einzelnen die Dispositionsbefugnis über seine Ausübung zukomme (ebd., Anm. 7).

[193] Vgl. zum österreichischen AGBG von 1811 *F. Wieacker*, Privatrechtsgeschichte der Neuzeit, 337ff.; *D. Grimm*, Zur politischen Funktion, 94ff.

[194] *D. Grimm*, Zur politischen Funktion, 98.

[195] Vgl. zu Begriff und Prinzip des Rechts *I. Kant*, Die Metaphysik der Sitten, Rechtslehre, Einleitung §§ B f., 336ff.; zum Erfordernis des Übergangs vom Naturzustand in die staatliche Verfassung um der gesicherten Rechtsgeltung willen ebd., § 9 (366ff.), § 41, 422ff.; zur inhaltlichen Äquivalenz ebd., 424: Der Zustand des öffentlichen Rechts – für *Kant* Bezeichnung der staatlich verfaßten Rechtsordnung – enhalte nicht mehr, oder andere Pflichten der Menschen unter sich, als im Naturzustand gedacht werden können; die Materie des Privatrechts sei in beiden Zuständen dieselbe.

[196] So vereinfachend *M. Bullinger*, Öffentliches Recht und Privatrecht, 42; differenzierend *F. Wieacker*, Privatrechtsgeschichte der Neuzeit, 381ff. Namentlich *Savignys* „System des heutigen römischen Rechts" (ab 1840) erwächst in dialektischer Wechselwirkung von systematischer Stilisierung und historischem Stoff zur einer Rechtstheorie als „Philosophie des positiven Rechts"; *Wieacker* a.a.O., 397; s. auch *E.-W. Böckenförde*, Die Historische Rechtsschule und das Problem der Geschichtlichkeit des Rechts, 10ff.

– das „selbständige Daseyn" des Rechts, „welches die autonome Sittlichkeit der Person nicht erzwingen, sondern ermöglichen soll; das subjektive Recht als der Raum der Freiheit, die mit der Freiheit des anderen noch zusammenbestehen kann; Rechtsgeschäft und rechtsgeschäftlicher Wille als Aktionsraum der autonomen Persönlichkeit".[197]

In einer doppelten Bewegung konnte das Privatrecht zum einen als Modell reiner, isolierter Individualbeziehungen konzipiert und systematisiert werden, zum anderen methodisch von der Staats-, Wirtschafts- und Sozialordnung im allgemeinen, den Rechtsbeziehungen der Bürger zum Staat im besonderen abgegrenzt werden. Im Ergebnis harmonierte der individualistische Denkansatz des Privatrechts mit dem politischen Programm des Liberalismus, da die privatrechtlichen Institute den Funktionsanforderungen einer liberalen, möglichst staatsfreien Wirtschaftsordnung entsprachen. Das Privatrecht wurde zum Recht der Freiheit[198], Privatautonomie und Vertragsfreiheit bildeten seine Grundsätze, der Vertrag entwickelte sich zur beherrschenden Figur eines weitgehend disponibel gedachten Rechts.[199]

bb) Öffentliches Recht als Sphäre der Gemeinwohlverwirklichung

Auf der anderen Seite wurde das öffentliche Recht in deutlicher Abgrenzung als Recht im *Subjektionsverhältnis* konzipiert, das im wesentlichen der Verwirklichung des *Gemeinwohls* dienen sollte. Die Subordination des Staatsbürgers unter die Staatsgewalt konnte als strukturelles, der Gemeinwohlbezug als materielles Spezifikum der Rechtsbeziehungen zwischen Individuum und Staat begriffen werden. Die Prominenz des *Interessen*begriffs für die Abgrenzung zwischen Privatrecht und öffentlichem Recht verdankt sich maßgeblich der Autorität *Savignys*. *Savigny* erkannte den Gegensatz beider Rechtsgebiete darin, daß „in dem öffentlichen Recht das Ganze als Zweck, der Einzelne als untergeordnet erscheint, anstatt daß in dem Privatrecht der einzelne Mensch für sich Zweck ist, und jedes Rechtsverhältniß sich nur als Mittel auf sein Daseyn oder seine besonderen Zustände bezieht".[200] Die staatsrechtliche Dogmatik machte sich diese Differenzierung im Zuge der Bemühungen zu eigen, den Staat als Subjekt rechtlicher Zuordnung näher zu bestimmen. In den hierfür maßgeblichen Ausführungen *Wilhelm E. Albrechts* hieß es dazu, der Staat als Gemeinwesen

---

[197] *F. Wieacker*, Privatrechtsgeschichte der Neuzeit, 397f. m.w.N. Zur Übernahme der materialen Grundgehalte des Vernunftrechts durch die Historische Rechtsschule und deren Wurzeln in der spezifischen Geschichtsauffassung *Savignys* auch *E.-W. Böckenförde*, Die Historische Rechtsschule und das Problem der Geschichtlichkeit des Rechts, 20.

[198] *D. Grimm*, Zur politischen Funktion, 99; *M. Stolleis*, Öffentliches Recht und Privatrecht, 55ff.

[199] *D. Grimm*, Zur politischen Funktion, 100.

[200] *F. C. v. Savigny*, System I, 23.

diene Zwecken, die nicht bloß „die Summe individueller Interessen des Herrschers und der Unterthanen, sondern ein höheres, allgemeines *Gesammtinteresse* bilden".[201]

Die spezifische materiale Qualität des öffentlichen Rechts konnte seither aus seiner instrumentalen Zuordnung als „Inbegriff der Mittel zur Sicherung und Beförderung des Staatszwecks"[202] abgeleitet werden. Die materiale Aufladung des öffentlichen Rechts war dann eine Frage der Bestimmung dieses *Staatszwecks* selbst, wie es, als wirkmächtiges Beispiel und Übergangssemantik zugleich, die Staatslehre *Friedrich J. Stahls* illustriert.[203] *Stahl* verstand den Staat – unter dem Einfluß von, zugleich in kritischer Auseinandersetzung mit *Hegel* – als „sittliches Reich" zur Aufrechterhaltung einer theistisch gegründeten Weltordnung, das zwar dem monarchischen Legitimitätsprinzip verpflichtet war, sich aber zugleich als Rechtsstaat verfassen und die Grundrechte gewährleisten sollte.[204] Aus der Natur des Staates als eines sittlichen Reichs folgte auch für *Stahl*, daß nur der Staat selbst, „seine eigene beherrschende Macht, sohin die Regierung das Urtheil über die gesetzmäßige Anwendung ihrer Funktion haben" könne, sie indes nicht „für Vornahmen derselben erst die Entscheidung der Gerichte als einer dritten Macht bedürfen, noch weniger ... sie selbst der Macht der Gerichte, deren Verurtheilung, Befehl und Vollstreckung, unterliegen" könne. Der Staat verlöre ansonsten seinen Charakter als sittliches Reich über den Individuen, er würde im Falle der richterlichen Entscheidungsgewalt über seine Handlungen „selbst eine bloße Privatparthei, seine Handlungen verlören den Charakter einer höhern Autorität, es käme ihm sein Herrscherrecht gegen den Unterthan nicht in andrer Art zu als dem Gläubiger seine Befugnisse gegen den Schuldner, und die Unterthanen hätten aufgehört, ergänzende Glieder des Staats, dieses sittlichen Ganzen, zu seyn, sondern ständen ihm als einem Subjekte außer ihnen als losgetrennte, unabhängige, gleichartige Subjekte gegenüber."[205]

Zwar galt *Stahl* die Verwaltungssphäre mitnichten als „rechtlose" Sphäre administrativer Willkür unter dem Signum des Gemeinwohles. Vielmehr sollte das Verwaltungshandeln getreu der Option für den formalen Rechtsstaat durch die Gesetze gesteuert oder zumindest limitiert werden.[206] Diese Gesetze allerdings gewannen dadurch ihre besondere Qualität, daß an die Differenzierung von Staat und Gesellschaft die substantielle Unterscheidung von Privat- und öffentlichem Recht gleichsam angekoppelt wurde. Das Privatrecht erschien *Stahl* als

---

201 *W.E. Albrecht*, Rez. Maurenbrecher, 1492; Hervorhebung durch mich, M.K.

202 *G. v. Weiler*, Über Verwaltung und Justiz und über die Grenzlinie zwischen beiden, 5.

203 Weitere Nachweise bei *M. Bullinger*, Öffentliches Recht und Privatrecht, 59f.

204 Für einen knappen Blick über die Lehre *Stahls* vgl. *A. Hollerbach*, Art. Stahl, m.w.N.; eingehend zum Begriff des Rechtstaates bei *Stahl* zuletzt *K. Sobota*, Das Prinzip Rechtsstaat, 320ff.

205 *F.J. Stahl*, Rechts- und Staatslehre, 446f.

206 Deutlich *F.J. Stahl*, Rechts- und Staatslehre, 446.

Sphäre der „Erhaltung des Menschen bei seinem Rechte", dem öffentlichen Recht schrieb er dagegen das Ziel zu, „die Menschen gemeinsam zu beherrschen, sie zu einem *Gesammt-Daseyn* zu verbinden und dieses als solches zu vollenden". Im öffentlichen Recht sei eben dieser *Gesammterfolg*, nicht „die Gerechtigkeit, die Erhaltung des Einzelnen bei seinem Recht", das primär bestimmende Princip.

Die instrumentale Zuordnung zu Staatszweck und Staatsbegriff auf der einen, die Abgrenzung zu den Basiswertungen des Zivilrechts auf der anderen Seite führten zu einer Überhöhung des öffentlichen Rechts als Wesenselement des modernen Staates.[207] Die Abgrenzung beider Rechtsgebiete geriet, ablesbar etwa bei *Otto v. Gierke*, zur „Lebensfrage der Gegenwart", der „scharfe, grundsätzliche Gegensatz" beider Rechtsgebiete galt ihm als unantastbar. Das öffentliche Recht müsse als „Daseinsordnung höherer Gesammtheiten mit selbständigem Lebenszweck" begriffen werden. Ansonsten sinke es, „statt der erhabenen Idee eines unsterblichen Gemeinwesens zu dienen, zum Mittel für die im Einzeldasein beschlossenen Zwecke ... herab", und mit der mühsam erstrittenen Hoheit des Staates sei es zu Ende.[208]

cc) Nivellierung dieses Gegensatzes

Die Vorstellung eines Wesensgegensatzes zwischen Privatrecht und öffentlichem Recht mußte freilich in dem Moment verblassen, wo an die Stelle ideeller Überhöhung des Staates die formale Begriffsbildung der positivistischen Methode trat. Im Anschluß an *Carl F. Gerber* und *Paul Laband* wurde der Staat als *Willensverband* konzipiert, in dessen Mittelpunkt die Staatsgewalt stand. Als rechtlicher Ausdruck dieser höchsten, unwiderstehlichen Macht galt die Herrschaft.[209] Das Subjektionsverhältnis konnte in die schärfer konturierte Form des „allgemeinen Gewaltverhältnisses" gebracht werden.[210] Mit dieser Formalisierung des öffentlich-rechtlichen Regelungszusammenhanges verlor der substantielle Gegensatz zwischen öffentlichem und privatem Recht seinen Rang.[211] Das Verhältnis von Bürger und Staatsgewalt wurde, insofern ähnlich dem der Bürger untereinander, als *Rechtsverhältnis* mit wechselseitigen Rechten und Pflichten konzipiert. Unterschiede zwischen öffentlichem Recht und Privatrecht konn-

---

[207] *M. Bullinger*, Öffentliches Recht und Privatrecht, 60.

[208] *O. Gierke*, Die soziale Aufgabe des Privatrechts, 11. Parallel dazu müsse das Privatrecht das „Individuum als Selbstzweck" erkennen. Der Hinweis auf diese Passagen bei *M. Bullinger*, Öffentliches Recht und Privatrecht, 60; weitere Nachweise ebd.

[209] *C.F. Gerber*, Grundzüge eines Systems des Deutschen Staatsrechts, 21f.

[210] *C.F. Gerber*, Grundzüge eines Systems des Deutschen Staatsrechts, 45ff.

[211] *M. Bullinger*, Öffentliches Recht und Privatrecht, 60; ausführlich *D. Wyduckel*, Ius Publicum, 274ff.; sowie – im übergeordneten Kontext des Rechtsstaatsgedankens – *P. Badura*, Das Verwaltungsrecht des liberalen Rechtsstaates, 22ff.; *E.-W. Böckenförde*, Entstehung und Wandel des Rechtsstaatsbegriffs, insb. 148.

ten danach nur noch in gradueller Form bestehen, nämlich zum einen hinsichtlich der berechtigten Rechtssubjekte, zum anderen hinsichtlich der typischen Entstehungstatbestände individuell-konkreter Rechtspflichten: zweiseitiger Vertrag im Zivilrecht, einseitige Anordnung im öffentlichen Recht.[212]

Durch diese Formalisierung verlor die Unterscheidung beider Rechtskreise anhand der Verschiedenartigkeit öffentlicher und privater Interessen an Sinn.[213] In der Verwaltungsrechtslehre des liberalen Rechtsstaates spielte das Interessenkriterium, in einem bemerkenswerten Gegensatz zu den allfälligen Begründungen des Untersuchungsgrundsatzes im Verwaltungsprozeß, kaum eine Rolle mehr, sofern es um die grundlegende Abgrenzung zwischen privatem und öffentlichem Recht ging. In einer Fußnote erklärte *Otto Mayer*, das u.a. von *Ihering* hervorgehobene „öffentliche Interesse" sei für die Abgrenzung des öffentlichen Rechts nur von mittelbarer Bedeutung, indem es auf den eigentlich bedeutsamen juristischen Gesichtspunkt hinweise, nämlich die Beteiligung der öffentlichen Gewalt an den öffentlich-rechtlichen Rechtsverhältnissen.[214] Schon längst stand die Einsicht zur Verfügung, daß es nur schwer möglich sei, die Interessen des Gemeinwesens und der einzelnen derart zu separieren, daß sich hieraus ein verläßliches Kriterium der Abgrenzung privater und subjektiv-öffentlicher Rechte ergeben könne.[215] Von hier aus war es nur noch ein kleiner Schritt zur Feststellung *Kelsens*, daß angesichts des einheitlichen Erzeugungstatbestandes die gesamte Rechtsordnung „öffentlichen Interessen" diene, zugleich aber jede Rechtsnorm dem Grunde nach Individualinteressen berühren könne.[216]

6. *Verfahren der Sachverhaltsermittlung*

Mit der Normativierung des öffentlichen Interesses und der Entzauberung des öffentlichen Rechts waren die Traditionsbestände des Gemeinwohlargu-

---

[212] Hierzu noch ausführlich unten, Kap. 2, Abschnitt IV. 2.

[213] Ausführlich zu diesem Prozeß *D. Wyduckel*, Ius Publicum, 254f.

[214] *O. Mayer*, Deutsches Verwaltungsrecht, Bd. 1, 15, Anm. 6. Zur Redundanz des „öffentlichen Interesses" auch ebd., 116.

[215] *A. Thon*, Rechtsnorm und subjectives Recht, 110. Nur vereinzelt fand sich in diesem Zusammenhang die Ansicht, das öffentliche Recht sei durch die unmittelbare Teilhabe öffentlicher Interessen gekennzeichnet; so etwa *A. Merkel*, Juristische Encyclopädie, § 87.

[216] *H. Kelsen*, Hauptprobleme der Staatsrechtslehre, 269; vgl. bereits *G. Jellinek*, System der subjektiven öffentlichen Rechte, 10; hierzu noch unten, Kap. 2, Abschnitt IV. 1. a). Die Einbeziehung des Privatrechts in den öffentlichen Rechtskreis i.w.S. läßt sich – in Abgrenzung zur älteren, vernunftrechtlich inspirierten Lehre – bereits bei *Robert v. Mohl* beobachten: der Staat habe, obschon die „Ordnung der Privatrechts-Sphären zunächst nicht seine Aufgabe ist", die Pflicht, die „objectiven Grundsätze für Regelung des Privatrechts durch befehlende Normen festzustellen" (*R. v. Mohl*, Encyklopädie der Staatswissenschaften, 193f.; vgl. auch ebd., 145). Ausführlich hierzu *D. Wyduckel*, Ius Publicum, 252ff.

ments erschöpft. Seiner Karriere als Rechtfertigungsfigur des Untersuchungsgrundsatzes tat dies indes keinen Abbruch. Dem subjektiv-rechtlichen Modell der Verwaltungsgerichtsbarkeit (a), das bei konsequenter Durchführung von Verfahrensdifferenzierungen gegenüber der ordentlichen Gerichtsbarkeit hätte Abstand nehmen müssen, diente das Gemeinwohlargument zur Rechtfertigung der herrschenden prozessualen Praxis. Das objektiv-rechtliche Modell trat dagegen das ideelle Erbe der alten Administrativjustiz an, indem es die Verwaltungsgerichte als jenen Teil der Staatsverwaltung begriff, der Verwaltungsakte im kontradiktorischen Parteiverfahren erläßt. Hier konnte der Untersuchungsgrundsatz zwanglos aus der Nähe der Verwaltungsgerichte zur aktiven Verwaltung erklärt werden. Er überbrückte zugleich den inhärenten Widerspruch eines Verfahrens, das einerseits in die Disposition der privaten Partei fallen, anderseits unmittelbar die objektive Verwaltungsrechtsordnung wahren sollte (b).

In der Praxis verlor der Widerstreit beider Konzeptionen bald an Brisanz. Der Untersuchungsgrundsatz blieb, gleichsam als Relikt einer verendeten Debatte, im Prozeß der zunehmenden „Subjektivierung" des verwaltungsgerichtlichen Rechtsschutzes erhalten. Der damit fortgeschleppte Wertungswiderspruch wurde durch das Gemeinwohlargument überdeckt (c).

a) Subjektiv-rechtliches Modell

Teilweise wurde aus dem Zweck der Verwaltungsgerichtsbarkeit, Individualrechte zu schützen, unmittelbar auf die Geltung der *Verhandlungs*maxime im Verwaltungsprozeß geschlossen (aa). Diese Position geriet freilich in Widerspruch zur positiven Rechtslage (bb).

aa) Da es der Staat dem einzelnen überlasse, ob er im Falle einer Rechtsverletzung das Verwaltungsgericht anrufe, sei das Verwaltungsstreitverfahren, so *Karl v. Stengel*, von der Verhandlungsmaxime beherrscht.[217] Soweit die Verwaltungsgerichtsbarkeit, wie etwa in Preußen, nur im Falle der Verletzung des individuellen Rechtskreises tätig werde, sei das Verwaltungsstreitverfahren notwendig dem Zivilprozeß nachgebildet und müsse damit auf der Verhandlungsmaxime beruhen.[218] Maßgeblich war für *Stengel* die im Begriff des subjektiv-öffentlichen Rechts inbegriffene Verfügungsbefugnis des Bürgers über das streitbefangene materielle Recht. Dem müsse, so die aus der Theorie des Zivilprozesses be-

---

[217] *K. v. Stengel*, Lehrbuch des Deutschen Verwaltungsrechts, 236. Vgl. zur wesensmäßigen Gleichstellung der Verwaltungs- mit der Ziviljustiz mit Blick auf die richterliche Methode *dens.*, Annalen des Deutschen Reichs 1875, 1313, 1362; auch *dens.*, VerwArch 3 (1895), 177, zur subjektiv-rechtlichen Zweckbestimmung des Verwaltungsstreitverfahrens im allgemeinen.

[218] *K. v. Stengel*, zit. nach *O. Müller*, Die Begriffe der Verwaltungsrechtspflege, 170, m.w.N.

kannte These, eine weit gefaßte Dispositionsbefugnis des Klägers über den Streitgegenstand einschließlich der Sachverhaltsermittlung entsprechen.[219]

Ähnlich argumentierte *Sarwey*, der das Verwaltungsstreitverfahren als Entscheidung über öffentlich-rechtlich geschützte Individualinteressen begriff und hieraus die prozessuale Dispositionsbefugnis der Parteien ableitete. Auf die Geltendmachung von Einzelinteressen und subjektiven Rechten könne, so *Sarwey*, jeder Rechtsinhaber verzichten. Daher könnten Verhandlungsmaxime und Säumnisfolgen des Zivilprozesses, namentlich in Gestalt der Zugeständnisfiktion bei fehlendem Tatsachenvortrag, auch im Verwaltungsstreitverfahren Geltung beanspruchen.[220] Die Verhandlungsmaxime sei um so unbedenklicher im Verfahren der verwaltungsgerichtlichen Verfolgung subjektiver Rechte anwendbar, als der Verwaltungsprozeß, anders als der Zivilprozeß, wegen der Verpflichtung der streitbeteiligten Verwaltungsbehörden auf gesetzmäßiges Handeln eine besondere Gewähr gegen unbillige Benachteiligungen der Parteien biete.[221]

Auch *Karl v. Lemayer* ging davon aus, daß den Parteien des Verwaltungsprozesses notwendigerweise die Disposition über den *status controversiae* zukomme. Zwar falle nicht jedes materielle subjektiv-öffentliche Recht in die Disposition der privaten Partei, wohl aber jedes in den Prozeß eingetretene *formelle* Recht, die *res in iudicium deducta*. Dies reiche hin, um das öffentlich-rechtliche Streitverfahren zur Gänze der zivilprozessualen Form zu unterwerfen.[222] Verfahrensabweichungen vom Zivilprozeß könnten nicht, so *Lemayer*, durch Pauschalverweise auf das beteiligte „öffentliche Interesse" gerechtfertigt werden. Wesentlich für den Gedanken der Verwaltungsgerichtsbarkeit sei nicht das öffentliche Interesse an den Gegenständen des Verwaltungsrechts im allgemeinen, sondern die Normierung von Reservaten rechtlich geschützter Privatinteressen, deren Reichweite im kontradiktorischen Parteiverfahren vor den Verwaltungsgerichten bestimmt werde. Das öffentliche Interesse, einmal in juristische Tatbestände gefaßt, dürfe nicht erneut in das Gerichtsverfahren eingeführt werden, da es dort die „juristische Bestimmtheit der Verhältnisse" in Frage zu stellen drohe.[223]

Eine konsequente Durchführung erfuhr die subjektiv-rechtliche Zweckbestimmung der Verwaltungsgerichtsbarkeit bei *K.J. Schmitt*, der die gängige Rückführung des Untersuchungsgrundsatzes auf das öffentliche Interesse im

---

[219] *K. v. Stengel*, Art. Verwaltungsstreitverfahren, 788. *K. Friedrichs*, VerwArch 6 (1898), 358, 434ff., ging für den preußischen Prozeß davon aus, daß die Verhandlungsmaxime eintrete, wenn der Streitgegenstand in die Disposition des Klägers fällt; dies sei aber nicht durchgängig der Fall (436), so daß das Gericht zwischen den Prozeßmaximen die Wahl habe (435). Vgl. hierzu *M. Richter*, Die Untersuchungsmaxime im älteren Verwaltungsprozeß, 96.

[220] *O. Sarwey*, Das öffentliche Recht und die Verwaltungsrechtspflege, 725.

[221] *O. Sarwey*, Das öffentliche Recht und die Verwaltungsrechtspflege, 725.

[222] *K. v. Lemayer*, GrünhutsZ 22 (1895), 353, 472f.

[223] *K. v. Lemayer*, GrünhutsZ 22 (1895), 353, 474.

Verwaltungsrechtsstreit als „buntes Gemisch von Wahrheit und Irrthum" bezeichnete[224] und die Aufstellung der Untersuchungsmaxime für das verwaltungsgerichtliche Verfahren – knapp und treffend – für „ungehörig und unzweckmäßig" befand.[225] Ausgehend von einem einheitlichen Begriff subjektiver Rechte, nämlich als von der objektiven Rechtsordnung gewährte freie Möglichkeit einer Person, das Verhalten einer anderen Person zu beanspruchen,[226] erstreckte er die freie Dispositionsbefugnis des Bürgers ausdrücklich auf die subjektiv-öffentlichen Rechte.[227] Die Sachverhaltsermittlung von Amts wegen erscheine angesichts dessen als Bevormundung, die mit der Stellung der streitenden Parteien zu den von ihnen im Verwaltungsrechtsstreite verfolgten öffentlichen Rechten nicht vereinbar sei.[228]

bb) Freilich kamen derartige Rückgriffe auf apriorische Zweckbestimmungen der Verwaltungsgerichtsbarkeit nicht an der positiven Rechtslage vorbei, welche die Erhebung des Sachverhalts weitgehend in die Hand des Richters gab. Dementsprechend mußten auch die „subjektiv-rechtlich" gesonnenen Schriftsteller konzedieren, daß die Verhandlungsmaxime, soweit im Verwaltungsprozeß überhaupt erkennbar, im einzelnen erheblich modifiziert war. *Stengel* galt der reale Verwaltungsprozeß als *Mischform* von Verhandlungs- und Untersuchungsmaxime.[229] Für den preußischen Verwaltungsprozeß ging er so weit, die richterliche Beweiserhebung (§ 76 LVG) als subsidiäre, ergänzende Befugnis zu qualifizieren, „wie ja auch im Zivilprozeß ein solche ergänzende Thätigkeit des Gerichts eintreten kann".[230] Entschied man allerdings die Frage der leitenden Prozeßmaxime, wie es im Zivilprozeß seit der Differenzierung von Verhandlungs- und Dispositionsgrundsatz mehr und mehr üblich wurde, *allein* am Kriterium der Bindung des Richters an den Tatsachenvortrag der Parteien, blieb für die Annahme der Verhandlungsmaxime im Verwaltungsprozeß nach geltendem Recht kaum noch Raum.

Um so aufschlußreicher waren die *Begründungen*, die im subjektiv-rechtlichen Lager für die Tatsachenverantwortung des Verwaltungsrichters gesucht wurden. *Lemayer* argumentierte, daß nach der Natur des Verwaltungsstreitverfahrens zahlreiche Feststellungen nur der Behörde, nicht der privaten Partei möglich seien.[231] *Sarwey* trug vor, daß im Verwaltungsrechtsstreit regelmäßig ein Verwaltungsvorgang vorhanden sei, der wegen des öffentlichen Interesses an derartigen Rechtsstreiten durch den Verwaltungsrichter von Amts wegen,

---

224 *K.J. Schmitt*, BadVerwZ 1871, 245, 246.
225 *K.J. Schmitt*, BadVerwZ 1871, 245, 247.
226 *K.J. Schmitt*, BadVerwZ 1871, 245, 247.
227 *K.J. Schmitt*, BadVerwZ 1871, 245, 249.
228 *K.J. Schmitt*, BadVerwZ 1871, 245, 250.
229 So etwa *K. v. Stengel*, Lehrbuch des Deutschen Verwaltungsrechts, 236f.
230 *K. v. Stengel*, Die Organisation der Preußischen Verwaltung nach den neuen Reformgesetzen, 509f.
231 *K. v. Lemayer*, GrünhutsZ 22 (1895), 353, 476.

nicht nach dem Belieben der privaten Partei, zu berücksichtigen sei. Der Akteninhalt bleibe, auch soweit er die Individualinteressen bestimme, solange in Geltung, wie er nicht von den Beteiligten auf dem gesetzlichen Wege angefochten worden sei; daher müsse er im Prozeß von Amts wegen herangezogen werden.[232] Aus dieser Pflicht des Richters zur Berücksichtigung des Verwaltungsvorgangs folge „von selbst" – so *Sarwey* in einem kaum nachvollziehbaren argumentativen Sprung – daß der Richter wie die Verwaltungsbehörde in der Lage sein müsse, *weitere* Ermittlungen über den Sachverhalt anzustellen.[233] Gleichwohl sollte *Sarwey* zufolge dem Verwaltungsrichter mitnichten die Pflicht obliegen, selbsttätig die öffentlichen Interessen im Prozeß wahrzunehmen. Nicht habe der Richter die öffentlichen Interessen zu wahren, sondern lediglich im Hinblick auf diese die rechtlich relevanten Tatsachen und Vorgänge von Amts wegen zu ermitteln, ohne an die Anträge der Parteien gebunden zu sein. Dabei sollte der Inhalt der streitgegenständlichen Verwaltungsvorgänge maßgeblich für Auslösung und Umfang der richterlichen Untersuchungspflicht sein.[234]

Ein konsistente Begründung der richterlichen Sachverhaltsermittlung war damit kaum gefunden. Im subjektiv-rechtlichen Modell wäre es konsequenter gewesen, den gesamten Akteninhalt schlicht als Sachvortrag der beteiligten Behörde zu werten, was mit dem Verhandlungsgrundsatz ohne weiteres vereinbar gewesen wäre. Einer eigenen Pflicht des Richters zur Sachverhaltsermittlung hätte es kaum bedurft, um die Berücksichtigung des Akteninhalts sicherzustellen. Die Rückbeziehung auf das beteiligte öffentliche Interesse hängt gleichsam in der Luft, zudem *Sarwey* – im subjektiv-rechtlichen Modell nur konsequent – dem Richter nicht etwa die Aufgabe der eigenständigen Wahrnehmung des öffentlichen Interesses zuweisen wollte. Kaum begründen läßt es sich dann, warum aus der Pflicht zur Berücksichtigung des Verwaltungs*vorgangs* die Kompetenz zur *weitergehenden* Sachverhaltsermittlung folgen sollte. Die Praxis der verwaltungsprozessualen Gesetzgebung mit ihrer weitgehenden Normierung des Untersuchungsgrundsatzes war, wie namentlich die Argumentation *Sarweys* erhellt, im subjektiv-rechtlichen Paradigma der Verwaltungsgerichtsbarkeit nicht mehr konsistent zu verarbeiten. Insofern wäre es folgerichtiger gewesen, die Frage der Sachverhaltsermittlung, wie namentlich *Bähr*, gänzlich offen zu lassen, für nachrangig zu erklären oder den Begriffsgegensatz beider Prozeßmaximen zu leugnen.[235]

---

[232] *O. Sarwey*, Das öffentliche Recht und die Verwaltungsrechtspflege, 726.
[233] *O. Sarwey*, Das öffentliche Recht und die Verwaltungsrechtspflege, 727.
[234] *O. Sarwey*, Das öffentliche Recht und die Verwaltungsrechtspflege, 726, Anm. 3.
[235] Vgl. *O. Bähr*, Der Rechtsstaat, 72.

b) Objektiv-rechtliches Modell

Anders stellte sich die Lage im „objektiv-rechtlichen“ Lager dar, wo die Aufgabe der Verwaltungsgerichtsbarkeit nicht im Schutze subjektiver Rechte, sondern vornehmlich in der Aufrechterhaltung rechtmäßigen Verwaltungshandelns erblickt wurde. Die Problematik des Gemeinwohlarguments bestand hier eher darin, daß es bei konsequenter Durchführung nicht nur die Verhandlungsmaxime hätte beseitigen, sondern das gesamte kontradiktorische Streitverfahren vor den Verwaltungsgerichten in Frage stellen müssen.

aa) Namentlich *Gneist* erkannte klar, daß vom „Standpunkte der neuen Theorie“ aus – nämlich jener, nach der die Verwaltungsrechtsprechung allein den Schutz öffentlich-rechtlicher Individualrechte zur Aufgabe hatte[236] – auch die Geltung der Verhandlungsmaxime im Verwaltungsprozeß hätte vertreten werden können, was eine Reihe zivilistischer Folgesätze, insbesondere über Verzicht und Säumnis, nach sich gezogen hätte.[237] Für *Gneist* ergab sich demgegenüber schon aus dem Begriff des Verwaltungsrechts selbst der Ausschluß der Verhandlungsmaxime. Die Ausführung des Verwaltungsrechts sei Pflicht und Recht der Obrigkeit selbst, jede Überschreitung und parteimäßige Handhabung müsse von den Behörden und ihren Aufsichtsinstanzen von Amts wegen verbessert werden, und schon aus diesem Grunde sei die Verhandlungsmaxime auf dem Gebiete des Verwaltungsrechts unanwendbar. „Es handelt sich im Verwaltungsrecht um eine *objective* Rechtsordnung, welche auch unabhängig von den Parteianträgen und über die Parteianträge hinaus, um des öffentlichen Rechts und Wohles willen, zu handhaben ist.“[238]

Ähnlich integrierte *Otto Mayer* die richterliche Untersuchungstätigkeit in sein Verständnis der Verwaltungsgerichtsbarkeit. Ausgehend von der Definition, Verwaltungsrechtspflege sei „die behördliche Tätigkeit zur Erlassung eines Verwaltungsaktes im Parteiverfahren“[239], drängte das Verfahren des Verwaltungsprozesses nahezu automatisch zur Übernahme des Untersuchungsgrundsatzes. *Mayer* befürwortete daher für den Verwaltungsprozeß einen „eigenen Weg“, der im wesentlichen durch die Verantwortung des Richters für die Sachverhaltsermittlung gekennzeichnet war.[240]

Wer mit *Gneist* und *Mayer* die verwaltungsgerichtliche Tätigkeit als Fortsetzung des Verwaltungsverfahrens in anderen Formen begriff, dem mußte die Befugnis der Verwaltungsgerichte zur Sachverhaltsermittlung als geradezu zwin-

---

236 Analyse und Kritik: *R. v. Gneist*, Verhandlungen des 12. DJT Bd. 3, 229ff.

237 *R. v. Gneist*, Verhandlungen des 12. DJT Bd. 3, 239.

238 *R. v. Gneist*, Verhandlungen des 12. DJT Bd. 3, 232.

239 *O. Mayer*, Deutsches Verwaltungsrecht, Bd. 1, 138. Aus der zeitgenössischen Kritik an der Konzeption der Verwaltungsgerichtsbarkeit als einer „in jurisdictionellen Formen procedirenden Verwaltung“ namentlich *K. v. Lemayer*, GrünhutsZ 22 (1895), 353, 469.

240 *O. Mayer*, Deutsches Verwaltungsrecht, Bd. 1, 141.

gende verfahrensrechtliche Konsequenz erscheinen. Stimmen aus der Praxis sekundierten, da das Verwaltungsverfahren seinem Wesen und seinen Zielen nach keine andere Maxime als den Untersuchungsgrundsatz haben könne, müsse er auch für das Verwaltungsstreitverfahren gelten.[241] *Otto Müller* war der Ansicht, ebenso wie die Behörden der aktiven Verwaltung solle auch das Verwaltungsgericht in seinem Verfahren nicht durch die Fesseln der Verhandlungsmaxime beengt werden. Zu beachten seien allein jene Gebote und Verbote, die aus der Entscheidung für das Parteiverfahren und der Gewähr rechtlichen Gehörs resultierten.[242]

bb) Die Problematik des Gemeinwohlarguments im Rahmen der objektivrechtlichen Zweckbestimmung der Verwaltungsgerichtsbarkeit lag darin, daß es bei konsequenter Durchführung Rückwirkungen auf das gesamte Verfahren des Individualrechtsschutzes im kontradiktorischen Parteiverfahren hätte entfalten müssen. Letzten Endes stellte (und stellt) die Berufung auf „Gemeinwohl" in dieser Hinsicht stets die Zuordnung der Verwaltungsgerichtsbarkeit zur Rechtsprechung als solche in Frage.

So meinte *Philipp Zorn*, das Parteiverfahren des Verwaltungsprozesses als solches müsse vom Verfahren des Zivilprozesses scharf differenziert werden. Im Zivilprozeß träten die Parteien als Subjekte des Prozeßrechtsverhältnisses auf.[243] Dagegen seien im Verwaltungsprozeß primär die Interessen der *Öffentlichkeit* betroffen.[244] Während der Parteibegriff des Zivilprozesses die materielle Grundlage des ganzen Streitverfahrens bilde, sei das Parteiverfahren im Verwaltungsprozeß eine „vom Gesetzgeber aus *Zweckmäßigkeitsgründen* ... beliebte Form".[245] Ebenso räumte *Gneist* den Beteiligten lediglich eine „formelle ‚Parteistellung'" ein. Diese sollte *Gneist* zufolge gerade nicht auf einer materiellen Rechtsposition beruhen, sondern allein der Mobilisierung des Bürgers als Sachwalter der objektiven Rechtsordnung dienen. Eine praktisch wirksame Kontrolle der Staatsgewalt bedürfe, so das Argument, der Mitwirkung der Beteiligten, also derjenigen Bürger, deren Person oder Vermögen durch Verwaltungsverfügungen betroffen sei.[246] Da die Verwaltungsstreitigkeiten stets die Interessen der Gesamtheit tangierten, müßten etwaige Dispositionsrechte der Parteien hinter dem öffentlichen Interesse grundsätzlich zurücktreten.[247] Da-

[241] *M. Schultzenstein*, ZZP 1913, 301, 335. Ähnlich unreflektiert *Heine*, VerwArch 26 (1918), 431, 432: „Die begriffliche Notwendigkeit der Untersuchungsmaxime ergibt sich aber für das Verwaltungsstreitverfahren daraus, daß der Verwaltungsprozeß begrifflich der Verwaltung zugehört, für welche die Untersuchungsmaxime selbstverständlich gilt."

[242] *O. Müller*, Die Begriffe der Verwaltungsrechtspflege, 176.

[243] *P. Zorn*, VerwArch 2 (1893), 74, 107, unter Bezugnahme auf *Wach*.

[244] *P. Zorn*, VerwArch 2 (1893), 74, 106, unter Bezugnahme auf *Bernatzik*.

[245] *P. Zorn*, VerwArch 2 (1893), 74, 108; Hervorhebung durch mich.

[246] *R. v. Gneist*, Verhandlungen des 12. DJT Bd. 3, 233f.

[247] *E. Bernatzik*, Rechtsprechung und materielle Rechtskraft, 268; zustimmend *P. Zorn*, VerwArch 2 (1893), 74, 106f.

mit komme im Verwaltungsstreitverfahren nur der Untersuchungsgrundsatz in Betracht.[248]

An dieser Stelle zeigte sich die ganze Tragweite des Gemeinwohlarguments. Bei konsequenter Durchführung hätte ihm nicht nur die Verhandlungsmaxime, sondern das gesamte kontradiktorische Parteiverfahren zum Opfer fallen müssen. Der Parteibegriff der allgemeinen Prozeßtheorie war mit dem Gemeinwohlargument letztlich nicht zur vereinbaren, da er auf die Geltendmachung von Individualinteressen abstellte. Partei konnte danach nur ein Rechtssubjekt sein, welches sein individuelles Interesse zur Geltung zu bringen sucht, und dessen Gegner ein gleichwertiges Interesse in Anspruch nimmt. Der Parteigedanke des Zivilprozesses wurde problematisch, weil nach dem objektiv-rechtlichen Verständnis des Verwaltungsprozesses „primär stets die Gesammtheit an der Aktion interessirt"[249] war, die öffentliche Gewalt also immer das öffentliche Interesse wahrnahm – das, so die Hintergrundannahme, höher zu bewerten sei als die betroffenen Privatinteressen.[250] Schon der „Begriff des öffentlichen Rechts" selbst stellte damit, so eine zeitgenössische Zuspitzung, den Parteigedanken des kontradiktorischen Verfahrens im allgemeinen in Frage.[251]

c) *Verdeckter Grundkonflikt*

Der Gegensatz zwischen den unterschiedlichen Konzeptionen der Verwaltungsgerichtsbarkeit verlor im Zuge ihrer praktischen Etablierung allerdings weitgehend an Schärfe. Auf der einen Seite galt wie selbstverständlich der Untersuchungsgrundsatz als letzter Ausdruck einer „objektiv-rechtlichen" Zweckbestimmung der Verwaltungsgerichtsbarkeit. Auf der anderen Seite war es das Konzept des Schutzes subjektiver Rechte vor unabhängigen Gerichtskörpern, das als Hintergrundannahme für die Entfaltung der verwaltungsrechtlichen Dogmatik zunehmend an Raum gewann.[252] Der Untersuchungsgrundsatz symbolisierte hinfort den *unausgestandenen Konflikt* beider Konzeptionen, der – so die im folgenden zu illustrierende These – mit dem Argument, im Verwaltungsprozeß sei unbeschadet seiner subjektiv-rechtlichen Teleologie das „öffentliche Interesse" beteiligt, eher verborgen denn gelöst wurde.

Deutlich wird dieses Vermittlungsproblem etwa in den Ausführungen *Edgar Loenings*, der sich in Übereinstimmung mit dem Großteil der damaligen verwaltungsprozessualen Literatur um die Rechtfertigung der Untersuchungsma-

---

248 *P. Zorn*, VerwArch 2 (1893), 74, 115.
249 *E. Bernatzik*, Rechtsprechung und materielle Rechtskraft, 183.
250 *P. Zorn*, VerwArch 2 (1893), 74, 109.
251 *E. Bernatzik*, Rechtsprechung und materielle Rechtskraft, 183.
252 Vgl. selbst *P. Zorn*, VerwArch 2 (1893), 74, 99: Die Verwaltungsprozeßgesetze „nehmen die Existenz von subjektiven Rechten des öffentlichen Rechts unzweifelhaft an."

xime unter den Prämissen des subjektiv-rechtlichen Modells bemühte[253] Grundlage des Prozesses sei, so *Loening*, die Verwaltungsklage, d.h. das Gesuch um Feststellung des subjektiven Rechts.[254] Allerdings habe der Staat an den materiellen Rechtsverhältnissen des öffentlichen Rechts, anders als im Zivilrecht, ein *Eigen*interesse, das aus dem generellen Interesse an der Gesetzmäßigkeit der Verwaltung resultiere. Beim Verwaltungsrecht handele es sich, so die etwas erratische Verbeugung vor der Autorität *Gneists*, um eine objektive Rechtsordnung, welche „auch unabhängig von Parteianträgen um des öffentlichen Rechts und Wohles willen zu handhaben" sei.[255] Hieraus ergebe sich ein grundsätzlicher Unterschied zwischen Verwaltungsstreitverfahren und Zivilprozeß, so daß die Ordnung des Verfahrens nach unterschiedlichen Prinzipien gestaltet sein müsse.[256]

Ungeachtet dessen konstruierte *Loening* nunmehr die Stellung des Klägers im Prozeßrechtsverhältnis in weitgehender Analogie zum Zivilprozeß; so hinsichtlich der Substantiierungslast, der Bindung des Gerichts an den Klagantrag sowie der Dispositionsbefugnisse über den Streitgegenstand.[257] Der Staat überlasse es – und damit trat der Grundwiderspruch offen zu Tage – „den Einzelnen, ob sie zum Schutze ihrer bestrittenen oder verletzten öffentlichen Rechte die Verwaltungsgerichte anrufen und die von ihnen erhobene Klage durchführen wollen oder nicht".[258] Gleichwohl räume der Staat den Berechtigten nicht die freie Verfügung über die ihnen zustehenden öffentlichen Rechte ein, wie sie ihnen im Privatrecht zukomme. Der Staat fordere, daß „das Rechtsverhältnis so gestaltet werde und so gestaltet bleibe, wie es die absoluten Normen des öffentlichen Rechts bestimmen. *Deshalb* ist das Verwaltungsgericht in Verwaltungsstreitsachen nicht an das Material, das die Parteien zum Beweis ihrer Behauptungen und Ansprüche vorbringen, gebunden; das Gericht ist vielmehr berechtigt und verpflichtet, den Sachverhalt selbst zu ermitteln, neue, von den Parteien nicht vorgebrachte Thatsachen in den Proceß hineinzuziehen und von Amtswegen den angetretenen oder nach seinem Ermessen erforderlichen Beweis in vollem Umfange zu erheben."[259]

Einerseits der Schutz subjektiver Rechte, die in Analogie zum zivilistischen Begriff konstruiert werden, andererseits die Wahrung der objektiven Rechtsordnung; einerseits Dispositionsbefugnis der privaten Partei über den Streitgegenstand, andererseits die eigenständige Sachverhaltsverantwortung des Ge-

---

[253] Vgl. *E. Loening*, Lehrbuch des Deutschen Verwaltungsrechts, 820.
[254] *E. Loening*, Lehrbuch des Deutschen Verwaltungsrechts, 821.
[255] *E. Loening*, Lehrbuch des Deutschen Verwaltungsrechts, 821.
[256] *E. Loening*, Lehrbuch des Deutschen Verwaltungsrechts, 821, Anm. 1.
[257] *E. Loening*, Lehrbuch des Deutschen Verwaltungsrechts, 822.
[258] *E. Loening*, Lehrbuch des Deutschen Verwaltungsrechts, 823.
[259] *E. Loening*, Lehrbuch des Deutschen Verwaltungsrechts, 824; Hervorhebung durch mich, M.K. Treffend die Kritik an den Widersprüchen bei *Loening* von *P. Zorn*, VerwArch 2 (1893), 74, 102.

richts – die Lösung dieses Dilemmas wurde regelmäßig in dem Argument gefunden, daß bei verwaltungsrechtlichen Streitigkeiten ein „öffentliches Interesse“ betroffen sei, welches das Verwaltungsgericht selbst, wiewohl dem Grunde nach als genuines Gericht konzipiert, wahrzunehmen habe.[260] Das dahinterstehende Dilemma der Prozeßgesetze wurde nur vereinzelt erkannt. Die Gebundenheit des Gerichts an die *petita partium*, so erneut *Zorn*, sei mit der Funktion des Verwaltungsprozesses ebenso unvereinbar, wie es die Bindung an das Sachvorbringen der Parteien wäre. Hier wie dort sei die Verhandlungsmaxime[261] unanwendbar. Aus dem Umstand, daß die Prozeßgesetze hinsichtlich der *Sachverhaltsermittlung* die Verhandlungsmaxime aufgegeben hätten, folge mit logischer Notwendigkeit, daß dies auch hinsichtlich der *Disposition* über den Streitgegenstand zu erfolgen hätte. Die logische Inkongruenz liege „auf der Hand, wenn der Richter nicht auf Grund des von ihm pflichtgemäß nach gesetzlicher Vorschrift festgestellten Thatbestandes, sondern auf Grund der Anträge der Parteien zu entscheiden hat.“[262]

7. *Zusammenfassung und Ausblick*

Der Streit um die Gestalt der Verwaltungsrechtspflege bewegte sich zunächst zwischen den beiden Polen der *justizstaatlichen Lösung*, wonach die Verwaltungskontrolle den ordentlichen Gerichten obliegen, und der *Administrativjustiz*, wonach diese Aufgabe verwaltungsintern, wiewohl unter Anlehnung an Status und Verfahren der ordentlichen Gerichte wahrgenommen werden sollte. Zentral für die Verfechter des Justizstaates war ein weiter Begriff subjektiver Rechte, der alle Rechtspositionen Privater unabhängig von Rechtsquelle und Adressat umfaßte. Dem entsprach ein weiter, privatrechtliche wie verwaltungs-

---

260 Vgl. für die hM hier nur *G. Anschütz*, Art. Verwaltungsgerichtsbarkeit, 333: Vielmehr habe „der Umstand, daß es sich bei der Verwaltungsgerichtsbarkeit nicht um privatrechtliche, der Disposition des Inhabers anheimgegebene Ansprüche, sondern um öffentliche Angelegenheiten handelt, welche ohne Rücksicht auf das Belieben der Partei dem Gesetze und dem öffentlichen Interesse gemäß zu entscheiden sind, den Gesetzgeber veranlaßt, in wesentlichen Punkten von dem (zivilprozessualen, M.K.) Vorbild abzuweichen“; *G. Meyer*, Lehrbuch des Deutschen Verwaltungsrechts, 93; *K. Friedrichs*, VerwArch 6 (1898), 358, 411; typisch für die Rezeption dieser Formel etwa *K. Apelt*, Das Königlich Sächsische Gesetz über die Verwaltungsrechtspflege, 42; *N. Seweloh*, AöR 29 (1913), 1, 27; durchgängig die oben unter II 2 angeführte kommentierende Literatur zum positiven Recht; auch *J. W. Planck*, Lehrbuch Bd. 1, 196f., der jedoch – sehr zu Recht – das Interesse, welches der Staat selbst an einer materiell gerechten Ordnung des unter den Beteiligten obwaltenden Verhältnisses nimmt, nicht als zwingende Vorabfestlegung des Verfahrens der Sachverhaltsermittlung erkennt, sondern diese Frage in den Bereich der Rechtspolitik verweist.

261 *Zorn* verwendet den Begriff auch für die Kennzeichnung der Dispositionsbefugnis der Parteien über den Streitgegenstand und die Bindung des Gerichts an die Parteianträge.

262 *P. Zorn*, VerwArch 2 (1893), 74, 120.

rechtliche Streitigkeiten umschließender Begriff der Justizsache, der dem Grunde nach keine an die Natur des Streitgegenstandes anknüpfenden Verfahrensdifferenzierungen zuließ.

Dem Argument der Gegenseite, die Zuständigkeit der ordentlichen Gerichte für Verwaltungsrechtssachen greife in die Souveränität des Landesherrn ein, stellte das justizstaatliche Lager das Motiv der *Sphärentrennung* gegenüber, wonach die Tätigkeit der Gerichte sich allein auf die neutrale, gleichsam willenlose Rechtsanwendung beschränke. Die Befürworter der Administrativjustiz zogen hieraus den gegenteiligen Schluß, nämlich die funktionale Inkompetenz der ordentlichen Gerichte für die Behandlung von Verwaltungssachen, die stets auch die Berücksichtigung rechtsfremder Gesichtspunkte des Gemeinwohls verlangten. Aber auch die Konzeption der Administrativjustiz wurde vor der Folie der Sphärentrennung angreifbar, nämlich als lebensuntüchtige Kreuzung der Wertsphären von Politik und Recht. Justizstaat wie Administrativjustiz erschienen gleichermaßen paradox, da sie vor dem Hintergrund der Sphärentrennung zwischen Politik und Recht als wechselseitige Okkupationsversuche gesehen wurden.

Erst der bürgerliche Rechtsstaat ermöglichte die operative Schließung beider Systeme, indem das Recht als Gestaltungsmittel und Grenze der Politik zugleich erschien. Die Verwaltungsrechtsprechung näherte sich seither der ordentlichen Gerichtsbarkeit in Organisation und Verfahren zunehmend an. Die Freiheit der Verwaltungsgerichte bei der Sachverhaltsermittlung blieb indes, gleichermaßen als Relikt ihrer überwundenen Zuordnung zur politischen Sphäre der aktiven Verwaltung, bestehen. Die Begründungen hierfür stellten im wesentlichen auf die überkommene Sollbruchstelle der Verwaltungsrechtspflege ab, nämlich die Verpflichtung des Verwaltungsrichters zur selbsttätigen Obsorge für die *öffentlichen Interessen*. Mit der zunehmenden Normativierung des Gemeinwohls im Verwaltungsrecht verlor dieses Argument an innerem Halt, da sich nunmehr auch die richterliche Gemeinwohlkonkretisierung als genuine Rechtsanwendung darstellen mußte. Solange freilich das Privatrecht als Sphäre staatsferner Freiheit auf der Basis individueller Willkür konzipiert und die Verhandlungsmaxime im Zivilprozeß als getreuliche Übersetzung dieser Prinzipien in das Prozeßrechtsverhältnis gedacht war, verstand sich das abweichende Verfahren der Verwaltungsrechtspflege in diesem Punkte nahezu von selbst. Zusätzlich gestützt wurde diese Abweichung durch die Bemühungen, die zunächst nur funktionale Unterscheidung von Privatrecht und öffentlichen Recht substantiell anzureichern. Das öffentliche Recht erschien hinfort als Recht der Über- und Unterordnungsverhältnisse, das anders als das allein privatnützige Zivilrecht in einer spezifischen Beziehung zu den Zwecken des staatlichen Gemeinwesens stand.

Mit der Entfaltung des Begriffs subjektiv-öffentlicher Rechte verloren derartige Unterscheidungen an Plausibilität. Bezeichnete der Begriff des subjektiven

Rechts ursprünglich noch einen Geltungsgrund individueller Ansprüche „außerhalb" des objektiven Rechts, so bewegte sich die Rechtstheorie im Zuge des positivistischen Rechtsbegriffs auf ein Verständnis subjektiver Rechte zu, das ihren Geltungsgrund allein im objektiven Recht verortete und sie dort als Willensmacht oder Schutz individueller Interessen plazierte. In enger Parallelführung zum zivilrechtlichen Begriff erkannte die herrschende Meinung auch im subjektiv-öffentlichen Recht nicht mehr und nicht weniger als die Fähigkeit, Rechtsnormen im individuellen Interesse in Bewegung zu setzen. Angesichts dieser Kongruenz gewann die Frage nach der Rechtfertigung von Verfahrensabweichungen zwischen Zivil- und Verwaltungsprozeß an Dringlichkeit. Eben diesen Gewißheitsverlust spiegelt die Diskussion um Untersuchungs- oder Verhandlungsgrundsatz im Verwaltungsprozeß anschaulich wider. Der Gemeinwohlbezug des öffentlichen Rechts bildete jeweils die ultima ratio der Begründungen, ohne daß die Plausibilitätsverluste erkannt wurden, die dieses Argument mit der Transformation des Gemeinwohls von der außerrechtlichen Größe zum Merkmal öffentlich-rechtlicher Tatbestände erleiden mußte. Seither stellt das Gemeinwohlargument, weit über das Verfahren der Sachverhaltsermittlung hinaus, stets die Zuordnung der Verwaltungsgerichtsbarkeit zur Sphäre der Rechtsprechung als solcher in Frage.

Die Verwaltungsgerichtsbarkeit lebt seither mit der Antinomie zwischen individueller Dispositionsmacht und richterlicher Verantwortung für das Gemeinwohl, die in die Frage nach ihrer Zweckbestimmung mündet – Individualrechtsschutz oder objektive Rechtskontrolle. Mittlerweile gibt Art. 19 Abs. 4 GG hierfür eine eindeutige konzeptuelle Direktive, nämlich zugunsten der Gewähr eines Verfahrens subjektiver Rechtsausübung vor echten Gerichten. Um so drängender stellt sich die Frage, ob der Untersuchungsgrundsatz nicht auf Begründungen fußt, die im heutigen verfassungsrechtlichen Bild der Verwaltungsrechtsprechung keine Resonanz mehr finden. Freilich haben sich dem Gemeinwohlargument mittlerweile neue Inhalte erschlossen, so die Vorstellung, die Verwaltungsgerichte seien in einen Prozeß arbeitsteiliger Gemeinwohlkonkretisierung im Zusammenwirken mit den anderen Staatsfunktionen eingebunden. Zugleich gewann unter dem Einfluß von Art. 19 Abs. 4 GG ein Gedanke an Wirkmächtigkeit, der bisher nur in Spuren erkennbar war, nämlich die Obsorge des Richters für die streitbefangenen Individualinteressen. So scheint der Untersuchungsgrundsatz aus den alten, mittlerweile verwachsenen Wurzeln der Verwaltungsgerichtsbarkeit ebenso Saft ziehen zu können wie aus jüngeren Trieben der öffentlich-rechtlichen Dogmatik. Ob zu Recht, wird der Blick auf die verfassungsrechtlichen Direktiven des Verwaltungsprozesses erweisen.

Kapitel 2

Untersuchungsgrundsatz und Verfassungsrecht

I. Prozeßrecht und Verfassungsrecht

Mit Inkrafttreten des Grundgesetzes traten dessen normative Vorgaben für die Verwaltungsgerichtsbarkeit an die Stelle jener Direktiven, welche die Lehre zuvor aus metarechtlichen Spekulationen über Wesen und Begriff der Verwaltungsgerichtsbarkeit, des öffentlichen Rechts oder der subjektiv-öffentlichen Rechte zu gewinnen suchte. Die Debatte verläuft seither unter der Grundbedingung verfassungsrechtlicher Immanenz (1). Die verwaltungsrechtliche Überlieferung trat damit in eine spannungsreiche Wechselbeziehung zur verfassungsrechtlichen Vorgabe. Dieses Verhältnis steht zwar unter der Prämisse des Verfassungsvorrangs (Art. 20 Abs. 3, 1 Abs. 3 GG), erschöpft sich aber nicht in einer bloßen Ableitung der nachgeordneten aus der höheren Normebene (2).

Im Anschluß an diese Vorklärungen können die möglichen Beziehungen zwischen den Maximen des Verwaltungsprozesses und den verfassungsrechtlichen Direktiven im allgemeinen konturiert werden. Zu klären ist, welche rechtlichen Fragestellungen sich hinter den Beziehungen zwischen Untersuchungsgrundsatz und Verfassungsrecht verbergen (3). Abschließend ist die materiell-rechtliche Systematik der verfassungsrechtlichen Bezüge des Untersuchungsgrundsatzes zu entwerfen. Zu ermitteln sind jene Sätze des Verfassungsrechts, auf welche die aktuellen Begründungsstränge der Untersuchungsmaxime zurückführen (4).

1. Verfassungsrechtliche Immanenz

Das Grundgesetz stellte verwaltungsprozeßrechtliche Institute wie den Untersuchungsgrundsatz in ein neues rechtliches Koordinatensystem. Die Verfassung fordert und erlaubt es, die rechtspolitische, staats- und rechtstheoretische Auseinandersetzung um Konzeption und Verfahren der Verwaltungsgerichtsbarkeit als juristische Diskussion um die Auslegung der Verfassung und ihrer Einwirkung auf das Verwaltungsprozeßrecht zu führen.

a) Wie schon an jener Auseinandersetzung sichtbar wurde, steht der Verwaltungsprozeß in mannigfacher Beziehung zu den jeweiligen Grundentscheidungen der Verfassung sowie zu den zugrundeliegenden rechtstheoretischen wie rechtspolitischen Strömungen. Diese Verbindung war, besieht man die Entwicklung des Prozeßrechts im ganzen, keineswegs zu allen Zeiten selbstverständlich. Im Gegenteil wurde der Zivilprozeß um die Wende vom 18. zum 19. Jahrhunderts überwiegend als „technisches Recht"[1] verstanden, dessen Regelungsgehalt sich – in einer zeitgenössischen Zuspitzung – im wesentlichen in der Kunst erschöpfte, „Akten anzufertigen und mit ihnen geschickt umzugehen"[2]. Auch die hernach einsetzende eigenständige dogmatische Durchdringung des Prozeßrechts lebte, so seinerzeit *Georg W. Wetzell*, zunächst vom Kredit des materiellen Zivilrechts, indem es dessen Grundbegriffe entlehnte und die zivilprozessualen Grundwertungen unmittelbar in das Prozeßrecht überführte.

Im Wandel des konstitutionalistischen Staats- und Rechtsverständnisses sorgten zwei parallel verlaufende Entwicklungen für die weitere Aufladung des Prozeßrechts mit rechtspolitischem Potential. Zum einen wurde das Zivilrecht zur staatsfreien Sphäre bürgerlicher Erwerbsfreiheit hypostasiert; eine Aufwertung, an der das Prozeßrecht als Verwirklichungsmodus des materiellen Rechts zunächst unmittelbar teilhatte. Zum anderen verselbständigte sich die prozeßrechtliche Dogmatik unter dem Leitbegriff des Prozeßrechtsverhältnisses (*Oskar Bülow*), das nunmehr als öffentlich-rechtliche Kategorie verstanden wurde. Mit dieser Neupositionierung erschloß sich der Prozeß auf bislang unbekannte Weise der verfassungspolitischen und staatstheoretischen Bewertung. Sein hieraus erwachsendes Verständnis als „Ausdruck der dahinter stehenden Rechts-, Staats- und Gesellschaftsauffassungen"[3] hat sich vom Ausgangspunkt des tech-

---

[1] So noch *Friedrich Stein* im Vorwort zur 1. Aufl. des Grundrisses des Zivilprozeßrechts und des Konkursrechts, 1921, S. XIV: Ihm gelte der Prozeß als „das technische Recht in seiner schärfsten Ausprägung, von wechselnden Zweckmäßigkeiten beherrscht, der Ewigkeitswerte bar". Daß diese – häufig isoliert herangezogene – Passage die Ansicht *Steins* nicht erschöpft, hat *H.F. Gaul*, AcP 158 (1968), 27, 33, aufgezeigt.

[2] *Nettelbladt*, Abhandlung von der praktischen Rechtsgelehrtheit, 1764, § 8, zit. nach *H.F. Gaul*, AcP 158 (1968), 27; vgl. auch *E. Schumann*, in: Stein/Jonas, ZPO, Einl., Rn. 41.

[3] *H.F. Gaul*, AcP 158 (1968), 27, 32; zum Verhältnis von Staatsauffassung, Prozeßzweck und Prozeßmaximen *O. Jauernig*, Verhandlungsmaxime, Inquisitionsmaxime und Streitgegenstand, 15. Den Übergang vom „technischen" Verständnis des Prozesses zur Betrachtung im Lichte „bestimmter, vielleicht zeitgebundener, aber doch weltanschaulich fundierter Prinzipien" schildert *F. Weber*, Studium Generale 1960, 183, 184. *A. Lang*, VerwArch 1961, 60, 71, meint, es sei kein Zufall, daß „in allen Prozeßordnungen früherer Zeiten die Abgrenzung der Befugnisse von Richter und Parteien im Prozeß genau der herrschenden Auffassung von der Stellung des einzelnen zur Gemeinschaft entspricht." Vgl. mit Blick auf die Grundprinzipien des verwaltungsgerichtlichen Verfahrens *K. Redeker*, Verfahrensrechtliche Bindungen der Untersuchungsmaxime im Verwaltungsprozeß, 475, 478: In der Entwicklung von der Verhandlungs- zur Untersuchungsmaxime spiegele sich die Entwicklung vom liberalen zum sozialen Rechtsstaat wider. Zum Verfahren der Sachverhaltsermittlung nach der ZPO als Ausdruck des liberalen Prozeßverständnisses *D. Brüggemann*, Judex statutor und judex investigator, 41 f.; zur Stärkung der Richtermacht

nischen Rechts weit entfernt. Heute wird sichtbar, wie der Prozeß die jeweiligen rechtspolitischen Leitvorstellungen – aufgeklärter Absolutismus, Liberalismus oder sozialstaatliche Tendenzen[4] – in seinem Innern widerspiegelte, namentlich was das Verhältnis von Richtermacht und Parteifreiheit bei der Sachverhaltsermittlung betraf. Im Rahmen verfassungsrechtlicher Wertungen setzt sich diese Entwicklung bis heute fort.

b) Der Verwaltungsprozeß vollzog eine indirekte Parallelbewegung, indem er in seinen Grundwertungen bis hin zur konkreten dogmatischen Ausformung einzelner Institute gerade durch den „Wesensgegensatz" von staatlicher und gesellschaftlicher Sphäre bestimmt wurde. Traf den Untersuchungsgrundsatz einerseits im preußischen *Zivil*prozeß schon früh das Verdikt, Ausdruck eines „vormundschaftlichen Staatsverständnisses"[5] zu sein, so galt er andererseits auch dann als wesensmäßiger Ausdruck der Verwaltungsrechtspflege, wenn diese gerichtsförmig ausgestaltet war.

Im vorangehenden Kapitel wurde geschildert, wie auch die liberale Konzeption der Verwaltungsgerichtsbarkeit – vor dem Hintergrund der Leitunterscheidungen zwischen Staat und Gesellschaft, Verwaltung und Justiz, öffentlichem und privatem Recht, Gemeinwohl und privater Willkür – an der richterlichen Sachverhaltsverantwortung im Verwaltungsrechtsstreit festhalten mußte. Als Geltungsgrund des Untersuchungsgrundsatzes dienten metajuristische Spekulationen über das „Wesen" von Gerichtsbarkeit und Verwaltung, die durch die rechtsphilosophische Überhöhung des Privatrechts als Sphäre individueller Freiheit auf der einen, des öffentlichen Rechts als Sphäre der Verwirklichung des Gemeinwohls auf der anderen Seite gestützt wurden. Noch die bis zum Inkrafttreten des Grundgesetzes maßgebliche Auseinandersetzung zwischen den Verfechtern der „subjektiv-rechtlichen" und der „objektiv-rechtlichen" Konzeption der Verwaltungsgerichtsbarkeit, die sich namentlich mit *Otto Bähr* und *Otto Sarwey* auf der einen, *Rudolf v. Gneist* und *Otto Mayer* auf der anderen Seite verbindet, wurde im wesentlichen mit Argumenten geführt, die über das geltende Recht hinausgriffen.

---

als Ausdruck der Sozialstaatlichkeit des Prozesses ebd., 51. Zum Funktionswandel des Zivilprozesses im allgemeinen *S. Smid*, Richterliche Rechtserkenntnis, 29; *E.J. Cohn*, EG Grünhut, 31f. Die Aufladung des Prozesses mit übergeordneten rechtspolitischen Gehalten wird nicht nur positiv gesehen: zu den „Prozeßideologien" als Ausdruck für das Verhältnis von staatlicher Macht und individueller Freiheit *J.J. Hagen*, Elemente einer allgemeinen Prozeßlehre, 54; zur Gefahr der „Ideologisierung" der Diskussion im allgemeinen *E. Schmidt*, DuR 1984, 24, 25 m.w.N.

[4] Diese Reihung bei *O. Mühl*, GS Bruns (1980), 145, 146f. Vgl. zum Zusammenwirken von Staatsverständnis und Prozeßmaximen *W. Sauer*, Allgemeine Prozeßrechtslehre, 67.

[5] So im Jahre 1832 *E. Gans*, Über die Untersuchungsmaxime, 472: „Der vormundschaftliche Staat ist somit derjenige, in welchem die Alleinherrschaft nicht sowohl ihrer selbst wegen, als vielmehr für die ausgeübt wird, die ihrer bedürfen, oder bedürfen sollen, in welchem das allgemeine Wohl, die Freiheit der Unterthanen, ihre gesetzlichen und wohlgeordneten Rechte, den Inhalt und Grund der Oberaufsicht ausmachen." Vgl. zur Verbindung zwischen preußischem Staatscharakter und Untersuchungsgrundsatz ebd., 467.

Das Grundgesetz entzog derartigen metarechtliche Erwägungen die rechtliche Relevanz, etwa was die Vorordnung normativ freischwebender „Prozeßziele" betrifft. An die Stelle derartiger Luftgebilde traten jene Aufgaben und Funktionen des Prozesses, die in angebbarer Weise auf Entscheidungen der Verfassung fußen. Die juristische Diskussion über das „richtige" Organisations- und Verfahrensrecht der Verwaltungsgerichtsbarkeit mußte daher in dem Moment von rechtspolitischer Transzendenz auf rechtsdogmatische Immanenz umschalten,[6] als die Verfassung – in Gestalt des Art. 19 Abs. 4 GG, des Rechtsstaatsprinzips, der Justizgrundrechte, der Vorschriften über die Gerichtsorganisation oder der materiellen Grundrechte – einschlägige Vorgaben für die Verwaltungsrechtspflege von erheblicher Normierungsdichte aufstellte.[7]

2. *Verfassungsrechtliche Vorgabe und verwaltungsrechtliches Institut*

Die Umstellung der Diskussion auf Verfassungsimmanenz beruht auf einer konstruktiven Eigenart der Rechtsordnung, nämlich der dem Grundgesetz eigentümlichen Konzeption des geschlossenen Verfassungsstaats[8]: *Vorrang* der Verfassung als Geltungsgrund und inhaltlicher Maßstab des einfachen Gesetzesrechts[9] (Art. 20 Abs. 3, 1 Abs. 3 GG) sowie der *Perfektionsanspruch* einer geschlossenen Rechtsordnung, die von der gerichtlichen Entscheidbarkeit aller Rechtsstreitigkeiten ausgeht.[10] Überkommene verwaltungsrechtliche Institute treten unter diesen Vorgaben in ein spannungsreiches Verhältnis zum Verfassungsrecht. In einem wechselbezüglichen Prozeß können Institute wie der Untersuchungsgrundsatz einerseits im Wechsel der normativen Systemreferenzen *bestehen* bleiben, andererseits als *konkretisiertes*,[11] angewandtes Verfassungs-

---

[6] Vgl. zum Verhältnis von Verfassungsrecht und Prozeß hier nur *H. F. Gaul*, AcP 158 (1968), 27, 32; *K. A. Bettermann*, JBl. 1972, 57.

[7] Vgl. im allgemeinen zur Konfrontation der vorkonstitutionellen Normenkomplexe des Prozeßrechts mit den verfassungsrechtlichen Direktiven des Grundgesetzes *C. Degenhart*, HdbStR III, §73, Rn. 8

[8] Begriff bei *M. Kaufmann*, StWStP 1997, 161.

[9] Zum entsprechenden rechtstheoretischen Modell des Stufenbaus der Rechtsordnung hier nur *H. Kelsen*, Reine Rechtslehre, 228ff. unter Übernahme der Konzeption *Adolf J. Merkls*; in verfassungsgeschichtlicher Perspektive etwa *R. Wahl*, in Der Staat 1981, 485, 488ff.; nunmehr für die heutige Rechtslage *M. Jestaedt*, Grundrechtsentfaltung im Gesetz, 9ff.

[10] Garantiert durch das Justizverweigerungsverbot; für öffentlich-rechtliche Streitigkeiten Art. 19 Abs. 4 Satz 1 GG; vgl. *R. Wahl*, in Der Staat 1981, 485, 500 und passim; *M. Kaufmann*, StWStP 1997, 161f.

[11] Vgl. den vielzitierten Titel der Abhandlung von *F. Werner*, DVBl. 1959, 527; dazu *D. Ehlers*, in: *H.-U. Erichsen (Hg.)*, Allgemeines Verwaltungsrecht, §4, Rn. 1, mwN.

recht[12] interpretiert oder den verfassungsrechtlichen Rechtswerten zumindest zugeordnet[13] werden.

a) Archimedischer Punkt dieser Wechselbeziehung zwischen Kontinuität und Varianz des einfach-rechtlichen Instituts ist der positiv-rechtlich (Art. 20 Abs. 3, 1 Abs. 3 GG) begründete *Vorrang* der Verfassung vor dem Recht nachgeordneten Ranges. Der Vorrang der Verfassung bezieht sich auf die Dimension der *Geltung* des einfachen Rechts. Er ist darauf gerichtet, solche Normen aus der Rechtsordnung auszuscheiden, die den Anordnungen der Verfassung widersprechen. Von der Struktur her ist das Verhältnis von Verfassung und einfachem Prozeßrecht ein solches normativer Subordination. Diese Subordination setzt indes, und schon hierin erweist sich die innere Dialektik des „Stufenbaus der Rechtsordnung", die modale Selbständigkeit der einzelnen Normebenen begrifflich voraus.[14] Endet auch der Erzeugungszusammenhang jeder Norm des einfachen Rechts, gerade bei der Entfaltung verfassungsrechtlicher Direktiven, auf der höchsten Normebene, so bleiben diese Ebenen doch kategorial getrennt: „Konkretisiertes Verfassungsrecht" ist „eben kein Verfassungsrecht, sondern lediglich mit der Verfassung in Einklang stehendes ‚einfaches' Recht."[15]

Der modalen Differenzierung beider Normebenen entspricht eine relative inhaltliche Selbständigkeit.[16] Im Rahmen der verfassungsrechtlichen Vorgaben entfalten die einzelnen – inhaltlich, nicht geltungstheoretisch gesonderten – „Teilrechtsordnungen" ihre eigenen Wertmaßstäbe, Institute und dogmatischen Figuren. Das Recht nutzt die Chance der Mobilisierung bereichsspezifischer Rationalitäten, indem es ungeachtet aller geltungstheoretischen Einheit der Rechtsordnung ko-evolutionäre Prozesse einzelner Rechtsbereiche zuläßt und ihre Produkte übernimmt, soweit sie im jeweiligen verfassungsrechtlichen Rahmen anschlußfähig bleiben.[17] Gesetzgebung vollzieht sich nicht im normativen Vakuum, sondern unter evolutionärer Bezugnahme auf den Bestand.[18]

---

[12] Vgl. *H.F. Gaul*, AcP 158 (1968), 27, 32 für das Gerichtsverfahrensrecht im ganzen; so auch *K.-H. Schwab/P. Gottwald* im Generalbericht zum VII. Internationalen Kongreß für Prozeßrecht (in: *W.-J. Habgier* (Hg.), Effektiver Rechtsschutz und verfassungsmäßige Ordnung, 1983, 11) unter Berufung auf *H. Henkel*, Strafverfahrensrecht, 1953, S. V und 98.

[13] So bei *E. Schmidt-Aßmann*, HdbStR III, § 70, Rn. 12.

[14] Zuletzt eingehend *M. Jestaedt*, Grundrechtsentfaltung im Gesetz, 17.

[15] *M. Jestaedt*, Grundrechtsentfaltung im Gesetz, 17.

[16] Vgl. *M. Jestaedt*, Grundrechtsentfaltung im Gesetz, 19 unter Bezugnahme auf die Ausführungen in *BVerfGE* 42, 103 (116f.): Es sei eine „bare Selbstverständlichkeit", daß alles Recht vom Verfassungsrecht her mitgestaltet werde; „damit wird aber nicht alles Recht dieses Staates zu Verfassungsrecht. Mit anderen Worten: Unbeschadet dieser Einwirkung des Verfassungsrechts auf die verschiedenen Rechtsbereiche bleiben diese, was sie von Haus aus sind: privatrechtliche, handelsrechtliche, strafrechtliche, verfahrensrechtliche und verwaltungsrechtliche Teilbereiche, die ihrerseits entsprechende Ansprüche begründen, gestalten oder begrenzen".

[17] Schon von daher gebietet es sich, die einfache Rechtsordnung nicht einem verfassungsrechtlichen Perfektionierungs- und damit Homogenisierungsdruck auszusetzen, der nicht nur die Umdrehung tradierter Denkbahnen und Konfigurationen (*P. Lerche* , FS Stern (1997), 197, 202)

b) Dies gilt, wie es die Überlebensfähigkeit des Untersuchungsgrundsatzes indiziert, auch und gerade für das Prozeßrecht. Das vorfindliche Material der Prozeßgesetze umfaßte, namentlich in Gestalt des ihm zugrundeliegenden Modells unabhängiger Streitentscheidung, immanente Vorgaben für die verfassungsrechtliche Gestalt der Gerichtsbarkeit, die der Verfassunggeber in geltendes Recht transformierte.[19] Es enthielt darüber hinaus konkrete Techniken und Ordnungsvorstellungen, etwa in Gestalt der Prozeßmaximen, die auf dem gleichen Wege das heutige verfassungsrechtliche Bild des Prozesses prägten. Auf diese Weise konnte es Instituten wie dem Untersuchungsgrundsatz gelingen, im fundamentalen, vielschichtigen Wandel der verfassungsrechtlichen und -methodischen Vorgaben zu überleben. Eingebettet in die partielle Rationalität des jeweiligen Verfahrensrechts, konnte der Untersuchungsgrundsatz als vernunftrechtliche Abstraktion des preußischen Zivilprozesses, als Signum außerrechtlicher Gemeinwohlkonkretisierung in der Administrativjustiz, als Garant der Verwirklichung objektiven Verwaltungsrechts und schließlich als Element effektiven Individualrechtsschutzes unter dem Grundgesetz verstanden werden, obschon diese Vorgaben ihrerseits nicht nur gegenläufig, sondern in weiten Teilen auf paradigmatische Weise unvereinbar erscheinen.[20]

Andererseits entspricht, wie schon diese stichwortartige Kennzeichnung der changierenden Begründungszusammenhänge des Untersuchungsgrundsatzes anzeigt, der Kontinuität auf der Seite des sprachlichen Ausdrucks keine inhaltliche Kontinuität des Signifikats. Mag auch bei isolierter Betrachtung der normative Kern des Untersuchungsgrundsatzes, nämlich Befugnis und Verpflichtung des Richters, unabhängig vom Parteivortrag Tatsachen in den Prozeß einzuführen, unverändert geblieben sein, so unterlag doch sein juristischer „Sprachwert" tiefgreifenden Änderungen im Wandel seiner methodischen wie dogmatischen Beziehungen. Im Wandel dieses rechtlichen Lebensraumes kann ein verwaltungsrechtliches Institut also nicht „bestehen" bleiben, soweit damit die *Invarianz* seiner Bedeutung behauptet werden soll. Auf der anderen Seite ist ein vorfindliches Institut wie der Untersuchungsgrundsatz niemals bloße Konkretisierung im Sinne der Ausführung, näheren Bestimmung oder Verdeutlichung[21]

---

bedeutet, sondern zugleich die Chance zur Entwicklung bereichsspezfisch-sachgemäßer Lösungen vermindert. Daß im übrigen eine wechselseitige inhaltliche Abstimmung unter dem interpretatorischen Topos der „Einheit der Rechtsordnung" erfolgt, unterstreicht nur den oben erwähnten Befund potentiell divergierender Parallelentwicklungen.

[18] *M. Jestaedt*, Grundrechtsentfaltung im Gesetz, 27f.; für das Prozeßrecht *S. Smid*, Rechtsprechung, 29.

[19] Vgl. *S. Smid*, Rechtsprechung, 29f.

[20] Dieser Eindruck verstärkt sich, bezieht man die Wertschätzung des Untersuchungsgrundsatzes im Prozeßrecht totalitärer Staaten in die Betrachtung ein. Vgl. zum nationalsozialistischen Prozeßrecht nur *M. Richter*, Die Untersuchungsmaxime im älteren Verwaltungsprozeß, 141ff.

[21] Vgl. Stichwort „konkretisieren", in: Duden „Das große Wörterbuch der deutschen Sprache", Ausg. in 10 Bänden, 3. Aufl. Mannheim u.a. 1999. Im Kontext der Diskussion um die Me-

eines perfekten verfassungsrechtlichen Programms.[22] Das verwaltungsprozessuale Institut entfaltet und erhält seinen normativen Gehalt vielmehr im dialektischen, evolutionären Zusammenwirken von tradierten Inhalten mit sich wandelnden normativen und methodischen Bezügen.[23]

3. *Prozeßmaximen und verfassungsrechtliche Vorgaben*

Wie bereits die Diskussion um die Ausgestaltung des Verwaltungsprozesses demonstrierte, diente die Untersuchungsmaxime regelmäßig als argumentativer Anknüpfungspunkt für die Transformation übergeordneter Wertentscheidungen, rechtspolitischer Ideen oder staatstheoretischer Grundannahmen in das Prozeßrecht. Prozeßmaximen dienen als richtungs- wie einheitsbestimmende Faktoren der jeweiligen Prozeßordnung, verkörpern vorherrschende Wertungen und bieten Handhabe für die rechtspolitische Steuerung.[24] Im Verhältnis zur Verfassung ist zum einen ihre normative Qualität fraglich (a), zum anderen die Art und Weise der Einwirkung des Verfassungsrechts auf die Prozeßmaximen (b).

a) Prozeßmaximen eignen sich als Instrumente der heuristischen Systematisierung und Verdeutlichung, sind jedoch nicht ihrerseits Normen. Ihr normativer Gehalt wird vielmehr zur Gänze durch die jeweiligen einfach-gesetzlichen Vorschriften bestimmt.[25] Hieraus folgt zweierlei. Zum einen sind es diese einfach-gesetzlichen Vorschriften selbst und nicht das heuristische Instrument der Prozeßmaxime, die auf ihr Verhältnis zum Verfassungsrecht zu untersuchen sind.[26] Zum anderen ist das Verfassungsrecht der einzige inhaltliche Maßstab, dem jene einfach-gesetzlichen Normen zu genügen haben.

---

thode der Verfassungsauslegung hat „Konkretisierung" dagegen eine andere Bedeutung erhalten. An die Stelle der Explizierung des Vorgegeben tritt bei *K. Hesse*, Grundzüge des Verfassungsrechts, Rn. 60ff., die Vorstellung einer wenngleich normgebundenen, so doch rechtsschöpferischen Vollendung des Normgehalts im Prozeß der Auslegung unter Einbeziehung volitiver Momente. Zur Kritik *E.-W. Böckenförde*, Die Methoden der Verfassungsinterpretation, 78ff.

[22] Auch die Kennzeichnung des Prozeßrechts als „angewandtes Verfassungsrecht" (so vor allem in der Diskussion der 60er Jahre unter Bezugnahme auf *Heinrich Henkel*; zustimmend *H.F. Gaul*, AcP 158 (1968), 27, 32 m.w.N.) erscheint damit unterkomplex.

[23] Dies i. ü. ganz im Sinne *F. Werners*, DVBl. 1959, 527, 529: Die Beständigkeit des Verwaltungsrechts könne durch die Besinnung auf verfassungsrechtliche Grundlagen *gefördert* – nicht ersetzt – werden.

[24] Vgl. *F. Weber*, Studium Generale 1960, 183, 185; *D. Brüggemann*, Judex statutor und judex investigator, 101f.; *W. Henckel*, GS Bruns (1980), 117, 124f.; *C.-F. Menger*, Allgemeine Prozeßgrundsätze, 433; *J. Haverkämper*, Die verfassungsrechtlichen Grundlagen, 32f.

[25] Soweit im Vorgriff auf die nähere Bestimmung der Rechtsnatur des Untersuchungsgrundsatzes; hierzu unten, Kap. 3, Abschnitt I.

[26] Richtet sich der Blick, wie *J.J. Hagen*, Elemente einer allgemeinen Prozeßlehre, 56, ausführt, allein auf Pauschalbegriffe der jeweiligen Verfahrensmaxime, besteht die Gefahr einer ideologischen Verkürzung der Interpretation, die speziellere dogmatische Zusammenhänge verdunkelt.

Daher kommt es nicht in Betracht, den verfassungsrechtlichen Maßstab seinerseits durch eine normative Zwischenebene der „Prozeßmaximen" zu mediatisieren. Es ist methodisch unzulässig, die Rechtmäßigkeit einer Einzelbestimmung des Verwaltungsprozeßrechts – etwa die Zurückweisung verspäteten Vorbringens nach § 87 b Abs. 3 VwGO – nicht nur am Maßstab der Verfassung, sondern überdies an einer „Prozeßmaxime" zu prüfen. Die Prozeßmaxime kann zwar als Ausdruck der einschlägigen verfassungsrechtlichen Wertungen interpretiert werden.[27] Sie bildet aber kein autochthones Wertprinzip[28] höherer Ordnung, keine höhere Stufe einer internen Normenhierarchie der Prozeßgesetze. Die Rechtsordnung kennt keine normative Grauzone zwischen Prozeßrecht und Verfassung.

Wenn ungeachtet dieser beiden Kautelen im folgenden von den verfassungsrechtlichen Beziehungen „des" Untersuchungsgrundsatzes die Rede ist, so nur im Sinne einer begrifflichen Bündelung. Bezugsgegenstand verfassungsrechtlicher Bewertung ist stets eine Mehrzahl prozeßrechtlicher Vorschriften, deren Kern die richterliche Ermittlung des Sachverhalts von Amts wegen i.S.d. § 86 Abs. 1 Satz 1 VwGO bildet.

b) Zu klären ist weiterhin die *Qualität* der Beziehungen zwischen Verfassung und Prozeßordnung. Nach der Grundstruktur des Stufenbaus der Rechtsordnung steht eine Norm einfachen Rechts mit der Verfassung entweder in Einklang oder nicht. Die Frage nach den verfassungsrechtlichen Bezügen des Untersuchungsgrundsatzes wäre, führte man diesen binären Schematismus konsequent durch, dahin zuzuspitzen, ob der Untersuchungsgrundsatz verfassungsrechtlich geboten ist oder nicht.[29]

Demgegenüber finden sich in der Lehre Bilder eines differenzierteren Beziehungsgefüges zwischen Verfassung und einfachem Gesetz. So unterscheidet *Eberhard Schmidt-Aßmann* drei Intensitätsstufen verfassungsrechtlicher „Einwirkungen" auf das Verfahrensrecht: *Fixierungen*, wonach einfachgesetzliche Verfahrensbestimmungen von der Verfassung strikt gefordert sind; *Wertakzentuierungen und Systematisierungen*, wonach das Verfassungsrecht Aufnahme und Absicherung seiner Schutzgüter und Werte nahelegt oder zumindest Veranlassung gibt, die einfachgesetzliche Verfahrensregelung systematisierend und vergleichend zu durchdenken, ohne daß eine bestimmte Ausgestaltung verlangt würde; schließlich *Limitierungen*, die nur den äußeren Rahmen eines im übrigen frei gestaltbaren Verfahrensrechts bilden.[30] Ein derartiges, differenziertes

---

[27] *H.F. Gaul*, AcP 158 (1968), 27, 32.

[28] In diese Richtung *J. Haverkämper*, Die verfassungsrechtlichen Grundlagen, 33.

[29] Vgl. *C. Starck*, in: HdbStR VII, § 164, Rn. 8.

[30] *E. Schmidt-Aßmann*, HdbStR III, § 70, Rn. 12. *E.-W. Böckenförde*, Verfassungsfragen der Richterwahl, 60, unterscheidet die äußersten Grenzen gesetzgeberischer Gestaltungsfreiheit, die durch die Verfassung gezogen werden, von „verfassungsstrukturellen Orientierungspunkten". Diese hätten nicht den Charakter strikter Verbots- oder Gebotsnormen, sondern dienten als

Modell trägt der relativen Weite und Unbestimmtheit zahlreicher verfassungsrechtlicher Vorschriften ebenso Rechnung wie dem Umstand, daß in ihnen potentiell konfligierende Rechtsgüter normiert werden, die der abgestimmten, nicht der isolierenden Auslegung bedürfen.[31] Zudem steht auf der Seite des einfachen Rechts jedes einzelne Verfahrenselement in einem vielschichtigen Wirkzusammenhang,[32] der sich erst in seiner Gesamtheit zum Gegenstand der verfassungsrechtlichen Beurteilung formiert.[33] Innerhalb dieser Vorgaben gibt die Verfassung Raum für die Gestaltungsfreiheit des Gesetzgebers. Dessen Entscheidungen können freilich auch dann auf ihre verfassungsrechtliche Färbung und Plausibilität, ihre Übereinstimmung mit Orientierungs- und Richtgrößen der Verfassung hin befragt werden, wenn sich hieraus noch keine stringenten rechtlichen Schlüsse ergeben.[34]

Ungeachtet der Vorteile einer derartigen, ebenso offenen wie flexiblen Folie der verfassungsrechtlichen Reflexion bleibt das Rechtssystem bei der Frage nach der Gebotenheit oder Verfassungsmäßigkeit einer einfach-gesetzlichen Norm auf die oben erwähnte, zweiwertig codierte Entscheidungsalternative beschränkt.[35] Projiziert auf den binären Schematismus des Rechtscodes, bereiten die erste und die dritte Kategorie des von *Schmidt-Aßmann* entwickelten Fächers verfassungsrechtlicher Einwirkungen keine Probleme. Fixierungen wie Limitierungen bezeichnen strikte normative Vorgaben, denen das Prozeßrecht entweder genügt oder nicht. Problematisch ist die zweite Kategorie. Sie verweist auf eine Form normativer Erheblichkeit verfassungsrechtlicher Vorschriften, bei der an die Stelle strikter Erfüllbarkeit eine Dimension des Gewichts potentiell kollidierender Vorgaben tritt. Gemeint sind solche Bestimmungen, die für Abwägungen in juristischen Entscheidungsprozessen, etwa für gesetzgeberische Entscheidungen bei der Ausgestaltung des Verwaltungsprozesses, von Bedeutung sind, die aber keine Rechtsfolge zwingend festlegen.[36] Normen die-

---

Orientierungs- und Richtpunkte, ohne strikte rechtliche Verbindlichkeit beanspruchen zu können. Vgl. für die ähnliche „Gemengelage" von Strafprozeß- und Verfassungsrecht *H. Hill*, HdbStR VI, § 156, Rn. 8.

[31] Vgl. *C. Starck*, in: HdbStR VII, § 164, Rn. 51.

[32] *E. Schmidt-Aßmann*, HdbStR III, § 70, Rn. 12.

[33] Es ist also einer zweifachen möglichen Unterbestimmtheit Rechnung zu tragen. Ein Beispiel: Nimmt man etwa an, der Untersuchungsgrundsatz sei durch das Sozialstaatsprinzip, konkretisiert als Gebot richterlicher Fürsorge für die unterlegene Partei, geboten, so kann diese Annahme in zweifacher Weise relativiert werden. Zum einen könnte auf einen – einfachgesetzlichen – Anwaltszwang als funktionales Äquivalent richterlicher Fürsorge verwiesen werden. Zum anderen könnte – auf verfassungsrechtlicher Ebene – die Relativierung des Sozialstaatsgebots durch das Prinzip richterlicher Unabhängigkeit behauptet werden.

[34] Vgl. zu dieser nicht-normativen Zwischenebene verfassungsrechtlicher Gestimmtheit insbesondere die subtilen Ausführungen bei *E.-W. Böckenförde*, Verfassungsfragen der Richterwahl, 60f.

[35] Vgl. für die Verfassungsauslegung *C. Starck*, in: HdbStR VII, § 164, Rn. 8.

[36] Als Beispiel aus dem Prozeßrecht mögen die – nach hM innerhalb des Gebotes „effektiven

ser Qualität können als *Prinzipien* bezeichnet und von *Regeln* – strikten Geboten wie den oben genannten Fixierungen und Limitierungen – abgegrenzt werden.[37] Prinzipien sind nicht auf eine Alles-oder-nichts-Weise anzuwenden, sondern erstreben die graduelle Verwirklichung eines Zieles oder Wertes im Rahmen der rechtlichen und tatsächlichen Möglichkeiten.[38] Sie erlauben dem Rechtssystem die Handhabung jener problematischen Konstellationen, in denen inhaltlich kollidierende Rechtssätze auf der gleichen Normebene Geltung beanspruchen. Diese Konstellationen können mit dem Begriff des Rechtsprinzips auf die binär codierte Entscheidungsalternative (rechtmäßig/rechtswidrig) zurückgeführt werden, indem jede Prinzipienkollision im Einzelfall in eine konkrete Vorrangrelation aufgelöst wird, die ihrerseits *Regel*charakter hat.[39]

Im einzelnen bezeichnet der Geltungsmodus des Prinzips allerdings eine Fülle möglicher Einwirkungsintensitäten und -modalitäten, die für jede Verfassungsnorm gesondert zu ermitteln sind.[40] Hier kommt es indes nur auf die normanalytische Prämisse an, daß Vorschriften des Prozeßrechts von den verfassungsrechtlichen Vorgaben nicht nur im strikt-regelhaften oder definitiven, sondern auch im lediglich *prinzipiellen* Sinne ge- oder verboten sein können. In diesem Sinne geboten ist eine Norm des Prozeßrechts, wenn sie dazu geeignet ist, das Ziel oder den Wert eines Verfassungsprinzips zu realisieren. Angesichts der Möglichkeit kollidierender Normen des Verfassungsrechts und alternativer Gestaltungen auf einfach-gesetzlicher Ebene ist damit aber noch nichts über die

---

Rechtsschutzes" angesiedelten – Gebote der Verfahrens*beschleunigung* einerseits, der vollständigen *Aufklärung* des Streitgegenstandes in rechtlicher und tatsächlicher Hinsicht andererseits dienen.

[37] Grundlegend *R. Dworkin*, Taking Rights Seriously, 22ff., 24f.; hierzu *R. Dreier*, Der Begriff des Rechts, 104.

[38] Grundlegend *R. Alexy*, Theorie der Grundrechte, 75f., der allerdings formuliert, Prinzipien verlangten, daß ein „Ziel oder Wert in einem relativ auf die rechtlichen und tatsächlichen Möglichkeiten möglichst hohen Maße" realisiert werden müsse; vgl. auch *ders.*, Zum Begriff des Rechtsprinzips, 202ff.

[39] Sogenanntes *Kollisionsgesetz* für bedingte Vorrangrelationen zwischen Prinzipien: „Die Bedingungen, unter denen das eine Prinzip dem anderen vorgeht, bilden den Tatbestand einer Regel, die die Rechtsfolge des vorgehenden Prinzips ausspricht"; *R. Alexy*, Theorie der Grundrechte, 79ff., 84.

[40] Vgl. *M. Jestaedt*, Grundrechtsentfaltung im Gesetz, 216; in diese Richtung auch *P. Lerche*, FS Stern (1997), 197, 206ff. Der analytischen Tauglichkeit der „schlichten Alternative" zwischen Regel und Prinzip (*Jestaedt* a.a.O.) steht diese potentielle Vielfalt nicht entgegen, sofern man unter dem Oberbegriff der Norm eine Differenzierung zwischen strikter Bindung und deren Gegenseite – eben einer lediglich graduellen Verpflichtung – treffen möchte. Diese Differenzierung ist gerade für das Verfassungsrecht kaum verzichtbar, wenn konfligierende Rechtswertungen auf der gleichen Normebene in eindeutige Entscheidungsalternativen übersetzt werden sollen. Daß am Ende der Rechtsanwendung das Verhältnis zwischen Verfassungsnorm und Gesetz, aller im Verfassungsrecht vorfindlichen Vielfalt (*Jestaedt* a.a.O.) zum Trotz, auf eine binär codierte Alternative zwischen verfassungsmäßig und verfassungswidrig hinausläuft, bildet auch bei *Jestaedt* eine der Prämissen der Betrachtung (vgl. ebd., 17).

Verfassungsmäßigkeit oder -widrigkeit einer konkreten Regelung des einfachen Rechts verloren.

c) Das Programm der Ermittlung verfassungsrechtlicher Bezüge des Untersuchungsgrundsatzes läßt sich sonach präziser fassen als die Frage nach der definitiven oder zumindest prinzipiellen *Gebotenheit* des Untersuchungsgrundsatzes durch die einschlägigen verfassungsrechtlichen Bestimmungen. Dabei ist zu berücksichtigen, daß es sich bei „dem" Untersuchungsgrundsatz um eine lediglich heuristische Kategorie handelt, es also im Kern auf die einzelnen Vorschriften der VwGO in ihrem Zusammenwirken ankommt. In die verfassungsrechtliche Prüfung inbegriffen ist die Frage, ob das tradierte Begründungsarsenal des Untersuchungsgrundsatzes unter den normativen Prämissen des Grundgesetzes bestehen konnte oder gar in verfassungsrechtliche Normativität erwachsen ist.

4. Systematik der verfassungsrechtlichen Bezüge des Untersuchungsgrundsatzes

Die Diskussion um die verfassungsrechtlichen Bezüge des Untersuchungsgrundsatzes kennt heute zwei Begründungsstränge, einen subjektiv-rechtlichen und einen objektiv-rechtlichen (a). Beide Stränge führen zu einem materiellen Begriff der Rechtsprechung, bei dem die Ableitung grundgesetzlicher Anforderungen an das Verfahren der Verwaltungsgerichte ihren Ausgangspunkt nimmt (b). Die Systematik der verfassungsrechtlichen Bezüge des Untersuchungsgrundsatzes folgt, ebenso wie der weitere Gang der Darstellung, aus dem Verhältnis dieses Rechtsprechungsbegriffs zu den beiden Begründungssträngen.

a) Zwei Begründungsstränge

Zentraler Begriff des *ersten*, subjektiv-rechtlich gefärbten Begründungsstrangs ist der *effektive Rechtsschutz* des einzelnen gegen Rechtsverletzungen durch die öffentliche Gewalt. In der älteren Diskussion um die Verwaltungsgerichtsbarkeit war dieser Strang nur in Spuren erkennbar. Seine Karriere beginnt erst mit der Entscheidung des Grundgesetzes, dem Bürger die subjektive Rechtsausübung vor Gericht bei Rechtsverletzungen durch die öffentliche Gewalt zu garantieren (Art. 19 Abs. 4 GG). Der Untersuchungsgrundsatz gilt in dieser Sicht als Teil des speziellen Rechtsschutzstandards der Verwaltungsgerichtsbarkeit. Namentlich die von Art. 19 Abs. 4 GG geforderte „tatsächliche Wirksamkeit" der verwaltungsgerichtlichen Tätigkeit soll danach die richterliche Verantwortung für die Tatsachengrundlage des Urteils umschließen. Zu den flankierenden Garantien des Untersuchungsgrundsatzes gehört in dieser Sicht zum einen das Gebot materieller Waffengleichheit der Prozeßparteien, welches neben Art. 3 Abs. 1 GG eine Wurzel im Sozialstaatsprinzip finden soll. Zum anderen wird den materiellen Grundrechten ein verfahrensrechtlicher Gehalt zugeschrieben, der sich zum Anspruch des Bürgers auf materiell-rechtlich richtige Entscheidungen des Gerichts auswächst.

Der *zweite* Begründungsstrang ist die Fortsetzung des im 19. Jahrhundert entwickelten Gemeinwohlarguments. In seiner heutigen Fassung lautet es, daß der Untersuchungsgrundsatz um der im Verwaltungsprozeß tangierten *öffentlichen Interessen* willen geboten sei. Üblicherweise ist vom öffentlichen Interesse an der Rechtmäßigkeit des Verwaltungshandelns die Rede, für das die Verwaltungsgerichte – so das Argument – eine spezifische, aus Art. 20 Abs. 3 GG herzuleitende Verantwortlichkeit trügen. Damit einher geht die Vorstellung, die Gewährleistung der objektiven Rechtmäßigkeit durch die Gerichte erfordere die Ermittlung der „materiellen Wahrheit" durch den Richter. Anders als der Zivilprozeß beschränke sich das verwaltungsgerichtliche Verfahren nicht auf die Durchsetzung privater Rechte und Interessen, so daß die dort gebildete „formelle Wahrheit" nach Maßgabe des Parteivorbringens den verfassungsrechtlichen Anforderungen an den Verwaltungsprozeß nicht genüge. Daneben findet sich die Variante, den Verwaltungsgerichten die Mitwirkung bei der Gemeinwohlkonkretisierung in einem arbeitsteiligen Prozeß zwischen den drei Staatsgewalten und dem Publikum zu überantworten.

Auf den ersten Blick ähneln die beiden Begründungsstränge des Untersuchungsgrundsatzes jenen Hauptrichtungen des konzeptionellen Streits um die Verwaltungsgerichtsbarkeit, die bis heute in der angeblichen Dichotomie zwischen objektiver und subjektiver Zielbestimmung des Verwaltungsprozesses fortleben. Allerdings steht mittlerweile auch die subjektiv-rechtliche Zielbestimmung im Dienst des Untersuchungsgrundsatzes. Die ursprüngliche, liberale Intention der Gewähr subjektiver Rechtsausübung vor Gericht wird, so die Ursache dieser erstaunlichen Umwidmung, mittlerweile weitgehend vom Aspekt *richterlicher Fürsorge* überlagert, in dem sich das subjektiv-rechtliche und das objektiv-rechtliche Modell treffen: Fürsorge für die streitbefangenen, rechtlich geschützten Individualinteressen einerseits, für die öffentlichen Interessen andererseits.

b) Rechtsstaat und Gerichtsbarkeit

Diese Dominanz richterlicher Fürsorge ist, so der Tenor der nachfolgenden Ausführungen, eine begriffliche Fehlentwicklung. Im Falle des objektiv-rechtlichen Begründungsstranges hat diese Fehlentwicklung das Erbe jener Ansicht angetreten, nach welcher die Verwaltungsgerichtsbarkeit eine Fortsetzung der aktiven Verwaltung mit anderen Mitteln darstellt. Der subjektiv-rechtliche Begründungsstrang dagegen schöpft aus anderen Quellen. Er knüpft an die gegen Ende des 19. Jahrhunderts geborenen Vorstellungen einer sozialen Verantwortung des Richters an, beruht heute jedoch vor allem auf einer Hypertrophierung des Normgehalts von Art. 19 Abs. 4 GG. Beide Entwicklungen treffen sich darin, den verfassungsrechtlichen Begriff der *Rechtsprechung* einschließlich der Verwaltungsrechtsprechung durch einseitige Übersteigerungen der subjektiv-rechtlichen oder der objektiv-rechtlichen Zielstellung des Prozesses zu sprengen. Nicht die Berechtigung dieser Prozeßzwecke selbst steht also in Frage, wohl aber ihre isolierende Auslegung ohne Rückbindung an das verfassungsrechtlich vorgegebene Verständnis der Rechtsprechung. Beide Seiten bewirken nichts weniger, als die für den bürgerlichen Rechtsstaat wesensbestimmende *Differenzierung* zwischen aktiver Verwaltung auf der einen, echter Verwaltungsgerichtsbarkeit auf der anderen Seite zurückzunehmen.

aa) Die Frage nach den verfassungsrechtlichen Bezügen des Untersuchungsgrundsatzes wird angesichts dieser Konstellation damit beginnen müssen, den verfassungsrechtlichen Begriff der *Rechtsprechung* selbst zu bestimmen. Dieser Begriff fußt seinerseits auf bestimmten Grundannahmen über das grundgesetzliche *Rechtsstaatsprinzip*, die freilich im Rahmen der vorliegenden Untersuchung nur genannt, nicht expliziert werden können. Ausgangspunkt dieser Prämissen ist die Option für ein *integrales* Verständnis des Rechtsstaats, also dafür, das Rechtsstaatsprinzip nicht lediglich als Sammelbezeichnung einzelner verfassungsrechtlicher Gewährleistungen anzusehen, sondern ihm – neben und über jenen – eigenständigen normativen Gehalt zu konzedieren.[41] Der konkurrierende Ansatz *Philipp Kunigs* erkennt im allgemeinen Rechtsstaatsprinzip lediglich einen normativ gehaltlosen, aber für ideologische und rechtspolitische Einflüsse anfälligen Bündelungs- oder Affirmationsbegriff.[42] *Kunig* geht davon aus, die Geltung allgemein als rechtsstaatlich etikettierter Rechtsfiguren aus speziellen, problemnäheren Normen herleiten zu können, ohne daß es neben Oberbegriffen wie Gerechtigkeit, Rechtssicherheit oder Effizienz noch des Rückgriffs auf ein allgemeines Rechtsstaatsprinzip bedürfte.[43]

Dem *Kunig*schen „Substraktionsargument“ wurde zunächst auf gleicher Ebene begegnet, indem einzelne tradierte rechtsstaatliche Institute ermittelt wurden, bei denen die Anknüpfung an spezielle Vorschriften „unterhalb“ des allgemeinen Rechtsstaatsprinzips keine Orientierung bietet.[44] Weitergehend verweist *Katharina Sobota*, in einer Rückadressierung des methodischen Anlie-

---

[41] So insbesondere *E. Schmidt-Aßmann*, in: HdbStR III, § 24, Rn. 7f.; *K. Sobota*, Das Prinzip Rechtsstaat, 399ff.

[42] Sog. summatives Verständnis des Rechtsstaats; namentlich *P. Kunig*, Das Rechtsstaatsprinzip, insb. 117ff.; in diese Richtung wohl auch *K.-E. Hain*, Die Grundsätze des Grundgesetzes, 341f., mit Blick auf den rechtsstaatlichen Garantiegehalt des Art. 79 Abs. 3 GG.

[43] *P. Kunig*, Das Rechtsstaatsprinzip, 309ff.

[44] *E. Schmidt-Aßmann*, in: HdbStR III, § 24, Rn. 8.

gens *Kunigs*, auf die Notwendigkeit „textüberschreitender Rechtskonstruktionen“, die sich gerade infolge der Suche nach speziellen Substituten für das allgemeine Rechtsstaatsprinzip eingestellt hätten.[45] Schließlich konnte der dogmatische wie heuristische Ertrag des Rechtsstaatsprinzips direkt nachgewiesen werden, indem seine inhaltliche Spezifität und Konsistenz gegenüber den anderen Leitideen des Grundgesetzes auf der einen, den speziellen rechtsstaatlichen Gewährleistungen auf der anderen Seite entwickelt wurden.[46]

Auch die beiden oben erwähnten Begründungsstränge des Untersuchungsgrundsatzes illustrieren, jedenfalls in ihrer vereinseitigenden Auslegung, die Folgen jenes Verzicht auf die dogmatische Erschließung des integralen Rechtsstaatsprinzips. Im Ergebnis wird eine derartige, hier nur mit Blick auf den Untersuchungsgegenstand zu skizzierende dogmatische Kultivierung den normativen Kern des Rechtsstaats in einer dialektischen Zuordnung zweier Elemente begreifen müssen: *Objektive Rechtsbindung* allen Staatshandelns einerseits (Art. 20 Abs. 3 GG), *Gewährleistung subjektiver Rechtsausübung* vor Gericht als Ausdruck der aus Art. 1 Abs. 1 GG fließenden Positionierung des einzelnen in der Verfassungsordnung andererseits (Art. 19 Abs. 4 GG). Im Kern des Rechtsstaatsprinzips findet sich damit ein voraussetzungsreiches *Equilibrium* zwischen der objektiven Rechtsbindung allen Staatshandelns auf der einen, der

---

[45] *K. Sobota*, Das Prinzip Rechtsstaat, 408.

[46] *K. Sobota*, Das Prinzip Rechtsstaat, 416, insb. 435ff. Im Ergebnis hat sich die Debatte um den Rechtsstaatsbegriff im allgemeinen dahingehend entspannt, daß auf der einen Seite dem Streben des summativen Verständnisses nach Normklarheit und -spezifität dadurch entsprochen wird, daß zunächst der Rückgriff auf die gegenüber dem allgemeinen Rechtsstaatsprinzip sach- und problemnähere Verfassungsnorm gesucht wird; auf der anderen Seite ein „verschlanktes“ Rechtsstaatsprinzip als interpretativer Zusammenhang, Auffangnorm und Kerngewährleistung der Herrschaft des Rechts als solcher postuliert wird.

Die nähere Konturierung dieser Kerngewährleistung leidet allerdings unter der eher sporadischen *Textbasis* des Rechtsstaatsprinzips im Grundgesetz, dessen adjektivische Erwähnung in Art. 28 Abs. 1 Satz 1 GG mit Fug als bloße Verweisungsnorm ohne eigenen Gehalt angesehen wird (zusammenfassend *P. Kunig*, Das Rechtsstaatsprinzip, 68ff.) und das in Art. 20 Abs. 1 GG nicht ausdrücklich als staatsqualifizierendes Merkmal genannt wird. Allerdings kann – so die weitverbreitete These (statt aller *BVerfGE* 45, 187, 246; im Schrifttum zuletzt *K. Sobota*, Das Prinzip Rechtsstaat, 461ff.) – die Regelung des *Art. 20 Abs. 3 GG* als verbindlicher Ausdruck des Rechtsstaatsprinzips gewertet werden, während sich nähere Bestimmungen, die nicht zur Gänze aus dem Wortlaut dieser Norm deduzierbar sind, in der gesamten Verfassung finden und die konkrete Gestalt des Rechtsstaatsprinzips formen. Zu diesen gestaltformenden Vorschriften gehören nach der hier vertretenen Auffassung insbesondere die Art. 1 Abs. 1, 19 Abs. 4 GG.

Der Einwand, der Wortlaut des Art. 20 Abs. 3 GG umfasse nur einen Teilaspekt der dem Rechtsstaatsprinzip zugeordneten Norminhalte (*Kunig*, Das Rechtsstaatsprinzip, 77), greift aus zwei Gründen nicht durch. Erstens ist die Vorstellung irrig, die jeweilige Zentralnorm eines Verfassungsprinzips müsse, der Spitze einer „Begriffspyramide“ gleich, jede Konkretisierung bereits in sich bergen oder ihre schlüssige Deduktion erlauben. Soweit – zweitens – Art. 20 Abs. 3 GG bestimmte bislang als „rechtsstaatlich“ etikettierte Regelungen auch nach diesem weiteren Verständnis der Zuordnung von Prinzip und Konkretisierung nicht erfaßt, berührt dies zwar die Berechtigung dieser Etikettierung, aber nicht die systematische Stellung des Art. 20 Abs. 3 GG.

Entscheidung für die Gewähr dieser Rechtsbindung im Wege individueller Rechtsausübung vor Gericht auf der anderen Seite.[47] Art. 19 Abs. 4 GG formt als objektive Wertentscheidung eine spezifische Struktur des Rechtsstaats, die um der Garantie individueller Rechtsausübung willen die Letztentscheidung über die objektive Rechtmäßigkeit des Verwaltungshandelns den Gerichten zuweist.[48]

bb) Die *Gerichtsbarkeit* fungiert als institutioneller Träger dieses Equilibriums, indem sie gleichsam rückseitig, im Wege der neutralen Entscheidung von Rechtsstreitigkeiten, beides zugleich leistet: Sicherung objektiver Rechtmäßigkeit des Staatshandelns im Wege der Gewähr individueller Rechtsausübung. Allein letztere wird durch Art. 19 Abs. 4 GG zum subjektiven Recht im Verfassungsrang erhoben.[49] Die Vorschrift stellt sicher, daß die Betroffenheit des Klägers in subjektiven Rechten nicht nur Auslöser, sondern Gegenstand des Ver-

---

[47] Ansätze hierzu bei *K. Sobota*, Das Prinzip Rechtsstaat, 208: Man müsse den durch Art. 19 Abs. 4 GG normierten Aspekt der Gerichtskontrolle öffentlicher Gewalt über Art. 20 Abs. 3 GG auf das Rechtsstaatsprinzip beziehen. Vgl. auch *H.-J. Papier*, HdbStR VI, § 154, Rn. 4.

[48] Vgl. zu Art. 19 Abs. 4 GG in dieser Bedeutung *H.-J. Papier*, HdbStR VI, § 154, Rn. 4; *E. Schmidt-Aßmann*, in: *F. Schoch/ders./R. Pietzner*, Verwaltungsgerichtsordnung, Einl., Rn. 70; *F. Schoch*, Vorläufiger Rechtsschutz und Risikoverteilung im Verwaltungsrecht, 126f.; *A. v. Mutius*, FS Menger (1985), 575, 586f. In Richtung der hier vorgeschlagenen Konzeption die Konzeption von *J. J. Hagen*, Elemente einer allgemeinen Prozeßlehre, 109: „funktionale Einheit" von subjektivem Rechtsschutz und objektiver Verwaltungskontrolle. Subjektiver Rechtsschutz stellt *Hagen* zufolge in sozialwissenschaftlicher Betrachtung eine „sozialisierte Individualfunktion" dar, die einem gesellschaftlich wünschenswerten Zweck (Verwaltungskontrolle) dienstbar gemacht wird. Die Kritik an dieser Interpretation – der einzelne dürfe nicht als „versachlichtes Mittel zur Bewahrung der objektiven Rechtsordnung benützt werden (*D. Lorenz*, Der Rechtsschutz des Bürgers und die Rechtsweggarantie, 131) – verkennt, daß Art. 19 Abs. 4 GG den Schutz der objektiven Rechtsordnung *latent* bewirkt, also gerade dadurch, dem einzelnen (nur) die Ausübung subjektiv-öffentlicher Rechte vor dem Richter zu gewährleisten. Eine Pflichtenstellung des einzelnen als Funktionär der objektiven Rechtmäßigkeitskontrolle ist mit dieser Konstruktion gerade nicht verbunden (in diese Richtung auch *Lorenz* ebd., 132: lediglich automatische, reflexhafte Bewährung der objektiven Rechtsordnung). Verfehlt wäre es – und insoweit ist *Lorenz* beizupflichten – aus der rückseitigen, indirekten Funktion des Art. 19 Abs. 4 GG der Verwaltungskontrolle wiederum Verfahrensanforderungen abzuleiten, die auf Einhaltung der „objektiven Rechtmäßigkeit" zielen. Dies bedürfte einer ausdrücklichen Anordnung, die Art. 19 Abs. 4 GG gerade nicht enthält. Zur gleichartigen Konstruktion für den Zivilprozeß *L. Rosenberg/K. Schwab/P. Gottwald*, Zivilprozeßrecht, 3: „Bewährung des objektiven Rechts und Schutz des subjektiven Rechts sind nur zwei Seiten ein und desselben Tatbestands; sie sind nämlich Wirkungen des zivilprozessualen Verfahrens, da mit dem rechtskräftigen gerichtlichen Urteil seinen Abschluß findet." Die Grenzen dieses Modells sind erreicht, wenn die zunehmende Ausweitung subjektiv-öffentlicher Rechte zu einer umfassenden Rechtskontrolle der Verwaltung führen; zu dieser Entwicklung *W. Brohm*, DVBl. 1986, 321, 322; *P. Lerche*, BayVBl. 1980, 258, 260.

[49] Nach *M. Ibler*, Rechtspflegender Rechtsschutz im Verwaltungsrecht, 167f., ist die Entscheidung des Art. 19 Abs. 4 GG für ein subjektives Rechtsschutz-Modell „unwiderlegbar kraft des Wortlauts der Norm, ihrer Stellung im Grundrechtsteil, kraft ihrer Entstehungsgeschichte und ihres Zwecks."; vgl. *V. Götz*, Handlungsspielräume der Verwaltung und Kontrolldichte gerichtlichen Rechtsschutzes, 252f.; *E. Schmidt*-Aßmann, in: Maunz/Dürig, Grundgesetz, Art. 19 Abs. 4, Rn. 8; *R. Schenke*, in: BK, Art. 19 Abs. 4, Rn. 25; W. *Krebs*, FS Menger (1985), 191, 197.

fahrens ist.[50] Objektive Rechtskontrolle findet damit nur statt nach Maßgabe subjektiver Rechtsverletzung. Der Streit um die Zweckbestimmung der Verwaltungsgerichtsbarkeit wird damit überführt in die höhere Einheit eines spezifischen Begriffs der Rechtsprechung. Diesem Begriff zufolge kann die Rechtsprechung, namentlich die Verwaltungsgerichtsbarkeit, weder als Institution subjektiver Rechtsfürsorge noch als quasi-verwaltungsinterne Kontrolle zureichend erfaßt werden. Sie verwirklicht vielmehr die *spezifischen Funktionsbedingungen* der Legitimität autoritativer Streitentscheidung, derer die rechtsstaatliche Balance zwischen objektiver Kontrolle und subjektiver Rechtsausübung bedarf: exklusive Rechtsbindung, richterliche Unabhängigkeit und rechtliche Gleichordnung der Parteien in einem neutralen Verfahren unabhängiger Streitentscheidung.

c) Systematik und Gang der Untersuchung

Dieser materielle Begriff der Rechtsprechung selbst ist es, der – so die Leitthese der nachfolgenden Untersuchungen – die wesentlichen Vorgaben für das Verfahren der Gerichte im allgemeinen, der Verwaltungsgerichtsbarkeit im besonderen enthält (Abschnitt II). Er wird wesentlich geprägt durch die verfassungsrechtlichen Determinanten des Gerichtsverfahrens, namentlich die Justizgrundrechte, rechtsstaatliche Verfahrensanforderungen und den Justizgewährleistungsanspruch des Art. 19 Abs. 4 GG. Mit Blick auf das Verfahren der Sachverhaltsermittlung sind allerdings sowohl diese Vorschrift als auch Art. 20 Abs. 3 GG nur von nachgeordneter Bedeutung.

aa) Art. 19 Abs. 4 Satz 1 GG normiert ein subjektives Recht auf die prozessuale Ausübung subjektiv-öffentlicher Rechte vor Gericht, indem er den „Rechtsweg“ für solche Fälle eröffnet, in denen die Verletzung einer entsprechenden Rechtsposition behauptet wird. Gegenüber der allgemeinen, rechtsstaatlich basierten Justizgewährungspflicht[51] bildet Art. 19 Abs. 4 GG eine spezielle Norm, da sie, in Form und Geltungsrang eines Grundrechts, einen eigenständigen Anspruch auf Rechtswegeröffnung gegen die Staatsgewalt festsetzt. Entwicklungsgeschichtlich kann die Bedeutung dieser Verfassungsentscheidung kaum überschätzt werden, da sie die Diskussion um das Konzept der Verwaltungsgerichtsbarkeit in allen wesentlichen Streitfragen beendet[52] – Justiziabilität des öffentlichen Rechts im allgemeinen, Existenz subjektiv-öffentlicher

---

[50] *W. Krebs*, FS Menger (1985), 191, 197.

[51] Zur Herleitung aus dem allgemeinen Rechtsstaatsprinzip (Art. 20 Abs. 3 GG) vgl. *E. Schmidt-Aßmann*, in: HdbStR III, § 24, Rn. 71; *K. Sobota*, Das Prinzip Rechtsstaat, 188f., 206; auch *C. Degenhart*, HdbStR III, § 73, Rn. 9.

[52] Vgl. *H. Schulze-Fielitz*, in: Dreier, GG, Art. 19, Rn. 2

Rechte, Primat der individuellen Rechtsausübung und die Zuordnung der streitigen Rechtspflege in Verwaltungssachen zur rechtsprechenden Gewalt.

Art. 19 Abs. 4 GG hat damit eine wesentliche Bedeutung als *konzeptuelle Direktive* der Verwaltungsgerichtsbarkeit. Angesichts dieser Bedeutung ist die Versuchung groß, den Normgehalt des „formellen Hauptgrundrechts“[53] in materieller Hinsicht zu überdehnen.[54] Dagegen soll in den folgenden Ausführungen die These begründet werden, daß zwar Art. 19 Abs. 4 GG der materiellen Elemente nicht entbehrt, daß es sich hierbei jedoch um *derivative* Gewährleistungen handelt, deren *sedes materiae* nicht das formelle Hauptgrundrecht selbst, sondern die dort in Bezug genommenen materiell-rechtlichen Institute sind. Für die in Art. 19 Abs. 4 GG genannten subjektiv-öffentlichen Rechte ist dies seit langem anerkannt. So läßt sich der Vorschrift zwar die Entscheidung des Verfassunggebers zugunsten einer Konzeption voll justizfähiger subjektiv-öffentlicher Rechte entnehmen. Sie kann jedoch weder den Bestand dieser Rechte im einzelnen noch die „Verrechtlichung“ der Beziehungen zwischen Staat und Bürger im allgemeinen[55] garantieren.[56]

Dieser Grundgedanke soll im folgenden auf den Begriff des *Rechtsweges* erstreckt werden. Der Begriff nimmt das verfassungsrechtliche Bild der Rechtsprechung im allgemeinen in Bezug.[57] Ihm können, so der Ausgangspunkt der nachfolgenden Thesen, keine eigenständigen Verfahrensgarantien entnommen werden, die nicht schon im Gesamtbild der Rechtsprechung selbst einschließlich ihres Kordons von Justizgrundrechten und rechtsstaatlichen Verfahrensgarantien enthalten oder zumindest angelegt wären. Mehr als diesen rechtsstaatlichen Verfahrensstandard kann auch der verbreitete Topos des „effektiven Rechtsschutzes“ nicht zum Ausdruck bringen. Vielmehr beschränkt sich die materielle Spannweite des Art. 19 Abs. 4 GG auf die subjektive Garantie der tatsächlichen Verwirklichung eines verwaltungsrechtlichen Prozesses. Besonderheiten für das Verfahren vor den Verwaltungsgerichten können Art. 19 Abs. 4 GG nur dort entnommen werden, wo die spezifischen Merkmale öffentlich-rechtlicher Streitigkeiten Einfluß auf die Erfüllungsbedingungen der Rechtswegeröffnung haben. Dies gilt etwa für die Gewähr einstweiligen Rechtsschutzes

---

[53] So die bis heute treffende Bezeichnung bei *F. Klein*, VVDStRL 8 (1950), 67, 88.

[54] Hierzu namentlich die Kritik von *E. Schmidt-Aßmann*, in: Maunz/Dürig, Grundgesetz, Art. 19 Abs. 4, Rn. 16.

[55] So allein *D. Lorenz*, Der Rechtsschutz des Bürgers und die Rechtsweggarantie, 14ff.

[56] Zur Verwiesenheit der Garantie des Art. 19 Abs. 4 GG auf die subjektiv-öffentlichen Rechte *H.-J. Papier*, HdbStR VI, § 154, Rn. 42; *E. Schmidt-Aßmann*, in: Maunz/Dürig, Grundgesetz, Art. 19 Abs. 4, Rn. 119; *V. Götz*, Handlungsspielräume der Verwaltung und Kontrolldichte gerichtlichen Rechtsschutzes, 253.

[57] Vgl. zur Einheitlichkeit dieses Begriffs *BVerfGE* 4, 331 (344): „Das Grundgesetz kennt nur einen einheitlichen Begriff von ‚Rechtsweg‘ und ‚Gericht‘; es macht für die Anforderungen, die an ein Gericht zu stellen sind, keinen Unterschied zwischen den verschiedenen Zweigen der Gerichtsbarkeit“.

angesichts drohenden Vollzuges, im allgemeinen für den Schutz vor vollendeten Tatsachen oder für die Dauer verwaltungsgerichtlicher Verfahren.[58]

bb) Art. 19 Abs. 4 GG ist insoweit keine Quelle originärer Verfahrensgewährleistungen. Der wesentliche, die grundgesetzliche Konzeption des Rechtsstaats wie des Verwaltungsprozesses bestimmende Gehalt des Art. 19 Abs. 4 GG liegt vielmehr darin, in analoger Konstruktion zum Zivilprozeß die *Gleichheit* von Bürger und Staat im Verwaltungsprozeß zu gewährleisten. Vor Gericht treten sich Staat und Bürger als gleichgeordnete Rechtssubjekte gegenüber, da der Staat dort auf die Befugnis zur einseitigen konkret-individuellen Rechtsetzung verzichtet. Zugleich garantiert Art. 19 Abs. 4 GG dem Bürger die Möglichkeit, sein Recht in einem Verfahren geltend zu machen, das primär auf die Erkenntnis dieses Rechts und nicht auf Zweck- und Rechtmäßigkeitskontrolle der Verwaltung im allgemeinen gerichtet ist.[59]

Eine Festlegung zugunsten vermehrter Befugnisse des Richters im Verfahren der Sachverhaltsermittlung läßt sich dem, so die unten näher zu begründende These, nicht entnehmen. Namentlich kann Art. 19 Abs. 4 GG nicht, etwa unter dem Stichwort des *effektiven Rechtsschutzes*, das Gebot richterlicher Rechtsfürsorge für die streitbefangenen subjektiven Rechte entnommen werden (Abschnitt III). Weder kommt dem Begriff der „Effektivität“ ein dahingehender normativer Gehalt zu, noch kann der Gewährleistungsgehalt des Art. 19 Abs. 4 GG als „Rechtsschutzanspruch“ im technischen Sinne, nämlich als Anspruch auf die materiell-rechtlich richtige Entscheidung des Gerichts, konzipiert werden. Auch die materiellen Grundrechte geben keine Rechtsgrundlage für einen solchen Anspruch ab, der den Richter zum „Anspruchsgegner“ im materiellen Rechtsverhältnis zwischen Staat und Bürger degradierte. Jede „Erfüllungsverantwortung“ des Gerichts für das geltend gemachte materielle Recht gleich welcher Seite kollidierte zudem mit dem Gebot richterlicher Neutralität. Dieses Gebot gilt vielmehr zugunsten beider Parteien, schließt also die einseitige Rechtsfürsorge für eine der streitbefangenen Rechtsstandpunkte notwendig aus.

cc) Auch Art. 20 Abs. 3 GG vermag es der weiterführenden These zufolge nicht, das Verfahren der Sachverhaltsermittlung vor Gericht einseitig zugunsten des Untersuchungsgrundsatzes zu determinieren. Im Gebot der Rechtsbindung der Staatsgewalt in ihren drei Funktionen liegt einer der beiden Kerngehalte des rechtsstaatlichen Prinzips. Dem Zusammenwirken dieses Gebotes mit dem zweiten Kerngehalt, der Garantie subjektiv-öffentlicher Rechte und deren Ausübungsgewährleistung vor Gericht, entspringt das genetische Programm des Rechtsstaates. Der Gesetzesvorbehalt in Art. 20 Abs. 3 GG ist Voraussetzung jener Verrechtlichung des Verwaltungshandelns, die das resonanzfähige System

[58] Vgl. hier nur *C. Degenhart*, HdbStR III, § 73, Rn. 2.

[59] *S. Smid*, Richterliche Rechtserkenntnis, 35.

subjektiver Berechtigungen erst hervorzubringen imstande ist, dessen die Garantie des Art. 19 Abs. 4 GG bedarf.[60] Zugleich ist die Gewährleistung objektiver Rechtmäßigkeit des staatlichen Handelns, namentlich im Bereich des Verwaltungshandelns, auf das von Art. 19 Abs. 4 GG vorgezeichnete Verfahren subjektiver Rechtsausübung vor den Verwaltungsgerichten verwiesen.

Eigenständige Vorgaben für das Verfahren der Sachverhaltsermittlung könnte auch Art. 20 Abs. 3 GG nur dann entfalten, wenn ihm ein an den Richter adressiertes Gebot der Fürsorge für die streitbefangenen *„öffentlichen Interessen"* zu entnehmen wäre (Abschnitt IV). Eine derartige Fürsorgepflicht stünde jedoch, ebenso wie ihr subjektiv-rechtliches Pendant, in Widerspruch zum Gebot richterlicher Unabhängigkeit, dessen Verwirklichung in der Verwaltungsgerichtsbarkeit eines der maßgeblichen Elemente des grundgesetzlichen Rechtsstaatsverständnisses bildet. Für den Verwaltungsrichter sind subjektive wie öffentliche Interessen nur insofern von Belang, als sie ihren Niederschlag in Sätzen des objektiven Rechts gefunden haben, die von den Beteiligten im jeweiligen Interesse in Bewegung gesetzt werden können. Eine über das Gebot strikter Rechtmäßigkeit seiner Entscheidung hinausreichende Fürsorgepflicht des Richters für streitbefangene Interessen, sei es des Bürgers oder des Staates, ist Art. 20 Abs. 3 GG nicht zu entnehmen. Ob der Untersuchungsgrundsatz die Rechtmäßigkeit der gerichtlichen Entscheidung selbst in qualitativ höherer Weise garantieren kann als die Verhandlungsmaxime, ist fraglich. Diese These setzt ein Verständnis prozessualer Wahrheit voraus, das zwar den Anforderungen des täglichen Gebrauchs, aber möglicherweise nicht den Bedingungen wissenschaftlicher Begriffsbildung genügt (unter Abschnitt IV).

---

[60] Vgl. *E. Schmidt-Aßmann*, NVwZ 1983, 1, 3.

II. Verwaltungsrechtsprechung

Die Verwaltungsgerichtsbarkeit fungiert als institutioneller Träger jener Balance zwischen der Sicherung objektiver Rechtmäßigkeit des Staatshandelns (Art. 20 Abs. 3 GG) im Wege individueller Rechtsausübung vor Gericht (Art. 19 Abs. 4 GG), die den Rechtsstaat des Grundgesetzes prägt. Die wesentlichen Vorgaben für das gerichtliche Verfahren folgen aus dem zugrundeliegenden Begriff der Rechtsprechung selbst, der durch die Prozeßgrundrechte und die übrigen rechtsstaatlichen Verfahrensgarantien geprägt und flankiert wird.

Zur Ermittlung dieser Vorgaben ist zunächst die Frage zu klären, ob Art. 19 Abs. 4 GG tatsächlich die Rechtsprechung im allgemeinen in Bezug nimmt, oder ob ein spezifischer Begriff der Verwaltungsrechtspflege gemeint ist, der von vornherein den Untersuchungsgrundsatz als zentralen Verfahrensunterschied zum Zivilprozeß umfaßt (1). Sodann werden die bisherigen Bemühungen um die Erfassung des grundgesetzlichen Begriffs der Rechtsprechung umrissen (2). Hieran schließt sich die eigene Begriffsbildung an, welche die bislang dominierenden Linien zusammenzuführen sucht (3). Abschließend sind die Konsequenzen des grundgesetzlichen Begriffs der Rechtsprechung für das Verfahren der Sachverhaltsermittlung zu untersuchen (4).

1. Rechtsweg als Weg zum Gericht

Das Grundrecht des Art. 19 Abs. 4 Satz 1 GG gewährleistet die individuelle Rechtsausübung vor den staatlichen Gerichten bei Rechtsverletzungen durch die öffentliche Gewalt.[1] Näherhin garantiert die Norm den Verfahrensgang nicht bloß zum Gericht, sondern zum Richter in Ausübung rechtsprechender Tätigkeit.[2]

---

[1] *BVerfGE* 4, 331 (343); 11, 232 (233); 49, 329 (340); aus der Lit. *H.-J. Papier*, HdbStR VI, § 154, 49; *E. Schmidt-Aßmann*, in: Maunz/Dürig, Grundgesetz, Art. 19 Abs. 4, Rn. 173f.; *M. Vollkommer*, GS Bruns (1980), 195, 202; *G. Zimmer*, Funktion – Kompetenz – Legitimation, 289; speziell zur Bedeutungsgleichheit der Begriff „Gerichte", „Richter" und „Rechtsweg" im hier einschlägigen Zusammenhang *N. Achterberg*, FS Menger (1985), 125, 130; bereits *E. Friesenhahn*, FS Thoma (1950), 21, 48.

[2] *K.A. Bettermann*, HdbStR III, § 73, Rn. 61.

Über den Begriff des Rechtsweges wirkt die Garantie der Justizgewährleistung in dreifacher Weise auf das Verständnis der Verwaltungsrechtsprechung ein. Zunächst verweist Art. 19 Abs. 4 GG auf einen *einheitlichen* Begriff der Rechtsprechung, der die Verwaltungsgerichte und die ordentliche Gerichtsbarkeit gleichermaßen umfaßt. Das Grundgesetz kenne, so das *BVerfG* in einer frühen Entscheidung, nur einen „einheitlichen Begriff von ‚Rechtsweg' und ‚Gericht'; es macht für die Anforderungen, die an ein Gericht zu stellen sind, keinen Unterschied zwischen den verschiedenen Zweigen der Gerichtsbarkeit".[3]

Auch die Verwaltungsgerichte stellen damit, wie die Vorschrift weiterhin impliziert, echte Gerichte dar, nämlich solche, die als *„echte Rechtsprechungsorgane"* tätig werden.[4] Im konzeptionellen Streit um die Zuordnung der Verwaltungsgerichte zur Sphäre der Verwaltung oder der Gerichtsbarkeit bezieht das Grundgesetz damit eindeutig Stellung. Die zum Rechtsschutz gegen die öffentliche Gewalt berufenen Gerichte lassen sich nicht mehr – mit den Worten *Otto Mayers* – als „der Ordnung der Verwaltung zugehörende" Behörden bezeichnen, „welche berufen sind, Verwaltungsakte im Parteiverfahren zu erlassen."[5] Ihre Tätigkeit ist von einer bloßen Verwaltungstätigkeit in Form des Gerichtsverfahrens qualitativ geschieden und kann nicht mehr als Fortsetzung der aktiven Verwaltung mit anderen Mitteln[6] in deren Sphäre eingezogen werden. Die Verwaltungsgerichte bilden vielmehr Rechtsprechungsorgane im funktionalen Sinne, vor denen die Gleichheit des Bürgers als Rechtsperson gegenüber dem Staat in Ansehung seiner prozessualen wie materiellen Rechte[7] gewährleistet wird.

Schließlich unterwirft die Vorschrift jene Gerichte, welche den Rechtsschutz gegen Akte der öffentlichen Gewalt leisten, den *einheitlichen Anforderungen* der Art. 92ff. GG.[8] Zwar erscheint es denkbar, die von Art. 95 Abs. 1 GG vorgesehene Differenzierung zwischen den Gerichtszweigen in den Begriff des Rechtswegs i.S.d. Art. 19 Abs. 4 GG einzuziehen und damit dem Gesetzgeber die „Eröffnung des sachnächsten Rechtsweges" zur Pflicht zu machen.[9] Auch einer derartigen Spezifizierung wäre indes nicht zu entnehmen, daß Art. 19 Abs. 4 GG ein vorverfassungsmäßiges Bild der Verwaltungsrechtspflege – des-

---

[3] *BVerfGE* 4, 331 (344) mit Bezug gerade auf die Verwaltungsgerichtsbarkeit; zustimmend *E. Schmidt-Aßmann*, in: Maunz/Dürig, Art. 19 Abs. 4, Rn. 18, Anm. 47; vgl. *H.-J. Papier*, HdbStR VI, § 154, Rn. 50.

[4] *E. Friesenhahn*, FS Thoma (1950), 21, 48; *C.-F. Menger*, System des verwaltungsgerichtlichen Rechtsschutzes, 58ff.; heute etwa *A. v. Mutius*, FS Menger (1985), 575, 576.

[5] *O. Mayer*, Deutsches Verwaltungsrecht, Bd. 1, 138; vgl. auch § 1 VwGO.

[6] Vgl. die Nachweise bei *C.-F. Menger*, System des verwaltungsgerichtlichen Rechtsschutzes, 58; *A. v. Mutius*, FS Menger (1985), 575, 176.

[7] *S. Smid*, Richterliche Rechtserkenntnis, 35.

[8] *D. Lorenz*, Der Rechtsschutz des Bürgers und die Rechtsweggarantie, 190f., 202 m.w.N.; *H.-J. Papier*, HdbStR VI, § 154, Rn. 49.

[9] *D. Lorenz*, FS Menger (1985), 143, 249.

sen Existenz und Konsistenz unterstellt – zum Element seiner Rechtsweggarantie erheben würde. Art. 19 Abs. 4 GG enthält damit auch keine Festlegung der Verwaltungsgerichtsbarkeit auf tradierte Verfahrensmaximen.

Damit stellt sich die Frage, ob der verfassungsrechtliche Begriff der Rechtsprechung im allgemeinen gegenüber dem Verfahren der Sachverhaltsermittlung neutral ist, ob er normative Vorgaben in Richtung der Verhandlungs- oder der Untersuchungsmaxime umfaßt oder zumindest eine verfassungsrechtliche „Gestimmtheit" hinsichtlich der Verteilung der Befugnisse zwischen Richter und Parteien erkennen läßt. Verhandlungs- und Untersuchungsmaxime könnten in Relation zum materiellen Begriff der Rechtsprechung graduelle Abstufungen darstellen, der Untersuchungsgrundsatz oder sein Gegenstück so verstanden ein „Mehr" an Rechtsprechung verwirklichen und damit zumindest prinzipiell von Verfassungs wegen geboten sein. Die Ableitung derartiger Verfahrensanforderungen setzt allerdings einen normativ gehaltvollen, materiellen Begriff der Rechtsprechung voraus.

2. *Methodische Probleme der Begriffsbildung*

Die Ermittlung eines derartigen Begriffs der Rechtsprechung fällt mangels näherer Bestimmungen im Verfassungstext selbst nicht leicht. Dieses Desiderat hat bekanntermaßen eine Vielzahl von Bemühungen um begriffliche Klärung induziert,[10] die an die ihrerseits nicht abgeschlossene Debatte um das Wesen der Rechtsprechung vor Inkrafttreten des Grundgesetzes[11] anknüpfte.

a) Formelle Begriffe

Einigkeit besteht insoweit, als der Ausgangspunkt jeder juristischen Begriffsbestimmung in den grundgesetzlichen Vorschriften selbst, näherhin dem Art. 92 GG, zu suchen ist.[12] Ausgehend hiervon kann der Begriff der Rechtsprechung – so der *formelle Ansatz* – über die Summe der den Richtern gesetzlich übertragenen Aufgaben bestimmt werden, wobei Zuweisungen auf zwei Regelungsebenen in Betracht kommen. Der engere Begriff stellt auf die *verfassungsausdrück-*

[10] Überblick: *N. Achterberg*, in: BK, Art. 92, Rn. 64ff.; *R. Herzog*, in: Maunz/Dürig, GG, Art. 92, Rn. 20ff.; *A. Voßkuhle*, Rechtsschutz gegen den Richter, 69ff.

[11] Vgl. hierzu nur *E. Bötticher*, ZZP 51 (1926), 201, 206ff.; *R. Thoma*, HdbDStR II, §71, 108, 127 mit zahlreichen Nachweisen: Alle wissenschaftlichen Bemühungen um Erfassung des Begriffes der Rechtsprechung hätten sich als unzureichend erwiesen. Ebenso in der Sache *C.-F. Menger*, System des verwaltungsgerichtlichen Rechtsschutzes, 23.

[12] Vgl. insoweit nur *R. Herzog*, in: Maunz/Dürig, Grundgesetz, Art. 92, Rn. 34; *A. Voßkuhle*, Rechtsschutz gegen den Richter, 67.

lichen Aufgabenzuweisungen ab, allen voran die Rechtsweggarantie des Art. 19 Abs. 4 GG.[13] Nach dem weiteren Begriff zählen alle jene Tätigkeiten zur Rechtsprechung, die den Gerichten durch *Verfassung und einfaches Gesetz* zugewiesen sind.[14] Nur eine weitere, um einen historischen Aspekt erweiterte Nuance dieser Begriffsbildung stellt es dar, wenn Bereiche wie die ordentliche Rechtspflege oder die freiwillige Gerichtsbarkeit als *„traditionelle Kernbereiche"* der Rechtsprechung in ihren Begriff einbezogen werden.[15]

Erschöpfte sich der verfassungsrechtliche Sinn der Rechtsprechung in diesem formellen Arrangement, dann wäre jede Bemühung hinfällig, hieraus nähere Verfahrensanforderungen an den Verwaltungsprozeß abzuleiten. Allerdings stößt die begriffliche Reduktion der Rechtsprechung auf formelle Merkmale weithin auf Ablehnung. In ihrer verfassungsrechtlichen Variante stellt sich das Problem, daß die Materie der *ordentlichen Gerichtsbarkeit*, abgesehen von der indirekten Bezugnahme auf die Strafrechtspflege in Art. 104 Abs. 2 GG, in der Verfassung nicht ausdrücklich den Gerichten überantwortet wird. Damit gälte der verfassungsrechtliche Richtervorbehalt gerade nicht für die herkömmlichen Kernbereiche der Rechtspflege.[16] Gegen den formellen Begriff im weiteren Sinne wird vorgebracht, daß er auf einen in Art. 92 GG nicht vorgesehenen *Gesetzesvorbehalt* hinauslaufe.[17] Zudem wäre das Richterprivileg des Art. 92 GG in diesem Verständnis *zirkulär*, da es dann gerade die den Richtern gesetzlich zugewiesenen Tätigkeiten als ihnen „anvertraut" erklärte.[18] Dogmatisch sinnvoll ist das Richterprivileg jedoch nur dann, wenn ihm materielle Kriterien notwen-

---

[13] So zunächst *D. Lorenz*, Der Rechtsschutz des Bürgers und die Rechtsweggarantie, 193; vgl. aber ebd., 197: neben den verfassungsgarantierten Aufgaben zählen zur Rechtsprechung jene, die dem Richter durch einfaches Gesetz zugewiesen sind; in diese Richtung weiterhin *R. Herzog* in: Maunz/Dürig, Grundgesetz, Art. 92, Rn. 35ff.; *G. Zimmer*, Funktion – Kompetenz – Legitimation, 232; im Ansatz auch *BVerfGE* 22, 49 (74ff.).

[14] So z.B. *BVerwGE* 4, 191, (194f.) für die Bestimmung der Bereiche der Staatsgewalten i.S.d. Art. 20 Abs. 2 GG durch den einfachen Gesetzgeber; aus der jüngeren Lit. *B. Schmidt-Bleibtreu/ F. Klein*, Kommentar zum Grundgesetz, Art. 92, Rn. 2 wegen der Abgrenzungsschwäche materieller Kriterien; vgl. auch *D. Lorenz*, Der Rechtsschutz des Bürgers und die Rechtsweggarantie, 198; weitere Nachweise aus der älteren Lit. bei *A. Voßkuhle*, Rechtsschutz gegen den Richter, 70, Anm. 29.

[15] Grundlegend *BVerfGE* 22, 49, 79. Zwar führt das Gericht aus, nur ein materielles Verständnis des Rechtsprechungsbegriffs werde dem Sinn des Art. 92 GG gerecht; einen solchen Begriff entwickelt es indes nicht, sondern rekurriert auf die überkommenen Kernbereiche richterlicher Tätigkeiten. Die historische Zuweisung ist jedoch von ähnlicher Kontingenz wie die aktuelle positiv-rechtliche; inhaltliche Kriterien der Rechtsprechung werden auf diese Weise nicht gewonnen.

[16] *A. Voßkuhle*, Rechtsschutz gegen den Richter, 71; *N. Achterberg*, in: BK, Art. 92, Rn. 67; *ders.*, FS Menger (1985), 125, 134; *K.A. Bettermann*, HdbStR III, § 73, Rn. 19 in Bezug auf die Position *Herzogs*; zur Problematik des Rückgriffs auf „vorverfassungsrechtliche Gesamtbilder" *A. Voßkuhle* ebd., 84; *N. Achterberg* ebd., Rn. 102; *M. Wolf*, ZZP 99 (1986), 361, 369.

[17] *BVerfGE* 22, 49, 74ff. – Strafgewalt der Finanzämter; *K.A. Bettermann*, HdbStR III, § 73, Rn. 18; *N. Achterberg*, in: BK, Art. 92, Rn. 66; *M. Wolf*, ZZP 99 (1986), 361, 367..

[18] Vgl. *N. Achterberg*, FS Menger (1985), 125, 127f.

diger Zuweisung hoheitlicher Aufgaben an den Richter zugrundeliegen, die zugleich die Abgrenzung fakultativer Angelegenheiten, namentlich der bloßen richterlichen Verwaltungstätigkeiten, ermöglichen.[19]

Zudem entzündet sich die Kritik am formellen Rechtsprechungsbegriff daran, daß er das „Wie" der Aufgabenbewältigung und damit die Grundkoordinaten des von den Gerichten zu beobachtenden *Verfahrens* nicht berücksichtige.[20] Dieses Argument findet eine zusätzliche Stütze in Art. 19 Abs. 4 GG. Bei aller Spärlichkeit der Motive lassen die Beratungen des Parlamentarischen Rates doch soviel erkennen, daß im Falle der Verletzung subjektiv-öffentlicher Rechte jedenfalls ein Verfahren vor den *Gerichten*, nicht den Verwaltungsbehörden statthaben sollte.[21] Nachdem sich die Auseinandersetzung um die Gestaltung des Verwaltungsrechtsschutzes auch und vor allem um die Angemessenheit des *gerichtstypischen Verfahrens* gedreht hatte, läßt Art. 19 Abs. 4 GG als konzeptuelle Direktive der Verwaltungsgerichtsbarkeit eine eindeutig *„justizstaatliche" Option* erkennen. Daher liegt die Interpretation nahe, daß der Verfassunggeber in Ansehung der funktional-methodischen Unterschiede zwischen Gerichtsbarkeit und Verwaltung gezielt die justizförmige Behandlung von Verwaltungsstreitsachen garantieren wollte. Auch dies impliziert die Notwendigkeit, materielle, verfahrensbezogene Abgrenzungskriterien zwischen Verwaltung und Justiz zu ermitteln, die über bloße positive Kompetenzzuweisungen hinausreichen.

b) Materielle Begriffe

Die Frage nach den grundgesetzlichen Verfahrensdirektiven für den Verwaltungsprozeß ist damit verwiesen auf die Fülle konkurrierender *materieller* Begriffe der Rechtsprechung.[22] Diese Begriffe richten sich, sei es im Wege der apriorischen Setzung oder der Abstraktion und Systematisierung des vorfindlichen positiv-rechtlichen Materials,[23] darauf, das „Wesen" der Rechtsprechung in Abgrenzung zu den anderen Staatsfunktionen zu erfassen. Dabei finden sich zwei Grundauffassungen, nämlich Rechtsprechung als verbindliche Feststellung des Rechts (aa) und als neutrale Streitentscheidung (bb).

---

[19] *N. Achterberg*, in: BK, Art. 92, Rn. 73.

[20] So insbesondere *A. Voßkuhle*, Rechtsschutz gegen den Richter, 71.

[21] Vgl. JöR 1951 (N.F. 1), 183 ff.; insb. *v. Brentano* ebd., 185.

[22] Im Überblick zu den zahlreichen Begriffen *N. Achterberg*, in: BK, Art. 92, Rn. 81 ff.; *A. Voßkuhle*, Rechtsschutz gegen den Richter, 72 ff.

[23] Idealtypisch zu diesen beiden Alternativen *N. Achterberg*, in: BK, Art. 92, Rn. 75.

aa) Verbindliche Feststellung des Rechts

Unter den staatsrechtlichen wie -theoretischen Voraussetzungen des Konstitutionalismus lag es nahe, Rechtsprechung als verbindliche Feststellung bestrittenen oder gefährdeten Rechts im Einzelfalle zu verstehen. Die Tätigkeit der Verwaltung galt demgegenüber – mit *Georg Jellinek* – als Erfüllung „konkreter Aufgaben gemäß den Rechtsnormen oder innerhalb deren Schranken durch Mittel, die nähere Untersuchung als ein reichgegliedertes System erkennen lehrt".[24] Diese Abgrenzung wird allerdings unter rechtsstaatlichen Prämissen dadurch unterlaufen, daß aus interner Betrachtung, nämlich aus Sicht des Rechtssystems, auch das Handeln der Verwaltung als schlichte Rechtsanwendung beschrieben werden kann, so daß Rechtsprechung und Verwaltungshandeln begrifflich wie methodisch in eins fallen.

(1) Ähnlich wie *Jellinek* stellte auch *Paul Laband* auf die verbindliche Feststellung eines Rechtsverhältnisses als Spezifikum der Rechtsprechung ab.[25] *Georg Meyer* hob die „logische Subsumtion des einzelnen Falles unter die allgemeine Regel" hervor.[26] In der Weimarer Zeit fand die hieran anschließende Auffassung *Richard Thoma*s Verbreitung, nach der es sich bei der Rechtsprechung im materiellen Sinne um den „verselbständigten Ausspruch dessen, was in Anwendung des geltenden Rechts auf einen konkreten Tatbestand im Einzelfalle Rechtens ist, durch eine staatliche Autorität", handele.[27] Parallel zu diesem Begriff entwickelte *Thoma* drei Postulate für die institutionelle Ausformung der Rechtsprechung. Der Staat möge, so deren erstes, in gewissem Umfange Verfahren für verselbständigte Rechtssprüche im Rahmen des Vollzugsprozesses der Gesetze im allgemeinen einbauen.[28] Fernerhin müßten, und zwar als Forderungen des „modernen Verfassungs- und Rechtsstaats",[29] für besagte verselbständigte Entscheidungen besondere Behörden geschaffen werden, die in einem „volles Gehör und sachliche Aufklärung des Tatbestands verbürgenden Verfahren" prozedierten. Schließlich sei die persönliche und sachliche Unabhängigkeit der jeweiligen Amtswalter zu gewährleisten.[30]

Eine Rückführung dieser inhaltlichen Postulate auf den materiellen Begriff der Rechtsprechung selbst gelang *Thoma* indes nicht. Ursächlich hierfür dürften die Plausibilitätsverluste sein, welche die zugrundeliegende Begriffsbildung angesichts der im Vordringen befindlichen rechtsstaatlichen Prämissen erlitt.

---

[24] Exemplarisch *G. Jellinek*, Allgemeine Staatslehre, 610.

[25] *P. Laband*, Staatsrecht II, 176f.

[26] *G. Meyer*, Lehrbuch des Deutschen Staatsrechts, 555.

[27] *R. Thoma*, HdbDStR II, §71, 108, 129. Ähnlich namentlich *O. Mayer*, Deutsches Verwaltungsrecht, Bd. 1, 6: „Obrigkeitlicher Ausspruch dessen, was im Einzelfall für die Parteien Recht sein soll, ...".

[28] *R. Thoma*, HdbDStR II, §71, 108, 130, 133.

[29] *R. Thoma*, HdbDStR II, §71, 108, 131.

[30] *R. Thoma*, HdbDStR II, §71, 108, 132.

Die Definition der Rechtsprechung als verbindliche Feststellung des Rechts im Einzelfalle schöpfte ihre Plausibilität aus dem oben als Motiv der Sphärentrennung gekennzeichneten, durch *Friedrich J. v. Stahl* noch für die konstitutionalistische Staatslehre popularisierten Gedanken, wonach die Verwaltung sich in einem allenfalls rechtlich umgrenzten Raum der *Gemeinwohl*konkretisierung, die Rechtsprechung dagegen in der Sphäre rechtsgebundener Verwirklichung von *Gerechtigkeit* im Einzelfalle bewege.[31] Die für den Rechtsstaat kennzeichnende *Verrechtlichung* des Verwaltungshandelns nach Maßgabe von Vorrang und Vorbehalt des Gesetzes legte demgegenüber die Entdifferenzierung nahe, Verwaltung und Rechtsprechung im einheitlichen Begriff der *Rechtsanwendung* zusammenzuführen.

(2) Aus der *Binnenperspektive* des Rechts – soviel ist dieser Entdifferenzierung zuzugeben – leisten Verwaltungstätigkeit nach Maßgabe des Gesetzes und gerichtliche Entscheidung von Rechtsstreitigkeiten dasselbe, nämlich den Erlaß individuell-konkreter Normen. In der Begrifflichkeit der Wiener rechtstheoretischen Schule konnte man „den Verwaltungsakt mit dem gleichen Recht oder Unrecht als Feststellung strittigen oder unklaren Rechts bezeichnen wie das richterliche Urteil. Er ist in demselben Maße wie dieses Rechtsprechung und ebenso Setzung individueller Normen".[32] Verwaltung und Rechtsprechung seien, so *Kelsen*, in gleicher Weise dem Gesetz unterworfen und betrieben „Rechtsanwendung" im Sinne der Aktualisierung generell-abstrakter Normen. Der Verwaltung komme dabei kein größerer Freiraum gegenüber dem Gesetz zu als dem Gericht. Verwaltung wie Rechtsprechung äußerten sich vielmehr gleichermaßen in Rechtsakten.[33]

Schon bei *Philipp Zorn* läßt sich diese Wendung zum rechtsstaatlichen Staatsverständnis, in kritischer Wendung gegen die seinerzeit überwiegenden Stimmen im Schrifttum, deutlich ablesen. Die Verwaltung sei, so heißt es dort, ihrem Zweck und Wesen nach ebenso Ausführung von Gesetzen wie die Rechtsprechung. Gesetzesbindung der Verwaltung stehe nicht im Widerspruch zu ihrem Begriff, sondern sei notwendige Konsequenz, gar „Rückgrat" des Rechtsstaates.[34] Heute sekundiert die Staatsrechtslehre der Bundesrepublik, daß Rechtsan-

---

[31] Vgl. *N. Achterberg*, in: BK, Art. 92, Rn. 107.

[32] *H. Kelsen*, Allgemeine Staatslehre, 238; aus der prozeßrechtlichen Literatur *E. Bötticher*, ZZP 51 (1926), 201, 206f.

[33] *H. Kelsen*, Allgemeine Staatslehre, 242f. Folge ist die qualitative Kongruenz von richterlichem und verwaltungsbehördlichen Ermessen im Sinne eines gleichartigen Konkretisierungsspielraums des Norminterpreten; dagegen mit Recht *K.A. Bettermann*, GS Jellinek (1955), 361, 367: Die richterliche „Ermessensentscheidung" in der Sache sei reine Rechtsentscheidung, während sich die Ausübung des verwaltungsbehördlichen Ermessens an Zweckmäßigkeitserwägungen orientiere.

[34] *P. Zorn*, VerwArch 2 (1893), 74, 141f. Auf die bemerkenswerte Kongruenz der Ausführungen *Zorns* mit denen *Kelsen*s a.a.O. macht *C.-F. Menger*, System des verwaltungsgerichtlichen Rechtsschutzes, 26, Anm. 9, aufmerksam.

wendung allein – so etwa *Klaus Stern* – nicht mehr als verdeutlichendes Abgrenzungsmerkmal zwischen Verwaltung und Rechtsprechung in Betracht komme, da beide gleichermaßen Rechtsanwendung betrieben, nämlich „Ermittlung des Sachverhalts, Feststellung des relevanten Norminhalts, ..., Subsumtion und Ausspruch der Rechtsfolge".[35]

(3) Die Frage nach *Verfahrensdifferenzierungen* zwischen Verwaltung und Gerichtsbarkeit bleibt hinter derartigen vordergründigen Konvergenzen verborgen. Der Umstand, daß jedes Verwaltungshandeln im geschlossenen Rechtsstaat des Grundgesetzes unter rechtlichen Gesichtspunkten thematisiert werden kann, führt unvermittelt zur Planierung funktionaler Differenzen unter dem Begriff des *Rechtsaktes*. Dies kommt in der Beobachtung *Hans J. Wolffs* zum Ausdruck, daß „bei rechtsimmanenter Betrachtung alle Staatsorgane in jedem Falle Rechtssätze" vollzögen und damit der Verwirklichung des Rechts dienten, während sie „bei rechtstranszendenter Betrachtung alle mit den Mitteln der Rechtsverwirklichung die Realisierung öffentlicher Interessen" anstrebten.[36]

Auch die Fortschreibungen der Definition *Thomas*, die das Erfordernis eines besonderen *Verfahrens* addieren,[37] werden aus rechtsimmanenter Perspektive von dem Einwand *Kelsens* unterlaufen, daß sich das Verwaltungsverfahren der modernen Kulturstaaten dem Gerichtsverfahren zunehmend annähere.[38] Der Versuch, im Rahmen einer rechts*immanenten* Betrachtung Unterschiede zwischen gerichtlicher und verwaltungsbehördlicher Rechtsanwendung einzuziehen, ist, wie etwa an der von *Bettermann* eingeführten Differenzierung zwischen *Handlungs- und Beurteilungsnorm* erhellt,[39] nicht unproblematisch. Für das juridische Verfahren der Ermittlung von Sachverhalt, Normgehalt und Subsumtion kann diese Differenzierung keinen Unterschied machen.[40] Im Gegenteil schließt die Bindung aller Staatsfunktionen an Recht und Gesetz eine Doppelung der Rechtsgehalte je nach Anwenderperspektive aus.[41]

---

[35] *K. Stern*, Staatsrecht II, 895.

[36] *H.J. Wolff*, zit. nach *C.-F. Menger*, System des verwaltungsgerichtlichen Rechtsschutzes, 26; vgl. heute zur mangelnden Trennschärfe des Kriteriums der Rechtsanwendung etwa *K. Stern*, Staatsrecht II, 894f. m.w.N.; *M. Wolf*, ZZP 99 (1986), 361, 367.

[37] *K. Hesse*, Grundzüge des Verfassungsrechts, Rn. 548; *K. Stern*, Staatsrecht II, 898; *H.J. Wolff/O. Bachof/R. Stober*, Verwaltungsrecht I, § 20, Rn. 44; *U. Scheuner*, FS Smend (1952), 253, 278;

[38] *H. Kelsen*, Allgemeine Staatslehre, 238. Die Differenzierung zwischen Gerichts- und Verwaltungsbehörden erscheint vor diesem Hintergrund als historisch bedingt; auch in diesem Detail ähnlich bereits *P. Zorn*, VerwArch 2 (1893), 74, 142: Der Differenzierung lägen Momente der Staats- und Kulturentwicklung zugrunde, aber keine begrifflichen Gegensätze der Rechtswissenschaft.

[39] Namentlich *K.A. Bettermann*, zuletzt HdbStR III, § 73, Rn. 31 m.w.N.

[40] Vgl. *K. Stern*, Staatsrecht II, 838; auch *A. Voßkuhle*, Rechtsschutz gegen den Richter, 76f.

[41] *M. Kaufmann*, StWStP 1997, 161, 178 m.w.N.

Soweit jene Differenzierung, und hierin liegt der berechtigte Kern der Idee *Bettermanns*, die unterschiedlichen *Perspektiven* von Verwaltung und Rechtsprechung auf die anzuwendende Norm zum Ausdruck bringen soll, muß die rechtsimmanente zugunsten einer rechtstranszendierenden Betrachtung „von außen" aufgegeben werden. Daß sich mit diesem *Wechsel der Beobachterperspektive* in der Tat der Weg zu einem stimmigen Begriff materieller Rechtsprechung öffnet, soll nach einem Blick auf den zweiten Hauptstrom rechtsinterner Unterscheidung zwischen Verwaltung und Rechtsprechung entwickelt werden.

bb) Streitentscheidung

Diese Differenzierung knüpft an Handlungsgegenstand, Verfahrenskonstellation und Position des Entscheiders an, zieht also in den aus rechtsimmanenter Perspektive undifferenzierten Begriff der Rechtsentscheidung *verfahrens*bezogene Merkmale ein, um von dort aus zu einem materiellen Begriff der Rechtsprechung zu gelangen. Rechtsprechung ist danach die Entscheidung eines Rechtsstreits durch einen unbeteiligten Dritten.[42]

(1) Nach *Ernst Friesenhahn*, der diese Begriffsbildung in der neueren Lehre einleitet,[43] besteht die Eigenart der Rechtsanwendung durch die Verwaltung darin, daß sie zur inhaltlichen Feststellung oder Gestaltung eines Rechtsverhältnisses zwischen Staat und Bürger erfolgt, an dem der Verwaltungsbeamte als Organ des Staates unmittelbar beteiligt ist.[44] Demgegenüber bezieht sich die Rechtsanwendung durch den Richter „nicht auf ein Rechtsverhältnis zwischen Staat und Bürger, in dem der Richter den Staat darstellt". Der Richter wende das Gesetz auf einen Sachverhalt an, an dem der Staat, soweit er sich in der richterlichen Autorität verkörpert, nicht beteiligt sei.[45] Die Rechtsanwendung erfolge damit im Dienst objektiver Rechtsverwirklichung durch einen unbeteiligten Dritten.[46]

Der einheitliche Begriff der Rechtsanwendung, verstanden als individuell-konkrete Normierung eines Sachverhalts nach Maßgabe genereller Vorschriften, wird auf diese Weise durch die *Form* der Rechtsanwendung modifiziert. Aus dieser Form, nämlich der Entscheidung durch einen unbeteiligten Dritten, schließt *Friesenhahn* auf eine typische Struktur der Entscheidungssituation. Diese Struktur zeichne sich dadurch aus, daß sich zwei Parteien vor dem Rich-

---

[42] Aus der Lit. *N. Achterberg*, in: FS Menger (1985), 125, 136; *ders.*, in: BK, Art. 92, Rn. 110; *K.A. Bettermann*, HdbStR III, §73, Rn. 45; *E. Bötticher*, ZZP 51 (1926), 201, 207; *D. Brüggemann*, Judex statutor und judex investigator, 142ff.; *E. Friesenhahn*, FS Thoma (1950), 21, 27; *K. Eichenberger*, Die richterliche Unabhängigkeit als staatsrechtliches Problem, 10ff.; *E. Kern*, HdbDStR II, §95, 475; *S. Smid*, Rechtsprechung, 153ff. m.w.N.; *M. Wolf*, ZZP 99 (1986), 361.

[43] Zuvor namentlich *E. Bötticher*, ZZP 51 (1926), 201, 207f.

[44] *E. Friesenhahn*, FS Thoma (1950), 21, 25.

[45] *E. Friesenhahn*, FS Thoma (1950), 21, 26.

[46] *E. Friesenhahn*, FS Thoma (1950), 21, 27.

ter streiten. Hieraus ergebe sich „als das materielle Kriterium der Rechtsprechung die Rechtsanwendung zur Entscheidung eines *Rechtsstreits*".[47] Anders als *Thoma* gelingt es *Friesenhahn* auf diese Weise, einzelne inhaltliche Postulate aus dem materiellen Begriff der Rechtsprechung selbst abzuleiten: Rechtsprechung als reine, uninteressierte Streitentscheidung nach Maßgabe des Rechts erfordere es, dem Richter die Stellung eines „an dem zu beurteilenden Sachverhalt unbeteiligten Dritten" einzuräumen.[48]

(2) Der Ansatz *Friesenhahns* hat sich in der Folgezeit als fruchtbarer Ausgangspunkt funktional-verfahrensorientierter Begriffe der Rechtsprechung im materiellen Sinne erwiesen, da er die Beschreibung des gerichtstypischen Wirkungszusammenhangs ermöglichte: Die „Parteien müssen den Streit vortragen, ein Dritter muß zuhören und den Streit sinnvollerweise nach bestimmten Regeln entscheiden."[49] So schließt etwa *Stefan Smid* an die Konzeption *Friesenhahns* an,[50] indem er die Funktionen untersucht, welche die Verfassung der Rechtsprechung im Unterschied zur Verwaltung zuweist.[51] Konstitutiv für den Begriff der Rechtsprechung als Streitentscheidung sei, so *Smid*, die unparteiische Stellung des Richters, der – anders als der Verwaltungsbeamte – dem Ergebnis seiner Entscheidung ex officio gleichgültig gegenüberstehe.[52] Die Verwaltung habe dagegen konkrete Ziele zu erreichen und orientiere sich an prognostischen Zweckmäßigkeitserwägungen.[53] Der Verwaltungsbeamte handele als Partei in eigener Sache, nämlich in jener der Verwaltung.[54] Demgegenüber sei Rechtsprechung strukturell unparteiisch, da sie allein den Zweck habe, zwischen den Parteien streitiges, ungewisses Recht festzustellen.

Dort wie in anderen an *Friesenhahn* orientierten, funktional-verfahrensorientierten Betrachtungen der Rechtsprechung rückt die *Unparteilichkeit* des Richters in den Mittelpunkt des Begriffs. Dies zeigte sich zuletzt bei dem Ansatz von *Andreas Voßkuhle*, die Rechtsprechung als Modell eines „neutralen

---

[47] *E. Friesenhahn*, FS Thoma (1950), 21, 27.

[48] *E. Friesenhahn*, FS Thoma (1950), 21, 29.

[49] *A. Voßkuhle*, Rechtsschutz gegen den Richter, 73.

[50] *S. Smid*, Rechtsprechung, 153.

[51] Hintergrund ist das Anliegen *Smids*, den Gewährleistungsgehalt des Art. 19 Abs. 4 GG in Ansehung der richterlichen Tätigkeiten im Rahmen der freiwilligen Gerichtsbarkeit näher zu bestimmen; vgl. insb. *S. Smid*, Rechtsprechung, 1ff. Das Bestreben der Untersuchung geht dahin, funktional rechtsprechende Tätigkeiten des Richters im Rahmen der Freiwilligen Gerichtsbarkeit von „rechtsfürsorgerischen" (Verwaltungs-)Tätigkeiten abzugrenzen, hinsichtlich derer die Rechtsweggarantie des Art. 19 Abs. 4 GG greifen soll. Kritisch hierzu die Besprechung von *W. Brehm*, ZZP 104 (1991), 495ff.

[52] *S. Smid*, Rechtsprechung, 156f. Es geht also nicht um die persönliche (private) Beteiligung es Entscheidungsträgers, die für Verwaltungsbeamte wie Richter gleichermaßen ausgeschlossen sein soll.

[53] *S. Smid*, Rechtsprechung, 167f.

[54] *S. Smid*, Rechtsprechung, 178.

Verfahrens"[55] zu verstehen und von „offenen Verfahren" der Verwaltung und der Gesetzgebung abzugrenzen. Kennzeichen dieses neutralen Verfahrens ist nach *Voßkuhle* gerade die Hinzuziehung eines Dritten zur konkreten Konfliktregelung.[56] Hintergrund seiner Konzeption ist die – allerdings nicht näher entwickelte – Idee, die tradierten Prozeßzwecke in einer übergeordneten Bestimmung des Prozesses als Verfahren gesellschaftlicher Konfliktregulierung aufzuheben.[57] Die Struktur der Rechtsprechung stimme, so *Voßkuhle*, mit dem sogenannten triadischen Konfliktmodell überein. Dessen konfliktlösende Kapazität beruhe auf dem Hinzutreten einer selbständigen „dritten Person", der positionsbedingt spezifische diagnostische wie therapeutische Möglichkeiten zur Verfügung stünden.[58] Das Grundgesetz habe sich mit der Rechtsprechung für eine derartige Institution entschieden und sie soweit konkretisiert, daß sich ein entsprechendes Modell des Gerichtsverfahrens bilden und belegen lasse.[59]

(3) Der regelmäßig anzutreffende Einwand, mit der Verengung des materiellen Begriffs der Rechtsprechung auf die Streitentscheidung würden klassische Bereiche richterlicher Tätigkeit – die nicht-streitige freiwillige Gerichtsbarkeit, die gerichtliche Normenkontrolle, möglicherweise die gesamte Strafrechtspflege, ferner bestimmte Entscheidungsvarianten des Zivilprozesses wie Versäumnis- oder Anerkenntnisurteil – ausgegrenzt,[60] greift nicht durch. Im einzelnen ist zu differenzieren. Gegen den Einwand, aufgrund des Merkmals der Streitentscheidung fielen nicht-kontradiktorische Entscheidungsvarianten des Zivilprozesses aus dem Begriff der Rechtsprechung heraus, sticht das Argument *Böttichers*, es komme nicht darauf an, ob streitig entschieden werde, sondern ob das Verfahren als ein streitiges angelegt gewesen war.[61] Für die Verfahren der prinzipalen Normenkontrolle verfassungs- oder verwaltungsrechtlicher Natur[62] gilt, daß diese zwar nicht notwendigerweise[63] als kontradiktorische Zwei-Parteien-Verfahren geführt werden, daß jedoch vor Gericht über konkurrierende Rechtskonzeptionen gestritten wird – diejenige des Gesetzes und diejenige des Beteiligten, der die Rechtmäßigkeit oder Gültigkeit der angegriffenen Norm bestrei-

---

[55] *A. Voßkuhle*, Rechtsschutz gegen den Richter, 94.

[56] *A. Voßkuhle*, Rechtsschutz gegen den Richter, 102.

[57] Vgl. insb. *A. Voßkuhle*, Rechtsschutz gegen den Richter, 104, Anm. 244.

[58] *A. Voßkuhle*, Rechtsschutz gegen den Richter, 103.

[59] *A. Voßkuhle*, Rechtsschutz gegen den Richter, 104f.

[60] Zur Diskussion im Überblick *N. Achterberg*, in: BK, Art. 92, Rn. 87, 98, 145ff.; *ders.*, FS Menger (1985), 125, 138; *K.A. Bettermann*, HdbStR III, §73, Rn. 44ff.; *A. Voßkuhle*, Rechtsschutz gegen den Richter, 73, jew. m.w.N.

[61] *E. Bötticher*, ZZP 51 (1926), 201, 207, Anm. 9a; zustimmend *D. Brüggemann*, Judex statutor und judex investigator, 142; im Ergebnis ebenso *K.A. Bettermann*, HdbStR III, §73, Rn. 44.

[62] Als Argument gegen die Begriffsprägung *Friesenhahns* namentlich angeführt bei *C.-F. Menger*, System des verwaltungsgerichtlichen Rechtsschutzes, 44f.

[63] Vgl. aber §47 Abs. 2 Satz 2 VwGO.

tet.[64] Der Strafprozeß schließlich, von *Menger* als wichtigster Fall einer „Rechtsprechung ohne Rechtsstreit" qualifiziert,[65] kann ohne weiteres als kontradiktorisches Verfahren zwischen Staatsanwalt, Neben- oder Privatkläger einerseits, dem Angeklagten andererseits interpretiert werden.[66] Daß der Staatsanwalt anders als im anglo-amerikanischen Rechtskreis als staatliches Strafverfolgungs- und -vollstreckungsorgan operiert,[67] tut der Grundkonstellation des Verfahrens keinen Abbruch. Anders als der Richter übt der Staatsanwalt funktionell Verwaltungstätigkeit aus, bewegt sich also gegenüber dem Angeklagten in einem Rechtsverhältnis, an dem der Staat beteiligt ist.[68] Der Staatsanwalt agiert insofern, vergleichbar den Behörden oder dem Vertreter des öffentlichen Interesses im Verwaltungsprozeß, als Partei in einem Verfahren konkurrierender Rechtskonzeptionen und -interessen, in welchem der Richter als unbeteiligter Dritter entscheidet.[69]

Anders verhält es sich bei der freiwilligen Gerichtsbarkeit. Wird Rechtsprechung als Streitentscheidung begriffen, dann zählen nur die streitigen Angelegenheiten der Freiwilligen Gerichtsbarkeit zur Rechtsprechung, während die übrigen materiell Verwaltungstätigkeiten darstellen, mögen sie dem Richter übertragen sein oder nicht.[70] Diese Qualifizierung ist systemgerecht. In den nicht-streitigen Verfahren der Freiwilligen Gerichtsbarkeit geht es nämlich nicht um die Entscheidung zwischen konkurrierenden, durch die Anträge determinierten Rechtspositionen der Parteien, sondern im Kern um folgenorientiertes, administratives Verwaltungshandeln im materiellen Sinne.[71]

3. Rechtsprechung als unparteiische Entscheidung von Rechtsstreitigkeiten

Das hier vorgeschlagene Verständnis der Rechtsprechung zeichnet sich durch eine Kombination der beiden zuvor genannten Ansätze aus. Dazu wird das Be-

[64] *K.A. Bettermann*, HdbStR III, § 73, Rn. 46. Zum verfassungsgerichtlichen Verfahren noch die Ausführungen in der Einleitung, Abschnitt I. 2.

[65] *C.-F. Menger*, System des verwaltungsgerichtlichen Rechtsschutzes, 42; zuletzt zustimmend *A. Voßkuhle*, Rechtsschutz gegen den Richter, 72f., Anm. 44.

[66] *K.A. Bettermann*, HdbStR III, § 73, Rn. 44; vgl. *E. Friesenhahn*, FS Thoma (1950), 21, 44; *N. Achterberg*,in: BK, Art. 92, Rn. 110.

[67] So der Einwand *C.-F. Mengers*, System des verwaltungsgerichtlichen Rechtsschutzes, 40f.

[68] So *C.-F. Menger*, System des verwaltungsgerichtlichen Rechtsschutzes, 41, unter Bezugnahme auf die Terminologie *Friesenhahns*; vgl. auch *D. Brüggemann*, Judex statutor und judex investigator, 144; ausf. *S. Smid*, Rechtsprechung, 207ff., 226.

[69] Im Ergebnis auch *N. Achterberg*, FS Menger (1985), 125, 138.

[70] Überwiegende Ansicht; vgl. *N. Achterberg*, in: BK, Art. 92, Rn. 145, 150; *ders.*, FS Menger (1985), 125, 138f.; *K.A. Bettermann*, HdbStR III, § 73, 47; *D. Brüggemann*, Judex statutor und judex investigator, 145.

[71] *D. Brüggemann*, Judex statutor und judex investigator, 71; *S. Smid*, Rechtsprechung, 226.

griffsmerkmal der verbindlichen Feststellung des Rechts spezifiziert und in das Modell unparteiischer Streitentscheidung integriert. In der Rückkoppelung dieser Kombination mit den verfassungsrechtlichen Vorgaben entsteht ein Begriff der Rechtsprechung, der in zweifacher Weise Resistenz entwickelt. Zum einen widersetzt er sich dem Versuch, die Gerichtsbarkeit als Annex der materiellen Verwaltung zu begreifen oder in einen arbeitsteiligen Prozeß der Gemeinwohlverwirklichung zu integrieren. Zum anderen begegnet er dem gegenläufigen Okkupationsversuch des Rechtssystems, die aktive Verwaltung zur bloßen Rechtsanwendung zu degradieren.

Zur Entwicklung dieses Begriffs gilt es zunächst, einen Blick auf das *Rechtssystem* und seine *Gerichtsbarkeit* aus der Außenperspektive zu werfen (a). Ein Perspektivwechsel tut not, um den der Rechtsprechung eigenen Begriff der Rechtsanwendung näher zu bestimmen. Ansonsten bliebe es bei jener rückseitigen Konvergenzvermutung für Verwaltungs- und Gerichtsverfahren, wie sie bereits im normativistischen Paradigma der Wiener rechtstheoretischen Schule formuliert wurde. Auch der spiegelbildliche Prozeß der Entdifferenzierung unter dem Leitbegriff der Gemeinwohlkonkretisierung läßt sich erst aus der Außenperspektive auf das Rechtssystem erkennen. Dort wird behauptet, die Rechtsprechung sei in qualitativ gleicher Weise an der Konkretisierung des Gemeinwohls beteiligt wie die Verwaltung,[72] sei gar in einen arbeitsteiligen Prozeß der Formulierung öffentlicher Interessen eingebunden.[73] Auch mit Blick auf diese Vereinnahmung sind die bislang vorgestellten Begriffe der Rechtsprechung aus der Binnenperspektive des Rechts unkritisch, gerade was das Verfahren der Sachverhaltsermittlung betrifft. Während die normativistische Konvergenzvermutung in die Planierung funktionaler Differenzen unter der Leitvorstellung einheitlicher Rechtsanwendung mündet, führt die Repristinierung des Gemeinwohlarguments zu der These, dem Richter müsse eben jene Freiheit in der Sachverhaltsermittlung und -analyse zugesprochen werden, wie sie der Verwaltung von jeher zukommt.[74]

Im Anschluß an diese Eindrücke kann das Gerichtsverfahren als *autonomes Verfahren* rekonstruiert werden, das seine legitimatorische Funktion durch Selektivität, Pflege der Ungewißheit des Verfahrensausgangs und die Garantie richterlicher Unabhängigkeit gewinnt (b). Daß die hierbei herangezogene funktionale Beobachtung nicht unmittelbar in normative Maßstäbe umgemünzt werden kann, versteht sich von selbst.[75] Funktionale Analyse ist – mit *Niklas Luhmann* – eine „Entdeckung schon gelöster Probleme".[76] Ihre Einbeziehung

---

[72] *A. Voßkuhle*, Rechtsschutz gegen den Richter, 92.

[73] *P. Häberle*, Öffentliches Interesse als juristisches Problem, 222ff.

[74] Deutlich in diese Richtung *P. Häberle*, Öffentliches Interesse als juristisches Problem, 224.

[75] Vgl. hierzu im vorliegenden Zusammenhang *J.J. Hagen*, Elemente einer allgemeinen Prozeßlehre, 19.

[76] *N. Luhmann*, Legitimation durch Verfahren, 6.

in die Ermittlung eines verfassungsrechtlichen Begriffs der Rechtsprechung geht davon aus, daß sich hinter dessen Architektur Problemlösungen verbergen, die sich anhand ihrer funktionalen Dimension umfassender und trennschärfer beschreiben lassen als beim unvermittelten Blick auf die positive Regelung selbst.

Beim *verfassungsrechtlichen Begriff* der Rechtsprechung liegt diese Herangehensweise vor allem deshalb nahe, weil die korrespondierenden Regelungen (Art. 20 Abs. 2 Satz 2, 92 GG) jedenfalls dann unvollständig, fragmentarisch und disparat erscheinen mögen, wenn man einen konsistenten Begriff der „dritten Gewalt" vermutet. Geht man davon aus, daß dem Grundgesetz ein derartiges „vorverfassungsrechtliches Gesamtbild" der Rechtsprechung zugrundeliegt,[77] dann erscheint es heuristisch sinnvoll, den Kanon interpretatorischer Hilfsmittel zur Rekonstruktion dieses Gesamtbildes nicht auf die historische Interpretation und die ergänzende Heranziehung des einfach-gesetzlichen Prozeßrechts zu beschränken. Vielmehr bietet sich gerade die funktionale Analyse an, den normativen Gehalt vorkonstitutioneller Leitbilder und ihrer Konkretisierung im einfachen Recht einerseits, der verfassungsrechtlichen Fragmente andererseits zusammenzuführen, solange nicht normfreie Phantasie an die Stelle der rechtsgeleiteten Interpretation tritt. Die *verfassungsrechtliche Gegenprobe* wird versuchen, einen auf diese Weise angereicherten Begriff unparteiischer Streitentscheidung nach Maßgabe des Rechts auf die einschlägigen Bestimmungen des Grundgesetzes zurückzuführen (c).

Daß auf diese Weise keine „Theorie der Rechtsprechung" erbracht oder auch nur erstrebt werden kann, bedarf lediglich der Klarstellung. Die nachfolgenden Ausführungen verstehen sich vielmehr als Stützen jener These, daß sich dem materiellen Begriff der Rechtsprechung bestimmte Verfahrenspräferenzen entnehmen lassen, denen im Fortgang der Arbeit antithetisch die Begründungen zur Notwendigkeit des Untersuchungsgrundsatzes im Verwaltungsprozeß entgegengestellt werden sollen. Diese eher argumentationsstrategische Funktion bestimmt Stellung, Gang und – gleichsam rückwirkend – die Schwerpunktsetzung der nachfolgenden Ausführungen, die sonach lediglich Schlaglichter werfen, kein Panorama ausleuchten können.

a) Funktionsbedingungen

Gerichte operieren im Zentrum des Rechtssystems (aa). Ihre maßgebliche Funktionsbedingung ist der im Justizverweigerungsverbot kulminierende

[77] So *N. Achterberg*, FS Menger (1985), 125, 134; ebenso *R. Herzog*, in: Maunz/Dürig, GG, Art. 92, Rn. 34; zur Kategorie des vorverfassungsrechtlichen Gesamtbildes im Zusammenspiel von vorkonstitutionellem einfachen Recht und Verfassungsrecht *M. Jestaedt*, Grundrechtsentfaltung im Gesetz, 28.

Zwang, jeden Fall zur Entscheidung annehmen zu müssen (bb). Ermöglicht wird dies durch die Reduktion der Entscheidungsmaßstäbe auf das Recht (cc).

aa) Gerichte im Rechtssystem

(1) Eine Theorie sozialer Systeme, die von der Grundannahme funktionaler Differenzierung des Gesellschaftssystems ausgeht, wird Recht und Politik als unterschiedliche Systeme verstehen müssen.[78] *Recht* bezeichnet ein Teilsystem der Gesellschaft, das die Funktion hat, generalisierte Verhaltenserwartungen kontrafaktisch, d.h. auch im Falle ihrer Enttäuschung, zu stabilisieren.[79] Seine Operationen werden durch die binäre Differenz von Recht und Unrecht angeleitet. Rechtlich codierte Kommunikation bezieht sich auf Streitfälle, in denen Rechte beansprucht werden. Ob zu Recht oder zu Unrecht, wird durch Bezugnahme auf geltende Rechtsnormen entschieden. Demgegenüber hat *Politik* die Funktion, die Fähigkeit der Gesellschaft zur Produktion kollektiv bindender Entscheidungen zu inszenieren. Der Staat ist in dieser Sichtweise eine Organisation innerhalb der Politik, die durch Territorialgrenzen definiert wird.

Kennzeichnend für die moderne Staatlichkeit in der kontinentaleuropäischen Tradition ist ein spezifischer Zusammenhang beider Systeme, der mit der Formel des *Rechtsstaats* zum Ausdruck gebracht wird. Als Rechtsstaat ist der Staat zugleich eine Einrichtung des Rechts und eine Instanz der politischen Verantwortung für das Recht, seiner Durchsetzung und Fortschreibung in Anpassung an neue Lagen.[80] Positivierung des Rechts und Demokratisierung der Politik führen zu einer wechselseitigen Dynamik, die durch jeweils systemintern produzierte Unverfügbarkeiten, namentlich die erschwerte Abänderbarkeit von Verfassungen im Recht oder die Etablierung eines materialen „Verfassungsbogens" in der Politik, stabilisiert und in der Projektion auf den Staat verklammert wird.

(2) Aus systemtheoretischer Sicht unterscheidet sich die Rechtsprechung von anderen Institutionen des Rechtssystems durch die Stellung der Gerichte in dessen *Zentrum*.[81] Demgegenüber sind alle anderen Arbeitsbereiche des Rechtssystems in seiner Peripherie angesiedelt, namentlich die private Rechts-

---

[78] Grundlegend *N. Luhmann*, Das Recht der Gesellschaft, 407ff.

[79] *N. Luhmann*, Das Recht der Gesellschaft, 124ff.

[80] *N. Luhmann*, Das Recht der Gesellschaft, 415. Aus juristischer Sicht *E.-W. Böckenförde*, Verfassungsfragen der Richterwahl, 96: Doppelfunktion des Rechts als Mittel politisch-sozialer Gestaltung und begrenzendes Moment; vgl. auch *J. Ipsen*, Richterrecht und Verfassung, 211. Zentrale Normierung dieses Zusammenhangs ist Art. 20 Abs. 3 GG, was erneut seine Stellung als sedes materiae des allgemeinen Rechtsstaatsprinzips (vgl. oben, Abschnitt I. 4) unterstreicht.

[81] *N. Luhmann*, Das Recht der Gesellschaft, 320ff.; vgl. die korrespondierenden Erwägungen aus juristischer Sicht von *E.-W. Böckenförde*, Verfassungsfragen der Richterwahl, 89f.

produktion in Gestalt von Vertragsschlüssen, die Wahrnehmung subjektiver Rechte, aber auch und vor allem die Gesetzgebung.[82]

Maßgebliches Unterscheidungsmerkmal zwischen Zentrum und Peripherie des Rechtssystems ist der Operations- oder *Entscheidungszwang* der Gerichte, wie er rechtsintern im prozessualen Institut des Justizverweigerungsverbots (Art. 19 Abs. 4 GG für öffentlich-rechtliche Streitigkeiten) zum Ausdruck gebracht wird (bb). Die peripheren Arbeitsbereiche unterliegen dagegen keinem derartigen Operationszwang. Dort, in der „Kontaktzone" zu anderen Teilsystemen wie Wirtschaft oder Politik, werden Irritationen wahrgenommen und gegebenenfalls in Rechtsform übersetzt. So kann die Gesetzgebung auf politische Veranlassung hin in vordem ungeregelte Bereiche einsickern – *Luhmann* nennt als Beispiele das Innere des Familienlebens, Schulen und Universitäten. Die Lehre vom Vorbehalt des Gesetzes, so wäre zu ergänzen, automatisiert diesen Prozeß, indem das Recht geradezu danach verlangt, durch die Politik in Dienst genommen zu werden. Hierbei handelt es sich jedoch, anders als im Zentrum des Rechtssystems, in der Regel um fakultative Vorgänge. Gesetze müssen nicht erlassen, Verträge nicht geschlossen, Freiheitsrechte gegenüber dem Staat nicht ausgeübt werden. Im Zentrum bedarf das Rechtssystem, anders als gegenüber Gesetzgebern, Vertragsschließenden oder Grundrechtsträgern, einer erheblich stärkeren kognitiven Selbstisolation, die zunächst durch exklusive Orientierung der Kommunikation am rechtsinternen Code (cc), sodann durch hochselektive, autonome Verfahren sichergestellt wird (b).

(3) Auf den ersten Blick läge es nahe, auch die *Verwaltung* in das Rechtssystem einzubeziehen. Aus diesem Wahrnehmungsfehler resultierte die normativistische Vermutung, Verwaltung und Rechtsprechung würden im Begriff der Rechtsanwendung zusammenfallen. Ähnlich undifferenziert ist die in den politischen Wissenschaften verbreitete Idee, Politik und Recht unter der Klammer des Staatsbegriffs als einheitliches, rechtlich-politisches System zu begreifen.[83]

Die systemtheoretische Prämisse funktionaler Differenzierung zwischen Politik und Recht führt zu einer anderen Positionierung von Verwaltung und Rechtsprechung. Zwar wird die staatliche Verwaltung einerseits zur Gänze in Rechtsform programmiert oder zumindest limitiert, da ihre Tätigkeit unter den rechtsstaatlichen Bedingungen von Vorbehalt und Vorrang des Gesetzes steht. Andererseits werden aber auch jene Tätigkeiten, die sich aus Sicht des Rechtssystems als bloße Gesetzesanwendung verstehen lassen, von der Verwaltung selbst als zielorientiertes, problemlösendes Verhalten praktiziert. Das Wesen politischer Verwaltung erschöpft sich gerade nicht in der Anwendung von Gesetzen, sondern ist – mit *Luhmann* – „von oben bis unten eine Organisation des

[82] *N. Luhmann*, Das Recht der Gesellschaft, 321.

[83] Analyse und Kritik bei *N. Luhmann*, Das Recht der Gesellschaft, 407ff.

politischen Systems",[84] die nicht nur rechtlichen, sondern einer Fülle anderer Rationalitätskriterien verpflichtet sein kann.

Die rechtsstaatliche *Gesetzesbindung* der Verwaltung bleibt damit unbestritten. Sie bezeichnet aber lediglich eine für den Rechtsstaat kennzeichnende Option, nämlich die Systemreferenz zu wechseln und das Verwaltungshandeln im Rechtssystem unter dem Gesichtspunkt seiner Rechtmäßigkeit zu thematisieren.[85] Eben diese Option ist es, die Art. 19 Abs. 4 GG in bestimmter Form, nämlich nach Maßgabe der Verletzung subjektiver Rechte, in Verfassungsrang erhebt. Das Verwaltungshandeln erschöpft sich aber nicht in dieser Option, wie die Untersuchung der funktionsspezifischen Perspektiven auf das Recht erweisen wird (cc)

bb) Entscheidungszwang

Gerichte werden mit dem Übergang zur Neuzeit in die Lage versetzt, jeden Fall zur Entscheidung annehmen zu müssen. Hintergrund sind Friedenspflicht und Selbsthilfeverbot des Staatsbürgers, die aus seiner rechtlichen Subordination (allgemeines Gewaltverhältnis) im modernen Staat folgen.[86] Das spiegelbildliche, an den Staat adressierte Verbot der Justizverweigerung bringt die Kombination von potentiell umfassender Kompetenz und Entscheidungsfähigkeit des Rechtssystems zum Ausdruck.[87] Die Gerichte haben die Pflicht, jeden Prozeß im Wege einer Rechtsentscheidung zu beenden. Die Möglichkeit dieser Entscheidung wird zu einer wesentlichen Determinante der Binnenstrukturierung prozessualer Kommunikation.[88]

Das Rechtssystem als gesellschaftliches „Immunsystem" soll in der Lage sein, potentiell jeden sozialen Konflikt als Rechtsstreit zu Ende zu führen, ohne hierbei durch etwaige ökonomische, moralische, politische, religiöse oder sonstige Bedeutungen des jeweiligen Konflikts gehindert zu werden.[89] Seine Funktion ist Ausdruck des Komplexitätsbewußtseins der Moderne, das es ausschließt, alle Probleme der Welt nach ihrer jeweiligen Eigenlogik abzuarbeiten. Dieses Be-

---

[84] *N. Luhmann*, Das Recht der Gesellschaft, 431.

[85] *N. Luhmann*, Das Recht der Gesellschaft, 431. Ebenso können Rechtsentscheidungen der Gerichte unter politischen Gesichtspunkten thematisiert werden, etwa indem sie politische Handlungsgrenzen markieren oder politischen Handlungsdruck erzeugen.

[86] Vgl. *E. Schumann*, in: Stein/Jonas, ZPO, Einl., Rn. 201; *J. Schaper*, Studien zur Theorie und Soziologie des gerichtlichen Verfahrens, 112; *S. Detterbeck*, AcP 192 (1992), 325, 327; *P. Mes*, Der Rechtsschutzanspruch, 16.

[87] Vgl. etwa *C. Degenhart*, HdbStR III, § 75, Rn. 1; *E. Schumann*, in: Stein/Jonas, ZPO, Einl., Rn. 204. Garantie der Justizgewährung und Rechtsverweigerungsverbot sind inhaltlich zu differenzieren (vgl. *E. Schumann* ebd., Rn. 227), treffen sich jedoch in einer komplementären Gewährleistung richterlicher Entscheidungstätigkeit.

[88] *J. Schaper*, Studien zur Theorie und Soziologie des gerichtlichen Verfahrens, 97; *W. Henckel*, Prozeßrecht und materielles Recht, 8 (für das Erkenntnisverfahren).

[89] Vgl. *E.-W. Böckenförde*, Verfassungsfragen der Richterwahl, 99.

wußtsein zwingt zu arbeitsteiligen Verkürzungen, wie es im Rechtssystem das Verbot der Justizverweigerung gewährleistet.[90] Gerichte operieren seither unter den komplementären Prämissen von Entscheidungszwang und Entscheidungsfähigkeit, obwohl juristische Ratlosigkeit in „hard cases" oder die Unaufklärbarkeit entscheidungserheblicher Tatsachenlagen (non liquet) logisch und verfahrenstechnisch nicht ausgeschlossen werden können. An unklare Tatsachenlagen knüpfen sich klare Rechtsfolgen, etwa in Gestalt von Beweislasturteilen. Unklaren Rechtslagen soll der Richter, so die sprichwörtliche Fassung dieses Funktionserfordernisses, mit Entscheidungsfreude begegnen, mag das Gesetz auch unfertig, widersprüchlich oder lückenhaft erscheinen.[91]

Daß sich in diesen Fällen methodische Zweifel an der richterlichen Entscheidungstätigkeit regen, liegt auf der Hand. Das überkommene, heute nur noch als Feindbild taugliche Ideal gleichsam wissenschaftlicher Rechtserkenntnis wird konfrontiert mit der allfälligen Notwendigkeit subjektiver Wertungen, eigener Maßstabsbildung oder politischer Dezision.[92] Dies sind notwendige Irritationen in einem Rechtssystem, das mit einem begrenzten Vorrat abstrakter Regeln universelle Entscheidbarkeit garantieren muß. Hilfreich sind sie nur bedingt, da das normative Modell des gewaltenteiligen, demokratischen Rechtsstaats selbst es verlangt, ungeachtet derartiger methodischer Gewißheitsverluste Gerichtsentscheidungen als *Rechts*entscheidungen auszuweisen und zu begründen.[93] Dies gilt gerade in jenen Fällen, in denen es an eindeutigen normativen Maßstäben fehlt oder „praktische Machtverschiebungen"[94] zwischen Gesetzgeber und Verwaltungsgerichtsbarkeit zu besorgen sind.

In engem Zusammenhang mit dem Justizverweigerungsverbot steht der bisweilen als Merkmal des materiellen Begriffs der Rechtsprechung additiv herangezogene Umstand, die Rechtsprechung fälle potentiell *letztverbindliche Entscheidungen*.[95] Dem läßt sich auf dogmatischer Ebene zunächst mit dem Begriff der Rechtskraft Plausibilität verleihen, die sich von der bloßen Bestandskraft verwaltungsbehördlicher Entscheidungen qualitativ abhebt.[96] Der rechtskräftige Richterspruch ist von höherer Verbindlichkeit als jede verwaltungsbehördli-

---

[90] *N. Luhmann*, Das Recht der Gesellschaft, 312.

[91] Vgl. im allgemeinen *E. Schumann*, ZZP 81 (1968), 79, 80; *H.-J. Papier*, in: HdbStR VI, § 153, Rn. 17.

[92] So exemplarisch *H.-J. Papier*, in: HdbStR VI, § 153, Rn. 17.

[93] Vgl. *H.H. Klein*, DRiZ 1972, 333, 334.

[94] *H.-J. Papier*, HdbStR VI, § 154, Rn. 10.

[95] Nach *G. Zimmer*, Funktion – Kompetenz – Legitimation, 292f., das maßgebliche Unterscheidungsmerkmal; kritisch *N. Achterberg*, FS Menger (1985), 125, 135; *A. Voßkuhle*, Rechtsschutz gegen den Richter, 77, m.w.N.

[96] Relativierend allerdings *N. Achterberg*, FS Menger (1985), 125, 135f.; ähnlich *M. Wolf*, ZZP 99 (1986), 361: „einzelne, zumeist theoretische Unterschiede" zwischen materieller Rechtskraft und Bestandskraft.

che Entscheidung.[97] Überdies bringt das Kriterium der Letztverbindlichkeit zum Ausdruck, daß der Rechtsprechung das „letzte Wort“ unter den Staatsgewalten zukommt.[98] Die Rechtsentscheidung in der konkret betroffenen Sache kann von keiner anderen Gewalt korrigiert werden. Auch in jenen Fällen, in denen einer Entscheidung nachträglich die Rechtskraft aberkannt wird, bedarf dies wiederum eines gerichtlichen Verfahrens.[99]

cc) Exklusive Rechtsbindung

Dem für die Verwaltungsgerichtsbarkeit verfassungsrechtlich normierten Justizverweigerungsverbot (Art. 19 Abs. 4 GG) und dem hieraus folgenden Entscheidungszwang der Gerichte entspricht die Entlastung, die Gerichtsentscheidungen allein am *Maßstab des Rechts* und damit an den Codewerten rechtmäßig/unrechtmäßig orientieren zu müssen. Hier liegt der zutreffende Kern jener älteren Ansicht, nach welcher der Begriff der Rechtsprechung im materiellen Sinne durch das Kriterium der Rechtsanwendung gekennzeichnet ist. In systemischer Betrachtensweise läßt sich diese exklusive Rechtsbindung trennschärfer beschreiben, als es aus der Binnenperspektive des Rechts möglich war, nämlich als *Spezialität* des rechtlichen Rationalitätskriteriums einerseits (1) und als *Universalität* der gerichtlichen Sachzuständigkeit andererseits (2). Hieraus folgt eine *Funktionsspezifität* der Rechtsprechung gegenüber den anderen Staatsgewalten, die es ausschließt, rechtsprechende und verwaltende Tätigkeit unter dem Begriff der Rechtsanwendung im Einzelfall oder gar der arbeitsteiligen Gemeinwohlkonkretisierung zusammenzuführen (3).

(1) Spezialität

Das Justizverweigerungsverbot ist Ausgangspunkt für die geschlossene Konstruktion der juristischen Begriffswelt, in der andere soziale Gesichtspunkte zugunsten der rein juristischen Argumentation zurückgewiesen werden können. Im Unterschied zu den anderen Staatsfunktionen, seien sie Teil des Rechtssystems wie die Gesetzgebung oder Teil des politischen Systems wie die Verwaltung, ist die Rechtsprechung allein an das Recht, aber nicht an die Rationalitätskriterien und Zweckmäßigkeitserwägungen anderer Wertsphären gebunden. Insofern verlangt das Richteramt – mit *Hans H. Klein* – von seinem Inhaber die

---

[97] *K.A. Bettermann*, HdbStR III, § 73, Rn. 38.

[98] *M. Wolf*, ZZP 99 (1986), 361, 373; *G. Zimmer*, Funktion – Kompetenz – Legitimation, 289; vgl. unter den Gesichtspunkten der wechselseitigen Bindung der Staatsgewalten und der Erforderlichkeit des Instituts der Rechtskraft *R. Herzog*, in: Maunz/Dürg, Grundgesetz, Art. 20 V, Rn. 62, Art. 20 VII, Rn. 60.

[99] Vgl. *M. Wolf*, ZZP 99 (1986), 361, 374.

Tugend der Entsagung,[100] nämlich die Fähigkeit der inneren Distanznahme zu den außerrechtlichen Bezügen des jeweiligen Falles.

Die Legitimation der richterlichen Entscheidungen nimmt in der ausschließlichen Bindung an Gesetz und Recht ihren Ausgangspunkt.[101] Diese exklusive Bindung läßt sich in zweifacher Weise explizieren, nämlich mit Blick auf *Rationalität* und *Perspektive* der richterlichen Tätigkeit, die von jener der *Verwaltung* grundsätzlich geschieden sind.

(a) Die Entscheidungen der Rechtsprechung haben allein juristischen, die Verwaltungsentscheidungen auch metajuristischen Rationalitätskriterien zu genügen.[102] Die richterliche Verantwortung ist nicht multi-, sondern monodisziplinär verfaßt.[103] Rechtsprechung beschränkt sich legitimerweise auf die dem Richter ausbildungs- und funktionsmäßig vermittelten, spezifisch juristischen Gedankenoperationen.[104]

Die Verwaltung operiert dagegen unter der Maßgabe potentieller Pluralität entscheidungsrelevanter Richtigkeitsansprüche. Verwaltungshandeln als Teil des politischen Systems orientiert sich an der Wahrung des Gemeinwohls. Es ist dabei außerjuristischen Zweckmäßigkeitsgesichtspunkten in gleicher Weise verpflichtet wie rechtlichen Belangen.[105] Die Verwaltungstätigkeit ist ihrem primären Rationalitätskriterium zufolge Zweck-, nicht Rechtsverwirklichung.[106] *Ernst Forsthoff* bringt diese Differenzen mit der Formel auf den Punkt, Aufgabe der Rechtspflege sei die „tatbestandsbezogene Entscheidung im Wege der Rechtserkenntnis, Aufgabe der Verwaltung ... die Sozialgestaltung im Rahmen der Gesetze und auf dem Boden des Gesetzes."[107] Zahlreiche Verwaltungsentscheidungen sind nicht vollständig gesetzlich determiniert, sondern folgen politischen Kriterien im Rahmen gesetzlicher Schranken.[108] Auch solche Verfahren, die sich aus juristischer Sicht in der Rechtsanwendung erschöpfen, erscheinen in systemischer Perspektive als Realisierung von Zweckprogrammen etwa wohlfahrtsstaatlicher oder ökologischer Natur. Seit der immensen Ausdehnung der Verwaltung auf diese Aufgaben geht es immer weniger um okkasionelle Rechtsprobleme, sondern um zweckprogrammierte Einwirkung auf die Umwelt und

---

[100] *H.H. Klein*, DRiZ 1972, 333, 338.

[101] Vgl. *E.-W. Böckenförde*, Verfassungsfragen der Richterwahl, 87; *H.H. Klein*, DRiZ 1972, 333, 337; *D. Lorenz*, Der Rechtsschutz des Bürgers und die Rechtsweggarantie, 202; *G. Zimmer*, Funktion – Kompetenz – Legitimation, 301.

[102] *R. Scholz*, in: VVDStRL 34 (1976), 145, 155 und ebd., Anm. 37; vgl. *M. Reinhardt*, Konsistente Jurisdiktion, 129.

[103] *R. Scholz*, in: VVDStRL 34 (1976), 145, 153.

[104] *R. Scholz*, in: VVDStRL 34 (1976), 145, 154, Anm. 28; vgl. *W. Brohm*, DVBl. 1986, 321, 329: maßgeblich für die Verwaltungstätigkeit seien häufig „politische" Kriterien im Rahmen gesetzlicher Schranken.

[105] Vgl. aus der Perspektive des Zivilrechts *M. Wolf*, ZZP 99 (1986), 361, 372.

[106] *R. Scholz*, in: VVDStRL 34 (1976), 145, 155 m.w.N.

[107] *E. Forsthoff*, Lehrbuch des Verwaltungsrechts, 6.

[108] Vgl. *W. Brohm*, DVBl. 1986, 321, 329.

Änderung von Zuständen.[109] Zwar kann das Verwaltungshandeln jederzeit allein unter den Richtigkeitsmaßstäben des Rechts thematisiert werden. Dies aber setzt einen Wechsel der Systemreferenz voraus.[110]

Aus der Pluralität der Rationalitätskriterien und der damit verbundenen Notwendigkeit, auch rechtsfremde Gesichtspunkte bei der Verwaltungsentscheidung zu berücksichtigen, folgt eine andere *Perspektive* der Verwaltung auf das Recht. Die Verwaltung nimmt gegenüber dem Recht eine *instrumentale* Perspektive ein,[111] in der das Recht nur einer von mehreren hindernden oder ermöglichenden Faktoren ist – wenn auch in vielen Fällen der entscheidende. Dementsprechend ist die Rechtsform, in der die exekutivische Verwirklichung eines Verwaltungszwecks erfolgt, aus Sicht des politischen Systems von nachgeordneter Bedeutung.[112] Die Perspektive der Rechtsprechung ist hiervon grundlegend geschieden. Rechtsverwirklichung ist für die Rechtsprechung nie Mittel zur Beförderung anderer Ziele, sondern stets *Zweck an sich*.[113]

(b) Rechtsbindung und rechtliche Programmierung der Verwaltung stehen also mitnichten zur Disposition, müssen jedoch mit der Pluralität der Rationalitätskriterien verwaltungsbehördlichen Handelns in Einklang gebracht werden.

Die These der Pluralität der Rationalitätskriterien hat einen anderen Gehalt als das oben als Sphärentrennung vorgestellte Motiv, wonach für die Justiz das Recht Selbstzweck, für die Verwaltung jedoch lediglich eine Schranke des Dür-

[109] Etwa die Reinheit des Wassers und der Luft, Erhaltung der Artenvielfalt, Industrieansiedlung, Passivrauchen, Verkehrserleichterung und -beruhigung. Argument und weitere Bsp. bei *N. Luhmann*, Das Recht der Gesellschaft, 429.

[110] *N. Luhmann*, Das Recht der Gesellschaft, 431.

[111] *F. Fleiner*, Institutionen des Deutschen Verwaltungsrechts, 7; *F. Stein*, Grenzen und Beziehungen zwischen Justiz und Verwaltung, 2f.; auch *E. Bötticher*, ZZP 51 (1926), 201, 208. Diese Unterscheidung bezieht sich nicht, wie die zeitgenössische Kritik meinte, allein auf das psychologische Verhältnis des Richters und des Verwaltungsbeamten zum Gesetz (so auch die Formulierung bei *Stein* a.a.O.); sie bezieht sich, richtig verstanden, überhaupt nicht auf den Seelenhaushalt von Amtswaltern, sondern auf systemspezifische Rationalitätskriterien.

[112] *R. Scholz*, in: VVDStRL 34 (1976), 145, 161.

[113] Vgl. erneut *E. Forsthoff*, Lehrbuch des Verwaltungsrechts, 5f.; ähnlich heute *A. Voßkuhle*, Rechtsschutz gegen den Richter, 119. *K.A. Bettermann*, GS Jellinek (1955), 361, 369 spricht von der *Zweckverschiedenheit* der rechtsprechenden und der verwaltungsbehördlichen Rechtsanwendung. Wie hier insb. *R. Zippelius*, Allgemeine Staatslehre, § 31 III: Als typische Aufgabe der Rechtsprechung erscheine die Rechtsgewährleistungsfunktion, d.h. die Feststellung dessen, was rechtens ist, um der Rechtsverwirklichung selbst willen. Demgegenüber mache die Verwaltung vom Recht „instrumentellen“ Gebrauch. In dieselbe Richtung auch *K. Hesse*, Grundzüge des Verfassungsrechts, Rn. 551; *M. Wolf*, ZZP 99 (1986), 361, 372: Die Rechtsentscheidung auf der Grundlage der Rechtserkenntnis sei das „wesentliche Hauptziel“ der Rechtsprechung, während die Verwaltung eine Rechtsprüfung nur als Mittel zur Erledigung anderer Ziele vornehme. Ferner *D. Lorenz*, Der Rechtsschutz des Bürgers und die Rechtsweggarantie, 185: Die Stellung der richterlichen Gewalt lebe „allein aus ihrer Bindung an das Recht“.

fens darstelle.[114] In der konstitutionalistischen Staatslehre[115] war damit die Vorstellung verbunden, die Verwaltung stehe jenseits des Rechts. Zumindest bilde das Recht nur die äußeren Grenzen, innerhalb derer sich die verwaltungsbehördliche Wirksamkeit in freier Ermessensausübung entfalte. Daß diese Vorstellung mit den Prämissen des geschlossenen Verfassungsstaates nicht vereinbar ist, hat namentlich *Kelsen* klar zum Ausdruck gebracht.[116] Im Rechtsstaat kann alles Verwaltungshandeln im Wechsel der Systemreferenz unter Rechtmäßigkeitsgesichtspunkten thematisiert werden. Etwaige Freiräume diskretionären Verwaltungshandelns müssen dann wiederum, wie in der Lehre vom Verwaltungsermessen intendiert, als *rechtlich* eröffnete Freiräume konzipiert werden.

Aus dieser Verrechtlichung des Verwaltungshandelns folgt jedoch nicht, daß sich alles Verwaltungshandeln nunmehr in der Rechtsanwendung erschöpfte. Eben dies behauptete die Reine Rechtslehre, indem sie das Verwaltungsermessen als Konsequenz notwendiger inhaltlicher Differenzen zwischen unterschiedlich hohen Stufen der Rechtskonkretisierung zu depotenzieren trachtete.[117] Aus systemischer Sicht ist diese Entdifferenzierung Folge einer auf die *Teilnehmerperspektive* des Rechtssystems introvertierten, so verstanden normativistischen Art des rechtswissenschaftlichen Denkens. Heute wird man dagegen anerkennen, daß das Verwaltungshandeln im allgemeinen, die Ermessensentscheidung im besonderen typischerweise metajuristischen Zielen, Wertungen oder Erkenntnissen verpflichtet ist und daß die Kompetenz zu solcher Zweckkonkretisierung im Verhältnis von Verwaltungsgerichtsbarkeit und Verwaltung vorrangig bei letzterer liegt, ja dieser sogar mit bindender Wirkung für die anderen Staatsgewalten zugewiesen werden kann.[118]

Es besteht also die Notwendigkeit zweier Abgrenzungen. Gegenüber dem Verwaltungsverständnis des *Konstitutionalismus* und den heutigen Versuchen seiner Reanimierung ist auf die Fähigkeit des Rechtsstaates zu dringen, alles Verwaltungshandeln unter Rechtmäßigkeitsgesichtspunkten thematisieren zu können. Etwaige Freiräume des Verwaltungshandelns können daher nur in ihrer rechtsförmigen Ausgestaltung anerkannt werden, über deren Art und Umfang wiederum zu streiten ist.[119] Gegenüber dem *Normativismus* Wiener Her-

---

[114] So die Kritik in der frühen Verwaltungsrechtslehre der Bundesrepublik, die sich um Rechtsbindung und rechtliche Programmierung der Verwaltung sorgte; vgl. *E. Forsthoff*, Lehrbuch des Verwaltungsrechts, 3ff.; *K.A. Bettermann*, GS Jellinek (1955), 361, 368f.

[115] Namentlich *F.J. Stahl*, Rechts- und Staatslehre, 607ff.; dazu *O. Bähr*, Der Rechtsstaat, 52; *F. Fleiner*, Institutionen des Deutschen Verwaltungsrechts, 7; *K. Goez*, Die Verwaltungsrechtspflege in Württemberg, 2.

[116] *H. Kelsen*, Allgemeine Staatslehre, 243.

[117] *H. Kelsen*, Allgemeine Staatslehre, 243.

[118] *R. Scholz*, in: VVDStRL 34 (1976), 145, 169 m.w.N.; vgl. *F. Kopp*, BayVBl. 1980, 263, 266.

[119] Vgl. zur Verrechtlichung von Zweckmäßigkeitsgesichtspunkten durch den Prüfschritt der „Geeignetheit“ im Rahmen der Verhältnismäßigkeitsprüfung im hiesigen Zusammenhang *K.A.*

kunft ist dagegen die Relevanz außerrechtlicher Gesichtspunkte für das Verwaltungshandeln in Abgrenzung zur Tätigkeit der Gerichte zu hervorzuheben.

(2) Universalität

Die Spezialität der Rationalitätskriterien richterlicher Tätigkeit ermöglicht ihre Universalität, aus der die Fähigkeit der Gerichte erwächst, auf jeden Fall eine rechtliche Antwort erteilen zu können.

(a) Früher wurde angenommen, das Justizverweigerungsverbot könne aus dem Theorem der begrifflichen Geschlossenheit der Rechtsordnung abgeleitet werden. Aus dieser Geschlossenheit folge, so diese Annahme, daß dem Richter für alle vorkommenden Fälle ein genügender Vorrat an Entscheidungsnormen zur Verfügung stehe.[120] Mit der zunehmenden Erosion des Geschlossenheitsideals tradierter Prägung wurde dieser Schluß, wie *Ekkehard Schumann* expliziert, seinerseits angreifbar. Die rechtliche Antwort mußte dort ausbleiben, wo es an einem der Rechtsordnung zu entnehmenden, konkretisierungsfähigen Maßstab fehlte.[121]

Heute schöpft das Geschlossenheits- oder Universalitätstheorem der Rechtsordnung seine Plausibilität nicht mehr aus der Totalität einer Genealogie juristischer Begriffe, sondern aus der *operativen* Schließung des Rechtssystems, das sich – in einer Umkehrung des ursprünglichen Ableitungszusammenhangs – mit dem Justizverweigerungsverbot selbst unter den Zwang zur Rechtsproduktion setzt. Die operative Schließung wird dadurch bewirkt, daß die Verfassung zur einzigen originären Rechtserzeugungsquelle aufrückt und ihrerseits, nämlich als autologische Norm (Art. 20 Abs. 3, 79 Abs. 3 GG), das Axiom der stufenweisen Selbsterzeugung des Rechts normiert.[122] Rechtskonflikte können damit allein nach Maßgabe dieser Rechtsordnung ausgetragen werden, die alle möglichen Entscheidungen auf die Alternative zwischen rechtmäßig und unrechtmäßig beschränkt. Ein rechtliches „non liquet" kommt damit, anders als jene Kennzeichnung der Beweislage, die in die *Rechts*form des Beweislasturteils mündet, nicht in Betracht. Den Gerichten steht kein dritter Wert neben dem Gegensatz von Recht und Unrecht zur Verfügung, mit dem diese Entscheidungsalternative oder die Verbindlichkeit des Operationszwangs selbst abgelehnt werden könnte.[123] Diesem rechtslogischen *tertium non datur* entspricht

Bettermann, HdbStR III, § 73, 51f. Zur Unvereinbarkeit „rechtsfreier Räume" mit der – für den Rechtsstaat des Grundgesetzes konstitutiven – operativen Geschlossenheit des Rechtssystems *M. Kaufmann*, StWStP 1997, 161, 162ff.

[120] Vgl. *E. Schumann*, ZZP 81 (1968), 79, 95f. m.w.N.

[121] *E. Schumann*, ZZP 81 (1968), 79, 98 unter Bezugnahme auf *Karl Larenz*.

[122] Zuletzt *M. Jestaedt*, Grundrechtsentfaltung im Gesetz, 9.

[123] Ein derartiger Rejektionswert (Begriff: *G. Günther*, Formalisierung der transzendentaldialektischen Logik, 229) ist rechtlich (!) nicht vorgesehen. Ausführlicher hierzu *M. Kaufmann*, StWStP 1997, 161, 162f.

im positiven Recht die *gerichtliche Entscheidbarkeit* aller rechtlichen Streitfragen. Die Rechtsdogmatik ist damit bei ihrer Begriffs- und Systembildung auf die Eindeutigkeit der strikt alternativen Entscheidung beschränkt.[124]

Hieran erhellt, daß die Frage nach der Ableitung des Justizverweigerungsverbots aus der Geschlossenheit der Rechtsordnung falsch gestellt ist. Vielmehr handelt es sich dabei um zwei korrespondierende, sich wechselseitig ermöglichende Phänomene. Daß damit die Probleme der *inhaltlichen* Unterbestimmtheit von Rechtsnormen, der Existenz von „hard cases"[125], der Erforderlichkeit richterlicher Lückenfüllung und Rechtsfortbildung, des „Richterrechts" im allgemeinen, nicht aus der Welt sind, versteht sich von selbst. Die logische Geschlossenheit der Rechtsordnung kann nicht garantieren, daß die Kenntnis unbestritten geltenden Rechts zur Entscheidung aller Fälle ausreicht. Gleichwohl müssen die Gerichte auch diese Fälle entscheiden,[126] also das Recht gerade dort finden, wo keines ist.

(b) Schon oben wurde vermerkt, daß das Programm des geschlossenen Rechtsstaats damit gleichsam automatisch *methodische Probleme* generiert, die um Reizbegriffe wie Richterrecht, Subsumtionsideal oder Rechtsbindung kreisen. Die Dankbarkeit dieser Fragen für die juristische Methodenlehre rechtfertigt freilich nicht ihre notorische Skandalisierung. Die Plausibilität der fortwährenden „Entlarvung" außerrechtlich-volitiver, politischer oder auf sonstige Weise rechtsfremder Momente richterlicher Entscheidungstätigkeit verdankt sich im wesentlichen der Konfrontation mit einem zeitgebundenen, ideologisch überhöhten Ideal unpolitisch-wissenschaftlicher Rechtserkenntnis.[127] Möglicherweise war es – in einer Gegenbewegung – die unrealistische Enge der entsprechenden Kunstregeln und logischen Prozeduren selbst, die angesichts der praktischen Bedingungen der Rechtsfindung die bisweilen überbordende Methodenskepsis induzieren mußte.[128] Diese Methodenskepsis – die sich bisweilen in Abgesängen auf den „versteinerten Mythos der Gesetzesbindung" erleichtert[129] – ändert freilich nichts daran, daß die Rechtsordnung selbst für die Rechtsprechung eine Situation organisiert, einem Entscheidungszwang im Wege der Rechtsanwendung begegnen zu müssen.[130]

---

[124] In Anlehnung an die Formulierung von *R. Wahl*, in Der Staat 1981, 485, 500. *Wahl* bezieht sich dort auf die Verfassungsgerichtsbarkeit.

[125] Als Ausgangspunkt hierzu *R. Dworkin*, Taking Rights Seriously, 81ff., 90ff.

[126] *N. Luhmann*, Das Recht der Gesellschaft, 314; ähnlich *G. Zimmer*, Funktion – Kompetenz – Legitimation, 308.

[127] In der Regel unter Bezugnahme auf *Montesquieu*; zutreffend dazu *S. Smid*, Richterliche Rechtserkenntnis, 68; im hiesigen Zusammenhang oben, Kap. 1, Abschnitt III. 3. a) bb).

[128] Vgl. *H.H. Rupp*, Grundfragen der heutigen Verwaltungsrechtslehre, 190; *H.H. Klein*, DRiZ 1972, 333, 334.

[129] *D. Simon*, Die Unabhängigkeit des Richters, 70 m.w.N. zur Methodendiskussion.

[130] Vgl. *S. Smid*, Richterliche Rechtserkenntnis, 69.

Angesichts dieser positiv-rechtlichen Prämisse läge es nahe, die Kunstregeln und logischen Prozeduren der gesetzesanwendenden Rechtsfindung nicht als unrealistische Garantie quasi-szientistischer Authentizität, sondern als Form juridischer Konventionsbildung zu verstehen – als „Konstruktionsmittel, das die Schwankungen des individuellen Handelns und der unterschiedlichen Interpretation der Regeln, die die Rechtssubjekte für die Konstruktion ihrer Beziehungen nutzen, vereinheitlichen hilft".[131] Ein derartiges, eher pragmatisches Verständnis juristischer Methodik wäre die fällige Konsequenz des Umstandes, daß für die weitergehende Dekonstruktion des Paradigmas von Gesetzesbindung und -anwendung angesichts des *grundgesetzlichen Rechtsstaatsprinzips* von Verfassung wegen kein Raum besteht.[132] Individuell-konkrete Normsetzung durch den Richter ist, auch wenn sie weite Räume der Normaktualisierung überspannen muß, aufgrund der normativen Prämissen des Rechtsstaates selbst (Art. 20 Abs. 3, 97 Abs. 1 GG) an den Systemzusammenhang des geltenden Rechts zurückgebunden.[133] Sie verlangt nach einer hierauf bezogenen, methodisch ausgewiesenen und kontrollierbaren juristischen Begründung,[134] die auch und vor allem vom Subsumtionsdenken geprägt ist.[135] Methodenprobleme, Gewißheitsverluste, Zerfall harter Dogmatik und Ersatz durch Abwägungs- oder Optimierungsformeln sind die Folgen der zugrundeliegenden Kombination von Entscheidungszwang, Allzuständigkeit und exklusiver Rechtsbindung.[136] In das normative Programm des geschlossenen Rechtsstaats sind sie unhintergehbar eingelassen und könnten nur mit ihm – nicht in ihm – beseitigt werden.

(3) Funktionsspezifität

Dem hier zugrundeliegenden Verständnis exklusiver Rechtsbindung stünde freilich entgegen, wenn die Gerichte in gleicher Weise wie die Verwaltung ihren Beitrag zur Aktualisierung konstitutionell vorbestimmter Gemeinwohlgehalte

---

[131] *K.-H. Ladeur*, ARSP 77 (1991), 176, 177.

[132] Vgl. *K.-H. Ladeur*, ARSP 77 (1991), 176, 179f.; in weiterem Zusammenhang auch *O. Lepsius*, Steuerungsdiskussion, 14ff.; Ausgangspunkt dieser Argumentation nach wie vor *E. Forsthoff*, in: FS Schmitt (1959), 35, 41, 61f.

[133] Die verfassungsrechtliche Stellung des Richters selbst schließt damit bestimmte methodischen Ansätze der Rechtsgewinnung aus; so zu Recht *H.H. Klein*, DRiZ 1972, 333, 334, mit Blick auf die Freirechtsschule und die ihr verwandten Strömungen der Gegenwart.

[134] *E.-W. Böckenförde*, Verfassungsfragen der Richterwahl, 94f. *Böckenförde* argumentiert zu Recht, daß diese normativen Vorgaben des Rechtsstaatsprinzips durch einzelne Abweichungen etwa die „apokryphe richterliche Grundsatzgesetzgebung des Bundesarbeitsgerichts" – in ihrer Geltung nicht berührt werden.

[135] *E. Forsthoff*, in: FS Schmitt (1959), 35, 41; heute etwa *M. Reinhardt*, Konsistente Jurisdiktion, 133: Art. 97 Abs. 1 GG setze ein vom Subsumtionsdenken geprägtes Bild der Rechtsentscheidung voraus.

[136] Vgl. *N. Luhmann*, Das Recht der Gesellschaft, 318f.

leisten müßten.[137] Die Reduktion der Rationalitätskriterien wäre nicht durchzuhalten, wenn die Rechtsprechung in ähnlicher Weise wie die Verwaltung Zweckmäßigkeitserwägungen oder Folgenabschätzungen vorzunehmen hätte. Wie bereits vermerkt, ist die Struktur dieses Arguments nicht neu. So wie aus normativistischer Sicht die Konvergenz von Justiz und Verwaltung unter dem Leitbegriff des Gesetzesvollzugs behauptet wurde,[138] wird nunmehr eine Entdifferenzierung unter dem Leitbegriff der Gemeinwohlkonkretisierung angenommen, die an die Administrativjustiz des 19. Jahrhunderts, aber auch an spätere Denaturierungen der Verwaltungsgerichtsbarkeit gemahnt.

(a) Die neuere Form der *Entdifferenzierung* erscheint in vielfältiger Gestalt. Bei *Peter Häberle* heißt es, die Gerichtsbarkeit sei gemeinsam mit den anderen Staatsgewalten in einen arbeitsteiligen Prozeß der Formulierung öffentlicher Interessen eingebunden.[139] Richterliche Tätigkeit sei Teilhabe an öffentlichen Normativierungsvorgängen, indem sie zur Konkretisierung des öffentliche Interesses beitrage. Auch *Voßkuhle* ist der Ansicht, der Richter trage „*genauso* wie alle anderen Gewalten für die ‚Realisierung des öffentlichen Interesses' Sorge", indem er „die innerhalb der Gesellschaft auftretenden Konflikte sinnvoll und gemeinwohlverträglich löst". Dieses Argument erfährt eine methodische Unterfütterung durch den Verweis auf die inhaltliche Unvollständigkeit der Rechtsordnung. Das Gesetz lasse, so *Voßkuhle*, in vielen Bereichen Freiräume für selbständige Wertungen des Richters erkennen, deren Ausfüllung sich nicht nur an der Verfassung, sondern auch an Zielen des Gemeinwohls und der Gerechtigkeit zu orientieren habe.[140] Der Richter solle nicht zum Subsumtionsautomaten degradiert, sondern als „gesellschaftliche Kraft und Macht im Staat" akzeptiert und dogmatisch abgesichert werden.[141]

Die Bedeutung des Methodenarguments zeigt sich auch bei *Winfried Brohm*, wenn er ausführt, den Verwaltungsgerichten seien als neue Funktionen die Rechtsentwicklung und die Streitschlichtung zugefallen. Die Tätigkeit des Richters lasse sich nicht als Entscheidung nach Rechtslage, sondern nur als „Vermittlung eines Ausgleichs nach Billigkeitsmaßstäben" verstehen. Rechtsentwicklung vollziehe sich in großem Umfange durch freie richterliche Rechtsfortbildung. Ihren Fluchtpunkt finden derartige Erwägungen in der Befürchtung abnehmender „Steuerungskraft" der Gesetze.[142] Hiervon ausgehend befürwortet *Brohm* die Einbeziehung der Verwaltungsgerichtsbarkeit in eine

---

[137] *P. Häberle*, Öffentliches Interesse als juristisches Problem, 222ff.

[138] Nochmals *H. Kelsen*, Allgemeine Staatslehre, 261: In dem Maße, in welchem die Justizförmigkeit der als Rechtsprechung auftretenden Verwaltung zunehme, verliere die prinzipielle Trennung der Gerichte von den Verwaltungsbehörden ihren zureichenden Grund.

[139] *P. Häberle*, Öffentliches Interesse als juristisches Problem, 222ff.

[140] *A. Voßkuhle*, Rechtsschutz gegen den Richter, 92, unter maßgeblicher Berufung auf *P. Häberle*, Öffentliches Interesse als juristisches Problem, 687ff.; Hervorhebung durch mich, M.K.

[141] *A. Voßkuhle*, Rechtsschutz gegen den Richter, 93f.

[142] *W. Brohm*, DVBl. 1986, 321, 328.

„Vielzahl von Steuerungsmechanismen auf horizontaler Ebene“ im arbeitsteiligen Zusammenspiel der drei Gewalten. Nicht nur die Verwaltung, auch die Verwaltungsgerichtsbarkeit habe ungeachtet aller funktioneller Unterschiede einen legitimen Anteil an der Rechtsentwicklung, der Integration des Staatswesens und damit an der „Gesamtsteuerungskapazität des politischen Gemeinwesens mit der erforderlichen Aktions- und Reaktionskapazität“.[143]

(b) Die Einbeziehung der Gerichte in einen arbeitsteiligen Prozeß der Gemeinwohlkonkretisierung durch die drei Staatsgewalten verkennt, daß mit der oben skizzierten *Normativierung* des Gemeinwohls im Verwaltungsrecht, der Programmierung einer umfassend planenden und vorsorgenden Verwaltung in Gesetzesform und der damit verbundenen Steigerung der Spannweite richterlicher Verwaltungskontrolle, zugleich ein *Wechsel der Systemreferenz* stattgefunden hat. Dieser Wechsel führt dazu, daß Vorgaben wie Gemeinwohl, Zweckmäßigkeit, Folgenorientierung und ähnliches dem Richter nunmehr äquivok, nämlich in Gestalt von *Rechtsbegriffen*, begegnen.

Im Rechtssystem dienen diese Begriffe als Material richterlicher *Rechtserkenntnis*, nicht mehr als Kontingenzformeln politisch diskretionären Entscheidungshandelns. Für die Anwendung dieser Rechtsbegriffe gelten keine anderen methodischen Vorgaben als für jeden anderen Rechtsbegriff auch. Ihre außerrechtlichen Referenzen führen mitnichten dazu, daß dem Richter neben der Perspektive der Rechtsverwirklichung nunmehr auch außerrechtliche Rationalitätskriterien zur Verfügung stünden. Dies aber wäre Voraussetzung dafür, dem Richter eine verwaltungsähnliche Rolle der Gemeinwohlkonkretisierung zu überschreiben.

(c) Bei der Argumentation unter dem *Steuerungsgesichtspunkt* ist der Ansatz insofern allgemeiner gewählt, als nicht mehr auf Norminhalt („Gemeinwohl“), sondern auf Normqualität („mangelnde Direktionsfähigkeit“) abgestellt wird. Das Ergebnis ist aber dasselbe. Der spezifische Funktionsgehalt der Rechtsprechung, ihre Distanz zur Politik und zur politisch aktiven Gestaltung, die Verwirklichung fremder, bereits getroffener und damit allgemeinverbindlicher politischer Gestaltungsabsichten,[144] steht mit jedem Versuch der Vereinnahmung der Rechtsprechung in undifferenzierte Steuerungsprozesse auf dem Spiel.

An dieser Stelle zeigt sich unvermittelt die Brisanz vermeintlicher „Entlarvungen“ der Direktionsfähigkeit des Gesetzes, des juristischen Interpretations- und Anwendungsmodells, des „Justiz-Syllogismus“ und ähnlicher Traditionstitel. Daß diese Entlarvungen angesichts der unvermeidlichen Unvollständigkeit des Gesetzes[145] immer gelingen können, liegt auf der Hand; daß sie zugleich die

---

[143] *W. Brohm*, DVBl. 1986, 321, 329; zu den funktionellen Unterschieden zwischen Justiz und Verwaltung aber ebd., 330.

[144] *E.-W. Böckenförde*, Verfassungsfragen der Richterwahl, 88; *H.H. Klein*, DRiZ 1972, 333, 337f.

[145] Vgl. insoweit etwa *E.-W. Böckenförde*, Verfassungsfragen der Richterwahl, 89; zum Pro-

Autonomie des Rechts gegenüber der Politik in Frage stellen und das zugrundeliegende normative Legitimationsmuster des demokratischen Rechtsstaats desavouieren,[146] vergißt sich leicht.

In dieser Situation empfiehlt es sich, auf den *normativen Eigensinn* des verfassungsrechtlich normierten Modells demokratischer Rechtsstaatlichkeit zu setzen, der nicht ohne weiteres durch inkompatible Modellannahmen etwa sozialwissenschaftlicher Provenienz substituiert werden kann.[147] Derartigen Annahmen kommt heuristischer Wert, aber keine autochthone juridische Normativität zu. Werden die Hierarchie von abstrakt-genereller und konkret-individueller Normsetzung, deren institutionelles Pendant in der verfassungsrechtlichen Funktionenordnung und damit die Rolle der Gerichte neu justiert, dann müßte auch die Funktion des Rechts neu reflektiert werden.[148] Dieser Weg dürfte meistens zu weit sein, zumal er außerhalb der geltenden Verfassung verläuft.

b) Autonomes Verfahren

Die Eigenart der Gerichtsbarkeit folgt aus ihrer Zentralstellung im Rechtssystem, das als „Immunsystem der Gesellschaft“ Zukunftsprojektionen stabilisiert und Konflikte absorbiert. Demgegenüber kann das Handeln der Verwaltung zwar jederzeit unter dem Gesichtspunkt seiner Rechtmäßigkeit thematisiert werden, folgt aber ansonsten den Funktionsimperativen des politischen Systems. Gerichte operieren unter Entscheidungszwang (Justizverweigerungsverbot) in einem eingeschränkten Möglichkeitsraum, nämlich allein nach den Maßstäben des Rechts. Neben Gerichtsorganisation und Professionalisierung der Richter sichern namentlich *Verfahren* die Legitimation dieser Operationsweise,[149] wobei Legitimation in diesem Zusammenhang nicht als juridische oder moralische Rechtfertigung, sondern als generalisierte Bereitschaft zur Anerken-

---

blem der Gesetzesbindung im Lichte der Einsichten der juristischen Hermeneutik *G. Roellecke*, VVDStRL 34 (1976), 7, 12f.; im Überblick zur Wechselbeziehung von juristischer Methodenlehre und dem Postulat der richterlichen Gesetzesbindung *C. Starck*, VVDStRL 34 (1976), 43, 49ff.

[146] Zu dieser für die freiheitlich-demokratische Staatlichkeit der Bundesrepublik existentiellen Dimension der Gesetzesbindung des Richters *H.H. Klein*, DRiZ 1972, 333, 338.

[147] Im allgemeinen *O. Lepsius*, Steuerungsdiskussion, 71f. und passim. Der Systemtheorie kann dies freilich kaum angelastet werden, schon eher dem Übereifer mancher Juristen. Die Suggestivkraft systemtheoretischer Modellbildung läßt leicht übersehen, daß ihre Pointe – mit *Christoph Möllers* – darin liegt, daß „ihr soziologisches Wissen um die Bedingungen des Gesetzesvollzugs gerade nicht in das Rechtssystem wiedereingeführt werden soll, um Kurzschlüsse zu vermeiden“ (*C. Möllers*, VerwArch 1999, 187, 205). Vgl. ferner *M. Kaufmann*, Grundrechtlicher Anspruch auf Akteneinsicht als Voraussetzung der Demokratie?, 53.

[148] *K.-H. Ladeur*, ARSP 77 (1991), 176, 187.

[149] Zum Verfahrensbegriff in der rechtswissenschaftlichen Diskussion im Überblick *A. Voßkuhle*, Rechtsschutz gegen den Richter, 95ff.

nung verbindlicher Entscheidungen unabhängig von individuellen Motivlagen[150] verstanden wird.

Gerichtsverfahren müssen imstande sein, die Last der Enttäuschung zumindest einer der Parteien abzuarbeiten, nämlich in die Form eines diffusen Ressentiments zu bringen, das sich nicht institutionalisieren läßt. Soziale Interessenkonflikte erscheinen im Rechtssystem als divergierende Rechtskonzeptionen, von denen allenfalls eine im Prozeß vollständig obsiegen kann. Das Gerichtsverfahren motiviert die Parteien, ihren Konflikt in die kontradiktorische oder zumindest konkurrierende Positionierung spezifischer Rollen im Prozeß zu übersetzen. Der Konflikt wird institutionalisiert und damit als solcher zwischen den Parteien konsentiert, die sich in ihren Parteirollen als Gleiche anerkennen. Der Interessenkonflikt wird in einen Dissens über Tatsachen und Rechtsfragen überführt, ohne daß über die Berechtigung zum Streit selbst – und damit über die Vertretbarkeit kontroverser Sach- oder Rechtsdarstellungen – Streit bestünde. Der existentielle Konflikt wird damit vermieden, da die Darstellung divergierender Positionen von Wahrheit und Recht auf den erlaubten Rollenkonflikt zwischen den Parteien abgebogen und so ein Durchschlagen auf den sozialen Geltungsanspruch der dahinterstehenden Personen verhindert wird.[151] Rollenübernahme, Ausfüllung des Rollenkontexts und rollenadäquate, sachgerechte Mitwirkung im Verfahren motivieren wenn auch nicht zur Akzeptanz, so doch zur Hinnahme enttäuschender Entscheidungen.[152]

Gerichtsverfahren sollen zu dieser Rollenübernahme motivieren und dadurch die Akzeptanz der im Verfahren getroffenen Entscheidung sicherstellen. Dies wird den Untersuchungen *Luhmanns* zufolge durch zwei miteinander verkoppelte Eigenarten gerichtlicher Verfahren sichergestellt, nämlich der *Autonomie* des Entscheidungsvorgangs (aa) sowie die *Selektivität* der zur Entscheidung führenden Kommunikation (bb).

aa) Autonomie

Autonomie ist gegeben, wenn im Verfahren selbst die für das weitere Verhalten und das Verfahrensergebnis relevanten Gesichtspunkte erarbeitet werden.[153] Gerichtsverfahren können nur solche Informationen zur Grundlage ihrer Entscheidungen nehmen, die entsprechend den verfahrensrechtlichen Vorschriften Eingang finden.[154] Die Informationsgrundlage ist durch den Streitgegenstand, die begrenzten Möglichkeiten der Beweisaufnahme, den Kreis der Verfahrens-

---

150 Grundlegend *N. Luhmann*, Legitimation durch Verfahren, 27ff., insb, 28, 34.
151 *N. Luhmann*, Legitimation durch Verfahren, 104f.
152 Vgl. *N. Luhmann*, Legitimation durch Verfahren, 87.
153 *N. Luhmann*, Legitimation durch Verfahren, 69.
154 *G. Zimmer*, Funktion – Kompetenz – Legitimation, 311; *J. Ipsen*, Richterrecht und Verfassung, 148.

beteiligten und andere Regelungen des Prozeßrechts begrenzt.[155] Die Verfahren gewinnen dadurch eine relative Autonomie gegenüber ihrer Umwelt. Sie können eine eigene Verfahrensgeschichte, eine verfahrenseigene Konstellation von Fakten und Sinnbezügen aufbauen, welche die „Welthaltigkeit" des Streitgegenstandes reduziert, Ungewißheiten absorbiert und die Handlungsmöglichkeiten der Beteiligten in ihrem durch das Handlungssystem eröffneten Optionenraum Schritt für Schritt verengt.[156] Diese relative Autonomie kulminiert in der Vorstellung einer begrenzten, systemeigenen Komplexität des Verfahrens, mit der es sich als Handlungssystem von einer unbestimmt komplexen Welt abgrenzt.[157]

Gerichtsverfahren beginnen unter der Voraussetzung unbestimmter Tatsachenlagen, die sich erst im Laufe des Verfahrens durch verfahrensinterne Selektionsleistungen zum maßgeblichen „Tatbestand" der Entscheidung verdichten. Sie müssen daher zunächst die *Ungewißheit* der späteren, nur ihrem Eintritt, nicht ihrem Inhalt nach feststehenden Entscheidung pflegen. Auf diese Weise werden die Beteiligten motiviert, ihre Rolle zu übernehmen und sachgerecht am Fortgang des Verfahrens mitzuwirken.[158] Die stabile, definitive Konstruktion des konkreten Falles in Gestalt der richterlichen Entscheidung[159] ist dann den Verfahrensbeteiligten zuzurechnen, mögen sie auch ein anderes Ergebnis erstrebt haben.

bb) Selektivität

Eine solcherart verstandene Verfahrensautonomie setzt die Selektivität des Verfahrens voraus. Schon die exklusive *Rechtsbindung* des Richters stellt ein hohes Selektionspotential der prozessualen Kommunikation sicher, indem die übrigen sozialen Bezüge der Rechtsentscheidung a limine ausgeblendet werden. Auf dieser Grundlage erfolgen weitere Selektionsleistungen, die dem Gerichtsverfahren den Aufbau einer eigenen Sinnsphäre erlauben.

---

155 *G. Zimmer*, Funktion – Kompetenz – Legitimation, 311.

156 *N. Luhmann*, Legitimation durch Verfahren, 43ff.

157 *N. Luhmann*, Legitimation durch Verfahren, 52. Die hiergegen gerichtete Kritik *J. Essers*, Vorverständnis und Methodenwahl, 206f., Luhmann orientiere sich ausschließlich am älteren Zivilprozeß nach Maßgabe der Verhandlungsmaxime, geht fehl. Auch und gerade der als kontradiktorisches Parteiverfahren ausgestaltete Verwaltungsprozeß erbringt ähnliche Selektionsleistungen, die maßgeblich auf den prozessualen Handlungen der Beteiligten beruhen; vgl. etwa *K. Michaelis*, Göttinger FS OLG Celle (1961), 117, 142, mit Blick auf den Zugang des Richters zum Prozeßstoff; ausführlich noch unten, Abschnitt IV. 3. a) bb)

158 Deutlich sichtbar am Institut der *Substantiierungslast*, mittels derer die Parteiaktivität angeregt und kanalisiert wird (hierzu *R. Stürner*, Die Aufklärungspflicht der Parteien des Zivilprozesses, 113).

159 Vgl. zu diesem Aufgabenverständnis des Richters *G. Zimmer*, Funktion – Kompetenz – Legitimation, 319f.

Selektivität wird namentlich durch die Begrenzung des Verfahrens auf den *Streitgegenstand*, die Zugangsregelungen für entscheidungserhebliche Tatsachen und deren Beweis sowie durch die begrenzte Anzahl der Teilnehmer des Verfahrens bewirkt.[160] Der *Parteiprozeß* in seiner kontradiktorischen Antragstellung und Stoffdarbietung hat zur Folge, daß das Spektrum potentiell entscheidungserheblicher Tatsachen, unabhängig vom konkreten Verfahren der Sachverhaltsermittlung, in typischer Weise reduziert und kanalisiert wird.[161] Die Selektionsprozesse werden durch *systemeigene Regeln* und Entscheidungen gesteuert, so daß Strukturen und Ereignisse der Umwelt nicht automatisch auch im System gelten, sondern erst nach der systemeigenen Filterung als Informationen anerkannt werden.[162] Gerichtsverfahren stellen damit sicher, daß die gerichtliche Entscheidung sich als folgerichtiges Ergebnis verfahrensinterner Vorgänge darstellt.

Demgegenüber ist die Verwaltungstätigkeit, sei es im Vorfeld oder auch in der Bearbeitung konkreter Verwaltungsvorgänge, als „*offenes Verfahren*"[163] organisiert, das sich nicht a priori auf einen limitierten Kreis von Beteiligten, Themen und Optionen beschränkt, sondern eine Varietät von Einwirkungen auf die Entscheidungsfindung zuläßt. Verwaltungsverfahren unterscheiden sich damit in charakteristischer Weise vom Verfahren der Gerichte. Während diese punktuell agieren, befindet sich die Verwaltung in permanenter, ubiquitärer *Präsenz*.[164] Die Berührung des einzelnen mit dem Staat aktualisiert sich nicht allein in Einzelakten wie einer gelegentlichen Polizeiverfügung oder einer einmaligen Erlaubniserteilung, sondern ist, etwa in den Bereichen der Planungs- und Sozialverwaltung oder der Risikovorsorge, ein Dauerzustand.[165]

Das Potential jener Präsenz ist bereits im *Initiativrecht* der Verwaltung begründet, aufgrund dessen jeder Lebenssachverhalt nach einseitigem Dafürhalten der Exekutive zum Gegenstand eines Verwaltungsrechtsverhältnisses be-

---

160 Vgl. *G. Zimmer*, Funktion – Kompetenz – Legitimation, 311.

161 *J. Esser*, Vorverständnis und Methodenwahl, 29. Mit anderem Akzent allerdings ebd., 206, wo *Esser* – in Auseinandersetzung mit *Luhmann* – ausführt, daß „tatsächlich die selektive Leistung nicht von den Parteien vollbracht wird, sondern vom Richter". Auch hier konzediert *Esser* indes Selektivität des Verfahrens, legt aber den Schwerpunkt auf „normative Selektion nicht der Parteien, sondern des Gerichts". Nach der hier vertretenen Konzeption handelt es sich dabei um einen zusätzlichen, keinen alternativen Selektionsmechanismus.

162 *N. Luhmann*, Legitimation durch Verfahren, 59; ähnlich auch *J. Habermas*, Faktizität und Geltung, 288: „Die Gerichtsverfahrensordnungen institutionalisieren die richterliche Entscheidungspraxis in der Weise, daß sich Urteil und Urteilsbegründung als Ergebnis eines Argumentationsspiels verstehen lassen, welches in besonderer Weise programmiert ist." Ideale Anforderungen an das Argumentationsverfahren müßten, so *Habermas* ebd., „mit den durch den faktischen Regelungsbedarf auferlegten Restriktionen in Einklang gebracht werden".

163 *A. Voßkuhle*, Rechtsschutz gegen den Richter, 131ff.

164 In Anlehnung an *F. Ossenbühl*, Verwaltungsvorschriften und Grundgesetz, 196; vgl. *W. Schmitt Glaeser*, Die Position der Bürger als Beteiligte, 40.

165 *E. Forsthoff*, Lehrbuch des Verwaltungsrechts, 40.

stimmt werden kann. Weiterhin zeigt sich die Offenheit des Verwaltungsverfahrens für Umweltinformationen an der typischen *Pluralität* von Rationalitätskriterien des Verwaltungshandelns. Wie oben näher ausgeführt, treten im Verwaltungshandeln der fachspezifische Sachverstand, Zweckmäßigkeitserwägungen oder auch die Beziehungen zum Publikum neben die rein rechtlichen Gesichtspunkte. Damit ist die Verwaltung auf ein funktional angemessenes Maß an *Außeninformationen* angewiesen,[166] das über die Informationsangebote der potentiell Verfahrensbeteiligten hinausreichen kann. Demgegenüber ist das Gerichtsverfahren auf einen relativ abgeschlossenen, nur punktuell zu erhellenden Lebenssachverhalt hin angelegt[167] und schließt andere Themen, Handlungs- und Beteiligungsformen sowie Außenkontakte um seiner Entscheidungsfähigkeit willen weitgehend aus.

c) *Unparteiische Entscheidung*

In einer bemerkenswerten Konvergenz bestätigt die funktionale Analyse damit jenes Begriffsmerkmal, das der Rechtswissenschaft von jeher als wesentliches Element des materiellen Begriffs der Rechtsprechung gilt, nämlich die Unparteilichkeit des Richters. Unparteilichkeit sichert zum einen *echte Ungewißheit* über den Verfahrensausgang und gewährleistet damit die Selbstverstrikkung der Beteiligten in das Verfahrensgeschehen. Sie eliminiert zugleich jeden *sozialen Bezug* der richterlichen Entscheidung mit Ausnahme der Rechtsbindung, grenzt damit Verantwortlichkeiten und Kritikmöglichkeiten aus und leistet jene Reduktion von Komplexität, die für die Herstellung von Akzeptanzbereitschaft gegenüber den Entscheidungen des Richters erforderlich ist.[168]

Die funktionale Analyse findet damit eine Bestätigung in der verfassungsrechtlichen Normierung des *richterlichen Status*, der seinerseits im Zentrum eines konsistenten Begriffs materieller Rechtsprechung steht. Rechtsprechung und Lehre gehen übereinstimmend vom „unbeteiligten Dritten" als der verfassungsrechtlich gewollten oder zumindest implizierten Position des Richters im

[166] Das Maß der Außeninformationen bestimmt sich m.a.W. danach, was zur effizienten Erfüllung der Verwaltungsfunktionen erforderlich ist. Vorstellungen einer komplementären Verwaltungslegitimation durch Partizipation sind damit nicht verbunden. Sie stehen in Widerspruch zur Demokratiestaatlichkeit des Grundgesetzes; hierzu *M. Kaufmann*, Grundrechtlicher Anspruch auf Akteneinsicht als Voraussetzung der Demokratie?, 57f. Rationalität und Leistungsfähigkeit der Verwaltung tragen die Legitimation des Gemeinwesens im ganzen. Diese Rationalität wird belastet, wird dem einzelnen Verwaltungsverfahren eine zusätzliche legitimierende Funktion abverlangt; vgl. *N. Luhmann*, Legitimation durch Verfahren, 207.

[167] Vgl. *W. Schmitt Glaeser*, Die Position der Bürger als Beteiligte, 40; *G. Zimmer*, Funktion – Kompetenz – Legitimation, 308.

[168] *N. Luhmann*, Legitimation durch Verfahren, 133f.

Verfahren aus.[169] Leitbegriff ist die Neutralität des Richters, also die „negative Gleichheit aller spezifischen Interessen, den Richter innerhalb seines Programms zu beeinflussen“[170]. Neutralität des Richters und exklusive Rechtsbindung stehen in einem komplementären Verhältnis. Die richterliche Unabhängigkeit garantiert die Bindung an Gesetz und Recht und wird von ihr rechtlich legitimiert.[171] Verfassungsrechtlich erfährt die richterliche Neutralität verschiedene Konkretisierungen, deren Grundlage die *staatsorganisatorische Verselbständigung* der Gerichtsbarkeit und die statusrechtliche Sicherung der richterlichen Unabhängigkeit darstellen (aa). Hiermit korreliert die Ausgestaltung des Prozesses als Verfahren „dialogischer Rechtserkenntnis“ zwischen rechtlich gleichgestellten Parteien, wie es namentlich im Grundrecht auf *rechtliches Gehör* zum Ausdruck kommt (bb). Als charakteristisches Merkmal dieses „neutralen Verfahrens“[172] erscheint schließlich die *Dispositionsmaxime*, da sie die richterliche Neutralität, die Prozeßinitiative der Parteien und die Selektivität des Verfahrens in charakteristischer Weise zusammenführt (cc).

aa) Richterliche Unabhängigkeit

Die Verfassung sucht die Neutralität des Richters in politischer, prozessualer und sozialer Hinsicht zu sichern.[173] Wesentliche Elemente sind die staatsorganisatorische Verselbständigung der Rechtsprechung (1) sowie die statusrechtliche Normierung richterlicher Unabhängigkeit (2). Das Recht auf den gesetzlichen Richter (Art. 101 Abs. 1 Satz 2 i.V.m. Art. 92 GG) sichert, weit über seinen ur-

---

[169] *BVerfGE* 21, 139 (145f.); 27, 312 (322); als Begriffsmerkmal der Rechtsprechung bei *N. Achterberg*, FS Menger (1985), 125, 141; weiterhin *D. Lorenz*, Der Rechtsschutz des Bürgers und die Rechtsweggarantie, 202f.; *K. Stern*, Staatsrecht II, 897; *E. Friesenhahn*, FS Thoma (1950), 21, 29; mit Blick auf die Unabhängigkeit von den anderen Staatsgewalten *C.-F. Menger*, System des verwaltungsgerichtlichen Rechtsschutzes, 46ff.; ausf. *K. Eichenberger*, Die richterliche Unabhängigkeit als staatsrechtliches Problem, 22 und passim; nunmehr *S. Smid*, Rechtsprechung, 251ff.; unter Rückgriff auf das „triadische Konfliktmodell“ der Konfliktforschung *A. Voßkuhle*, Rechtsschutz gegen den Richter, 102ff.

[170] *N. Luhmann*, Legitimation durch Verfahren, 133; komplementär zum Begriff der Parteilichkeit *J. Riedel*, Unparteilichkeit des Richters, 16f.

[171] *C. Schmitt*, Verfassungslehre, 155, 274; vgl. *G. Zimmer*, Funktion – Kompetenz – Legitimation, 300f.; vgl. *J. Ipsen*, Richterrecht und Verfassung, 208; vgl. *K. Eichenberger*, Die richterliche Unabhängigkeit als staatsrechtliches Problem, 95; *W. Brohm*, DVBl. 1986, 321, 330; *K.A. Bettermann*, Die Grundrechte, Bd. 3/2, 531; ferner *D. Lorenz*, Der Rechtsschutz des Bürgers und die Rechtsweggarantie, 185.

[172] Diesen Begriff nimmt *A. Voßkuhle*, Rechtsschutz gegen den Richter, 94, zum Ausgangspunkt seiner Begriffsbestimmung.

[173] Ähnlich die Unterscheidung zwischen Parteiunabhängigkeit, Staatsunabhängigkeit und Gesellschaftsunabhängigkeit; zum ganzen *N. Achterberg*, in: BK, Art. 92, Rn. 270; *K.A. Bettermann*, Die Grundrechte, Bd. 3/2, 525ff.; *P. Mes*, Der Rechtsschutzanspruch, 44ff.; *W. Brohm*, DV 24 (1991), 137, 151ff.

sprünglichen Bedeutungsgehalt hinaus, die richterliche Neutralität in Gestalt eines subjektiven Rechts des Rechtssuchenden (3).

(1) Staatsorganisatorische Verselbständigung

In staatsorganisatorischer Hinsicht wird die Unabhängigkeit des Richters durch die Trennung der rechtsprechenden von den übrigen Staatsfunktionen gesichert. Dieser Trennung entspricht das Verbot organisatorischer oder personeller Verbindung der Funktionsträger (Art. 20 Abs. 2 GG).[174] Für die Verwaltungsgerichtsbarkeit ist diese Trennung angesichts ihrer Herkunft aus der aktiven Verwaltung von besonderer Bedeutung.[175]

In historischer Sicht versteht sich die sachliche Unabhängigkeit des Richters vornehmlich als Schutz gegenüber Eingriffen der vollziehenden Gewalt in die richterliche Tätigkeit.[176] *Christian-Friedrich Menger* galt diese „sachliche, amtliche Unabhängigkeit" der Gerichte gegenüber den Organen der übrigen Staatsgewalten als entscheidend für den Begriff der Rechtsprechung.[177] Dem ist insoweit zu folgen, als die organisatorische Verselbständigung, staatstheoretisch gewendet, die maßgebliche Voraussetzung für die Verselbständigung des Rechtssystems und seiner Schließung gegenüber Eingriffen der Politik darstellt. Erst auf dieser Grundlage konnte sich die spezifische Rationalität einer exklusiv rechtsgebundenen Entscheidung von Streitigkeiten in einem selektiven Verfahren entfalten.

Angesichts der notwendigen Verschränkungen, namentlich der Ernennung der Richter durch die Exekutive oder durch Richterwahl, aber auch der für die Unabhängigkeit des Richters gerade konstitutiven Bindung an Legislativakte,[178] bedarf das Grundschema der Gewaltentrennung jedoch spezifischer Ergänzungen. Die Verfahren der Richterernennung bzw. -wahl sind unerläßlich, um die demokratische Legitimation der Amtswalter der Rechtsprechung sicherzustellen.[179] Die Bindung an den abstrakt-generellen Gesetzesbefehl ist die kardinale Funktionsbedingung der Rechtsprechung, die „größtmögliche Loyalität gegen-

---

174 *D. Lorenz*, AöR 105 (1980), 623, 203f.; *ders.*, Der Rechtsschutz des Bürgers und die Rechtsweggarantie, 203, allerdings unter dem irreführenden Titel der „Unabhängigkeit vom Staat".

175 *W. Brohm*, DV 24 (1991), 137, 151.

176 *R. Herzog*, in: Maunz/Dürig, Grundgesetz, Art. 97, Rn. 23; *M. Reinhardt*, Konsistente Jurisdiktion, 104.

177 *C.-F. Menger*, System des verwaltungsgerichtlichen Rechtsschutzes, 47; vgl. schon *R. Thoma*, HdbDStR II, § 71, 108, 130f., der die „Verselbständigung der Entscheidung und ihres Ausspruchs" zum Ausgangspunkt des Begriffs der Rechtsprechung im materiellen Sinne nimmt; für die Verwaltungsrechtsprechung auch *P. Mes*, Der Rechtsschutzanspruch, 46.

178 *C. Schmitt*, Verfassungslehre, 155, 274.

179 *E.-W. Böckenförde*, Verfassungsfragen der Richterwahl, 114; *M. Reinhardt*, Konsistente Jurisdiktion, 106f.

über den gesetzgeberischen Wirkintentionen" gerade Ausdruck der richterlichen Unparteilichkeit.[180]

(2) Status des Richters

Die Unabhängigkeit des Richters erschöpft sich allerdings nicht in der staatsorganisatorischen Sonderung der Rechtsprechung. Hinzu treten eine Reihe flankierender Garantien der Richterstellung, zu deren zentralen Elementen die Gewähr sachlicher und persönlicher Unabhängigkeit in statusrechtlicher Hinsicht (Art. 97 Abs. 1 und 2 GG) gehört. Die *persönliche Unabhängigkeit* schützt den Richter durch ein Bündel von Einzelgewährleistungen vor dienstrechtlichen Konsequenzen seiner Entscheidungstätigkeit. Sie garantiert zugleich eine hinreichende wirtschaftliche Absicherung des Richters. Die *sachliche Unabhängigkeit* besagt, daß der Richter in seiner genuin rechtsprechenden Tätigkeit nicht an Weisungen gebunden ist. Sie zielt überdies darauf, den Richter vor unzulässiger Einflußnahme auf seine Tätigkeit von außen, sei es durch andere Staatsgewalten oder durch gesellschaftliche Kräfte,[181] zu schützen.[182]

Die richterliche Unabhängigkeit wurde in der Rechtsprechung des BVerfG schon früh als einer „der wesentlichen Grundsätze unseres Staatsaufbaus"[183] erkannt. Sie gilt zu Recht als Kerngehalt der verfassungsrechtlichen Vorstellung von „Richter" und „Gericht".[184] Übereinstimmend begreift das Schrifttum Art. 97 Abs. 1 GG als prägenden Grundsatz für Rechtsprechung und Richteramt, der die Unparteilichkeit der richterlichen Rechtsfindung garantiert.[185]

(3) Neutralität des Richters

Für die richterliche Neutralität im konkreten Verfahren bildet die Garantie des gesetzlichen Richters (Art. 101 Abs. 1 Satz 2 i.V.m. Art. 92 GG) die maßgebliche verfassungsrechtliche Determinante. Die grundgesetzliche Regelung findet ihre Vorläufer in jenen Vorschriften der konstitutionalistischen Verfassungen, die auf den Schutz der jeweiligen Kompetenzen der Gerichte zielten, sich also gegen die Wahrnehmung von Aufgaben der Rechtsprechung durch Regie-

---

[180] *G. Zimmer*, Funktion – Kompetenz – Legitimation, 299; *J. Ipsen*, Richterrecht und Verfassung, 208.

[181] Hierzu nur *W. Brohm*, DV 24 (1991), 137, 155.

[182] Zu den Einzelheiten etwa *K. Stern*, Staatsrecht II, 910ff.; *S. Detterbeck*, in: Sachs, Grundgesetz, Art. 97, Rn. 5ff.; *W. Brohm*, DV 24 (1991), 137, 151ff.

[183] *BVerfGE* 2, 307 (320).

[184] *BVerfGE* 4, 331 (346); 14, 46 (69); 21, 139 (146); 54, 159 (166).

[185] Vgl. *P. Badura*, Staatsrecht, 453; *K. Hesse*, Grundzüge des Verfassungsrechts, Rn. 553; *J. Riedel*, Unparteilichkeit des Richters, 9ff.; im Überblick zuletzt *M. Reinhardt*, Konsistente Jurisdiktion, 101f.

rungsorgane wandten.[186] Mittlerweile entfaltet das Prozeßgrundrecht des Art. 101 Abs. 1 Satz 2 GG nach Maßgabe der Konkretisierung durch die verfassungsgerichtliche Judikatur seinen Gewährleistungsgehalt in zwei Richtungen. Es garantiert zunächst das Recht auf den *gesetzlich bestimmten, zuständigen Richter*. In dieser Ausformung gewährleistet Art. 101 Abs. 1 Satz 2 GG, daß der zur Entscheidung berufene Richter im voraus durch generelle Regelungen möglichst eindeutig festgelegt ist.[187]

Darüber hinaus gewährt Art. 101 Abs. 1 Satz 2 GG jedoch das Recht auf Wahrung aller *verfassungsrechtlichen Anforderungen*, die das Grundgesetz im Interesse der Beteiligten an die Stellung des Richters adressiert.[188] Hierunter fallen der Rechtsprechung des BVerfG zufolge[189] insbesondere die Objektivität und persönliche Unvoreingenommenheit des Richters sowie die Wahrung von Neutralität und Distanz gegenüber den Beteiligten. Namentlich hat der Richter jegliche Identifikation mit den Interessen und der Rolle der Parteien zu vermeiden. Er darf ihr Vorbringen interpretieren, sie aber nicht zu gänzlich neuen Aktivitäten verleiten.[190]

bb) Stellung der Beteiligten und rechtliches Gehör

Das Gerichtsverfahren selbst ist durch eine typische Grundkonstellation unparteiischer Streitentscheidung durch den Richter gekennzeichnet. Der Richter ist *unbeteiligter Dritter* in formeller Hinsicht, da er an dem streitigen Rechtsverhältnis nicht als Rechtssubjekt oder als Vertreter eines solchen beteiligt ist.[191] In materieller Hinsicht entspricht dem die „Interesselosigkeit" des Richters, der im Prozeß weder eigene Anliegen verfolgen noch sich zum Sachwalter parteilicher Interessen erklären soll. Weiterhin entspricht der Unparteilichkeit des Richters die *formale Gleichheit* der Parteien im Prozeß. Seine Stellung als unbe-

[186] *G. Barbey*, HdbStR III, § 74, Rn. 60; *C. Degenhart*, HdbStR III, § 75, Rn. 17.

[187] *C. Degenhart*, HdbStR III, § 75, Rn. 18; *D. Lorenz*, Der Rechtsschutz des Bürgers und die Rechtsweggarantie, 228.

[188] *C. Degenhart*, HdbStR III, § 75, Rn. 17.

[189] Vgl. zur Ausweitung des Gewährleistungsgehalts von Art. 101 Abs. 1 Satz 2 GG in der Rsp. des BVerfG *J. Riedel*, Unparteilichkeit des Richters, 231 ff. Die Unparteilichkeit des Richters wurde erstmals in *BVerfGE* 21, 139 (145 f.) in die Garantie des gesetzlichen Richters einbezogen; bestätigt in *BVerfGE* 23, 85 (91); 30, 149 (152 f.); 40, 268 (271); 54, 159 (172).

[190] *R. Stürner*, Die richterliche Aufklärung im Zivilprozeß, 26 f., nennt drei konkrete Ausprägungen: kein Hinweis auf Anträge, die das Prozeßziel quantitativ oder qualitativ verändern; kein Hinweis auf Auswechslung des bisher vorgebrachten Lebenssachverhalts; kein Hinweis auf neue Einwendungen oder Einreden.

[191] Der Richter ist also im Sinne des – älteren – „materiellen Parteibegriffs" nicht selbst Partei des Rechtsstreits. Zu den Parteibegriffen im Überblick hier nur *W. Henckel*, Parteilehre und Streitgegenstand im Zivilprozeß, 16 f.

teiligter Dritter beruht auf dem Vorhandensein gleichgeordneter Parteien, deren Streit er allein in rechtlicher Hinsicht zu entscheiden hat.[192]

In materieller Hinsicht bildet die *Zweckverfolgung* durch die Parteien das Gegenstück zur Interesselosigkeit des Richters. Die Parteien streiten sich nicht um die Verwirklichung der objektiven Rechtsordnung, sondern um „ihr Recht", mittels dessen sie konkrete Interessen, Anliegen oder Bedürfnisse verfolgen.[193] Dies gilt für Konfrontationen von Privatpersonen untereinander, aber in gleicher Weise auch für solche zwischen Bürger und öffentlicher Gewalt. Auch dort handelt es sich, unbeschadet der Rechtsbindung der Verwaltung und ihrer Verantwortung für das öffentliche Interesse, um eine ursprüngliche Entgegensetzung zweier Interessenträger, die potentiell mit gleichgewichtiger Intensität und je einseitigen Motiven ausgetragen wird. Während die Verwaltung außerhalb des Gerichtsverfahrens zur einseitigen Bestimmung der individuell-konkreten Rechtslage und damit zur einseitigen Auflösung von Interessenkonflikten befugt ist, wird das Verwaltungsrechtsverhältnis vor Gericht in ein Verhältnis *rechtlich gleichgeordneter Prozeßparteien* überführt.[194]

Die Gleichheit vor dem Richter findet in den Geboten der prozessualen *Waffengleichheit* und des *fairen Verfahrens* ihren näheren rechtlichen Ausdruck. Ihre wesentliche materielle Konkretisierung findet die prozessuale Gleichheit indes im Anspruch auf *rechtliches Gehör* (Art. 103 Abs. 1 GG), der den allgemeinen Gleichheitssatz für den Prozeß qualitativ verdichtet und auf diese Weise das grundgesetzliche Bild der Stellung der Verfahrensbeteiligten prägt.[195] Art. 103 Abs. 1 GG verleiht den Beteiligten das Recht, sich zum Streitgegenstand in tatsächlicher und rechtlicher Hinsicht zu äußern, Anträge zu stellen und Ausführungen zu machen. Dem entspricht die Pflicht des Gerichts, die Ausführungen der Prozeßbeteiligten zur Kenntnis zu nehmen und in Erwägung zu ziehen. Das Gericht darf daher nur solche Tatsachen und Beweisergebnisse verwerten, zu denen die Parteien Stellung nehmen konnten. Zur Sicherstellung des rechtlichen Gehörs können insoweit auch gerichtliche Hinweise und Mitteilungen geboten sein.[196]

Im einzelnen unterscheiden Lehre und Rechtsprechung drei Verwirklichungsstufen des Anspruchs auf rechtliches Gehör. Es sind dies die Pflicht des

---

[192] *S. Smid*, Rechtsprechung, 314f.; zum Zusammenhang zwischen der Parität der Parteistellung und der Sicherung der Unparteilichkeit des Richters bereits *E. Bötticher*, Die Gleichheit vor dem Richter, 19.

[193] *S. Smid*, Rechtsprechung, 313.

[194] Vgl. *K. Eichenberger*, Die richterliche Unabhängigkeit als staatsrechtliches Problem, 169, der mit Recht auf die Ähnlichkeit dieser Konfrontation zu einem Verhältnis rechtlich konfligierender Privatinteressen aufmerksam macht.

[195] Zu den Abgrenzungsfragen im einzelnen *E. Schmidt-Aßmann*, in: Maunz/Dürig, GG, Art. 103, Rn. 6ff.; zur Wechselwirkung zwischen rechtlichem Gehör und neutraler Stellung des Richters *K. Stern*, Staatsrecht II, 917.

[196] Grundlegend *BVerfGE* 64, 135, 143f. m.w.N.

Richters zur Information über das Verfahren, das Äußerungsrecht der Parteien und die nachgelagerte Beachtungspflicht.[197] Um die Bedeutung des Art. 103 Abs. 1 GG als „prozessuale Grundnorm" (*Christoph Degenhart*)[198] zu erschließen, ist es indes erforderlich, einen Blick über die Einzelgewährleistungen hinaus auf den Geltungsgrund der Vorschrift zu werfen. Dieser Geltungsgrund hat zwei Wurzeln.[199] Als Konkretisierung des *Rechtsstaatsprinzips* sichert Art. 103 Abs. 1 GG eine bestimmte Qualität und Weise gerichtlicher Entscheidungen (1). Als Ausdruck der *Würde der Person* soll dem Prozeßbeteiligten eine Subjektstellung vor Gericht eingeräumt werden (2).[200]

(1) Objektives Strukturprinzip

Als objektives Strukturprinzip eines rechtsstaatlichen Verfahrens verwirklicht das rechtliche Gehör ein bestimmtes Ideal richtiger Entscheidungsfindung des Gerichts.[201] Diese Leitvorstellung ist durch die *Mitwirkung* der Beteiligten im Verfahren einerseits, die *sachliche Distanz* des Gerichts zum Verfahrensgegenstand andererseits gekennzeichnet.

Die Einschaltung der Verfahrensbeteiligten in den Vorgang der Informationsgewinnung zielt zunächst auf Richtigkeit und Vollständigkeit der Informationsgrundlage der gerichtlichen Entscheidung. Sie fördert jedoch zugleich die Akzeptanz und damit die „Friedensfunktion" des Urteils.[202] Der positiv-rechtliche Bestand bestätigt insofern die funktionale Analyse, welche die Einbeziehung der Beteiligten in das verfahrensrechtliche Arrangement in den Mittelpunkt seiner Verfahrensidee rückte. Die beiderseitige Gewähr rechtlichen Gehörs sichert überdies vor einseitiger Einflußnahme auf den Richter, was seine Stellung als unparteiischer Dritter unterstreicht. Führt das Gericht selbst Aussagen über Tatsachen in die Entscheidungsbasis ein, etwa im Wege eigener Sachkunde, dienstlich erlangten Vorwissens oder durch eigene Untersuchungstätigkeit, so erstreckt sich die Gewährleistung rechtlichen Gehörs auch und gerade auf diese Umstände.[203] Die durch die Garantie rechtlichen Gehörs geformte Rechtsstel-

---

[197] Vgl. *E. Schmidt-Aßmann*, in: Maunz/Dürig, GG, Art. 103, Rv. 69ff.; *C. Degenhart*, HdbStR III, § 76, 19; *A. Voßkuhle*, Rechtsschutz gegen den Richter, 109.

[198] *C. Degenhart*, HdbStR III, § 76, Rn. 12.

[199] *E. Schmidt-Aßmann*, in: Maunz/Dürig, Grundgesetz, Art. 103, Rn. 2; vgl. *F.-L. Knemeyer*, in: HdbStR VI, Rn. 16, 20ff.

[200] Zweifelnd insoweit *C. Degenhart*, HdbStR III, § 76, Rn. 13f., der den Bezug zu Art. 1 Abs. 1 GG jedoch als „Auslegungsrichtlinie" beibehalten möchte. *E. Schmidt-Aßmann*, in: Maunz/Dürig, Grundgesetz, Art. 103 GG, Rn. 2 mit Anm. 8 nennt anstelle der Menschenwürdegarantie die subjektiven Schichten der Rechtsstaatlichkeit als Wurzeln des rechtlichen Gehörs.

[201] Grundlegend *BVerfGE* 9, 89 (95); vgl. *D. Lorenz*, Der Rechtsschutz des Bürgers und die Rechtsweggarantie, 230.

[202] *D. Lorenz*, Der Rechtsschutz des Bürgers und die Rechtsweggarantie, 231.

[203] *D. Lorenz*, Der Rechtsschutz des Bürgers und die Rechtsweggarantie, 231.

lung der Parteien einschließlich der entsprechenden Prozeßverantwortung realisiert sich auch in solchen Verfahren, die durch den Untersuchungsgrundsatz gekennzeichnet sind.[204]

Das rechtliche Gehör zielt allerdings nicht, wie *Dieter Lorenz* zu Recht vermerkt, auf die *Inanspruchnahme der Parteien* für die Durchsetzung und Fortbildung des *objektiven Rechts*. Es eröffnet ihnen lediglich Einwirkungschancen, ohne sie zu „Mitträgern des Entscheidungsvorgangs" zu erheben.[205] Umgekehrt verpflichtet die Vorschrift den Richter nicht dazu, mit den Parteien ein Rechtsgespräch zu führen oder ihnen gar „Rechtshilfe" zu gewähren.[206] Normiert ist vielmehr ein Verfahren „dialogischer Rechtserkenntnis", an dessen Ende die unparteiische Entscheidung über das Recht der Parteien aufgrund ihres Rechts- und Tatsachenvortrags steht.[207]

(2) Würde der Person

Der zweite Geltungsgrund des rechtlichen Gehörs fußt in der Garantie der Menschenwürde (Art. 1 Abs. 1 GG) und zielt auf die Gewähr einer subjektiven Rechtsstellung des Rechtssuchenden vor Gericht. So urteilt das BVerfG, die „Würde der Person" fordere, daß „über ihr Recht nicht kurzerhand von Obrigkeits wegen verfügt wird; der einzelne soll nicht nur Objekt der richterlichen Entscheidung sein, sondern er soll vor einer Entscheidung, die seine Rechte betrifft, zu Wort kommen, um Einfluß auf das Verfahren und sein Ergebnis nehmen zu können."[208]

Das rechtliche Gehör sichert damit eine *eigenständige, persönliche Rechtsstellung* der Prozeßbeteiligten vor Gericht.[209] Es formt ein Leitbild des Prozesses, das vom mündigen, selbstbewußten Bürger ausgeht, der für sein Recht im persönlichen wie finanziellen Engagement einzutreten bereit ist. Das durch Art. 103 Abs. 1 GG gezeichnete Bild materieller Rechtsprechung schließt es aus, sich den Bürger als „hilfloses Objekt gerichtlicher Fürsorge" vorzustellen.[210] Im Gegenteil geht das rechtliche Gehör in seiner individualrechtlichen Radizierung von einer spezifischen Prozeßverantwortung der Beteiligten aus.[211] Dement-

---

204 *K. Redeker*, Verfahrensrechtliche Bindungen der Untersuchungsmaxime im Verwaltungsprozeß, 478.

205 *D. Lorenz*, Der Rechtsschutz des Bürgers und die Rechtsweggarantie, 232.

206 *E. Schmidt-Aßmann*, in: Maunz/Dürig, GG, Art. 103, Rn. 78; *D. Lorenz*, Der Rechtsschutz des Bürgers und die Rechtsweggarantie, 233.

207 Vgl. auch *K.A. Bettermann*, JBl. 1972, 57, 62.

208 *BVerfGE* 9, 89 (95); vgl. *BVerfGE* 7, 275 (279); 39, 156 (158).

209 *E. Schmidt-Aßmann*, in: Maunz/Dürig, Grundgesetz, Art. 103, Rn. 2; *D. Lorenz*, Der Rechtsschutz des Bürgers und die Rechtsweggarantie, 233; *J. Mauder*, Der Anspruch auf rechtliches Gehör, 4ff., 9.

210 *D. Lorenz*, Der Rechtsschutz des Bürgers und die Rechtsweggarantie, 235.

211 *E. Schmidt-Aßmann*, in: Maunz/Dürig, Grundgesetz, Art. 19 Abs. 4, Rn. 8; Art. 103, Rn. 5; jeweils unter Bezugnahme auf *Dürig*.

sprechend ist es in deren Prozeßinitiative gestellt, ob und wie sie die von Art. 103 Abs. 1 GG gewährten Rechte tatsächlich nutzen.[212] Die Vorschrift normiert Verfahrensrechte, keine Verfahrenspflichten.[213]

cc) Dispositionsmaxime

Die Gerichte werden nur auf Antrag tätig, eine eigene Prozeßinitiative kommt ihnen regelmäßig nicht zu. Antragserfordernis und richterliche Passivität sind das notwendige Korrelat zur Unparteilichkeit des Richters, die ihrerseits ein notwendiges Attribut der Rechtsprechung ist.[214]

Während für das Verwaltungshandeln die Eigeninitiative typisch ist, zeichnet sich die richterliche Stellung durch eine spezielle Form der Passivität und *Distanz* aus, die dem fehlenden Eigeninteresse des Richters am streitbefangenen Rechtsverhältnis und damit seiner neutralen Stellung im Verfahren entspricht.[215] Die Dispositionsmaxime als Ausdruck von Prozeßinitiative und Herrschaft der Parteien über den Streitgegenstand sichert die *richterliche Unabhängigkeit*, in der jene Distanz des Richters rechtlich zum Ausdruck kommt.[216] Sie gewährleistet, daß nur die Parteien, aber nicht der Richter mit der Einleitung des Verfahrens eigene, persönliche Interessen verfolgen können.[217]

Die Bedeutung der Dispositionsmaxime reicht indes über die Gewährleistung richterlicher Unabhängigkeit hinaus. Gerade im Falle der Verwaltungsgerichtsbarkeit sichert sie die *Effektivität des Rechtsschutzes*, indem sie die Gerichtsbarkeit vom Verwaltungsgeschehen distanziert.[218] Damit verwirklicht sie zugleich den subjektiv-rechtlichen Schutzauftrag des Art. 19 Abs. 4 GG. Die Dispositionsmaxime ist Ausdruck der dort normierten konzeptuellen Direktive, die Entscheidung über Einleitung, Weiterverfolgung und Beendigung des Rechtsschutzes grundsätzlich in die Hand des *Rechtsschutzsuchenden* zu le-

---

[212] *A. Voßkuhle*, Rechtsschutz gegen den Richter, 117.

[213] *E. Schmidt-Aßmann*, in: Maunz/Dürig, Grundgesetz, Art. 103, Rn. 81.

[214] *K.A. Bettermann*, GS Jellinek (1955), 361, 372; vgl. *ders.*, HdbStR III, § 73, Rn. 35; *ders.*, JBl. 1972, 57, 61; ebenso *E. Forsthoff*, Lehrbuch des Verwaltungsrechts, 6: „der Richter würde aufhören, neutral zu sein, wenn er in Ansehung des seiner Entscheidung zu unterstellenden Tatbestandes eine Initiative hätte"; hieran anschließend *H. Mösbauer*, BB 1977, 505, 508.

[215] *K.A. Bettermann*, GS Jellinek (1955), 361, 372; *E.-W. Böckenförde*, Verfassungsfragen der Richterwahl; *G. Zimmer*, Funktion – Kompetenz – Legitimation, 307; *K. Sobota*, Das Prinzip Rechtsstaat, 192; vgl. zu Neutralität und Distanz des Richters als Ausdruck richterlicher Unabhängigkeit auch *K.A. Bettermann*, JBl. 1972, 57, 60.

[216] *M. Wolf*, ZZP 99 (1986), 361, 373; *K. Eichenberger*, Die richterliche Unabhängigkeit als staatsrechtliches Problem, 245.

[217] *A. Voßkuhle*, Rechtsschutz gegen den Richter, 106; *J. Schaper*, Studien zur Theorie und Soziologie des gerichtlichen Verfahrens, 98f.

[218] *E. Schmidt-Aßmann*, VVDStRL 34 (1976), 221, 236; *J. Haverkämper*, Die verfassungsrechtlichen Grundlagen, 61.

gen.[219] Der Bürger soll, so die Wertung des Art. 19 Abs. 4 GG, die Möglichkeit haben, sein prozessuales Verhalten inhaltlich weitestgehend in eigener Verantwortung zu bestimmen. Die Dispositionsmaxime konkretisiert sonach das normative Leitbild der Rechtsweggarantie des Art. 19 Abs. 4 GG, den Kläger nicht als Objekt der Rechtsfürsorge, sondern als freien, mündigen Bürger anzusprechen.[220]

Das Verfahren der Gerichtsbarkeit nach Maßgabe der Dispositionsmaxime ist notwendigerweise ein *retrospektives Verfahren*,[221] in dem der Richter den Entscheidungsgegenstand in einer spezifischen Ausprägung, Vorformung und Limitierung durch die Beteiligten erhält. Diese „mediatisierte Situation richterlichen Entscheidens“[222] führt dazu, daß der Richter den zugrundeliegenden Lebenssachverhalt nur punktuell einsehen und seine „sachlichen, zeitlichen und räumlichen Interdependenzen“[223] nur unvollkommen erfassen kann. Hieraus resultiert eine weitgehende Unverfügbarkeit und Invarianz des Streitgegenstandes, um die Prozeßinitiative der Parteien auch im Verfahren zu sichern. Augenfällig demonstriert die Dispositionsmaxime als prozessuales Institut das Zusammenwirken von *Selektivität* des Verfahrens, *Neutralität* des Richters und der *Mobilisierung* der Beteiligten, wie es den materiellen Begriff der Rechtsprechung als Verfahren neutraler Streitentscheidung charakterisiert.[224]

4. Konsequenzen für das Verfahren der Sachverhaltsermittlung

Die funktionale Analyse der Rechtsprechung führt zu Konsequenzen für das Verfahren der Sachverhaltsermittlung (a), die mit rechtswissenschaftlichen Beschreibungen der richterlichen Entscheidungssituation, namentlich in Abgrenzung zur Verwaltung, kongruieren (b). Fraglich ist, ob diese Beobachtungen zugleich als Ausdruck der verfassungsrechtlichen Determinanten der Rechtsprechung qualifiziert werden können, also rechtlich geboten oder zumindest plausibel sind (c).

---

219 *E. Schmidt-Aßmann*, in: Maunz/Dürig, Grundgesetz, Art. 19, Rn. 264; *R. Schenke*, in: BK, Art. 19 Abs. 4, Rn. 91; *J. Haverkämper*, Die verfassungsrechtlichen Grundlagen, 50f.

220 *V. Buermeyer*, Rechtsschutzgarantie und Gerichtsverfahrensrecht, 52; im allgemeinen zuletzt *M. Ibler*, Rechtspflegender Rechtsschutz im Verwaltungsrecht, 161, 169: Das von Art. 19 Abs. 4 GG normierte Modell subjektiven Rechtsschutzes diene der „Anerkennung des Einzelnen als individuelle Persönlichkeit.“ Zu den Bezügen dieses Modells zum Grundrecht auf freie Entfaltung der Persönlichkeit *D. Brüggemann*, 170f.; weitgehend *A. Lang*, VerwArch 1961, 60, 75.

221 *E. Schmidt-Aßmann*, VVDStRL 34 (1976), 221, 236.

222 *E. Schmidt-Aßmann*, VVDStRL 34 (1976), 221, 238; *F. Kopp*, BayVBl. 1980, 263, 266.

223 *G. Zimmer*, Funktion – Kompetenz – Legitimation, 308.

224 Vgl. auch *K. Eichenberger*, Die richterliche Unabhängigkeit als staatsrechtliches Problem, 245; mit Blick auf den „mangelnden Zugriff auf die Sache“ *J. Schaper*, Studien zur Theorie und Soziologie des gerichtlichen Verfahrens, 98.

a) *Funktionale Analyse*

Aus Sicht der funktionalen Analyse liegt es auf der Hand, daß die Darstellung richterlicher Unabhängigkeit gefährdet ist, wenn der Richter zuviel Aktivität zeigt. Letztlich wird aus dieser Perspektive jede richterliche Ermittlungstätigkeit potentiell zum Problem.[225] Unparteiische Rechtsprechung drängt in dieser Lesart unweigerlich zur Sachverhaltsverantwortung der Beteiligten, wie sie im Prozeßmodell der Verhandlungsmaxime angelegt ist.[226]

Die Verhandlungsmaxime sichert die *Selektivität* des Verfahrens gegenüber Umwelteinflüssen, da konkrete, fallbezogene Informationen grundsätzlich nur über den Parteivortrag, aber nicht über diskretionäre richterliche Ermittlungstätigkeit Eingang in das Verfahren finden können. Sie motiviert zur Übernahme der *Beteiligtenrollen* im Prozeß, da sie den Beteiligten die Verantwortung für die Reduktion der anfänglichen Ungewißheit über Tatbestand und Rechtslage überträgt. Die Verhandlungsmaxime ist idealtypisch auf die Konstitution jener *prozeßeigenen Sinnsphäre* hin zugeschnitten, die dem Richter die exklusiv rechtsgebundene Entscheidung ermöglicht und die Akzeptanz dieser Entscheidung bei den Beteiligten fördert.

Ähnlich wird auch in der rechtswissenschaftlichen Prozessualistik auf die Bedeutung der Verhandlungsmaxime als Garantin einer unparteiischen, stetigen, generell gerechten und distanzierten Rechtsprechung hingewiesen.[227] Bemerkenswert hieran ist, daß der Verhandlungsmaxime auf diesem Wege eine Begründung zuwächst, die der liberalistischen Überhöhung des Zivilprozesses als Sphäre bürgerlicher Freiheit einschließlich der entsprechenden Parallelwertungen des materiellen Rechts nicht mehr bedarf. Immerhin waren es diese Begrün-

---

[225] *N. Luhmann*, Legitimation durch Verfahren, 135; vgl. *R. Stürner*, Die richterliche Aufklärung im Zivilprozeß, 22ff.

[226] Eben dies kritisiert *J. Esser*, Grundsatz und Norm, 206: „Man sieht, in welchem Umfang, ja, wie ausschließlich *Luhmann* seine Vorstellungen im älteren Zivilprozeß, insbesondere an der Verhandlungsmaxime entwickelt und wie sehr er dabei auf die ‚unbestimmte Komplexität aller Möglichkeiten' im Sinne der Tatsachenrelevanz anstellt." *Luhmanns* Modell zielt allerdings ausdrücklich darauf, die *Gemeinsamkeiten* der gerichtlichen Verfahrensarten zu erkennen, ohne deren tiefgreifende Unterschiede zu verkennen(vgl. *N. Luhmann*, Legitimation durch Verfahren, 57f.). Dieser Ansatz ist berechtigt, da Autonomie und Selektivität des verwaltungsgerichtlichen Verfahrens, wie unten unter dem Gesichtspunkt des prozessualen Wahrheitsbegriffs näher zu erhellen ist, keine qualitativen Unterschiede zum Zivilprozeß aufweisen (ausführlich unten, Abschnitt IV. 3.).

[227] *W. Sauer*, Allgemeine Prozeßrechtslehre, 71 unter unmittelbarer Bezugnahme auf das Prinzip der formellen Wahrheit. Das formelle Prinzip diene der „Steigerung und dem Schutz des richterlichen Ansehens in aufgerührten Zeiten". Vgl. auch *R. Stürner*, Die richterliche Aufklärung im Zivilprozeß, 22ff., 40. Wenige Jahre nach Errichtung der badischen Verwaltungsgerichtsbarkeit urteilte *K.J. Schmitt*, BadVerwZ 1871, 245, 250: „Die amtliche Untersuchung an die Stelle der Parteiverhandlung zu setzen, heißt in der That nicht allein zwecklos über das Bedürfniß hinauszugehen, sondern auch den Richter in eine Lage versetzen, in welcher er seine absolut nöthige Unparteilichkeit kaum rein erhalten kann."

dungsmuster, die mitursächlich für die Beibehaltung der Untersuchungsmaxime im Verfahren der Verwaltungsgerichtsbarkeit waren. Die funktionale Betrachtung läßt nunmehr erkennen, daß die Verhandlungsmaxime eine weitere Begründung im materiellen Begriff der Rechtsprechung selbst findet, dessen wesentliche rechtliche Konkretisierung die Neutralität des Richters ist.

b) Abgrenzung zum Verwaltungshandeln

Besonders deutlich wird diese neuartige Begründung der Verhandlungsmaxime, kontrastiert man die gerichtliche Entscheidungssituation mit jener der aktiven Verwaltung. Die Verwaltung handelt notwendigerweise zweckhaft, indem sie das „öffentliche Interesse" in mannigfacher Gestalt zu verwirklichen trachtet. Sie agiert damit stets in eigener Sache. Handelt sie in Rechtsform, ist sie regelmäßig Partei des entstehenden materiellen Verwaltungsrechtsverhältnisses.[228] Ohne daß der Behörde deswegen Einseitigkeit oder Befangenheit zu unterstellen wäre, entfaltet eine derartige Beteiligtenstellung auf der Basis einer konkreten Interessenformation notwendigerweise erkenntnislenkende Wirkung.[229] Rechtsnormen haben für die Verwaltung daher, wie oben bereits vermerkt, einen anderen Stellenwert, da die Verwaltung eine instrumentale Perspektive zum Recht einnehmen muß. Die Rechtslage ist nur eines der für ihr Handeln maßgeblichen Rationalitätskriterien.

Dieser perspektivische Unterschied schlägt auf den konkreten Vorgang der *behördlichen Rechtsanwendung* durch. Dieser Vorgang ist durch eine spezifische, dynamische Wechselbeziehung zwischen normativen und tatsächlichen Grundlagen der Verwaltungsentscheidung gekennzeichnet. Da die Verwaltung immer als Partei ihrer eigenen Verfahren agiert, haben Normen, seien sie konditional oder final programmiert, eine völlig andere Bedeutung als in Verfahren materieller Rechtsprechung. Tatfrage und rechtliche Prüfung der Bedingungen des Tätigwerdens fallen für die Verwaltung in eins.[230] Mit den Worten *Stefan Smids*: „Die Verwaltung fragt nicht zunächst nach dem ‚Wenn' – dem Sachverhalt –, um diesen dann rechtlich zu qualifizieren. Sie formuliert vielmehr sowohl das ‚Wenn' als auch das ‚Dann' – in Gestalt der Daseinsvorsorge geht sie noch darüber hinaus. Denn sie gibt sich ihre Ziele selbst auf, oder geht m. a. W. von Bedürfnissen aus, die sie befriedigen soll, die sie sogar z. T. selbst hervorbringt. Damit findet aber eine ‚Abwägung' nicht allein auf seiten der (normativen) Zieldefinition statt, sondern auch auf derjenigen der Ermittlung der Tatsachengrundlage."[231]

[228] Vgl. hier nur *F. O. Kopp*, Verwaltungsverfahrensgesetz, § 13, Rn. 7a m. w. N., mit dem Hinweis, die Behörde handele daher als „Richter in eigener Sache".

[229] *F. Hufen*, Fehler im Verwaltungsverfahren, Rn. 121.

[230] *S. Smid*, Rechtsprechung, 253.

[231] *S. Smid*, Rechtsprechung, 252. *K. Eichenberger*, Die richterliche Unabhängigkeit als staats-

Initiativrecht und Pluralität der Rationalitätskriterien führen dazu, daß die Tatsachenermittlung der Verwaltung stets durch *interessierte Wahrnehmung und Entscheidung* geleitet wird. Im Falle finalen Verwaltungshandelns werden die konkrete Handlungsnorm und ihre Tatbestandsvoraussetzungen gleichsam in einem Akt abgewogen und projektiert. Zudem führt das Initiativrecht der Verwaltung dazu, daß die tatsächliche Grundlage des Verwaltungshandelns zu Beginn des Verfahrens nicht umgrenzt werden kann. Auch im weiteren Verlauf wird das Tatsachenmaterial durch Verwaltungsentscheidungen beeinflußt und bleibt daher bis zur abschließenden Entscheidung „im Werden".[232] Der Sachverhalt der Verwaltungsentscheidung kann daher nicht, wie sein prozessuales Gegenstück, als vorgegebener, durch die Disposition der Beteiligten präformierter Bestand an Tatsachen begriffen werden. Er ist vielmehr seinerseits das *Ergebnis eines Informationsprozesses*, der innerhalb des Verwaltungsverfahrens abläuft und auf seinen jeweiligen Stand zurückwirkt.[233]

Demgegenüber leuchtet der einzelne Verwaltungsprozeß nur ex post einen abgeschlossenen, „begrenzen Lebenssachverhalt aus, der ihm vorgeprägt und abgemessen geliefert wird."[234] Zwar begegnen sich Verwaltung und Gerichtsbarkeit in gemeinsamer Verantwortung für das Recht, aber in gänzlich *unterschiedlichen Entscheidungssituationen*. Der Verwaltungsrichter erhält den Sachverhalt in der Regel vorgeprägt durch einen anderen staatlichen Funktionsträger, damit okkasionell, segmentarisch und überdies im Umfang durch die klägerische Disposition bestimmt. Dieses Format ist auf die richterliche Entscheidungssituation hin zugeschnitten, nämlich auf die Beurteilung ex post in den Dimensionen des Einzelfalles. Es zielt auf eine typische, „mediatisierte Situation richterlichen Entscheidens", die fundamental von der Handlungsperspektive der Verwaltung abweicht.[235] Die Justiz konzentriert sich auf einen isolierten, aus dem Sozialleben herausgeschnittenen Tatbestand, während die Einzelakte der Verwaltung in der Kontinuität des gesamten sozialen Geschehens stehen.[236]

Ein abschließender Blick auf die verfassungsrechtlichen Vorgaben wird erweisen, daß die grundsätzliche Beschränkung der Gerichtsbarkeit auf die „nachvollziehende Kontrolle unter Ausschluß originärer Tatsachenfeststellung und Tatsachenwürdigung"[237] nicht nur aus den funktionalen Unterschieden zur

rechtliches Problem, 168, Rn. 3, weist zu Recht darauf hin, daß gerade das Handeln der Verwaltung im öffentlichen Interesse „parteiliches" Handeln bedeutet.

232 *R. Wahl*, in: VVDStRL 41 (1983), 151, 161.

233 *F. Hufen*, Fehler im Verwaltungsverfahren, Rn. 122.

234 *P. Lerche*, BayVBl. 1980, 258, 261; *E. Schmidt-Aßmann*, VVDStRL 34 (1976), 221, 238.

235 *E. Schmidt-Aßmann*, VVDStRL 34 (1976), 221, 237f.; vgl. *S. Smid*, Richterliche Rechtserkenntnis, 50.

236 *E. Forsthoff*, Lehrbuch des Verwaltungsrechts, 6; ausdrücklich auch für die Verwaltungsgerichtsbarkeit, ebd., 7.

237 *F. Kopp*, BayVbl. 1980, 263, 266. Die Verwaltung sei, so der Autor weiter, „auf Grund ihrer

aktiven Verwaltung folgt, sondern auch im Lichte des verfassungsrechtlichen Begriffs der Rechtsprechung plausibel zu machen ist.

c) *Verfassungsrechtliche Resonanz*

Hinsichtlich der Sachverhaltsermittlung zeichnet sich die Rechtsprechung im wesentlichen dadurch als Institution unparteiischer Streitentscheidung aus, daß der Richter gegenüber den Tatsachen des Urteils ein *distanziertes Verhältnis* einnimmt. Demgegenüber tritt die Verwaltung, weil sie interessiert entscheidet und handelt, gleichsam als *Zeuge in eigener Sache* auf.[238] Die Verfassung bestätigt in einer Reihe von Einzelregelungen diese spezifische Ausprägung richterlicher Neutralität.

aa) Art. 19 Abs. 4 GG

An erster Stelle erscheint die konzeptuelle Direktive des Art. 19 Abs. 4 GG, der den einzelnen als Träger subjektiv-öffentlicher Rechte anspricht und ihm einen gegen den Staat gerichteten Anspruch auf Justizgewährung im Falle der Verletzung dieser Rechte einräumt. Die Vorschrift gebietet es, das *Zustandekommen* und den *Verlauf* des Rechtsstreits von den *Anträgen des Inhabers* des streitbefangenen subjektiven Rechts abhängig zu machen. Aus der subjektiven Zuweisung der Verfügungsmacht über das streitgegenständliche Recht folgt, daß grundsätzlich dessen Inhaber selbst darüber befinden soll, ob er das Gericht zur Entscheidung über seine rechtlich geschützten Interessen anruft.[239] Prozeßrechtliches Korrelat dieses primär subjektiv-rechtlichen Schutzauftrags der Verwaltungsgerichtsbarkeit ist die *Dispositionsmaxime*, die daher den Schutz des Art. 19 Abs. 4 GG genießt. Die Bedeutung der Parteidisposition erschöpft sich hierin allerdings nicht. Vielmehr kommt dem Recht des Beteiligten, über die Einleitung, die Weiterverfolgung und die Beendigung des Rechtsstreits zu entscheiden, zugleich eine maßgebliche Bedeutung für die Sicherung richterlicher Passivität und Unparteilichkeit zu.[240] Die Dispositionsmaxime dient nicht nur der Sicherung subjektiver Rechtsausübung vor Gericht, sondern zugleich der Herstellung jener spezifischen Entscheidungssituation, die den Richter zur neutralen Streitentscheidung nach Maßgabe des Rechts befähigt.

Spezialisierung, ihrer besonderen Erfahrungen usw. besser als die Gerichte dafür qualifiziert, politisch und technisch richtigen Entscheidungen zu treffen."

[238] *S. Smid*, Rechtsprechung, 253.

[239] *R. Schenke*, in: BK, Art. 19 Abs. 4, Rn. 82; *J. Haverkämper*, Die verfassungsrechtlichen Grundlagen, 50f.

[240] *E. Schmidt-Aßmann*, in: Maunz/Dürig, Grundgesetz, Art. 19 Abs. 4 GG, Rn. 264; *J. Haverkämper*, Die verfassungsrechtlichen Grundlagen, 58ff.

Mit der Dispositionsbefugnis über den Streitgegenstand verbindet sich notwendigerweise das Recht des Klägers, den Kreis der für den *Prozeß maßgeblichen Tatsachen* zu bestimmen. Zwar ist ein Antrag stets normbezogen, da er auf bestimmte Rechtsfolgen gerichtet ist. In der Normselektion ist jedoch zugleich eine Auswahl derjenigen Aussagen über Tatsachen inbegriffen, die im Prozeß zu berücksichtigen sind.[241] Mit der Befugnis zur Bestimmung des Streitgegenstandes ist sachnotwendig die Last verbunden, dem Gericht den zur Beurteilung des begehrten Anspruchs notwendigen Sachverhalt zu unterbreiten.[242] Die Dispositionsmaxime als Ausdruck der konzeptuellen Direktive des Art. 19 Abs. 4 GG führt zwingend zu einem Verfahrensmodell, bei dem die *primäre Verantwortung* für die Einführung von Tatsachenaussagen in das Gerichtsverfahren bei den *nichtrichterlichen Verfahrenssubjekten* liegt.

Natürliches Korrelat des damit verfassungsrechtlich vorgezeichneten Prozeßmodells ist die Verhandlungsmaxime.[243] Der doppelte Geltungsgrund der Dispositionsmaxime – Sicherung subjektiver Rechtsausübung und Herstellung der spezifisch gerichtlichen Entscheidungssituation – deutet bereits an, daß damit auch der Verhandlungsmaxime neuartige, verfassungsrechtlich fundierte Plausibilitäten zuwachsen könnten.

bb) Art. 103 Abs. 1 GG

Diese Wertung erfährt durch Art. 103 Abs. 1 GG eine zusätzliche Stütze. Die Vorschrift prägt die Struktur des Gerichtsverfahrens, indem sie die Einschaltung der Verfahrensbeteiligten in den Prozeß der Informationsgewinnung garantiert. Sie sichert auf diese Weise *innerhalb* des Prozesses jene eigenständige, persönliche Rechtsstellung des Bürgers, die Art. 19 Abs. 4 GG für die *Einleitung* des Verfahrens und die Verfügungsmacht über den Streitgegenstand garantiert. Die Strukturpräferenz des Art. 103 Abs. 1 GG für ein Verfahren dialogischer Rechtserkenntnis gilt auch und gerade für solche Prozeßarten, die dem Gericht die Befugnis zur eigenständigen Sachverhaltsermittlung einräumen.[244] In einer freiheitlichen, der Menschenwürde und damit der Subjektstellung des einzelnen verpflichteten Verfassungsordnung darf der Bürger nicht zum Objekt gerichtlicher Tätigkeit degradiert werden. Er darf weder von der Mitwirkung bei der Sachaufklärung ausgeschlossen noch von seiner dahingehenden Verantwortung

---

[241] *J. Schaper*, Studien zur Theorie und Soziologie des gerichtlichen Verfahrens, 158; ausführlich hierzu bei der Betrachtung des Wechselverhältnisses zwischen Parteidisposition und richterlicher Sachverhaltsermittlung (Kap. 3, Abschnitt III. 1).

[242] *H. Frohn*, Rechtliches Gehör und richterliche Entscheidung, 124; ausführlich unten, Kap. 3. Abschnitt III. 1.

[243] Wie oben dargestellt, umfaßte der Begriff der Verhandlungsmaxime ursprünglich auf die heute zur Dispositionsmaxime gerechneten prozessualen Bestimmungen.

[244] *K.A. Bettermann*, JBl. 1972, 57, 62.

befreit werden. Art. 103 Abs. 1 GG schließt es daher aus, die prozessualen Befugnisse bei der Sachverhaltsermittlung ausschließlich beim Richter zu konzentrieren.[245]

Art. 103 Abs. 1 GG schützt nicht nur die Subjektstellung des einzelnen im Prozeß, sondern gewährleistet zugleich die *Effektivität prozessualer Tatsachenermittlung* in einem Verfahren dialogischer Rechtserkenntnis. Grundlage ist eine Interessenkalkulation, die darauf abstellt, daß die Parteien von sich aus das ihnen bekannte und erkennbare Tatsachenmaterial vorbringen, soweit es ihren Interessen günstig ist.[246] Art. 103 Abs. 1 GG in seiner Funktion als objektives Strukturprinzip des Verwaltungsprozesses entfaltet auch insofern eine *Parallelwertung* zur Art. 19 Abs. 4 GG. Die Vorschrift insinuiert gleichermaßen ein Verfahrensmodell, das bei der Sachverhaltsermittlung wesentlich auf die Beiträge der Beteiligten setzt. Darin inbegriffen ist wiederum die Distanz des Richters zur Tatsachengrundlage des Verfahrens. Erst die hieraus resultierende Ergebnisoffenheit sichert ein neutrales Verfahren zwischen prozessual gleichgeordneten Parteien, in welchem ihr Tatsachenvorbringen eine reale Chance auf Beeinflussung des richterlichen Entscheidungsprogramms gewinnt.[247]

cc) Art. 101 Abs. 1 Satz 2 GG

Schließlich verlangt es auch die verfassungsrechtliche Gewährleistung der richterlichen Unabhängigkeit selbst, daß der Richter ein distanziertes Verhältnis zu den tatsächlichen Grundlagen des Urteils einnimmt. Art. 101 Abs. 1 Satz 2 GG verleiht den Prozeßparteien das Recht darauf, daß nur solche Richter entscheiden, deren *Neutralität und Objektivität* gewährleistet ist.[248] Die sachbezogene Unvoreingenommenheit des Richters ist eine von Art. 101 Abs. 1 Satz 2 GG garantierte, von den Art. 92, 97 Abs. 1 GG umschlossene Voraussetzung der funktionsgerechten Wahrnehmung richterlicher Gewalt.[249] Geradezu konstitutiv für die richterliche Neutralität im Prozeß ist die *Distanz zur Tatsachengrundlage* des Urteils.[250]

---

245 *K.A. Bettermann*, JBl. 1972, 57, 62.

246 Hier nur *H. Kollhosser*, Zur Stellung und zum Begriff der Verfahrensbeteiligten, 124f.; *F. Baur*, Richtermacht und Formalismus im Verfahrensrecht, 111.

247 Diesen Zusammenhang von Ergebnisoffenheit des Prozesses und rechtlichem Gehör stellt namentlich *V. Lipp*, Das private Wissen des Richters, 53, Anm. 30, heraus.

248 Vgl. *C. Degenhart*, in: Sachs, GG, Art. 202, Rn. 8; ausführlich zum Leitbild des unparteiischen Richters *J. Riedel*, Unparteilichkeit des Richters, 9ff. m.w.N.

249 *G. Barbey*, HdbStR III, § 74, Rn. 40. – Empirisch *G. Zimmer*, Funktion – Kompetenz – Legitimation, 300: Wo nur der Anschein von Parteilichkeit aufkomme, verliere die Rechtsprechung als Mechanismus sozialer Integration seine Leistungsfähigkeit.

250 *V. Lipp*, Das private Wissen des Richters, 52; vgl. bereits *S. Smid*, Rechtsprechung, 253ff. Das Erfordernis der Distanz des Richters zur Tatsachengrundlage des Urteils betont auch *BVerfGE* 46, 34 (37).

(1) Dies manifestiert sich in erster Linie in dem Grundsatz, daß der Richter nicht in eigener Person in den Streit der Parteien verwickelt sein soll. Während die interessiert handelnde und entscheidende Verwaltung notwendigerweise als Zeuge in eigener Sache agiert, kann der Richter diese Rolle in einem Rechtsstreit, den er selbst zu entscheiden hat, nicht einnehmen (§41 Nr. 5 ZPO).[251]

Die Unvereinbarkeit von richterlicher Neutralität und der Verwertung eigener Tatsachenwahrnehmung im Prozeß wird – im Anschluß an Untersuchungen von *Friedrich Stein* – zunächst mit Erwägungen aus der Wahrnehmungspsychologie begründet.[252] *Stein* argumentierte, der wahre Grund der Unvereinbarkeit von Zeugenstellung und Richteramt liege in der „psychologischen Unmöglichkeit, bei eigner Zeugenstellung unparteiisch zu richten, in der Unfähigkeit des Menschen, außer sich selbst zu treten und den Wert oder Unwert der eignen Wahrnehmung auch nur annähernd so objektiv und unbefangen zu urteilen, wie der Richter angesichts der Erfahrungstatsache, daß jeder Zeuge unbewußt Partei ergreift, denjenigen der Zeugenaussage würdigen soll und muß".[253] Zudem sei die menschliche Sinneswahrnehmung notwendigerweise unvollkommen, so daß der Zeugenbeweis der nüchternen Kontrolle des unparteiischen Richters bedürfe. Dieses Korrektiv würde unterlaufen, wenn der Richter sich selbst zum „alleinigen, jeden Gegenbeweis ausschließenden Zeugen" erheben könnte.[254]

(2) Heute wird sichtbar, daß der zunächst psychologisch begründete Ausschluß des Privatwissens in einer *weiterreichenden Verwirklichungsfunktion* für die richterliche Neutralität schlechthin steht. Das Verbot der Verwertung richterlichen Privatwissens und der Ausschluß des Richters von der Zeugenstellung dienen der Herstellung richterlicher Unabhängigkeit, indem sie ihn in Distanz zu dem zu beurteilenden Geschehen und damit zum Gegenstand des Prozesses setzen. Auf diese Weise wird die oben beschriebene Verfahrensselektivität rechtlich sichergestellt. Der Richter kann nur auf Grundlage jener Tatsachen entscheiden, die ihm im Prozeß auf den prozeßrechtlich vorgezeichneten Wegen vermittelt wurden. Dem Urteil können nur solche Tatsachen als wahr zugrundegelegt werden, die in einer der Prozeßordnung entsprechenden Weise eingebracht und festgestellt wurden.[255]

---

[251] Im Verwaltungsprozeß anwendbar über §173 VwGO; hierzu *S. Smid*, Rechtsprechung, 253; für den Verwaltungsprozeß *M. Dawin*, in: *F. Schoch/E. Schmidt-Aßmann/R. Pietzner*, Verwaltungsgerichtsordnung, §108, Rn. 18.

[252] Zur Wirkung dieses einflußreichen Arguments *V. Lipp*, Das private Wissen des Richters, 40f.

[253] *F. Stein*, Das private Wissen des Richters, 2.

[254] *F. Stein*, Das private Wissen des Richters, 2. Die moderne Wahrnehmungspsychologie bestätigt die zugrundeliegenden Prämissen. Hierzu *V. Lipp*, Das private Wissen des Richters, 44ff.

[255] Vgl. §286 Abs. 1 ZPO, §108 Abs. 1 VwGO, §261 StPO; dazu *K. Michaelis*, Göttinger FS OLG Celle (1961), 117, 142f.; *H. Inoue*, ZZP 98 (1985), 378, 391; *V. Lipp*, Das private Wissen des Richters, 52; *J. Riedel*, Unparteilichkeit des Richters, 121; *G. Spendel*, JuS 1964, 465, 468. Zum

Zugleich stellt das Verbot der Verwertung des richterlichen Privatwissens sicher, daß der Richter sich von seiner persönlichen, vorprozessualen Überzeugung vom streitgegenständlichen Sachverhalt distanziert. Auf diese Weise wird, ebenfalls in Übereinstimmung mit der funktionalen Analyse des Prozesses, die *Ergebnisoffenheit* des Verfahrens verbürgt, die wiederum konstitutiv für die richterliche Unabhängigkeit auf der einen, die gleichberechtigte Teilhabe der Parteien an der prozessualen Konstruktion des Sachverhalts auf der anderen Seite ist.[256] Erst diese Distanzierung des Richters von der vorprozessualen „Wahrheit" ermöglicht es – mit *Volker Lipp* – „den Prozeß als neutrales, ergebnisoffenes Verfahren zu führen, in dem Waffengleichheit zwischen den Beteiligten besteht und ihnen rechtliches Gehör gewährt wird."[257]

(3) Vor diesem Hintergrund wird das *Spannungsverhältnis* deutlich, in dem die eigenständige richterliche Ermittlungstätigkeit zur richterlichen Unabhängigkeit steht, die gerade in der Distanz zur Tatsachengrundlage einen wesentlichen Ausdruck findet.

Auf dieses Spannungsverhältnis zielt das Argument von *Fritz Baur*, daß jede Ermittlung einen Plan voraussetze, dem eine *bestimmte Vorstellung* vom Geschehensablauf zugrunde liege. Diese Vorstellung werde notwendigerweise von nicht näher qualifizierbaren, irrationalen Momenten gespeist oder mache sich unwillkürlich den Standpunkt der einen oder anderen Partei zu eigen. Bei allem ehrlichen Bemühen des Richters werde seine Autorität fraglich, zumindest in den Augen der Beteiligten oder der Öffentlichkeit. „Ermitteln und Urteilen sind eben verschiedene Funktionen, die sich nicht oder doch nur unter günstigen persönlichen Voraussetzungen in einer Hand vereinigen lassen, ohne daß das Richteramt Schaden litte."[258]

In dieselbe Richtung geht die Bemerkung *Kollhossers*, der „suggestive Einfluß eigener Ermittlungen" sei so intensiv, daß die dabei sich bildenden *Vorurteile* den Richter bei der endgültigen Tatsachenfeststellung beeinflussen könnten.[259] Der Richter wisse in diesem Falle von vornherein, ohne Rücksicht auf den streitigen Vortrag der Parteien, welcher Seite in ihrem Tatsachenvortrag zu

hieraus resultierenden Begriff der prozessualen Wahrheit als Wahrheit eingeschränkter Kohärenz unten, Abschnitt IV. 3. b) cc).

256 *V. Lipp*, Das private Wissen des Richters, 52; *S. Smid*, Rechtsprechung, 271; ausführlich zur vorzeitigen Festlegung des Richters in Sachfragen als Verstoß gegen die richterliche Neutralität *J. Riedel*, Unparteilichkeit des Richters, 120ff.

257 *V. Lipp*, Das private Wissen des Richters, 52f. m.w.N. Diese Charakteristik des Prozesses findet sich namentlich in der sogenannten „prozessualen Betrachtensweise", die auf *James Goldschmidt* (Der Prozeß als Rechtslage, insb. 227ff.) zurückführt; in dieser Tradition stehen die von *Lipp* a.a.O. genannten Quellen; vgl. dazu *E. Schmumann*, in: *Stein-Jonas*, ZPO, Einl., Rn, 43.

258 *F. Baur*, Richtermacht und Formalismus im Verfahrensrecht, 111.

259 *H. Kollhosser*, Zur Stellung und zum Begriff der Verfahrensbeteiligten, 124; vgl. auch *F. Hufen*, Fehler im Verwaltungsverfahren, Rn. 121, über die erkenntnislenkende Wirkung der Tatsachenermittlung in eigener Sache.

folgen sei und welche damit Recht erhalte. Die eigene Meinungsbildung über die Tatsachengrundlage des Prozesses schlage, so *Kollhosser*, zunächst auf das Verhältnis zu den Parteien durch, präformiere aber darüber hinaus auch unmittelbar Art und Inhalt der zu fällenden Entscheidung.[260]

Auch hier geht es weniger um die psychologische Problematik des ermittelnden Richters als um die *strukturellen Voraussetzungen* eines ergebnisoffenen, prozeßrechtlich gesteuerten Verfahrens der Sachverhaltsermittlung. Distanz des Richters zur vorprozessualen Wahrheit, Konstitution der entscheidungserheblichen Tatsachenlage im Prozeß und der Ausschluß spezifischen außergerichtlichen Wissens des Richters zielen auf ein Verfahren, in dem die *Prozeßbeteiligten* ihr außerprozessuales Wissen in das Verfahren einbringen. Erst diese *vermittelte Form der Informationsgewinnung* befähigt den Richter zur distanzierten, objektiven Beurteilung der Tatsachenlage. Zumindest für den Zivilprozeß gilt, daß der Ausschluß eigener Ermittlungstätigkeit des Richters die „Kehrseite des Verbots" bildet, sein Privatwissen von dem zu beurteilenden Geschehen zu verwerten.[261] Für den Verwaltungsprozeß wird die Befugnis zur eigenständigen Sachverhaltsermittlung i.S.d. §86 Abs. 1 VwGO dagegen zum Problem. Anders als es die weitgehend fraglose verwaltungsrechtliche Überlieferung insinuiert, ist der Untersuchungsgrundsatz in dem durch Art. 19 Abs. 4 GG aufgezogenen Koordinatensystem verfassungsrechtlicher Vorgaben an das verwaltungsgerichtliche Verfahren nahezu ein Fremdkörper.

4. *Zusammenfassung und Ausblick*

Art. 19 Abs. 4 GG garantiert dem Bürger die individuelle Rechtsausübung vor echten Rechtsprechungsorganen im Falle der Verletzung subjektiv-öffentlicher Rechte. Die Norm verweist damit auf den verfassungsrechtlichen Begriff der Rechtsprechung, der nach dem hier zugrundeliegenden Verständnis durch eine Kombination der bisherigen Hauptstränge der Begriffsbildung zu bestimmen ist.

Rechtsprechung leistet danach die *verbindliche Feststellung des Rechts* in einem Verfahren *unparteiischer Streitentscheidung*. Anders als die Verwaltung stehen die Gerichte im Zentrum des Rechtssystems. Sie müssen jeden Fall zur Entscheidung annehmen (Justizverweigerungsverbot), werden dabei jedoch durch die exklusive Bindung an die Rechtsnormen entlastet. Ihre Entscheidungen müssen daher allein juristischen, nicht auch politischen oder sonstigen

260 *S. Smid*, Rechtsprechung, 271.

261 *V. Lipp*, Das private Wissen des Richters, 58; zum Spannungsverhältnis zwischen richterlicher Ermittlungstätigkeit und Unparteilichkeit auch *H. Kollhosser*, Zur Stellung und zum Begriff der Verfahrensbeteiligten, 130f.; mit Blick auf den Verwaltungsprozeß *P. Stelkens*, NVwZ 1982, 81, 83.

Zweckmäßigkeitskriterien genügen, während die Verwaltung zum Recht eine instrumentale Perspektive einnehmen kann. Hieraus folgt eine Funktionsspezifität der Rechtsprechung, die es ausschließt, die Gerichte gemeinsam mit den anderen Staatsgewalten in einen arbeitsteiligen Prozeß der Gemeinwohlkonkretisierung zu integrieren. Funktional gesichert wird die Position der Gerichte im Zentrum des Rechtssystems durch autonome Verfahren, die alle für das Verfahrensergebnis relevanten Gesichtspunkte allein durch verfahrensinterne Selektionen bereitstellen. Durch die Ungewißheit des Verfahrensausgangs werden die Beteiligten dazu motiviert, ihre Verfahrensrollen wahrzunehmen und die zur Konstituierung des entscheidungserheblichen Sachverhalts erforderlichen Informationen in das Verfahren zu transferieren.

In rechtlicher Hinsicht wird dieses Modell durch die *Unparteilichkeit* des Richters verwirklicht, die das Grundgesetz in sozialer, status- und verfahrensrechtlicher Hinsicht sicherstellt. Dem entspricht ein Modell des Gerichtsverfahrens, in dem sich die Beteiligten als gleichgeordnete Prozeßrechtssubjekte gegenüberstehen, denen der maßgebliche Anteil bei der prozessualen Informationsbeschaffung zukommt (rechtliches Gehör). Der Zweckverfolgung der Parteien entsprechen Interesselosigkeit und relative Passivität des Richters als streitentscheidender Dritter. Wesentliches Konstruktionselement dieses Verfahrensmodells ist das Dispositionsrecht der Parteien über den Streitgegenstand, das damit nicht nur wegen der Gewährleistung subjektiver Rechtsausübung vor Gericht, sondern auch um der richterlichen Neutralität willen verfassungsrechtlich geboten ist.

Aus Sicht der funktionalen Analyse ist jede richterliche Ermittlungstätigkeit problematisch, weil sie die Selektivität und Ergebnisoffenheit des Prozesses partiell in Frage stellt. Eigene Ermittlungstätigkeiten führen, wie das kontrastierende Beispiel der Verwaltung anzeigt, einerseits zur zweck- und interessengeleiteten Wahrnehmung der Tatsachen, anderseits zur fortlaufenden, rekursiven Neuformierung des Sachverhalts während des Verwaltungsverfahrens. Die neutrale Entscheidung von Rechtsstreitigkeiten setzt dagegen eine *mediatisierte Situation* richterlicher Entscheidung voraus, in der dem Richter ein begrenzter, abgemessener Lebenssachverhalt zur Begutachtung vorliegt.

Diese Schlußfolgerungen finden unmittelbare verfassungsrechtliche Resonanz. Die Entscheidung des Art. 19 Abs. 4 GG für ein Verfahren subjektiver Rechtsausübung vor Gericht erfordert, daß die Parteien selbst den Kern des umstrittenen Lebenssachverhalts in das Gerichtsverfahren einbringen und seine Grenzen bestimmen. Diese Wertung wird gestützt durch Art. 103 Abs. 1 GG, der nicht nur die subjektive Rechtsausübung im Prozeß selbst sichert, sondern zugleich ein Verfahren dialogischer Rechtserkenntnis konstituiert. Dieses Verfahren setzt bei der Sachverhaltsermittlung maßgeblich auf die Beiträge der Parteien und erfordert daher, daß der Richter in Distanz zum umstrittenen Geschehen bleibt. In gleicher Weise fordert das Verfassungsgebot richterlicher Neutralität (Art. 101 Abs. 1 Satz 2 GG) die Distanz des Richters zum tatsächlichen Geschehen, wie sich an der prozessualen Unverwertbarkeit richterlichen Privatwissens und der damit verbundenen Unvereinbarkeit von Zeugenstellung und Richteramt exemplifizieren läßt. Diese Ausschlußgründe folgen schon aus psychologisch erklärbaren Wahrnehmungsmängeln des interessierten Beobachters, gewährleisten jedoch darüber hinaus die Selektivität und damit die Ergebnisoffenheit des Verfahrens. Die Distanz des Richters zur Tatsachengrundlage des Urteils ist konstitutives Element richterlicher Neutralität.

Richterliche Distanz zum Sachverhalt, Dispositionsmaxime und die Garantie rechtlichen Gehörs zielen in gleichsinniger Weise auf ein Verfahren unparteiischer Streitentscheidung, in dem es prozeßrechtlich gleichgeordneten Parteien obliegt, den streiterheblichen Tatsachenstoff beizubringen. Jede eigenständige richterliche Ermittlungstätigkeit wird zum Rechtsproblem, weil sie den verfassungsrechtlichen Prämissen der Gewähr individueller Rechtsausübung und der Garantie richterlicher Neutralität potentiell zuwiderläuft. Für die *Verfassungsgemäßheit* des verwaltungsprozessualen Untersuchungsgrundsatzes ist damit allerdings noch nichts verloren. Zum einen ist zweifelhaft, ob die genannten, aus dem verfassungsrechtlichen Begriff der Rechtsprechung fließenden Anforderungen an das Gerichtsverfahren jene Normierungsdichte entfalten, die es erlaubte, ein verfassungsrechtliches Verbot des Untersuchungsgrundsatzes zu erkennen. Zum anderen ist denkbar, daß dem Untersuchungsgrundsatz andere verfassungsrechtliche Wertungen zur Seite treten. Immerhin läßt aber der materielle Begriff der Rechtsprechung die *Notwendigkeit* derartiger konkurrierender Wertungen deutlich werden. Im Lichte dieses Begriffs und der konzeptuellen Direktive des Art. 19 Abs. 4 GG wandelt sich die richterliche Sachverhaltsermittlung unvermittelt vom unauffälligen Traditionsbestand zur Anomalie.

III. Effektiver Rechtsschutz

Teile der Literatur entnehmen Art. 19 Abs. 4 GG ein striktes Verfassungsgebot des Untersuchungsgrundsatzes unter dem Gesichtspunkt effektiven Rechtsschutzes. § 86 VwGO gilt dann, so etwa bei *Rüdiger Schenke*, als eine lediglich deklaratorische Regelung.[1] Zur Begründung werden zwei Argumente vorgebracht. Zunächst heißt es, das in der Rechtsprechung entwickelte Gebot der vollen, rechtlichen wie tatsächlichen Überprüfung des Verhaltens der öffentlichen Gewalt[2] erfordere zwingend den Untersuchungsgrundsatz.[3] Weiterhin wird argumentiert, der Untersuchungsgrundsatz sei aufgrund der ungleichen Machtverteilung zwischen Bürger und öffentlicher Gewalt vonnöten, um die Position des Bürgers zu stärken.[4]

Beide Argumente beruhen, so der im folgenden zu erhärtende Verdacht, auf einer Überdehnung des Gewährleistungsgehalts von Art. 19 Abs. 4 GG. Die mit dieser Vorschrift, aber auch mit materiellen Grundrechtsnormen verknüpfte Suggestivformel des „effektiven Rechtsschutzes" lädt offenbar dazu ein, rechtspolitische Wunschvorstellungen zu Verfassungsgeboten zu erheben.[5] Im folgenden soll zunächst die These begründet werden, daß diese Formel nicht dazu geeignet ist, den Normgehalt des Art. 19 Abs. 4 GG oder die Verfahrensgarantien der materiellen Grundrechte zu charakterisieren oder gar näher zu bestim-

---

[1] *R. Schenke*, in: BK, Art. 19 Abs. 4, Rn. 86; vgl. *F. O. Kopp/R. Schenke*, Verwaltungsgerichtsordnung, § 86, Rn. 1.

[2] Vgl. insoweit, aber auch nur dahingehend *BVerfGE* 15, 275 (282); 18, 203 (212, 215); 21, 191 (194f.); 28, 10 (14f.); 31, 113 (117); 35, 263 (274); 51, 304 (312); 61, 82 (111); 84, 34 (49). In nämlichen Entscheidungen ging es stets nur um die Frage, ob die erkennenden Gerichte an die Sachverhaltsfeststellung der Behörde gebunden seien. Das Gericht geht zu Recht davon aus, daß eine solche Bindung mit Art. 19 Abs. 4 GG nicht vereinbar wäre. Hieraus folgt jedoch noch nicht die Notwendigkeit eigener Sachverhaltsermittlung durch das Gericht. Ausführlich unten, 3. c) aa).

[3] *R. Schenke*, in: BK, Art. 19 Abs. 4, Rn. 86f.; ebenso *J. Haverkämper*, Die verfassungsrechtlichen Grundlagen, 93ff.; *Hendrichs*, in: v. Münch, GG, Art. 19, Rn. 53; *D. Lorenz*, Der Rechtsschutz des Bürgers und die Rechtsweggarantie, 271; *B. Kropshofer*, Untersuchungsgrundsatz und anwaltliche Vertretung im Verwaltungsprozeß, 49ff.; *H. Bauer*, Gerichtsschutz als Verfassungsgarantie, 89; *F. O. Kopp/R. Schenke*, Verwaltungsgerichtsordnung, § 86, Rn. 1; wohl auch *B. Burkholz*, Der Untersuchungsgrundsatz im verwaltungsgerichtlichen Eilverfahren, 62f.

[4] *R. Schenke*, in: BK, Art. 19 Abs. 4, Rn. 86f.; *H. Frohn*, Rechtliches Gehör und richterliche Entscheidung, 101; ausführlich m.w.N. unten, 3.c) bb).

[5] So die Kritik von *E. Schmidt-Aßmann*, in: Maunz/Dürig, Grundgesetz, Art. 19 Abs. 4, Rn. 5, der vorschlägt, das Wort „Rechtsschutzeffektivität" zu vermeiden.

men. Dazu ist zunächst der argumentative Status des Effektivitätsbegriffs zu klären (1). Sodann ist zu fragen, ob die Verfassung einen Rechtsschutzanspruch im technischen Sinne kennt (2). Das Ergebnis ist, um dies vorwegzunehmen, negativ. Die materiellen Grundrechte können das Verfahren neutraler Rechtserkenntnis vor Gericht nicht einseitig zugunsten des Bürgers determinieren. Auch Art. 19 Abs. 4 GG beschränkt sich auf einen Justizgewährungsanspruch, der zwar aufgrund seiner Bezugnahme auf den materiellen Begriff der Rechtsprechung über eine bloß formelle Garantie hinausreicht, aber keinen Anspruch des Klägers auf eine günstige Entscheidung umfaßt. Die zugunsten eines Verfassungsgebots des Untersuchungsgrundsatzes aus Art. 19 Abs. 4 GG aufgebotenen Argumente überzeugen daher nicht (3).

1. Effektivität

Um den argumentativen Status des Effektivitätsgebots in Zusammenhang mit dem Normgehalt von Art. 19 Abs. 4 GG näher bestimmen zu können, ist zunächst der Begriff der Effektivität von jenem der Effizienz abzuschichten (a). Sodann stellt sich die Frage nach den Erscheinungsformen des Effektivitätsbegriffs im rechtsdogmatischen Diskurs (b). Im Zusammenhang mit Art. 19 Abs. 4 GG beschränkt sich seine Bedeutung darauf, eine Relation zwischen Normgehalt und Normwirklichkeit zum Ausdruck zu bringen. Eine Rückkoppelung zum Normgehalt selbst ist, anders als es der Begriff effektiven Rechtsschutzes insinuiert, methodisch unzulässig (c).

a) Effektivität und Effizienz

Effektivität im allgemeinen ist bedeutungsgleich mit Begriffen wie Wirksamkeit, Durchschlagskraft oder Leistungsfähigkeit.[6] Der verwandte Begriff der Effizienz steht bildungssprachlich für Wirksamkeit und Wirtschaftlichkeit.[7] In den Wirtschaftswissenschaften hat Effizienz eine spezifische Bedeutung als Verhältnis zwischen Mitteleinsatz und Zielerreichung gewonnen. An Effizienzkriterien wie Gewinn oder Rendite läßt sich ablesen, in welchem Grade dem ökonomischen Prinzip entsprochen wurde, mit gegebenem Mitteleinsatz einen maximalen Erfolgsgrad zu erreichen oder einen angestrebten Erfolgsgrad mit minimalen Mitteln zu verwirklichen. Der wohlfahrtsökonomische Effizienzbegriff

---

[6] Vgl. Duden „Das große Wörterbuch der deutschen Sprache", Ausg. in 10 Bd., 3. Aufl. Mannheim u.a. 1999; Brockhaus – Die Enzyklopädie in 24 Bd., 20. Aufl. Leipzig u.a. 1996.

[7] Duden „Das große Wörterbuch der deutschen Sprache", Ausg. in 10 Bd., 3. Aufl. Mannheim u.a. 1999; Brockhaus – Die Enzyklopädie in 24 Bd., 20. Aufl. Leipzig u.a. 1996.

geht über dieses inhaltlich neutrale Schema insoweit hinaus, als Effizienz selbst das Ziel sein soll, an dem andere Ziele gemessen werden.[8]

In der Rechtswissenschaft erscheinen beide Begriffe in uneinheitlicher Bedeutung und unterschiedlichen thematischen Zusammenhängen. In engster Beziehung mit der wirtschaftswissenschaftlichen Bedeutung steht der Begriff der Effizienz in der *ökonomischen Analyse* des Rechts,[9] wo die Rechtsordnung unter dem Kriterium ihrer wirtschaftlichen Leistungsfähigkeit bewertet wird. Gemeint ist auch dort eine Zweck/Mittel-Relation, die – als formales Kriterium – hinsichtlich der verfolgten Ziele neutral ist.[10] In der verwaltungsrechtlichen Reformdiskussion wird dieses Effizienzverständnis weitergeführt. Dort gerät Effizienz mittlerweile zum Ziel an sich, nämlich als optimales Verhältnis von Zweck und Mitteleinsatz bei der Verwaltungstätigkeit.[11]

Demgegenüber bezeichnet *Effektivität* im rechtswissenschaftlichen Zusammenhang zunächst nur die Wirkungs- oder Steuerungskraft einer Norm, ohne daß der erforderliche Mitteleinsatz in die Betrachtung einbezogen würde. Effektivität des Rechts meint danach seine Wirksamkeit als Grad der Verwirklichung seines normativen Programms.[12] Effektivität und Effizienz können somit danach unterschieden werden, ob die Betrachtung vornehmlich an der Zielerreichung orientiert ist (Effektivität), oder ob sie den Ressourceneinsatz mitberücksichtigt (Effizienz).[13] So läßt sich die Effizienz etwa der Justiz an Kriterien wie der Verfahrensdauer, der Höhe der Gebühren oder allgemeiner Kosten-Nutzen-Analysen bemessen.[14] Während das Ziel, die Bedingungen der Zielerreichung und damit das Effektivitätskriterium sich aus dem Normprogramm selbst ergeben oder ablesen lassen, tritt mit dem Ressourceneinsatz ein Gesichtspunkt hinzu, der durch die Verwirklichungsbedingungen der Norm selbst noch nicht präformiert ist.

Für den Begriff des *effektiven Rechtsschutzes*, wie er gemeinhin mit Art. 19 Abs. 4 GG in Zusammenhang gebracht wird, ist die mit dem Begriff der Effizienz zum Ausdruck kommende Zweck/Mittel-Relation ohne Belang. Hier geht es um die Verwirklichungsbedingungen des Gebotes der Rechtswegeröffnung selbst, also um jene Gesichtspunkte, die auch in anderen rechtswissen-

---

[8] Brockhaus – Die Enzyklopädie in 24 Bd., 20. Aufl. Leipzig u.a. 1996; vgl. *H. Eidenmüller*, Effizienz als Rechtsprinzip, 56.

[9] Vgl. hierzu im ganzen *H. Eidenmüller*, Effizienz als Rechtsprinzip.

[10] *H. Eidenmüller*, Effizienz als Rechtsprinzip, 55.

[11] *W. Hoffmann-Riem*, Effizienz als Herausforderung an das Verwaltungsrecht, 17.

[12] *W. Hoffmann-Riem*, Effizienz als Herausforderung an das Verwaltungsrecht, 17.

[13] *W. Hoffmann-Riem*, Effizienz als Herausforderung an das Verwaltungsrecht, 17; von daher kritisch gegenüber der Effektivitätsperspektive *E. Schmidt-Aßmann*, Effizienz als Herausforderung an das Verwaltungsrecht, 248.

[14] Vgl. insbesondere die Beiträge in *D. Schmidtchen/S. Weth (Hg.)*, Der Effizienz auf der Spur. Zur Effizienz der *Verwaltung* in diesem Sinne vgl. *R. Wahl*, in: VVDStRL 41 (1983), 151, 162ff.

schaftlichen Zusammenhängen mit dem Effektivitätsbegriff gekennzeichnet werden.

b) Formen der Effektivität

Das Kriterium der Zielerreichung als Maßstab für die Effektivität einer Rechtsnorm bezieht sich auf die Entfaltung des Normgehalts selbst. Effektivität in diesem Sinne meint zunächst die *soziale Wirksamkeit* einer Norm (aa), die wiederum unter *geltungs*theoretischen sowie unter *instrumentellen* Gesichtspunkten betrachtet werden kann. Weiterhin taucht der Begriff der Effektivität, in einer auf den ersten Blick anders gelagerten Bedeutung, als Chance und Form der tatsächlichen *Durchsetzung* subjektiver Rechte auf. Namentlich für die Grundrechte ist in Rechtsprechung und Lehre von einem grundrechtsimmanenten Effektuierungsgebot die Rede (bb). Effektivität kann schließlich auch verstanden werden als eine – im einzelnen näher zu erhellende – optimale Entfaltung des Normgehalts (cc). Demgegenüber wird hier ein *restriktives Effektivitätsverständnis* zugrundegelegt, das Effektivität allein als Relationsbegriff zwischen Normgehalt und Wirklichkeit begreift (unter c).

aa) Soziale Wirksamkeit

(1) Ein Beispiel für die *geltungstheoretische* Verwendung des Effektivitätstopos im Sinne sozialer Wirksamkeit einer Norm findet sich im Völkerrecht,[15] wo der Begriff die selbständige rechtliche Bedeutung einer von den betreffenden Rechtssubjekten hingenommenen, aufrechterhaltenen oder durchgesetzten tatsächlichen Situation – auch ohne oder gegen positive Rechtsnormen – bezeichnet. Aus der Perspektive der allgemeinen Staatslehre erscheint dieses völkerrechtliche Institut als Spezialfall jener spezifischen Relation zwischen Faktizität und Geltung, wie sie im Begriff der „faktischen Komponente der staatlichen Rechtsordnung“ inbegriffen ist. Soziale Wirksamkeit, Vollzugs- und Durchsetzungschance sind danach dem Begriff des Rechts immanent.[16]

Grundlage sind die in der Rechtstheorie herrschenden *wirksamkeits*orientierten Rechtsdefinitionen, welche die Garantie der Verwirklichung der Normbefehle im Wege der Androhung physischen oder psychischen Zwangs und ein Mindestmaß an sozialer Wirksamkeit dieser Androhung als wenn schon nicht einziges, so doch unverzichtbares Merkmal einer Rechtsordnung in Abgren-

---

[15] Vgl. hierzu *O. Kimminich*, Einführung in das Völkerrecht, 51.

[16] *R. Dreier*, Der Begriff des Rechts, 116; *R. Zippelius*, Allgemeine Staatslehre, § 1, IV 2; auch *H. Frohn*, Rechtliches Gehör und richterliche Entscheidung, 19: Effektivität sei ein allen Rechtsnormen innewohnendes, funktionsnotwendiges Merkmal, insofern die Rechtsnorm auf die Bewirkung von Änderungen in einer außernormativen Umwelt gerichtet sei.

zung zu anderen Normenordnungen begreifen.[17] Neben den Normensystemen im ganzen können auch *Einzelnormen* unter dem Effizienzkriterium auf ihre Geltung hin überprüft werden. Rechtsprechung und Lehre gehen hier neue Wege, indem sie ineffektive oder gar auf Ineffektivität hin berechnete („symbolische") Normen nicht unmittelbar auf ihre tatsächliche Wirksamkeit hin überprüfen, sondern diese Wirksamkeit als Kriterium der *Verfassungs*gemäßheit einer Norm am Maßstab des Gleichheitssatzes heranziehen.[18]

(2) Von der geltungstheoretischen ist die *instrumentelle* Analyse des Rechts unter dem Gesichtspunkt seiner sozialen Wirksamkeit zu unterscheiden, wie sie namentlich in der jüngeren Diskussion um die Steuerungsfähigkeit des Rechts anzutreffen ist. Die Wirkungs- und Steuerungskraft eines Gesetzes wird hier mit Blick auf seine Eignung zur Verwirklichung des jeweiligen Normprogramms oder der dahinterstehenden politischen Zielsetzungen beobachtet. Die zugrundeliegenden Annahmen der Steuerungsfähigkeit von Menschen durch Rechtsnormen haben allerdings mit der zunehmenden Umstellung der Wirklichkeitsbeschreibung auf systemtheoretische Modelle eine Relativierung erfahren. Für die auf dieser Basis operierende „Steuerungsdiskussion" stellt sich die Frage der sozialen Wirksamkeit des Rechts als Frage nach seinen Einflußmöglichkeiten auf andere operativ geschlossene Kommunikationssysteme.[19]

In beiden Bedeutungen ist der Effektivitätsbegriff gegenüber dem Normgehalt selbst neutral. „Effektiver Rechtsschutz" würde in diesem Sinne nicht mehr als zwei Selbstverständlichkeiten bezeichnen, nämlich zum einen die Geltung des Art. 19 Abs. 4 GG im Sinne seiner sozialen Durchsetzbarkeit, zum anderen die wirklichkeitssteuernde Funktion dieser Norm. Eigenständige rechtliche Vorgaben für den Umfang des durch Art. 19 Abs. 4 GG zu gewährleistenden Rechtsschutzes, namentlich für das Verfahren der Sachverhaltsermittlung, ließen sich dagegen nicht ableiten.

---

[17] Klassischer Fall eines rein wirksamkeitsorientierten Rechtsbegriffs bei *M. Weber*, Wirtschaft und Gesellschaft, 24; einer Kombination von setzungs- und wirksamkeitsorientierter Begriffsbildung bei *H. Kelsen*, Reine Rechtslehre, 45ff., 219, der Recht als normative *Zwangs*ordnung definiert, was eine „im großen und ganzen wirksame Verfassung" als Geltungsbedingung einschließt. Zur Unterscheidung von setzungs- und wirksamkeitsorientierten Rechtsbegriffen *R. Dreier*, Der Begriff des Rechts, 96ff.

[18] Insbesondere *BVerfGE* 84, 239 – Zinsbesteuerung, wo eine der Sache nach verfassungsrechtlich unangreifbare Regelung wegen eines eklatanten Vollzugsdefizits für verfassungswidrig erklärt wurde, da damit der allgemeine Gleichheitssatz verletzt werde. Hierzu *B.-O. Bryde*, Die Effektivität von Recht als Rechtsproblem, insb. 6, zum rechtssoziologischen Effektivitätsbegriff 7ff., zur Abgrenzung effektiver und „symbolischer" Normen 12ff.

[19] Zu den zugrundeliegenden Modellannahmen im Überblick *G. Teubner/H. Willke*, in: ZfRSoz 1984, 4ff.; jüngst (und kritisch) *O. Lepsius*, Steuerungsdiskussion, 35ff.

bb) Materielles Grundrechtsgebot?

Weiterhin zieht die Rechtsprechung den Begriff der Effektivität heran, um die Ableitung von Verfahrensgarantien aus den Grundrechten selbst zu begründen. In der Entscheidung des BVerfG über die Zulässigkeit einer Legalenteignung nach dem Hamburgischen Deichordnungsgesetz hieß es, der effektive, den Bestand des Eigentums sichernde Rechtsschutz sei „ein wesentliches Element des Grundrechts selbst".[20] Später urteilte das Gericht, der grundrechtliche Anspruch auf effektiven Rechtsschutz verlange, daß die Gerichte im jeweiligen Verfahren der normativen Geltung der Grundrechte *tatsächliche Wirksamkeit* verschaffen müßten.[21]

Seit 1979 ist dieser Gedanke in breiter Linie auf das administrative Verfahren übertragen worden. Seither sind etwa das Asylverfahren, berufsqualifizierende Prüfungsverfahren oder die atomrechtliche Genehmigung auf ihre Funktion für die Grundrechtsverwirklichung hin überprüft worden.[22] Mit Blick auf die Einwirkung des Asylrechts auf das Auslieferungsverfahren betonte das BVerfG die verfassungsrechtliche Pflicht, in der Verfahrensgestaltung auf einen „bestmöglichen Schutz des Grundrechts des Beschwerdeführers" hinzuwirken.[23] Später fand der Erste Senat die Formulierung, das Verfahrensrecht müsse den „effektiven Grundrechtsschutz" der Verfahrensbeteiligten sicherstellen.[24] Die Grundrechte beeinflußten, hieß es für Art. 12 GG mit Blick auf das Prüfungsverfahren, nicht nur das materielle Recht, sondern auch das Verfahrensrecht, soweit dieses für einen effektiven Grundrechtsschutz Bedeutung habe.[25] In der Literatur hat diese Verknüpfung – um nur ein prominentes Beispiel zu nennen – seinen Nie-

---

[20] *BVerfGE* 24, 367, 401 – Hamburgisches Deichordnungsgesetz. Hierzu im Zusammenhang mit der prozeßrechtlichen Dimension der materiellen Grundrechte *H. Bethge*, NJW 1982, 1, 5.

[21] *BVerfGE* 49, 252 (257).

[22] Vgl. aus der Rsp. zu Art 14. Abs. 1 GG *BVerfGE* 46, 325 (334); 49, 220 (225); zum Gebot fairer Verfahrensführung im Strafprozeß *BVerfGE* 46, 202 (210); zu Art 2 Abs. 2 GG *BVerfGE* 51, 324 (346f.); *BVerfG* vom 3. Oktober 1979, NJW 1979, 2607; zu Art 12 Abs. 1 GG *BVerfGE* 37, 67 (77) – prozeßunfähiger Anwalt; *BVerfGE* 39, 276 (294) – Passivlegitimation für Zulassungsklagen; *BVerfGE* 41, 251 (265) – schulrechtliche Ordnungsmaßnahmen; *BVerfGE* 44, 105 (119ff.); 45, 422 (430ff.); 48, 292 (296f.) – vorläufige Berufsverbote und Amtsenthebungen; *BVerfGE* 50, 16 (30) – Anfechtbarkeit von Mißbilligungen). Vgl. zu der damit angesprochenen vielschichtigen Problematik hier nur *E. Schmidt-Aßmann*, HdbStR III, § 70, Rn. 60ff.; *E. Denninger*, HdbStR V, § 113, insb. Rn. 19ff.

[23] *BVerfGE* 52, 391 (408); zur Verwiesenheit des Asylrechts auf ein organisations- und verfahrensrechtliches Instrumentarium im hiesigen Zusammenhang nur *H. Bethge*, NJW 1982, 1, 5.

[24] *BVerfGE* 63, 131 (143). Noch deutlicher in einzelnen Sondervoten, vgl. *Rupp-von-Brünneck/Simon*, BVerfGE 35, 79 (148ff., 154): Die soziale und freiheitliche Demokratie müsse „positiv die Voraussetzungen für eine effektive Verwirklichung der grundrechtlich geschützten Freiheitsräume durch Teilhabe am öffentlichen Leistungsangebot" schaffen; ausfürlich zur Entwicklung *Simon/Heußner*, BVerfGE 53, 30 (70, 75), die dem Verfahrensrecht die Aufgabe bestmöglichen Grundrechtsschutzes zuschreiben.

[25] *BVerfGE* 84, 34 (45f.).

derschlag in der These *Konrad Hesses* gefunden, daß sich Organisation und Verfahren oft als das einzige Mittel erwiesen, ein „grundrechtsgemäßes Ergebnis herbeizuführen und damit Grundrechte ... wirksam zu sichern".[26]

Zwar hat das Gericht den Grundsatz effektiven Rechtsschutzes vor den *Gerichten* später wieder auf Art. 19 Abs. 4 GG zurückgeführt, um – so das Argument – die Auflösung der allgemeinen gerichtlichen Verfahrensordnungen in ein „aktionenrechtliches Verfahrensgeflecht" zu vermeiden.[27] Gleichwohl wird bis in die jüngere Rechtsprechung hinein die Gewähr effektiven Rechtsschutzes in funktionalen Zusammenhang mit der Gewähr materieller Grundrechtsgehalte gesetzt. Der Gewährleistungsgehalt der Grundrechte bedeute, so eine jüngere Kammerentscheidung, daß die Gerichte im jeweiligen Verfahren den Grundrechten tatsächliche Wirksamkeit verschaffen müßten, wobei dem Verfahrensrecht eine wesentliche Rolle zukomme.[28]

Eine eigenständige Bedeutung gewinnt der Topos der Effektivität jedoch auch in diesem Zusammenhang nicht. Die mit der zitierten Rechtsprechung aufgeworfene Frage ist vielmehr die nach dem *Gewährleistungsgehalt* der materiellen Grundrechte – nämlich, ob ihnen ein Anspruch des Bürgers gegen das Gericht auf eine materiell-rechtlich richtige, so verstanden grundrechtsschützende Entscheidung zu entnehmen ist, oder ob dies allein eine Frage des Art. 19 Abs. 4 GG und der von ihm in Bezug genommenen rechtsstaatlichen Gewährleistungen darstellt. Hierauf ist sogleich zurückzukommen.[29] Festzuhalten bleibt vorerst, daß der Begriff der „Effektivität" auch in dieser Argumentation nicht auf den Gehalt der jeweiligen Grundrechtsnorm selbst zielt, sondern auf dessen Wirksamkeit in der Lebenswirklichkeit.

cc) Auslegungsgesichtspunkt?

Weiterhin spielt der Topos der Effektivität eine Rolle als *Auslegungsgesichtspunkt* materieller Grundrechte. Anders als in den vorgenannten Bedeutungen, die nur auf eine Relation zwischen Normgehalt und sozialer Wirklichkeit zielten, wirkt der Effektivitätsbegriff in dieser Argumentation auf den *Normgehalt* selbst zurück.

So urteilte das BVerfG in einer frühen Entscheidung zu Art. 6 GG, bei der Ermittlung des Sinngehalts von Grundrechtsnormen sei „derjenigen Auslegung der Vorzug zu geben, ‚die die juristische Wirkungskraft der betreffenden Norm

[26] *K. Hesse*, EuGRZ 1978, 427, 434f.

[27] *BVerfGE* 60, 253 (297); vgl. oben, Kap. 2, I 4 d.

[28] *BVerfG*, 1 BvR 1053/93 v. 19.7. 2000, Abs. 13, http://www.bverfg.de/; noch weitergehend das Sondervotum der Richterin *Limbach* und des Richters *Böckenförde* zu BVerfGE 94, 166 (223ff.): solche Effektivitätsgewähr wohne jedem auf Schutz subjektiver Rechte zielenden Rechtsbehelf aus sich heraus inne (225f.).

[29] Abschnitt 2. c) bb).

am stärksten entfaltet' (Thoma)". Das Grundrecht des Art. 6 GG statuiere daher eine verbindliche Wertentscheidung für den gesamten Bereich des privaten wie öffentlichen Rechts, soweit Ehe und Familie betroffen seien.[30] Auch für Art. 13 GG wurde auf die Formel *Richard Thomas* zurückgegriffen, um die Einbeziehung von Arbeits- und Geschäftsräumen in den Leitbegriff der „Wohnung" zu rechtfertigen.[31] In der ersten Entscheidung zum Schwangerschaftsabbruch wurde die weite Auslegung des Art. 2 Abs. 2 Satz 1 GG, wonach sich dessen Schutz auch auf das knospende Leben erstreckt, unter Berufung auf die vorgenannten Urteile als Ausdruck des Gebots maximaler Entfaltung der „juristischen Wirkungskraft" gerechtfertigt.[32]

Die in Bezug genommene Passage bei *Thoma* ist allerdings nicht geeignet, die Auslegungsmaxime der Grundrechtseffektivität zu stützen. Zwar hieß es dort, die Rechtswissenschaft habe von mehreren, mit Wortlaut, Dogmen- und Entstehungsgeschichte zu vereinbarenden Auslegungen einer Grundrechtsnorm derjenigen den Vorzug zu geben, welche „die juristische Wirkungskraft der betreffenden Norm am stärksten entfaltet".[33] Die Ausführungen bezogen sich jedoch nicht auf den materiellen Gewährleistungsgehalt der Grundrechte, sondern lediglich auf die Alternative „Programmsatz" oder „bindender Rechtssatz".[34] Auch in dieser Beschränkung auf die Normcharakteristik anfechtbar genug, sollte die Auslegungsregel auch *Thoma* zufolge keine Schlüsse auf den speziellen Inhalt einer bestimmten Grundrechtsnorm zulassen.[35]

Auch unabhängig von dieser unrichtigen Bezugnahme ist die Auslegungsregel der Effektivität früh auf Kritik gestoßen. Dabei hob die Literatur vor allem die Inhaltsleere, aber auch die mangelnde normative Verankerung eines derartigen Effektuierungsgebotes hervor. Für ein grundgesetzimmanentes Gebot extensiver Auslegung im Sinne einer „allgemeinen Rechtsgewinnungsregel verfassungsrechtlicher Provenienz"[36] bestehe kein rechtlicher Anhalt.[37] Zudem sei der

---

30 *BVerfGE* 6, 55 (72).

31 *BVerfGE* 32, 54 (71).

32 *BVerfGE* 39, 1 (38). An anderer Stelle wird die Formel vom effektiven Grundrechtsschutz ohne erkennbaren argumentativen Eigengehalt im Rahmen der Schutzbereichsbestimmung verwendet; so *BVerfGE* 80, 244 (253) – Vereinsverbot.

33 *R. Thoma*, Die juristische Bedeutung der grundrechtlichen Sätze der Deutschen Reichsverfassung, 9.

34 *H.-W. Arndt*, Praktikabilität und Effizienz, 118; *H. Ehmke*, in: VVdStRL 20 (1963), 53, 86; *C. G. Pestalozza*, Der Staat 1963, 425, 443f.; neuerdings *P. Lerche* , FS Stern (1997), 197, 200.

35 *R. Thoma*, Die juristische Bedeutung der grundrechtlichen Sätze der Deutschen Reichsverfassung, 13.

36 So die kritische Kennzeichnung bei *P. Lerche* , FS Stern (1997), 197, 200.

37 *H. Ehmke*, in: VVdStRL 20 (1963), 53, 86; vgl. auch ebd. die Ausführungen zum Auslegungsgrundsatz „In dubio pro libertate": „Im Zweifel" gelte weder die freiheitlichere noch die unfreiheitlichere, sondern nur die richtige Regelung (ebd., 87, unter Berufung auf *Keller*); ebenso *C. G. Pestalozza*, Der Staat 1963, 425, 443ff., 447; *H.-W. Arndt*, Praktikabilität und Effizienz, 118ff.; *F. Müller*, Juristische Methodenlehre, 222f.

Begriff, so eine weitere Stimme, für sich genommen inhaltslos, da er einen normativen Zweck voraussetze, der in der Formel von der Effektivität selbst gerade nicht enthalten sei.[38]

c) *Effektivität als Relationsbegriff*

Diese Kritik verdient Zustimmung. Jeder Norm eignet, als Teil einer Zwangsordnung menschlichen Verhaltens, ein auf Erwirkung normgemäßen Verhaltens gerichtetes Moment. So verstanden strebt jede Norm nach Effektivität. Dieses normimmanente Effektuierungsstreben wirkt jedoch nicht auf den Normgehalt selbst zurück. Der Norminhalt ist nicht Gegenstand, sondern Maßstab der Effektuierung.[39] Die Rückkoppelung des normimmanenten Effektuierungsstreben an den Normgehalt selbst würde dagegen zur Übersteuerung und damit zum Verlust jeder Kontur des jeweiligen Tatbestandes führen.

aa) Die Eigenart zahlreicher, nicht nur verfassungsrechtlicher Rechtsbegriffe, lediglich prinzipielle Gebote aufzustellen, die zudem der inhaltlichen Konkretisierung bedürfen, steht diesem formalen Begriff der Normeffektivität nicht entgegen.

Prinzipien gebieten die graduelle Verwirklichung eines Zieles oder Wertes im Rahmen der rechtlichen und tatsächlichen Möglichkeiten.[40] Die dem Prinzipienbegriff inhärente Beziehung zwischen der Realisierung eines Rechtswertes und den tatsächlichen Möglichkeiten könnte zu dem Mißverständnis führen, hier sei das dem Begriff der Norm immanente Effektuierungsstreben in der soeben kritisierten Weise an die Bestimmung des Normgehalts selbst rückgekoppelt. Auf den zweiten Blick zeigt sich indes, daß der Normgehalt des Prinzips durch die tatsächlichen Möglichkeiten gerade *beschränkt* wird, die tatsächlichen Möglichkeiten also als begrenzender Maßstab, nicht ihrerseits als Gegenstand des prinzipiellen Sollens erscheinen.

Auch im Falle *unbestimmter Rechtsbegriffe*, deren Verwirklichung der normativen Auffächerung und Konkretisierung bedarf, hat der Effektivitätsbegriff keinen eigenständigen argumentativen Stellenwert.[41] Zwar ist es kaum möglich, etwa die Verwirklichungsbedingungen der Rechtswegeröffnung des Art. 19 Abs. 4 GG näher zu bestimmen, träten nicht zahlreiche Konkretisierungen und Verweisungen (Rechtsweg als Weg zu einem Gericht, dessen Organisation und

---

[38] *H.-W. Arndt*, Praktikabilität und Effizienz, 139.

[39] Vgl. *H.H. Klein*, Bundesverfassungsgericht und Staatsraison, 25.

[40] Vgl. oben, Abschnitt I.3. m.w.N.

[41] So auch *D. Lorenz*, Der Rechtsschutz des Bürgers und die Rechtsweggarantie, 150: Es könnten mit Hilfe des Effektivitätsgrundsatzes keine zusätzlichen, in der Verfassungsgarantie noch nicht enthaltenen Aussagen gewonnen werden; ausführlich *T.A. Haag*, Effektiver Rechtsschutz, 11.

Verfahren etc.) hinzu, die erst in ihrem konzertierten Zusammenwirken den Normgehalt dieses Verfassungsgebots ausmachen. Die Konkretisierung derartiger Begriffe ist jedoch Arbeit am *Tatbestand* der Norm, nicht an seiner Durchsetzung. Für eine allgemeine Interpretationsmaxime der „Effektivität" bei der Konkretisierung und Auffächerung von Verfassungsprinzipien fehlt es an methodischen wie rechtlichen Gründen. So ist es eine Frage des Grundrechtstatbestandes und nicht eines allgemeinen Effektuierungsgebots, ob ein Grundrecht Anforderungen an das Verwaltungs- oder das Gerichtsverfahren adressiert. Daß namentlich das Verwaltungsverfahren zu den Verwirklichungsbedingungen der Grundrechte zählen kann, liegt auf der Hand.[42] Ob sich hieraus konkrete Verfahrensanforderungen ergeben, ist jedoch eine Frage der von allgemeinen Grundrechtslehren geleiteten Normauslegung, die der Vorschaltung eines Effektuierungsgebots weder bedarf noch sie erlaubt. Die Alternative, Effektivität synonym für Normkonkretisierung zu setzen, sollte um der Begriffsklarheit willen vermieden werden.

bb) Das Ergebnis zum juristischen Gehalt des Effektivitätsbegriffs ist ernüchternd. Wird Effektivität als Gebot der *Normwirksamkeit* verstanden, ist sie für die Normauslegung redundant. Eigenständige Normgehalte können auf diese Weise nicht gefunden werden. Wird dem Begriff ein Gebot bestmöglicher, optimaler oder maximaler *Entfaltung von Normen* entnommen, handelt es sich um eine methodisch wie verfassungsdogmatisch haltlose Interpretationsmaxime, die notwendigerweise zu Auslegungsfehlern führt.[43]

Im Ergebnis handelt es sich beim materiell verstandenen Effektuierungsgebot damit um eine *Leerformel*, die – wie *Dieter Lorenz* für den Begriff des effektiven Rechtsschutzes feststellt – „mit beliebigen Inhalten aufgefüllt werden kann."[44] Zu Recht weist *Lorenz* auf die ungelösten dogmatischen Probleme hin, die aus den Versuchen folgen, prozeßrechtliche Institutionen und Verfahrensweisen methodisch einwandfrei auf den Begriff des effektiven Rechtsschutzes zurückzuführen. Die Ursache hierfür liegt in eben jener Inhaltsleere, die den Begriff der Normeffektivität im allgemeinen kennzeichnet. Für die Ermittlung des Tatbestandes einer Norm vermag der Effektivitätsbegriff keine methodisch gesicherten oder auch nur vertretbaren Erkenntnisse zu erbringen. Namentlich für ein Verfassungsgebot des Untersuchungsgrundsatzes gibt der Effektivitätsbegriff allein nichts her.

---

[42] Als Beispiel: Wissenschaftsfreiheit bedarf staatlicher Maßnahmen „auch organisatorischer Art, die zum Schutz seines grundrechtlich gesicherten Freiheitsraums unerläßlich sind, weil sie ... freie wissenschaftliche Betätigung überhaupt erst ermöglichen"; *BVerfGE* 35, 79 (116).

[43] Vgl. für Art. 19 Abs. 4 GG *D. Lorenz*, FS Menger (1985), 143, 152, 155.

[44] *D. Lorenz*, AöR 105 (1980), 623, 637.

2. *Rechtsschutz*

Effektivität als Relationsbegriff läßt keinen Schluß auf den Normgehalt zu, sondern bezieht sich allein auf dessen tatsächliche Realisierung. Zur Bestimmung des Gewährleistungsgehalts „effektiven Rechtsschutzes" kommt es sonach auf den Begriff des Rechtsschutzes selbst an. Literatur und Rechtsprechung knüpfen mit diesem Leitbegriff an den „Rechtsschutzanspruch" der Prozeßtheorie des 19. Jahrhunderts an, der als vorprozessualer Anspruch der Parteien auf eine der materiellen und prozessualen Rechtslage entsprechenden Entscheidung verstanden wurde.[45] Häufig handelt es sich hierbei lediglich um eine rein terminologische Referenz. Wird darüber hinaus auch der inhaltliche Grundgedanke des Rechtsschutzanspruchs aufgegriffen, fehlt es zumeist an dem entsprechenden prozeßtheoretischen Problembewußtsein. So heißt es zu Art. 19 Abs. 4 GG, die Vorschrift eröffne nicht nur den Rechtsweg, sondern garantiere „effektiven Rechtsschutz im Sinne der Sicherstellung einer tatsächlichen Durchsetzung des *materiellen* Rechts."[46] Auf der gleichen Linie liegt es, wenn als Bedingung effektiven Rechtsschutzes formuliert wird, daß „das Ergebnis des Verfahrens die materiellen Rechte des jeweils betroffenen Grundrechtsträgers wahrt."[47]

Der Schritt von einem derartigen, an das Gericht adressierten Rechtsschutzanspruch zum Gebot der richterlichen Fürsorge für das streitbefangene subjektive Recht des Bürgers ist nicht weit.[48] Die prominente Bedeutung des Rechtsschutzes für die verfassungsrechtliche Herleitung des Untersuchungsgrundsatzes ruht gerade auf dieser Denkfigur. Gegen sie spricht indes, daß das Grundgesetz in Art. 19 Abs. 4 GG lediglich einen *Justizgewährungsanspruch* normiert, der sich als „formelles subjektiv-öffentliches Recht"[49] darauf beschränkt, dem Bürger im Falle der Verletzung subjektiv-öffentlicher Rechte die neutrale Streitentscheidung in einem gerichtliche Verfahren zu garantieren.[50] Der Justizge-

---

[45] *M. Vollkommer*, GS Bruns (1980), 195, 198; *P. Mes*, Der Rechtsschutzanspruch, 19; *O. Jauernig*, Zivilprozeßrecht, 137.

[46] *D. Lorenz*, Der Rechtsschutz des Bürgers und die Rechtsweggarantie, 277.

[47] *R. Alexy*, Theorie der Grundrechte, 444.

[48] Vgl. *V. Buermeyer*, Rechtsschutzgarantie und Gerichtsverfahrensrecht, 66: Unter Berücksichtigung der dem Art. 19 Abs. 4 GG immanenten Teilhabeansprüche erwachse „dem Verletzten daher aus diesem Grundrecht in Verbindung mit dem Sozialstaatsgebot ein Recht auf solche staatlichen Maßnahmen auch prozessualer Art, die zur Verwirklichung des Rechtsschutzanspruchs erforderlich sind."

[49] *E. Schumann*, in: Stein/Jonas, ZPO, Einl., Rn. 212; für den Justizanspruch im allgemeinen *M. Vollkommer*, GS Bruns (1980), 195, 197; *S. Detterbeck*, Streitgegenstand und Entscheidungswirkungen, 28.

[50] Insoweit *BVerfGE* 54, 277 (292) für die Gerichtsbarkeit im allgemeinen; vgl. *E. Schmidt-Aßmann*, in: HdbStR I, § 24, Rn. 71; *H.-J. Papier*, HdbStR VI, § 154, Rn. 16; *E. Schumann*, in: Stein/Jonas, ZPO, Einl., Rn. 211; *S. Detterbeck*, AcP 192 (1992), 325, 327; *ders.*, Streitgegenstand und Entscheidungswirkungen, 28.

währungsanspruch bezieht sich damit gerade nicht auf die Verwirklichung des streitbefangenen materiellen Rechts selbst. Eines derartigen Bezuges bedürfte es jedoch, um den Untersuchungsgrundsatz unter dem Aspekt des Rechtsschutzes verfassungsrechtlich zu begründen. Die Garantie des Gerichtsverfahrens selbst umfaßt, wie anhand des verfassungsrechtlichen Begriffs der Rechtsprechung zu zeigen war, keine unmittelbare Option zugunsten des Untersuchungsgrundsatzes.

Der Rechtsschutzanspruch war und ist eine höchst umstrittene Figur der allgemeinen Prozeßtheorie, die in der heutigen Dogmatik des Zivilprozesses weithin auf Ablehnung stößt. Ein Blick auf die Diskussion um den Rechtsschutzanspruch offenbart die Probleme, die sich hinter den heutigen, prozeßtheoretisch unkritischen Anknüpfungen an dieses Institut im Zusammenhang mit Art. 19 Abs. 4 GG verbergen (a). Angesichts dieser Probleme hätte es einer eindeutigen verfassungsrechtlichen Normierung des Rechtsschutzanspruchs bedurft, die in dieser Vorschrift nicht zu erkennen ist (b). Gleiches gilt für den Rückgriff auf die materiellen Grundrechte, wo die Idee des Rechtsschutzanspruchs in eine dogmatisch unglückliche Legierung mit verfahrensgerichteten Grundrechtsgewährleistungen geführt wurde (c).

a) Zur Diskussion um den Rechtsschutzanspruch

Der Begriff des Rechtsschutzanspruchs wurde von *Adolf Wach* geprägt. *Wach* zufolge handelte es sich dabei um einen bereits vorprozessual bestehenden Anspruch des Klägers gegen den Staat in Gestalt des Richters einerseits, gegen den Beklagten andererseits. Gegenüber dem Staat richtete sich der Anspruch auf den Erlaß einer günstigen Entscheidung nach Maßgabe der materiellrechtlichen und prozessualen Lage. Der Beklagte sollte der Pflicht unterliegen, die entsprechenden Rechtshandlungen des Klägers zu dulden.[51]

Die Begriffsprägung *Wach*s läßt sich – in der Diktion *Wolfram Henckel*s – verstehen als „Wiederherstellung der Einheit des actio-Begriffes wenigstens für den Bereich des Prozeßrechts unter Berücksichtigung moderner Erkenntnisse über die Abgrenzung von privatem und öffentlichem Recht."[52] Sie bildete zeitweise den maßgeblichen Streitpunkt im Rahmen jener epochalen Fortentwick-

---

[51] *A. Wach*, Handbuch Bd. 1, 19ff.; *ders.*, ZZP 32 (1904), 1ff. Zur Entwicklung *E. Schumann*, in: Stein/Jonas, ZPO, Einl., Rn. 214ff.; *W. Henckel*, Parteilehre und Streitgegenstand im Zivilprozeß, 25ff., 32ff.; *B. Rimmelspacher*, Zur Prüfung von Amts wegen im Zivilprozeß, 87ff.; *W. Simshäuser*, Zur Entwicklung, 109ff., 116ff.; *J. Schaper*, Studien zur Theorie und Soziologie des gerichtlichen Verfahrens, 39ff.; *O. Vossius*, Zu den dogmengeschichtlichen Grundlagen der Rechtsschutzlehre; *P. Mes*, Der Rechtsschutzanspruch, 27ff.

[52] *W. Henckel*, Parteilehre und Streitgegenstand im Zivilprozeß, 25; zustimmend *J. Schaper*, Studien zur Theorie und Soziologie des gerichtlichen Verfahrens, 44.

lungen der Prozeßtheorie, in deren Folge sich die Differenzierung von materiell-rechtlichem Anspruch und Klagbarkeit, von Zivilrecht und Prozeßrecht im allgemeinen, die Konzeption eines eigenen Prozeßrechtsverhältnisses und dessen Einordnung in den öffentlich-rechtlichen Normenkomplex im besonderen durchsetzten.

aa) Entwicklung

Die gemeinrechtliche Lehre, die an das römisch-rechtliche Verständnis der actio anknüpfte, hatte bekanntermaßen das Recht, Klage zu erheben und ein Urteil zu erlangen, als eine Eigenschaft des materiellen Rechts selbst angesehen. Das subjektive Recht mutierte danach im Akt seiner Verletzung zum Klagrecht, zur actio als Recht „im Zustand der Verteidigung".[53] Nachdem *Windscheid* begonnen hatte, die gerichtliche Klagbarkeit vom materiellen Anspruch begrifflich zu differenzieren, lag die gänzliche Abstrahierung des Zugangs zum Gericht von der materiellen Rechtslage nahe, wie sie *Degenkolb* einleitete. Maßgeblich hierfür war die Einsicht, daß die materielle Rechtslage bis zur abschließenden gerichtlichen Entscheidung lediglich *hypothetischen Charakter* aufweise. Auf der Basis materiell-rechtlicher Hypothesenbildung könne, so *Degenkolb*, nicht das reale Recht erwachsen, ein Verfahren anzustrengen und die Gegenpartei vor Gericht zu ziehen. An die Stelle der actio trat als Folge dieser Erkenntnis ein abstraktes, grundsätzlich von jeder materiellen Voraussetzung gelöstes *Recht auf Prozeß und Urteil*.[54] Vor dem Hintergrund der öffentlich-rechtlichen Begriffsbildung gelang es, diesen abstrakten, staatsgerichteten Anspruch als subjektiv-öffentliches Recht zu konzipieren und in ein eigenständiges Prozeßrechtsverhältnis (*Bülow*) einzubetten, das ebenfalls öffentlich-rechtlich verstanden wurde.

Der bisher unkritische Zusammenhang zwischen privatrechtlicher Rechtsordnung und Rechts*schutz*ordnung wurde mit der Ablösung des aktionenrechtlichen Denkens zum Problem,[55] da sich die Frage stellte, auf welchem Tatbestand das subjektiv-öffentliche Klagrecht selbst beruhen sollte. Da die Begründetheit konkurrierender Rechts- und Tatsachenbehauptungen eine Frage des Prozesses selbst, der Prozeßausgang also ungewiß war, konnte der Prozeßzweck nur in einer *idealen*, aber nicht in einer realen Beziehung zum konkreten,

---

[53] *F. C. v. Savigny*, System Bd. 5, 2f.; ausführlich hierzu *O. Vossius*, Zu den dogmengeschichtlichen Grundlagen der Rechtsschutzlehre, 42ff.; zuletzt zur Geschichte des Rechtsschutzanspruchs im Überblick *M. Tonne*, Effektiver Rechtsschutz durch staatliche Gerichte als Forderung des europäischen Gemeinschaftsrechts, 36ff.

[54] *H. Degenkolb*, Einlassungszwang und Urteilsnorm, 27; zu den prozeßtheoretischen Grundlagen auch ebd., 9ff. Vgl. hierzu insb. *O. Vossius*, Zu den dogmengeschichtlichen Grundlagen der Rechtsschutzlehre, 141; kritisch namentlich *J. Binder*, Prozeß und Recht, 128.

[55] Deutlich abzulesen bei *H. Degenkolb*, Einlassungszwang und Urteilsnorm, 9f.

streitbefangenen materiellen Recht stehen.[56] *Degenkolb* zufolge mußte diese ideale Beziehung hinter möglichen realen Zweckbegriffen zurücktreten. Als realer Zweck des Prozesses kam für ihn allein der Schutz der materiellen Rechtsordnung als solcher in Betracht,[57] aber nicht der Schutz des streitbefangenen subjektiven Rechts.

Auch *Wach* erkannte als Prozeßzweck zunächst die Wahrung der objektiven Privatrechtsordnung,[58] indem er den Prozeß als „sekundäres Gebilde" qualifizierte, das dazu bestimmt sei, der „Erhaltung und Bewährung des Privatrechts" zu dienen.[59] Allerdings sollte sich diese Funktion gerade auf die Beeinträchtigung *subjektiver* Rechtspositionen beziehen, die in der objektiven Privatrechtsordnung wurzeln.[60] Damit öffnete sich der Weg zu einer liberalen, auf die Rechte des Bürgers bezogenen Zweckbestimmung des Zivilprozesses,[61] die einerseits eine Parallelwertung von materiellem Privatrecht und Zivilprozeß ermöglichte, andererseits einen Rückfall in aktionenrechtliches Denken umging. Ihren dogmatischen Ausdruck fand die gesuchte „Brücke zwischen materiellem Recht und Prozeßrecht"[62] in der Umformung des überkommenen Begriffs der actio zum publizistischen, gegen Beklagten und Staat gewendeten Anspruch auf günstiges Urteil und Duldung der Urteilsfolgen.[63]

Mit der Lehre vom Rechtsschutzanspruch öffnete sich das Prozeßrecht der Beobachtung im Lichte staatstheoretischer und rechtspolitischer Wertungen. Dementsprechend wurde die Lehre *Wachs* seinerzeit als Ausdruck eines liberalen Prozeßverständnisses begrüßt oder abgelehnt.[64] Während die eine Seite die Auflösung der Staatsaufgaben „in eine Reihe von Anspruchserfüllungen" beanstandete,[65] galt der Gegenseite der Rechtsschutzanspruch als Ausdruck einer dem liberalen Rechtsstaat gemäßen Pflichtenstellung des Staates gegenüber dem Bürger.[66] Auch die Wiederbelebung des Rechtsschutzanspruchs für die Interpretation des Art. 19 Abs. 4 GG[67] hatte derartige politische Implikationen. Eine

---

56 *H. Degenkolb*, Einlassungszwang und Urteilsnorm, 12.

57 *O. Vossius*, Zu den dogmengeschichtlichen Grundlagen der Rechtsschutzlehre, 143.

58 Es sei „unrichtig, den Prozesszweck subjektiv zu fassen. Er ist nicht der von dem einzelnen Prozessubjekt und speziell dem Kläger verfolgte Zweck"; *A. Wach*, Handbuch Bd. 1, 158.

59 *A. Wach*, Handbuch Bd. 1, 114.

60 *A. Wach*, Handbuch Bd. 1, 115.

61 Ausführlich zu der politischen Hintergrundmotivation *Wachs O. Vossius*, Zu den dogmengeschichtlichen Grundlagen der Rechtsschutzlehre, 180ff.; im Überblick *M. Tonne*, Effektiver Rechtsschutz durch staatliche Gerichte als Forderung des europäischen Gemeinschaftsrechts, 38f.

62 *O. Vossius*, Zu den dogmengeschichtlichen Grundlagen der Rechtsschutzlehre, 182.

63 *A. Wach*, Handbuch Bd. 1, 19.

64 Hierzu zuletzt *O. Vossius*, Zu den dogmengeschichtlichen Grundlagen der Rechtsschutzlehre, 183ff.

65 *J. Kohler*, Der Prozeß als Rechtsverhältnis, 14.

66 *R. Schmidt*, Lehrbuch des Deutschen Civilprozeßrechts, 19f.

67 In der zivilprozeßrechtlichen Literatur insbesondere *A. Blomeyer*, FS Bötticher (1969),

entsprechende materielle Aufladung der Rechtsweggarantie galt als „essentiale eines liberalen Prozeßrechts“[68], der Rechtsschutzanspruch selbst als „Symbol für das Freiheitspathos und Selbstbewußtsein des Bürgers im liberalen Rechtsstaat.“[69]

bb) Kritik

Dies bedeutet freilich nicht, daß die Kritik des Rechtsschutzanspruchs nur auf dieser Ebene möglich wäre, also zwangsläufig eine Option gegen den liberalen Rechtsstaat voraussetzte. Im Gegenteil sind die wesentlichen Bedenken eher rechtstheoretischer und systematischer Natur.

(1) Aus der verzweigten und facettenreichen Diskussion[70] ragt das Argument *Oskar Bülows* heraus, dem Anspruch auf ein günstiges Urteil stehe entgegen, daß das Gericht erst am Ende des Verfahrens entsprechend der dann bestehenden materiellen und prozessualen Rechtslage ein verbindliches Urteil fällen könne. Erst zu diesem Zeitpunkt könne sich ein Anspruch der Beteiligten auf eine günstige Entscheidung realisieren.[71] Diese bloß hypothetische Möglichkeit der Rechtsentstehung dürfe jedoch nicht mit dem Recht selbst verwechselt werden.[72] Dem angeblichen Rechtsanspruch auf ein günstiges Urteil ermangele es daher an jenem Mindestmaß individueller Bestimmtheit, welches zur Existenz eines wirklichen Rechts unerläßlich sei.[73]

Besonders plausibel ist die Argumentation *Bülows* mit Blick auf die prozessuale Tatsachenermittlung. Das Gericht könne, so *Bülow* in Übereinstimmung

61ff.; *Rudolf Pohle*, in Stein/Jonas, ZPO, 19. Aufl., Einl. E I 3; dagegen namentlich *K.H. Schwab*, ZZP 81 (1968), 412ff. m.w.N.

[68] *O. Vossius*, Zu den dogmengeschichtlichen Grundlagen der Rechtsschutzlehre, 185. Es sei „gewiß kein Zufall, daß gerade in der heutigen Zeit“ der Rechtsschutzanspruch wieder Anhänger gefunden habe, heißt es bei *K.H. Schwab*, ZZP 81 (1968), 412, 415.

[69] Kritisch *W. Henckel*, Vom Gerechtigkeitswert verfahrensrechtlicher Normen, 13.

[70] Im Überblick *J. Schaper*, Studien zur Theorie und Soziologie des gerichtlichen Verfahrens, 39ff.; *P. Mes*, Der Rechtsschutzanspruch, 27ff., 83ff.; *E. Schumann*, in: Stein/Jonas, ZPO, Einl., Rn. 214ff.; *L. Rosenberg/K. Schwab/P. Gottwald*, Zivilprozeßrecht, 13ff.

[71] *O. Bülow*, ZZP 31 (1903), 191ff. Zustimmend *L. Rosenberg/K. Schwab/P. Gottwald*, Zivilprozeßrecht, 15; *J. Binder*, Prozeß und Recht, 165; *R. Stürner*, Die Aufklärungspflicht der Parteien des Zivilprozesses, 31, Anm. 5.

[72] *O. Bülow*, ZZP 31 (1903), 191, 195ff. – Dies hat den Einwand provoziert, *Bülows* Argument führe dazu, daß auch das materielle Recht erst nach Maßgabe des Prozeßtatbestandes entstehe (so *Wach*, ZZP 32, 20, Anm. 6). Teile der Prozeßtheorie sind eben diesen Weg aus nachvollziehbaren Gründen gegangen. Diesen Ansätzen ist die Annahme gemeinsam, der Zweck des Prozesses liege in der konkreten Gestaltung oder *Kreation* des Rechts („Kreationstheorien“). Hierzu zählen neben *Bülow* selbst etwa *W. Sauer*, Allgemeine Prozeßrechtslehre, 1ff.; *H.-M. Pawlowski*, ZZP 80 (1967), 345ff.; schon *J. Binder*, Prozeß und Recht, 174ff.; hierauf maßgeblich Bezug nehmend *S. Smid*, Rechtsprechung, 135ff.

[73] *O. Bülow*, ZZP 31 (1903), 191, 203.

mit den oben genannten Kriterien eines neutralen Gerichtsverfahrens,[74] sein Urteil ausschließlich „auf Grund und nach Maßgabe der von den Parteien in der Prozeßverhandlung vorgebrachten Tatsachenbehauptungen und der dort erbrachten Beweise" fällen.[75] Maßgeblich für die richterliche Entscheidung ist damit, so die Konsequenz dieser Erwägung, keine außerprozessuale Sachlage, sondern allein der nach den Vorschriften der Prozeßordnung gebildete Tatbestand.[76] Die damit bewirkte, um der richterlichen Unabhängigkeit willen unverzichtbare Autonomie des Gerichtsverfahrens selbst schließt es aus, außerprozessuale Aussagen zur Sach- und Rechtslage dem prozessualen Verfahren vorzuordnen. Damit kann es auch keinen außer- oder vorprozessualen Anspruch auf eine materiell-rechtlich richtige Entscheidung des Richters geben. Was als richtig anzuerkennen ist, sagt erst diese Entscheidung selbst.[77]

(2) Ein weiterer wesentlicher Gesichtspunkt, der gegen den Rechtsschutzanspruch im technischen Sinne spricht, ist die richterliche Unabhängigkeit. Der Anspruch könne sich, so dieses Argument, nur gegen den Staat richten, der im konkreten Falle durch das zuständige Gericht vertreten werde. Das Gericht müßte damit nicht nur über das materielle Rechtsverhältnis der Parteien, sondern auch in eigener Sache über den Rechtsschutzanspruch entscheiden.[78] Dies widerspreche dem Begriff der Rechtsprechung, der durch die neutrale, unabhängige Entscheidung *fremder* Angelegenheiten gekennzeichnet sei.[79]

Dagegen wird vorgebracht, in verwaltungsrechtlichen Streitigkeiten entscheide der Staat immer in eigener Sache, da der Rechtsschutz stets durch Staatsorgane, nämlich die staatlichen Gerichte, gewährleistet werde. Die etwaige Parteilichkeit des Staates würde durch die Prinzipien der Gewaltenteilung und die Unabhängigkeit der Gerichte ausgeblendet.[80] Dieses Argument greift indes nicht durch. Die Unabhängigkeit des Richters beruht auf spezifischen konstruktiven Merkmalen des Prozeßrechtsverhältnisses, die durch den Rechts-

---

[74] Abschnitt II, 3. b) bb).

[75] O. *Bülow*, ZZP 31 (1903), 191, 238.

[76] Vgl. O. *Bülow*, ZZP 31 (1903), 191, 241.

[77] Wird dagegen von den Befürwortern des Rechtsschutzanspruchs vorgebracht, der Anspruch ziele nicht auf ein bestimmtes Ziel, sondern nur auf Vornahme einer ganzen Reihe von aufeinanderfolgenden Handlungen im ordnungsgemäßen Prozeßgang (so *Rudolf Pohle* in der 19. Aufl. des Kommentars zur Zivilprozeßordnung von Stein/Jonas, in der Folgeauflage wiedergegeben von *E. Schumann*, Einl., Rn. 216ff., 221; ähnlich das Ergebnis der ausführlichen Auseinandersetzung bei *P. Mes*, Der Rechtsschutzanspruch, 113), dann ist ein sachlicher Unterschied zum Justizgewährungsanspruch nicht mehr zu erkennen. Diese – auch bei *Pohle* ebd., Rn. 220 anklingende – Begriffsverschwimmung zwischen Justizgewährungs- und Rechtsschutzanspruch spricht jedoch nicht für den heuristischen Wert oder gar die dogmatische Begründung des letzteren. Geht es um ein rechtsstaatliches Gerichts*verfahren*, so ist die Bezugnahme auf potentielle oder nicht-evidente materielle Rechtslagen überflüssig und irreführend.

[78] *G. Bechmann*, KritV 1991, 214, 416.

[79] *K.H. Schwab*, ZZP 81 (1968), 412, 421.

[80] *A. Blomeyer*, FS Bötticher (1969), 61, 69; auch *P. Mes*, Der Rechtsschutzanspruch, 116.

schutzanspruch unterlaufen würden. Sie wird dadurch gewährleistet, daß das Gericht am streitigen, materiellen Rechtsverhältnis nicht selbst als Rechtssubjekt, als Vertreter oder als Organ eines solchen beteiligt ist. Träfe die Konstruktion des Rechtsschutzanspruchs zu, dann wäre der Richter selbst „Partei" des Rechtsstreits. Er könnte nicht mehr frei von Eigeninteressen entscheiden, sondern müßte als Sachwalter privater Belange nach Maßgabe einseitiger Parteibehauptungen agieren.

Daß den Richter daneben im *Prozeßrechtsverhältnis* Rechte und Pflichten gegenüber den Beteiligten treffen, deren dogmatische Einheit der Justizgewährungsanspruch ist, steht dieser Argumentation nicht entgegen. Die Wahrnehmung dieser Rechte und Pflichten liegt, anders als die Sachentscheidung selbst, gerade nicht im Schutzbereich der richterlichen Unabhängigkeit.[81] Insofern kann das pflichtgemäße Handeln des Richters seinerseits gerichtlich thematisiert werden – aber in einem anderen Verfahren. Damit mutiert es zum streitigen Verhältnis, das wiederum durch einen unabhängigen Dritten entschieden wird.[82]

b) Art. 19 Abs. 4 GG

Angesichts dieser gravierenden prozeßtheoretischen Antinomien hätte ein verfassungsrechtlicher Rechtsschutzanspruch der ausdrücklichen Normierung bedurft.[83] Art. 19 Abs. 4 GG enthält jedoch keine derartige Bestimmung.[84] Schon ihrem Wortlaut nach beschränkt sich die Vorschrift unzweideutig auf die positive Normierung des Justizgewährungsanspruchs für den Bereich des öffentlichen Rechts. Ihre wesentliche Bedeutung für die Konzeption der Verwaltungsrechtspflege liegt darin, die Verwaltungsgerichte als echte Rechtsprechungsorgane anzusprechen und damit die „Jahrhundertdebatte" um die Ausgestaltung des Rechtsweges in Verwaltungssachen abzuschließen. Sie enthält lediglich eine Rechtsweggarantie, aber kein Recht auf ein günstiges Urteil.[85] Allein *Bettermann* bejahte zu einem frühen Zeitpunkt der Interpretation des Art. 19 Abs. 4 GG – in einer gewissen Unbekümmertheit gegenüber dem pro-

---

81 Vgl. *K.H. Schwab*, ZZP 81 (1968), 412, 417f.

82 Dies verkennt *A. Blomeyer*, FS Bötticher (1969), 61, 69 in seiner Polemik gegen *Schwab.*

83 Im Prozeßrecht und im übrigen einfachen Gesetzesrecht findet sich ohnehin keine Rechtsgrundlage für einen Rechtsschutzanspruch Zutreffend gegen die Herleitung aus § 839 BGB i.V.m. Art. 34 GG *K.H. Schwab*, ZZP 81 (1968), 412, 415.

84 Dies gilt auch für die Justizgrundrechte aus Art. 103 Abs. 1 und Art. 101 Abs. 1 GG. Beide Rechte beziehen sich auf die Justizförmigkeit des Verfahrens und bilden damit materielle Elemente des Justizgewährungsanspruchs, beziehen sich jedoch nicht auf den Inhalt der Entscheidung. Vgl. *P. Mes*, Der Rechtsschutzanspruch, 89f.

85 So auch die Vertreter eines verfassungsrechtlichen Rechtsschutzanspruchs; vgl. *P. Mes*, Der Rechtsschutzanspruch, 90f. m. w. N.

zeßrechtsdogmatischen Erkenntnisstand – einen „prozeßrechtlich umstrittenen, aber ... im Rechtsstaat unerläßlichen" Rechtsschutzanspruch.[86] Soweit ersichtlich, wollte *Bettermann* damit allerdings nur einen Anspruch des Bürgers auf Sachentscheidung als solche begründen, ohne daß dies zu einem Rechtsschutzanspruch im technischen Sinne geführt hätte.

Dagegen verbinden Rechtsprechung und Lehre mit der verbreiteten Kennzeichnung des Art. 19 Abs. 4 GG als „Rechtsschutzgarantie" keinen Anspruch auf materiell-rechtlich richtige Entscheidung. Vielmehr werden damit überwiegend solche Materialisierungen des Justizgewährungsanspruchs zum Ausdruck gebracht, die sich nach der hier entwickelten Konzeption aus dem verfassungsrechtlichen Begriff der Rechtsprechung selbst, den Justizgrundrechten und anderen Verfassungsvorgaben für das Gerichtsverfahren ergeben.[87] Diese materielle Dimension des Art. 19 Abs. 4 GG – Recht auf wirksamen, rechtzeitigen Gerichtsschutz, auf ein faires Verfahren einschließlich Waffengleichheit der Parteien, auf die umfassende tatsächliche und rechtliche Kontrolle des Streitgegenstandes durch den Richter – bleibt hinter einem etwaigen Anspruch auf richtige Entscheidung deutlich zurück.[88] Die Rechtsweggarantie des Art. 19 Abs. 4 GG ist so verstanden zwar eine „materiell-rechtliche Fortsetzung des primär formell-rechtlichen Justizgewährungsanspruchs"[89], aber noch keine Adaption des Rechtsschutzanspruchs im überkommenen Sinne.

Daß die herrschende Rede vom „effektiven Rechtsschutz" zu Mißverständnissen und Grenzüberschreitungen führen kann, liegt auf der Hand.[90] Dies um so mehr, als auch rechtsstaatliche Verfahrensvorgaben wie die Herstellung prozessualer Waffengleichheit unter dem Einfluß des Rechtsschutzdenkens dazu neigen, in einseitige Rechtsfürsorge umzuschlagen.[91] Überdies ist der Begriff des Rechtsschutzes geeignet, das Verhältnis des materiellen öffentlichen Rechts zum Prozeßrecht zu verunklaren. Besonders deutlich wird dies in jenem Ausfluß aktionenrechtlichen Denkens, das aus den materiellen Grundrechten Verfahrensvorgaben für das Prozeßrecht unter dem Rechtsschutzaspekt ableitet.

---

[86] *K.A. Bettermann*, Die Grundrechte, Bd. 3/2, 784; ebenso *ders.*, JBl. 1972, 64: Der Rechtsschutzanspruch bilde ein „essentielles Element des Rechtsstaats und eines der wichtigsten Verbindungsglieder zwischen Staatsrecht und Prozeßrecht."

[87] Vgl. *BVerfGE* 82, 126, 155 („Rechsschutzgarantie"); ebenso 35, 348 (362); 49, 244 (251); 53, 352 (360); kritisch *S. Detterbeck*, Streitgegenstand und Entscheidungswirkungen, 30; vgl. *M. Vollkommer*, GS Bruns (1980), 195, 203.

[88] Entgegen *S. Detterbeck*, Streitgegenstand und Entscheidungswirkungen, 32, der eine Annäherung an den Rechtsschutzanspruch sehen möchte.

[89] Insoweit *S. Detterbeck*, AcP 192 (1992), 325, 335; vgl. auch *M. Vollkommer*, GS Bruns (1980), 195, 203, der die vom *BVerfG* gewählte Terminologie als „in der Sache zutreffend" versteht.

[90] Kritisch zu der zugrundeliegenden Begriffsverwirrung *O. Jauernig*, Zivilprozeßrecht, 137: Mit dem vom BVerfG geforderten Anspruch auf „tatsächlich wirksame gerichtliche Kontrolle" sei nicht der Rechtsschutzanspruch, sondern der Justizgewährungsanspruch gemeint.

[91] Hierzu unten, 3. b).

c) *Materielle Grundrechte*

Diese Erweiterung des Schutzbereichs der materiellen Grundrechte beginnt mit Entscheidungen des BVerfG zur Reichweite der Eigentumsgarantie, die zunächst auf das Gerichtsverfahren, dann auf das Verfahren der aktiven Verwaltung zielten (aa). Während die Argumentation des Gerichts für das Verwaltungsverfahren plausibel ist, stellt sie hinsichtlich des Gerichtsverfahrens eine begriffliche Fehlentwicklung dar. Sie steht nicht nur systematisch in Widerspruch zu Art. 19 Abs. 4 GG (bb), sondern verkennt auch die spezifischen Verfahrensanforderungen, die sich aus dem verfassungsrechtlichen Begriff der Rechtsprechung selbst ergeben. Deren Ausgestaltung als Verfahren neutraler Streitentscheidung verbietet es, das Gericht zum Adressaten des jeweils streitbefangenen Grundrechts zu erklären (cc).

aa) Entwicklung

Die Entfaltung der verfahrensrechtlichen Dimension der Grundrechte vollzog sich in einer Entscheidung des BVerfG zur Reichweite der Eigentumsgarantie aus Art. 14 GG, in welcher das Gerichtsverfahren in deren Gewährleistungsbereich einbezogen wurde.[92] Das Gericht ging davon aus, daß die Regelung des Art. 19 Abs. 4 GG durch einen Anspruch auf effektiven Rechtsschutz ergänzt werde, der unmittelbar aus dem streitbefangenen Grundrecht abzuleiten sei. „Eröffnet die Rechtsweggarantie des Art. 19 Abs. 4 GG", so die Ausgangsentscheidung, „dem Betroffenen den Weg zu einem staatlichen Gericht, das den Grundsätzen der Art. 92 und 97 GG genügen muß, so bedeutet der grundrechtliche Anspruch auf effektiven Rechtsschutz, daß die Gerichte im jeweiligen Verfahren der normativen Geltung der Grundrechte tatsächliche Wirksamkeit verschaffen müssen."[93] Die Gerichte unterlägen der positiven Verpflichtung, die Grundrechte durchzusetzen, wobei dem Verfahrensrecht eine wesentliche Rolle zukomme. Ähnlich hatte *Werner Böhmer* in einem unmittelbar vorangehenden Sondervotum davon gesprochen, daß das Prozeßrecht nicht nur dem Ziel diene, ein geordnetes Verfahren zu sichern, sondern im grundrechtlich relevanten Bereich das Medium darstelle, „im konkreten Fall dem Grundrechtsträger zu seinem verfassungsmäßigen Recht zu verhelfen". Demgemäß sei „bei mehre-

---

[92] *BVerfGE* 49, 252 (257). Ebenso bereits die abweichende Meinung des Richters *W. Böhmer* zu *BVerfGE* 49, 220 (228ff., 243). Vgl. zu Art. 14 GG *BVerfGE* 37, 132 (141, 148); 46, 325 (334); zu Art. 12 Abs. 1 GG *BVerfGE* 39, 276 (294); 44, 105 (119ff.); 45, 422 (430ff.). Zur Entwicklung der Rechtsprechung des Ersten Senats *H.-W. Laubinger*, VerwArch 73 (1982), 60, 64ff.; *D. Dörr*, Faires Verfahren, 131ff.; *J. Held*, Der Grundrechtsbezug des Verwaltungsverfahrens, 71ff.; auch *H. Bethge*, NJW 1982, 1, 5f.

[93] *BVerfGE* 49, 252 (257). Speziell zum „Eigentumsschutz durch Verfahren" *H.-J. Papier*, in: Maunz/Dürig, Grundgesetz, Art. 14, Rn. 43f.

ren Auslegungsmöglichkeiten des Verfahrensrechts diejenige zu wählen, die es dem Gericht ermöglicht, den Grundrechten Wirksamkeit zu verschaffen".[94]

In der Folge wurde dieser Gedanke zum einen auf weitere Grundrechte, zum anderen auf das Verwaltungsverfahren erstreckt. Den Grundrechten wuchs damit eine umfassende Effektivitätsgarantie zu, die sich auf Gestaltung, Auslegung und Anwendung jeglichen Verfahrensrechts bezog.[95] Bei einigen Autoren wurde der von Art. 19 Abs. 4 GG gewährleistete gerichtliche Verfahrensstandard zeitweise gänzlich von der Verfahrensdimension der materiellen Grundrechte überlagert.[96]

bb) Kritik

Die komplementäre Kritik lautete, daß für die Ableitung von Verfahrensstandards aus den materiellen Grundrechten angesichts der Verfahrensgarantie des Art. 19 Abs. 4 GG kein Raum bestehe. Als *Spezialvorschrift* entfalte Art. 19 Abs. 4 GG, so die Argumentation, eine weitgehende Sperrwirkung gegenüber der Verfahrensdimension der materiellen Grundrechte.[97] Ansonsten drohe der bislang einheitliche gerichtliche Verfahrensstandard in grundrechtsspezifische Sonderrechte zu zerfallen. Weiterhin kritisierte die Literatur das zugrundelie-

---

[94] Sondervotum *W. Böhmer* zu BVerfGE 49, 220 (228ff., 243); ähnlich dann *BVerfGE* 49, 252 (257).

[95] Vgl. zur Sachverhaltsermittlung in Asylsachen *M. Nierhaus*, Beweismaß und Beweislast, 260; *F. O. Kopp/R. Schenke*, Verwaltungsgerichtsordnung, § 86, Rn. 1. Die einschlägigen Gerichtsentscheidungen – etwa *BVerfGE* 52, 391 (406ff. m. w. N.); 56, 216 (236); 64, 46 (65), im allgemeinen *BVerfGE* 53, 30 (65) – beziehen sich allerdings nur auf die Normierung des Untersuchungsgrundsatzes im *Verwaltungs*verfahren (hierzu *F. Hufen*, NJW 1982, 2160, 2169). Unabhängig davon, ob die Erforderlichkeit der §§ 24, 26 VwVfG materiell-grundrechtlich geboten ist oder nicht: eine Übertragung dieser Argumentation auf den verwaltungsprozeßrechtlichen Untersuchungsgrundsatz scheidet jedenfalls wegen der prinzipiellen Verschiedenheit des Verwaltungsverfahrens vom Verwaltungsprozeß aus.

[96] *D. Lorenz*, AöR 105 (1980), 623, 638ff., demzufolge als Basis effektiven Rechtsschutzes allein die materiellen Grundrechte fungierten, während die Bedeutung des durch Art. 19 Abs. 4 GG gewährten Verfahrensstandards weithin verblasse; *K. Finkelnburg*, in: FS BVerwG (1978), 169, 170f., der meint, die materiellen Grundrechte seien in die rechtsschutzrelevanten Abwägungen des Prozeßrechts einzustellen. *H. Goerlich*, Grundrechte als Verfahrensgarantien, 320ff., möchte den Gewährleistungsgehalt des Art. 19 Abs. 4 GG auf eine „Grenzfunktion für die Ausgestaltung des Verfahrens" (325, vgl. 328) reduziert sehen; offen für die materiell-rechtliche Fundierung von Verfahrensgarantien ist auch die Rechtsstaatskonzeption *P. Kunigs*, Das Rechtsstaatsprinzip, insb. 380ff.

[97] Die Berufung auf Art. 19 Abs. 4 GG geht freilich fehl, soweit nur Privatpersonen Beteiligte des Rechtsstreits sind, da die Vorschrift hierauf nicht anwendbar ist. Teile der Lit. beschränken die (fraglose) Erstreckung der Grundrechte auf das Prozeßrecht denn auch auf diese Fälle; vgl. etwa *H. Bethge*, NJW 1982, 1, 6. Geht man allerdings mit der hM – zu Recht – auch für zivilrechtliche Streitigkeiten von einem (im allgemeinen Rechtsstaatsprinzip basierten) Justizgewährungsanspruch aus, so ist kein Grund ersichtlich, warum nicht auch dieser Anspruch (wie Art. 19 Abs. 4 GG) gegenüber den materiellen Grundrechten lex specialis sein sollte.

gende *Grundrechtsverständnis*. Dazu hieß es, die leistungs- oder teilhaberechtliche Überfrachtung der Grundrechte habe den Verlust ihrer ursprünglichen Verbindlichkeit und Stringenz als Freiheits- und Abwehrrechte zur Folge.[98]

Aus *prozeßtheoretischer Sicht* kann der weitergehende Einwand formuliert werden, daß die Einbeziehung des Gerichtsverfahrens in den Gewährleistungsgehalt materieller Grundrechte die *Grenzen* zwischen dem materiell-rechtlichen Anspruch und dem Gerichtsverfahren in ähnlicher Weise verwischt, wie es der Rechtsschutzanspruch für den Zivilprozeß zur Folge hatte. Wird die Verfahrensdimension der Grundrechte auf das Gerichtsverfahren erstreckt, dann droht das Prozeßrecht in eine Verwirklichungsfunktion für materielle, präexistent gedachte Rechtspositionen abzurutschen.[99] Das Gericht würde auf diese Weise auf die einseitige Gewährleistung von Rechtsfürsorge zugunsten der potentiell betroffenen Grundrechte des Bürgers festgelegt, obschon deren tatsächliche Berührung oder gar Verletzung erst mit seiner abschließenden Entscheidung verbindlich festgemacht werden kann. Diese Problematik hat das BVerfG in einer späteren Entscheidung – unter terminologischer Anknüpfung an die zivilprozessuale Diskussion – zumindest anklingen lassen, indem es ausführte, daß die Relevanz der materiellen Grundrechte für die Bestimmung des jeweiligen Rechtsschutzstandards nicht dazu führen dürfe, „die allgemeinen gerichtlichen Verfahrensordnungen nach Maßgabe der jeweils in Rede stehenden subjektiven Rechte (einschließlich der Grundrechte) in ein *aktionenrechtliches Verfahrensgeflecht* aufzulösen". Ein „grundrechtsspezifisches Sonderverfahrensrecht", so das Gericht, würde die Klarheit, Berechenbarkeit und Durchschaubarkeit der gewachsenen Prozeßordnungen mindern und damit letztlich auch den Grundrechtsschutz gefährden.[100]

Zwar ist die Beschwörung einer aktionenrechtlichen Umdeutung des Grundrechtsschutzes eher von rhetorisch-illustrativem denn analytischem Gehalt. Von einem im strengen Sinne aktionenrechtlichen System in dem Sinne, mate-

---

[98] *E. Schmidt-Aßmann*, in: Maunz/Dürig, Grundgesetz, Art. 19 Abs. 4, Rn. 23; *ders.*, NVwZ 1983, 1, 3f.; *H.-J. Papier*, HdbStR VI, § 154, Rn. 15; *H.-W. Laubinger*, VerwArch 73 (1982), 60, 83; auch *C. Degenhart*, HdbStR III, § 73, Rn. 10; *H.-W. Arndt*, Praktikabilität und Effizienz, 128; *D. Dörr*, Faires Verfahren, 80. Mit dem Argument der Spezialität des Art. 19 Abs. 4 GG gegenüber den materiellen Grundrechten *H. Bethge*, NJW 1982, 1, 7; ausf. *ders.*, KritV 1990, 9, 15f.; *P.M. Huber*, in: Mangoldt/Klein/Starck, GG, Art. 19 Rn. 375; *J. Mauder*, Der Anspruch auf rechtliches Gehör, 37; *K. Stern*, in: FS Ule (1987), 359, 362; ferner *K. Sobota*, Das Prinzip Rechtsstaat, 212f.; *J. Held*, Der Grundrechtsbezug des Verwaltungsverfahrens, 80.

[99] Sichtbar etwa bei *M. Tonne*, Effektiver Rechtsschutz durch staatliche Gerichte als Forderung des europäischen Gemeinschaftsrechts, 62: Der aus den materiellen Grundrechten abgeleitete Rechtsschutzanspruch stütze sich auf den „intendierten Verwirklichungswillen des Grundrechts und seine Ausstrahlungswirkung auf das Verfahren".

[100] *BVerfGE* 60, 253 (297); Hervorhebung durch mich, M.K. Begriff der „aktionenrechtlichen Sicht der materiellen Grundrechte" bereits bei *H. Bethge*, NJW 1982, 1, 6; auf die Bezüge der einschlägigen Rechtsprechung des BVerfG zum „römisch-rechtlichen Actionendenken" macht auch *H.-W. Arndt*, Praktikabilität und Effizienz, 109, aufmerksam.

rielle Berechtigungen nur nach Maßgabe einer bestimmt und individuell gewährten Klagemöglichkeit anzuerkennen, kann bei der Rückführung von Rechtsschutzstandards auf die materiellen Grundrechte nicht die Rede sein. Gleichwohl birgt die Konstruktion zumindest insoweit die Versuchung *„aktionenrechtlichen Denkens“*, als sie das juristische Interesse an der Grundrechtsverwirklichung vorzugsweise an der prozessualen Durchsetzung dieser Rechte orientiert.[101] An die Stelle des funktionalen Eigenwerts prozeßrechtlicher Normen, die auf Erkenntnis des individuell geltenden Rechts im Einzelfalle gerichtet sind, träte die einseitige Verwirklichung hypothetischer materieller Rechtspositionen.

cc) Gerichtsverfahren

Die verfahrensrechtliche Dimension der Grundrechte entwickelt damit hinsichtlich des Gerichtsverfahrens eine *spezifische Problematik*.[102] Es gehört zu den dogmatisch verhängnisvollsten Entdifferenzierungen der Grundrechtstheorie, daß trotz des konstruktiven Unterschieds zwischen Verwaltungsrechtsverhältnissen von Staat und Bürgern auf der einen, Prozeßrechtsverhältnissen von Beteiligten und Gericht auf der anderen Seite stets von einer *einheitlichen „verfahrensrechtlichen Dimension“ der Grundrechte* die Rede ist.[103] Nur ver-

---

[101] Vgl. zu dieser Differenzierung *F. Wieacker*, Privatrechtsgeschichte der Neuzeit, 187, Fn. 48; in diesem Sinne auf die gerichtliche Durchsetzbarkeit fixiert zuletzt namentlich *M. Ibler*, Rechtspflegender Rechtsschutz im Verwaltungsrecht, 171: „Subjektive Rechte können nicht unabhängig von der Rechtsschutzgarantie ermittelt werden ... Ein materielles Freiheitsrecht, das nicht die Befugnis umfaßte, Eingriffe in die Freiheit vor Gericht abzuwehren, wäre kein Recht, sondern ein Nichts, wenn der Eingriff kommt.“ Gegen eine solche Interpretation – jedenfalls in normlogischer Hinsicht – spricht schon der Wortlaut des Art. 19 Abs. 4 GG; vgl. *R. Schenke*, in: BK, Art. 19 Abs. 4, Rn. 290, der die Notwendigkeit der konzeptuellen Trennung von materiellem Recht und gerichtlicher Durchsetzbarkeit betont. Ferner *H. Frohn*, Rechtliches Gehör und richterliche Entscheidung, 21, zur Problematik der sachgerechten Zuordnung der Begriffselemente „Recht“, „Schutz“ und „Effektivität“ in einer juristischen Begriffswelt, die durch die Differenzierung von materiell-rechtlichem und prozessualem Anspruch gekennzeichnet ist.

[102] Für das Verwaltungsverfahren sind die Probleme bekannt: Materieller Grundrechtsschutz nach der Disposition des einfachen Gesetzgebers auf der einen, Einschränkung des gesetzgeberischen Spielraums durch disparate, potentiell konfligierende, zugleich grundrechtlich überhöhte Verfahrensanforderungen andererseits (vgl. *E. Denninger*, HdbStR V, § 113, Rn. 11; auch *H. Bethge*, NJW 1982, 1, 7). Zudem können Verfahrensanforderungen eines Grundrechts nicht seine inhaltlichen Maßgaben substituieren. Die Grundrechte geben inhaltliche Maßstäbe für die Richtigkeit von Verwaltungsentscheidungen, die von der Einhaltung der Verfahrensbestimmungen selbst unabhängig sind (*R. Alexy*, Theorie der Grundrechte, 444f.). Dies ändert allerdings nichts an der Grundkonstellation, daß der Staat im Verwaltungsrechtsverhältnis unmittelbarer Adressat grundrechtlicher Rechtspositionen des Bürgers ist, die in ihrer Verwirklichung auf ein grundrechtsadäquates Verfahren angewiesen sein können.

[103] Frappierend namentlich *R. Alexy*, Theorie der Grundrechte, 444: „Rechte auf gerichtliche und behördliche Verfahren sind wesentlich Rechte auf ‚effektiven Rechtsschutz‘. Bedingung eines effektiven Rechtsschutz ist es, daß das Ergebnis des Verfahrens die materiellen Rechte des je-

einzelt wird die Notwendigkeit dieser Unterscheidung erkannt, so etwa in der Bemerkung von *Albert v. Mutius*, daß es im Gerichtsverfahren nur noch *mittelbar* um den Schutz der materiellen Grundrechte gehe, indem eine gerichtliche Kontrolle angeblich bereits *erfolgter* Grundrechtseingriffe stattfinde.[104] Umgekehrt könne die Grundrechtsverletzung durch das Gericht im Regelfall des verwaltungsgerichtlichen Verfahrens nur darin bestehen, daß die Richtersprüche bereits erfolgte rechtswidrige Grundrechtsbeeinträchtigungen bestätigten.[105]

Die gleichsinnige Ableitung von Anforderungen an Gerichts- und Verwaltungsverfahren aus den jeweils streitbefangenen oder betroffenen materiellen Grundrechten verkennt den Unterschied beider Verfahren, der sich aus ihren jeweiligen *Grundkonstellationen* ergibt. Anders als die Verwaltungsbehörde ist das Gericht nicht Partei des streitigen Rechtsverhältnisses. Es ist nicht Adressat der streitbefangenen Rechtspositionen, auch wenn diese auf Grundrechten beruhen. Die richterliche Rechtsanwendung erfolgt –in der Fassung *Ernst Friesenhahns* – „nicht, um einen Anspruch des Staates gegen den Bürger durchzusetzen oder einen Anspruch des Bürgers gegen den Staat zu erfüllen, der Richter wendet das Gesetz vielmehr rein im Dienst objektiver Rechtsverwirklichung an, um als *unbeteiligter Dritter* den Beteiligten zu sagen, was das objektive Recht ist."[106] Hieraus resultieren bestimmte Strukturen und Ausrichtungen des Verfahrens, die auf eine spezifische Entscheidungssituation hinauslaufen.[107] Das Prozeßrecht ist Ausdruck eigenständiger Rationalitätskriterien richterlicher – und eben nicht verwaltungsbehördlicher – Rechtsanwendung, die durch das in Rede stehende materielle Recht wohl akzentuiert, aber nicht substituiert werden können. Die jedem weitergehenden „Prozeßzweck" vorgelagerte Funktion

weils betroffenen Grundrechtsträgers wahrt." Ähnlich in der Kommentarliteratur zuletzt *P. M.* Huber, in: Mangoldt/Klein/Starck, GG, Art. 19 Rn. 375: „Das aus den materiellen Grundrechten folgende Effektivitätsgebot ist umfassend und bezieht sich nicht allein auf ihre gerichtliche Durchsetzung."

104 *A. v. Mutius*, FS Menger (1985), 575, 595.

105 *A. v. Mutius*, NJW 1982, 2150, 2154. Anders dann, wenn die gerichtliche Entscheidung *erstmals* eine grundrechtsrelevante Beschwer enthält (vgl. zu dieser Differenzierung *v. Mutius* ebd., auch Anm. 72), etwa in Verfahren der Freiwilligen Gerichtsbarkeit, aber auch im Strafprozeß. Sofern in diesen Verfahren materiell Verwaltungstätigkeit zu erblicken ist, sind die Gerichte selbstverständlich Partei des Verwaltungsrechtsverhältnis und insofern Adressat grundrechtlicher Positionen des Bürgers. Für den Strafprozeß bedürfte diese Konstellation gesonderter Untersuchung: Hier kommt der Rekurs auf Art. 2 Abs. 1 GG im Verhältnis von Strafgericht und Angeklagten in Betracht; hierzu *P. J. Tettinger*, Fairneß und Waffengleichheit, 13.

Die Ausweitung der ursprünglich für das Gerichtsverfahren entwickelten Argumentation auf das Verwaltungsverfahren ist nicht nur „logisch und funktional zwingend" (*v. Mutius* ebd.), sondern bezeichnet den *eigentlichen* Anwendungsbereich der Verfahrensrelevanz materieller Grundrechte. Nur dort, wo der Staat bzw. seine Behörden Parteien des materiellen Verwaltungsrechtsverhältnisses sind, können materielle Grundrechte unmittelbare Relevanz für das zu beobachtende Verfahren entfalten.

106 *E. Friesenhahn*, FS Thoma (1950), 21, 26f.

107 *A. v. Mutius*, FS Menger (1985), 575, 595.

des Prozesses als Verfahren der Erkenntnis streitigen Rechts schließt es aus, das Verfahren unmittelbar aus den betroffenen materiell-rechtlichen Normen abzuleiten oder gar das Gerichtsverfahren von vornherein unter die Bedingung effektiver Grundrechtsverwirklichung zu stellen.[108] Die Position des Richters als Instanz unabhängiger, neutraler Streitentscheidung verlangt es vielmehr, daß er nicht seinerseits Adressat eines auf materielle Grundrechtsverwirklichung drängenden Rechtsschutzanspruchs ist, der ihn als interessierte Partei des streitigen Rechtsverhältnisses erscheinen ließe.

Dies ist unmittelbar einsichtig für jene Fälle *mehrpoliger Verwaltungsrechtsverhältnisse*, in denen widerstreitende Grundrechtspositionen aufeinandertreffen, deren angemessene Bestimmung und Abgrenzung im Gerichtsverfahren überhaupt erst zu leisten ist.[109] Aber auch in den herkömmlichen Staat-Bürger-Konstellationen ist ein Anspruch auf die gerichtliche Verwirklichung des konkret eingeklagten subjektiven Rechts, der seinerseits verfahrensdeterminierend in die richterliche Rechtsfindung einzustellen wäre, mit dem verfassungsrechtlichen Begriff der Rechtsprechung nicht vereinbar.[110] Denn auch in diesem Falle kollidieren Rechtspositionen, nämlich solche des Bürgers mit denen des Staates, die auf gleicher Ebene nach Maßgabe der einschlägigen objektiv-rechtlichen Vorschriften zu bestimmen sind. Die von Art. 19 Abs. 4 GG bewirkte *Gleichordnung* von Staat und Bürger als Beteiligte des verwaltungsgerichtlichen Verfahrens bewirkt, daß weder der Bürger sich gegenüber dem Gericht auf die streitbefangenen Grundrechte, noch der Staat sich gegenüber Gericht oder Bürger auf die Befugnis einseitiger konkret-individueller Rechtsetzung im streitigen Rechtsverhältnis berufen kann. Ob tatsächlich eine Grundrechtsverletzung vorliegt, oder ob vielmehr der Staat sein Recht mit Erfolg behaupten kann, ist eine Frage, die erst mit der *abschließenden Entscheidung* des Gerichts beantwortet wird.

Hieraus erhellt, daß den materiellen Grundrechten weder in Gestalt eines Rechtsschutzanspruchs im technischen Sinne noch der Gewährleistung justizstaatlicher Standards ein eigenständiger verfahrensrechtlicher Gehalt für das Gerichtsverfahren zuwachsen kann. Zwar können die materiellen Grundrechtspositionen, auch und gerade im mehrpoligen Rechtsverhältnis,[111] eine spezifische Gewichtung der jeweiligen Elemente dieses Rechtsschutzstandards nahelegen.[112] Sie vermögen jedoch diesem Standard keine verfahrensrechtlichen Elemente hinzuzufügen, die in ihm nicht bereits enthalten sind.

---

108 Zu den historischen Ursachen einer etwaigen verwaltungsgerichtlichen „Voreingenommenheit zugunsten des Grundrechtsträgers" *G. Roellecke*, NJW 1978, 1776, 1781.

109 Vgl. in diesem Zusammenhang *H.-J. Papier*, HdbStR VI, § 154, Rn. 17.

110 Vgl. *D. Lorenz*, AöR 105 (1980), 623, 645.

111 Im allgemeinen *E. Schmidt-Aßmann*, in: Maunz/Dürig, Grundgesetz, Art. 19 Abs. 4, Rn. 22.

112 In diesem Sinne *BVerfGE* 60, 253 (297): Das Maß dessen, was *wirkungsvoller* Rechtsschutz sei, bestimme sich „entscheidend auch nach dem sachlichen Gehalt des als verletzt behaupteten Rechts".

3. *Justizgewährungsanspruch und Verfahren*

Von einem Rechtsschutzanspruch im technischen Sinne kann danach auch und gerade unter der Geltung des Art. 19 Abs. 4 GG keine Rede sein. Der irritierende Sprachgebrauch, der Norm einen Anspruch auf „effektiven Rechtsschutz“ zuzuschreiben, ist daher in zweierlei Hinsicht verfehlt, nämlich einerseits wegen der Inhaltsleere des Effektivitätsbegriffs, andererseits wegen der Unhaltbarkeit einer Richtigkeitsgarantie für das (verwaltungs-)gerichtliche Verfahren in Gestalt eines subjektiven Rechts. Ein weiteres tritt hinzu: die unklare Bedeutung des Begriffes „Rechtsschutz“ selbst. *Hans Kelsen* hat zu Recht von einer naiven, an der Oberfläche haftenden Begriffsbildung gesprochen,[113] die nicht mehr als die *Gesetzmäßigkeit* des Urteils zum Ausdruck zu bringen vermöchte. Nur aus der unjuristischen Perspektive individueller Interessen könne, so die Kritik *Kelsens*, der einzelne Richterspruch als konkreter Schutz jener Interessen begriffen werden, die ihre abstrakt-generelle Normierung im allgemeinen Gesetz erfahren haben. Der Schutz dieser Interessen geht jedoch zur Gänze in der Rechtmäßigkeit des Urteils auf, ohne daß daneben oder gar darüber hinaus noch der Schutz von „Recht“ einen begrifflichen Ort hätte.

Art. 19 Abs. 4 GG normiert weder einen Rechtsschutzanspruch im technischen Sinne, noch vermag der Begriff des effektiven Rechtsschutzes seinen Gewährleistungsgehalt treffend zu charakterisieren. Die Vorschrift gewährt vielmehr einen Anspruch auf *individuelle Rechtsausübung* vor den Gerichten – den Justizgewährungsanspruch. Dieser beschränkt sich allerdings nicht auf die Eröffnung des Zugangs zu den bestehenden Rechtsprechungsorganen nach Maßgabe des jeweiligen Verfahrensrechts. Vielmehr ergeben sich aus dem grundgesetzlichen Begriff der Rechtsprechung, den zugrundeliegenden Prozeßgrundrechten und den prozessualen Zweckbestimmungen der Verfassung inhaltliche Sättigungen, die allerdings in ihrer Spannweite und Regelungstiefe erheblich restriktiver geschnitten sind, als es die Degradierung des Gerichtsverfahrens zum einseitigen Verwirklichungsmodus subjektiver Rechte zur Folge hätte.

Zwei dieser materiellen Garantien bedürfen der gesonderten Betrachtung, da sie üblicherweise in Zusammenhang mit dem Verfahren der prozessualen Sachverhaltsermittlung genannt werden. Zunächst geht es um jene *Verwirklichungsbedingungen* des Verfahrens individueller Rechtsausübung nach Art. 19 Abs. 4 GG, die üblicherweise als Anforderungen des „effektiven Rechtsschutzes“ tituliert werden (a). In Zusammenhang damit steht das Gebot prozessualer *Waffengleichheit*, das in Art. 103 Abs. 1 GG, Art. 3 Abs. 1 GG einen eigenen verfassungsrechtlichen Geltungsgrund aufweist, aber gewöhnlich gemeinsam mit dem aus Art. 19 Abs. 4 GG abgeleiteten „Effektivitätsgebot“ zur Begründung

---

[113] *H. Kelsen*, Allgemeine Staatslehre, 234f.

des Untersuchungsgrundsatzes herangezogen wird (b). Abschließend ist die Plausibilität dieser Begründungen zu untersuchen (c).

a) Verwirklichungsbedingungen der Rechtsweggarantie

Zu Beginn der Begriffskarriere des „effektiven Rechtsschutzes" bezog sich das Argument auf ein Detailproblem der Rechtsweggarantie des Art. 19 Abs. 4 GG, und zwar im Zusammenhang mit der Frage des Sitzes des Bundesverwaltungsgerichts (aa). In der Folge wurden aus dem Begriff eine Fülle organisatorischer und verfahrensrechtlicher Schlußfolgerungen für die Verwaltungsgerichtsbarkeit gezogen (bb).

aa) *Otto Bachof* befürchtete, daß die Errichtung des Bundesverwaltungsgerichts in Berlin in Verbindung mit seiner erstinstanzlichen Zuständigkeit für die Anfechtung von Verwaltungsakten oberster Bundesbehörden zu einer praktischen Entrechtung führen werde. Dem Kläger würde, so die Befürchtung *Bachofs* im Jahre 1950, die persönliche Verfolgung seiner Rechte unverhältnismäßig erschwert, da Berlin auf dem Verkehrswege nur mühsam zu erreichen sei. Mancher Kläger würde „eher auf sein Recht verzichten als sich den Unannehmlichkeiten einer derartigen Reise auszusetzen".[114] Der Standort Berlin verstoße daher, so *Bachof*, gegen Art. 19 Abs. 4 GG, da dieser „einen *effektiven* Rechtsschutz, nicht einen papierenen, durch die Gerichtsorganisation praktisch wertlos gemachten Rechtsschutz" garantiere. Die Vorschrift schütze ihrem Geiste nach davor, daß der Rechtsweg „infolge der Verteilung der Zuständigkeiten und der Gerichtsorganisation für einen Teil der Betroffenen praktisch nicht gangbar oder übermäßig erschwert wäre."[115] Träfe der Gesetzgeber eine derartige Regelung, würde sie mangels faktischer Anwendungsmöglichkeit der Geltung ermangeln.[116]

Rechtsschutzeffektivität gewann in dieser Lesart eine spezifische, auf die Verwirklichungsbedingungen des Anspruchs auf Rechtswegeröffnung zielende Bedeutung. Dem Anspruch aus Art. 19 Abs. 4 GG ist demnach erst dann Genüge getan, wenn die entsprechenden Regelungen der Gerichtsverfassung und des gerichtlichen Verfahrens in Relation zu den tatsächlichen Möglichkeiten soziale Wirksamkeit erlangen können.[117] Die Formel des effektiven Rechtsschutzes in

---

[114] O. *Bachof*, DRZ 1950, 245, 246.

[115] O. *Bachof*, DRZ 1950, 245, 246; vgl. auch ebd., 247: Erforderlich sei eine „den Rechtsschutz aller Betroffenen auch tatsächlich ermöglichende Zuständigkeit".

[116] Dies folgt aus den Ausführungen ebd., 246f.: Im Falle der erstinstanzlichen Zuständigkeit des Bundesverwaltungsgerichts in Berlin würde es bei der Zuständigkeit der Landesverwaltungsgerichtsbarkeit bzw. der ordentlichen Gerichte (Art. 19 Abs. 1 Satz 21 GG) bleiben, da der Regelung die faktische Anwendungsmöglichkeit fehle.

[117] O. *Bachof*, DRZ 1950, 245, 246.

der Lesart *Bachofs* zielte damit gerade auf die Abgrenzung zwischen solchen Normen, die hinreichend Aussicht bieten, das Verhalten des Adressaten einzuschränken oder zu bestimmtem Verhalten zu befähigen,[118] und „papierenen", symbolischen Normen, denen keine reale Verhaltenseinschränkung oder Erweiterung der Handlungsoptionen entspricht. *Bachof* verwendete damit den Begriff der Effektivität in dem oben gekennzeichneten Sinne, nämlich als Relationsbegriff zwischen Norm und Wirklichkeit ohne Rückkoppelungswirkungen auf den Normgehalt selbst. Dieser Normgehalt wurde vielmehr, nämlich in Gestalt der Begriffe des Rechtsweges, der Gerichtsbarkeit oder des Gerichtsverfahrens, gerade als Maßstab der Normeffektivität vorausgesetzt.

bb) In der Folge wurde, vorangetrieben durch die Rechtsprechung des Bundesverfassungsgerichts,[119] auf breiter Linie Zugriff auf Organisation und Verfahren der Gerichte unter der Leitidee der Rechtsschutzeffektivität genommen. Auch diese Rechtsprechung nahm ihren Ausgangspunkt bei der Forderung nach *tatsächlich* wirksamer gerichtlicher Kontrolle,[120] die mannigfache Auffächerungen und Konkretisierungen erfuhr. Zunächst wurde die Notwendigkeit eines angemessenen *Sanktionensystems* postuliert, das zwar keine bestimmte Klage- oder Urteilsart, wohl aber eine der angegriffenen Rechtsverletzung adäquate Rechtsfolge einschließlich der Durchsetzbarkeit des Richterspruchs im Wege der Vollstreckung bereithalten müsse.[121] Weiterhin folgt dem BVerfG zufolge aus dem Effektivitätsgebot ein Standard richterlicher *Prüfungskompetenz*, der als „vollständige Nachprüfung des Verwaltungsakts in rechtlicher und tatsächlicher Hinsicht durch ein Gericht" umrissen wird.[122] In diesen Zusammenhang gehören etwa die Fragen, welcher gerichtliche Prüfungsumfang gegenüber Ermessensentscheidungen und unbestimmten Rechtsbegriffen erforderlich ist, ob mehrere Instanzen vorzusehen sind, oder welchen Anforderungen das Verfahren der Sachverhaltsermittlung zu genügen hat. Für den Verwaltungsprozeß ist damit die Frage aufgeworfen, ob mit dem Gebot vollständiger Überprüfung des angegriffenen Verwaltungshandelns in tatsächlicher Hinsicht der Untersuchungsgrundsatz impliziert oder gar geboten ist.[123] Weiterhin wurde aus dem

---

[118] Zur Verhaltenssteuerung als Funktion von Recht hier nur *N. Luhmann*, Das Recht der Gesellschaft, 135f.; im Zusammenhang mit der hier besprochenen Thematik *B.-O. Bryde*, Die Effektivität von Recht als Rechtsproblem, 9.

[119] Im Überblick: *K.A. Bettermann*, AöR 96 (1971), 628, 549ff.; *V. Buermeyer*, Rechtsschutzgarantie und Gerichtsverfahrensrecht, 90ff.

[120] Vgl. etwa *BVerfGE* 35, 263 (274); ähnlich 35, 382 (401); 40, 272 (275); 51, 268 (284); 61, 82 (111). aus der Lit. *H.-J. Papier*, in: HdbStR VI, § 153, Rn. 16; *ders.*, in: HdbStR VI, § 154, Rn. 75.

[121] Hierzu *K.A. Bettermann*, AöR 96 (1971), 628, 549 m.w.N. zur Rsp.; im Überblick *E. Schmidt-Aßmann*, in: Maunz/Dürig, GG, Art. 19 Abs. 4, Rn. 28ff.; *H.-J. Papier*, in: HdbStR VI, § 153, Rn. 17ff., 22; *ders.* ebd., § 154, Rn. 75ff.

[122] *BVerfGE* 15, 275 (282); 18, 203 (212, 215); 21, 191 (194f.); 28, 10 (14f.); 31, 113 (117); 35, 263 (274); 51, 304 (312); 61, 82 (111); 84, 34 (49).

[123] Ausführlich sogleich unten, c) aa).

Effektivitätsgebot die Pflicht zum Rechtsschutz in *angemessener Zeit* abgeleitet. Der Gerichtsschutz darf danach nicht so spät erfolgen, daß er sich nicht mehr auswirken kann.[124] Verselbständigte Sonderprobleme des rechtzeitigen Rechtsschutzes und damit der „Rechtsschutzeffektivität" im Sinne der herrschenden Begriffsbildung sind die Erfordernisse einstweiligen und vorbeugenden Rechtsschutzes.[125]

Bezüglich des Gerichtsverfahrens im engeren Sinne dient der Effektivitätstopos zunächst dazu, eine bloße Negativabgrenzung vorzunehmen. Rechtsschutzeffektivität versteht sich danach in erster Linie als Gegenstück zum „praktisch wirkungslosen" Rechtsschutz.[126] Effektivität kann dann als „tatsächliche Wirksamkeit" paraphrasiert und inhaltlich auf die tradierten Verfahrensmaximen des Verwaltungsprozesses projiziert werden. Neben dem Untersuchungsgrundsatz firmieren demnach sowohl der Dispositionsgrundsatz[127] als auch die Konzentrationsmaxime[128], dagegen nicht der Öffentlichkeits- und der Mündlichkeitsgrundsatz als Ausdruck des verfassungsrechtlichen Effektivitätspostulats. So verpflichtet die Konzentrationsmaxime das Gericht zur Verfahrensbeschleunigung.[129] Sie trifft dabei allerdings auf gegenläufige Normen, namentlich auf das Gebot sorgfältiger und richtiger Rechtsfindung, die gleichermaßen als Ausdruck effektiven Rechtsschutzes interpretiert werden. Derartige dem herrschenden Verständnis der Rechtsschutzeffektivität immanente Spannungsverhältnisse schränken die Brauchbarkeit dieser Begriffsbildung auch auf der dogmatischen Mikroebene ein.

Die genannten Auffächerungen stellen allerdings – im großen und ganzen, möglicherweise nicht im Detail[130] – keine normativen Überzeichnungen der Rechtsweggarantie des Art. 19 Abs. 4 GG dar. Sie konkretisieren vielmehr das Gebot, der Rechtsweg möge offenstehen, indem die Verwirklichungsbedingungen dieses abstrakten Rechtsbegriffs freigelegt und entfaltet werden. Die Berufung auf Normeffektivität, gar unter dem irreführenden Etikett des „Rechtsschutzes", ist hierfür nicht erforderlich. Das Effektivitätsargument hat dem von Art. 19 Abs. 4 GG in Bezug genommenen Organisations- und Verfahrensstandard staatlicher Justizgewährung keine zusätzlichen, in der Verfassungsgarantie selbst nicht bereits enthaltenen materiellen Aussagen hinzufügen können.[131] Es

[124] *BVerfGE* 54, 39 (41); 55, 349 (369); vgl. *H. Krüger*, in: Sachs, GG, Art. 19, Rn. 143; *H.-J. Papier*, in: HdbStR VI, § 153, 19f., jeweils m. w. N.

[125] *H.-J. Papier*, HdbStR VI, § 154, Rn. 79f.

[126] *R. Schenke*, in: BK, Art. 19 Abs. 4, Rn. 382.

[127] *R. Schenke*, in: BK, Art. 19 Abs. 4, Rn. 82

[128] *R. Schenke*, in: BK, Art. 19 Abs. 4, Rn. 91.

[129] *R. Schenke*, in: BK, Art. 19 Abs. 4, Rn. 91.

[130] Beispiele für verfehlte Argumentationen unter Berufung auf das Effektivitätsgebot bei *H.-W. Arndt*, Praktikabilität und Effizienz, 139ff.

[131] Vgl. im Ergebnis *D. Lorenz*, Der Rechtsschutz des Bürgers und die Rechtsweggarantie, 150f.; *H.-W. Arndt*, Praktikabilität und Effizienz, 137ff.; *T.A. Haag*, Effektiver Rechtsschutz,

hat vielmehr im Einzelfalle Vorschub geleistet, prozessuale Wunschvorstellungen zu Verfassungsgeboten zu erheben.[132] Unter verfassungsdogmatischen Gesichtspunkten scheint der Begriff des effektiven Rechtsschutzes damit als verzichtbar.[133]

b) Waffengleichheit

Der grundgesetzlich vorgesehene Verfahrensstandard wird maßgeblich durch das Gebot der Waffengleichheit im Prozeß geprägt.[134] Dieses Gebot folgt zunächst aus dem in Art. 103 Abs. 1 GG normierten Anspruch auf rechtliches Gehör, der ein Verfahrensmodell neutraler Rechtserkenntnis vorsieht, das maßgeblich auf die Verfahrensbeteiligung der Parteien setzt. In Verbindung mit Art. 3 Abs. 1 GG erwächst hieraus die Gewährleistung *prozessualer Gleichwertigkeit* der beiden Parteistellungen.[135] Wegen der individualrechtlichen Wurzeln des Art. 103 Abs. 1 GG umfaßt das Postulat der Waffengleichheit zudem das Gebot, die Verfahrensbeteiligten mit *aktiven verfahrensrechtlichen Befugnissen* im Rahmen einer entsprechenden Verfahrensstruktur auszustatten.[136] Für den Richter folgt aus dem Gebot der Waffengleichheit zunächst die Pflicht, die *Rechtsanwendungsgleichheit* hinsichtlich des Verfahrensrechts, der Prozeßmaximen oder auch der Sachverhaltsermittlung sicherzustellen. Der Richter muß die Gleichwertigkeit der Parteistellungen durch eine „objektive, faire Verhandlungsführung, durch unvoreingenommene Bereitschaft zur Verwertung und Bewertung des gegenseitigen Vorbringens, durch unparteiische Rechtsanwendung und durch korrekte Erfüllung seiner sonstigen prozessualen Obliegenheiten gegenüber den Prozeßbeteiligten" zu wahren suchen.[137]

aa) Die Waffengleichheit im Prozeß ist so verstanden eine im Kern *formale Gleichheit*, die sowohl von der materiellen Rechtslage als auch von etwaigen tatsächlichen Unterschieden zwischen den Parteien abstrahiert.[138] Damit ist für das Verständnis des Verwaltungsprozesses in seiner Prägung durch Art. 19 Abs. 4, 103 Abs. 1 und 3 Abs. 1 GG ein wesentlicher Punkt markiert. Hier wie in den anderen Prozessen haben beide Parteien „ohne Rücksicht auf ihre Stellung

60ff., 169 und passim, auch *E. Schmidt-Aßmann*, in: Maunz/Dürg, Grundgesetz, Art. 19 Abs. 4, Rn. 5.

[132] *E. Schmidt-Aßmann*, in: Maunz/Dürig, Grundgesetz, Art. 19 Abs. 4, Rn. 5; auch *H.-J. Papier*, HdbStR VI, § 154, Rn. 8: Art. 19 Abs. 4 GG dürfe nicht als schlichtes „Rechtsschutzoptimierungsgebot" mißverstanden werden.

[133] Vgl. *E. Schmidt-Aßmann*, in: Maunz/Dürig, Grundgesetz, Art. 19 Abs. 4, Rn. 5.

[134] Hierzu namentlich *P.J. Tettinger*, Fairneß und Waffengleichheit, 18ff.

[135] Vgl. insb. *BVerfGE* 52, 131 (156).

[136] Für das Strafverfahren *H. Hill*, HdbStR VI, § 156, Rn. 46.

[137] *BVerfGE* 52, 131 (156f.).

[138] *E. Bötticher*, Die Gleichheit vor dem Richter, 9

als Angreifer oder Gegner oder ein etwa außerprozessual bestehendes Über- und Unterordnungsverhältnis im Prozeß die gleiche Rechtsstellung".[139] Das Gebot der Waffengleichheit verwirklicht damit die konzeptuelle Direktive des Art. 19 Abs. 4 GG, das Verfahren der Rechtspflege in Verwaltungssachen als ein echtes Gerichtsverfahren auszugestalten, im Rahmen dessen sich zwei prozessual gleichberechtigte Parteien vor einem neutralen Richter begegnen.

Mittlerweile wird dieses formale Arrangement jedoch, bisweilen unter Bezugnahme auf das Sozialstaatsprinzip, um Aspekte „materieller Gleichheit" ergänzt. So ist seit langem anerkannt, daß die Herstellung gleicher Chancen der Rechtsverfolgung der sachgerechten Ausgestaltung des Kosten- und Gebührenrechts sowie einer angemessenen staatlichen Prozeßkostenhilfe bedarf.[140] Weitergehend wird jedoch namentlich für den Zivilprozeß die Frage der Herstellung gleichwertiger *Erfolgschancen* durch den Richter diskutiert, so etwa durch eine Modifikation der Risikoverteilung im Beweisverfahren unter Berücksichtigung der sozialen Stellung der Parteien.[141] Teile der Prozessualistik knüpfen damit an jene Vorstellungen einer „sozialen Funktion" des Zivilprozesses an, die von *Franz Klein* gegen das liberale Prozeßverständnis der deutschen wie österreichischen Zivilprozeßordnung ins Feld geführt wurde.[142] Heute ist die Versuchung offenbar groß, die von *Klein* hervorgehobenen Gesichtspunkte des öffentlichen Interesses an der Beilegung sozialer Konflikte und des Ausgleichs sozialer Niveauunterschiede am grundgesetzlichen Sozialstaatsprinzip festzumachen[143] und zur Begründung einer „kompensatorischen Funktion" des Richters zugunsten der schwächeren Partei zu aktualisieren.[144] Parteiengleichheit gewönne damit eine Dimension ausgleichender Gerechtigkeit, die sich auch auf das Ergebnis der Rechtsentscheidung selbst erstrecken könnte. Dies reicht bis zu der Ansicht, der Verfassunggeber bewerte die Interessen des einzelnen höher als die der Allgemeinheit, so daß der Verwaltungsrichter verpflichtet sei, zur Verwirklichung des Grundsatzes der Waffengleichheit den Interessen des Bürgers höheres Gewicht bei der konkreten Rechtsentscheidung beizulegen.[145]

---

[139] *E. Schumann*, in: Stein/Jonas, ZPO, Einl., Rn. 506; vgl. *M. Vollkommer*, FS Schwab (1990), 503, 516; *E. Bötticher*, Die Gleichheit vor dem Richter, 14.

[140] *C. Degenhart*, HdbStR III, §76, Rn. 44.

[141] Vgl. namentlich die (die Entscheidung nicht tragende) Auffassung in *BVerfGE* 52, 131 (143ff.).

[142] Vgl. *F. Klein/F. Engel*, Der Zivilprozeß Österreichs, 186ff.

[143] So insb. *K.A. Bettermann*, JBl. 1972, 57, 63; für den Zivilprozeß *D. Brüggemann*, Judex statutor und judex investigator, 52; *R. Wassermann*, Die richterliche Gewalt, 200f.; kritisch *S. Smid*, Richterliche Rechtserkenntnis, 32 m.w.N.; *R. Stürner*, Die richterliche Aufklärung im Zivilprozeß, 37f.

[144] Zu Recht kritisch *W. Henckel*, GS Bruns (1980), 117, 125: Die Rede vom „sozialen Zivilprozeß" sei gefährlich, wenn daraus Rechtsregeln für den Prozeß logisch deduziert werden sollten; vgl. die Kritik von *G. Roellecke*, VVDStRL 34 (1976), 7, 14f. Im Detail *J. Riedel*, Unparteilichkeit des Richters, 180ff.

[145] *J. Haverkämper*, Die verfassungsrechtlichen Grundlagen, 81.

bb) Wie im Überblick über die Begründung der Verhandlungsmaxime im Zivilprozeß zu zeigen war,[146] rückte mit der *sozialen Dimension* des Prozeßrechts stets das *Verfahren der Sachverhaltsermittlung* in den Blick. So hatte *Klein* mit dem Argument der richterlichen Verpflichtung zur Rechtsfürsorge seine Kritik am Dogma der Interesselosigkeit des Staates am Streitgegenstand „und die darauf gegründete strenge Verhandlungsmaxime“ begründet. Im sozialen Zivilprozeß sei im Interesse der Wahrheitsermittlung der „wißbegierige und tatkräftige Richter“ gefordert.[147] Ebenso wird heute die Aktivierung des Richters für die Sachverhaltsermittlung als „Ausprägung sozialer Rechtsstaatlichkeit“ begriffen.[148] Aus der Verpflichtung des Staates zur Herstellung von Chancengleichheit der Parteien erwachse die Aufgabe des Richters, die „materielle Unterlegenheit der sozial schwächeren Partei“ auszugleichen. Zu diesem Zweck müsse der Gesetzgeber den Richter zur Einwirkung auf die Prozeßgestaltung, insbesondere auf die Sachverhaltsermittlung, ermächtigen und verpflichten, um der unterlegenen Partei Unterstützung zu gewähren.[149]

Ersichtlich stehen derartige Funktionszuwächse des Richteramts in Widerspruch zum oben ermittelten verfassungsrechtlichen Begriff der Rechtsprechung. Neutrale Streitentscheidung ist gerade durch Distanz des Richters zur Tatsachengrundlage gekennzeichnet, um einseitige Parteinahme oder Interessiertheit auszuschließen. Damit ist die Tätigkeit des streitentscheidenden Richters als „Ermittlungsorgan“ von vornherein ausgeschlossen.[150] Aber auch mit Blick auf die Prozeßleitung erscheint es fraglich, ob ungleiche Sach- und Fachkunde der Parteien, ungleiche Prozeßerfahrung, einseitige Informationsdefizite oder intellektuelle Unbeholfenheit einer Partei[151] ohne weiteres ausgeglichen werden dürfen, wenn dies zur einseitigen Bevorzugung ihrer Rechtsposition führt.[152]

---

[146] Kapitel 1, Abschnitt I. 2.

[147] *F. Klein*, Vorlesungen, 55f.

[148] *K.A. Bettermann*, JBl. 1972, 57, 63.

[149] *K.A. Bettermann*, JBl. 1972, 57, 63. Für den Zivilprozeß ebenso *R. Wassermann*, Der soziale Zivilprozeß, 89; beide Autoren optieren hinsichtlich der Sachverhaltsermittlung für eine „Kooperationsmaxime“; der Alternativkommentar zur ZPO erklärt die „justizielle Kompensation sozial bedingter Ungleichheit“ zum Programm seines Prozeßverständnisses; vgl. ebd., Vorwort, S. XL; abgewogen hierzu *M. Vollkommer*, FS Schwab (1990), 503, 519; auch *D. Brüggemann*, Judex statutor und judex investigator, 181f. Für den Verwaltungsprozeß *V. Buermeyer*, Rechtsschutzgarantie und Gerichtsverfahrensrecht, 64 (faktischer und materieller Ausgleich sozialer Unterschiede durch die Verfahrensordnungen); *W. Lichtenberg*, Der Grundsatz der Waffengleichheit, 55; *J. Haverkämper*, Die verfassungsrechtlichen Grundlagen, 88ff.; *M. Nierhaus*, Beweismaß und Beweislast, 260 (Pflicht zur gerichtlichen Unterstützung des Bürgers bei der Durchsetzung seiner materiellen Rechte).

[150] *S. Smid*, Rechtsprechung, 308.

[151] Vgl. die Reihung bei *M. Vollkommer*, FS Schwab (1990), 503, 518.

[152] Ein seit langem bekannter Gesichtspunkt; vgl. hierzu *D. Brüggemann*, Judex statutor und judex investigator, 182f.; *D. Leipold*, JZ 1982, 441, 446. Daß dies nicht gegen eine gewisse soziale Sensibilität des Richters sprechen soll, wie sie etwa von *R. Wassermann*, Die richterliche Gewalt,

cc) Das verfassungsrechtliche Bild der Rechtsprechung als unparteiische Streitentscheidung legt es nahe, die Parteiengleichheit *vor* dem Richter – jenseits des gebotenen Ausgleichs finanzieller und ähnlicher, etwa sprachlicher Zugangshindernisse[153] – grundsätzlich auf die Gewähr *formaler Gleichheit* zu beschränken.[154] Dies entspricht dem Bild des Prozesses als eines Verfahrens zur Rechtsverfolgung durch mündige Bürger, wie es Art. 19 Abs. 4 GG für den Verwaltungsprozeß entwirft. Die Gerichte schützen nicht den Schwächeren, sondern den, der im Recht ist.[155] Würde dem Richter dagegen die Aufgabe übertragen, der schwächeren Partei Hilfe zu leisten, wäre die Bindung an das Gesetz nicht mehr gewährleistet.[156] Die einseitige Verfolgung von Individualinteressen ist um der richterlichen Unabhängigkeit und Rechtsbindung willen ausgeschlossen. Interessen sind, seien sie in Relation zu individuellen oder öffentlichen Präferenzen gebildet, nur insoweit für die Entscheidung des Richters von Belang, als sie in Gestalt gesetzlicher Regeln Bestandteil seines Entscheidungsprogramms geworden sind. Die quasi-politische Interessenverwirklichung ist dagegen kein Bestandteil dieses Programms.

Daß es jenseits dessen, namentlich für den Fall der anwaltlich nicht oder unzureichend vertretenen Partei, schon im Interesse einer richtigen Entscheidung der korrigierenden, auch der aktiven richterlichen Prozeßleitung bedarf, ist seit langem anerkannt. Für den Zivilprozeß ist dies allein eine Frage der Dogmatik des § 139 ZPO, die im Einzelfall ein gehöriges, faires Verfahren einschließlich einer sozialen Sensibilität des Richters für die rechtsungewandte Partei erfordert.[157] Für den Verwaltungsprozeß allerdings stellt sich wegen der überkommenen Abgrenzungstheorien zwischen öffentlichem und privatem Recht die Frage, ob die Befugnis des Staates zur einseitigen individuell-konkreten Rechtsbestimmung außerhalb des Prozesses auch innerhalb des Verfahrens zu einem

---

202, aus Sicht der Praxis angemahnt wird, versteht sich nahezu von selbst. Es muß aber – so *W. Henckel*, GS Bruns (1980), 117, 125 – „im Prozeß auch dann Recht gesprochen werden, wenn der sozial Schwächere im Unrecht und der Stärkere im Recht ist."

[153] Vgl. *P.M. Huber*, in: Mangoldt/Klein/Starck, GG, Art. 19 Rn. 465f.

[154] Für den Zivilprozeß etwa *E. Bötticher*, Die Gleichheit vor dem Richter, 12, 16; *O. Jauernig*, Zivilprozeßrecht, § 18 VI 2; *C. Degenhart*, HdbStR III, § 76, Rn. 45; tendenziell *R. Stürner*, Die richterliche Aufklärung im Zivilprozeß, Rn. 39f.; für den Strafprozeß *H. Hill*, HdbStR VI, § 156, Rn. 46: Der Begriff der Chancengleichheit erscheine nicht zutreffend, da es nicht um die Ausbalancierung von Chancen für eine günstige Entscheidung, sondern um die adäquate Positionierung des Bürgers im Verfahren als Rechtssubjekt gehe.

[155] *D. Leipold*, JZ 1982, 441, 447. Sonst sähe man, so *Leipold* weiter, am Ende „statt freier, gleichberechtigter und eigenverantwortlicher Bürger nur noch ein Heer von Sozialfällen". Vgl. in diesem Zusammenhang auch *K. Redeker*, Verfahrensrechtliche Bindungen der Untersuchungsmaxime im Verwaltungsprozeß, 478.

[156] Auch in dieser Zuspitzung zutreffend *G. Roellecke*, VVDStRL 34 (1976), 7, 14f.

[157] *H. Thomas/H. Putzo*, ZPO, § 139, Rn. 1. Zum Spannungsverhältnis zwischen den dort normierten Befugnissen und Pflichten einerseits, dem Gebot der Unparteilichkeit andererseits *J. Riedel*, Unparteilichkeit des Richters, 166ff.; weiterhin *A. Lang*, VerwArch 1961, 60, 78f.

„institutionellen" Machtungleichgewicht führt, das im Wege vermehrter richterlicher Ermittlungstätigkeit zugunsten der privaten Partei auszugleichen ist.

c) *Verfahren der Sachverhaltsermittlung*

Abschließend sind die beiden wesentlichen Argumente zu prüfen, die auf der Basis der zuvor dargestellten Rechtsfiguren aus individualrechtlicher Sicht zugunsten eines Verfassungsgebots des Untersuchungsgrundsatzes vorgebracht werden. Der Untersuchungsgrundsatz sei, so deren erstes, um der vollständigen Überprüfung des Falles in tatsächlicher Hinsicht willen erforderlich (aa). Er diene zudem, so das zweite Argument, dem Ausgleich eines institutionellen Ungleichgewichts zwischen Staat und Bürger (bb).

aa) Vollständige Überprüfung in tatsächlicher Hinsicht

(1) In der Literatur wird vorgebracht, daß das in der Rechtsprechung[158] entwickelte Gebot der vollen Überprüfung des Verhaltens der öffentlichen Gewalt nicht nur in rechtlicher, sondern auch in tatsächlicher Hinsicht den Untersuchungsgrundsatz zwingend erfordere.[159] Das Verwaltungsgericht müsse die alleinige Verantwortung für die Ermittlung seiner tatsächlichen Entscheidungsgrundlage innehaben. Um dieser Alleinverantwortlichkeit willen dürften die Beteiligten nicht, wie es idealtypisch unter der Herrschaft der Verhandlungsmaxime der Fall sei, maßgeblichen Einfluß auf den zur Entscheidung gestellten Sachverhalt haben.[160]

Namentlich sei, so *Dieter Lorenz* unter Bezugnahme auf das „besondere Schutzbedürfnis" der von Art. 19 Abs. 4 GG erfaßten Rechtsverhältnisse, der Untersuchungsgrundsatz geboten, um die Bindung an tatsächliche behördliche Feststellungen zu verhindern. Anderenfalls könne das Gericht keine eigenstän-

---

[158] Vgl. insoweit, aber auch nur dahingehend *BVerfGE* 15, 275 (282); 18, 203 (212, 215); 21, 191 (194); 28, 10 (14f.); 31, 113 (117); 35, 263 (274); 51, 304 (312); 61, 82 (111); 84, 34 (49). In nämlichen Entscheidungen ging es allerdings stets nur um die Frage, ob die erkennenden Gerichte an die Sachverhaltsfeststellung der Behörde gebunden seien.

[159] *R. Schenke*, in: Maunz/Dürig, GG, Art. 19 Abs. 4, Rn. 86f.; ebenso *H. Bauer*, Gerichtsschutz als Verfassungsgarantie, 89; *V. Buermeyer*, Rechtsschutzgarantie und Gerichtsverfahrensrecht, 94; *M. Dawin*, in: *F. Schoch/E. Schmidt-Aßmann/R. Pietzner*, Verwaltungsgerichtsordnung, § 86, Rn. 15; *P.M. Huber*, in: Mangoldt/Klein/Starck, GG, Art. 19 Rn. 464; *D. Lorenz*, Der Rechtsschutz des Bürgers und die Rechtsweggarantie, 271; *B. Kropshofer*, Untersuchungsgrundsatz und anwaltliche Vertretung im Verwaltungsprozeß, 49ff.; *F. O. Kopp*, Verwaltungsgerichtsordnung, § 86, Rn. 1.

[160] *B. Kropshofer*, Untersuchungsgrundsatz und anwaltliche Vertretung im Verwaltungsprozeß, 51f.

dige Rechtsprechung ausüben, da die Behörde das Ergebnis der gerichtlichen Streitentscheidung einseitig vorherbestimmen könnte.[161]

(2) Gegen die Ableitung des Untersuchungsgrundsatzes aus dem Gebot vollständiger Überprüfung des Streitgegenstandes wird vorgebracht, daß zwar die Bindung des Gerichts an den einseitigen Sachvortrag eines der Beteiligten mit einem wirksamen Rechtsschutz nicht zu vereinbaren wäre, daß aber hieraus noch nicht das Erfordernis *selbsttätiger Tatsachenermittlung* durch den Richter folge. Die volle Überprüfung der Entscheidung in tatsächlicher Hinsicht sei auch unter der Geltung der Verhandlungsmaxime möglich, soweit die Parteien kontrovers zur Sache vortrügen.[162] Das Gebot der umfassenden Kontrolle in tatsächlicher Hinsicht ziele nicht auf die Alternative zwischen Verhandlungs- und Untersuchungsgrundsatz, sondern auf die Stellung der verwaltungsgerichtlichen Eingangsinstanzen als *Tatsacheninstanzen* im allgemeinen.[163]

Der nähere Blick auf die einschlägige Rechtsprechung bestätigt die Kritik. In der später stets in Bezug genommenen Ausgangsentscheidung erklärte das BVerfG den §66 Abs. 3 des Ordnungswidrigkeiten-Gesetzes von 1952 insoweit für nichtig, als er dem Oberlandesgericht verwehrte, die Entscheidung der Verwaltungsbehörde über die vom Betroffenen beantragte Aufhebung oder Abänderung eines rechtskräftigen Bußgeldbescheids in tatsächlicher Hinsicht zu überprüfen.[164] Auch später wurde die Formel der Notwendigkeit voller Überprüfung in tatsächlicher Hinsicht stets herangezogen, wenn es darum ging, die „Bindung der rechtsprechenden Gewalt an tatsächliche oder rechtliche Feststellungen seitens anderer Gewalten hinsichtlich dessen, was im Einzelfalle rechtens ist", grundsätzlich auszuschließen.[165] Als Gebot des Untersuchungsgrundsatzes wäre dieser Satz nur dann zu verstehen, wenn damit jegliche Bindung des Gerichts an das Vorbringen eines Beteiligten hätte ausgeschlossen werden sollen, also auch in Fällen übereinstimmenden oder unstreitigen Vortrags. Die Ausführungen des BVerfG weisen jedoch in eine andere Richtung, da sie allein das Verhältnis zwischen Verwaltung und Gericht, zwischen verwaltungsbehördlicher und gerichtlicher Tatsachenfeststellung in den Blick nehmen. Die gemeinhin für den Untersuchungsgrundsatz in Anspruch genommene Rechtsprechung stellt allein das Erfordernis *eigener Sachverhaltsrekonstruktion* des Ge-

---

161 *D. Lorenz*, FS Menger (1985), 143, 153; vgl. bereits *ders.*, Der Rechtsschutz des Bürgers und die Rechtsweggarantie, 271; *M. Dawin*, in: *F. Schoch/E. Schmidt-Aßmann/R. Pietzner*, Verwaltungsgerichtsordnung, §86, Rn. 15. Ebenso bereits *G. Dürig* in der Erstkommentierung des Art. 19 Abs. 4 GG, im Wortlaut wiedergegeben bei *B. Kropshofer*, Untersuchungsgrundsatz und anwaltliche Vertretung im Verwaltungsprozeß, 50.

162 *K.-D. Schromek*, Die Mitwirkungspflichten der am Verwaltungsverfahren Beteiligten, 87.

163 *B. Köhler-Rott*, Der Untersuchungsgrundsatz im Verwaltungsprozeß und die Mitwirkungslast der Beteiligten, 133; auch *V. Buermeyer*, Rechtsschutzgarantie und Gerichtsverfahrensrecht, 95, Anm. 543.

164 *BVerfGE* 15, 275 (282); ebenso interpretiert *K.A. Bettermann*, AöR 96 (1971), 628, 550.

165 *BVerfGE* 61, 82 (111); ähnlich auch 84, 34 (49).

richts mit eigenen prozessualen Mitteln sicher. Mit Blick auf das Prozeßrechtsverhältnis wird damit lediglich die – ohnehin nur in eher entlegenen Verfahren umstrittene, ansonsten selbstverständliche – formelle Gleichheit der Beteiligten hinsichtlich der *Bestimmungsmacht über die entscheidungserheblichen Tatsachen* hergestellt. Der Rechtsprechung des BVerfG läßt sich aber keine Aussage dazu entnehmen, ob die Bindung der prozessualen Tatsachenermittlung durch konsentiertes Handeln der Beteiligten mit dem von Art. 19 Abs. 4 GG geschützten Verfahrensstandard unvereinbar wäre.[166]

Die in Bezug genommene Rechtsprechung stützt sonach nicht die These, der Untersuchungsgrundsatz sei um der Wirksamkeit der Verwaltungsrechtspflege willen unter dem Gesichtspunkt vollständiger Tatsachenüberprüfung erforderlich. Sie unterstreicht vielmehr allein das oben entwickelte Gebot der *Verfahrensautonomie*, insoweit es auf die prozeßeigene Rekonstruktion des tatsächlichen Geschehens aufgrund interner Selektionsmechanismen zielt. Weitergehende Befugnisse des Richters bei der Sachverhaltsermittlung als jene, die sich dem Grunde nach bereits aus dem materiellen Begriff der Rechtsprechung selbst ergeben, lassen sich somit dem Gebot voller Überprüfung des angegriffenen Verwaltungshandelns in tatsächlicher Hinsicht nicht entnehmen.

bb) Ungleiche Machtverteilung

Neben dem Gebot umfassender tatsächlicher Kontrolle stützt sich die verfassungsrechtliche Herleitung des Untersuchungsgrundsatzes vornehmlich auf eine Materialisierung der Parteiengleichheit, die entweder aus Art. 103 Abs. 1 GG i.V.m. Art. 3 Abs. 1 GG hergeleitet oder als Ausdruck des Gebotes „effektiven Rechtsschutzes" ausgezeichnet wird.

(1) Der Richter habe, so dieser Gedankengang, durch eigene Sachverhaltsermittlungen die „materielle Waffengleichheit" der Beteiligten zu gewährleisten oder ein etwaiges Gefälle zu kompensieren. Im Zivilprozeß wurde dieses Postulat auf den Gleichheitsgrundsatz gestützt, der mit dem Gebot der Sozialstaatlichkeit in Beziehung gesetzt wurde.[167] Im Verwaltungsprozeß wird überdies die *qualitative Verschiedenheit* der Prozeßparteien betont. Gestützt auf überkommene Konzeptionen des öffentlichen Rechts wird die „institutionelle" Unterlegenheit des Bürgers aufgrund rechtlicher Subordination,[168] seine typische Benachteiligung gegenüber der Behörde wegen der Sachgesetzlichkeiten einzel-

---

166 Der Bezugnahme auf den Untersuchungsgrundsatz hat sich das BVerfG in diesem Zusammenhang gerade enthalten. Auch dies indiziert die anders gelagerte Stoßrichtung besagter Passagen.

167 *K.A. Bettermann*, JBl. 1972, 57, 63.

168 *K.A. Bettermann*, JBl. 1972, 57, 63; zustimmend *J. Haverkämper*, Die verfassungsrechtlichen Grundlagen, 92; *H. Bauer*, Gerichtsschutz als Verfassungsgarantie.

ner verwaltungsrechtlicher Materien[169] oder seine faktische Unterlegenheit bei der Rechts- und Tatsachenkenntnis[170] behauptet.

Im Zivilprozeß wurde aus dem Gebot materieller Waffengleichheit nur die Notwendigkeit einer „kooperativen" Verteilung von Richterherrschaft und Parteienmacht bei der prozessualen Wahrheitsermittlung abgeleitet, die den Richter zum flexiblen Ausgleich individueller Nachteile im konkreten Prozeß befähigen und verpflichten sollte. Für den Verwaltungsprozeß führt dagegen die Behauptung einer qualitativen Differenz zwischen Staat und Bürger zur Forderung nach einem kategorial anderen Verfahren der Sachverhaltsermittlung. Dem Bürger solle, so wird impliziert, richterliche *Unterstützung* bei der Sachverhaltsermittlung zuteil werden, um seine subjektiven Rechte gerichtlich durchsetzen zu können.[171]

Im einzelnen heißt es, aufgrund der ungleichen Machtverteilung zwischen Bürger und öffentlicher Gewalt sei der Untersuchungsgrundsatz vonnöten, um die Position des Bürgers zu stärken.[172] *Paul Stelkens* argumentiert, daß Art. 19 Abs. 4 GG es gebiete, das Übergewicht der Behörde gegenüber dem Bürger, welches sich aus der ungleichen Verteilung des einschlägigen Sachverstandes ergebe, im Wege des Untersuchungsgrundsatzes auszugleichen.[173] Der Rechtsschutz gegen Akte der öffentlichen Gewalt dürfe, so *Michael Nierhaus*, nicht an der Übermacht des Hoheitsträgers scheitern. Etwaige Disparitäten zwischen Staat und Bürger müßten daher mittels der Untersuchungsmaxime ausgeglichen werden.[174] *Horst Bauer* führt in diesem Zusammenhang aus, im Unterschied zum Zivilprozeß handele es sich im Verwaltungsprozeß „nicht um einen Gerichtsschutz unter Gleichberechtigten, wie im Privatrecht, sondern um ein Verhältnis der Über- und Unterordnung."[175] Dieses Ungleichgewicht müsse im

---

[169] *M. Marx*, Die Notwendigkeit und Tragweite der Untersuchungsmaxime, 83ff.

[170] *G. Lüke*, JuS 1961, 41, 43; *C.-F. Menger*, Allgemeine Prozeßgrundsätze, 434; *W. Lichtenberg*, Der Grundsatz der Waffengleichheit, 97; *M. Nierhaus*, Beweismaß und Beweislast, 260f.; *P. Stelkens*, NVwZ 1982, 81, 83; *C. H. Ule*, DVBl. 1954, 137, 140; auch *H. Frohn*, Rechtliches Gehör und richterliche Entscheidung, 101.

[171] *M. Nierhaus*, Beweismaß und Beweislast, 260.

[172] *R. Schenke*, in: Maunz/Dürig, GG, Art. 19 Abs. 4, Rn. 86f.; neben den nachstehenden Quellen *H. Frohn*, Rechtliches Gehör und richterliche Entscheidung, 101; *G. Lüke*, JuS 1961, 41, 43.

[173] *P. Stelkens*, in: NVwZ 1982, 81, 83; ebenso *W. Lichtenberg*, Der Grundsatz der Waffengleichheit, 99: „Eine Aufgabe der im Verwaltungsprozeß ... geltenden Untersuchungsmaxime ist es ..., die unterschiedlichen Voraussetzungen von Bürger und Behörde für das Verfahren möglichst auszugleichen."

[174] *M. Nierhaus*, Beweismaß und Beweislast, 260, 478. Weitere Verfechter dieses Arguments, auch unter dem Gesichtspunkt prozessualer Waffengleichheit: *W. Lichtenberg*, Der Grundsatz der Waffengleichheit, 82f.; *Haverkämper*, Die verfassungsrechtlichen Grundlagen, 93f.; *M. Marx*, Die Notwendigkeit und Tragweite der Untersuchungsmaxime, 82; nach *P.J. Tettinger*, Fairneß und Waffengleichheit, 45, werde Waffengleichheit im Verwaltungsprozeß „generell induziert durch die Geltung des Untersuchungsgrundsatzes".

[175] *H. Bauer*, Gerichtsschutz als Verfassungsgarantie, 89; in diese Richtung *K.A. Bettermann*, JBl. 1972, 57, 63.

Wege des Untersuchungsgrundsatzes ausgeglichen werden. Dem ähnelt der Versuch, solche Gebiete des materiellen Verwaltungsrechts auszumachen, in denen der Bürger typischerweise keine zureichende Möglichkeit habe, den entscheidungsrelevanten Sachverhalt schlüssig vorzutragen, und hieraus die Notwendigkeit des Untersuchungsgrundsatzes um der Waffengleichheit willen abzuleiten.[176]

(2) Gegen diese Argumente spricht zunächst, daß es sich bei der herkömmlichen Gewichtsverteilung, die von Erkenntnisvorsprüngen der Behörde gegenüber dem Bürger ausgeht, nicht um ein zwingendes oder auch nur typisches, sondern von Fall zu Fall variables, gegebenenfalls auch *ausgeglichenes Kräfteverhältnis* handelt. Angesichts dessen erscheint es verfehlt, aus dem Gebot materieller Waffengleichheit den Untersuchungsgrundsatz zugunsten des Bürgers als *Regelanforderung* für den Verwaltungsprozeß zu postulieren. Allenfalls wäre dem Gebot materieller Waffengleichheit das Erfordernis des flexiblen Ausgleichs je individueller Benachteiligungen zu entnehmen, wie es der Richter nach Maßgabe der §§ 139 ZPO, 86 Abs. 3 VwGO unternimmt.

Empirische Beobachtungen stützen die Sicht, wonach das Kräfteverhältnis zwischen Staat und Privatperson der *konkreten Bestimmung* im Einzelfall bedarf, also gerade nicht durch die rechtliche Artverschiedenheit von Staat und Bürger vorherbestimmt wird. Die entsprechende Typisierung ist angesichts der Vielfalt denkbarer Klägerrollen – „vom sprachlosen Asylanten und der hilflosen Greisin in Lastenausgleichssachen bis zum Industriegiganten, der in den Reihen seines Aufsichtsrats Vertreter der beklagten Behörde weiß“[177] – eine Fehlabstraktion. *Heiko Faber* weist in diesem Zusammenhang auf die mittlerweile typische prozessuale Dreieckskonstellation hin, die sich den betroffenen Interessen nach als Streit zwischen Privaten in der Rolle des klagenden Bürgers oder Verbands einerseits, des Unternehmers als Beigeladenem andererseits darstelle, während die Behörde sich auf die Rolle des Zuschauers beschränke. Dieser „Wandel der Kläger-Rolle durch Differenzierung“[178] schließt es aus, die Untersuchungsmaxime als Kompensation einer typischen Benachteiligung des klagenden Bürgers zu rechtfertigen. Entwicklungen zur „nachvollziehenden Amtsermittlung“ im Rahmen der kooperativen Bewältigung von Verwaltungsaufgaben zwischen Staat und Bürgern[179] bestätigen diese Wertung.

Es kommt hinzu, daß die Parteien hinsichtlich der Informationen, die aus ihrer *eigenen Sphäre* stammen, gegenüber der anderen Seite regelmäßig im Vorteil

---

176 *M. Marx*, Die Notwendigkeit und Tragweite der Untersuchungsmaxime, 82; auch *J. Haverkämper*, Die verfassungsrechtlichen Grundlagen, 75.

177 *H. Faber*, FS RAV Hannover (1981), 79, 93.

178 *H. Faber*, FS RAV Hannover (1981), 79, 93.

179 Hierzu *J.-P. Schneider*, VerwArch 1996, 38, 55ff.; mit Blick auf die Umweltverträglichkeitsprüfung *ders.*, Nachvollziehende Amtsermittlung bei der Umweltverträglichkeitsprüfung, 133ff.

sind, ohne daß es auf ihre soziale Machtstellung ankäme. So sind etwa Betreiber riskanter Anlagen oder Hersteller derartiger Produkte über ihre Gefahrensphäre stets besser informiert als etwa die aufsichtsführende Behörde.[180] Aber auch die Einzelperson ist, jedenfalls in diesem Lande, besser als jede Behörde über jene Umstände informiert, die in ihren eigenen Lebensbereich fallen. Oft ist der Bürger, wie etwa in Wehrdienstverweigerungs- oder Asylfällen, die einzige Quelle der entscheidungserheblichen Informationen. Von einem *generellen „Informationsungleichgewicht"* zulasten des privaten Beteiligten kann demnach keine Rede sein. Schließlich werden etwaige ungleiche Zugänge zu den streiterheblichen Informationen im Einzelfalle auch dadurch ausgeglichen, daß der Bürger sowohl im Verwaltungsverfahren (§ 29 VwVfG) als auch im Verwaltungsprozeß selbst (§ 100 VwGO) das Recht zur *Akteneinsicht* hat.[181] Dieses Recht steht allein dem Bürger zu, verschiebt also das Kräfteverhältnis gegenüber der streitbeteiligten Behörde von vornherein zu seinen Gunsten und modifiziert insofern das Prinzip der prozessualen Waffengleichheit.[182]

Angesichts dieser Faktoren dürfte bezüglich der Tatsachen- und Rechtskenntnisse der Beteiligten kein *typisierbarer Unterschied* zum Zivilprozeß bestehen. Auch der Zivilprozeß muß die prozessuale Waffengleichheit der Parteien gewährleisten, obschon ihre Rechts- und Sachkenntnis, Prozeßerfahrung oder Wirtschaftsmacht sich in ähnlichen Bandbreiten bewegen dürfte wie im Verwaltungsprozeß.[183] Zum Ausgleich dieser Ungleichgewichte reicht die richterliche Prozeßleitung nach § 139 ZPO gänzlich aus, ohne daß es der richterlichen Verantwortung für die Sachverhaltsermittlung nach Maßgabe des Untersuchungsgrundsatzes bedürfte.[184] Der Schluß vom Grundsatz materieller Waf-

---

[180] *K.-D. Schromek*, Die Mitwirkungspflichten der am Verwaltungsverfahren Beteiligten, 88, mit den Beispielen des Betreibers einer Kernenergieanlage und des Herstellers eines Arzneimittels. Vgl. zum Genehmigungsverfahren technischer Großanlagen nur *J. Ipsen*, VVDStRL 48 (1990), 177, 193f.

[181] *B. Köhler-Rott*, Der Untersuchungsgrundsatz im Verwaltungsprozeß und die Mitwirkungslast der Beteiligten, 137.

[182] *K. Redeker*, Verfahrensrechtliche Bindungen der Untersuchungsmaxime im Verwaltungsprozeß, 489 ist der Ansicht, daß die Regelungen der §§ 99f. VwGO mit dem Prinzip der Waffengleichheit grundsätzlich unvereinbar seien; von der Durchbrechung des Prinzips der Waffengleichheit spricht *W. Berg*, Die verwaltungsrechtliche Entscheidung, 44.

[183] *K.-D. Schromek*, Die Mitwirkungspflichten der am Verwaltungsverfahren Beteiligten, 88ff.; in kritischer Wendung gegenüber der „formalen" Verhandlungsmaxime *R. Bender*, JZ 1982, 709, 710. Auch *Bender* geht indes nicht so weit, die Notwendigkeit der Untersuchungsmaxime zu fordern, sondern postuliert eine auf § 139 ZPO gestützte „kompensatorische Verhandlungsführung" (711).

[184] Zu weitgehend allerdings *R. Bender*, JZ 1982, 709, der zunächst für eine lediglich „kompensatorische" Verhandlungsführung eintritt, dann aber – unter Bezugnahme auf Arzthaftungsprozesse – die Sachverhaltsaufklärung zum Instrument des Richters zur Verwirklichung der Chancengleichheit zwischen Patient und Arzt erklärt. Im hier vertretenen Sinne des Ausgleichs prozessualer Chancen aber *W. Henckel*, Vom Gerechtigkeitswert verfahrensrechtlicher Normen, 20: Der Richter habe „darauf hinzuwirken, daß die Parteien ihre prozessualen Chancen

fengleichheit auf den Untersuchungsgrundsatz scheint daher, soweit er ein typisches Ungleichgewicht der Tatsachen- und Rechtskenntnisse zwischen Staat und Bürger voraussetzt, nicht zwingend.

(3) Völlig ungeeignet zur Begründung des Untersuchungsgrundsatzes ist die Bezugnahme auf das angeblich spezifische verwaltungsrechtliche *Subordinationsverhältnis*. Die konstitutionalistische Staatslehre hatte aus der Regelbefugnis des Staates zur einseitigen konkret-individuellen Rechtsetzung im öffentlichen Recht den Fehlschluß gezogen, hierbei handele es sich um eine vom Privatrecht kategorial gesonderte Rechtsordnung. Heute ist dagegen erkennbar, daß öffentliches und privates Recht gleichermaßen ihren Geltungsgrund in der Staatsverfassung finden. Der einzig wesentliche Unterschied beider Rechtsbereiche besteht darin, daß der Erzeugungstatbestand einer privatrechtlichen Rechtspflicht regelmäßig auf einer zweiseitigen, einer öffentlich-rechtlichen Rechtspflicht regelmäßig auf einer einseitigen Willensäußerung beruht.[185] Ansonsten kennzeichnet es den modernen Rechtsstaat, daß er sich an seine eigenen Rechtsnormen bindet und die Beziehungen zu seinen Bürgern in der Weise des Rechts ordnet.[186] Auch die einseitige Rechtsgestaltung steht daher unter der Voraussetzung und mündet in ein *Verhältnis wechselseitiger Rechte und Pflichten*, ohne daß dem Staat als einem der beteiligten Subjekte ein qualitativer „Mehrwert"[187] im Rechtssinne zukäme. Dieses materiell-rechtliche Verhältnis zwischen Staat und Bürger ist strukturell von den Rechtsverhältnissen des Privatrechts der Bürger untereinander nicht zu unterscheiden, mögen auch die Entstehungstatbestände und beteiligten Rechtssubjekte typischerweise unterschiedlich sein.[188] Insoweit kann für das öffentliche Recht kein anderes Verfahren der Rechts- und Tatsachenerkenntnis gelten als für das Privatrecht.

Vor allem jedoch verkennt die Bezugnahme auf die Subordinationstheorie zur Begründung des Untersuchungsgrundsatzes, daß sich der Staat mit der Eröffnung des Verwaltungsrechtswegs zu echten Gerichten i.S.d. Art. 19 Abs. 4

---

wahrnehmen, sachdienliche Anträge stellen, die Tatsachen erschöpfend vorbringen, Beweise antreten und nicht zum Nachteil des Gegners bewußt lügen."

[185] Grundlegend *H. Kelsen*, Allgemeine Staatslehre, 84f.

[186] *E. Friesenhahn*, FS Thoma (1950), 21, 25.

[187] In Anknüpfung an *H. Kelsen*, Allgemeine Staatslehre, 82 („Mehrwerttheorie"). Zutreffend spricht *W. Henke*, DÖV 1980, 621, 623, Anm. 12 von subjektiven Rechten des Staates im rechttechnischen Sinne, die gleichartigen Rechten des Bürgers gegenüberstünden.

[188] Vgl. *W. Henke*, DÖV 1980, 621, 627; zur Befugnis einseitiger Feststellung individuell-konkreter Rechtssätze durch die Verwaltung ebd., 628: Nicht daß die Verwaltung etwas vom Bürger verlangen könne, sei für die Abgrenzung entscheidend, sondern daß sie den objektiv-rechtlich abstrakt normierten Anspruch selbst konkret feststellen und durchsetzen könne. In aller Deutlichkeit zur qualitativen Gleichartigkeit bürgerlich-rechtlicher und öffentlich-rechtlicher Rechtsverhältnisse *E. Friesenhahn*, FS Thoma (1950), 21, 26: „Das Verhältnis des auf Grund öffentlichen Rechts fordernden, gebietenden, gewährenden oder versagenden Staates zu seinen Bürgern ist in seiner logischen Grundstruktur dem des Bürgers gleich, der ebenso auf Grund bürgerlichen Rechts gegenüber einem anderen Bürger handelt".

GG gerade der Möglichkeit begibt, die für das materielle Rechtsverhältnis kennzeichnende Befugnis einseitiger Rechtsbestimmung in den Prozeß zu übertragen. Mit Beginn des Prozesses wird dieses Recht für das streitbefangene Rechtsverhältnis suspendiert.[189] Art. 19 Abs. 4 GG trifft mit der Eröffnung des Rechtsweges für verwaltungsrechtliche Streitigkeiten gerade die wesentliche Bestimmung, daß „die Obrigkeit vor dem Richter mit mir (nämlich dem Bürger, M.K.) gleich wird“[190], daß also eine etwaige Ungleichheit der materiell-rechtlichen Stellung in *vollständige prozessuale Gleichordnung* überführt wird, ohne daß es dazu noch rechtsfürsorgerischer Maßnahmen des Gerichts bedürfte.[191] Gegenüber dem Richter befindet sich die Verwaltungsbehörde in der gleichen Rechtsstellung wie die private Partei.[192]

Die Bezugnahme auf das materiell-rechtliche „Subordinationsverhältnis“ geht damit in zweifacher Weise fehl. Sie zieht zum einen unzutreffende Schlüsse aus einer vermeintlichen Wesensdifferenz zwischen öffentlichem und privatem Recht. Zum anderen und vor allem verkennt sie die wesentliche Errungenschaft des liberalen Rechtsstaates, die Gleichheit von Bürger und Staat als Subjekte des Prozeßrechtsverhältnisses vor einem staatlichen Gericht zu konstruieren, wie Art. 19 Abs. 4 GG sie gewährleistet. Von einem Gebot des Untersuchungsgrundsatzes durch den Grundsatz prozessualer Waffengleichheit kann damit auch unter diesem Gesichtspunkt keine Rede sein.

4. Zusammenfassung und Ausblick

Die in der Literatur verbreitete Ableitung des Untersuchungsgrundsatzes aus dem Verfassungsgebot effektiven Rechtsschutzes konnte widerlegt werden. Schon der Begriff des effektiven Rechtsschutzes selbst ist problematisch. *Effektivität* bezeichnet eine formale Relation zwischen Norminhalt und Wirklichkeit, entfaltet jedoch keine Rückwirkungen auf den Norminhalt selbst. Für die Ermittlung verfassungsrechtlicher Anforderungen an das Gerichtsverfahren ist der Begriff somit redundant. Der Begriff des *Rechtsschutzes* knüpft an den aus der Prozeßtheorie des 19. Jahrhunderts vertrauten Rechtsschutzanspruch an, der aufgrund der individualrechtlichen Zweckbestimmung des Verwaltungsprozesses durch Art. 19 Abs. 4 GG eine Renaissance erfuhr. Die tradierte Kon-

[189] Vgl. *W. Henke*, DÖV 1980, 621, 630.

[190] *E. Bötticher*, Die Gleichheit vor dem Richter, 14.

[191] Vgl. insoweit *B. Köhler-Rott*, Der Untersuchungsgrundsatz im Verwaltungsprozeß und die Mitwirkungslast der Beteiligten, 135f.; auch *K. Eichenberger*, Die richterliche Unabhängigkeit als staatsrechtliches Problem, 169: Durch die Einschiebung des unbeteiligten Dritten werde auch im öffentlichen Recht ein „Rechtsverhältnis rechtmäßig gleichgeordneter Partner geschaffen“. Zur Gleichrangigkeit der Parteien im Finanzprozeß *J. Martens*, StuW 1967, 369, Sp. 369, Anm. 2, vgl. auch ebd., Sp. 383f.

[192] *A. Lang*, VerwArch 1961, 60, 76.

zeption des Rechtsschutzanspruchs kollidiert jedoch mit dem verfassungsrechtlichen Begriff der Rechtsprechung als Verfahren neutraler Streitentscheidung. Sie führt dazu, das Gericht zum Adressaten des jeweils streitgegenständlichen materiellen Rechts zu degradieren. Zudem ist die Vorstellung einer präexistenten materiellen Rechtslage, deren Bestätigung die Parteien vom Gericht verlangen können, mit der Konzeption des Prozesses als eines autonomen, selektiven Verfahrens der Rechtserkenntnis nicht zu vereinbaren.

Schließlich fehlt es auch an einer verfassungsrechtlichen Rechtsgrundlage für einen Rechtsschutzanspruch des Bürgers. Art. 19 Abs. 4 GG legt den Zweck der Verwaltungsgerichtsbarkeit auf die Gewährleistung individueller Rechtsausübung vor echten Gerichten fest, beschränkt sich also auf einen *Justizgewährungsanspruch*. Dessen materielle, verfahrensbezogene Gehalte ergeben sich zum einen aus dem verfassungsrechtlichen Begriff der Rechtsprechung, zum anderen aus den flankierenden Justizgrundrechten und den übrigen rechtsstaatlichen Direktiven für das verwaltungsgerichtliche Verfahren. Auch die Verfahrensdimension der *materiellen Grundrechte* enthält, anders als es die mangelnde Differenzierung zwischen Gerichts- und Verwaltungsverfahren insinuiert, kein Gebot effektiven Rechtsschutzes. Vielmehr verbietet es sich angesichts der Entscheidung des Grundgesetzes für ein Verfahren neutraler Streitentscheidung, das Prozeßrecht zum Verwirklichungsmodus einseitiger Rechtspositionen einer Partei zu degradieren, auch wenn es sich um Grundrechtspositionen handelt.

Zu den Verwirklichungsbedingungen der Rechtsweggarantie gehören das Gebot der vollständigen rechtlichen und tatsächlichen *Überprüfung* des Verwaltungshandelns durch die Gerichte sowie die Gewährleistung prozessualer *Waffengleichheit* im Prozeß. Aus der zuerst genannten Verfahrensanforderung kann jedoch nicht auf die Notwendigkeit des Untersuchungsgrundsatzes geschlossen werden. Sie schließt es lediglich aus, daß das Gericht bei der Rechtserkenntnis von vornherein an den Tatsachenvortrag einer Partei, etwa der Behörde, gebunden ist. Dies wäre jedoch auch in Verfahren nach Maßgabe des Verhandlungsgrundsatzes gewährleistet. Auch das Prinzip prozessualer Waffengleichheit enthält kein Gebot kompensatorischer Tatsachenermittlung des Richters zugunsten des Bürgers. Die zugrundeliegende Typisierung erweist sich angesichts der Rechtswirklichkeit des Verwaltungsprozesses, namentlich der Differenzierung der Klägerrolle und des tatsächlichen Zugangs zu entscheidungserheblichen Informationen, als Fehlabstraktion. Die Bezugnahme auf das verwaltungsrechtliche Subordinationsverhältnis verkennt, daß Art. 19 Abs. 4 GG gerade die prozeßrechtliche Gleichordnung von Staat und Bürger in den Verfahren vor den Verwaltungsgerichten anordnet.

Die mit dem Schlagwort des effektiven Rechtsschutzes verbundenen Vorstellungen richterlicher Fürsorge für die private Partei im Wege selbsttätiger Sachverhaltsermittlung finden damit in der Verfassung keine Resonanz. Der im vorangehenden Abschnitt aufgezeigte Wertungswiderspruch zwischen der Tatsachenermittlung von Amts wegen und dem Gebot richterlicher Neutralität wird somit nicht durch ein Verfassungsgebot zur Individualrechtsfürsorge entschärft.

IV. Öffentliches Interesse

Wie oben dargestellt, ruhte die Begründung des Untersuchungsgrundsatzes in der Diskussion um das Verfahren der Verwaltungsgerichtsbarkeit im 19. Jahrhundert wesentlich auf dem Argument, die richterliche Sachverhaltsverantwortung sei erforderlich, um die Belange des Gemeinwohls zu wahren. Auf diese Weise sollte der Verwaltungsrichter dazu ermächtigt werden, den Rationalitätskriterien des politischen Systems im Verfahren der Verwaltungsrechtspflege Wirksamkeit zu verschaffen und den rein juridischen Erwägungen gegenüberzustellen. Aus der Rückschau erscheint der Untersuchungsgrundsatz geradezu als Symbol jener Positionierung der Verwaltungsgerichtsbarkeit an der Schnittstelle von Recht und Politik, von der die Schwierigkeiten ihrer staatstheoretischen Verortung und rechtlichen Konzeption herrührten.

Mit der Ausbildung des Rechtsstaates ging die Politik dazu über, mehr und mehr Gemeinwohltatbestände oder öffentliche Interessen in die Form des positiven Rechts zu gießen. Der Verwaltungsgerichtsbarkeit stellte sich mit zunehmender *Normativierung des Gemeinwohls* die Aufgabe, öffentliche Interessen als Rechtsbegriffe operabel zu machen und dogmatisch zu erschließen. Mit diesem Wechsel der Systemreferenz des Gemeinwohls wurden die Verwaltungsgerichte aber nicht etwa in das politische System einbezogen. Diese Gefahr der Entdifferenzierung hätte vielmehr nur dann bestanden, wenn der Verwaltungsrichter, wie es zuvor für die Administrativjustiz befürchtet wurde, zur rechtlich ungebundenen Gemeinwohlkonkretisierung hätte ermächtigt werden sollen. Mit der Schließung des Rechtsstaates und der Normativierung des Gemeinwohls wurde dessen Konkretisierung jedoch in zunehmendem Maße eine Aufgabe der *Rechtsanwendung*. Diese Aufgabe gehorcht methodisch den gleichen Gesetzen wie die Auslegung beliebiger, mehr oder minder bestimmter Begriffe des übrigen positiven Rechts.[1] Mit der Normativierung des Gemeinwohls, so die oben entwickelte These, wurde die maßgebliche Funktion des Untersuchungsgrundsatzes im konstitutionalistischen Paradigma, dem Richter die Fähigkeit zur Berücksichtigung rechtsfremder Gesichtspunkte zu überantworten, hinfällig.

[1] Diese Grundannahme wird mittlerweile detailliert bestätigt durch die Untersuchungen *R. Uerpmanns*, Das öffentliche Interesse, 321 und passim.

Gleichwohl hat das Gemeinwohlargument diesen tiefgreifenden Bedeutungswandel überlebt. Es erscheint heute allerdings in unterschiedlichen Fassungen, die nur zum Teil Anschluß an die verfassungsrechtlichen Vorgaben für die Verwaltungsgerichtsbarkeit finden (1). Die unmittelbare Zweckstellung des Verwaltungsprozesses besteht, wie Art. 19 Abs. 4 GG anzeigt, allein in der Gewährleistung individueller Rechtsausübung, während die objektive Rechtskontrolle gleichsam rückseitig mitgeleistet wird.[2] Gleichwohl enthält der korrespondierende Begriff der subjektiv-öffentlichen Rechte in Gestalt der Schutznormtheorie irritierende Bezüge zum Begriff öffentlicher Interessen, die auf ihre Relevanz für die Tragfähigkeit des Gemeinwohlarguments unter den heutigen rechtlichen Vorgaben zu untersuchen sind (2). In seiner heute noch vertretbaren Form lautet das Gemeinwohlargument, der Untersuchungsgrundsatz sei um des öffentlichen Interesses an der objektiven Rechtskontrolle der Verwaltungsgerichte willen geboten. Dem könnte bereits mit dem Hinweis auf Art. 19 Abs. 4 GG begegnet werden. Hier soll indes auch die weitergehende Frage behandelt werden, ob die zugrundeliegende Verknüpfung von objektiver Rechtskontrolle, prozessualer Wahrheit und Untersuchungsgrundsatz zutrifft (3).

1. Begründungsansätze

a) Parallelwertungen im materiellem und prozessualen Recht

Gegen Ende des 19. Jahrhunderts geriet die Bezugnahme auf das „öffentliche Interesse" zum Standardargument, um Verfahrensabweichungen zwischen Zivil- und Verwaltungsprozeß bei der Sachverhaltsermittlung zu begründen. Da es sich, so stellvertretend für das überwiegende Schrifttum *Gerhard Anschütz*, bei „der Verwaltungsgerichtsbarkeit nicht um privatrechtliche, der Disposition des Inhabers anheimgegebene Ansprüche, sondern um öffentliche Angelegenheiten handelt, welche ohne Rücksicht auf das Belieben der Partei dem Gesetze und dem öffentlichen Interesse gemäß zu entscheiden sind", habe der Gesetzgeber in diesem Punkte vom zivilprozessualen Vorbild abweichen müssen.[3]

aa) Die Verwaltungsrechtslehre knüpfte damit an eine *Parallelwertung zum Privatrecht* an, das – wie oben geschildert – als Modell reiner, isolierter Individualbeziehungen konzipiert und von den Rechtsbeziehungen des Bürgers zum Staat differenziert wurde. Das Privatrecht erschien als Recht der Freiheit, das notwendigerweise von Privatautonomie und vertraglicher Rechtsproduktion gekennzeichnet war. Aufgrund dieser rechtstheoretischen Aufladung galt der

---

[2] Zum Wechselverhältnis zwischen individueller Rechtsausübung vor Gericht und der Gewährleistung objektiver Rechtmäßigkeit oben, Abschnitt I. 4. b).

[3] *G. Anschütz*, Art. Verwaltungsgerichtsbarkeit, 333.

Verhandlungsgrundsatz als notwendiges Korrelat materiell-rechtlicher Wertentscheidungen – zunächst infolge unmittelbarer Ableitung aus dem Privatrecht, dann als Ausdruck einer liberalen Grundkonzeption des Verhältnisses von Bürger und Staat im Prozeß. Auf der Gegenseite führte die enge ideelle Verbindung von Privatautonomie und Verhandlungsgrundsatz gleichsam automatisch zur Geltung des Untersuchungsgrundsatzes im Verwaltungsprozeß.

Gegen Ende des 19. Jahrhunderts wurde das Fundament dieser Dichotomie brüchig. Zwar wollte noch *Rudolph Sohm* das Privatrecht als „Magna Charta unserer öffentlichen Freiheit" verstanden wissen, auf der, „weit mehr als auf der Staatsverfassung", die bürgerliche Freiheit beruhe.[4] Derartige Urteile konnten sich aber nicht mehr auf metajuristische Wesensbestimmungen des bürgerlichen Rechts, sondern lediglich auf leitende Gesichtspunkte der positiven Rechtsetzung stützen. Seit der rechtstheoretischen Vorgabe des *Geltungsvorrangs* der Verfassung als oberster Rechtsquelle können Privatautonomie und Vertragsfreiheit nicht mehr als „Wesensausdruck" einer gleichsam außerstaatlichen Rechts- und Freiheitssphäre, sondern nur noch als Gehalt positiver Anordnungen des Gesetzgebers verstanden werden. Sie sind kontingente Wertungen des positiven Rechts,[5] die ihrerseits in einer Verwirklichungsfunktion für Grundentscheidungen des Gesetzgebers auf höherer, verfassungsrechtlicher Ebene stehen.

Erkennt man die Privatautonomie des Zivilrechts als Verwirklichung verfassungsrechtlicher, damit öffentlich-rechtlicher Grundrechtsgewährleistungen,[6] wird diese Konvergenz besonders deutlich. Zwar lassen sich graduelle Unterschiede zwischen öffentlichem und privatem Recht anhand der jeweils prägenden Wertentscheidungen[7] und der typischen Entstehungstatbestände individuell-konkreter Rechtspflichten ausmachen. Eine am Kriterium der Rechtsquelle oder an Wesensspekulationen orientierten Unterteilung des positiven Rechtsstoffs dagegen ist heute nicht mehr vertretbar. Alles Recht weist auf den Geltungsgrund und die grundlegenden normativen Richtungsvorgaben der Verfassung zurück. Für den *Erzeugungs*tatbestand des Rechts, mittlerweile aber auch

---

[4] *R. Sohm*, in der ersten Beratung des Entwurfs eines Bürgerlichen Gesetzbuches im Reichstag, 32. Sitzung v. 5. Februar 1896, zit. nach *B. Mugdan (Hg.)*, Die gesammten Materialien zum Bürgerlichen Gesetzbuch für das Deutsche Reich, Bd. 1, 1899, 905 (909).

[5] Daß diese Wertungen nicht aus dem normativen Nichts geschaffen, sondern aus dem tradierten Bestand übernommen und weitergeführt werden, hat zuletzt *M. Jestaedt*, Grundrechtsentfaltung im Gesetz, 22ff. (27f.) verdeutlicht.

[6] So zuletzt *R. Uerpmann*, Das öffentliche Interesse, 71.

[7] *R. Uerpmann*, Das öffentliche Interesse, 71. Man sollte diesen Unterschied freilich nicht überschätzen. Ist die Privatautonomie einerseits die wesensbestimmende Strukturentscheidung des Privatrechts, andererseits die Konkretisierung des – ihrerseits für die verfassungsrechtliche „Wertordnung" zentralen – Art. 2 Abs. 1 GG, dann fällt die Unterscheidung auf der Ebene verfassungsrechtlicher Wertungen in sich zusammen. Zugleich wird die zivilrechtliche Privatautonomie durch verfassungsrechtliche Vorgaben (z.B. Sozialstaatlichkeit, mittelbare Drittwirkung über die unbestimmten Rechtsbegriffe des BGB) relativiert.

für die grundlegenden materiell-rechtlichen Wertungen gilt die bündige Feststellung *Georg Jellineks*: „Ohne öffentliches Recht kein Privatrecht“[8]. *Kelsen* zog die fällige Konsequenz, die Unterscheidung zwischen beiden Rechtskreisen überhaupt für hinfällig zu erachten. Bezogen auf den einheitlichen Erzeugungstatbestand kann demnach „alles objektive Recht dem öffentlichen Interesse der Gesamtheit“ dienen und wird vom Standpunkt des Gesetzgebers aus nur zu diesem Zweck erlassen. Auch das Zivilrecht dient in externer Betrachtung dem öffentlichen Interesse.[9] Umgekehrt besteht aus Sicht des rechtsunterworfenen Einzelsubjekts für jeden Rechtssatz die Möglichkeit der Subjektivierung, wenn er die Interessen des einzelnen im besonderen berührt.[10]

bb) Die Unterschiede zwischen beiden Teilbereichen des positiven Rechts werden damit nicht geleugnet, namentlich was den Kreis der Berechtigten und Verpflichteten (Sonderrechtsaspekt) sowie die jeweils typischen oder zumindest vorherrschenden konkret-individuellen Rechtserzeugungstatbestände (Subordinationsaspekt) angeht. Auch die Rechtsordnung selbst knüpft, sichtbar etwa in § 40 Abs. 1 VwGO, an die Leitunterscheidung beider Rechtskreise an. Zweifelhaft ist jedoch, ob diese Unterscheidung hinreichend Substanz aufweist, um die *Begründung von Verfahrensdifferenzierungen* zwischen Zivil- und Verwaltungsprozeß unter dem Gesichtspunkt divergierender Grundwertungen zu tragen.

Ein entsprechendes Problembewußtsein ist jedoch selten vorhanden. Statt dessen heißt es noch heute, da der gewöhnliche Zivilprozeß weitgehend den *Parteiinteressen* diene, ergehe die Entscheidung darin auf der Grundlage der von Parteien vorgebrachten Tatsachen, wogegen der Untersuchungsgrundsatz in jenen Verfahren gelte, in denen ein *öffentliches Interesse* an der Aufklärung der Wahrheit bestehe.[11] Der Verhandlungsgrundsatz sei „das Korrelat zu einer Privatrechtsordnung, die auf den Grundsätzen der Vertragsfreiheit und des Privateigentums beruht. Dagegen beherrscht der Untersuchungsgrundsatz alle Verfahren, in denen es um die Durchsetzung öffentlicher Interessen geht.“[12] Der Verwaltungsprozeß dürfe daher, im Gegensatz zum Zivilprozeß, nicht der „Parteiwillkür“ anheimfallen.[13] Umgekehrt wird argumentiert, da das Verfah-

[8] *G. Jellinek*, System der subjektiven öffentlichen Rechte, 10.

[9] *R. Uerpmann*, Das öffentliche Interesse, 70, 205f.; *E. Schmidt-Aßmann*, Öffentliches Recht und Privatrecht: Ihre Funktionen als wechselseitige Auffangordnungen – Einleitende Problemskizze, 14.

[10] *H. Kelsen*, Hauptprobleme der Staatsrechtslehre, 269.

[11] *L. Rosenberg/K. Schwab/P. Gottwald*, Zivilprozeßrecht, 425.

[12] *C.H. Ule*, Verwaltungsprozeßrecht, 134.

[13] *C.H. Ule*, Verwaltungsprozeßrecht, 6; bereits *ders.*, VerwArch 1971, 114, 126; vgl. *W. Henckel*, Prozeßrecht und materielles Recht, 144, unter direkter Bezugnahme auf *Wetzell* und *Wach* m.w.N. Aus der Rsp. *BVerfGE* 9, 256 (257), allerdings für das Ehelichkeitsanfechtungsverfahren der freiwilligen Gerichtsbarkeit: Der Untersuchungsgrundsatz solle das öffentliche Interesse an einer richtigen Entscheidung wahren und Mißbrauch durch Parteiwillkür verhindern; für

ren vor den Zivilgerichten nur der Durchsetzung des Parteiwillens und damit privater Interessen diene, fehle es am öffentlichen Interesse an der Aufklärung des Sachverhalts.[14]

Bei näherem Hinsehen lassen sich drei Erscheinungsformen des Gemeinwohlarguments unterscheiden. Zum einen wird unmittelbar auf die durch den Verfahrensgegenstand betroffenen öffentlichen Interessen rekurriert, die mit den geltend gemachten Privatinteressen konkurrieren sollen (b). Zum anderen wird das öffentliche Interesse an der objektiv richtigen Streitentscheidung selbst in den Blick genommen (c). Schließlich wird die Konkretisierungsbedürftigkeit des öffentlichen Interesses im Prozeß der Rechtsanwendung hervorgehoben, woraus die Notwendigkeit einer neuen Funktionsbeschreibung der Verwaltungsgerichte als Akteure im Prozeß der Gemeinwohlverwirklichung folgen soll (d).

b) Öffentliches Interesse im Verwaltungsprozeß

Das Argument streitimmanenter öffentlicher Interessen knüpft unmittelbar an jene Vorstellung aus der Begriffswelt des Konstitutionalismus an, bei den verwaltungsrechtlichen Streitigkeiten stehe regelmäßig ein „öffentliches Interesse" in Rede, das letzten Endes durch das Verwaltungsgericht selbst wahrzunehmen sei. In diese Richtung weist die Äußerung *Ules*, im Verwaltungsprozeß gehe es um die Durchsetzung öffentlicher Interessen.[15] Ähnlich argumentiert *Menger*, die in vielen Verwaltungsprozessen tangierten öffentlichen Interessen erforderten eine vollständige Sachaufklärung und schlössen es aus, den Parteien die Verfügung über den Tatsachenstoff zu überlassen.[16] In aufschlußreicher Klarheit heißt es in einer jüngeren monographischen Einlassung zum Untersuchungsgrundsatz, da weder die streitbeteiligte Behörde noch der Vertreter des öffentlichen Interesses die streitbefangenen öffentlichen Interessen wahrnehmen könnten, sei das Gericht zu dessen Wahrung berufen. Es müsse die Tatsachenfeststellung übernehmen, um zu prüfen, ob die Erfordernisse des öffentlichen Interesses eingehalten worden seien.[17] Dementsprechend dürften die Be-

den Verwaltungsprozeß zustimmend *A. R. Michael*, Die Verteilung der objektiven Beweislast im Verwaltungsprozeß, 39.

[14] *W. Berg*, Die verwaltungsrechtliche Entscheidung, 40; ähnlich *D. Brüggemann*, Judex statutor und judex investigator, 169.

[15] *C.H. Ule*, Verwaltungsprozeßrecht, 134.

[16] *C.-F. Menger*, Allgemeine Prozeßgrundsätze, 434. Zahlreiche Nachweise zur älteren Lit. bei *A. Lang*, VerwArch 1961, 60, Anm. 2.

[17] *B. Köhler-Rott*, Der Untersuchungsgrundsatz im Verwaltungsprozeß und die Mitwirkungslast der Beteiligten, 147. Kritisch gegenüber dem in diesem Argument zum Ausdruck kommenden „Mißtrauen gegen die Behörden" und den Vertreter des öffentlichen Interesses schon *W. Grunsky*, Grundlagen des Verfahrensrechts, 165.

teiligten über den Tatbestand der gerichtlichen Entscheidung nicht disponieren können.[18]

Mit dem verfassungsrechtlichen Begriff der Rechtsprechung im oben entwickelten Sinne ist diese Auffassung nicht vereinbar. Die selbständige Wahrnehmung von Interessen durch das Gericht, und seien es „öffentliche Interessen", verstößt gegen den Grundsatz richterlicher Unabhängigkeit, der gerade durch das Moment der Interesselosigkeit, Passivität und Neutralität gegenüber dem Streitgegenstand geprägt ist. Die Berücksichtigung außerrechtlicher Momente durch den Verwaltungsrichter stößt sich unter den heutigen verfassungsrechtlichen Vorgaben an dem Erfordernis exklusiver Rechtsbindung. „Öffentliches Interesse" im Verwaltungsprozeß kann nur insoweit zur Geltung kommen, wie es im Zuge der Normativierung des Gemeinwohls Einzug in die entscheidungserheblichen Rechtsnormen gefunden hat. Eine vom Recht isolierte Bedeutung kommt dem öffentlichen Interesse im Verwaltungsprozeß selbst nicht zu.[19] Es kann weder von den maßgeblichen Rechtsvorschriften abgelöst[20] noch den betroffenen subjektiven Interessen oder Rechten übergeordnet werden. Gleichwohl schwingt die Vorstellung, der Richter sei zur eigenständigen Wahrung substantieller öffentlicher Interessen im Prozeß berufen, häufig auch dann gleichsam unterschwellig mit, wenn das Gemeinwohlargument in die heute jedenfalls in der Sache anschlußfähige Form gebracht wird, nämlich als öffentliches Interesse an der richtigen Gesetzesanwendung schlechthin.

c) Öffentliches Interesse am Verwaltungsprozeß

Allenfalls an der zutreffenden Auslegung der einschlägigen Rechtsnormen selbst, die aus öffentlichen ebenso wie privaten Beweggründen in Bewegung gesetzt werden können, kann aus externer Betrachtung ein „öffentliches Interesse" bestehen,[21] das freilich die im konkreten Streitfall betroffenen Interessen notwendigerweise transzendiert. Diesen Weg geht das wohl überwiegende

---

[18] So – ebenfalls unter Bezugnahme auf die Verwaltungsprozeß tangierten „öffentlichen Interessen" – *G. Lüke*, JuS 1961, 41, 43. Vgl. kritisch zu neueren Entwicklungen im Wirtschaftsrecht *S. Smid*, Richterliche Rechtserkenntnis, 31: Es werde versucht, mittels der Rechtsprechung ein Instrument staatlicher Wirtschaftslenkung in Gang zu setzen, indem der Richter zur Wahrung „öffentlicher Interessen" auf der Basis des „richtigen politischen Bewußtseins" verpflichtet werde; ausf. ebd., 39ff.

[19] *F. Kopp*, BayVbl. 1980, 263, 264; auch *J.J. Hagen*, Elemente einer allgemeinen Prozeßlehre, 57: „Für den dogmatischen Juristen sind Interessen nur insofern von Bedeutung als sie rechtlich geschützt sind."

[20] *F. Kopp*, BayVbl. 1980, 263, 264.

[21] Typische Vermischung der Ebenen dagegen bei *C.-F. Menger*, System des verwaltungsgerichtlichen Rechtsschutzes, 47f.: Der Aufrechterhaltung der Rechtsordnung komme im Kollisionsfall der „Vorrang vor der Verwirklichung *anderer* öffentlicher Interessen" zu (Hervorhebung durch mich, M.K.).

Schrifttum, wenn es das öffentliche Interesse an der *sachlichen Richtigkeit* der Entscheidung hervorhebt und mit den Grundsätzen der materiellen Gesetzmäßigkeit der Verwaltung und der Gesetzesbindung der Verwaltungsgerichte (Art. 20 Abs. 3, 97 Abs. 1 GG) begründet.[22] Bei der Durchsetzung öffentlichen Rechts müßten die Verwaltungsgerichte, so dieses Argument, die volle Verantwortung für die Gesetzmäßigkeit hoheitlicher Eingriffe oder Leistungen tragen, was die Befugnis der Verwaltungsgerichte zur parteiunabhängigen Sachverhaltsermittlung voraussetze.[23] In diesem argumentativen Zusammenhang finden sich Bezugnahmen auf die Prinzipien der Gewaltenteilung, des Rechtsstaates[24] bis hin zur Verwirklichung „materieller Gerechtigkeit“[25] durch das verwaltungsgerichtliche Urteil.

Der Rekurs auf das öffentliche Interesse in dieser Bedeutungsvariante ist redundant. Maßgeblich für die juristische Argumentation sind allein die Anordnungen der in Bezug genommenen Normen einschließlich der Gesetzesbindung der öffentlichen Gewalt nach Art. 20 Abs. 3 GG, nicht ein nur außerrechtlich erkennbares Interesse an der Einhaltung dieser Normen. Freilich transportiert der Begriff des öffentlichen Interesses bis heute die Vermutung, öffentliches und privates Recht stellten hinsichtlich ihrer prozessualen Handhabung qualitativ unterschiedliche Anforderungen. Dies schlägt insbesondere auf die

---

[22] *F. O. Kopp*, Verwaltungsgerichtsordnung, § 86, Rn. 1. Ebenso *R. Schenke*, in: BK, Art. 19 Abs. 4, Rn. 87; vgl. *W. Berg*, Die verwaltungsrechtliche Entscheidung, 40; *ders.*, Die Verwaltung 1976, 161, 165: „Zwang zur materiellen Gesetzmäßigkeit“ in Verwaltungsverfahren und -prozeß; *ders.*, FS Menger (1985), 537, 543, wo zusätzlich das „demokratische Prinzip“ bemüht wird; *M. Dawin*, in: *F. Schoch/E. Schmidt-Aßmann/R. Pietzner*, Verwaltungsgerichtsordnung, § 86, Rn. 16; *J. Haverkämper*, Die verfassungsrechtlichen Grundlagen, 81ff., 86ff.; *W. Höfling/V. Breustedt*, in: NKVwGO, § 86, Rn. 14; *B. Kropshofer*, Untersuchungsgrundsatz und anwaltliche Vertretung im Verwaltungsprozeß, 52ff.; *A. R. Michael*, Die Verteilung der objektiven Beweislast im Verwaltungsprozeß, 40; *M. Nierhaus*, Beweismaß und Beweislast, 259; *K. D. Schromek*, Die Mitwirkungspflichten der am Verwaltungsverfahren Beteiligten, 93 (unter Differenzierung von den verfahrensbetroffenen Interessen); *C. H. Ule*, in: VerwArch 1971, 127 für Verwaltungsverfahren und -prozeß; in Beziehung zum Gebot effektiven Rechtsschutzes *D. Lorenz*, Der Rechtsschutz des Bürgers und die Rechtsweggarantie, 271. –Für das Ehelichkeitsanfechtungsverfahren *BVerfGE* 9, 256 (257): Aber in diesem Verfahren gilt im Gegensatz zu dem ordentlichen Verfahren der Zivilprozeßordnung ... die Offizialmaxime ... Diese Gestaltung des Verfahrens soll das öffentliche Interesse an einer richtigen Entscheidung wahren und Mißbrauch durch Parteiwillkür verhindern.“ Aus der Rsp. auch OVG Koblenz, NJW 1978, 1455; ferner OVG Lüneburg, NJW 1978, 1493 (1494).

[23] *W. Berg*, Die verwaltungsrechtliche Entscheidung, 41. Verfehlt dagegen die Idee *B. Kropshofers*, Untersuchungsgrundsatz und anwaltliche Vertretung im Verwaltungsprozeß, 50, von der richterlichen Unabhängigkeit auf die Alleinverantwortlichkeit des Richters für die Richtigkeit des Urteils und damit den Untersuchungsgrundsatz zu schließen. Der „Anspruch auf Richtigkeit“ des gerichtlichen Urteils impliziert, wie der zivilprozessuale Verhandlungsgrundsatz illustriert, keine bestimmte Methode der Wahrheitsermittlung.

[24] *R. Schenke*, in: BK, Art. 19 Abs. 4, Rn. 87.

[25] *J. Haverkämper*, Die verfassungsrechtlichen Grundlagen, 84, 95f.; *B. Kropshofer*, Untersuchungsgrundsatz und anwaltliche Vertretung im Verwaltungsprozeß, 53.

Bewertung der jeweils streitbefangenen *subjektiven Berechtigungen* durch. Da die subjektiv-öffentlichen Rechte, so das aus der Diskussion des 19. Jahrhunderts vertraute Argument, ihren Ursprung in der Zugehörigkeit zur staatlichen Gemeinschaft hätten, müßten sie der Parteienwillkür entzogen werden.[26] Die Bezugnahme auf das öffentliche Interesse am Verwaltungsprozeß träte damit, träfe dieses Argument zu, in Widerspruch zur ihrerseits verfassungsrechtlich garantierten Dispositionsbefugnis des einzelnen über seine Rechte, seien diese nun privat- oder öffentlich-rechtlicher Natur. Dieser potentielle Widerspruch gibt Anlaß, zunächst der subjektiv-rechtlichen Zweckbestimmung des Verwaltungsprozesses (Art. 19 Abs. 4 GG) nachzugehen. Die Vermutung geht dahin, daß die Rechtsordnung von einem einheitlichen Begriff subjektiver Rechte ausgeht, der für Verfahrensdifferenzierungen zwischen privat- und öffentlich-rechtlichen Streitigkeiten keinen Anlaß gibt (unter 2).

Daneben kommt es in Betracht, aus der Gesetzesbindung von Verwaltung und Verwaltungsgerichtsbarkeit *objektiv-rechtsstaatliche Kontrollzwecke* der Verwaltungsgerichtsbarkeit abzuleiten und hierin eine Rechtfertigung der Untersuchungsmaxime zu suchen.[27] Diese Argumentation setzt einen Zusammenhang zwischen objektiver Rechtskontrolle, der Ermittlung „materieller Wahrheit" im Prozeß und der Sachverhaltsermittlung im Wege der Untersuchungsmaxime voraus.[28] Sie gibt Anlaß, den zugrundeliegenden Begriff prozessualer Wahrheit zu überprüfen und in Beziehung zum rechtsstaatlichen Grundsatz der Gesetzesbindung zu setzen (unter 3).

d) Öffentliches Interesse durch Verwaltungsprozeß

Abseits der Hauptströme zur Begründung des Untersuchungsgrundsatzes um der Wahrung des öffentlichen Interesses willen verlaufen jene Ansätze, die der Rechtsprechung eine neue Funktionsbeschreibung als gleichgeordneter Akteur im Prozeß der Aktualisierung konstitutionell vorbestimmter Gemeinwohlgehalte zuweisen wollen.[29]

---

[26] *C.H. Ule*, Verwaltungsprozeßrecht, 6; vgl. *F. O. Kopp*, Verfassungsrecht und Verwaltungsverfahrensrecht, 71; *L. Menzinger*, zit. bei *A. Lang*, in: VerwArch 1961, 60, 80 m.w.N.; kritisch *W. Berg*, Die verwaltungsrechtliche Entscheidung, 38.

[27] *E. Schmidt-Aßmann*, in: Maunz/Dürig, Grundgesetz, Art. 19 Abs. 4, Rn. 9, 219.

[28] *J. Haverkämper*, Die verfassungsrechtlichen Grundlagen, 84. Fernliegend die Ansicht *E. Schmidts*, DuR 1984, 24, 28, die Ermittlung der Wirklichkeit sei um der Legitimität richterlicher *Rechtsfortbildung* willen erforderlich. Für die methodische und inhaltliche Berechtigung der Generalisierbarkeit richterlicher, „das Recht verändernder Aussagen" (*Schmidt* a.a.O.) kommt es nicht darauf an, ob der konkret zugrundeliegende Sachverhalt außerhalb des Verfahrens kohärent ist oder nicht, sondern ob aus dem – wie immer gebildeten – Sachverhalt richtige rechtliche Schlüsse gezogen wurden.

[29] Namentlich *P. Häberle*, Öffentliches Interesse als juristisches Problem, 368.

aa) Diese bereits verschiedentlich in das Blickfeld dieser Untersuchung geratenen Ansätze[30] operieren zwar vor der zutreffenden Hintergrundannahme der Normativierung des Gemeinwohls. Sie leiten jedoch einen ähnlichen Prozeß der Entdifferenzierung von Politik und Recht ein, wie er unter anderem für die konstitutionalistische Konzeption der Verwaltungsrechtspflege als Teil der aktiven Verwaltung kennzeichnend war. Erneut soll der Verwaltungsrichter, diesmal unter den Vorzeichen rechtsmethodischer Ungewißheiten und den hierauf gründenden rechts*internen* Zweifeln an der Steuerungsfähigkeit des Gesetzes, in einen arbeitsteiligen Prozeß der Formulierung öffentlicher Interessen eingebunden werden.[31] Unter Verweis auf gesetzlich eröffnete Freiräume für selbständige Wertungen, deren Ausfüllung sich an den Zielen des Gemeinwohls und der Gerechtigkeit zu orientieren habe, wird dem Richter die Aufgabe der Realisierung öffentlicher Interessen zugeschrieben, die ihn zur gesellschaftlich-politischen Kraft und Macht im Staate erheben soll.[32]

Nur eine andere Nuancierung – die sich immerhin durch den Verzicht auf die argumentative Hypothek des „Gemeinwohls" auszeichnet – stellt die Ansicht dar, die abnehmende Steuerungskraft der Gesetze erfordere einen legitimen Anteil des Verwaltungsrichters an der Rechtsentwicklung, der Integration des Staatswesens und damit an der Gesamtsteuerungskapazität des politischen Systems.[33] Schließlich ist zu lesen, den Verwaltungsgerichten wachse eine neue Funktion als ausgleichende Instanz heterogener Interessen zu.[34] Der Verwaltungsstreit sei, namentlich im Zuge der Entscheidungsrelevanz des *Planungs*rechts, nicht mehr durch den Antagonismus zweier Parteien, sondern durch eine Vielzahl zu beachtender Interessenverflechtungen zwischen Privaten, Gruppen und der Verwaltung gekennzeichnet.[35]

Die Begründung richterlicher Eigenbefugnisse bei der *Sachverhaltsermittlung* folgt aus diesen Umwertungen der Rechtsprechung wie selbstverständlich. Die Bindung an gesetzliche Gemeinwohltatbestände und die damit vermittelte Teilhabe des Richters an öffentlicher Gemeinwohlkonkretisierung erfordert *Häberle* zufolge gerade jene „‚Freiheit' in der Sachverhaltsfeststellung und -analyse, die das Gesetz dem Richter von vornherein aufträgt."[36] Zumal im Verwaltungsrecht spiele diese Aufbereitung des konkreten Sachverhalts eine große Rolle. „Gerichtsverfassungsgesetz und Verfahrensordnungen haben für die Feststellung des materiellen Rechts eine ähnliche Bedeutung wie die Verwal-

---

30 Vgl. namentlich Abschnitt II. 3. a) cc).

31 *P. Häberle*, Öffentliches Interesse als juristisches Problem, 222ff.

32 *A. Voßkuhle*, Rechtsschutz gegen den Richter, 92, 93f.

33 *W. Brohm*, DVBl. 1986, 321, 329; zurückhaltend *E. Schmidt-Aßmann*, in: *F. Schoch/E. Schmidt-Aßmann/R. Pietzner*, Verwaltungsgerichtsordnung, Einl., Rn. 176.

34 *W. Brohm*, NJW 1984, 8, 13.

35 *W. Brohm*, DÖV 1982, 1, 4.

36 *P. Häberle*, Öffentliches Interesse als juristisches Problem, 227.

tungsverfahrensarten sie dort besitzen, wo sie maßgeblich dazu beitragen sollen, das öff. Interesse ausfindig zu machen". Aus dieser Einsicht folge, so *Häberle*, eine gewisse Annäherung zwischen den Prozessen, in welchen der Richter das öffentliche Interesse konkretisiert, und jenen, in denen die Verwaltung „die öff. Interessen quasi-judiziell ermittelt".[37]

bb) Ein Verfassungsgebot des Untersuchungsgrundsatzes läßt sich auf diese Weise jedoch nicht begründen. Die Auslegung von Gemeinwohlklauseln folgt denselben methodischen Regeln wie die Auslegung unbestimmter Rechtsbegriffe im allgemeinen, die mittlerweile selbstverständlich in die Kontrollkompetenz der Gerichte fällt. Damit ist aber keine Ermächtigung zur freien, schöpferischen Ausfüllung gesetzlicher Gemeinwohltatbestände durch quasi-politische Ermessensbetätigung gemeint. Vielmehr ist gerade bei derartigen richterlichen Entscheidungen „ein Höchstmaß an rechtssatzorientierter, rationaler Begründung" zu verlangen, die durch eine entwickelte *Dogmatik des öffentlichen Interesses* sicherzustellen ist.[38]

Daß die inhaltliche Direktionskraft des Gesetzes gering sein kann, ist bekannt. Aus dieser Problematik der legitimatorischen Grundkonzeption eines jeden gewaltenteiligen, demokratischen Rechtsstaats[39] erwächst jedoch noch kein Funktionszuwachs der Verwaltungsgerichtsbarkeit von Verfassungsrang, dem ein Gebot richterlicher Sachverhaltsverantwortung zu entnehmen wäre. Gleiches gilt für die Beobachtung, daß in verwaltungsgerichtlichen Streitigkeiten häufig komplizierte Verschränkungen individueller und kollektiver Interessen zu entwirren sind. Mag auch der einzelne Verwaltungsstreit angesichts dessen zur „Vermittlung eines Ausgleichs nach Billigkeitsmaßstäben"[40] geraten, so ist damit noch keine Erweiterung der verfassungsrechtlichen Funktionszuweisung an die Verwaltungsgerichte verbunden. Dies gründet nicht zuletzt in dem Umstand, daß das Gerichtsverfahren in seiner Selektivität nicht darauf angelegt ist, komplexe Interessen- und Risikobewertungen unter breiter Beteiligung aller denkbaren Interessenträger vorzunehmen.[41]

Diese Selektivität ist wiederum Voraussetzung der *richterlichen Distanz* zum tatsächlichen Geschehen, das dem einzelnen Rechtsstreit zugrunde liegt. Letz-

---

[37] *P. Häberle*, Öffentliches Interesse als juristisches Problem, 224. Der Nivellierung von Justiz und Verwaltung, vor der *Häberle* a.a.O. mit Recht warnt, wird damit – und sei es im Wege einer „Parallelisierungstendenz" – freilich gerade Vorschub geleistet. Vgl. zum Zusammenhang zwischen Effektuierung objektiver Rechtskontrolle, Abbau etwaiger Vollzugsdefizite im Umweltrecht und gerichtlicher Sachverhaltsermittlung auch *M. Marx*, Die Notwendigkeit und Tragweite der Untersuchungsmaxime, 40; *E. Forsthoff*, Recht und Sprache, 43.

[38] *R. Uerpmann*, Das öffentliche Interesse, 189.

[39] Hierzu näher oben, Abschnitt II. 3. a) cc) (2).

[40] *W. Brohm*, DVBl. 1986, 321, 328.

[41] *E. Schmidt-Aßmann*, in: *F. Schoch/E. Schmidt-Aßmann/R. Pietzner*, Verwaltungsgerichtsordnung, Einl., Rn. 177; auch *W. Brohm*, DVBl. 1986, 321, 330; *W. Hoppe*, DVBl. 1975, 684, 685; *F. Kopp*, BayVBl. 1980, 263, 266.

ten Endes ist es diese Distanz selbst, das Gebot richterlicher Unabhängigkeit und damit das verfassungsrechtliche Bild der Rechtsprechung als Verfahren neutraler Streitentscheidung, die es nicht gestatten, eine weiterreichende Eigenaktivität des Richters aus der Gemeinwohlhaltigkeit öffentlich-rechtlicher Tatbestände, der angeblich nachlassenden Steuerungskraft des Gesetzes oder auch der mangelnden Trennschärfe des subjektiv-öffentlichen Rechts abzuleiten.[42] Der unmittelbaren Transformation dieser Beobachtungen in *apokryphe richterliche Gestaltungsmacht*[43] steht das Legitimationsmodell des demokratischen Rechtsstaats, die hierin inbegriffene Erforderlichkeit hierarchischen Gesetzesvollzugs und damit die Unterscheidung zwischen Gesetzgebung und Verwaltung sowie zwischen abstrakt-genereller und konkret-individueller Normsetzung[44] entgegen. Das Grundgesetz selbst verbietet es, diese Unterscheidung in einem prozeduralisierten Rechtsdenken zerlaufen zu lassen.[45] Ansonsten droht eine „Politisierung" der Verwaltungsrechtsprechung, der sie weder organisatorisch noch legitimatorisch gewachsen ist.[46] Entsprechend begründete Neuauflagen des Gemeinwohlarguments zur Begründung des Untersuchungsgrundsatzes kosten richterliche Neutralität und sind mit dem grundgesetzlichen Modell der Rechtsprechung nicht zu vereinbaren.

2. *Subjektiv-öffentliche Rechte*

Der Rekurs auf die Verwirklichung öffentlicher Interessen im Wege verwaltungsrichterlicher Sachverhaltsermittlung stößt sich bereits auf den ersten Blick an der primären Zweckbestimmung des Verwaltungsprozesses in Art. 19 Abs. 4 GG, den Rechtsweg im Falle *individueller Rechtsverletzungen* zu garantieren. Die Vorschrift entscheidet den konzeptionellen Streit zwischen objektiv-rechtlicher und subjektiv-rechtlicher Zweckbestimmung des Verwaltungsprozesses zugunsten der letzteren,[47] stellt also die subjektive Rechtsausübung in den Mittelpunkt der verfassungsrechtlichen Konzeption der Gerichtsbarkeit. Daß dies

---

42 Ebenso in der Tendenz *E. Schmidt-Aßmann*, in: *F. Schoch/E. Schmidt-Aßmann/R. Pietzner*, Verwaltungsgerichtsordnung, Einl., Rn. 177.

43 Begriff bei *E. Forsthoff*, Recht und Sprache, 44, der damit im Jahre 1940 die Funktion der Justiz als Instanz unabhängiger Streitentscheidung gegen Versuche verteidigte, dem Richter eine politisch gestaltende Funktion – unter voller Verfügung über Stoff und Verfahren – zuzuschreiben (40ff.). Die Aktualität dieses Monitums spricht für sich.

44 Vertrauter, aber unpräzise die Unterscheidung zwischen Rechtsetzung und Rechtsanwendung.

45 *O. Lepsius*, Steuerungsdiskussion, 15.

46 Vgl. *V. Götz*, Handlungsspielräume der Verwaltung und Kontrolldichte gerichtlichen Rechtsschutzes, 252f.; *O. Lepsius*, Steuerungsdiskussion, 16.

47 Statt aller *E. Schmidt-Aßmann*, in: Maunz/Dürig, Grundgesetz, Art. 19 Abs. 4, Rn. 8; *R. Schenke*, in: BK, Art. 19 Abs. 4, Rn. 25; *H.-J. Papier*, HdbStR VI, § 154, Rn. 2.

keinen Anspruch auf Verwirklichung subjektiver Rechtsbehauptungen durch das Gericht umfaßt, wurde oben bereits ausgeführt. Art. 19 Abs. 4 GG zeichnet jedoch eine Verwaltungsgerichtsbarkeit vor, welche die Ausübung subjektiv-öffentlicher Rechte vor Gericht zum zentralen Prozeßzweck erhebt und hierdurch geformt und begrenzt wird. Der Verwaltungsprozeß ist ein Verfahren zur Ausübung subjektiv-öffentlicher Rechte, dient also dem Zweck der *qualifizierten Rechtsausübung* Privater.[48]

Gleichwohl wird zur Begründung des Untersuchungsgrundsatzes in der Tradition des Gemeinwohlarguments vorgebracht, der Verwaltungsprozeß im allgemeinen und die von der Klägerseite geltend gemachten Rechte im besonderen müßten der privaten Willkür entzogen werden. Sofern hierfür nicht auf verfassungsrechtliche Wertungen außerhalb des Art. 19 Abs. 4 GG zurückgegriffen wird,[49] bedarf diese Argumentation eines spezifischen Begriffs subjektiv-öffentlicher Rechte. Die Problematik einer derartigen Begriffsbildung deutete sich bereits beim Blick auf die Entstehungsgeschichte dieses Instituts an.[50] Die übliche Radizierung des subjektiv-öffentlichen Rechts auf gesetzlich geschützte Individualinteressen, die nach den Prinzipien des Rechtsstaats grundsätzlich der Disposition des einzelnen anheimgegeben sind, kongruiert mit den entsprechenden Begriffsbildungen im Privatrecht.[51] Die Selektion subjektiv-öffentlicher Rechte mit dem Instrument der Schutznormtheorie hat allerdings zur Folge, daß die dichotome Bewertung des objektiven Rechts nach öffentlichen und privaten Interessen gleichsam durch die Hintertür wieder relevant wird. Die Schutznormtheorie leistet damit nicht nur der latenten Annahme einer Wesensdifferenz zwischen privatrechtlichen und öffentlich-rechtlichen Ansprüchen Vorschub, sondern verleiht auch den tradierten Rechtfertigungsversuchen des Untersuchungsgrundsatzes eine gewisse Hintergrundplausibilität (a).

Schon angesichts des einheitlichen Geltungsgrundes beider Rechtskreise in der Staatsverfassung sind derartige, der Rechtstheorie des 19. Jahrhunderts verpflichtete Annahmen heute problematisch. Private und öffentliche subjektive Rechte sind ihrer Konstruktion nach gleichartig, indem sie dem einzelnen die Befugnis zur konkret-individuellen Normsetzung verleihen (b). Aufgrund dieser konstruktiven Gleichartigkeit mit dem privatrechtlichen Anspruch bietet das subjektiv-öffentliche Recht grundsätzlich keinen Anhalt für prozeßrechtliche Verfahrensdifferenzierungen. Im Zuge der Bestrebungen, der Verwaltungs-

---

[48] Die Prozeßzweckbestimmung erfolgt in Anlehnung an die Konzeption *W. Henckels*, Prozeßrecht und materielles Recht, 62f. Im Unterschied zu *Henckel* beschränkt sich die oben vorgeschlagene Definition auf die Rechtsausübung, während *Henckel* ebd., 62, die Ausübung privatrechtlich geschützter Interessen einbezieht.

[49] Hierzu sogleich unter 3.

[50] Oben, Kap. 1, Abschnitt III. 4.

[51] Vgl. im hiesigen Zusammenhang *T. Yoshimura*, ZZP 1970, 245, 265; *J. Martens*, StuW 1967, 369, Sp. 371.

gerichtsbarkeit neue Aufgaben bei der quasi-politischen Steuerung oder Gemeinwohlkonkretisierung zuzuschreiben, steht freilich auch diese Grundkonzeption des subjektiv-öffentlichen Rechts in der Diskussion. Fraglich ist, ob der subjektiven Berechtigung mittlerweile eine öffentlichkeitsbezogene Sinnrichtung zukommt, die Anlaß für Verfahrensdifferenzierungen geben könnte (c).

a) Schutznormtheorie

Die Rechtslehre des 19. Jahrhunderts hatte das subjektive Privatrecht zunächst als rechtliche Garantie der Willensmacht des einzelnen aufgefaßt.[52] *Rudolf v. Ihering* bereicherte den Begriff des subjektiven Rechts um ein substantielles Moment, das den praktischen Zweck – Nutzen, Vorteil, Gewinn – der gesetzlichen Regelung für den Rechtsträger zum Ausdruck bringen sollte. Subjektive Rechte erschienen ihm als „rechtlich geschützte Interessen" des einzelnen.[53] *F. Regelsberger* entwickelte die herrschende „Kombinationstheorie" des subjektiven Rechts, die von der Einsicht ausging, daß ein subjektives Recht nicht durch den Schutz individueller Interessen allein, sondern erst durch die von der objektiven Rechtsordnung zur Interessenverwirklichung verliehene Rechtsmacht gekennzeichnet sei.[54]

aa) Der Rekurs auf das *Interesse* leidet bekanntermaßen unter dem Problem, daß der Begriff nur eine Relation zwischen Interessent und Gegenstand des Interesses zum Ausdruck bringen kann, aber keine Form oder Substanz jenseits dieser Relation zum Inhalt hat.[55] Bei der Bestimmung des subjektiv-öffentlichen Rechts gewann der Interessenbegriff im wesentlichen von außen Plausibilität, nämlich durch Anknüpfung an die ursprüngliche „Sphärentrennung" zwischen den privatrechtlich gewährleisteten Rechtsgütern Freiheit und Eigentum als Archetypen individueller Interessen einerseits, dem öffentlich-rechtlich umgrenzten Gemeinwohl andererseits. Subjektiv-öffentliche Rechte galten infolgedessen zwar als Willensäußerungen einer Person, richteten sich aber nicht auf deren individuelle Interessen, sondern auf ihre Stellung als Glied „einer be-

---

[52] Willenstheorie, namentlich *F. C. v. Savigny*, System I, § 4, 7: im einzelnen oben, Kap. 1, Abschnitt III. 4.

[53] *R. v. Ihering*, Geist des Römischen Rechts III, 339.

[54] Subjektive Rechte als „rechtlich anerkannte und geschützte Interessen- und Machtkreise"; *F. Regelsberger*, Pandekten I, 74; zur Kritik an der reinen Interessentheorie ebd., 75f.

[55] Vgl. die Ausführung zum Interessenbegriff bei *H.J. Wolff/O. Bachof/R. Stober*, Verwaltungsrecht I, § 29, Rn. 3: Interesse sei die „Anteilnahme (positive Bezogenheit) eines Subjekts an einem Gegenstand (an einem anderen Menschen, an einer Sache oder an einem Verhältnis). Es entsteht, indem ein bestimmter (geistiger oder materieller) Gegenstand irgendwie für ein Subjekt bedeutsam wird und von ihm selbst oder einem anderen Beurteiler als wertvoll (nützlich, förderlich, erstrebenswert) für das Sein des interessierten Subjekts unmittelbar empfunden oder rational vermutet oder erkannt wird."

schränkenden Gemeinschaft, nämlich der Volksverbindung".[56] Schrieb man deren Rechtsordnung mit der herrschenden Begriffstradition die Wahrung des Gemeinwohls als Primärzweck zu, dann ergab sich die Notwendigkeit *individueller* Interessen zur Begründung subjektiver (Ausnahme-)Rechte in der objektiv-staatlichen Rechtsordnung nahezu von selbst. Der Bezug auf das individuelle Interesse führte dazu, die alte Unterscheidung zwischen öffentlicher und privater Sphäre in das öffentliche Recht selbst zu spiegeln, um dort wiederum privatrechtsähnliche Positionen konstruieren zu können.[57]

Sollten diese Positionen von enumerativ gewährten positiv-rechtlichen Klagebefugnissen abgekoppelt werden,[58] dann bestand die aktuelle dogmatische Herausforderung nicht mehr in der Begründung, sondern in der *Begrenzung* subjektiver Befugnisse, nämlich in Abgrenzung zu den *potentiell ubiquitären Reflexwirkungen* objektiver Vorschriften. Dementsprechend bezeichnete *Jellinek* das subjektiv-öffentliche Recht als „Fähigkeit, Rechtsnormen im individuellen Interesse in Bewegung zu setzen", und führte diese Fähigkeit wiederum auf die Anerkennung der objektiven Rechtsordnung zurück.[59] In der Folge wurde unter der Chiffre der Schutznormtheorie allerdings ausgerechnet der *Interessenbegriff* als Kriterium dieser objektiv-rechtlichen Anerkennung herangezogen,[60] um die Abgrenzung zwischen begünstigenden Rechtsreflexen und klagebefugenden subjektiven Rechten zu ermöglichen. So heißt es heute, daß eine Norm nicht nur den allgemeinen, sondern zumindest auch individuellen Interessen zu dienen bestimmt sein müsse,[61] um ein subjektiv-öffentliches Recht zu begründen. Mit Blick auf den Drittschutz formuliert das Bundesverwaltungsgericht, daß es darauf ankomme, ob die Vorschrift nach dem in ihm enthaltenen, „durch Auslegung zu ermittelnden Normprogramm auch der Rücksichtnahme auf die Interessen des betreffenden Dritten" dient.[62]

---

[56] *C.F. Gerber*, Über öffentliche Rechte, 35..

[57] *J. Masing*, Die Mobilisierung des Bürgers, 65; vgl. *M. Bullinger*, Öffentliches Recht und Privatrecht, 53.

[58] Zu dieser Entwicklung *J. Masing*, Die Mobilisierung des Bürgers, 65.

[59] Vgl. *G. Jellinek*, System der subjektiven öffentlichen Rechte, 51, 79.

[60] Bis heute prägend O. *Bühler*, Die subjektiven öffentlichen Rechte, 42f.: Soll ein Satz des objektiven Rechts ein subjektives öffentliches Recht hervorbringen können, so muß sein wesentlicher Zweck in der Sicherung von Individualinteressen liegen. Bezeichnenderweise relativiert *Bühler* die Bedeutung dieses Kriterium – anhand des *Ihering*schen Beispiels der Schutzzölle – alsbald selbst, umgeht allerdings die Konsequenz *Kelsen*s, bei dem subjektiven Recht komme es auf das Interessenmoment gar nicht an, zugunsten einer dritten Anforderung: Der objektive Rechtssatz müsse, um ein subjektives Recht hervorzubringen, dem Interessenten die Befugnis verleihen, ein bestimmtes Verhalten der Behörden herbeizuführen (ebd., 47f.). – Zur Fortwirkung der Lehre *Bühlers* vgl. *H. Bauer*, Geschichtliche Grundlagen, 133ff.

[61] *E. Schmidt-Aßmann*, in: Maunz/Dürig, Grundgesetz, Art. 19 Abs. 4, Rn. 118; aus der Rsp. *BVerfGE* 27, 297 (307); *BVerwGE* 52, 122 (128); 80, 259 (260); 101, 157 (163).

[62] *BVerwGE* 98, 118 (120); auch 121, wo zu Recht die maßgebliche Bedeutung des Entscheidungsprogramms der Norm hervorgehoben wird.

Im Ergebnis droht eine tautologische Verknüpfung, deren Asymmetrisierung nur durch einen *substanzhaften Interessenbegriff* gelingen könnte, an dem es angesichts seiner Formalität als Relationsbegriff notwendigerweise fehlt. Die Schutznormtheorie hängt daher an einem inhaltsleeren, kaum differenzierungsfähigen Schlüsselbegriff. Das Interesse war und ist, so die entsprechende Kritik *Hartmut Bauers*, „ein vieldeutiger Begriff, der von seinem lateinischen Wortursprung als ‚Dabei-sein', ‚Dazwischen-Sein' und ‚Anteil-nehmen' bis hin zum gegenwärtigen Sprachgebrauch als ‚Neigung', ‚Aufmerksamkeit', ‚Nutzen', ‚Vorteil' usw. vieles abdeckt. Die damit nur angedeutete ‚Weite' des Begriffsfeldes schafft einen immensen Bedarf an Erklärungs- und Konkretisierungsarbeit, den die Vertreter der Schutznormtheorie bislang schuldig geblieben sind. Ohne solche begriffliche Klarstellungen ist das ‚Interesse' aber ein blasser, juristisch gehaltloser Blankettbegriff, der aus sich selbst heraus keine Grundlage für nachvollziehbare rechtliche Problemlösungen abgibt und deshalb keine überzeugende Steuerungsleistung für die Ermittlung subjektiv-öffentlicher Rechte erbringen kann."[63] Virulent geworden ist die mit der Kritik *Bauers* bezeichnete konzeptionelle Schwäche der Schutznormtheorie vielleicht am deutlichsten in jenen Fällen, in denen im Zuge des Ausbaus der Kernenergieversorgung die Befugnis zur Klage gegen atomrechtliche Genehmigungen einzugrenzen war. In der Zusammenschau grundrechtlicher Schutzpflichten (Art. 2 Abs. 1 Satz 1 GG, Art. 14 Abs. 1 GG) mit der gesteigerten Fortwirkungskapazität kerntechnischer Anlagen gelang einzelnen Fachgerichten geradezu eine Supernova subjektiv-öffentlicher Rechte, die in ihrer Entgrenzung bereits an die inhärenten Denkvoraussetzungen derartiger Rechte selbst – als personell und räumlich limitierte Befugnisse – rührt.[64] Der Interessenbegriff in seiner Substanzlosigkeit führt dazu, das vom Grundgesetz zugrundegelegte Verteilungsprinzip zwischen der Garantie subjektiver Rechtsausübung vor Gericht (Art. 19 Abs. 4 GG) einerseits, der demokratisch-repräsentativen Staatswillensbildung andererseits zu unterlaufen.[65]

---

[63] *H. Bauer*, AöR 113 (1988), 582, 594; vgl. schon *ders.*, Geschichtliche Grundlagen, 82 zur „geringen Belastbarkeit" der Distinktion zwischen privaten und öffentlichen Interessen m. w. N.; zur Problematik mit Blick auf die Schutznormtheorie zuletzt namentlich *P. M. Huber*, Konkurrenzschutz im Verwaltungsrecht, 108.

[64] Vgl. *BayVGH*, GewArch 1975, 61 (64): Klagebefugnis für natürliche Personen im Umkreis von 7,5 km grundsätzlich zu bejahen; weitergehend *OVG Lüneburg*, DVBl. 1975, 190 (192): „weltweite Bedrohung"; hierzu zuletzt *R. Uerpmann*, Das öffentliche Interesse, 91 m. w. N.; im hiesigen Zusammenhang *W. Brohm*, DÖV 1982, 1, 9; *W. Krebs*, Kontrolle in staatlichen Entscheidungsprozessen, 64; kritisch zur Verdrängung des politischen oder administrativen Ermessens des Staates durch gerichtlich einforderbare Rechtsansprüche *V. Götz*, Handlungsspielräume der Verwaltung und Kontrolldichte gerichtlichen Rechtsschutzes, 253; vgl. mit Bezug zur soziologischen Risikoperspektive *M. Kaufmann*, Grundrechtlicher Anspruch auf Akteneinsicht als Voraussetzung der Demokratie?, 52.

[65] Vgl. grundlegend *H. H. Klein*, Die Grundrechte im demokratischen Staat, 74 und passim; *F. Ossenbühl*, DÖV 1981, 1 ff.

bb) Damit steht die Leistungsfähigkeit der Schutznormtheorie in Frage, nicht ihre *Zweckbestimmung*, den Zugang zu den Verwaltungsgerichten zugunsten individueller Rechtsausübung einzuschränken. Allerdings bedürfte diese Problematik vorliegend gar nicht der näheren Betrachtung, erschöpfte sich die Kritik am Interessenkriterium in seiner mangelnden Trennschärfe. Im hiesigen Zusammenhang von Belang ist jedoch das damit verbundene Problem, daß das mit der Schutznormtheorie perpetuierte Merkmal des Individualinteresses gleichsam automatisch die Entscheidungsrelevanz anderer, eben öffentlicher Interessen insinuiert oder – weitergehend – die Vorstellung höherwertiger Gemeininteressen befördert, die gleichsam als Maßstab und Richtschnur für die Wahrnehmung der von ihnen umschlossenen Privatinteressen fungieren. Derartige latent-hintergründige Motive sind ursächlich dafür, daß sich die oben als „Gemeinwohlargument" eingeführte Begründungsfigur des Untersuchungsgrundsatzes über den Wandel der rechtstheoretischen wie staatsrechtlichen Prämissen hinweg ohne Wirkungsverluste hat halten können.

Leidet eine Figur wie die Schutznormtheorie nicht nur an der mangelnden Trennschärfe ihres Leitkriteriums, sondern leistet sie zugleich derartigen Wahrnehmungsfehlern Vorschub, so erscheint sie zumindest als reformbedürftig. Dies bestätigen jene Stimmen in Schrifttum und Rechtsprechung, denen zufolge die Qualifikation einer Norm als subjektive Berechtigung nicht von einer vorgegebenen, substanzhaften Unterscheidung zwischen öffentlichen und privaten Interessen, sondern von der gesetzgeberischen Entscheidung zugunsten der *Verleihung* einer derartigen Berechtigung abhängen solle.[66] Diese Akzentverlagerung klingt bereits in jenen Definitionen des subjektiven Rechts an, die nicht jeden Bezug zu privaten Interessen genügen lassen, sondern gerade ein *finales* Element erfordern,[67] nämlich die gesetzgeberische Entscheidung zugunsten des Schutzes bestimmter Interessen im Wege der Verleihung subjektiver Rechtsmacht.[68]

---

[66] Vgl. insb. *H. Bauer*, AöR 113 (1988), 582, 629f. m.w.N.

[67] *R. Uerpmann*, Das öffentliche Interesse, 93.

[68] Vgl. schon *O. Bühler*, Die subjektiven öffentlichen Rechte, 21, 54 (Erfordernis der Auslegung des Rechtssatzes zur Ermittlung des vom Gesetzgeber Gewollten), auch 55; ebenso *O. Bachof*, in: GS Jellinek (1955), 287, 296: Die bloße Schutzwürdigkeit eines Interesses reicht nicht aus, maßgeblich ist die gesetzgeberische Entscheidung. Aus der neueren Lit. *E. Schmidt-Aßmann*, in: Maunz/Dürig, Grundgesetz, Art. 19 Abs. 4, Rn. 118, 120: Erfordernis einer spezifischen Normativität in Abgrenzung zur bloßen „Betroffenheit"; *H.-J. Papier*, HdbStR VI, § 154, Rn. 6f.: es sei „Sache der materiellen Gesetzgebung, den Schutzzweck einer bestimmten Rechtsetzung zu bestimmen und über die Einräumung einer individualisierten Rechtsmacht Dritter, ihren Inhalt und Umfang zu entscheiden" (Rn. 7); zur Schutznormtheorie ebd., Rn. 41: der Schutz des Dritten müsse von der betreffenden Norm bezweckt oder zumindest mitbezweckt sein; *H. Schulze-Fielitz*, in: Dreier, GG, Art. 19, Rn. 45; weiterhin *R. Uerpmann*, Das öffentliche Interesse, 93; *P.M. Huber*, Konkurrenzschutz im Verwaltungsrecht, 108ff., *ders.*, in: Mangoldt/Klein/Starck, GG, Art. 19 Rn. 400 (primäre Ausrichtung am ‚Normprogramm'); *R. Scholz*, VVDStRL 34 (1976), 145, 200 mit Anm. 227. Auf die mögliche rechtspolitische Problematik ausdrücklicher

Stellt man den unscharfen Interessenbegriff dem Erfordernis gesetzgeberischer *Anordnung* einer subjektiven Rechtsmacht entgegen, drängt sich die Annahme der Redundanz des Interessenkriteriums geradezu auf. Der Nachweis individueller Interessen tritt hinter der Feststellung des gesetzlich Gewollten im Wege der Auslegung zurück.[69] Konzediert man in einem letzten Schritt die qualitative Gleichartigkeit öffentlicher und privater Interessen aus der Sicht des Rechts,[70] so kann dem Interessenkriterium bei der Frage nach der vom objektiven Recht verliehenen subjektiven Rechtsmacht allenfalls Indizienbedeutung zukommen.[71]

b) Individuelle Rechtsmacht

Maßgebliches Kriterium für das Vorliegen eines subjektiv-öffentlichen Rechts ist dann die Frage, ob das objektive Recht eine derartige Willensmacht verleiht. In dieser Formalisierung sind konstruktive Unterschiede zwischen subjektiven Rechten des privaten und des öffentlichen Rechts nicht zu erkennen. Auch das Privatrecht beruht auf dem einheitlichen Rechtsanwendungsbefehl der gesamten staatlichen Rechtsordnung; auch die subjektiven Rechte des Privatrechts basieren auf dem objektiven Privatrecht als Teil dieser Rechtsordnung. Diese Rechtsordnung mag zwar in äußerer Betrachtung einem staatstheoretisch zu ergründenden „öffentlichen Interesse" dienen. Im Innern kennt sie jedoch keine Norm des Außenrechts, die allein aus diesem Grunde nicht auch von Privatpersonen in deren Privatinteresse in Bewegung gesetzt werden könnte.

Insofern verwundert es nicht, daß in den *rechtstheoretischen* Bemühungen um die Konstruktion subjektiver Rechte, anders als in Teilen der verwaltungsrechtsdogmatischen Debatte, der Begriff des Interesses kaum mehr von Bedeutung ist.[72] Die in der Rechtstheorie vorgeschlagenen Konzeptionen bilden heute einen einheitlichen Begriff subjektiver Rechte für den privaten wie den öffentli-

---

Etikettierungen von Normen als drittschützend oder nicht drittschützend weist *V. Götz*, Handlungsspielräume der Verwaltung und Kontrolldichte gerichtlichen Rechtsschutzes, 254, hin.

[69] *E. Schmidt-Aßmann*, in: Maunz/Dürig, Grundgesetz, Art. 19 Abs. 4, Rn. 128, 136ff.; *R. Uerpmann*, Das öffentliche Interesse, 93.

[70] Vgl. *R. Uerpmann*, Das öffentliche Interesse, 94: Es besteht „kein grundsätzlicher Unterschied zwischen einzelnen öffentlichen und privaten Interessen". Die Unterscheidung bezieht sich, so wäre mit *H. Kelsen*, Allgemeine Staatslehre, 80f., zu ergänzen, allein auf metarechtliche Gesichtspunkte, die keinen tauglichen Gesichtspunkt einer rechtstheoretischen Einteilung erbringen.

[71] Vgl. hierzu auch *K. Buchwald*, Der verwaltungsgerichtliche Organstreit, 94f. Skeptisch gegenüber der Ausklammerung des Interessenkriteriums *W. Krebs*, FS Menger (1985), 191, 209f. wegen des möglichen Verlusts an Konturenklarheit und möglichen Verwerfungen einer begrifflichen Neufassung im System des verwaltungsgerichtlichen Rechtsschutzes.

[72] Vgl. *K. Buchwald*, Der verwaltungsgerichtliche Organstreit, 97.

chen Rechtskreis. Im vorliegenden Zusammenhang ist dieser Begriff insoweit von Belang, als ihm ein weiteres Argument gegen die Verfahrensrelevanz „öffentlicher Interessen“ im Verwaltungsprozeß zu entnehmen ist. Besteht ein einheitlicher Begriff subjektiver Rechte, dann ist für eine Verfahrensdifferenzierung um der Vermeidung der „Willkür“ der Beteiligten im Verwaltungsprozeß nach Art. 19 Abs. 4 GG kein Raum.

aa) Schon *Jellinek* hatte in seiner Definition des subjektiv-öffentlichen Rechts als die „Fähigkeit, Rechtsnormen im individuellen Interesse in Bewegung zu setzen“,[73] das Gewicht weniger auf das materielle Element des Interesses[74] denn auf die machtverleihenden Rechtssätze selbst gelegt.[75] Diese Rechtssätze bewirkten *Jellinek* zufolge, daß die Handlungen eines individuellen Rechtssubjekts von der Rechtsordnung als relevant und gültig anerkannt werden. Auf diese Weise werde der individuelle Wille in größerem oder geringerem Maße zur „stetige(n) Voraussetzung eines weiten Kreises staatlicher Tätigkeiten“. Der Vollzug des objektiven Rechts selbst werde in weiten Teilen, für eine „große Zahl staatlicher Akte“, auf das Verlangen der hieran interessierten Individuen zurückgeführt.[76] Ausdrücklich erkannte *Jellinek* im Element der individualisierten rechtlichen Macht das konstitutive Merkmal des subjektiven Rechts.[77]

Damit konvergierten nicht nur der zivil- und der öffentlich-rechtliche Begriff des subjektiven Rechts, sondern auch diese Rechte und die entsprechenden rechtlichen Befugnisse des *Staates* gegenüber den Bürgern. Durch die Anerkennung der Untertanen als Rechtssubjekte werde der Staat, so *Jellinek*, selbst zur „rechtlich beschränkten Macht. Dadurch erlangt aber die durch seine Rechtsordnung fixierte und begrenzte Macht den Charakter der Rechtsmacht, seine Interessen den Charakter rechtlicher Interessen.“ In der Form des Rechtsstaates setze sich der Staat, so der Gedanke *Jellinek*s, als rechtlich eingefriedete Person und beschränke sein ursprünglich unbegrenzt gedachtes Handlungsvermögen auf das, wozu ihn die Rechtsordnung ermächtigt. „Kraft der ihm durch seine Rechtsordnung auferlegten Beschränkungen wird er im Rechtssinne Träger von Rechten und Pflichten gegen den Subjizierten.“[78] Die Konstruktionen der subjektiv-öffentlichen Rechte einerseits, der rechtlichen Kompetenzen staatlicher Organe andererseits fallen damit dem Grunde nach zusammen. In jedem Fall

---

[73] *G. Jellinek*, System der subjektiven öffentlichen Rechte, 51.

[74] Vgl. zu der „weichen“ Abgrenzung zwischen dem jeweils „wesentlichen“ Interesse der Einzelpersönlichkeit und dem Gemeininteresse einerseits, der notwendigen Beteiligung des Gemeininteresses an der Schöpfung aller Rechtsnormen andererseits *G. Jellinek*, System der subjektiven öffentlichen Rechte, 79.

[75] *G. Jellinek*, System der subjektiven öffentlichen Rechte, 52.

[76] *G. Jellinek*, System der subjektiven öffentlichen Rechte, 79.

[77] *G. Jellinek*, System der subjektiven öffentlichen Rechte, 79, Anm. 1 in der zustimmenden Bezugnahme auf *A. Merkel*, Juristische Encyklopädie, § 153.

[78] *G. Jellinek*, System der subjektiven öffentlichen Rechte, 194f.

handelt es sich um die *rechtlich anerkannte Willensmacht* eines Rechtssubjekts, seine Interessen zu verfolgen.[79] Öffentliche Rechtsverhältnisse zwischen Staat und Bürger sowie private Rechtsverhältnisse zwischen Bürgern sind seither strukturell identisch.[80] Zwar ergeben sich im einzelnen Besonderheiten aus der spezifischen rechtlichen Gebundenheit der Verwaltung. Gleichwohl stimmen deren „hoheitliche Befugnisse", verstanden als subjektive Rechte im technischen Sinne, mit den Ermächtigungen Privater strukturell überein, mögen auch die Entstehungstatbestände typischerweise unterschiedlich gefaßt sein.[81]

bb) Die Wiener rechtstheoretische Schule hat diese Tendenzen der Konvergenz und Abstraktion subjektiver Rechte konsequent fortgeschrieben. Namentlich *Eugen Bucher* gelang eine rechtsformale, logisch-analytische Begriffsbildung, wonach das subjektive Recht als „konkret-individuelle Normsetzungsbefugnis" zu verstehen sei.

Subjektive Rechte seien, so *Bucher*, Bestandteile und besondere Erscheinungsformen des objektiven Rechts,[82] müßten also ihrerseits normativ aufgefaßt werden. Die rechtlich-normative Auswirkung subjektiver Rechte liege darin, daß der Rechtsträger befugt sei, Dritten ein bestimmtes Verhalten von Rechts wegen vorzuschreiben.[83] Ein subjektives Recht zu haben komme demnach der Befugnis gleich, potentielle Verpflichtungen des objektiven Rechts zu aktualisieren.[84] Diese „Willensmacht" des Rechtsträgers erscheine „bei normativer Rechtsbetrachtung zwangsläufig als eine dem Rechtsträger verliehene Befugnis zum Erlaß von Rechtsnormen"[85], wobei Rechtsnormen entsprechend der Terminologie der Wiener rechtstheoretischen Schule nicht nur generell-abstrakte, sondern auch konkret-individuelle Sollenssätze bezeichnen.[86] Das subjektive Recht steht damit, nicht anders als etwa die Ermächtigungsgrundlage ei-

---

[79] Vgl. *K. Buchwald*, Der verwaltungsgerichtliche Organstreit, 104, die allerdings die – weiterführende, hier nicht zu erörternde – Frage der verwaltungsgerichtlichen Klagebefugnis von Staatsorganen in den Blick nimmt. Die Konsequenz, subjektive Rechte nicht nur im Verhältnis Bürger-Staat, sondern auch im Staat-Bürger-Verhältnis oder im Verhältnis der juristischen Personen untereinander anzuerkennen, ist mittlerweile gesicherter Bestand der verwaltungsrechtlichen Dogmatik; vgl. nur *H. Maurer*, Allgemeines Verwaltungsrecht, § 8, Rn. 2.

[80] Vgl. auch *G. Jellinek*, Allgemeine Staatslehre, 384: Nicht das abstrakte, von allen sozialen Beziehungen isolierte Individuum ist Träger der Privatrechte, sondern „das Gesellschaftsmitglied, das vom Staate als Persönlichkeit anerkannt ist. Alles Privatrecht ist daher Sozialrecht [im Sinne von öffentlichem Recht, M.K.]".

[81] Vgl. *W. Henke*, DÖV 1980, 621, 623; *J. Schapp*, Das subjektive Recht, 155; *H. Bauer*, Geschichtliche Grundlagen, 173.

[82] *E. Bucher*, Das subjektive Recht als Normsetzungsbefugnis, 14.

[83] *E. Bucher*, Das subjektive Recht als Normsetzungsbefugnis, 55.

[84] *E. Bucher*, Das subjektive Recht als Normsetzungsbefugnis, 20.

[85] *E. Bucher*, Das subjektive Recht als Normsetzungsbefugnis, 55f.

[86] *E. Bucher*, Das subjektive Recht als Normsetzungsbefugnis, 49. Die Fixierung des Rechtsnorm- auf den Gesetzesbegriff ist seit den Untersuchungen *Adolf J. Merkls* und *Kelsens* rechtstheoretisch überholt; hierzu zuletzt ausführlich *M. Jestaedt*, Grundrechtsentfaltung im Gesetz, 315ff. m.w.N.

nes Verwaltungsakts, an unterster Stelle in der Delegationshierarchie der Normerzeugung.[87]

cc) Erst in der Abstraktion von der tradierten, heute indes irreführenden Bezugnahme auf öffentliche wie private Interessen wird die Bedeutung des subjektiv-öffentlichen Rechts für den Rechtsstaat in der spezifischen Gestalt des Grundgesetzes deutlich. Wirkt auch das subjektive Recht zunächst nur wie eine rechtstechnische Figur, so erscheint es aus *staatstheoretischer* Betrachtung der Rechtsordnung von außen als Konsequenz einer Zweckbestimmung des Rechts, die in den Interessen der Individuen gründet.[88] Mit Blick auf die *innerdogmatischen* Wertungen der Verfassung ist die Figur des subjektiven Rechts konstitutiv für die von Art. 1 Abs. 1, 2 Abs. 1 GG geforderte Anerkennung des Grundrechtsträgers als Rechtssubjekt und damit für die Möglichkeit, selbständig gegenüber dem Staat aufzutreten. Demgegenüber wäre der einzelne ohne die Befugnis zur selbständigen, so verstanden willkürlichen Ausübung seiner eigenen Rechte „bloß Untertan und Objekt staatlichen Handelns".[89] In der punktuellen Bindung der objektiven Rechtsordnung an den Willen des einzelnen verwirklichen sich jene Elemente freier, eigenverantwortlicher Personalität, die das grundgesetzliche Menschenbild prägen.[90]

Von hier aus wird nochmals der Zusammenhang von subjektivem Recht, Rechtsweggewährleistung in Art. 19 Abs. 4 GG und Dispositionsmaxime deutlich. Das subjektive Recht stellt die Ausübung der objektiven Normsetzungsermächtigung, die Geltung der individuell-konkreten Norm, in zahlreichen Fällen gänzlich in den Willen des einzelnen. Dem entspricht es, die Respektierung subjektiver Rechte nicht von Amts wegen zu erzwingen, sondern von der Klage des Rechtsträgers abhängig zu machen.[91] Soweit die individuell-konkrete Normsetzungsbefugnis reicht, kann der Berechtigte sie nach freiem Belieben wahrnehmen. Dies dies gilt für private und öffentliche subjektive Rechte gleichermaßen wie für den zivilen und den Verwaltungsprozeß. Der Ausschluß „willkürlichen" Parteihandelns im Verwaltungsprozeß durch richterliche Sachverhaltsermittlung findet daher im Begriff des subjektiv-öffentlichen Rechts keine Stütze.

---

87 Nach *Kelsen* geht die Bezugnahme auf den Willen als Auslöser von Rechtspflichten in gleicher Weise fehl wie diejenige auf Interessen. Maßgeblich sei stets die objektive Rechtsnorm, die freilich – als Charakteristikum des subjektiven Rechts – ihren besonderen Inhalt im konkreten Fall aus dem realpsychischen Willensakt eines Rechtssubjekts erhält; vgl. *H. Kelsen*, Allgemeine Staatslehre, 59. Zum Verhältnis zwischen *Bucher* und *Kelsen* vgl. zuletzt *K. Buchwald*, Der verwaltungsgerichtliche Organstreit, 105ff.

88 *E. Bucher*, Das subjektive Recht als Normsetzungsbefugnis, 19.

89 *H. Maurer*, Allgemeines Verwaltungsrecht, § 8, Rn. 4.

90 *E. Schmidt-Aßmann*, in: Maunz/Dürig, Grundgesetz, Art. 19 Abs. 4, Rn. 117.

91 Zu diesem Zusammenhang auch *E. Bucher*, Das subjektive Recht als Normsetzungsbefugnis, 57.

c) *Subjektive Rechte im öffentlichen Interesse*

Diese Grundwertung sieht sich freilich Versuchen ausgesetzt, den subjektiv-öffentlichen Rechten über die Absicherung individueller Freiheit hinaus auch gemeinwohlorientierte Funktionen zuzuweisen, etwa als Vehikel zur Beförderung öffentlicher Interessen.[92]

aa) Zwar kennt das Verwaltungsrecht eine Reihe *objektiv-rechtlicher Elemente*, so in Gestalt der verwaltungsbehördlichen Beanstandungsklagen,[93] der verwaltungsgerichtlichen Normenkontrolle gemäß § 47 VwGO[94] oder der naturschutzrechtlichen Verbandsklagen.[95] Anhand des Vorbilds dieser speziellen Verfahrensarten könnte die Versuchung bestehen, den Verwaltungsgerichten Aufgaben objektiver Rechtskontrolle nicht nur im Wege ausdrücklicher gesetzlicher Aufgabenzuweisung, sondern auch durch eine *begriffliche Fortbildung* des subjektiv-öffentlichen Rechts selbst zuzuspielen.[96]

So argumentiert *Walter Krebs*, daß mit der Tendenz zu Massenverfahren die persönliche, individuelle Rechtsbetroffenheit in einer *kollektiven Betroffenheit* aufgehe, wodurch der Entscheidungsgegenstand notwendigerweise an Subjektbezug verliere.[97] Das subjektiv-öffentliche Recht repräsentiere, so *Rupert Scholz*, in diesen Fällen nicht nur private Einzelinteressen, sondern „legitimerweise auch öffentliche Interessen". Eine Klagebefugnis könne sonach auch daraus erwachsen, daß der einzelne als „Repräsentant" öffentlicher Interessen Adressat des Verwaltungshandelns werde, sofern diese öffentlichen Interessen mit seinen grundrechtlich geschützten Privatinteressen inhaltlich übereinstimmten.[98] Auch *Winfried Brohm* spricht davon, daß im Falle breiter Betroffenheit etwa durch großtechnische Anlagen zwar die dogmatische Konstruktion subjektiver Rechtsbeeinträchtigungen noch möglich sei, daß indes die Abgrenzung zwischen der spezifischen, individuellen Rechtsbetroffenheit einerseits, dem Risiko der Allgemeinheit andererseits zu verschwimmen drohe. Die Betroffenheit des einzelnen gehe „in der Betroffenheit einer örtlich begrenzten Allgemeinheit auf und wird insoweit zum öffentlichen Interesse."[99] Die fällige Konsequenz zieht *Walter Schmidt*, wenn er meint, im Falle der Anfechtungsklage gegen atomrechtliche Genehmigungen seien die individualrechtlich ge-

---

[92] So die Fragestellung bei *J. Masing*, Die Mobilisierung des Bürgers, 195.

[93] Gemäß § 42 Abs. 2 VwGO; Beispiele bei *K. Redeker/H. v. Oertzen*, Verwaltungsgerichtsordnung, § 42, Rn. 22ff.

[94] Nach Rsp. und hM ein objektiv-rechtliches Beanstandungsverfahren; *BVerwGE* 65, 131 (136); *K. Redeker/H. v. Oertzen*, Verwaltungsgerichtsordnung, § 47, Rn. 1.

[95] Zu diesen im vorliegenden Zusammenhang *J. Masing*, Die Mobilisierung des Bürgers, 121ff.

[96] *W. Krebs*, FS Menger (1985), 191, 210.

[97] *W. Krebs*, Kontrolle in staatlichen Entscheidungsprozessen, 65.

[98] *R. Scholz*, VVDStRL 34 (1976), 145, 203f.

[99] *W. Brohm*, NJW 1984, 8, 13; ebenso *W. Schmidt*, NJW 1978, 1769, 1773.

schützten Interessen des Klägers zwar noch individualisierbar, aber zur Begründung der Klagebefugnis nicht mehr individualisierungsbedürftig. Statt dessen träten die „deckungsgleichen latent öffentlichen Interessen in den Vordergrund, von deren Bewertung die Entscheidung über die Anlagengenehmigung letztlich allein abhängt."[100]

Würde das Verfahren des Individualrechtsschutzes auf diesem Wege die Trennungslinie zur *bürgerschaftlich-politischen Wahrnehmung* von Allgemeininteressen überschreiten,[101] dann läge die Annahme einer Modifikation der Zweckbestimmung verwaltungsgerichtlicher Kontrolle nicht mehr fern. Erwüchse aus der Wahrnehmung öffentlicher Interessen durch den klagenden Bürger gar eine korrespondierende Pflichtenstellung, dann erführe das alte Argument, der Untersuchungsgrundsatz diene dem Ausschluß privater Willkür im Verfahren um der streitbefangenen öffentlichen Interessen willen, eine Art Runderneuerung. Letztlich handelte es sich dabei um eben jene Aufladung des subjektiv-öffentlichen Rechts mit einem *öffentlichen Verantwortungs- und Bindungszusammenhang*, den zu eliminieren die Lehre vom bürgerlichen Rechtsstaat einst angetreten war.

bb) Die Bestrebungen, über Begriffsverschiebungen des subjekt-öffentlichen Rechts eine veränderte Zweckbestimmung der Verwaltungsgerichtsbarkeit begründen zu können, finden allerdings keine verfassungsrechtliche Resonanz. Das grundgesetzliche *Legitimationsmodell des demokratischen Rechtsstaates* selbst ist es, das zu einer Differenzierung zwischen der politischen Wahrnehmung von Gemeininteressen einerseits, grundrechtlich geschützten Freiräumen des einzelnen andererseits zu differenzieren nötigt.[102] Verfassungsrechtlich entspricht dem zwingend die Gewährung individueller Rechtsausübung vor Gericht als Folge der Verletzung subjektiver Rechte, wie sie Art. 19 Abs. 4 GG garantiert.[103] Mag sich auch der Bürger im Einzelfall – aus der rechtsexternen, politischen Perspektive – als Repräsentant von Gemeininteressen gerieren, so kann diese Stellung doch nur gleichsam parasitär aus einer individualrechtlichen Begünstigung erwachsen.[104] Es ist nach wie vor eine Frage des Zuschnitts eben jener Individualbegünstigungen, wie weit die Berechtigung des einzelnen reicht, seine Anliegen gerichtlich zu verfolgen.

Innerhalb des Rechts erweist sich die Interpretation dieser individuellen Rechtsverfolgung vor Gericht als „repräsentatives" Handeln dagegen als Wahr-

---

[100] *W. Schmidt*, NJW 1978, 1769, 1774.

[101] Abgrenzung mit dieser Formulierung bei *D. Lorenz*, FS Menger (1985), 143, 149.

[102] Vgl. *H.H. Klein*, Die Grundrechte im demokratischen Staat, 45; *M. Kaufmann*, Grundrechtlicher Anspruch auf Akteneinsicht als Voraussetzung der Demokratie?, 54.

[103] *D. Lorenz*, FS Menger (1985), 143, 149.

[104] Vgl. *R. Scholz*, VVDStRL 34 (1976), 145, 203; hieran anschließend *D. Lorenz*, FS Menger (1985), 143, 149f.

nehmungsfehler.[105] Ursächlich hierfür sind zwei Gründe, nämlich zum einen die Scheinplausibilität des Rekurses auf „öffentliche Interessen", zum anderen die räumliche wie personelle Überdehnung materiell-grundrechtlicher Gewährleistungen. Letzteres ist eine Frage der Grundrechtsdogmatik, die zum tradierten Gewährleistungsgehalt der Grundrechte als Abwehrrechte im Rahmen der konzeptuellen Voraussetzungen subjektiver Rechte im allgemeinen zurückfinden muß, rechtliche Willensmacht nur nach Maßgabe eindeutiger Individualisierbarkeit zu verleihen.[106] Im anderen Falle besteht der Wahrnehmungsfehler darin, daß die *externe Beobachtung* einer großen Zahl von Betroffenen und des durch räumliche Kriterien abgegrenzten Kreises der Klagebefugten unvermittelt in *rechtliche Denkformen* übersetzt wird. So führt der Umstand, daß etwa bei kerntechnischen Anlagen notgedrungen räumliche Kriterien zur Begrenzung des Kreises der Klagebefugten herangezogen werden, zu der irrigen Annahme, daß aus diesem Gebietsbezug eine Relevanz öffentlicher Interessen für die individuelle Klagebefugnis erwachsen würde.[107] Aus Sicht des Rechts handelt es sich dabei jedoch lediglich um eine nahezu versehentliche Folge extensiver (oder exzessiver) Grundrechtsauslegung, aber nicht um eine Modifikation der normativen Prämissen der Klagebefugnis i.S.d. §42 Abs. 2 VwGO.

In rechtlicher Hinsicht, namentlich für die konkrete Bestimmung der Klagebefugnis und des persönlichen Schutzbereiches von Art. 19 Abs. 4 GG, ist diese externe Interpretation jedoch ohne Belang. Im Gegenteil spielen sich alle Beobachtungen zur „Verobjektivierung" des verwaltungsgerichtlichen Rechtsschutzes jenseits des Art. 19 Abs. 4 GG ab, der nur die individuelle Rechtsausübung vor den Verwaltungsgerichten garantiert.[108] Eine geänderte Zweckbestimmung der Verwaltungsgerichtsbarkeit im rechtserheblichen Sinne kann hieraus gerade nicht erwachsen. Den genannten Beobachtungen kommt keine unmittelbare rechtliche Relevanz zu, da es sich um die Wahrnehmung geänderter Funktionen der Verwaltungsgerichtsbarkeit aus einer rechts*externen* Beobachterperspekti-

---

[105] An dieser Differenzierung mangelt es bei der Ansicht *P. M. Hubers*, der Kläger des verwaltungsgerichtlichen Verfahrens agiere als „Organ der Rechtsordnung" (in: Mangoldt/Klein/Starck, GG, Art. 19 Rn. 356), obschon *Huber* a.a.O. den Reflexcharakter der objektiven Rechtskontrolle gegenüber der subjektiven Rechtsschutzgarantie deutlich sieht (Rn. 356).

[106] Sozialwissenschaftlich basierte Beobachtungen über die Entgrenzung des Betroffenenbegriffs, etwa durch die Umstellung auf die Risikoperspektive, können nicht unmittelbar in die verwaltungsrechtliche Dogmatik implementiert werden. Diese folgt vielmehr einer Eigenlogik juristischer Begriffsbildung, der per se nicht weniger Valenz zukommt als konkurrierenden sozialwissenschaftlichen Beschreibungen. Die konstruktiven, durch Art. 19 Abs. 4 GG institutionell gesicherten Voraussetzungen des subjektiv-öffentlichen Rechts selbst nötigen hier zu klaren Zäsuren, um nicht die grundgesetzlich normierte Dichotomie zwischen politischer Willensbildung und individuellem Rechtsschutz in eine allgemeine Betroffenheitslage mit Grundrechtsrelevanz aufzulösen. Ausführlich hierzu *M. Kaufmann*, Grundrechtlicher Anspruch auf Akteneinsicht als Voraussetzung der Demokratie?, 52ff., m.w.N.

[107] Namentlich *W. Schmidt*, NJW 1978, 1769, 1773.

[108] Vgl. *D. Lorenz*, FS Menger (1985), 143, 158.

ve handelt, die rechts*intern* allein als die dogmatische Frage nach dem Zuschnitt subjektiv-öffentlicher (Grund-)Rechtspositionen sowie der verwaltungsgerichtlichen Klagebefugnis zu behandeln ist, der aber keine systemprägende Wirkung für die Dogmatik des verwaltungsgerichtlichen Rechtsschutzes zukommt. Eine Rechtfertigung des Untersuchungsgrundsatzes kann hieraus nicht hergeleitet werden.

3. *Objektive Rechtskontrolle und prozessuale Wahrheit*

Die Befürworter eines Verfassungsgebots des Untersuchungsgrundsatzes berufen sich schließlich auch auf das öffentliche Interesse an der *sachlichen Richtigkeit* der gerichtlichen Entscheidung, das in den Grundsätzen der materiellen Gesetzmäßigkeit der Verwaltung und der Bindung der Verwaltungsgerichte an Gesetz und Recht (Art. 20 Abs. 3, auch 97 Abs. 1 GG) eine verfassungsrechtliche Verankerung finden soll.[109] Die Durchsetzung des öffentlichen Rechts verlange, so dieses Argument, die volle Verantwortung des Gerichts für die Gesetzmäßigkeit hoheitlicher Eingriffe oder Leistungen, was die Möglichkeit zur parteiunabhängigen Sachverhaltsermittlung umschließe.[110]

Dieser Argumentation könnte zunächst mit dem Verweis auf Art. 19 Abs. 4 GG begegnet werden, der die Garantie subjektiver Rechtsausübung zum Primärzweck der Verwaltungsgerichtsbarkeit erhebt. Im folgenden sollen dagegen die *inhärenten Voraussetzungen* des Arguments überprüft werden. Der Untersuchungsgrundsatz bezieht sich allein auf die Ermittlung der prozessualen Tatsachen, nicht auf die „richtige" Auslegung der streitentscheidenden Normen. Wird er um der objektiven Rechtmäßigkeit des Verwaltungshandelns willen gefordert, muß zwischen Art und Weise der Tatsachenermittlung und der Richtigkeit des verwaltungsgerichtlichen Urteils ein spezifischer Zusammenhang bestehen. In der juristischen Methodik erscheint dieser Zusammenhang zunächst als trivial. Liegt einem logisch korrekten syllogistischen Schluß ein unwahrer Sachverhalt und damit eine falsche Prämisse zugrunde, dann ist das Ergebnis falsch, im Falle eines juristischen Schlusses also rechtswidrig.[111] Die argumenta-

---

[109] *F.O. Kopp*, Verwaltungsgerichtsordnung, § 86, Rn. 1. Ebenso *R. Schenke*, in: BK, Art. 19 Abs. 4, Rn. 87; vgl. *W. Berg*, Die verwaltungsrechtliche Entscheidung, 40; *ders.*, Die Verwaltung 1976, 161, 165: „Zwang zur materiellen Gesetzmäßigkeit" in Verwaltungsverfahren und -prozeß; *ders.*, FS Menger (1985), 537, 543, wo zusätzlich das „demokratische Prinzip" bemüht wird; *J. Haverkämper*, Die verfassungsrechtlichen Grundlagen, 81ff., 84f.; *C.H. Ule*, in: VerwArch 1971, 114, 127 für Verwaltungsverfahren und -prozeß; *M. Nierhaus*, Beweismaß und Beweislast, 259. Aus der Rsp. OVG Koblenz, NJW 1978, 1455; OVG Lüneburg, NJW 1978, 1493 (1494).

[110] *W. Berg*, Die verwaltungsrechtliche Entscheidung, 41.

[111] Dies gilt jedenfalls dann, wenn der Obersatz korrekt gebildet wird. Vgl. zur herkömmlichen Darstellung juristischer Entscheidungsbegründungen als Syllogismen hier nur *J. Esser*, Vorverständnis und Methodenwahl, 27f., 45f.; *H.-J. Koch/H. Rüßmann*, Juristische Begründungs-

tive Verknüpfung zwischen objektiver Rechtmäßigkeit des Verwaltungshandelns, sachlicher Richtigkeit der gerichtlichen Entscheidung und Untersuchungsgrundsatz zielt damit auf die *Wahrheit* der Aussagen, die der Subsumtion zugrundegelegt werden.[112]

An diesem Grundverhältnis ändert die Einsicht nichts, daß schon die Bildung des Sachverhalts und damit die Auswahl der rechtserheblichen Tatsachen von ihrer möglichen rechtlichen Bedeutung gesteuert wird. Die Selektion von Tatsachen hängt bekanntermaßen von den deskriptiven Tatbestandsmerkmalen der einschlägigen Normen ab, die anzuwendenden Normen werden jedoch zugleich durch die vorliegenden Tatsachen selektiert.[113] Dieser „hermeneutische Zirkel" zwischen Tatsachen und Normen hat zwar das klassische Schema des juristischen Syllogismus in gewisser Weise modifiziert. Er ändert aber nichts daran, daß wahre Tatsachenaussagen und gültige Normen kumulativ zusammengeführt werden müssen, um zu einem richtigen, rechtmäßigen juristischen Schluß zu gelangen.[114]

a) Wahrheit und prozessuale Praxis

Besteht das Ziel des Prozesses in der Entscheidung eines Rechtsstreits, dann liegt es nahe, diesem Prozeßziel die Wahrheitsfindung zu- oder überzuordnen. Bündig hat das Reichsgericht für das Strafverfahren formuliert, es diene der Rechtsfindung. Diesen Zweck könne „es nur erreichen, wenn es auf der Wahrheit aufgebaut ist."[115] Weitergehend formulieren Stimmen in der Literatur, Ziel eines jeden Prozesses seien „Wahrheit und Gerechtigkeit".[116] Vom Wert der Gerechtigkeit bestimmt, so eine andere Äußerung, sei „Ziel der Rechtsprechung

---

lehre, 14ff.; *K. Larenz*, Methodenlehre der Rechtswissenschaft, 163; *B. Rüthers*, Rechtstheorie, Rn. 661.

[112] Vgl. *R. Stürner*, Die Aufklärungspflicht der Parteien des Zivilprozesses, 43: „Die Prüfung der Rechtslage ... setzt denknotwendig Wahrheitsprüfung voraus."

[113] Vgl. nur *J. Esser*, Vorverständnis und Methodenwahl, 28f., 50ff., 113f., 133ff.; *K. Engisch*, Logische Studien zur Gesetzesanwendung, 14f.; *R. Bruns*, FS Schmidt-Rimpler (1957), 237, 243; *B. Rüthers*, Rechtstheorie, Rn. 666; *E. Forsthoff*, Recht und Sprache, 31.

[114] Die Formulierung allerdings, das Gericht habe „den Sachverhalt" zu ermitteln (§ 86 Abs. 1 VwGO), ist angesichts dieses wechselseitigen Bestimmungsverhältnisses von Norm und Sachverhalt problematisch; vgl. hier nur *M. Pfeifer*, Der Untersuchungsgrundsatz und die Offizialmaxime im Verwaltungsverfahren, 77f.; eingehend unten, Kap. 3, Abschnitt III. 2.

[115] *RGSt* 72, 156.

[116] *W. Niese*, Doppelfunktionelle Prozeßhandlungen, 16; gleichen Zuschnitts die Ausführungen von *K. Stern*, FS Ule (1987), 359, 362, Anm. 20: „Rechtsgewißheit setzt voraus, daß ein peinlich genaues Streben nach Wahrheit und Gerechtigkeit die Gerichte im Prozeß leitet." Für den Zivilprozeß *R. Stürner*, Die Aufklärungspflicht der Parteien des Zivilprozesses, 43. Mit Blick auf den Untersuchungsgrundsatz *J. Haverkämper*, Die verfassungsrechtlichen Grundlagen, 85.

der sach- und rechtsrichtige Richterspruch".[117] Ähnlich bezeichnet *Hans F. Gaul* die „Verwirklichung des sachlichen Rechts auf der Grundlage der Wahrheit" als Zweck des Prozesses.[118]

Diesen intuitiv plausiblen Stellungnahmen zum Trotz ist die zivilprozessuale Lehre von vornherein einen anderen Weg gegangen (aa). Mit der Zugrundelegung eines prozeßspezifischen Begriffs „formeller Wahrheit" und dessen Verknüpfung mit privatrechtlich-liberalen Basiswertungen leistete sie zugleich der Vorstellung Vorschub, im Verwaltungsprozeß müsse um des öffentlichen Interesses an der Streitsache willen die „materielle Wahrheit" aufgefunden werden, nämlich die tatsächliche Übereinstimmung zwischen prozessualer Wahrheitsermittlung und Wirklichkeit (bb). Die solcherart plazierte Alternative zwischen formeller und materieller Wahrheit verdunkelte die Erkenntnis, daß auch die Wahrheitsermittlung unter der Geltung der Untersuchungsmaxime, also im Verwaltungs- und im Strafprozeß, weitreichenden Einschränkungen unterliegt. Unabhängig von der jeweiligen Verfahrensmaxime weisen alle Prozeßarten, so die unten näher zu begründende These, hinsichtlich der Sachverhaltsermittlung insofern Ähnlichkeiten auf, als sie eine lediglich *prozeßinterne Rekonstruktion* der Wirklichkeit zu leisten vermögen (cc).

Diese Rekonstruktion unterscheidet sich signifikant von den seitens der Wissenschaftstheorie angebotenen Wahrheitsbegriffen Da indes jeder Prozeß zugleich die Wahrheitsermittlung – in unterschiedlichen Formen – zur Rechtspflicht des Richters erhebt, entsteht eine paradoxe Situation, die erst unter Zuhilfenahme grundsätzlicher Erwägungen zu Gehalt und Stellenwert der Wahrheit im Prozeß aufzulösen ist (unter b). Diese Erwägungen geben Anlaß, einen Begriff prozessualer Wahrheit vorzuschlagen, der auf die spezifische Kohärenz der Tatsachenaussagen des gerichtlichen Urteils abstellt. Dieser Begriff ist allen Verfahren prozessualer Sachverhaltsermittlung gemeinsam. Die Konsequenz für die verwaltungsprozessuale Sachverhaltsermittlung liegt auf der Hand. Vermag es der Untersuchungsgrundsatz nicht, eine eigene Qualität prozessualer Wahrheit zu gewährleisten, kann er nicht um eben dieser Qualität willen verfassungsrechtlich geboten sein (unter c).

aa) Zivilprozeß

Wie oben dargestellt,[119] löste die Prozessualistik des 19. Jahrhunderts den Wahrheitsbegriff in die Dichotomie von formeller und materieller Wahrheit auf, ordnete ihr die Parallelunterscheidung von Verhandlungs- und Untersuchungsgrundsatz zu und überhöhte diese Differenzierung durch die Anknüpfung an

---

[117] *K. Eichenberger*, Die richterliche Unabhängigkeit als staatsrechtliches Problem, 83. Vgl hierzu *J. Schaper*, Studien zur Theorie und Soziologie des gerichtlichen Verfahrens, 111 m.w.N.

[118] *H.F. Gaul*, AcP 158 (1968), 27, 53.

[119] Kap. 1, Abschnitt I. 2. b) cc).

binnendogmatische Wertungen und liberale Prozeßvorstellungen zum Wesensgegensatz zwischen Zivil- und Verwaltungsprozeß schlechthin. Die Prozeßtheorie verdankt dieser Entwicklung die Idee einer gleichsam „verdoppelten", prozeßeigenen Wahrheit und lernte es, rechtsinterne Rechtfertigungen für die prozeßspezifische Distanz zum allgemeinen Wahrheitsbegriff zu entwickeln (1). Der Begriff der formellen Wahrheit hielt allerdings gleichsam rückseitig stets das Versprechen eines alternativen Prozeßmodells gewärtig, das sich nicht mit einer formellen Schwundstufe der Wahrheit begnügen müsse. Hierin mag die Ursache jener Bestrebungen liegen, den Zivilprozeß an das Ideal materieller Wahrheitsermittlung anzunähern. An der prinzipiellen Divergenz zwischen prozessualer und außerprozessualer Wahrheit vermögen sie indes nichts zu ändern (2).

(1) Hatte *Gönner* die beiden Prozeßmaximen noch als *gleichwertige Wege* zum einheitlichen Ziel richterlicher Wahrheitsermittlung begriffen,[120] so setzte sich unter den Eindrücken des preußischen Zivilprozesses die Vorstellung durch, allein die selbständige richterliche Ermittlungstätigkeit sei imstande, die materielle Rechtmäßigkeit des Urteils durch die vollkommene „Übereinstimmung der factischen Grundlage des Urteils mit der äußeren Existenz der in Frage stehenden Thatsachen" zu gewährleisten.[121]

Die gemeinrechtliche Prozessualistik hatte zuvor, wie namentlich die Äußerungen *Gönners* belegen, gleichsam intuitiv das Prozeßmodell der Verhandlungsmaxime fortgeschrieben, um die Selektivität des Gerichtsverfahrens und die richterliche Neutralität sicherzustellen. Eine Relativierung des Wahrheitserfordernisses war damit noch nicht verbunden. Erst die Konfrontation mit dem Untersuchungsgrundsatz eröffnete die *Scheinalternative* zwischen formeller und materieller Wahrheit, hinter der sich die gemeinsamen Probleme der Sachverhaltsermittlung eines jeden Verfahrens verbargen, das auf der Grundvoraussetzung autonomer Selektion der verfahrenserheblichen Informationen beruht.

Besagte Scheinalternative wurde durch die Entwicklung gestützt, das Prozeßrecht mit zivilrechtlichen oder liberalistischen Basiswertungen zu imprägnieren, so daß Verhandlungsmaxime und „formelle Wahrheit" als *prozessuale Parallelwertungen* von Privatautonomie, Verfügungsmacht und Vertragsfreiheit erschienen. Formelle Wahrheitsermittlung und damit „formelle Gerechtigkeit" des zivilrechtlichen Urteils durften genügen, da der Tatsachenvortrag der Partei als Ausdruck materiell-rechtlicher Disposition, seine Unvollständigkeit als eine „Art von Veräußerung" verstanden wurde.[122] Die liberale Prozessualistik überhöhte damit den Begriff formeller Wahrheit zum Wesensausdruck des Zivilprozesses schlechthin. Zwar sei die Wahrheit, so exemplarisch *Adolf Wach*, immer nur *eine*, aber ihre Ermittlung könne und dürfe nicht das Ziel des Zivil-

---

[120] Allerdings differenziert hinsichtlich der zur Verfügung stehenden Mittel; vgl. *N. T. v. Gönner*, Handbuch Bd. 1, 213f.; dazu *F. Bomsdorf*, Prozeßmaximen und Rechtswirklichkeit, 129.

[121] *G.F. Gaertner*, Kritik des Untersuchungs-Prinzips des Preußischen Civil-Prozesses, 21f.

[122] Exemplarisch *C. Martin*, Vorlesungen Bd. 1, 137.

prozesses sein. Die materielle Wahrheit als Prozeßziel sei nur denkbar in einem Verfahren, wo „die Streitsache ein öffentliches Interesse" ist.[123] Im Zivilprozeß sei die richterliche Inquisition unzulässig, da sie eine „Einmischung in das dem Staate fremde Privatinteresse" darstelle.[124] Angemessen sei allein die Parteidisposition über den Tatsachenvortrag, die freilich keine materielle Wahrheitsermittlung verbürgen könne.[125]

(2) Heute finden sich auf der einen Seite Stimmen, welche die Differenzierung zwischen beiden „Wahrheitstypen" ablehnen und die Wahrheitsermittlung schlechthin zum Prozeßzweck oder zu dessen wesentlicher Voraussetzung erklären. Wie bereits zu Beginn der Begriffsentwicklung stehen Untersuchungs- und Verhandlungsgrundsatz diesen Stimmen zufolge nicht für abweichende Wahrheitsgehalte, sondern repräsentierten lediglich unterschiedliche Wege zur Ermittlung der Wahrheit.[126]

Flankierend wird die besondere Effizienz der Verhandlungsmaxime für die Wahrheitsermittlung mit dem Argument begründet, sie gewährleiste die *Mobilisierung* der Verfahrensbeteiligten.[127] Die widerstreitenden Interessen der Parteien trügen „besser als eine staatliche Untersuchung" dazu bei, das Streitmaterial vollständig beizubringen und aufzuklären,[128] da – mit *Fritz Baur* – „nach der Erfahrung der Kampf der Prozeßbeteiligten um ihr Recht ein breiteres Tatsachenmaterial zutage fördert als es Phantasie und Spürsinn des Richters je könnten."[129] Aus dieser Argumentation folgt nun nichts weniger, als den Verhandlungsgrundsatz gerade um der *Effektivität prozessualer Sachverhaltsaufklärung* für geboten zu erachten. Dies allerdings dürfte dann nicht nur für den Zi-

[123] *A. Wach*, Vorträge, 149.

[124] *A. Wach*, Vorträge, 149, Anmerkung * (Exkurs).

[125] *A. Wach*, Vorträge, 157. – Vgl. im Überblick zur heutigen Kritik an der „ideologischen Begründung" der Verhandlungsmaxime *K. E. Schönfeld*, Zur Verhandlungsmaxime im Zivilprozeß und in den übrigen Verfahrensarten, 126ff. Gegen die Kennzeichnung als „ideologisch" zutreffend *D. Leipold*, JZ 1982, 441, 442: Es handele sich um eine binnenjuristische, rechtsdogmatische Begründungsfigur.

[126] *W. Henckel*, Prozeßrecht und materielles Recht, 144; *A. Lang*, VerwArch 1961, 60, 66f.; *L. Rosenberg/K. Schwab/P. Gottwald*, Zivilprozeßrecht, 425f.; für den Verwaltungsprozeß *W. Berg*, Die verwaltungsrechtliche Entscheidung, 38; *J. Martens*, StuW 1967, 369, 373; *B. Köhler-Rott*, Der Untersuchungsgrundsatz im Verwaltungsprozeß und die Mitwirkungslast der Beteiligten, 49; schon *M. Schultzenstein*, ZZP 1913, 391, 342.

[127] *W. Henckel*, Prozeßrecht und materielles Recht, 144.

[128] *L. Rosenberg/K. Schwab/P. Gottwald*, Zivilprozeßrecht, 425; vgl. *H. Thomas/H. Putzo*, ZPO, Einl. I, Rn. 3; *H. Kollhosser*, Zur Stellung und zum Begriff der Verfahrensbeteiligten, 124; *D. Brüggemann*, Judex statutor und judex investigator, 133; *H.F. Gaul*, AcP 158 (1968), 27, 50, mit dem Zusatz: „Wäre es anders, müßte die Verhandlungsmaxime fallen."; aus der älteren Lit. *M. Schultzenstein*, ZZP 1913, 301, 342f.

[129] *F. Baur*, Richtermacht und Formalismus im Verfahrensrecht, 111; für staatliche Beteiligte die Argumentation von *H. Kollhosser*, Zur Stellung und zum Begriff der Verfahrensbeteiligten, 124, wonach Sachkenntnis und Amtspflicht der Behörden denselben Effekt erzielen könnten, ohne daß es der richterlichen Untersuchung bedürfe.

vilprozeß, sondern auch für den Verwaltungsprozeß Geltung beanspruchen. Zu Recht weist *Grunsky* darauf hin, daß das Interesse der Parteien im Verwaltungsprozeß ein ebenso zuverlässiger „Motor zur Ermittlung der Wahrheit" darstellen könne wie im Zivilprozeß.[130]

Die funktionale Eignung der Verhandlungsmaxime zur Mobilisierung der Verfahrensbeteiligten ändert allerdings nichts daran, daß sie zugleich eine *spezifische Selektivität* der prozessualen Tatsachenermittlung ermöglicht, die stets die Möglichkeit von Differenzen zwischen den tatsächlichen Urteilsgrundlagen und außerprozessualen Wahrnehmungen der Wahrheit mit sich bringt.[131] Technisch ist das Gericht in Verfahren, die durch den Verhandlungsgrundsatz geprägt sind, weitgehend an den Parteiwillen gebunden.[132] Ein Geständnis (§ 288 Abs. 1 ZPO) führt grundsätzlich dazu, daß die zugestandene Tatsache nicht des Beweises bedarf und vom Richter als wahr zu berücksichtigen ist.[133] Schon bloßes Nichtbestreiten (§ 138 Abs. 3 ZPO) hat insoweit dieselbe Wirkung. Das Gericht ist bei der Wahrheitsermittlung auf bestrittene Tatsachenbehauptungen, bei der Beweiserhebung auf entsprechende Angebote der beweisbelasteten Partei beschränkt. Auch das bewußt unwahre Geständnis ist ungeachtet der prozessualen Wahrheitspflicht (§ 138 Abs. 1 ZPO) mit Rücksicht auf die Verfügungsbefugnis der Parteien über den Prozeß grundsätzlich wirksam.[134] Nicht die vermutete Übereinstimmung mit der außerprozessualen Wirklichkeit, allein die Verfügungsmacht der Parteien bestimmt insoweit über den entscheidungserheblichen Tatbestand.[135] Im Falle der Säumnis des Beklagten ist gar das gesamte mündliche Vorbringen des Klägers als zugestanden anzunehmen (§ 331 Abs. 1 Satz 1 ZPO). Daneben kann das Gericht verspätetes tatsächliches Vorbringen zurückweisen, auch wenn es sich hierbei um wahre Behauptungen handelt (§ 296 ZPO). Beweisverbote und Beweishindernisse können einer richterlichen Wahrheitserforschung im Wege stehen, etwa im Falle der Ausübung eines Zeugnisverweigerungsrechts (§§ 383 f. ZPO).[136]

bb) Verwaltungsprozeß

Komplementär zur Verknüpfung von materiell-rechtlichen Wertungen und prozessualem Wahrheitsbegriff im Zivilprozeß beharrte die Lehre vom Verwal-

---

[130] *W. Grunsky*, Grundlagen des Verfahrensrechts, 21.

[131] Vgl. zu den Auswirkungen auf das prozessuale Ziel der Wahrheitsermittlung nur *E. Schumann*, in: Stein/Jonas, ZPO, Einl., Rn. 22; *E.J. Cohn*, EG Grünhut, 31, 35; *W. Grunsky*, Grundlagen des Verfahrensrechts, 4; *J. Rödig*, Die Theorie des gerichtlichen Erkenntnisverfahrens, 158 ff.; wohl auch *K. Larenz*, Methodenlehre der Rechtswissenschaft, 193 ff. (195).

[132] Vgl. im allgemeinen *W. Grunsky*, Grundlagen des Verfahrensrechts, 4.

[133] Vgl. *H. Thomas/H. Putzo*, ZPO, § 288, Rn. 5.

[134] *H. Thomas/H. Putzo*, ZPO, § 288, Rn. 7; vgl. ebd., § 138, Rn. 7.

[135] So zu Recht *W. Grunsky*, Grundlagen des Verfahrensrechts, 4.

[136] Ebenso in diesem Zusammenhang *E. Schumann*, in: Stein/Jonas, ZPO, Einl., Rn. 22.

tungsprozeß auf dem Prozeßziel *materieller Wahrheitsermittlung*, um dem Richter die Wahrnehmung der jeweils betroffenen öffentlichen Interessen zu ermöglichen. Dies verstand sich für das „objektiv-rechtliche" Paradigma der Verwaltungsgerichtsbarkeit preußischen Zuschnitts von selbst, setzte sich jedoch auch im süddeutschen Verständnis des Verwaltungsprozesses durch.

Die Voraussetzungen der damit entfalteten Dichotomie sind heute, wie bereits in verschiedener Hinsicht zu behandeln war, problematisch geworden. Das öffentliche Interesse ist nur nach Maßgabe seiner Normativierung von Belang. Eine substantielle Differenzierung zwischen privaten und öffentlichen Interessen jenseits der positiv-rechtlichen Regelungen ist nicht durchführbar. Grundsätzlich läßt jede Norm des öffentlichen Rechts sich auch im privaten Interesse in Bewegung setzen. Umgekehrt beruht jeder privatrechtliche Anspruch auf einer Norm des objektiven Rechts und damit gemeinsam mit dem öffentlichen Recht auf einem einheitlichen Geltungsgrund. Der Begriff der Interessen ist danach kaum geeignet, Kriterien unterschiedlicher Wahrheitsanforderungen in den Prozeß zu tragen.

(1) Die Dichotomie von formeller und materieller Wahrheit und ihre Verknüpfung mit dem Zivil- und dem Verwaltungsprozeß hat sich diesen Entwicklungen gegenüber als resistent erwiesen. Das Wesen des Untersuchungsgrundsatzes, so exemplarisch *Ule*, liege darin, daß das Gericht den Sachverhalt von Amts wegen erforsche, während unter der Geltung des Verhandlungsgrundsatzes die Parteien bestimmten, welchen Sachverhalt sie dem Gericht zur Entscheidung vorlegten. „Der Unterschied beider Grundsätze besteht also darin, inwieweit die Ermittlung der materiellen Wahrheit das Ziel des Prozesses ist.". Die Verhandlungsmaxime sei das Korrelat einer auf Vertragsfreiheit und Privateigentum beruhenden Privatrechtsordnung, während der Untersuchungsgrundsatz jene Verfahren beherrsche, in denen es um die Durchsetzung öffentlicher Interessen gehe.[137]

Die zugrundeliegende Denkfigur findet sich auch dort, wo das Begriffspaar der formellen und der materiellen Wahrheit als solches auf Ablehnung stößt.[138] Unabhängig vom Wahrheitsbegriff werden Verhandlungsmaxime, privatrechtlich geschützte Interessen und materiell-rechtliche Ausübungsfreiheit einerseits, Untersuchungsgrundsatz, öffentlichen Interesse und objektive Rechtmäßigkeit andererseits gleichgesetzt.[139] Eine andere Qualität prozessualer Wahr-

---

[137] *C.H. Ule*, Verwaltungsprozeßrecht, 134; vgl. *M. Nierhaus*, Beweismaß und Beweislast, 261 m.w.N.

[138] *L. Rosenberg/K. Schwab/P. Gottwald*, Zivilprozeßrecht, 426; *W. Berg*, Die verwaltungsrechtliche Entscheidung, 38.

[139] *L. Rosenberg/K. Schwab/P. Gottwald*, Zivilprozeßrecht, 425: Die Verhandlungsmaxime entspreche der „materiell-rechtlichen Ausübungs- und Verfügungsfreiheit" und bilde damit ein „Korrelat der Privatautonomie des materiellen Rechts"; ebenso *W. Grunsky*, Grundlagen des Verfahrensrechts, 21; *W. Henckel*, Prozeßrecht und materielles Recht, 144; in diese Richtung, wenngleich unter Distanzierung vom liberalistischen Prozeßverständnis, *D. Brüggemann*, Judex

heitsermittlung im Wege richterlicher Sachverhaltsermittlung ist damit notwendigerweise impliziert.

(2) Offenbar verbaute die Gegenüberstellung zwischen formeller und materieller Wahrheit den Blick darauf, daß auch in Verfahren mit Untersuchungsgrundsatz lediglich eine prozeßinterne, so verstanden *„formelle" Rekonstruktion* der Wahrheit geleistet werden kann. Für einen etwaigen Wesensunterschied zwischen den Prozeßarten läßt sich der Qualität der jeweiligen prozessualen Wahrheit kein Kriterium entnehmen.

Selbst im *Strafprozeß* kann der Grundsatz der Wahrheitsermittlung weder selbstverständlich noch uneingeschränkt Geltung beanspruchen. Neben der Wahrheitsermittlung erheischen auch andere Gesichtspunkte Beachtung, so die Interessen und Rechte des Beschuldigten oder der Beweispersonen. Auch der Strafprozeß ist damit einer lediglich eingeschränkten Wahrheitssuche verpflichtet, was – mit den Worten *Günter Spendel*s – zu einem „Spannungsverhältnis zwischen der Denkweise des rechtlich verfahrenden Richters und eines (natur)wissenschaftlich vorgehenden Sachverständigen führen kann." Das Gericht habe nicht die Stellung des Forschers, da der Straffall auch in tatsächlicher Beziehung kein allein naturwissenschaftliches Problem darstelle.[140]

Spendel legt dar, daß der Grundsatz der materiellen Wahrheitsermittlung in dreifacher Hinsicht limitiert sei, nämlich hinsichtlich der Quellen, der Gegenstände und der Methoden der Erkenntnis – Beweismittel, -tatsachen und -verfahren. So sei der Kreis der Beweismittel auf die fünf prozeßrechtlich vorgegebenen Formen beschränkt. Dadurch werde namentlich das private Wissen des Richters und seine eigene, unmittelbare Beobachtung als Beweismittel ausgeschlossen. Der Richter dürfe grundsätzlich nicht „Zeuge in eigener Person" sein, sondern sei auf die mittelbare Wahrnehmung der abzuurteilenden Tat beschränkt.[141] Die Heranziehung des Beschuldigten als Beweismittel unterliege grundrechtlich gesicherten Grenzen. Der Vernehmung von Zeugen könnten Zeugnisverweigerungsrechte oder auch staatliche Geheimhaltungsinteressen entgegenstehen. Augenscheinobjekte könnten um des Schutzes der Rechte Dritter willen als Beweismittel ausgeschlossen werden.

---

statutor und judex investigator, 132. Auf Seiten des öffentlichen Rechts *W. Berg*, Die verwaltungsrechtliche Entscheidung, 38ff.: Zwar handele es sich bei den beiden Prozeßmaximen nur um unterschiedliche Formen der Ermittlung einer (einheitlich konzipierten) Wahrheit; gleichwohl soll sich die Verhandlungsmaxime im Zivilprozeß – im Gegensatz zum Verwaltungsprozeß – aus dem Fehlen eines öffentlichen Interesses an der Sachverhaltsaufklärung über den Parteivortrag hinaus rechtfertigen (40).

[140] *G. Spendel*, JuS 1964, 465, 467.

[141] *G. Spendel*, JuS 1964, 465, 468. – Oben, Abschnitt II. 3. wurde dargelegt, daß sich diese Distanz des Richters zu den tatsächlichen Urteilsgrundlagen als unmittelbare Folge des Gebots richterlicher Neutralität erklärt, die wiederum aus dem materiellen Begriff der Rechtsprechung im Sinne des Grundgesetzes folgt.

Das Beweis*thema* könne durch Beweisverbote eingeschränkt sein. Weiterhin sei der Richter an ein förmliches Beweisverfahren gebunden, was die Wahrheitsermittlung auf das mündlich Vorgetragene beschränke und eine möglichst „unmittelbare" Beweiserhebung verlange. Schließlich macht *Spendel* darauf aufmerksam, daß der Richter auch dann entscheiden müsse, wenn er die Wahrheit im Strafprozeß nicht habe aufdecken können. Ein tatsächliches non liquet führt nicht etwa zur rechtlichen Unentscheidbarkeit, sondern habe – „in dubio pro reo" – unbeschadet des tatsächlichen Geschehens den Freispruch, also eine Rechtsentscheidung, zur Folge.[142]

(3) Die Wahrheitsermittlung im *Verwaltungsprozeß* unterliegt ungeachtet des Untersuchungsgrundsatzes ähnlichen Restriktionen.[143] Das Gericht ist auf die in der VwGO genannten Mittel der Sachaufklärung beschränkt.[144] Für das Beweisverfahren gelten die Vorschriften der ZPO (§ 98 VwGO), so etwa die Zeugnisverweigerungsrechte der §§ 387ff. ZPO. Beweisverbote können den Privatbereich der Beteiligten oder auch die Geheimhaltungsinteressen der Exekutive vor dem „exzessiven Wahrheitsdrang" der Gerichte schützen.[145] Die Untersuchungsmaxime im tradierten Sinne unterliegt mittlerweile zahlreichen verfahrensrechtlichen Bindungen, vor allem hinsichtlich der Zulässigkeit der Zurückweisung verspäteten Vorbringens (§ 87 b VwGO), das in der Praxis mittlerweile hohen Stellenwert genießt. Sie schließt die Bindung an präjudizielle Entscheidungen anderer Gerichte und Verwaltungsbehörden einschließlich der dort getroffenen tatsächlichen Feststellungen nicht aus.[146]

Die Mitwirkungspflicht der Beteiligten geht weit über den „sachlich längst überholten" Wortlaut des § 86 Abs. 1 VwGO hinaus.[147] In der Praxis führt dies dazu, bei der Sachverhaltsermittlung grundsätzlich zunächst vom Vortrag und den Beweisanträgen der Parteien auszugehen. Auf der nächsten Stufe wird das Instrumentarium des § 86 Abs. 3 VwGO eingesetzt, um die Beteiligten zur Aufklärung des Sachverhalts zu mobilisieren.[148] Auch der Verwaltungsprozeß folgt insofern dem Ideal „dialogischer Rechtserkenntnis", wie es für das durch Art. 103 GG geprägte Gerichtsverfahren im allgemeinen erkannt wurde. Erst

---

[142] *G. Spendel*, JuS 1964, 465, 473.

[143] Ausführlich zur Dogmatik des Untersuchungsgrundsatzes Kap. 3, Abschnitt II. und III.

[144] *K. Redeker/H. v. Oertzen*, Verwaltungsgerichtsordnung, § 86, Rn. 9; diese sind allerdings weiter gefaßt als in der ZPO, da § 96 Abs. 1 Satz 2 VwGO die fünf klassischen Beweismittel nur als „insbesondere" zulässig ansehen; vgl. *W. Berg*, Die verwaltungsrechtliche Entscheidung, 47ff. Dies dispensiert allerdings nicht von den beweisrechtlichen Verfahrensbindungen der §§ 96, 97 VwGO; vgl. *M. Rudisile*, in: *F. Schoch/E. Schmidt-Aßmann/R. Pietzner*, Verwaltungsgerichtsordnung, § 96, Rn. 18ff.

[145] Ausführlich *W. Berg*, Die verwaltungsrechtliche Entscheidung, 58ff.; auch *M. Marx*, Die Notwendigkeit und Tragweite der Untersuchungsmaxime, 194ff.

[146] Vgl. im einzelnen *F. O. Kopp*, Verwaltungsgerichtsordnung, § 86, Rn. 5.

[147] *K. Redeker/H. v. Oertzen*, Verwaltungsgerichtsordnung, § 86, Rn. 1.

[148] *W. Berg*, Die verwaltungsrechtliche Entscheidung, 39 m.w.N.

auf der dritten Stufe, im „harten Kern der Untersuchungsmaxime"[149], ist es dem Richter – anders als im Zivilprozeß – gestattet, selbständige Ermittlungen anzustellen. Aber auch diese Ermittlungen sind an die für das Gerichtsverfahren kennzeichnende „Reglementierung des Informationsflusses"[150] gebunden, welche die Prozeßordnung zur Verhinderung unzulässigen Einflusses auf die richterlicher Entscheidungsbildung vorsieht. Die Untersuchungsmaxime ändert m.a.W. nichts daran, daß der Umfang der verfahrenserheblichen Informationen durch die *Formalisierung der Informationsgewinnung* begrenzt wird.[151] Schließlich zwingen auch die Regeln der materiellen Beweislast im Falle des non liquet dazu, um der Gewähr der Rechtsentscheidung selbst willen auf weitere Sachaufklärung zu verzichten.[152]

Wie der nähere Blick auf die Dogmatik des Untersuchungsgrundsatzes erweisen wird,[153] hängt die gerichtliche Informationsbeschaffung eng mit dem *Umfang des tatsächlichen Parteivorbringens* zusammen.[154] Das *BVerwG* urteilt in ständiger, wenngleich umstrittener Rechtsprechung, daß die Verpflichtung des Gerichts zur Erforschung des Sachverhalts dort ihre Grenze finde, wo die Mitwirkungspflicht der Beteiligten beginne.[155] Die gerichtlichen Aufklärungspflichten stehen danach – ungeachtet der Einzelheiten – nach hM zumindest in Wechselbeziehung zum Grad und zur Qualität der Informationsbeschaffung durch die Beteiligten.[156] Dies führt zu der allgemeineren Besonderheit gerichtlicher Verfahren einschließlich des Verwaltungsprozesses, daß die gerichtliche Kontrolle in rechtlicher wie tatsächlicher Hinsicht durch den *Streitgegenstand* beschränkt wird, der im Verwaltungsprozeß wiederum von Verfassungs wegen (Art. 19 Abs. 4 GG) in die Disposition der Beteiligten fällt.[157] Der Streitgegenstand dient als Selektionskriterium für die Relevanz der Informationen, die in den gerichtlichen Entscheidungsprozeß einzubringen sind. Insbesondere das

---

[149] *W. Berg*, Die verwaltungsrechtliche Entscheidung, 39.

[150] *W. Krebs*, Kontrolle in staatlichen Entscheidungsprozessen, 114.

[151] *W. Krebs*, Kontrolle in staatlichen Entscheidungsprozessen, 114.

[152] *W. Berg*, FS Menger (1985), 537, 551 sprich in diesem Zusammenhang vom bewußten „Inkaufnehmen potentiellen Unrechts".

[153] Ausführlich unten, Kap. 3, Abschnitt III. 3.

[154] *W. Krebs*, Kontrolle in staatlichen Entscheidungsprozessen, 114.

[155] *BVerwG* Buchholz 310 § 86 Nr. 37, vgl. Nr. 40, 76, 100, 101, 172; im einzelnen unten, Kap. 3, Abschnitt II. 2. b) cc); vgl. an dieser Stelle nur *K. Redeker/H. v. Oertzen*, Verwaltungsgerichtsordnung, § 86, Rn. 11.

[156] Vgl. hierzu auch *D. Czajka*, DÖV 1982, 99, 101; *C.H. Ule*, Verwaltungsprozeßrecht, 135; *F. O. Kopp*, Verwaltungsgerichtsordnung, § 86, Rn. 5 a. E., 11 ff.

[157] Das Gericht wird nur auf Antrag eines Beteiligten, nicht von Amts wegen tätig (§§ 42, 43, 47, 48, 50 Abs. 1, 80 Abs. 5, 123 VwGO), es darf nicht über das klägerische Begehren hinausgehen (§ 88 VwGO), der Kläger darf die Klage ändern (§ 91) und sie zurücknehmen (§ 92), Vergleich der Beteiligten (§ 106) und Erledigungserklärung (§ 161 Abs. 2 VwGO) sind zulässig. Auch Verzichts- und Anerkenntnisurteile i.S.d. §§ 306, 307 ZPO sind zulässig, soweit der Kläger über den Streitgegenstand verfügen kann; vgl. *C.H. Ule*, Verwaltungsprozeßrecht, 138.

subjektiv-öffentliche Recht als maßgebliche Determinante verwaltungsrechtlicher Streitgegenstände führt, da als tatsächlich wie rechtlich umgrenzte Verfügungsmacht konzipiert, zu einer doppelten Begrenzung der gerichtlichen Kontrolle, indem nicht nur die Rechtmäßigkeitsprüfung eingeschränkt, sondern auch der vom Gericht zu verarbeitende Problemstoff begrenzt wird.[158]

Verwaltungsgerichtliche Verfahren im allgemeinen sind dadurch gekennzeichnet, daß sie, anders als Verwaltungsverfahren, als *externe Kontrollen* organisiert werden. Sie finden damit „in zeitlicher, räumlicher, personeller und organisatorischer Distanz zu den von ihnen zu kontrollierenden Sachverhalten" statt.[159] Der einzelne Verwaltungsprozeß leuchtet nur einen bestimmten, begrenzten Lebenssachverhalt aus, der ihm zudem im wesentlichen durch Dritte vermittelt und vorgeprägt wird.[160] Der Sachverhalt des verwaltungsgerichtlichen Verfahrens ist um der Funktionsbedingungen der Rechtsprechung selbst willen fremdvermittelt und in seiner „Problemkomplexität durch Selektionsentscheidungen Dritter reduziert".[161] Auch angesichts der hieraus resultierenden *mediatisierten Entscheidungssituation* des Richters zeigt sich, daß die Vorstellung vollständiger, quasi-naturwissenschaftlicher Wahrheitsermittlung durch den Verwaltungsrichter, wie sie durch die Dichotomie zwischen formeller und materieller Wahrheit nahegelegt wird, vor den Funktionsbedingungen eines Verfahrens neutraler Streitentscheidung kaum zu halten ist. Die Unterschiede der beiden „Wahrheitstypen" beschränken sich auf die wenigen Sonderfälle des übereinstimmenden oder unbestrittenen Vortrags, sind damit aber lediglich gradueller Natur.

cc) Konstitutiver Charakter der prozessualen Wahrheit

Der erste Blick auf die Wahrheitsermittlung des Verwaltungsgerichtsprozesses bestätigt damit jene Eigenart gerichtlicher Verfahren, die oben als *Verfahrensselektivität* gekennzeichnet wurde (1). Die Selektivität gerichtlicher Verfahren führt zu dem Problem, wie die potentielle Kluft zwischen prozessualer und außerprozessualer Wahrheit zu überbrücken ist (2). Die Reine Rechtslehre bietet den eleganten Ausweg der konstitutiven Wirkung richterlicher Tatsachenfeststellung (3). Sie hinterläßt allerdings die Frage, wie der mit richterlichen Tatsachenfeststellungen erhobene Geltungsanspruch auf Wahrheit angesichts der Möglichkeit abweichender außerprozessualer Wahrheitsfeststellungen durchgehalten werden kann (unter c).

---

[158] *W. Krebs*, Kontrolle in staatlichen Entscheidungsprozessen, 114.
[159] *W. Krebs*, Kontrolle in staatlichen Entscheidungsprozessen, 114.
[160] *P. Lerche*, BayVBl. 1980, 258, 261; *E. Schmidt-Aßmann*, VVDStRL 34 (1976), 221, 237ff.
[161] *W. Krebs*, Kontrolle in staatlichen Entscheidungsprozessen, 113.

(1) Verfahrensautonomie

Gerichtsverfahren konstitutieren eine eigene Sinnsphäre, in der gerichtliche Entscheidungen als folgerichtige Ergebnisse verfahrensinterner Auswahlprozesse erscheinen. Selektivität ist Voraussetzung jener Verfahrensautonomie, in der das Verfahren, verstanden als Handlungssystem, seine eigene Verfahrenskomplexität entwickelt.

Schon der flüchtige Blick auf das Verfahren der Sachverhaltsermittlung im Straf- sowie im Verwaltungsprozeß zeigte, daß diese *Selektivität des Gerichtsverfahrens* sich nicht auf den Zivilprozeß beschränkt. Zu Recht heißt es bei *Karl Michaelis*, das gesamte moderne Prozeßrecht beruhe darauf, daß der Richter „den Sachverhalt nur in Gestalt des Prozeßstoffs" kennenlerne – „und diese Beschränkung ist grundsätzlich viel wesentlicher als die Beschränkung des Prozeßstoffs selbst durch die sogenannte Verhandlungsmaxime."[162] Die funktionale Betrachtung ließ erkennen, daß die allen Gerichtsverfahren gemeinsame Selektivität gerade die Voraussetzung jener spezifischen Rationalität gerichtlicher Verfahren darstellt, exklusiv rechtsgebundene Entscheidungen durch einen neutralen Dritten zu ermöglichen. Richterliche Unabhängigkeit setzt Verfahrensselektivität voraus. Der prozessuale Sachverhalt darf daher nur in einem geregelten Verfahren und mit justizförmigen Mitteln gebildet werden, die ihrerseits konkurrierenden Schutzgütern Raum geben.[163]

Zudem operiert Rechtsprechung als Verfahren neutraler Streitentscheidung unter der Bedingung des *Entscheidungszwangs*. Auch im Falle ungewisser Tatsachenlagen müssen Gerichte Rechtsentscheidungen treffen. Muß ein System die Entscheidbarkeit aller aufgeworfenen Probleme gewährleisten, dann kann es nicht gleichzeitig die Richtigkeit aller Entscheidungen sicherstellen.[164] Auch dies ist eine Funktionsbedingung, die allen Gerichtszweigen gemeinsam ist, sich also nicht auf das Verfahren des Zivilprozesses beschränkt. Selektivität, Verfahrensautonomie und Entscheidungszwang lassen das Verfahrensziel der Wahrheitsermittlung in allen Prozeßarten als problematisch erscheinen. Aus juristischer Sicht führt dies angesichts der normativen Vorgaben, namentlich der einheitlichen Bindung der rechtsprechenden Gewalt an das Gesetz, für alle Prozeßarten zu einem gleichartigem Rechtfertigungsbedarf.

---

[162] *K. Michaelis*, Göttinger FS OLG Celle (1961), 117, 142.

[163] Vgl. *K. Sobota*, Das Prinzip Rechtsstaat, 193 m.w.N. ebd., Anm. 882.

[164] *N. Luhmann*, Legitimation durch Verfahren, 21. Vgl. zur objektiven Fehlerhaftigkeit kunstgerecht zustandegekommener Urteile und deren Rechtfertigung um der Streitbeendigung willen *R. Bruns*, FS Schmidt-Rimpler (1957), 237, 248. Aus staatsrechtlicher Sicht zuletzt *K. Sobota*, Das Prinzip Rechtsstaat, 10: Man werde es nicht als Ende, sondern als „eine Leistung rechtsstaatlicher Organisation betrachten müssen, wenn ein Gericht nicht mit letzter Konsequenz nach der Wahrheit sucht", sondern auf Grundlage formeller Gegebenheiten entscheide.

(2) Prozeßergebnis und materielle Rechtslage

Die Selektivität des Verfahrens bringt Probleme für den Begriff der prozessualen Wahrheit mit sich, die sich mit dem Gegensatzpaar von formeller und materieller Wahrheit nicht beschreiben lassen. Sie kulminieren in der prozeßtheoretischen Frage, wie das Verhältnis zwischen Prozeßergebnis und materieller Rechtslage im allgemeinen zu verstehen sei.[165]

(a) Wie bereits in der Betrachtung der Diskussion um den Rechtsschutzanspruch vermerkt,[166] mußten dessen Befürworter letztlich von einem *monistischen Verhältnis* zwischen Richterspruch und materieller Rechtslage ausgehen, damit aber auch jegliche Differenz zwischen prozessualer und außerprozessualer Tatsachenerkenntnis leugnen. Für die Gegner des Rechtsschutzanspruchs lag es nahe, diese materiell-monistische Sichtweise mit Blick auf die *Kreationsbedingungen* des materiellen Rechts im Prozeß zu modifizieren. Mit Blick auf die Sachverhaltsermittlung hieß es bei *Oskar Bülow*, die Privatrechtsnorm enthalte nur einen Plan oder Entwurf der zukünftigen, erwünschten Sollensordnung, während erst der Richterspruch die vollendete Rechtsnorm schaffe.[167] Aufgrund dieser Kreationsfunktion des Prozesses für das materielle Recht sei das Urteil, unabhängig von einer „Notlüge der Wahrheitsfiktion", notwendigerweise richtig, da es nicht darauf ankomme, ob es „in jedem einzelnen Falle im Einklage mit dem wirklichen, wahren Sachverhalte steht".[168] Der Prozeß brachte danach nicht nur die individuelle Konkretisierung der abstrakt-generellen Norm, sondern auch die jeweils *maßgebliche Tatsachenlage* hervor. Ähnlich negierte später *Julius Binder* die Möglichkeit der Divergenz von materieller Rechtslage und Richterspruch, da das Urteil vermöge der dort ausgesprochenen Rechtsgestaltung notwendigerweise richtig im Sinne einer „unumstößlichen, fiktionslosen, materiellen Wahrheit" sei.[169]

(b) Wer der Kreationstheorie nicht folgte, mußte den möglichen *Dualismus* von Prozeßergebnis und materieller Rechtslage im allgemeinen, prozessualer und außerprozessualer Wahrheit im besonderen anders konzipieren. So entwikkelte *Pagenstecher* die Idee der rechtskonstitutiven Wirkung des Urteils unabhängig von der materiellen Rechtslage. Deren Valenz vorausgesetzt, gerieten seine Ausführungen zur prozessualen Wahrheit allerdings etwas widersprüchlich. Ziel des Prozesses sollte *Pagenstecher* zufolge die Wahrheitserforschung sein. Das Resultat des Prozesses galt ihm als „Deklaration der Wahrheit. Ist das, was der Richter deklariert, aber nicht die Wahrheit, so wird wahr, was er (als

[165] Vgl. hierzu insbesondere den Überblick bei *H.F. Gaul*, AcP 158 (1968), 27, 53ff., an dem sich die nachfolgenden Passagen orientieren.
[166] Vgl. oben, Abschnitt III. 2. a).
[167] *O. Bülow*, Gesetz und Richteramt, 3, 7, 45f. und passim.
[168] *O. Bülow*, ZZP 31 (1903), 191, 246.
[169] *J. Binder*, Prozeß und Recht, 333; vgl. auch 208. 307.

wahr) deklariert"[170] Daß die konstitutive Funktion des richterlichen Urteils für die Wahrheit brenzlig werden mußte, wenn außerprozessuale Wahrheitslagen einerseits notiert, andererseits durch den Prozeß derogiert werden sollten, liegt auf der Hand.[171]

Der Ausweg aus diesem Dilemma wurde, namentlich von *James Goldschmidt*, in der gänzlichen Abstraktion des Prozeßergebnisses von der materiellen Rechtslage gesucht. Das Prozeßziel des richtigen, wahrheitsgemäßen Urteils trat bei *Goldschmidt* gegenüber dem Ziel der Erwirkung einer rechtskräftigen Entscheidung gänzlich zurück. Damit war das Problem der Divergenz prozessualer und außerprozessualer Wahrheiten zwar nicht aus der Welt. Es konnte jedoch aufgelöst werden in die Vorstellung einer *Verdoppelung der Rechtsordnung*. Der Richter schaffe, so *Goldschmidt*, mittels des Rechts „eine soziale Ordnung, die neben die Rechtsordnung tritt und ihr im Konfliktsfall nach dem soziologischen Machtprinzip" vorgehe.[172] Die Problematik blieb damit allerdings die gleiche wie bei der materiell-rechtlichen Rechtskrafttheorie. Auch die prozessuale Theorie mußte materielles Unrecht als Recht, außerprozessuale Unwahrheit als prozessuale Wahrheit deklarieren.[173]

(c) Die heutige Prozeßtheorie versucht zumeist, das unrichtige Urteil durch Erweiterung der *Prozeßzwecke* konzeptionell zu verarbeiten. Offenbar steht heute nicht mehr jene Unbekümmertheit zur Verfügung, mit der Teile der Prozeßlehre des 19. und frühen 20. Jahrhunderts – in kühler Einsicht in die „Logik der Thatsachen" – die Wahrheitsermittlung zum „zufälligen Resultat" des Zivilprozesses depotenzieren konnten.[174] Für die überwiegende Meinung entsteht damit die zwielichtige Situation, auch bei Relativierung des Wahrheitszwecks durch selektive Verfahrensnormen die Wahrheitsfeststellung als eine der „wesentlichsten Aufgaben des Richters" im Prozeß qualifizieren zu müssen.[175]

Dies führt zu dilatorischen Beschwichtigungen wie jener, die Wahrheitsfindung sei zwar ein sehr wichtiger Zweck des Prozeßrechts, aber nicht sein einziger. Wie jeder Rechtszweck könne er „in gewissem Umfang hinter andere, noch wichtigere Rechtszwecke zurücktreten müssen".[176] Der Prozeß strebe „an sich die wirklichkeitsgetreue Konstruktion des Geschehens" an, diese „Wahrheitstendenz" müsse jedoch bisweilen hinter höherwertigen Interessen, so etwa dem

---

[170] *M. Pagenstecher*, Zur Lehre von der materiellen Rechtskraft, 302ff., 305

[171] Vgl. namentlich die Kritik *J. Goldschmidts*, Der Prozeß als Rechtslage, 188, damit werde statt der Wahrheitsforschung die „Wahrheitsfälschung" zum Prinzip erhoben.

[172] *J. Goldschmidt*, Der Prozeß als Rechtslage, 246.

[173] Vgl. *H.F. Gaul*, AcP 158 (1968), 27, 56 m.w.N.

[174] *A. Wach*, Vorträge, 149.

[175] So ausdrücklich *E. Schumann*, in: Stein/Jonas, ZPO, Einl., Rn. 22. Ausführlich zum ganzen *H.F. Gaul*, AcP 158 (1968), 27, 53ff.; vgl. auch *R. Bruns*, FS Schmidt-Rimpler (1957), 237, 248.

[176] *K. Larenz*, Methodenlehre der Rechtswissenschaft, 195.

Rechtsfrieden, zurückstehen.[177] Diese Relativierung des Wahrheitswerts durch wertende Zusatzannahmen[178] müßte allerdings ein Verständnis *graduell gestufter Wahrheiten* bereitstellen, das wiederum mit jener idealen, unkritischen Wahrheitskonzeptionen kollidieren würde, das den genannten Lösungsversuchen zugrundeliegt.

(3) Differenzierung des Wahrheitsbegriffs

Den elegantesten Ausweg aus diesem Dilemma präsentiert die Reine Rechtslehre, indem sie eine Möglichkeit zur *Differenzierung* des Wahrheitsbegriffs selbst aufzeigt. Auch *Kelsen* geht von der konstitutiven Wirkung der richterlichen Tatsachenermittlung für den Richterspruch als Akt konkret-individueller Normsetzung aus.[179] Diese konstitutive Wirkung erstreckt sich allerdings nicht auf den Wahrheitswert schlechthin, sondern wird durch das Kriterium der *Kompetenz* zur verbindlichen Tatsachenfeststellung spezifiziert.

Die Anordnung einer bestimmten Rechtsfolge im Rahmen einer Rechtsordnung setzt *Kelsen* zufolge voraus, daß die Rechtsordnung zum einen das zuständige Organ, zum anderen das maßgebliche Verfahren zur Feststellung jener Tatsachen benennt, deren Existenz die Rechtsfolge auslöst. Rechtliche Bedingung für den verbindlichen Ausspruch der Rechtsfolge ist nicht die Tatsache an sich, sondern erst ihre Feststellung durch das zuständige Organ im vorgeschriebenen Verfahren. Sollen generelle Rechtsnormen konkretisiert werden, kann hinsichtlich der rechtserheblichen Tatsachen, ebenso wie für die Bestimmung des Norminhalts, nur *eine Meinung* gelten, nämlich die der von der Rechtsordnung dafür bestimmten Person.[180] Die Feststellung des bedingenden Tatbestandes durch das Gericht ist sonach für den Rechtsspruch konstitutiv. Demgegenüber ist die Meinung anderer Personen über das „wirkliche" Geschehen für die Gültigkeit des Richterspruchs ebenso irrelevant, wie es ihre abweichenden Rechtsstandpunkte wären.[181]

Im prozeßrechtlichen Denken tritt damit „an Stelle der den Zwangsakt im nicht-juristischen Denken bedingenden Tatsache an sich die verfahrensmäßig

[177] *W. Henckel*, Prozeßrecht und materielles Recht, 53f.; zum „gleichberechtigten Ziel" des Rechtsfriedens kritisch *H.F. Gaul*, AcP 158 (1968), 27, 57 m.w.N.

[178] *N. Luhmann*, Legitimation durch Verfahren, 21, bezeichnet diese Zusatzannahmen als „quasi-ideologisch".

[179] *H. Kelsen*, Reine Rechtslehre, 244ff.

[180] *H. Kelsen*, Reine Rechtslehre, 245. Der Obersatz der juristischen Subsumtion lautet also nie, wie *E. Schmidt*, DuR 1984, 24, 28, meint, ‚Wenn X geschehen ist', sondern umfaßt zumindest die Einschränkung, daß dies gerade durch das zuständige Staatsorgan festgestellt wurde.

[181] Vorbehaltlich der ordentlichen und außerordentlichen Rechtsmittel; vgl. *H. Kelsen*, Reine Rechtslehre, 246; aus der zivilprozeßrechtlichen Literatur in diesem Zusammenhang nur *O. Bülow*, ZZP 31 (1903), 191, 241.

festgestellte Tatsache".[182] Tatsachenaussagen sind sonach nicht per se, sondern erst nach spezifischen, durch Verfahrens- und Kompetenzvorschriften verlaufenden Selektionsleistungen von Belang. *Kelsen* behauptet also nicht die Kreation des materiellen Rechts im richterlichen Urteil. Vielmehr stellt er das Verfahren der individuell-konkreten Normsetzung vor Gericht unter die Prämisse, daß die verbindliche Setzung von Rechtsnormen einschließlich der dafür erforderlichen rechtlichen wie tatsächlichen Feststellungen nur durch die *dafür ermächtigte Stelle* erfolgen kann. Außerprozessuale Aussagen über die betreffende Rechtslage fallen nicht mangels Konkretion oder kraft einer Fiktion, sondern mangels rechtlicher Kompetenz in den Bereich des rechtlich unverbindlichen Meinens. Gleiches gilt für außerprozessuale Aussagen über Tatsachen.

b) Prozessualer Wahrheitsbegriff

Klärungsbedürftig bleibt allerdings auch bei *Kelsen*, wie dies mit dem *Anspruch juristischer Urteile auf Richtigkeit* zu vereinbaren ist. Offenbar bedarf es eines Wahrheitsbegriffs, der die Limitierungen prozessualer Wahrheit durch kompetentielle wie verfahrensrechtliche Einschränkungen auszudrücken imstande ist. Ansonsten entstünde für den Prozeß ein Dilemma uneinlösbarer Geltungsansprüche. Einerseits ist Wahrheitsermittlung durch den Richter normativ geboten und entspricht den methodischen Hintergrundannahmen der juristischen Subsumtion. Zum anderen leistet jeder Prozeß nur eine systeminterne Rekonstruktion der Wirklichkeit, deren Schilderung in Tatbestand und Urteilsgründen ihren eigenen Geltungsanspruch nicht durchhalten kann (aa). Die in der Wissenschaftstheorie angebotenen Wahrheitstheorien können diesen Widerspruch nicht verarbeiten (bb). Da der Verzicht auf den Wahrheitsbegriff, bei aller Plausibilität dieses Vorschlags, mit den prozeßrechtlichen Vorgaben selbst nur schwer in Übereinstimmung zu bringen ist, kann der Ausweg allein in der Entwicklung eines spezifischen Begriffs der prozessualen Wahrheit gesucht werden. Im folgenden wird hierzu eine Modifikation der Kohärenztheorie der Wahrheit vorgeschlagen, wonach der Prozeß eine Wahrheit spezifischer oder *begrenzter Kohärenz* hervorbringt (cc).

aa) Prozessualer Wahrheitsanspruch

Die Erkenntnis einer lediglich prozeßinternen, für den Rechtsspruch konstitutiven Rekonstruktion der außerprozessualen Tatsachenlage stößt sich mit jenem Geltungsanspruch auf Wahrheit, den gerichtliche Entscheidungen im Tat-

[182] *H. Kelsen*, Reine Rechtslehre, 246; Hervorhebung durch mich, M.K.

bestand oder in den Ausführungen zur Beweiswürdigung erheben (1).[183] Angesichts der Selektivität des Verfahrens droht, interpretiert man diese Aussagen als Sprechakte, ein performativer Widerspruch, wenn Wahrheit im Sinne des Alltagsverständnisses als Übereinstimmung von Aussage und Wirklichkeit definiert wird (2).

(1) Urteile erheben den Anspruch, im Rahmen der geltenden Rechtsordnung vernünftig begründet werden zu können.[184] Dieser *„Anspruch auf Richtigkeit"*, zumindest nach Maßgabe der richterlichen Überzeugung,[185] läßt sich positivrechtlich unter Verweis auf die Begründungspflicht[186] im speziellen, der Bindung der rechtsprechenden Gewalt an das Gesetz (Art. 20 Abs. 3, 97 Abs. 1 GG) im allgemeinen zwanglos begründen.[187]

---

[183] Dies gilt schon aufgrund der positiv-rechtlichen Regelungen im Prozeß; ausdrücklich etwa §286 Abs. 1 Satz 1 ZPO; im Verwaltungsprozeß §86 Abs. 1, 108 VwGO.

[184] Sog. Anspruch auf Richtigkeit, vgl. *R. Alexy*, Theorie der juristischen Argumentation, 264; auch *V. Petev*, Die spezifische Rationalität der richterlichen Entscheidungstätigkeit, 574: „Eine Entscheidung, die der Richter als nur wahrscheinlich, mehr oder weniger begründet ausgibt, kann nicht als autoritativer staatlicher Akt gelten". Vgl. auch *J. Esser*, Vorverständnis und Methodenwahl, 210: Rechtfertigung der Entscheidung als richtig und gerecht als Beitrag der richterlichen Bemühung um die Erhaltung der Rechtsautorität. Vorliegend wird der „Anspruch auf Richtigkeit" lediglich als (positiv-rechtlich gebotener, funktional erforderlicher) Gehalt des illokutionären Bestandteils eines richterlichen Urteils begriffen. Das Postulat „einzig richtiger", inhaltlich legitimierter Entscheidungen ist damit nicht verbunden. Weitergehend jene Stimmen, die den „sach- und rechtsrichtigen Richterspruch" schlechthin als Ziel der Rechtsprechung bestimmen und auf metajuristische Kategorien wie Wahrheit oder Gerechtigkeit zurückzuführen suchen (so etwa *K. Eichenberger*, Die richterliche Unabhängigkeit als staatsrechtliches Problem, 83; weitere Nachweise bei *J. Schaper*, Studien zur Theorie und Soziologie des gerichtlichen Verfahrens, 111f.).

[185] Auf diese Limitierung macht namentlich *J. Riedel*, Unparteilichkeit des Richters, 34, aufmerksam: Die prozessuale Wahrheit stehe in Relation zur Wirklichkeitserkenntis eines einzelnen Subjekts, seinen subjektiven Gegebenheiten und Einseitigkeiten.

[186] Vgl. hier namentlich §313 Abs. 1 Nr. 6 ZPO; §§267, 275 Abs. 1 StPO; §117 Abs. 2 Nr. 5 VwGO. Hinsichtlich der Wahrheit der maßgeblichen Tatsachen §286 Abs. 1 Satz 2 ZPO.

[187] Vgl. *BVerfGE* 42, 64 (73), wo dem gerichtlichen Erkenntnisverfahren die Aufgabe der richtigen (gesetzmäßigen) und in diesem Sinne gerechten Entscheidung zugeschrieben wird. Aus verwaltungsrechtlicher Sicht *C.H. Ule*, VerwArch 1971, 114, 130, der den Begründungszwang aus der Bindung der Gerichte an Gesetz und Recht ableitet und ihm die Sicherung der Überzeugungskraft und sachlichen Richtigkeit des Urteils zuschreibt.

Der Anspruch auf Richtigkeit erstreckt sich also nicht auf die Vernünftigkeit des Urteils schlechthin, sondern darauf, daß es im Rahmen der geltenden Rechtsordnung vernünftig begründet werden kann. Daher begreift *Alexy* den juristischen Diskurs als *Sonderfall* des allgemeinen praktischen Diskurses. Die Gegenthese lautet, daß angesichts der für juristisches Argumentieren konstitutiven Limitationen der juristische Diskurs gegenüber dem allgemeinen kein „minus", sondern ein „aliud" (nämlich strategisches Handeln) darstelle, da der moralische Anspruch auf Richtigkeit angesichts dieser Begrenzungen nicht durchzuhalten sei. (vgl. insb. *U. Neumann*, Juristische Argumentationslehre, 86ff. und die Nachw. bei *Alexy* a.a.O., 426ff.). *Habermas* ist der Sonderfallthese mit dem Argument entgegengetreten, sie setze eine unter den Bedingungen funktionaler Differenzierung haltlose Subordinierung des Rechts unter die Moral voraus (*J. Habermas*, Faktizität und Geltung, 287ff.).

Die Problematik des entsprechenden Geltungsanspruchs erwächst daraus, daß zwar im Richtigkeitsanspruch die Bindungen an das Gesetz, an die juristische Dogmatik und Systembildung, gegebenenfalls an Präjudizien und vor allem die kompetentiellen und verfahrensmäßigen Beschränkungen der Prozeßordnungen mitgedacht werden können;[188] daß aber fraglich ist, ob dies auch für den im juristischen Syllogismus notwendigerweise inbegriffenen Anspruch auf Wahrheit der *Tatsachenfeststellungen* gilt.[189] Mag auch der Anspruch auf Richtigkeit gerichtlicher Urteile sich auf den juristischen Diskurs in seinen typischen Begrenzungen beschränken, so fällt es schwer, diese Begrenzungen in den Wahrheitsanspruch der Tatsachenaussagen einzuziehen. Der intuitive Wahrheitsbegriff des alltäglichen Lebens sperrt sich gerade gegen jene Einschränkungen, die durch die Selektivität der Sachverhaltsbeurteilung ex post, die Präsentation des Sachverhalts durch die Parteien, die beweisrechtlichen Einschränkungen, Maßnahmen der Verfahrensbeschleunigung oder Rücksichten auf Rechte Dritter notwendigerweise bewirkt werden.

Die Problematik läßt sich näher eingrenzen, betrachtet man gerichtliche Aussagen zum tatsächlichen Geschehen als Sprechakte im Sinne der Sprechakttheorie *John L. Austins*.[190] Sprechakte sind Handlungen, die dadurch vollzogen werden, daß jemand etwas sagt. Innerhalb eines Sprechakts lassen sich mindestens zwei Handlungen unterscheiden, nämlich der lokutionäre Akt, der in der Äußerung eines Satzes mit bestimmter Bedeutung besteht, und der illokutionäre Akt, der das bezeichnet, was getan wird, indem etwas gesagt wird.[191] Sprechakte können fehlschlagen, wenn illokutionäre Akte gegen zugrundeliegende Konventionen der Kommunikation verstoßen.[192] Ein solcher mißglückter Sprechakt liegt etwa vor, wenn jemand etwas behauptet, ohne es zu glauben. Eben dies trifft für die Tatsachenäußerungen des Gerichts im Rahmen des Urteils potentiell zu.

Die Streitentscheidung kann dahinstehen, da sich die vorliegende Untersuchung – in einer pragmatischen Verkürzung der rechtstheoretischen Argumentation – auf den positiv-rechtlichen, „systemeigenen" Richtigkeitsanspruch juristischer Kommunikation beschränkt. Mit der Bezugnahme auf *Alexy* wird also nicht die Artgleichheit der Richtigkeit juristischer Entscheidungen und der Gültigkeit moralischer Urteile nach Maßgabe der „Sonderfallthese" behauptet (dagegen zutreffend *J. Habermas*, Faktizität und Geltung, 286ff.), sondern lediglich ein positivrechtlicher Anspruch auf Richtigkeit als heuristisches Hilfsmittel zugrundegelegt, um den mit richterlichen Urteilen verbundenen Anspruch auf Wahrheit der zugrundeliegenden Tatsachenerkenntnisse abschichten zu können.

[188] So jedenfalls *R. Alexy*, Theorie der juristischen Argumentation, 34.

[189] Soweit ersichtlich, behandelt *Alexy* das Problem, wie der Anspruch auf Richtigkeit mit Blick auf die Tatsachenermittlung durchzuhalten sei, nur kursorisch. Er begnügt sich im wesentlichen mit dem pauschalen Hinweis auf die Relevanz empirischer Argumentation im juristischen Diskurs und überläßt das Thema ansonsten künftiger Forschung im Wege interdisziplinärer Kooperation (Theorie der juristischen Argumentation, 285f.).

[190] Vgl. *J.L. Austin*, How to do things with words, insb. 12ff. Dazu im Kontext juristischer Argumentation *R. Alexy*, Theorie der juristischen Argumentation, 77ff.

[191] *R. Alexy*, Theorie der juristischen Argumentation, 79.

[192] *J.L. Austin*, How to do things with words, 14f.

Angesichts der Selektivität des Verfahrens müssen diese Sprechakte mißglükken, weil sie den Anspruch auf Wahrheit aller Aussagen nicht durchhalten können. Ein derartiger Geltungsanspruch würde in einen performativen Widerspruch führen, weil er lediglich unter den Konventionen selektiver richterlicher Sachverhaltsrekonstruktion, aber nicht im allgemeinen Geltung beanspruchen kann.[193]

(2) Ein derartiger Widerspruch ließe sich nur unter Zugrundelegung eines *prozeßspezifischen Wahrheitsbegriffs* vermeiden. An einem solchen fehlt es allerdings. Kennzeichnend ist vielmehr eine gewisse Beharrlichkeit naiver Wahrheitsbegriffe, die bewußt unter Ausklammerung erkenntnistheoretischer, sozial- oder auch rechtswissenschaftlicher Bedenken gebildet werden. So ist *Erich Doehring* der Meinung, die Zweifel aus der theoretischen Philosophie am menschlichen Erkenntnisvermögen könnten auf die Prozeßtheorie nicht übertragen werden, da der Prozeß „auf die Erlangung der ganzen Wahrheit abgestellt sei". Die „Ermittlung des Sachverhalts im Prozeß hat – darüber sollte es eigentlich keine Meinungsverschiedenheit geben – in jedem Fall davon auszugehen, daß es grundsätzlich möglich ist, die Wahrheit zu erfassen; für den Bereich der juristischen Praxis ist diese Ansicht die allein zutreffende".[194]

Den erkenntnistheoretischen Modellierungen des Wahrheitsbegriffs kann die Rechtswissenschaft so allerdings nicht entkommen. Auch *Doehring* optiert für ein bestimmtes Modell, nämlich für eine Wahrheitstheorie, die von einer Relation zwischen einer Aussage als Wahrheitsträger und der Wirklichkeit ausgeht. Es handelt sich dabei um die älteste Wahrheitstheorie, nämlich die auf *Aristoteles* und *Thomas von Aquin* zurückführende *Korrespondenz-* oder *Adäquanztheorie*.[195] Diese besagt in ihrer scholastischen Version, daß Wahrheit die Übereinstimmung von Gegenstand und Intellekt – heute vielleicht: Tatsache und Satz – sei.[196] In der prozeßrechtlichen Dogmatik genießt dieser Wahrheitsbegriff, wie auch im alltäglichen Leben, eine nahezu selbstverständliche Plausibilität. Eine Aussage gilt danach als wahr, „wenn das von ihr gezeichnete Bild der Wirk-

---

[193] Welche Mühen hieraus resultieren, zeigt die Anmerkung von *M. Pagenstecher*, Zur Lehre von der materiellen Rechtskraft, 304, Anm. 722: „Zu weit würde es gehen, wollte man annehmen, der Richter sei von der Wahrheit seiner Deklaration stets überzeugt. Das ist schon deshalb undenkbar, weil er nicht ‚non liquet' sagen darf. Stets aber war sein *Streben*, nach der vom Gesetz vorgezeichneten Art und Weise die *Wahrheit* zu erforschen."

[194] *E. Doehring*, Die Erforschung des Sachverhalts im Prozeß, 6.

[195] Vgl. zu den Wahrheitstheorien im Überblick *W. Künne*, Wahrheit, 116ff. (der allerdings in Abweichung zur herrschenden Ansicht die Lehre des Aristoteles nicht zu den Korrespondenztheorien zählt); weiterhin *J. Habermas*, FS Schulz (1973), 211ff.; im Kontext juristischer Argumentation, allerdings fokussiert auf Korrespondenztheorie und Konsenstheorie in diskurstheoretischer Prägung *R. Alexy*, Theorie der juristischen Argumentation, 135ff.

[196] Veritas est adaequatione rei et intellectus; in: Summa contra Gentiles, Kap. 59, zit. nach der dt.-lat. Ausgabe Darmstadt 1974ff. In der Fassung *Kants*: Wahrheit ist die „Übereinstimmung der Erkenntnis mit ihrem Gegenstand"; Kritik der reinen Vernunft, B 82; zit. nach der Akademie-Ausgabe Berlin 1911.

lichkeit mit dieser selbst übereinstimmt."[197] Jede gerichtliche Entscheidung operiert mit derartigen Korrespondenzen zwischen Tatsachen und Sätzen über Tatsachen, und zwar in zweifacher Weise. Zum einen muß im Akt der Subsumtion ein Korrespondenzverhältnis zwischen dem Normtatbestand als Teil des Obersatzes und dem Rechtsfall als Untersatz hergestellt werden, zum anderen zwischen der Beschreibung des Rechtsfalls und den tatsächlichen, ontologischen Gegebenheiten.[198] Die durch den syllogistischen Schluß sichergestellte Kongruenz zwischen Ober- und Untersatz, also Normtatbestand und Sachverhalt, wird üblicherweise durch eine *Fremdreferenz* ergänzt, die als Referenz zwischen dem Rechtsfall und den ontologischen Gegebenheiten der Außenwelt verstanden wird.[199]

bb) Wahrheitstheorien

Dieses Verständnis der Fremdreferenz des Rechtsfalls ist in zweifacher Weise problematisch. Zum einen verliert das zugrundeliegende Wahrheitsverständnis zunehmend den Anschluß, zum anderen steht schon die Selektivität des Gerichtsverfahrens einer unmittelbaren ontologischen Referenz entgegen (1). Fraglich ist, ob die gängigen Wahrheitstheorien alternative Beschreibungen ermöglichen (2).

(1) Bekanntermaßen leidet die Korrespondenztheorie der Wahrheit unter dem Problem, wie der *Gegenpol der Entsprechung* zu bestimmen sei, also die Tatsache selbst.[200] Exemplarisch sei die Kritik von *Günter Patzig* und *Jürgen Habermas* herausgegriffen, die über *Robert Alexy* Eingang in die Theorie der juristischen Argumentation (diskurstheoretischer Lesart) gefunden hat.[201] Danach sind Tatsachen nicht in der Welt, sondern können nur durch wahre Sätze dargestellt werden. Tatsachen und Sachverhalte sind sprachlich konstituiert[202] und werden durch spezifische, sprachliche Ausdrücke identifiziert. „Wirklichkeit" und „Sprache" bilden daher keine unabhängigen Dimensionen, zwischen denen ein äußeres „Korrespondenzverhältnis" bestehen könnte. Die Korrespondenztheorie verliert damit ihren ursprünglichen Sinn, da sie sich notwendigerweise auf den sprachlichen Bereich beschränkt.[203]

---

[197] *M. Dawin*, in: *F. Schoch/E. Schmidt-Aßmann/R. Pietzner*, Verwaltungsgerichtsordnung, § 108, Rn. 48 m. w. N.

[198] Vgl. *N. Eberle*, Zur Rhetorik des zivilprozessualen Beweises, 78; zum folgenden auch seine Ausführungen ebd., 73ff.

[199] Vgl. *N. Eberle*, Zur Rhetorik des zivilprozessualen Beweises, 80.

[200] Eingehend zur Kritik *W. Künne*, Wahrheit, 136.

[201] *R. Alexy*, Theorie der juristischen Argumentation, 136f.

[202] *G. Patzig*, Satz und Tatsache, 12f.

[203] *J. Habermas*, FS Schulz (1973), 211, 216: „Die Korrespondenztheorie der Wahrheit versucht vergeblich, aus dem sprachlogischen Bereich auszubrechen, innerhalb dessen der Gel-

Die juristische Praxis setzt sich über diese – nur exemplarisch für die weitreichende Skepsis der Fachwissenschaft gegenüber den verschiedenen Fassungen der Korrespondenztheorie stehenden – Schwierigkeiten mit einer gewissen Unbekümmertheit hinweg. Kennzeichnend ist die oben erwähnte Position *Doehrings*, die Übertragbarkeit erkenntnistheoretischer Bedenken auf den juristischen Methodendiskurs schlicht zu verneinen.[204] Ein derartiger Rückzug auf pseudo-normative Hintergrundgewißheiten kann unter dem Gesichtspunkt der Eigenlogik juristischer Systembildung vertretbar oder sogar geboten sein. Im Falle der prozessualen Sachverhaltsermittlung ist es jedoch die *prozeßrechtlich konstituierte Selektivität* des Gerichtsverfahrens selbst, die einen auf der Korrespondenztheorie der Wahrheit beruhenden Geltungsanspruch prozessualer Tatsachenfeststellungen ausschließt. Derartige Tatsachenfeststellungen können aufgrund der limitierten Möglichkeiten prozessualer Wahrheitsermittlung stets nur in einem spezifischen Verständniszusammenhang Geltung beanspruchen, in dem die situativen, in der jeweiligen *prozessualen Lage* begründeten Umstände an die Stelle der Übereinstimmung mit ontologischen Gegebenheiten treten.

(2) Angesichts dessen gewinnt die Konsequenz des liberalen Prozeßmodells in der Fassung *Adolf Wachs* erneut an Plausibilität, dem Gerichtsverfahren Ziel und Funktion der Wahrheitsermittlung von vornherein abzusprechen. Bemerkenswerterweise ist es gerade die soziologisch-funktionale Prozeßtheorie, die diesen Ansatz aufgreift und das Kommunikationsmedium Wahrheit auf eine prozessuale Funktion zurückführt, nämlich reduzierte Komplexität zu übertragen.[205] Beharrt man dagegen auf dem normativ vorgegebenen Anspruch juristischer Urteile auf Richtigkeit, dann muß ein spezifischer Wahrheitsbegriff gebildet werden, der innerhalb des rechtlich gezogenen Möglichkeitshorizonts prozessualer Erkenntnis verbleibt. Hierfür kommt nur ein relatives oder fiktives Format der Wahrheit in Betracht.

Der Rekurs auf die *Korrespondenztheorie* zur Bestimmung einer derartigen „*Wahrheit nach Maßgabe des Rechts*" scheidet damit aus. In ihrer Erklärung des Wahrheitswerts tritt ein zweistelliges Prädikat auf, das eine Beziehung ausdrückt zwischen dem, was wahr ist (der Aussage) und etwas anderem, das au-

---

tungsanspruch von Sprechakten allein geklärt werden kann"; vgl. *R. Alexy*, Theorie der juristischen Argumentation, 137.

[204] *E. Doehring*, Die Erforschung des Sachverhalts im Prozeß, 6f.; zustimmend *H.F. Gaul*, AcP 158 (1968), 27, 50, der indes zugleich einräumt, es gehe im Prozeß nicht um die historische Wahrheit an sich, sondern die Wahrheitsermittlung sei „wiederum nur Mittel zum Zwecke des Rechtsschutzes", so daß ihr Erkenntnisgegenstand von vornherein rechtlich präformiert sei.

[205] *N. Luhmann*, Legitimation durch Verfahren, 23; vgl. schon *ders.*, AöR 94 (1969), 1, 22; ähnlich aus juristischer Sicht *J.J. Hagen*, Elemente einer allgemeinen Prozeßlehre, 137: Die prozessuale Wahrheit werde „in sich reduziert zu einer bloß verfahrensmäßigen Annahme, wodurch sie ihren funktionalen Charakter enthüllt".

ßerhalb seiner liegt (Tatsachen).[206] Ein hierauf gegründeter Geltungsanspruch läßt sich im gerichtlichen Urteil nicht durchhalten, weil es an der Relation auf kompetentielle und verfahrensrechtliche Selektionsmechanismen fehlt. In Betracht kommen nur solche Theorien, mit denen die Relativität eines mit einer Aussage erhobenen Wahrheitsanspruchs auf andere Aussagen, Normen oder Konventionen zum Ausdruck gebracht werden kann,[207] die also – allgemeiner gesagt – auf die Ermittlung der *Kriterien* gerichtet ist, von denen die Berechtigung abhängt, bestimmte Propositionen mit Wahrheitswert auszustatten.[208] Die gängigen Kriterientheorien der Wahrheit sind allerdings gerade darauf aus, derartige Relativierungen zu vermeiden.[209] Nach der *Kohärenztheorie* der Wahrheit ist eine Aussage dann wahr, wenn sie in widerspruchsfreier Weise mit dem *gesamten* Satz- und Sprachsystem zusammenhängt und mit ihm vereinbar ist.[210] Gegen den Einwand, daß es durchaus möglich sei, mehrere Systeme von Aussagen aufzubauen, die je für sich als kohärente Gesamtheiten anzusehen wären, formulieren jüngere Ansätze die Bedingung *idealer* Kohärenz. Eine wesensmäßige Verbindung von Wahrheit und Kohärenz, so diese Stimmen, sei zu erzielen unter der idealen Bedingung optimaler Kohärenz mit einer vollendeten Datenbasis.[211] Mit der letzteren Bedingung nähert sich die Kohärenztheorie der *Konsenstheorie* der Wahrheit, die Aussagen dann als wahr bestimmt, wenn eine potentiell unendlich große Menge von Menschen dieser Aussage unter idealen Kommunikationsbedingungen zustimmen würde.[212]

---

[206] Klassifikation und Begriff nach *W. Künne*, Wahrheit, 122f.; vgl. *N. Rescher*, Die Kriterien der Wahrheit, 341.

[207] In diese Richtung geht etwa die Bemerkung *Leipolds*, ZZP 84 (1971), 150, 158 man müsse sich im Prozeß mit der „kleinen menschlichen Wahrheit, bezogen auf die im Prozeß verfügbaren Beweismittel" begnügen. Vgl. auch *H. Lévy-Bruhl*, Soziologische Aspekte des Rechts, 92: Die gerichtliche Entscheidung werde kraft einer „Fiktion für wahr gehalten, derer sich niemand einer Täuschung hingibt ...: Res iudicata pro veritate habetur". Einen philosophischen Halt für eine derartige Konstruktionen sucht *Jürgen Rödig* in dem Begriff der „doppelten Wahrheit", deren Quellen er im mittelalterlichen Averroismus findet (Die Theorie des gerichtlichen Erkenntnisverfahrens, 158f.). Die dort angelegte Doppelung philosophischer und religiöser Wahrheit sollte sich aus den spezifischen Funktionsbedingungen religiöser Wahrheit, nämlich zur Gestaltung eines glückseligen Lebens, rechtfertigen. Ebenso sei der Begriff der funktionalen Wahrheit von der Funktion richterlichen Urteilens im allgemeinen bestimmt, menschliche Interessen zu befriedigen.

[208] Zur Differenzierung von *definitorischen* Wahrheitsexplikationen *N. Rescher*, Die Kriterien der Wahrheit, 337, 353.

[209] Erwähnt werden nur solche Wahrheitstheorien, die mit dem normativen Anspruch prozessualer Wahrheit und den entsprechenden illokutionären Elementen richterlicher Urteile im Ansatz kongruieren. Damit fällt insbesondere die Wahrheitstheorie des Pragmatismus aus der Betrachtung heraus, die auf Übereinstimmung unter dem Gesichtspunkt praktischer Nützlichkeit abstellt. Über ihre Brauchbarkeit im übrigen ist damit nichts verloren.

[210] Vgl. *O. Neurath*, Schriften Bd. 2, 541: „Richtig heißt eine Aussage dann, wenn man sie eingliedern kann"; unter den neueren Kohärenztheoretikern *N. Rescher*, Die Kriterien der Wahrheit, 337ff.; *ders.*, Wahrheit als ideale Kohärenz, 284ff.

[211] *N. Rescher*, Wahrheit als ideale Kohärenz, 284.

[212] Vgl. namentlich *J. Habermas*, FS Schulz (1973), 211, 219, 239f. und passim.

cc) Prozessuale Wahrheit als Wahrheit spezifischer Kohärenz

Der Weg zu einem Begriff prozessualer Wahrheit besteht demgegenüber in einer Rückadressierung des Anliegens der Kriterientheorien der Wahrheit, die Relativität ihrer Kriterien zu vermeiden. Insbesondere die konstruktiv anspruchslose Kohärenztheorie bietet auf diese Weise die Möglichkeit, einen konsistenten Begriff prozessualer Wahrheit zu formulieren.

(1) Dazu wird die Bedingung der Widerspruchsfreiheit zum *gesamten* Satz- und Sprachsystem aufgegeben und durch die Bedingung der Übereinstimmung mit einem *bestimmten* derartigen System zu ersetzt.[213] Dieses bestimmte System konstituiert sich unabhängig vom allgemeinen Satz- und Sprachsystem aufgrund der Vorgaben des jeweiligen *Prozeßrechts*. Das Prozeßrecht konstituiert dabei nicht lediglich eine Begrenzung der Kohärenzerfordernisse, sondern deren *Spezifität*, da jegliche Umweltinformation nur nach Maßgabe systemeigener Selektionsleistungen im Prozeß relevant werden darf. In den Begriffen der Kohärenztheorie kann prozessuale Wahrheit sonach als *Wahrheit spezifischer Kohärenz* begriffen werden.

Spezifische Kohärenz zeichnet sich im Gegensatz zur idealen Kohärenz gerade dadurch aus, daß keine vollendete Datenbasis in der Umwelt des Prozesses gesucht wird, sondern es allein auf prozessuale Rechtssätze und die von ihnen formulierten Kohärenzbedingungen ankommt, um innerhalb des Prozesses als Wahrheit ausgewiesen zu werden.[214] Umgekehrt gilt, daß für die juristischen

---

[213] Vgl. zu Parallelüberlegungen in der Rechtswissenschaft *H. Lévy-Bruhl*, Soziologische Aspekte des Rechts, 92, der von einem prozeßeigenen „System von Referenzen" spricht, die dem Richter zur Bildung seiner Überzeugung angeboten werden; auch *V. Petev*, Die spezifische Rationalität der richterlichen Entscheidungstätigkeit, 571, der von *akzeptablen* Prämissen der Entscheidung (in Abgrenzung zu *wahren* Prämissen) spricht.

[214] Die Frage liegt nahe, worin der Unterschied zwischen prozessualer und wissenschaftlicher Wahrheit liegt, wenn man für letztere – was vorliegend vorausgesetzt wird – von einer konstruktivistischen Wissenschaftsauffassung ausgeht, in der wissenschaftliche Erkenntnis nicht als Entsprechung zur realen Welt, sondern als Operation eines selbstreferentiellen Systems, als Konstruktion eines Beobachters, verstanden wird. Auch das wissenschaftliche Wissen ist kontingent und abhängig von systemeigenen Bedingungen, welche die anschlußfähigen Formulierungen einschränken (vgl. *N. Luhmann*, Die Wissenschaft der Gesellschaft, 256 und passim). Die Unterscheidung zwischen dem normativen Erwartungsstil des Rechts, in dem die Kommunikationen auch im Enttäuschungsfalle durchgehalten wird, und dem kognitiven Erwartungsstil der Wissenschaft, der auf Korrektur von Erwartungen gerichtet ist, hilft nicht unmittelbar weiter: auch die prozessuale Kommunikation verläuft im kognitiven Modus, solange es um Sachverhaltsermittlung im engeren Sinne geht. Maßgeblich für eine Unterscheidung zwischen wissenschaftlichem und prozessualem Wahrheitsbegriff ist vielmehr der unterschiedliche *Inhalt* der jeweiligen systemeigenen Bedingungen, die über die Anschlußfähigkeit von „Wahrheit" entscheiden. Die Operationen des Wissenschaftssystems werden durch grundlegende Postulate, namentlich Intersubjektivität und Universalismus wissenschaftlicher Geltungsansprüche, erweitert und stabilisiert (vgl. *N. Luhmann*, Die Wissenschaft der Gesellschaft, 322f.), die im Prozeß durch andere Postulate (etwa der Achtung von Grundrechten des Angeklagten, der Dispositionsfreiheit des Beteiligten, der Prozeßökonomie) verengt und teilweise verdrängt werden.

Entscheidungsgründe allein die *prozessuale Wahrheit*, nämlich der Tatbestand in seiner Beurkundungsfunktion, maßgeblich ist.[215] Hinsichtlich der Schlußfolgerungen, die der Richter aus seinen Prämissen zieht, muß er sich um innere Konsistenz[216] und Geschlossenheit bemühen.

(2) So steht die Wahrheit jeder Aussage im gerichtlichen Urteil zunächst unter der Vorbedingung, daß es sich hierbei um die Tatsachenfeststellungen des hierfür zuständigen Amtswalters handelt. Weiterhin gilt etwa im Zivilprozeß für die Aussage einer Partei zunächst nur eine Kohärenzbedingung, nämlich, daß die Gegenseite nicht substantiiert bestreitet (§§138 Abs. 3, 288 Abs. 1 ZPO).[217] Im Falle des Bestreitens kann zur Kohärenz die weitere Bedingung ausreichen, daß der Vortragende nicht beweisbelastet ist. Andernfalls können feste „Beweisregeln“ wie der Anscheinsbeweis Kohärenz durch Bezugnahme auf Denkgesetze oder Erfahrungssätze herstellen. Schließlich kann das System durch das Verfahren der Beweisaufnahme Kontakt zur Außenwelt aufnehmen, indem etwa Zeugenaussagen in den Prozeß eingeführt werden.

Auch derartige „Protokollsätze“[218] synchronisieren den Prozeß nicht ohne weiteres mit seiner Umwelt, sondern nur nach Maßgabe der freien Überzeugung des Richters (§286 Abs. 1 Satz 1 ZPO; §108 Abs. 1 Satz 1 VwGO). Die freie Beweiswürdigung erweitert die Kohärenzbedingungen, während feste Beweisregeln ein Mittel ihrer weiteren Spezifizierung darstellen, um die Entscheidungsfähigkeit des prozessualen Systems zu erhöhen. Unabhängig davon stellt der Prozeß mit der Bezugnahme auf die individuelle Überzeugung des Richters, die auf ein für das praktische Leben brauchbares Maß beschränkt ist,[219] wiederum eine spezifische, nämlich auf die Überzeugung eines einzelnen oder eines Kollegiums reduzierte Kohärenz her.

Ebenso wie im Zivilprozeß verhält es sich dem Grunde nach, wie oben bereits angedeutet, im Verwaltungsprozeß. Hier sind die Kohärenzbedingungen zwar insofern weiter gesteckt, als unstreitiges Tatsachenvorbringen allein das Gericht nicht binden muß (§86 Abs. 1 Satz 2 VwGO). Auch im Verwaltungsprozeß kann es indes zur Kohärenz des Parteivorbringens als prozessualer Wahrheit ausreichen, daß sich weitere Aufklärungsmaßnahmen dem Gericht nicht auf-

[215] *D. Brüggemann*, Judex statutor und judex investigator, 117.

[216] Vgl. *V. Petev*, Die spezifische Rationalität der richterlichen Entscheidungstätigkeit, 576.

[217] Eine weitere Kohärenzbedingung besteht darin, daß die Aussage nach dem Befinden des Gerichts nicht einen unmöglichen Sachverhalt bezeichnen darf, d.h. einen solchen, der jeder Erfahrung zuwiderläuft oder dessen Gegenteil offenkundig ist; vgl. *H. Thomas/H. Putzo*, ZPO, §288, Rn. 6. Erfahrungssätze werden von der Verhandlungsmaxime nicht erfaßt; vgl. hierzu *D. Brüggemann*, Judex statutor und judex investigator, 121.

[218] Protokollsätze im Sinne der Kohärenztheorie beziehen sich auf Wahrnehmungen eines Beobachters und fungieren innerhalb der Satzsysteme als letzte Kontrollinstanz; vgl. *O. Neurath*, Schriften Bd. 2, 618.

[219] Vgl. BGH NJW 1993, 935; im übrigen *H. Thomas/H. Putzo*, ZPO, §286, Rn. 2 m.w.N.

drängen mußten.[220] Im ganzen handelt es sich bei derartigen Abweichungen, verglichen mit der Selektivität des Prozesses im ganzen, um einzelne Modifikationen, die an der Spezifität der im Verwaltungsprozeß ermittelbaren Wahrheit nichts ändern.[221]

c) Konsequenzen für den Verwaltungsprozeß

Die Konsequenzen liegen auf der Hand. Entweder man verzichtet mit Teilen der liberalen Prozeßtheorie des 19. Jahrhunderts und der heutigen funktionalen Analyse auf den Wahrheitsanspruch prozessualer Tatsachenaussagen. Selektivität des Verfahrens und die konstitutive Funktion der richterlichen Tatsachenfeststellung legen diese Möglichkeit nahe, sie stößt sich jedoch am Anspruch auf Richtigkeit richterlicher Urteile, den die Rechtsordnung selbst formuliert. Angesichts dessen kommt nur ein relatives Format der Wahrheit in Frage, das von den Prozeßordnungen allenfalls in unterschiedlichen Graden, aber nicht in anderer Qualität hergestellt werden kann. Prozessuale Wahrheit ist, in Verfolgung des obigen Konstruktionsvorschlags, immer eine Wahrheit von spezifischer, nicht genereller Kohärenz.

In beiden Fällen verliert die überkommene Differenzierung des Begriffs der prozessualen Wahrheit in formelle und materielle Wahrheit ihre Rechtfertigung. Nach Maßgabe dieser Alternative ist jede prozessuale Wahrheit notwendigerweise „formell". Ebenso haltlos ist die korrespondierende Zuordnung von Verhandlungs- und Untersuchungsgrundsatz. Damit fällt auch die letzte Bastion jener Frontstellung zwischen Privatrecht und öffentlichem Recht, Privatautonomie und öffentlichem Interesse, Zivil- und Verwaltungsprozeß sowie Verhandlungs- und Untersuchungsgrundsatz, die zur Begründung richterlicher Sachverhaltsermittlung von Amts wegen aufgebaut wurde. Zivil- und Verwaltungsprozeß erzeugen in gleicher Weise Wahrheiten spezifischer Kohärenz nach Maßgabe der Sätze des Prozeßrechts. Unterschiede ergeben sich lediglich hinsichtlich der *Gestaltung der Kohärenzbedingungen* in einzelnen, aber nicht hinsichtlich der Qualität der jeweiligen prozessualen Wahrheit.

Das Argument, der Untersuchungsgrundsatz sei um des öffentlichen Interesses an der objektiven Rechtmäßigkeit des Verwaltungshandelns willen geboten (Art. 20 Abs. 3 GG), verliert damit seinen inneren Halt. Der „Anspruch auf Richtigkeit" eines jeden gerichtlichen Urteils wird durch die Spezifität prozessualer Wahrheit von vornherein modifiziert, ohne daß der Untersuchungsgrundsatz eine andere Qualität der Erfüllung dieses Richtigkeitsanspruchs gewährleisten könnte. Die Rechtsbindung allen Staatshandelns vermag insoweit

---

220 Vgl. hier nur *K. Redeker/H. v. Oertzen*, Verwaltungsgerichtsordnung, § 86 Rn. 11.

221 Weitere Einzelheiten sogleich, Kap. 3.

nur graduelle Direktiven für den Prozeßgesetzgeber zu entfalten, gibt aber keine Veranlassung zur qualitativen Differenzierung zwischen beiden Prozeßarten. Die konkrete Ausgestaltung der Sachverhaltsermittlung fällt damit in den Gestaltungsspielraum des Prozeßgesetzgebers nach Maßgabe der übrigen verfassungsrechtlichen Bestimmungen.

Ob das Untersuchungsverfahren eine höhere Annäherung der spezifischen an die allgemeinen Kohärenzbedingungen der Wahrheit gewährleistet als der Verhandlungsgrundsatz, ist dann eine Frage der – auf Rechtstatsachenforschung gegründeten[222] – gesetzgeberischen Wertung, über die hier nicht zu befinden ist. Selbst für den Fall, daß eine höhere Annäherung zu beobachten wäre, sind die Grenzen zu beachten, die der Grundsatz richterlicher Unabhängigkeit und die gebotene Distanz zum tatsächlichen Geschehen des Sachverhalts ziehen.[223] Andere Grenzen ergeben sich aus der Rechtsweggarantie des Art. 19 Abs. 4 und der hierin inbegriffenen Gewähr des Dispositionsrechts der Beteiligten über den Streitgegenstand. Ein verfassungsrechtliches Gebot des Untersuchungsgrundsatzes um des öffentlichen Interesses an der Rechtmäßigkeit des Verwaltungshandelns willen besteht daher nicht.

4. Zusammenfassung und Ausblick

Das Gemeinwohlargument trägt von jeher einen Großteil der Begründungslast des Untersuchungsgrundsatzes. Unter den Bedingungen des geschlossenen Rechtsstaats und der weitgehenden Normativierung des Gemeinwohls ist das Argument nur insofern anschlußfähig, als es auf das öffentliche Interesse an der materiell-rechtlichen Richtigkeit der verwaltungsgerichtlichen Entscheidung abstellt.

In dieser Fassung nimmt das Gemeinwohlargument vornehmlich auf die verfassungsrechtliche Vorgabe der Rechtsbindung des Verwaltungshandelns (Art. 20 Abs. 3 GG) Bezug, aus der eine objektive Kontrollfunktion der Verwaltungsgerichtsbarkeit abgeleitet wird. Dem könnte gleichsam frontal mit der konzeptuellen Direktive des Art. 19 Abs. 4 GG begegnet werden, der den Verwaltungsrechtsweg als Verfahren der qualifizierten Rechtsausübung Privater vor echten Gerichten garantiert. Allerdings schwingt im Begriff des subjektiven Rechts in Gestalt der Schutznormtheorie eine Bezugnahme auf öffentliche In-

---

[222] Das Material ist spärlich. Eine Münchner Dissertation (*K. Rinck*, Die Auswirkungen von Verhandlungs- und Untersuchungsmaxime auf die Stoffsammlung, 1987) kommt nach einem Vergleich praktischer Fälle aus dem Straf- und dem Zivilrecht zu dem Ergebnis, daß allgemein gültige Aussagen darüber, welche der Maximen gründlichere Sachverhaltsaufklärung leiste, nicht gemacht werden könnten (204).

[223] Vgl. auch *O. Mühl*, GS Bruns (1980), 145, 158.

teressen mit, die dem Gemeinwohlargument auch heute eine gewisse Hintergrundplausibilität verleiht.

Die mit der Schutznormtheorie implizierte Relevanz öffentlicher Interessen im Verwaltungsrechtsstreit läßt sich jedoch unter den heutigen rechtstheoretischen wie verfassungsrechtlichen Prämissen nicht bestätigen. Subjektive Rechte sind, unabhängig ob sie dem privaten oder dem öffentlich-rechtlichen Rechtskreis entstammen, konkret-individuelle Normsetzungsbefugnisse, deren Wahrnehmung die Verfassung bewußt in das Belieben des einzelnen stellt. Dem entspricht die in Art. 19 Abs. 4 GG getroffene Festlegung, die Entscheidung über Einleitung, Beendigung und Gegenstand des Verwaltungsrechtsstreits in die Dispositionsmacht des einzelnen zu geben. Damit sperrt sich der Begriff des subjektiv-öffentlichen Rechts zugleich dagegen, zum Instrument einer apokryphen Repräsentantenstellung des einzelnen umgewidmet zu werden. Aus dem Begriff des subjektiv-öffentlichen Rechts selbst können daher keine Anhaltspunkte für die rechtliche Relevanz öffentlicher Interessen im Verwaltungsprozeß gewonnen werden, die ein spezifisches Verfahren richterlicher Sachverhaltsermittlung begründen könnten.

Mehr verspricht auf den ersten Blick der Rekurs auf die Sicherung objektiver Rechtmäßigkeit der verwaltungsgerichtlichen Entscheidung. Hinsichtlich der prozessualen Sachverhaltsermittlung muß diese These allerdings unterstellen, der Untersuchungsgrundsatz gewährleiste gegenüber der Verhandlungsmaxime eine eigene Qualität prozessualer Wahrheitsermittlung. Dagegen spricht, daß alle gerichtlichen Verfahren um der Gewährleistung neutraler Streitentscheidung willen eine spezifische Verfahrensselektivität konstituieren, die zu einem notwendigen Dualismus von prozeßinterner und -externer Wahrheit führt. Außerprozessualen Aussagen über die Tatsachen- und Rechtslage fehlt mangels Kompetenz die rechtliche Relevanz für den konkreten Richterspruch. Allerdings erhebt dieser Richterspruch zugleich von Rechts wegen den Anspruch, auf wahren Tatsachenaussagen zu beruhen. Der Ausweg aus diesem Paradoxon besteht in einer Differenzierung des Wahrheitsbegriffs, der sich damit von seinem Alltagsverständnis entfernt. Prozessuale Wahrheit ist danach stets eine Wahrheit spezifischer Kohärenz, die nicht auf Widerspruchsfreiheit zum gesamten Satz- und Sprachsystem, sondern auf Übereinstimmung mit den jeweils prozessual gebildeten Sätzen zielt. Dieser Begriff prozessualer Wahrheit ist wiederum allen Prozessen gemeinsam. Untersuchungsgrundsatz und Verhandlungsmaxime stehen insoweit für graduell abweichende Gestaltungsmöglichkeiten, die nur punktuelle Verfahrensänderungen, aber keine kategorial unterschiedlichen Erkenntnismöglichkeiten eröffnen.

Kann der Untersuchungsgrundsatz keine Fremdreferenz zu den ontologischen Gegebenheiten in der Außenwelt des Prozesses herstellen, dann kann er auch nicht um der materiellen Rechtmäßigkeit der gerichtlichen Entscheidung willen geboten sein. Verhandlungs- und Untersuchungsgrundsatz sind insoweit unterschiedliche Gestaltungsmöglichkeiten der prozessualen Sachverhaltsermittlung, die zu ergreifen grundsätzlich im Gutdünken des Gesetzgebers steht. Freilich wird dabei zu beachten sein, daß der verfassungsrechtliche Begriff der Rechtsprechung auf ein Verfahren zielt, in dem es den Parteien obliegt, den streiterheblichen Tatsachenstoff beizubringen. Jede eigenständige richterliche Ermittlungstätigkeit wird angesichts der Prämisse richterlicher Neutralität potentiell zum Problem, wenn sich keine autochthonen Rechtfertigungen des Untersuchungsgrundsatzes finden. An diesen Rechtfertigungen fehlt es nun. Angesichts dessen liegt es nahe, den gesetzlichen Ausformungen des Untersuchungsgrundsatzes im Verwaltungsprozeß mit größerer interpretatorischer Offenheit zu begegnen, als dies bislang möglich schien.

Kapitel 3
Zur Dogmatik des Untersuchungsgrundsatzes

I. Rechtsnatur

Im Zuge der Betrachtung des Verhältnisses der Prozeßmaximen zu den verfassungsrechtlichen Vorgaben[1] wurde hinsichtlich der Rechtsnatur der Untersuchungsmaxime eine Vorfestlegung getroffen, die es nun zu begründen gilt. Der Untersuchungsmaxime komme, so die dort eingeführte These, kein eigenständiger normativer Gehalt zu. Ihre rechtliche Bedeutung erschöpfe sich vielmehr im Normgehalt der jeweiligen positiv-rechtlichen Einzelregelungen (1). In der einschlägigen Diskussion wird allerdings die Frage aufgeworfen, ob der Untersuchungsgrundsatz übergeordnete Rechtswertungen innerhalb des Prozeßrechts in rechtserheblicher Weise repräsentiert (2). Aus demselben Grunde ist der Stellenwert des Untersuchungsgrundsatzes als juristischer Idealbegriff im System der prozessualen Rechtsdogmatik zu bestimmen (3).

1. Normcharakter

Heute herrscht dem Grunde nach Einigkeit darüber, daß dem Untersuchungsgrundsatz als Prozeßmaxime nicht der Charakter eines positiven Rechtssatzes zukommt, sondern daß sein normativer Gehalt den einschlägigen Einzelregelungen der Verwaltungsgerichtsordnung zu entnehmen ist.[2]

Überwunden ist damit, zumindest hinsichtlich der normtheoretischen Prämissen, jene von *Falk Bomsdorf* überspitzt als „Maximenmanie" gekennzeichnete Methode, *apriorische Begriffe* des Untersuchungs- und des Verhandlungsgrundsatzes zu bilden, als unvereinbare Extreme gegenüberzustellen und hier-

---

[1] Oben, Kap. 2, Abschnitt I. 3.

[2] *W. Höfling/V. Breustedt*, in: NKVwGO § 86, Rn. 7; *E. Schumann*, in: Stein/Jonas, ZPO, Einl., Rn 75; *D. Brüggemann*, Judex statutor und judex investigator, 101; *J. J. Hagen*, Elemente einer allgemeinen Prozeßlehre, 84; *J. Haverkämper*, Die verfassungsrechtlichen Grundlagen, 26; *C.-F. Menger*, Allgemeine Prozeßgrundsätze, 433; *M. Nierhaus*, Beweismaß und Beweislast, 272; *J. Rödig*, Die Theorie des gerichtlichen Erkenntnisverfahrens, 106.

aus wiederum Rückschlüsse auf den Normgehalt einzelner Sätze des positiven Rechts zu ziehen.[3] Der dagegen gerichtete Vorwurf ideologischer Verzerrung des Prozeßrechts lag angesichts der Imprägnierung des Maximengegensatzes mit politischen oder staatstheoretischen Basisannahmen ebenso nahe wie der komplementäre Einwand, bei den Maximen handele es sich um inhaltsleere petitiones principii der Begriffsjurisprudenz.[4] Unter den heutigen Konstruktionsbedingungen der Rechtsordnung, namentlich ihrer hierarchischen Struktur einschließlich des Vorrangs der Verfassung, kommt der Rückgriff auf apriorisch gebildete Normenkomplexe nicht mehr in Betracht. Maßgebliche rechtliche Vorgaben prinzipieller Natur für das Prozeßrecht, die einen normativ wie interpretatorisch maßgeblichen Zusammenhang für dessen Einzelnormen zu stiften vermöchten, können nur der Verfassung selbst entnommen werden.[5] Der Untersuchungsgrundsatz ist jedoch, wie oben zu zeigen war, verfassungsrechtlich nicht geboten.[6] Im übrigen ließen sich der Verfassung auch keine normativen Vorgaben für das Prozeßrecht in einer derartigen Dichte und Konkretion entnehmen, daß die Ableitung konkreter Einzelregelungen der prozessualen Sachverhaltsermittlung möglich wäre.[7]

Für eine *intermediäre Normebene* zwischen Verfassung und Gesetz bleibt in dieser Konstruktion kein Raum. Derartige normative Formationen – allgemeine Rechtsgrundsätze, Prinzipien oder Maximen – waren solange ein geeignetes Instrument der dogmatischen Fixierung politisch erstrebter, etwa rechtsstaatlicher Verfahrenssicherungen, wie das Institut des Verfassungsvorrangs noch nicht zur Verfügung stand.[8] Im grundgesetzlich gewollten Paradigma einer hierarchischen Rechtsordnung mit einheitlichem Geltungsgrund verlieren sie jedoch den Anschluß. Damit ist gegen eine systematisierend-analytische Funktion der Verfahrensmaximen ebenso wie der allgemeinen Rechtsgrundsätze des Verwaltungsrechts allerdings noch nichts verloren. Derartige Institute entfalten, wie oben bereits vermerkt, ihre interpretationsleitende Funktion im evolu-

---

[3] *F. Bomsdorf*, Prozeßmaximen und Rechtswirklichkeit, 159ff. und passim; zu Recht kritisch gegenüber einigen Überzeichnungen *Bomsdorfs* *K.A. Bettermann*, ZZP 1975 (88), 347f.

[4] *F. v. Hippel*, Wahrheitspflicht und Aufklärungspflicht der Parteien im Zivilprozeß, 71, Fn.52; 67. Zusammenfassend zur älteren Kritik die Polemik bei *F. Bomsdorf*, Prozeßmaximen und Rechtswirklichkeit, 159ff. m.w.N.

[5] Vgl. oben, Kap.2, Abschnitt I. 3. Zurückgewiesen wird damit auch die „geltungstheoretische Version" des von *R. Dworkin* (Taking Rights Seriously, 39ff.) in die rechtstheoretische Diskussion eingeführten Prinzipienarguments, daß es in entwickelten Rechtsordnungen Rechtsprinzipien geben könne, die dem Geltungskriterium des positivistisch-hierarchischen Rechtsmodells nicht unterlägen; zur Kritik *R. Dreier*, Der Begriff des Rechts, 106ff.

[6] Vgl. oben, Kap.2.

[7] Anders im Falle des rechtlichen Gehörs; vgl. *J. Haverkämper*, Die verfassungsrechtlichen Grundlagen, 26f.; wohl auch *M. Pfeifer*, Der Untersuchungsgrundsatz und die Offizialmaxime im Verwaltungsverfahren, 66. Anders auch im Falle der Dispositionsmaxime; hierzu oben, Kap.2, Abschnitt II. 3.

[8] *H. Goerlich*, Grundrechte als Verfahrensgarantien, 336.

tionären Zusammenwirken von tradierten Gehalten und wandelbaren Rahmenvorgaben.[9] Die verfassungsrechtliche wie einfach-gesetzliche Normsetzung operiert insoweit nicht im rechtlichen Vakuum, sondern macht sich die Teilrationalitäten bereichsspezifischer Rechtsentwicklung zunutze. Dies bedeutet jedoch nicht, daß offenbar überlebensfähigen Instituten wie dem Untersuchungsgrundsatz auf diese Weise eine Geltung eigener Art jenseits der Normenhierarchie zuwüchse. Eine derartige Stellung wäre jedoch Voraussetzung dafür, sie den positiven Einzelbestimmungen rechtlich vorordnen zu können.

Unproblematisch erscheint daher im Paradigma einer hierarchischen Rechtsordnung mit einheitlichem Geltungsgrund nur die Funktion der Prozeßmaximen als *Sammelbegriffe* jeweils einschlägiger Vorschriften der Prozeßgesetze. Der Untersuchungsgrundsatz und sein Gegenüber, die Verhandlungsmaxime, können danach jene Verfahrensfragen begrifflich gruppieren, die sich im Prozeß mit Blick auf die Aufklärung des Sachverhalts ergeben.[10] Insoweit kommt ihnen eine systematisch ergiebige Funktion in der dogmatischen Begriffsbildung zu,[11] nämlich als Abbreviatur der einschlägigen Normen und Verfahrensfragen.[12]

2. *Ausdruck gesetzgeberischer Wertungen*

Freilich erschöpfen sich die rechtlichen Qualifizierungsversuche der Prozeßmaximen nicht in dem klaren Gegensatzpaar normativer und deskriptiv-systematisierender Sätze. Dies klingt in einer vielzitierten Wendung bei *Friedrich-Christian Menger* an, der den Verfahrensmaximen zwar den Charakter von Rechtsgrundsätzen abspricht, aber ihre Bedeutung zur Systematisierung des positiven Rechtsstoffes hervorhebt und sie dabei „als Material im Arsenal des Gesetzgebers" bezeichnet, auf das dieser bei der Ausgestaltung der einzelnen Verfahrensordnungen zurückgreifen könne.[13] Die Prozeßmaximen umschrieben, so eine andere Stimme, „in verfahrenstechnischer Weise die rechtspolitischen Motive des Gesetzgebers", dienten also dazu, rechtspolitische Grundsatzentscheidungen in den Verfahrensbereich zu übersetzen.[14] Die Prozeßmaxi-

---

[9] Oben, Kap. 2, I 2.

[10] Vgl. zu dieser Funktion der Prozeßmaximen *J.J. Hagen*, Elemente einer allgemeinen Prozeßlehre, 84.

[11] *O. Mühl*, GS Bruns (1980), 145, 155.

[12] Schon mit Blick auf diese Funktion geht der Einwand *J. Rödigs*, Die Theorie des gerichtlichen Erkenntnisverfahrens, 106, ins Leere, angesichts der inhaltlichen Übereinstimmung der Prozeßgrundsätze mit den einschlägigen positiv-rechtlichen Vorschriften erübrige sich die Bezugnahme auf jene.

[13] *C.-F. Menger*, Allgemeine Prozeßgrundsätze, 433.

[14] *J.J. Hagen*, Elemente einer allgemeinen Prozeßlehre, 89; auch ebd., 94: „Symptom einer rechtspolitischen Einstellung"; vgl. auch *W. Grunsky*, Grundlagen des Verfahrensrechts, 17: Herausarbeitung der leitenden Vorstellungen des Gesetzgebers durch die Prozeßmaximen; *F.*

men könnten damit, so die Konsequenz jener Qualifizierungen, einen *überschießenden ideellen Gehalt* gegenüber den positiv-rechtlichen Vorschriften aufweisen, der sich aus den verschiedenen Schichten der verwaltungsrechtlichen Überlieferung speist.

a) So unbestreitbar ein derartiger Bedeutungsüberhang beschrieben werden kann, so fraglich ist seine Bedeutung für die Ermittlung des geltenden Rechts. Während sein Rechtsgehalt bei *Menger* offenbleibt, schreiben ihm Teile der Lehre Bedeutung für die *Auslegung* der einschlägigen positiv-rechtlichen Normen zu. So erklärt *Wolfgang Grunsky*, die Prozeßmaximen als Ausdruck der „den Gesetzgeber beim Erlaß der Norm leitenden Vorstellungen" könnten Aufschluß über tragende Wertungen und allgemeine Grundsätze des Gesetzes geben, die wiederum zur Beantwortung der im Gesetz selbst nicht unmittelbar geregelten Fragen herangezogen werden können.[15]

Sofern die Prozeßmaximen auf diese Weise als Instrumente der *historisch-genetischen* Auslegung herangezogen werden sollen, ist methodisch nichts zu erinnern. Ergiebig ist diese Methode freilich nur dann, wenn die gesetzgeberischen Motive den Rückschluß auf entsprechende inhaltliche Sättigungen zulassen, woran es beim Untersuchungsgrundsatz gerade fehlt.[16] Die historisch-genetische Auslegung gestattet dagegen nicht den Rückgriff auf außerrechtliche Maximallösungen oder Traditionsbegriffe,[17] wie er namentlich bei *Dieter Brüggemann* anklingt. *Brüggemann* ist der Ansicht, den Prozeßmaximen komme zwar nicht die Qualität positiver Rechtssätze zu, es handele sich bei ihnen aber um „übergreifende Ordnungsvorstellungen", die „in einzelnen Vorschriften sich manifestieren, aber als das Ganze vor den Teilen sind."[18] Die Prozeßmaximen seien keine „Sammeltitel bloßer Zweckregeln", sondern Richtungsbegriffe, die als „wirkliche und wirkende Größen des Rechtslebens (...), als Erkenntnismittel für Sinnzusammenhänge von Normengesamtheiten" ebenso von Bedeutung seien wie als „Auslegungsmittel für die Anwendung der ihnen zugeordneten einzelnen Vorschriften."[19]

Die Problematik dieses methodischen Vorgehens folgt aus der Schwierigkeit, zwischen der grundsätzlich zulässigen, auch wertenden Systematisierung des positiven Rechts auf der einen, der Anknüpfung an Mythos und Praxis der verwaltungsrechtlichen Überlieferung auf der anderen Seite zu differenzieren. Bleibt es bei der Rückbeziehung auf die positiv-rechtlichen Vorschriften, sind die Ergebnisse redundant. Überschreitet der Norminterpret dagegen diese

---

Weber, Studium Generale 1960, 183, 185: Verfahrensmaximen als Ausdruck rechtspolitischer Zielsetzungen der prozessualen Regelung.

[15] *W. Grunsky*, Grundlagen des Verfahrensrechts, 17.

[16] Vgl. oben, Kap. 1, Abschnitt II. 3. c).

[17] Vgl. *W. Grunsky*, Grundlagen des Verfahrensrechts, 17.

[18] *D. Brüggemann*, Judex statutor und judex investigator, 101.

[19] *D. Brüggemann*, Judex statutor und judex investigator, 102.

Grenze, steht er vor dem Hindernis, daß die Prozeßgrundsätze nicht unbeschränkt gelten können, da sie ansonsten mit dem positiven Recht oder untereinander konfligierten. Sollen diese Grundsätze dann wiederum gerade durch die Sätze des positiven Rechts modifiziert oder limitiert werden, ergibt sich – mit *Jürgen Rödig* – „unweigerlich ein logischer Zirkel, indem man nämlich in das positive Recht keinen anderen als den zuvor aus ihm selbst herausdestillierten Inhalt hineindestilliert.“[20]

b) Etwas anderes könnte nur dann gelten, wenn der Gesetzgeber mit der Normierung des § 86 Abs. 1 VwGO, über den normativen Gehalt dieses Rechtssatzes selbst, die approximative *Realisierung eines Verfahrensideals* der Untersuchungsmaxime zur Rechtspflicht hätte erheben wollen. Dieses aus der verfassungsrechtlichen Methodendiskussion als „Inkorporationsthese“ bekannte Argument[21] zielt darauf, daß gewisse Leitvorstellungen der neuzeitlichen Staats- und Rechtsethik dem positiven Recht als rechtlich geltende Prinzipien inkorporiert wurden, so daß die Annäherung des geltenden an das rechtsethisch gesollte Recht im Falle von Vagheiten und Normenkollisionen wiederum zur Rechtspflicht mutieren kann.

Abgesehen von der inhärenten Problematik des damit implizierten Prinzipienmodells der Rechtsordnung kommt seine Übertragung auf das Prozeßrecht, nämlich als Vorstellung der Inkorporierung eines Verfahrensideals richterlicher Inquisition, auch wegen der normativen Qualität der Gerichtsordnung selbst nicht in Betracht. Während man über die rechtliche Dimension staatstheoretischer, überpositiver Bezugnahmen des Verfassungsrechts zumindest streiten kann, sollte klar sein, daß jedenfalls der Horizont des einfachen Prozeßrechts in den normativen Wertungen der Verfassung endet.[22] Soweit das Prozeßrecht Vagheitsspielräume und Normenkollisionen aufweist, sind diese – sofern die textimmanente Auslegung einschließlich der Analogiebildung nicht mehr hinreicht – durch Rückgriff auf die *verfassungsrechtlichen Vorschriften* zu lösen, aber nicht durch die Aktualisierung pseudo-normativer Traditionsbegriffe. Dies verbietet sich, so der sogleich näher zu behandelnde Einwand, auch aufgrund der *inhaltlichen Varianz* „des“ Untersuchungsgrundsatzes und seiner Durchdringung mit teilweise inkompatiblen staatstheoretischen wie verfassungsrechtlichen Wertungen.

Im übrigen geben auch die Motive der Verwaltungsgerichtsordnung selbst keinen Anhaltspunkt für eine vom Gesetzgeber gewollte Inkorporierung „überpositiver“ Verfahrensvorstellungen in das einfache Recht. Die seinerzeit gewählte Formulierung, mit § 86 Abs. 1 VwGO würden „seit jeher bewährte

---

[20] *J. Rödig*, Die Theorie des gerichtlichen Erkenntnisverfahrens, 106.

[21] In dieser Form eingeführt von *R. Dreier*, Der Begriff des Rechts, 105.

[22] Vgl. insoweit auch *R. Dreier*, Der Begriff des Rechts, 107 gegen den Prinzipienbegriff *R. Dworkins* in seiner geltungstheoretischen Variante.

Verfahrensgrundsätze wiedergegeben"[23], läßt jedenfalls keine Rückschlüsse auf das Vorhandensein irgendwelcher Konzepte für die verwaltungsprozessuale Sachverhaltsermittlung zu.[24]

3. *Idealtypus*

Die vielfältigen Änderungen des juristischen Sprachwerts des Untersuchungsgrundsatzes angesichts der unterschiedlichen, gar widersprüchlichen staats- wie rechtstheoretischen Bezüge sind im Zuge der historischen Betrachtung bereits deutlich geworden. Schon diese Bedeutungs- und Funktionsvielfalt, sei es als vernunftrechtlich gebildeter Idealtypus, als Garant staatlicher Gemeinwohlverwirklichung, als Instrument eines (national-)sozialistischen wie eines sozialstaatlichen Zivilprozesses oder als Gewähr effektiven Individualrechtsschutzes, läßt die Problematik interpretatorischer Rückgriffe erkennen. Dies um so mehr, als der Untersuchungsgrundsatz sich als Verfahrensprinzip einer Verwaltungsrechtspflege entwickelt hat, die ursprünglich als Fortsetzung der aktiven Verwaltung mit anderen Mitteln verstanden wurde. Art. 19 Abs. 4 GG normiert demgegenüber eine fundamental abweichende Vorstellung, da er die Verwaltungsgerichtsbarkeit als echte Gerichtsbarkeit im materiellen Sinne um der qualifizierten Rechtsausübung Privater willen anspricht.[25]

Wer den Untersuchungsgrundsatz und sein zivilprozessuales Gegenstück als Ausdruck gesetzgeberischer Motive begreift, wird konzedieren müssen, daß es sich dabei um die Trophäen vergangener rechtspolitischer Schlachten handelt; daß also, nüchterner gefaßt, die Prozeßmaximen die politischen Forderungen *bestimmter historischer Situationen* wiedergeben und zu Dogmen verfestigen, die „in zeitbedingter Überspitzung nicht selten über das Ziel hinausgeschossen sind".[26] So wichtig die systematisierende Funktion der Maximen für die Prozeßrechtswissenschaft ist, so groß ist die mit ihnen einhergehende Gefahr der pauschalierenden Modellierung und Fehlgewichtung gesetzgeberischer Wertungen und Einzelregelungen. Tatsächlich würden, so *Josef Esser*, zugunsten der prozessualen Maximenbildung „oft tragende Elemente als angeblich nur ‚zweckbedingte' Ausnahmen und Behelfe hingestellt, dagegen bedeutungslos gewordene Überreste jenes ideologischen Prinzips als Schul- und Paradestücke geehrt."[27] Diese auf die Wahrheitspflicht der Parteien (§ 138 Abs. 1 ZPO) oder die als Fragerecht konzipierte richterliche „Aufklärungspflicht" im Zivilprozeß (§ 139 ZPO)

---

[23] BT-Drs. I/4278, 43. Im einzelnen zur Entstehungsgeschichte des geltenden Rechts oben, Kap. 1 II. 3. c).

[24] Vgl. insoweit auch *H. Faber*, FS RAV Hannover (1981), 79, 92.

[25] Hierzu oben, insb. Kap. 2 II.

[26] *W. Henckel*, GS Bruns (1980), 117, 124.

[27] *J. Esser*, Grundsatz und Norm, 157.

zielenden Bedenken *Esser*s lassen sich maßstabsgetreu auf die heutigen Schwierigkeiten übertragen, etwa den in § 87 b VwGO normierten Ausschluß verspäteten Vorbringens mit dem angeblichen Verfahrensziel des Schutzes öffentlicher Interessen interpretatorisch abzustimmen.[28] Auch mit Blick auf den vieldeutigen, zudem historisch bedingten Inhalt des Untersuchungsgrundsatzes ist also Vorsicht geboten, was die Ableitung interpretatorischer Direktiven betrifft.

Der Versuch, den positiven Rechtsstoff unter Rückgriff auf Prozeßmaximen zu systematisieren, tut daher gut daran, die historischen Bedeutungsschichten vorab auf ihre Anschlußfähigkeit unter den heutigen normativen Prämissen zu überprüfen. Auf den ersten Blick unproblematisch erscheint dabei der methodische Ausgangspunkt *Nikolaus T. v. Gönner*s, Untersuchungs- und Verhandlungsgrundsatz als apriorische *Idealtypen* einer *möglichen Kompetenzverteilung* zwischen Richter und Prozeßparteien für die Prozeßsteuerung zu verstehen, ohne hieraus unmittelbare rechtliche Schlüsse zu ziehen. So bezeichnet *Wolfram Henckel* die Maximen als extreme „Grenzpunkte(n) prozessualer Gestaltungsmöglichkeiten". Diese könnten zwar als „Orientierungspunkte zur Einordnung des Verfahrens der Gegenwart" dienen, aber nicht unmittelbar verwirklicht werden.[29] Gleichsinnig heißt es bei *Otto Mühl*, ein „auf dem Untersuchungs- oder Verhandlungsgrundsatz in aller Konsequenz beruhendes Verfahren" könne nur als „Idealtypus im Sinne der Typenlehre Max Webers gedacht werden."[30]

Auch eine derartige, methodisch dem Grunde nach vertretbare Instrumentalisierung apriorischer Idealbegriffe für die prozeßrechtliche Systembildung bedarf der Zurückhaltung. Ihre Gefahr besteht darin, die begriffliche Abgrenzung zum Wesensgegensatz zu übersteigern und damit jene Elemente der konkreten Prozeßordnung unzutreffend zu gewichten und auszulegen, die in idealtypischer Betrachtung als Abweichungen von einer angeblich „herrschenden" Maxime gelten müßten. Noch heute trifft die Einschätzung *Arno Lang*s zu, daß die meisten Autoren stillschweigend von einem „kontradiktorisch-gegensätzlichen" Verhältnis der Maximen zueinander ausgingen.[31] Dabei werde, so *Lang*, die Annäherung der Praxis der Sachverhaltsermittlung zwischen den unterschiedlichen Prozeßarten zwar nicht verkannt. Die Polarität beider Maximen führe jedoch zu der Hintergrundannahme, daß sich die theoretischen Möglichkeiten der Verfahrensgestaltung darin erschöpften, die letzte Verantwortung für einen Prozeßakt entweder den Parteien oder dem Gericht zu übertragen.[32]

---

[28] Siehe nur *F. O. Kopp/R. Schenke*, Verwaltungsgerichtsordnung, § 87 b, Rn. 1.

[29] *W. Henckel*, GS Bruns (1980), 117, 124f.; insoweit auch *W. Grunsky*, Grundlagen des Verfahrensrechts, 17: Prozeßmaximen dienten dazu, Klarheit über die denkbaren „Maximallösungen" zu gewinnen.

[30] *O. Mühl*, GS Bruns (1980), 145, 156.

[31] *A. Lang*, VerwArch 1961, 60, 64.

[32] *A. Lang*, VerwArch 1961, 60, 64.

Eine derartige Hintergrundannahme läuft Gefahr, nicht nur die *Vielfalt gesetzgeberischer Gestaltungsmöglichkeiten* zu unterschätzen und damit die Norminterpretation unangemessen zu simplifizieren,[33] sondern auch die mögliche *Neugewichtung traditioneller Elemente* des Verfahrens der Sachverhaltsermittlung im Zeichen des Wandels der verfassungsrechtlichen Prämissen zu verfehlen. Es wird zu zeigen sein, daß auch die aktuelle Dogmatik der Sachverhaltsermittlung im Verwaltungsprozeß zum Teil auf einer holzschnittartigen Polarisierung zwischen Richter- und Parteienprozeß beruht, die an die Ursprünge der Begriffsbildung gemahnt – nämlich die mittlerweile zweihundert Jahre alte Zuspitzung *Gönners*, dort (in Verfahren mit Verhandlungsmaxime) tue der Richter nichts, hier alles von Amts wegen.[34]

4. Zusammenfassung

In der Zusammenschau bestätigt sich die eingangs geäußerte Vermutung, daß dem Untersuchungsgrundsatz nicht der Charakter eines Rechtssatzes zukommt. Der Begriff dient zunächst als *Sammelbezeichnung* der einschlägigen Normen und Verfahrensfragen, welche die richterliche Sachverhaltsermittlung auf eine bestimmte Weise regeln. Darüber hinaus kann der Untersuchungsgrundsatz als *Richtungsbegriff* extreme Gestaltungsmöglichkeiten des Verhältnisses von Richter- und Parteienmacht bei der Sachverhaltsermittlung zum Ausdruck bringen. Auf diese Weise dient er der Systematisierung und Durchdringung des positiven Rechtsstoffes, ersetzt aber nicht die dort getroffenen Regelungen und Wertungen.

Eine Inkorporierung verfahrensrechtlicher Überlieferungen, gar eine rechtliche Verpflichtung zur Annäherung an ein bestimmtes Ideal richterlicher Alleinverantwortung für das prozessuale Geschehen, ist mit dieser rein heuristischen Abbreviatur nicht verbunden. Als Hilfsmittel für Normauslegung und Lückenschließung des verwaltungsprozessualen Systems ist der Traditionsbestand des Untersuchungsgrundsatzes schon deswegen ungeeignet, weil seine staatstheoretischen Prämissen und Implikationen mit den heutigen verfassungsrechtlichen Vorgaben nicht mehr übereinstimmen.

---

[33] Zu letzterem Vorwurf *J.J. Hagen*, Elemente einer allgemeinen Prozeßlehre, 86.

[34] *N.T. v. Gönner*, Handbuch Bd. 1, 191.

II. Herkömmliche Dogmatik des Untersuchungsgrundsatzes

Kern des verwaltungsprozessualen Untersuchungsgrundsatz ist die Vorschrift des § 86 Abs. 1 Satz 1 Hs. 1 VwGO, wonach das Gericht den Sachverhalt von Amts wegen ermittelt (1). Der gerichtlichen Ermittlungspflicht treten die Mitwirkungspflichten der Beteiligten zur Seite, die im tradierten Modell namentlich aus der in § 86 Abs. 1 Satz 1 Hs. 2 VwGO normierten Befugnis des Gerichts hergeleitet werden, die Beteiligten bei der Sachverhaltsermittlung heranzuziehen (2). Während § 86 Abs. 1 Satz 1 Hs. 1 VwGO nach herkömmlichem Verständnis die universale Spannweite der gerichtlichen Inquisition positiv anordnet, folgt aus § 86 Abs. 1 Satz 2 VwGO – als Kehrseite der Amtsermittlung – die Unabhängigkeit des Gerichts vom Vorbringen der Beteiligten, soweit es um die Ermittlung des tatsächlichen Prozeßstoffes geht (3).

1. Pflicht zur Erforschung des Sachverhalts (§ 86 Abs. 1 Satz 1 Hs. 1 VwGO)

§ 86 Abs. 1 Satz 1 Hs. 1 VwGO weist dem Gericht die Aufgabe zu, den Sachverhalt von Amts wegen zu ermitteln. Die Einführung des Tatsachenmaterials in den Prozeß sowie die weitere Aufklärungstätigkeit zur Überprüfung des Wahrheitsgehalts dieser Informationen obliegen dem tradiertem Verständnis dieser Norm zufolge dem Verwaltungsrichter.[1] Zu klären ist erstens der Begriff des Sachverhalts als Objekt richterlicher Inquisition (a), zweitens der Begriff und die Reichweite jener Tätigkeit selbst (b).

---

[1] Vgl. *M. Dawin*, in: *F. Schoch/E. Schmidt-Aßmann/R. Pietzner*, Verwaltungsgerichtsordnung, § 86, Rn. 8; *M. Nierhaus*, Beweismaß und Beweislast, 281; *B. Kropshofer*, Untersuchungsgrundsatz und anwaltliche Vertretung im Verwaltungsprozeß, 44f.; *H. List/P. Hellwig*, in: Hübschmann/Hepp/Spitaler, § 76 FGO, Rn. 5; *S. Pawlak*, in: Hennig, SGG, § 103, Rn. 12.

a) Sachverhalt

aa) Begriff

Sachverhalt bezeichnet den Inbegriff jener Aussagen über Tatsachen, derer es zur Anwendung der in Rede stehenden Normen für das geltend gemachte Rechtsbegehren bedarf. Tatsache in diesem Sinne ist alles, was „zum Tatbestand der anzuwendenden Rechtssätze gehört und den Untersatz des juristischen Syllogismus bildet; es sind die konkreten, nach Raum und Zeit bestimmten, vergangenen und gegenwärtigen Geschehnisse der Außenwelt und des menschlichen Seelenlebens, die das objektive Recht zur Voraussetzung einer Rechtswirkung gemacht hat."[2]

Der Sache nach erstreckt sich der Begriff der Tatsachen, wie es die obige Umschreibung bereits zum Ausdruck bringt, auch auf *innere* Tatsachen, soweit diese nach materiellem Recht entscheidungserheblich sind.[3] Ferner kann sich der Begriff der Tatsachen auch auf *zukünftige* Umstände beziehen, die auf der Basis der gegenwärtigen Sachlage zu prognostizieren sind.[4] Schließlich sollen zum Begriff des Sachverhalts i.S.d. § 86 Abs. 1 Satz 1 Hs. 1 VwGO auch jene Tatsachen zählen, die während der Stoffsammlung gleichsam im *Umfeld* der subsumtionsrelevanten Umstände auftauchen.[5]

bb) Bestimmungsgrößen

(1) Der Sachverhalt i.S.d. § 86 Abs. 1 VwGO wird zunächst durch den *Streitgegenstand* des jeweiligen verwaltungsgerichtlichen Verfahrens bestimmt, der durch die Klage gemäß § 82 Abs. 1 VwGO bezeichnet wird. Der Streitgegenstand zieht die äußeren Grenzen der richterlichen Inquisition. Er individualisiert den anhängigen Rechtsstreit und konstituiert dessen rechtliche Identität,[6] indem er jenen Ausschnitt der Rechtsbeziehungen der Beteiligten definiert, der im Wege des Prozesses durch Rechtsspruch geregelt werden soll. Maßgeblich für seinen Umfang ist das vom Kläger aufgrund eines bestimmten Sachverhalts

---

[2] *L. Rosenberg/K. Schwab/P. Gottwald*, Zivilprozeßrecht, 645; ebenso *M. Nierhaus*, Beweismaß und Beweislast, 29; *M. Dawin*, in: *F. Schoch/E. Schmidt-Aßmann/R. Pietzner*, Verwaltungsgerichtsordnung, § 108, Rn. 11; *M. Kuntze*, in: *J. Bader/M. Funke-Kaiser/S. Kuntze/J. Albedyll*, Verwaltungsgerichtsordnung, § 86, Rn. 9; *H. Geiger*, BayVBl. 1999, 321, 322; vgl. *H. List/P. Hellwig*, in: Hübschmann/Hepp/Spitaler, § 76 FGO, Rn. 13.

[3] Zum Beispiel die Gewissensentscheidung eines Kriegsdienstverweigerers, *BVerwG* Buchholz 310, § 86 I Nr. 231.

[4] *M. Dawin*, in: *F. Schoch/E. Schmidt-Aßmann/R. Pietzner*, Verwaltungsgerichtsordnung, § 86, Rn. 20.

[5] *M. Dawin*, in: *F. Schoch/E. Schmidt-Aßmann/R. Pietzner*, Verwaltungsgerichtsordnung, § 86, Rn. 20. Demgegenüber meinen *W. Höfling/V. Breustedt*, in: NKVwGO, § 86 Rn. 16, der Sachverhalt werde durch die Tatbestandsmerkmale der streiterheblichen Vorschriften begrenzt.

[6] *G. Barbey*, FS Menger (1985), 177.

an das Gericht herangetragene Begehren, die im Klageantrag bezeichnete Entscheidung zu treffen.[7] Nach der herrschenden Lehre vom zweigliedrigen Streitgegenstandsbegriff bestimmt sonach zweierlei, Klageantrag und tatsächlicher Klagegrund, den Streitgegenstand.[8]

Im Zusammenspiel von Dispositionsrecht über den Streitgegenstand und richterlicher Untersuchungstätigkeit kommt dem Kläger nach tradierter Ansicht nur eine *Anstoßfunktion* zu. Seine Bezeichnung des Streitgegenstandes bilde, so *Günther Barbey*, lediglich die Erkenntnisgrundlage für die nähere rechtliche Identifizierung des Rechtsstreits durch das Gericht.[9] Insofern muß der Kläger, um seiner Pflicht zur Individualisierung und Konkretisierung des Streitgegenstands zu genügen, lediglich ein Mindestmaß an Sachverhaltsangaben – einen *Sachverhaltskern* – vortragen.[10] Die rechtliche Identifizierung öffnet wiederum Raum für gerichtliche Tatsachenfeststellungen, die nicht unter die Dispositionsbefugnis des Klägers fallen. Die herrschende Lehre behilft sich in diesem Punkt mit einer scharfen Zäsur zwischen Disposition über den Streitgegenstand und Sachverhaltsermittlung,[11] ohne daß damit dem potentiellen Spannungsverhältnis zwischen den §§ 82 Abs. 1 Satz 1 VwGO einerseits, § 86 Abs. 1 VwGO andererseits abgeholfen wäre.[12]

(2) Im einzelnen sind die Tatbestandsvoraussetzungen der anzuwendenden materiellen Rechtsnormen maßgeblich.[13] Gegenstand der Amtsermittlung sind damit nur solche *rechtserheblichen* Tatsachen, von denen das erstrebte Recht nach Maßgabe richterlicher Rechtsauffassung abhängt.[14]

(3) Schließlich wird der Gegenstand richterlicher Sachverhaltsermittlung durch die *Beweisbedürftigkeit* der jeweiligen Tatsachen beschränkt.[15] Während im Zivilprozeß die Beweisbedürftigkeit bereits aufgrund eines Geständnisses (§ 288 ZPO) oder dessen Fingierung (§ 138 Abs. 3 ZPO) entfallen kann, berech-

---

[7] Vgl. *B. Clausing*, in: *F. Schoch/E. Schmidt-Aßmann/R. Pietzner*, Verwaltungsgerichtsordnung, § 121, Rn. 56; *H. List/P. Hellwig*, in: Hübschmann/Hepp/Spitaler, § 76 FGO, Rn. 11.

[8] Für den Verwaltungsprozeß *G. Barbey*, FS Menger (1985), 177, 184; *B. Clausing*, in: *F. Schoch/E. Schmidt-Aßmann/R. Pietzner*, Verwaltungsgerichtsordnung, Rn. 56; *S. Detterbeck*, Streitgegenstand und Entscheidungswirkungen, 46f.; für den Zivilprozeß nur *L. Rosenberg/K. Schwab/P. Gottwald*, Zivilprozeßrecht, 533f.; *H. Thomas/H. Putzo*, ZPO, Einl. II, Rn. 15f. Aus der verwaltungsgerichtlichen Rsp. *BVerwGE* 52, 247 (249); 70, 110 (112); 96, 24 (25).

[9] *G. Barbey*, FS Menger (1985), 177, 181; zustimmend *B. Clausing*, in: *F. Schoch/E. Schmidt-Aßmann/R. Pietzner*, Verwaltungsgerichtsordnung, § 121, Rn. 57.

[10] *M. Nierhaus*, Beweismaß und Beweislast, 283 m.w.N.

[11] *M. Nierhaus*, Beweismaß und Beweislast, 284.

[12] Vgl. unten, Abschnitt III. 1.

[13] Vgl. *F.O. Kopp/R. Schenke*, Verwaltungsgerichtsordnung, § 86, Rn. 4; *M. Dawin*, in: *F. Schoch/E. Schmidt-Aßmann/R. Pietzner*, Verwaltungsgerichtsordnung, § 86, Rn. 46; ferner *W. Höfling/V. Breustedt*, in: NKVwGO, § 86, Rn. 15f.

[14] Grundlegend *BVerwG* Buchholz 310 § 86 Abs. 1, Nr. 98; vgl. *F.O. Kopp/R. Schenke*, Verwaltungsgerichtsordnung, § 86, Rn. 4 m.w.N.

[15] Zum Begriff *BVerwG* Buchholz 310 § 86 Abs. 1, Nr. 98.

tigt im verwaltungsgerichtlichen Verfahren nur die *Offenkundigkeit* einer Tatsache dazu, von der richterlichen Ermittlung abzusehen.[16] Offenkundig sind allgemeinkundige und gerichtskundige Tatsachen. Allgemeinkundige Tatsachen sind solche, die einer beliebig großen Menge in einem Bezirk bekannt sind oder wahrnehmbar waren und über die man sich aus zuverlässigen Quellen ohne besondere Fachkunde sicher unterrichten kann. Gerichtskundig sind solche Tatsachen, die dem Gericht aus amtlicher Tätigkeit bekannt sind, ohne daß es einer Feststellung aus den Akten bedürfte.[17] *Privates Wissen* des Richters reicht für die Gerichtskundigkeit grundsätzlich nicht aus, soweit es sich nicht um Teilhabe am allgemeinen Wissen als Form der Allgemeinkundigkeit handelt. Unverwertbar sind Kenntnisse über das zu beurteilende konkrete historische Geschehen selbst,[18] also solches Wissen, das den Richter zum Zeugen der nach Prozeßlage „streitigen" Tatsachen machte.[19]

Im übrigen kann die Beweisbedürftigkeit im Falle der Bindung an eigene oder an von einer anderen Stelle getroffene *Vorentscheidungen* entfallen.[20] Gleiches gilt für die Tatsachengrundlagen behördlicher Beurteilungen und Ermessensausübungen,[21] wenn diese im Rahmen entsprechender Ermächtigungen mit dem Werturteil der Behörde verschmolzen sind und so ihren isolierten Tatsachencharakter eingebüßt haben.[22]

b) Erforschung von Amts wegen

aa) Begriff

Unter dem Begriff des *Erforschens* in § 86 Abs. 1 Satz 1 Hs. 1 VwGO ist nach tradiertem Verständnis das Zusammentragen jener Aussagen über Tatsachen zu verstehen, „mittels deren Würdigung als wahr oder unwahr die Tatsachen-

---

[16] Vgl. *M. Dawin*, in: *F. Schoch/E. Schmidt-Aßmann/R. Pietzner*, Verwaltungsgerichtsordnung, § 86, Rn. 51.

[17] Vgl. *R. Rudisile*, in: *F. Schoch/E. Schmidt-Aßmann/R. Pietzner*, Verwaltungsgerichtsordnung, § 96, Rn. 7.

[18] *R. Rudisile*, in: *F. Schoch/E. Schmidt-Aßmann/R. Pietzner*, Verwaltungsgerichtsordnung, § 96, Rn. 7.

[19] Wertung des § 41 Nr. 5 1. Alt. ZPO i.V.m. § 173 VwGO; vgl. *M. Dawin*, in: *F. Schoch/E. Schmidt-Aßmann/R. Pietzner*, Verwaltungsgerichtsordnung, § 108, Rn. 18.

[20] Bindung an fremde Entscheidung z.B. bei der Feststellungswirkung nach § 4 Abs. 3 StVG, § 35 Abs. 3 Satz 1 Nr. 1 GewO, § 18 BDO, § 77 Abs. 1 WDO, § 118 Abs. 3 BRAO; an eigene Entscheidungen im Falle der §§ 173 VwGO, 318 ZPO. Überblick und weitere Fälle bei *W. Höfling/V. Breustedt*, in: NKVwGO, § 86, Rn. 62ff.

[21] Im Überblick *W. Höfling/V. Breustedt*, § 86, Rn. 70ff.

[22] Vgl. *BVerwG* 60, 245 (250), *BVerwG* Buchholz 232 § 31 BBG Nr. 42 (tatsächliche Grundlagen einer dienstlichen Beurteilung); hierzu *M. Dawin*, in: *F. Schoch/E. Schmidt-Aßmann/R. Pietzner*, Verwaltungsgerichtsordnung, § 86, Rn. 54.

grundlage für die gerichtliche Entscheidung gewonnen werden soll, sowie die weitere Aufklärungstätigkeit zur Verifizierung dieser Informationen einschließlich der Prognose."[23] Dem Wortlaut der Vorschrift zufolge kommt dem Gericht, da von Amts wegen tätig, bei der Tatsachenermittlung das *Initiativrecht* zu, ohne daß es hierfür eines Ersuchens der Beteiligten bedürfte.[24] Nach *Michael Dawin* ist, in einer für diese Interpretation kennzeichnenden Grenzverwischung zum Verwaltungsverfahren, Zweck und Ziel der gerichtlichen Ermittlungstätigkeit die Durchführung einer „vollumfänglichen, eigenständigen ‚Zweitermittlung', welche die vorangegangene behördliche Sachverhaltserforschung gleichsam überholen und letztlich bedeutungslos" machen soll.[25]

Die Vorgehensweise beim Aufspüren und Sammeln der Informationen liegt im Ermessen des Gerichts.[26] Dieses Ermessen berechtigt zur Wahl unter den in der VwGO genannten Mitteln der Sachaufklärung, nämlich der Erörterung mit den Beteiligten (§§ 86 Abs. 3, 87, 87 b, 104 VwGO), der Anordnung ihres persönlichen Erscheinens (§ 95 VwGO), der Beiziehung von Akten, Urkunden und Auskünften (§§ 87, 87 b, 99 VwGO) sowie der Anordnung und Durchführung der Beweisaufnahme (§ 96 VwGO). Für die Beweisaufnahme selbst stehen zunächst die Beweismittel des Strengbeweises zur Verfügung (§ 96 Abs. 1 Satz 2 VwGO). Wegen des nicht abschließenden Charakters kann das Gericht darüber hinaus auch andere selbständige Erkenntnismittel heranziehen, insbesondere die amtliche Auskunft.[27] Gegenüber dem Zivilprozeß sind Verfahrensstringenz und Exklusivität der Beweismittel insofern entschärft.[28] Gleichwohl bleibt das Gericht auch in den Fällen des Freibeweises an die Verfahrensanforderungen der §§ 96, 97 VwGO gebunden, insbesondere an die Grundsätze der Unmittelbarkeit und der Beteiligtenöffentlichkeit.[29]

---

[23] *M. Dawin*, in: *F. Schoch/E. Schmidt-Aßmann/R. Pietzner*, Verwaltungsgerichtsordnung, § 86, Rn. 23.

[24] *M. Dawin*, in: *F. Schoch/E. Schmidt-Aßmann/R. Pietzner*, Verwaltungsgerichtsordnung, § 86, Rn. 28.

[25] *M. Dawin*, in: *F. Schoch/E. Schmidt-Aßmann/R. Pietzner*, Verwaltungsgerichtsordnung, § 86, Rn. 23.

[26] *W. Höfling/V. Breustedt*, in: NKVwGO, § 86, Rn. 78; *F. O. Kopp/R. Schenke*, Verwaltungsgerichtsordnung, Rn. 5a; *K. Redeker/H. v. Oertzen*, Verwaltungsgerichtsordnung, Rn. 9; aus der Rsp. *BVerwGE* 2, 135 (136); vgl. *BVerwG* NVwZ 1991, 187; NVwZ-RR 1992, 227; zu weitgehend aber die Formulierung bei *S. Kuntze*, in: *J. Bader/M. Funke-Kaiser/S. Kuntze/J. Albedyll*, Verwaltungsgerichtsordnung, § 86, Rn. 12 („Freiheit des Gerichts bei der Bestimmung seiner Vorgehensweise").

[27] *R. Rudisile*, in: *F. Schoch/E. Schmidt-Aßmann/R. Pietzner*, Verwaltungsgerichtsordnung, § 96, Rn. 5.

[28] *W. Berg*, Die verwaltungsrechtliche Entscheidung, 47.

[29] Hierfür spricht schon der Wortlaut der Vorschriften; zutreffend *R. Rudisile*, in: *F. Schoch/E. Schmidt-Aßmann/R. Pietzner*, Verwaltungsgerichtsordnung, § 96, Rn. 11 ff. (14) m. w. N.

bb) Umfang der Ermittlungspflicht

(1) Der Umfang der Ermittlungspflicht wird nach tradierter Ansicht durch die umfassende Pflicht des Verwaltungsgerichts bestimmt, die *Spruchreife* herzustellen, also alle im Rahmen des Klagebegehrens für die Entscheidung maßgeblichen tatsächlichen und rechtlichen Voraussetzungen des geltend gemachten prozessualen Anspruchs in eigener Verantwortung festzustellen.[30] Damit korrespondiert weitgehend unangefochten das Dogma vom *Verbot der Zurückverweisung* an die Verwaltungsbehörden,[31] soweit nicht die Ausnahmeregelung des § 113 Abs. 3 VwGO greift.[32]

Nach hM muß das Gericht danach innerhalb der Grenzen des prozessualen Anspruchs sämtliche Tatsachen ermitteln, deren Feststellung für einen die Klage abschließend bescheidenden Richterspruch erforderlich ist. Abgesehen von den Fällen des § 113 Abs. 3 VwGO ist es ihm verwehrt, erhebliche Tatsachen unaufgeklärt zu lassen und die Sache unter Verzicht auf eine abschließende Entscheidung zwecks weiterer Ermittlung an die Behörde zurückzugeben.[33] Ansonsten ist die Pflicht des Gerichts zur Herstellung der Spruchreife nur durch jene Begrenzungen der richterlichen Entscheidungsmöglichkeiten eingeschränkt, die sich aus der Einräumung von Ermessens- und Beurteilungsermächtigungen für die Behörde ergeben, so namentlich im Falle der Verpflichtungsklage (§ 113 Abs. 5 Satz 2 VwGO).[34]

(2) Die Ermittlungspflicht findet ihren Fluchtpunkt in der *subjektiven Überzeugungsgewißheit* des Richters von der Wahrheit der Tatsachen (§ 108 Abs. 1 Satz 1 VwGO). Die freie Beweiswürdigung muß allerdings auf vollständiger Tatsachenbasis erfolgen, kann also den Umfang der richterlichen Ermittlungspflicht nicht ihrerseits determinieren. Daher steht die richterliche Überzeugung von der Wahrheit oder Unwahrheit einer Tatsachenbehauptung der Gebotenheit weiterer Tatsachenermittlungen nicht notwendigerweise entgegen. Diese

---

[30] Unter Berufung auf §§ 113 Abs. 1 Satz 1, Abs. 4 Satz 1 i.V.m. § 86 Abs. 1 VwGO; vgl. *BVerwG* Buchholz 310 § 86 Abs. 1, Nr. 70; *BVerwGE* 106, 171 (173); 107, 128 (129). Überblick in der Lit. bei *A. v. Mutius*, FS Menger (1985), 575, 601 f.; *W. Höfling/V. Breustedt*, in: NKVwGO, § 68 Rn. 35 ff.; *M. Dawin*, in: *F. Schoch/E. Schmidt-Aßmann/R. Pietzner*, Verwaltungsgerichtsordnung, § 86, Rn. 55 f.; *F. O. Kopp/R. Schenke*, Verwaltungsgerichtsordnung, § 86, Rn. 4.

[31] Kritisch *A. v. Mutius*, FS Menger (1985), 575, 601; vgl. *M. Gerhardt*, in: *F. Schoch/E. Schmidt-Aßmann/R. Pietzner*, Verwaltungsgerichtsordnung, Vorb § 113, Rn, 17; grundlegend *BVerwGE* 10. 202 (204); vgl. *BVerwG* DÖV 1982, 744; DVBl. 1983, 33 (34).

[32] Für deren enge Auslegung *M. Gerhardt*, in: *F. Schoch/E. Schmidt-Aßmann/R. Pietzner*, Verwaltungsgerichtsordnung, § 113, Rn. 46; auch Vorb § 113, Rn. 17 a. E. unter Hinweis auf den drohenden Distanzverlust zwischen Verwaltung und Gericht.

[33] *M. Dawin*, in: *F. Schoch/E. Schmidt-Aßmann/R. Pietzner*, Verwaltungsgerichtsordnung, § 86, Rn. 55; ausführlich *B. Köhler-Rott*, Der Untersuchungsgrundsatz im Verwaltungsprozeß und die Mitwirkungslast der Beteiligten, 163 ff.; vgl. zuletzt *BVerwGE* 106, 171 (173); 107, 128 (129); 69, 198 (201).

[34] Hierzu *M. Gerhardt*, in: *F. Schoch/E. Schmidt-Aßmann/R. Pietzner*, Verwaltungsgerichtsordnung, § 113, Rn. 73 ff.

richtet sich vielmehr nach eigenen Kriterien, die aus § 86 Abs. 1 VwGO selbst zu entwickeln sind.[35]

(3) Im übrigen legt § 86 Abs. 1 VwGO dem Gericht nach hM die Pflicht zur *„erschöpfenden" Sachverhaltserforschung* auf.[36] Die Sachverhaltsermittlung müsse, so das BVerwG, auf einer vollständigen Ausschöpfung aller verfügbaren Erkenntnisquellen beruhen.[37] In der Literatur wird die Intensität und Reichweite der damit geforderten Bemühungen dahingehend umschrieben, daß das Gericht „allen bei einer verständigen Würdigung ernsthaften, diskutablen Möglichkeiten des Geschehens einschließlich jeder ernstlichen Möglichkeit einer Abweichung von dem nach den Umständen ‚an sich' zu erwartenden Geschehensablauf oder von dem sich ‚verfestigenden' Bild davon nachzugehen" habe.[38]

Eine Grenze zieht die Rechtsprechung bei der *Zumutbarkeit* der Aufklärungsanstrengungen.[39] Das Kriterium der Zumutbarkeit zielt allerdings, anders als es der Begriff vermuten ließe, nicht auf die mit der Sachverhaltsermittlung verbundene Arbeitsbelastung des Gerichts. Aus dem Arbeits- und Zeitaufwand, aus dem quantitativen Maß der Aufklärungstätigkeit im allgemeinen oder dem Kriterium ökonomischen Einsatzes richterlicher Kapazitäten sollen sich nach herkömmlichem Verständnis keinerlei Einschränkungen der Ermittlungspflicht ergeben.[40] Vielmehr soll das Kriterium der Zumutbarkeit *inhärente Begrenzungen* der Aufklärungsmaßnahmen zum Ausdruck bringen, die darauf zielen, eine potentiell ins Unendliche tendierende Ermittlungspflicht[41] mit dem Erfordernis abzustimmen, einen konkreten Rechtsstreit in vertretbarer Zeit zu entscheiden. Diese inhärenten Begrenzungen werden durch die Erwägung zum Ausdruck gebracht, daß die Gerichte nicht gehalten seien, in nicht durch entsprechendes Vorbringen oder andere *konkrete Anhaltspunkte* veranlaßte Nachforschungen darüber einzutreten, ob vielleicht irgendein bisher nicht entdeck-

---

[35] *M. Dawin*, in: *F. Schoch/E. Schmidt-Aßmann/R. Pietzner*, Verwaltungsgerichtsordnung, § 86, Rn. 57. *Dawin* möchte dabei die näheren Kriterien des Umfangs der Amtsermittlungspflicht aus den Art. 19 Abs. 4, 20 Abs. 3 GG gewinnen (ebd.).

[36] *BVerwG* NVwZ 1988, 1019 (1020); Buchholz 310 § 86 Abs. 1 Nr. 221.

[37] *BVerwG* Buchholz 402.25 § 1 Nr. 143, mit Bezug auf die Prognose der Verfolgung im Zuge der Prüfung des Asylbegehrens. Bezeichnenderweise räumen auch Befürworter dieser Rsp. ein, diese Vorgabe könne man – gerade für das Asylverfahren – nicht wörtlich nehmen, weil ansonsten in der Praxis kein einziges Asylverfahren ordnungsgemäß zu Ende geführt werden könne; vgl. *S. Kuntze*, in: *J. Bader/M. Funke-Kaiser/S. Kuntze/J. Albedyll*, Verwaltungsgerichtsordnung, § 86, Rn. 8.

[38] *M. Dawin*, in: *F. Schoch/E. Schmidt-Aßmann/R. Pietzner*, Verwaltungsgerichtsordnung, § 86, Rn. 61.

[39] *BVerwGE* 71, 38 (41); *BVerwG* Buchholz 310 § 86 Abs. 1 Nr. 147 (11), Nr. 244; vgl. *W. Höfling/V. Breustedt*, in: NKVwGO § 86, Rn. 76; *S. Kuntze*, in: *J. Bader/M. Funke-Kaiser/S. Kuntze/J. Albedyll*, Verwaltungsgerichtsordnung, § 86, Rn. 8.

[40] *M. Dawin*, in: *F. Schoch/E. Schmidt-Aßmann/R. Pietzner*, Verwaltungsgerichtsordnung, § 86, Rn. 62.

[41] *S. Martin*, BB 1986, 1021, 1022.

ter Umstand auf die Rechtmäßigkeit des zu beurteilenden Verwaltungshandelns von Einfluß gewesen sein könnte.[42] Die richterliche Aufklärungspflicht ist in diesen Fällen limitiert, wenn dem Gericht die Möglichkeit eines abweichenden Sachverhalts oder die Existenz weiterer Erkenntnismittel nicht bekannt und nicht erkennbar ist.[43]

Diese in der Rechtsprechung und Teilen der Literatur als Kriterium des *„Sich-Aufdrängens"* bezeichnete Grenzbestimmung der Ermittlungspflicht[44] wird im tradierten Modell des Untersuchungsgrundsatzes konsequenterweise als *faktische* Grenze begriffen, die sich verschiebt, wenn sich dem Gericht durch entsprechende Tatsachenbehauptungen, Hinweise und Informationen neue Ansatzpunkte für die eigene Inquisition erschließen.[45] Allerdings tritt die Reichweite der richterlichen Ermittlungspflicht an dieser Stelle in eine *apokryphe Wechselbeziehung* zur Mitwirkung der Beteiligten, da deren Vortrag eine der wesentlichen Erkenntnisquellen des Gerichts und damit der maßgebliche Auslöser für die gerichtliche Ermittlung darstellt. So gilt es etwa als unkritisch, wenn das Gericht überzeugend erscheinendes Vorbringen der Beteiligten ohne weitere Nachprüfung übernimmt, sofern dieses nicht schlüssig durch anderes Parteivorbringen in Frage gestellt wird.[46] Fraglich ist, ob und in welcher Weise das Kriterium des „Sich-Aufdrängens" angesichts dieser Wechselbeziehung eine Bedeutung gewinnt, die über ein bloß faktisches Hindernis richterlicher Sachverhaltsermittlung hinausreicht.[47] In besagter innerer Abhängigkeit[48] liegt,

---

[42] *BVerwGE* 66, 237 (238); *BVerwG* Buchholz 310 § 86 Abs. 1 Nr. 292; auch Nr. 129; zustimmend *W. Höfling/V. Breustedt*, in: *F. Schoch/E. Schmidt-Aßmann/R. Pietzner*, Verwaltungsgerichtsordnung, § 86, Rn. 77; *M. Dawin*, in: *F. Schoch/E. Schmidt-Aßmann/R. Pietzner*, Verwaltungsgerichtsordnung, § 86, Rn. 64.

[43] *M. Dawin*, in: *F. Schoch/E. Schmidt-Aßmann/R. Pietzner*, Verwaltungsgerichtsordnung, Rn. 64; vgl. *BVerwG* Buchholz 310 § 86 Abs. 1 Nr. 129, Nr. 177 (40).

[44] So *M. Dawin*, in: *F. Schoch/E. Schmidt-Aßmann/R. Pietzner*, Verwaltungsgerichtsordnung, Rn. 64; *F. O. Kopp/R. Schenke*, Verwaltungsgerichtsordnung, § 96, Rn. 5 m.w.N.; *K. Redeker*, DVBl. 1981, 83, 86; vgl. *H. List/P. Hellwig*, in: Hübschmann/Hepp/Spitaler, § 76 FGO, Rn. 15. A.A. *W. Höfling/V. Breustedt*, in: NKVwGO, § 86, Rn. 22ff., die allerdings den Begriff des „Sich-Aufdrängens" in dem Sinne verstehen, daß die Notwendigkeit weiterer Ermittlungen offensichtlich ist. Nach *F. O. Kopp/R. Schenke* a.a.O. soll sich das Kriterium des Sich-Aufdrängens lediglich auf die Zulässigkeit von diesbezüglichen Revisionsrügen, nicht „auf die insoweit umfassendere originäre Verpflichtung des Gerichts" beziehen. Dagegen spricht, daß die Revisionrüge aus Verletzung der Aufklärungspflicht nur dann „begründet" ist, wenn das Tatsachengericht diese Pflicht tatsächlich verletzt hat (*M. Dawin*, in: *F. Schoch/E. Schmidt-Aßmann/R. Pietzner*, Verwaltungsgerichtsordnung, § 86, Rn. 64).

[45] Namentlich *M. Dawin*, in: *F. Schoch/E. Schmidt-Aßmann/R. Pietzner*, Verwaltungsgerichtsordnung, Rn. 64.

[46] *S. Kuntze*, in: *J. Bader/M. Funke-Kaiser/S. Kuntze/J. Albedyll*, Verwaltungsgerichtsordnung, § 86, Rn. 13.

[47] Vgl. zu diesem Wechselbeziehung *BVerwG* Buchholz 310 § 86 Abs. 1, Nr. 37, Nr. 99; ähnlich Nr. 100: „Drängt sich dem Tatsachengericht eine weitere Aufklärung nicht auf, so braucht es auch Vermutungen eines Beteiligten nicht weiter nachzugehen"; Nr. 101: „Das Tatsachengericht verletzt die ihm obliegende Aufklärungspflicht nicht, wenn dem Kläger selbst eine etwaige nicht

so die unten näher zu erhellende These,[49] eine weitere Antinomie des tradierten Verständnisses vom Untersuchungsgrundsatz.

2. *Mitwirkung der Beteiligten*

a) Begriff

Im Verwaltungsprozeß können die Beteiligten in dreifacher Form zur Mitwirkung an der Sachverhaltserforschung herangezogen werden. An erster Stelle steht ihre Inanspruchnahme gemäß § 86 Abs. 1 Satz 1 Hs. 2 VwGO (aa). Daneben kennt die Gerichtsordnung einige ausdrückliche Mitwirkungsobliegenheiten (bb). Von diesen prozessualen sind die materiell-rechtlichen Mitwirkungspflichten zu unterscheiden. Das Verwaltungsrecht kennt eine Fülle derartiger Pflichten in unterschiedlichster Gestalt, deren prozessualer Stellenwert allerdings problematisch ist (cc).

aa) Heranziehung gemäß § 86 Abs. 1 Satz 1 Hs. 2 VwGO

Der Vorschrift des § 86 Abs. 1 Satz 1 Hs. 2 VwGO zufolge hat das Gericht die Beteiligten bei der Sachverhaltsermittlung heranzuziehen. Die obligatorische Heranziehung der Beteiligten, der Rückgriff auf ihre Kenntnisse, Erfahrungen und Einschätzungen, erscheint dem Wortlaut der Norm zufolge als *Element richterlicher Sachverhaltserforschung*.[50] Nach überkommener Ansicht ist die Einbeziehung der Parteien ein Aufklärungs- und Beweismittel, dessen sich das Verwaltungsgericht bedient, um seine eigene gerichtliche Ermittlungspflicht zu erfüllen.[51]

Grundlage dieser Einordnung ist eine typisierende Gegenüberstellung zweier Prozeßmodelle, die an die tradierte Polarität von Verhandlungs- und Unter-

---

erschöpfende Klärung des Sachverhalts zur Last fällt." Nachweise zur finanzgerichtlichen Rsp. bei *H. List/P. Hellwig*, in: Hübschmann/Hepp/Spitaler, § 76 FGO, Rn. 15.

[48] So ausdrücklich *H. List/P. Hellwig*, in: Hübschmann/Hepp/Spitaler, § 76 FGO, Rn. 39.

[49] Abschnitt III. 2.

[50] Unter Bezugnahme auf den Wortlaut *M. Dawin*, in: *F. Schoch/E. Schmidt-Aßmann/R. Pietzner*, Verwaltungsgerichtsordnung, § 86, Rn. 69; *S. Kuntze*, in: *J. Bader/M. Funke-Kaiser/S. Kuntze/J. Albedyll*, Verwaltungsgerichtsordnung, § 86, Rn. 2.

[51] *BVerwG* DÖV 1999, 957 (958); vgl. *M. Nierhaus*, Beweismaß und Beweislast, 278; *W. Höfling/V. Breustedt*, in: NKVwGO § 86, Rn. 108f.; *M. Dawin*, in: *F. Schoch/E. Schmidt-Aßmann/R. Pietzner*, Verwaltungsgerichtsordnung, § 86, Rn. 69. Zugleich wird auf diese Weise das aus Art. 103 Abs. 1 GG, § 108 Abs. 2 VwGO (rechtliches Gehör) fließende Recht der Beteiligten, bei der Sachverhaltsermittlung mitzuwirken, erfüllt; vgl. *W. Berg*, Die verwaltungsrechtliche Entscheidung, 43; *B. Kropshofer*, Untersuchungsgrundsatz und anwaltliche Vertretung im Verwaltungsprozeß, 68; *M. Nierhaus*, Beweismaß und Beweislast, 330; *M. Dawin*, in: *F. Schoch/E. Schmidt-Aßmann/R. Pietzner*, Verwaltungsgerichtsordnung, § 86, Rn. 70.

suchungsmaxime anknüpft. Dieser Gegenüberstellung zufolge gibt es in idealtypischer Betrachtung zwei Möglichkeiten, wie der Prozeßgesetzgeber die Befugnisse von Richter und Parteien bei der Sachverhaltsaufklärung verteilen kann. Im *Parteienprozeß* zwingt ein System risikozuweisender Lasten und Pflichten die Parteien zur Aufklärung. Diese Risikozuweisung steht grundsätzlich im vorhinein fest, während das Gericht lediglich ihre Erfüllung überwacht. Im *Richterprozeß* erforscht der Richter den Sachverhalt und zieht dabei die Parteien heran. Den Parteien werden ihre Aufklärungsbeiträge nach richterlichem Ermessen zugewiesen, ohne daß Risikozuweisungen und Pflichten die jeweiligen Aufklärungslasten von vornherein bestimmten.[52] Im tradierten Verständnis ist der Verwaltungsprozeß, bemessen an jener Dichotomie, als Richterprozeß ausgestaltet, in dem die Aufklärungspflicht der Parteien sich nicht in einem Feld vorgeformter Risikoverteilungen bewegt, sondern der richterlichen Aufklärungstätigkeit und Beweiserhebung zugeordnet ist.[53]

Orientiert am Modell des Richterprozesses ist die Aufgabenverteilung in § 86 Abs. 1 Satz 1 VwGO eindeutig. Zwar dient die Mitwirkung der Beteiligten auch der Durchsetzung und Verteidigung ihrer Rechte (Art. 103 Abs. 1 GG),[54] im Vordergrund steht aber ihre Funktion als *Mittel der Sachverhaltsaufklärung*. Das Gericht als aktiv mit der Sachverhaltsermittlung befaßtes Verfahrenssubjekt ist „Herr des Verfahrens".[55] Die Beteiligtenmitwirkung ist Bestandteil richterlicher Sachverhaltsermittlung; ein Aufklärungs- und Beweismittel, dessen sich das Verwaltungsgericht zur Erfüllung seiner Ermittlungspflicht bedient, ohne daß dies auf eine Handlungspflicht der Beteiligten schließen ließe.[56] Die zur Sachverhaltsermittlung herangezogene Partei fungiert als „Erforschungsgehilfin" des Richters.[57] Mitwirkungspflichten können diesem Verständnis zufolge nicht unabhängig von der richterlichen Ermittlungstätigkeit konstruiert wer-

---

[52] Grundlegend *R. Stürner*, Die Aufklärungspflicht der Parteien des Zivilprozesses, 62ff.; zustimmend *M. Nierhaus*, Beweismaß und Beweislast, 277; vgl. bereits *M. Schultzenstein*, ZZP 1913, 301, 305. Verquer die Rezeption dieser Dichotomie bei *W. Höfling/V. Breustedt*, NKVwGO, § 86, Rn. 107, die davon ausgehen, daß es sich hierbei um Möglichkeiten der Zuordnung richterlicher *Amts*ermittlungstätigkeit und sachverhaltsaufklärender Parteiaktivität handelt. Dem Modell *Stürner*s zufolge schließt die amtswegige Sachverhaltsaufklärung ein vorgegebenes System von Risikozuweisungen und Parteipflichten jedoch gerade aus, kann in ein solches also auch nicht eingeordnet werden.

[53] *W. Höfling/V. Breustedt*, in: NKVwGO § 86, Rn. 107; *M. Nierhaus*, Beweismaß und Beweislast, 277; der Sache nach *R. Stürner*, Die Aufklärungspflicht der Parteien des Zivilprozesses, 63.

[54] Dies betonen *F. O. Kopp/R. Schenke*, Verwaltungsgerichtsordnung, § 86, Rn. 11.

[55] *W. Höfling/V. Breustedt*, in: NKVwGO § 86, Rn. 107.

[56] *M. Dawin*, in: *F. Schoch/E. Schmidt-Aßmann/R. Pietzner*, Verwaltungsgerichtsordnung, § 86, Rn. 278.

[57] Vgl. *M. Nierhaus*, Beweismaß und Beweislast, 277f.; *B. Kropshofer*, Untersuchungsgrundsatz und anwaltliche Vertretung im Verwaltungsprozeß, 34; *W. Höfling/V. Breustedt*, in: NKVwGO § 86, Rn. 108.

den. Konzeptionell kommt den Mitwirkungspflichten daher keine einschränkende, sondern eine unterstützende, ergänzende Funktion gegenüber der richterlichen Amtsermittlung zu.[58]

bb) Spezielle prozessuale Mitwirkungspflichten

Daneben kennt die VwGO ausdrücklich normierte Rechtspflichten der Beteiligten zur Förderung der Sachverhaltsermittlung. Nach § 86 Abs. 4 Satz 1 VwGO sollen die Beteiligten zur Vorbereitung der mündlichen Verhandlung Schriftsätze einreichen, in denen sie sich zur Sach- und Rechtslage äußern.[59] Für deren Inhalt gibt die Sollvorschrift des § 130 ZPO Orientierung,[60] der den Parteien die Angabe der zur Begründung der Anträge dienenden tatsächlichen Verhältnisse (Nr. 3), der Erwiderung auf die tatsächlichen Behauptungen des Gegners (Nr. 4) und der Beweismittel (Nr. 5) auferlegt. Weiterhin haben die Beteiligten sich zwecks Ergänzung und Klärung ihres Sachvortrags persönlich zu äußern,[61] wenn sie gemäß § 95 VwGO zur mündlichen Verhandlung geladen werden. Schließlich schreibt § 82 Abs. 1 VwGO bezüglich des Inhalts der Klageschrift vor, daß die zur Begründung des geltend gemachten prozessualen Anspruchs dienenden Tatsachen und Beweismittel angegeben werden sollen.[62] Für die Behörde normiert § 99 VwGO überdies die Pflicht zur Aktenvorlage.

Zu diesen Pflichten tritt die Vollständigkeits- und Wahrheitspflicht nach § 138 Abs. 1 ZPO i.V.m. § 173 VwGO hinzu. Diese Pflicht ist zwar bereits den vorgenannten speziellen Mitwirkungs- und Förderungsobliegenheiten inhärent. § 138 Abs. 1 ZPO normiert jedoch eine darüber hinausweisende allgemeine Grundpflicht, gegen deren Übernahme auch hinsichtlich der grundsätzlichen Unterschiede zwischen den Prozeßarten (§ 173 VwGO) keine Bedenken bestehen.[63]

Nach tradiertem Verständnis läßt sich diesen spezifischen Normierungen keine *allgemeine, umfassende Pflichtenstellung* der Parteien zur eigenständigen

---

[58] *M. Nierhaus*, Beweismaß und Beweislast, 280; vgl. *M. Pfeifer*, Der Untersuchungsgrundsatz und die Offizialmaxime im Verwaltungsverfahren, 124, 153.

[59] *K. Redeker/H. v. Oertzen*, Verwaltungsgerichtsordnung, § 86, Rn. 10.

[60] *K. Redeker/H. v. Oertzen*, Verwaltungsgerichtsordnung, § 86, Rn. 10; vgl. *F. O. Kopp/R. Schenke*, Verwaltungsgerichtsordnung, § 173, Rn. 4.

[61] *K. Redeker/H. v. Oertzen*, Verwaltungsgerichtsordnung, § 95 Rn. 1 m.w.N. Will das Gericht dagegen den Beteiligten zwecks Beweisaufnahme vernehmen, so bedarf es hierzu besondere Anordnung und ist das förmliche Beweisverfahren durchzuführen; vgl. *K. Redeker/H. v. Oertzen* ebd.

[62] Vgl. hierzu *K. Redeker/H. v. Oertzen*, Verwaltungsgerichtsordnung, § 86, Rn. 10: Die Beteiligten seien gehalten, für streitige Behauptungen Beweis anzutreten.

[63] *M. Nierhaus*, Beweismaß und Beweislast, 291 f.; vgl. die Bezugnahme in *BVerwG* NJW 1964, 786 (787).

Mitwirkung bei der Sachverhaltsaufklärung entnehmen.[64] Die ausdrücklich normierten Mitwirkungspflichten werden, falls sie überhaupt gesonderte Beachtung finden, als Elemente jener „Pflichtenstellung" verstanden, die sich aus der Stellung der Beteiligten als Erforschungsgehilfen des Richters i.S.d. §86 Abs. 1 VwGO ergibt.[65] So wird etwa §86 Abs. 4 VwGO als bloße „Ordnungsvorschrift"[66] erkannt, die – als Konkretisierung der Konzentrationsmaxime – das Gericht in den Stand versetzen solle, den Rechtsstreit möglichst in einer Verhandlung zu entscheiden.[67] Dieser Deutung ist zuzugeben, daß aus der Verletzung der Obliegenheiten nach §86 Abs. 4 und 5 VwGO keine unmittelbaren prozessualen Nachteile folgen. Läßt sich eine umfassende Pflichtenstellung der Beteiligten nicht ausmachen, dann kann ihre Verletzung auch keinen Grund für eine Begrenzung der richterlichen Sachverhaltsverantwortung abgeben.[68]

cc) Materiell-rechtliche Mitwirkungspflichten

Von den prozessualen Mitwirkungspflichten sind jene zu unterscheiden, die das materielle Recht in kaum überschaubarer Vielfalt und Menge bereithält, um die Ermittlung der tatsächlichen Grundlagen der Verwaltungsentscheidung zu fördern.[69] In einer Grobgliederung unterscheidet *Michael Nierhaus* vier Kategorien, nämlich Auskunfts-, Nachweis-, Duldungs- und Ermittlungspflichten.[70] *Wilfried Berg* unterscheidet Buchführungs-, Aufbewahrungs- und Kennzeichnungspflichten sowie Auskunfts- und Anzeigepflichten als erste Gruppe, als zweite Gruppe die Pflichten zur Vorlage und zur Mitführung von Urkunden sowie als dritte die zum persönlichen Erscheinen. Auf höherer Intensitätsstufe stehen dieser Kategorisierung zufolge Pflichten zur Duldung von Augenscheineinnahme und Durchsuchungen, während die Pflicht zur Duldung körperlicher Eingriffe die höchste rechtliche Eingriffsintensität aufweist.[71]

---

64 *M. Dawin*, in: *F. Schoch/E. Schmidt-Aßmann/R. Pietzner*, Verwaltungsgerichtsordnung, §86, Rn. 70

65 Von einer allgemeinen „Prozeßförderungspflicht" sprechen dagegen *F. O. Kopp/R. Schenke*, Verwaltungsgerichtsordnung, Rn. 11 m.w.N.

66 So die Formulierung bei *BVerwGE* 71, 213, 219; zustimmend zitiert bei *W. Höfling/V. Breustedt*, in: NKVwGO §86, Rn. 242, Anm. 1.

67 *W. Höfling/V. Breustedt*, in: NKVwGO §86, Rn. 242; *M. Dawin*, in: *F. Schoch/E. Schmidt-Aßmann/R. Pietzner*, Verwaltungsgerichtsordnung, §86, Rn. 143.

68 *M. Dawin*, in: *F. Schoch/E. Schmidt-Aßmann/R. Pietzner*, Verwaltungsgerichtsordnung, §86, Rn. 70.

69 *W. Berg*, Die verwaltungsrechtliche Entscheidung, 44; *M. Nierhaus*, Beweismaß und Beweislast, 293ff.

70 *M. Nierhaus*, Beweismaß und Beweislast, 296.

71 *W. Berg*, Die verwaltungsrechtliche Entscheidung, 44 mit Nachweisen aus dem speziellen Verwaltungsrecht. Umfangreiche Nachweise zu den genannten Kategorien auch bei *M. Nierhaus*, Beweismaß und Beweislast, 296–306.

Teile der Literatur möchten von den materiellen und verfahrensrechtlichen Vorschriften auf eine prozessuale Beweislast schließen und die Amtsermittlungspflicht entsprechend einschränken.[72] Andere Stimmen nehmen eine Doppelnatur materieller oder verfahrensrechtlicher Nachweispflichten an, insoweit diese dazu bestimmt seien, den Anspruchsteller zu einer Nachweistätigkeit anzuregen, die auch sein Verhalten als Prozeßbeteiligter betrifft.[73] Im tradierten Verständnis des Untersuchungsgrundsatzes haben diese Figuren keinen Ort. Dort wird, exemplarisch bei *Michael Nierhaus*, § 86 Abs. 1 VwGO zu einer Grundsatznorm erklärt, die Ausnahmen vom Prinzip richterlicher Inquisition nur im Falle ausdrücklicher Anordnung zuläßt. Wegen der eigenständigen normativen Geltung der Untersuchungsmaxime als Rechtsgrundsatz, aber auch wegen des Verfassungsrangs des Untersuchungsgrundsatzes hätte es dieser Argumentation zufolge einer ausdrücklichen, verfassungsrechtlich einwandfreien *Transformation der materiellen Mitwirkungspflichten* in das Gerichtsverfahren bedurft.[74] Im übrigen enthalte die verwaltungsgerichtliche Verfahrensordnung eine sinnvolle, detaillierte Verteilung der vom Gericht und den Verfahrensbeteiligten erwarteten Aufklärungsbeiträge. Die Regelung des § 86 Abs. 1 VwGO sei daher abschließend, so daß eine rechtsanaloge Erweiterung um materiell-rechtliche Aufklärungspflichten ohne ausdrückliche prozeßrechtliche Ermächtigung nicht in Betracht komme.[75]

Mangels eigenständiger Geltung im Prozeßrechtsverhältnis können die spezialgesetzlichen Mitwirkungspflichten nach herrschendem Verständnis nur jene Pflichten konkretisieren, die sich für die Beteiligten aus den allgemeinen verwaltungsprozessualen Anordnungen der §§ 82, 85, 86 und 95ff. VwGO ergeben. Dies ist insbesondere dann unproblematisch, wenn die spezialgesetzliche Mitwirkungspflicht mit der prozessualen kongruiert, nämlich in den Fällen der Tatsachen- und Beweismittelangabe, der Akteneinsicht oder dem persönlichen Erscheinen.[76] Akzeptiert man diese Prämisse, dann beschränkt sich die Frage der rechtlichen Qualifizierung der Beteiligtenmitwirkung auf die Auslegung der verwaltungsprozessualen Vorschriften. Die sich hieraus ergebende Pflichtenstellung der Beteiligten wird durch die materiellen Mitwirkungspflichten lediglich inhaltlich ausgeformt, ohne daß sich hieraus qualitativ neue Gesichtspunkte für das Verhältnis von Richter- und Parteienmacht im Prozeß ergäben.

---

[72] Vgl. etwa *A. Lang*, VerwArch 1961, 60, 193: „echte formelle Beweislast" des Anfechtungsklägers neben der Beweisführungspflicht des Gerichts; weitere Nachweise *M. Nierhaus*, Beweismaß und Beweislast, 310.

[73] *W. Tietgen*, Gutachen, 30.

[74] *M. Nierhaus*, Beweismaß und Beweislast, 312.

[75] *M. Nierhaus*, Beweismaß und Beweislast, 316; ebenso *K.A. Bettermann*, Die Beweislast im Verwaltungsverfahren, E 43f.

[76] *M. Nierhaus*, Beweismaß und Beweislast, 317.

b) Verhältnis zur Ermittlungspflicht

Wie oben vermerkt, kann der Umfang der richterlichen Amtsermittlung in ein Abhängigkeitsverhältnis zur Intensität der Beteiligtenmitwirkung treten. Im herkömmlichen Verständnis des Untersuchungsgrundsatzes ist nur eine faktische Wechselbeziehung systemkonform (aa), aber nicht deren apokryphe normative Dimension, die in Praxis und Lehre verschiedentlich anzutreffen ist (bb). Besonders umstritten ist die Konturierung des Wechselverhältnisses in Gestalt des „Anfang-Ende-Satzes", mit dem die Rechtsprechung das Verhältnis von Amtsermittlung und Beteiligtenmitwirkung zu fassen sucht (cc).

aa) Faktisches Verhältnis

Tatsachenvortrag und Beweisanträge der Beteiligten können die Amtsaufklärungspflicht des Gerichts begrenzen oder erweitern, indem sie dessen Erkenntnishorizont bestimmen. So kann der Beteiligte durch seinen Sachvortrag bisher unbekannte Umstände aufzeigen, neue Sachverhaltsmöglichkeiten in den Gesichtskreis des Gerichts rücken und so die richterliche Amtsermittlungspflicht auslösen.[77] Umgekehrt wirkt sich begrenzend für das richterliche Erkenntnisvermögen aus, wenn sich die Parteien in ihrem Sachvortrag passiv verhalten, so daß sich keine Anhaltspunkte für die weitere Forschungstätigkeit ergeben.

Die Wechselbeziehung zwischen Amtsermittlung und Beteiligtenmitwirkung ist in dieser Form rein faktischer Natur, indem sie die sachnotwendigen Restriktionen eines gerichtlichen Erkenntnisverfahrens nach Maßgabe der Parteidisposition widerspiegelt. Im Lichte der prozessualen Risikoverteilung gewinnt sie gleichwohl eine rechtliche Bedeutung für den Prozeßverlauf. Dieser eigenartige Schwebezustand kommt in der Erkenntnis der Rechtsprechung zum Ausdruck, daß ein Prozeßbeteiligter, will er „nicht Gefahr laufen, daß die Ungewißheit über eine Tatsache, die nach Erschöpfen der dem Gericht bekannten Erkenntnismöglichkeiten verbleibt, zu seinen Lasten geht, die nur ihm bekannten Tatsachen und Erkenntnismöglichkeiten dem Gericht mitteilen" müsse.[78] Auch im tradierten Verständnis des Untersuchungsgrundsatzes wird angesichts dieses potentiell nachteiligen Verhältnisses von Untersuchungspflicht und Beteiligtenmitwirkung von einer „prozessualen Last" der Beteiligten gesprochen.[79] Diese Last wird, insoweit konsequent, bisweilen als „faktische

[77] *M. Dawin*, in: *F. Schoch/E. Schmidt-Aßmann/R. Pietzner*, Verwaltungsgerichtsordnung, Rn. 72; *W. Höfling/V. Breustedt*, in: NKVwGO, § 86, Rn. 111; *F. Schoch/E. Schmidt-Aßmann/R. Pietzner*, Verwaltungsgerichtsordnung, 278; vgl. *K.A. Bettermann*, Die Beweislast im Verwaltungsverfahren, E 35.

[78] *BVerwGE* 19, 87 (94); ähnlich zulasten der klagenden Behörde 26, 30 (31); *BVerwG* Buchholz 310 § 86 Abs. 1 VwGO Nr. 82, Nr. 88.

[79] *M. Dawin*, in: *F. Schoch/E. Schmidt-Aßmann/R. Pietzner*, Verwaltungsgerichtsordnung,

Last" qualifiziert – der Prozeßverlust sei, so *Nierhaus*, eine zwar praktisch denkbare, aber keineswegs rechtlich zwingende Folge fehlender oder unzureichender Mitwirkung.[80] Es bleibt indes die Frage, inwieweit hierin ein Unterschied zu den Vortrags- und Substantiierungslasten unter der Verhandlungsmaxime liegt.[81]

bb) Rechtliche Wechselbeziehung

Im übrigen gewinnt die „faktische Last" nähere rechtliche Kontur, wenn sie nicht nur im Falle tatsächlicher Unmöglichkeit weiterer richterlicher Ermittlung, sondern auch zur Herstellung einer Wechselbeziehung zwischen der *Substanz des Vorbringens* und der *Auslösung der richterlichen Ermittlungspflicht* aktualisiert wird. So heißt es, weitere gerichtliche Sachverhaltserforschung sei unter Umständen nicht geboten, wenn nicht einmal der interessierte Beteiligte substantiierte Angaben zum Sachverhalt mache.[82] Lasse es der Beteiligte an entsprechendem Sachvortrag fehlen, könne es damit sein Bewenden haben.[83] Teilweise wird hieraus im Umkehrschluß eine allgemeine Obliegenheit der Prozeßbeteiligten zum Vortrag des Prozeßstoffes abgeleitet.[84]

Das Erfordernis substantiierten Vortrags wird in Rechtsprechung und Literatur durch die Bezugnahme auf *Risiko- und Wissenssphären* konkretisiert. Konkreter, detaillierter Vortrag bis hin zur Schlüssigkeit im Rechtssinne wird danach insbesondere bei der Schilderung von Ereignissen aus dem eigenen Erkenntnisbereich und der *persönlichen Sphäre* des Prozeßbeteiligten erwartet,[85] wobei die-

§ 86, Rn. 72; *K. Redeker/H. v. Oertzen*, Verwaltungsgerichtsordnung, § 86, Rn. 10; dagegen sind *W. Höfling/V. Breustedt*, in: NKVwGO, § 86, Rn. 20 der Ansicht, die Ermittlungspflicht bestehe auch dann, wenn es der Beteiligte an substantiiertem Vortrag fehlen lasse. Die Autoren sind allerdings der Meinung (ebd., Rn. 23), daß Widersprüche im klägerischen Vortrag und bisheriges prozeßverschleppendes Verhalten Anlaß dafür seien, von weiteren Ermittlungen abzusehen.

[80] *M. Nierhaus*, Beweismaß und Beweislast, 290.

[81] Im einzelnen unten, Abschnitt III. 3.

[82] *M. Dawin*, in: *F. Schoch/E. Schmidt-Aßmann/R. Pietzner*, Verwaltungsgerichtsordnung, § 86, Rn. 72; *K. Redeker/H. v. Oertzen*, Verwaltungsgerichtsordnung, § 86, Rn. 11. Aus der Rsp. *BVerwG* Buchholz 310 § 86 Abs. 1, Nr. 86: Die Verpflichtung des Gerichts zur Aufklärung des Sachverhalts oder auch nur zur Ausübung des Fragerechts werde wesentlich dadurch beeinflußt, daß „jeder Prozeßbeteiligte den Prozeßstoff umfassend vorzubringen, also u.a. bei der Sachaufklärung mitzuwirken hat"; ähnlich *BVerwG* Buchholz 310 § 86 Abs. 1, Nr. 88; auch Nr. 90; vgl. Nr. 104. Für das sozialgerichtliche Verfahren *S. Pawlak*, in: Hennig, SGG, § 103, Rn. 58.

[83] *BVerwG* Buchholz 310 § 86 Nr. 37, Nr. 40, Nr. 76, Nr. 100, Nr. 101 Nr. 172; vgl. *S. Kuntze*, in: *J. Bader/M. Funke-Kaiser/S. Kuntze/J. Albedyll*, Verwaltungsgerichtsordnung, § 86, Rn. 19, der ausdrücklich von „Grenzen" der Amtsermittlungspflicht aufgrund unsubstantiierten Beteiligtenvorbringens spricht.

[84] *F. O. Kopp/R. Schenke*, Verwaltungsgerichtsordnung, § 86, Rn. 11; unter Berufung auf *BVerwG* Buchholz 310 § 86 Abs. 1 Nr. 9.

[85] *BVerwG* Buchholz 448.0 § 25 WPflG Nr. 10; *BVerwGE* 86, 201 (204); Bezugnahmen auf die „persönliche Sphäre" in *BVerwG* Buchholz 310 § 86 Nr. 76, Nr. 81, Nr. 172; *BVerwG* NVwZ

se Pflicht bei persönlichen Erlebnissen besonders weit reicht.[86] Außerdem kann der Anlaß zu weiterer Ermittlung entfallen, wenn Schilderungen aus der Individualsphäre oder dem Lebenskreis des Klägers offenkundig unzutreffend sind oder an unaufgelösten Widersprüchen kranken.[87] Besondere Anforderungen werden an die Darlegung des Beteiligten gestellt, wenn Tatsachenbehauptungen im Widerspruch zu offenkundigen Tatsachen[88] oder Vermutungen[89] stehen. Hier muß der Beteiligte konkrete Angaben machen, welche zumindest geeignet sind, entgegenstehende Zweifel zu wecken. Schließlich können die Parteien gehalten sein, dem substantiierten Bestreiten der Gegenseite ihrerseits substantiiert entgegenzutreten, um die richterliche Ermittlungspflicht auszulösen.[90]

Wesentlichen Einfluß auf den Umfang der richterlichen Ermittlungstätigkeit kann auch das Stellen oder Nichtstellen eines Beweisantrags entfalten. Unterläßt es die anwaltlich vertretene Partei, einen Beweisantrag zu stellen, obschon

---

1994, 1123; GewArch 1995, 152 (154); entsprechende Eingrenzung der Mitwirkungspflicht auf Erkenntnisbereich und Sphäre des Beteiligten in *BVerwG* Buchholz 310 § 86 Abs. 1, Nr. 181; vgl. aus der Lit. etwa *F. O. Kopp/R. Schenke*, Verwaltungsgerichtsordnung, § 86, Rn. 11.

[86] Zum Asylrecht: *BVerwGE* 77, 150 (156), wo es heißt, bei unschlüssiger Klage bestehe keine Pflicht des Gerichts zur Wahrheitsermittlung; ähnlich *BVerwG* Buchholz 310 § 86 Abs. 1, Nr. 144; *BVerwG* NVwZ-RR 1990, 380; NVwZ 1985, 36; Buchholz 402.24 § 38 AuslG Nr. 31, Nr. 44; Buchholz 402.25 § 1 AsylVfG Nr. 2; Buchholz 310 § 86 Abs. 1, Nr. 81 („Bei unsubstantiiertem Vorbringen aus dem eigenen Lebensbereich besteht grundsätzlich keine Pflicht zur weiteren Sachverhaltsaufklärung."); Nr. 137 („Bleibt ein Kläger dabei hinsichtlich seiner eigenen Erlebnisse konkrete Angaben schuldig, so ist das Gericht nicht verpflichtet, insofern eigene Nachforschungen vorzunehmen"), Nr. 160 (Erfordernis der Schilderung des persönlichen Erlebens, die geeignet ist, den Asylantrag „lückenlos zu tragen"); ebenso Nr. 204, Nr. 212; im allgemeinen *BVerwG* Buchholz 310 § 86 Abs. 1, Nr. 172. Zur Konkretisierung der „Substantiierungslast" im Abgabenrecht: *BVerwG* NVwZ 1987, 404; im Vertriebenenrecht: *BVerwG* Buchholz 310 § 86 Abs. 1 Nr. 81. Aus der Lit. *M. Dawin*, in: *F. Schoch/E. Schmidt-Aßmann/R. Pietzner*, Verwaltungsgerichtsordnung, Rn. 74; *S. Kuntze*, in: *J. Bader/M. Funke-Kaiser/S. Kuntze/J. Albedyll*, Verwaltungsgerichtsordnung, § 86, Rn. 19.

[87] *W. Höfling/V. Breustedt*, in: NKVwGO, § 86, Rn. 23; *M. Dawin*, in: *F. Schoch/E. Schmidt-Aßmann/R. Pietzner*, Verwaltungsgerichtsordnung, § 86, Rn. 77; *F. O. Kopp/R. Schenke*, Verwaltungsgerichtsordnung, § 86 Rn. 6a.

[88] Vgl. *OVG Münster* OVGE 16, 293 (294).

[89] *OVG Lüneburg*, NVwZ-RR 1993, 510 (511).

[90] *BVerwG* Buchholz 310 § 86 Abs. 1, Nr. 83: „Die dem VG obliegende Pflicht, den Sachverhalt von Amts wegen zu erforschen, bedeutet nicht, daß das Gericht jene Parteibehauptung bezweifeln müsse und sie erst dann einer rechtlichen Würdigung zugrunde legen dürfe, wenn sie bewiesen sei (...) Die Aufklärungspflicht des Gerichts beschränkt sich insoweit auf die Behebung eigener Zweifel. Das Gericht braucht daher, sofern sich nicht aus der Gesamtlage des Falles Bedenken aufdrängen, einem Tatumstand nicht durch eigene Ermittlungen nachzugehen, wenn er von der Gegenseite *nicht bestritten* wird." (Hervorhebung durch mich, M. K.); ähnlich bereits *BVerwG* Buchholz 310 § 86 Abs. 1, Nr. 56; vgl. *BVerwG*, Entscheidung vom 30. 6. 1992 (4 B.136.94), zit. nach *W. Höfling/V. Breustedt*, in: NKVwGO § 86, Rn. 118, Anm. 11. Nachw. zur dahingehenden sozialgerichtlichen Rsp. bei *S. Pawlak*, in: Hennig, SGG, § 103, Rn. 19; vgl. allerdings ebd., 22: es sei ein häufiger Fehler der Praxis, daß sich das Gericht nicht verpflichtet fühle, den maßgeblichen Sachverhalt bezüglich „unstreitiger" Tatbestandsmerkmale (gemeint sind wohl Tatsachenaussagen, M. K.) festzustellen.

dieser den Umständen des Falles nach zu erwarten gewesen wäre, dann braucht sich dem Tatsachengericht die Notwendigkeit weiterer Sachverhaltserforschung nicht mehr aufzudrängen.[91]

cc) Anfang-Ende-Satz

Die rein faktisch wirksame „Mitwirkungslast" der Beteiligten mutiert sonach auch im tradierten Verständnis in eine Pflichtenstellung, die nicht allein tatsächliche Effekte, sondern auch normative Rückwirkungen auf Art und Umfang der Amtsermittlungspflicht mit sich führt. Die frühere verwaltungsgerichtliche Rechtsprechung hat versucht, diesem Verhältnis mit einer als „Anfang-Ende-Satz" bekannt gewordenen Formel[92] Kontur zu verleihen. Danach endet die Verpflichtung des Gerichts zur Erforschung des Sachverhalts dort, wo die Partei ihrer Obliegenheit zur Mitwirkung am Rechtsstreit nicht nachkommt.[93] Als prozessuale Konsequenz muß der Kläger jene nachteiligen Rechtsfolgen tragen, die aus seiner nicht erfüllten Mitwirkungsverpflichtung erwachsen.[94]

Der Anfang-Ende-Satz bezeichnet allerdings nur eine *formale Relation*, gibt aber keinen Aufschluß über die inhaltliche Bestimmung der Verantwortungsbereiche von Gericht und Prozeßbeteiligten. Er setze damit, so die entsprechende Kritik, die Amtsermittlungspflicht den „Unwägbarkeiten des Streits um die Reichweite der Mitwirkungspflichten" aus.[95] Weiterhin wird vorgebracht, § 86 Abs. 1 VwGO normiere eine *unbedingte Aufklärungspflicht*, die durch quasi-schuldhafte Versäumnisse der Parteien nicht limitiert werden könne.[96] Am weitesten geht die Befürchtung, die Formel impliziere die Befugnis der Prozeßbeteiligten, über den Umfang der Amtsermittlung zu disponieren,[97] indem vom

---

[91] *BVerwG* Buchholz 310 § 86 Abs. 1, Nr. 109; mit weiteren Einzelheiten und Nachweisen *M. Dawin*, in: *F. Schoch/E. Schmidt-Aßmann/R. Pietzner*, Verwaltungsgerichtsordnung, § 86, Rn. 80.

[92] Begriff geprägt von *K.A. Bettermann*, Die Beweislast im Verwaltungsverfahren, E 33.

[93] *BVerwGE* 16, 241 (245); 66, 237 (238); Buchholz 310 § 86 Abs. 1 Nr. 5 (vgl. ebd., 427.3 § 339 LAG Nr. 118); Nr. 37, Nr. 76, Nr. 122, Nr. 127; Buchholz 310 § 86 Abs. 3 Nr. 1, dort unter Verweis auf § 138 Abs. 1 ZPO i.V.m. § 173 VwGO als Rechtsgrundlage der Mitwirkungspflicht; Buchholz 445.4 § 8 WHG Nr. 9; DVBl. 1964, 193 (194); DÖV 1983, 207; NJW 1964, 786 (787); NVwZ 1987, 404 (405); zustimmend *H. Geiger*, BayVBl. 1999, 321, 324; auch *K. Redeker/H. v. Oertzen*, Verwaltungsgerichtsordnung, § 86, Rn. 11; *K. Redeker*, DVBl. 1981, 83, 84.

[94] *BVerwG* Buchholz 310 § 86 Abs. 1 Nr. 116 (15).

[95] *M. Nierhaus*, Beweismaß und Beweislast, 336. Dies sei, so *Nierhaus* weiter, „mit dem Untersuchungsgrundsatz als einem rechtsstaatlich gebotenen Verfahrenserfordernis nicht vereinbar". Es ist fraglich, ob ein derartiger Rekurs auf einen pseudo-normativen „Grundsatz", verbunden mit vagen verfassungsrechtlichen Bezügen, die Begründungslast tragen kann.

[96] *W. Höfling/V. Breustedt*, in: NKVwGO § 86, Rn. 114.

[97] *W. Höfling/V. Breustedt*, in: NKVwGO § 86, Rn. 116; im Anschluß an *M. Nierhaus*, Beweismaß und Beweislast, 341. Dies sei, so *Nierhaus* sinngemäß weiter, um des in der Kontrolle der Gesetzmäßigkeit der Verwaltung sich manifestierenden öffentlichen Interesses willen ausgeschlossen. Auch hier trägt ein vages Pauschalargument die gesamte Begründungslast.

Umfang der Aufklärungspflicht auf die Reichweite der Aufklärungsbefugnis geschlossen würde. Einschränkungen der richterlichen Amtsermittlungspflicht in Fällen defizitärer Beteiligtenmitwirkung oder gar unstreitigen Vorbringens stünden daher diametral zu den Grundannahmen der Untersuchungsmaxime.[98]

Zur Kennzeichnung des Verhältnisses zwischen Beteiligtenmitwirkung und Amtsermittlungspflicht werden daher substantiellere, zu Gunsten der Beteiligten *restriktivere Formeln* gesucht. So formuliert *Rüdiger Schenke*, die Aufklärungspflicht des Gerichts ende dort, wo „die Beteiligten in Kenntnis entscheidungsrelevanter Umstände, die für das Gericht auch bei sorgfältiger Erforschung des Sachverhalts nicht ersichtlich waren, ihre Mitwirkung unterlassen."[99] Hinzukommen soll das Erfordernis eines qualifizierten Kausalzusammenhangs zwischen der Mitwirkungsverweigerung und dem Aufklärungsdefizit. Die Aufklärungspflicht endet danach erst dann, wenn die Erforschung des Sachverhalts gerade infolge der mangelhaften Mitwirkung erheblich erschwert wurde.[100] Einen „gangbaren Mittelweg"[101] erkennt die herrschende Konzeption des Untersuchungsgrundsatzes auch in der Ansicht des Bundesverwaltungsgerichts, die gerichtliche Aufklärungspflicht verlange nicht, zugunsten eines Verfahrensbeteiligten „in nicht durch entsprechendes Vorbringen oder andere konkrete Anhaltspunkte veranlaßte Nachforschungen darüber einzutreten, ob vielleicht irgendein bisher nicht entdeckter Umstand auf die Rechtmäßigkeit des zu beurteilenden Verwaltungshandelns von Einfluß sein könnte."[102]

In der Zurückweisung des Anfang-Ende-Satzes in der Fassung der Rechtsprechung kommt das Bemühen der tradierten Dogmatik zum Ausdruck, die Mitwirkungspflicht der Beteiligten auf jene „faktische Last" zurückzuschneiden, die keine rechtlichen Rückwirkungen auf den Umfang der richterlichen Ermittlungspflicht entfaltet. Ein derartiger Zusammenhang liefe Gefahr, in eine Quasi-Dispositionsmacht der Beteiligten über die entscheidungserheblichen Tatsachen umzuschlagen, die nach herrschender Ansicht wegen § 86 Abs. 1 Satz 2 VwGO nur als Anomalie gedeutet werden könnte. Freilich laufen die modifizierten Fassungen des Anfang-Ende-Satzes im Ergebnis auf komplizierte Reformulierungen der schlicht *sachnotwendigen Grenzen* richterlicher Erkenntnisfähigkeit hinaus, geben diesen Grenzen aber zudem die irritierende Form einer Rechtsbeziehung zwischen Beteiligtenvortrag und Amtsermittlung.[103]

---

[98] Vgl. *M. Nierhaus*, Beweismaß und Beweislast, 338.

[99] *R. Schenke*, in: BK, Art. 19 Abs. 4, Rn. 87; zustimmend zitiert von *M. Nierhaus*, Beweismaß und Beweislast, 341; *W. Höfling/V. Breustedt*, in: NKVwGO § 86, Rn. 116.

[100] *W. Höfling/V. Breustedt*, in: NKVwGO § 86, Rn. 116.

[101] *M. Nierhaus*, Beweismaß und Beweislast, 339.

[102] *BVerwG* Buchholz 310 § 86 Abs. 1 Nr. 129.

[103] Ausführlich unten, Abschnitt III. 2.

c) Rechtsfolgen der Verletzung von Mitwirkungspflichten

Die damit indizierten Schwierigkeiten des tradierten Modells setzen sich fort, blickt man auf die dort entwickelten prozessualen Konsequenzen unzureichender Beteiligtenmitwirkung. Begreift man die Mitwirkung als Instrument richterlicher Sachverhaltsaufklärung, müßten sich diese Konsequenzen in der entsprechenden tatsächlichen Beschränkung des richterlichen Erkenntnisvermögens erschöpfen. Die Diskussion weitergehender prozessualer Folgen der „Mitwirkungspflichtverletzung" verweist dagegen auf eine konzeptuell ungeklärte rechtliche Dimension der Beteiligtenmitwirkung im Verwaltungsprozeß.

Auf den ersten Blick kommen eine Fülle von Rechtsfiguren zur Modellierung der prozessualen Konsequenzen unzureichender Beteiligtenmitwirkung in Betracht: materielle Präklusion, Reduzierung des erforderlichen Beweismaßes oder Umkehr der Beweislast.[104] Mit dem Verständnis der Beteiligtenmitwirkung im tradierten Modell sind diese Vorschläge jedoch nicht zu vereinbaren. Namentlich kommen Auswirkungen auf Beweismaß und -last mit Blick auf die Regelung des § 108 Abs. 1 VwGO und wegen des Fehlens echter Beweisführungslasten im Verwaltungsprozeß nach herkömmlichem Verständnis nicht in Betracht.[105] Daher können Mitwirkungsdefizite nach herrschender Ansicht nur bei der *Beweiswürdigung* berücksichtigt werden.[106]

Auch hier entwickelt das tradierte Modell eine Vielzahl pseudo-normativer Kriterien, deren wichtigstes ein Kausalzusammenhang zwischen Mitwirkungsverweigerung und Aufklärungsmangel bildet. Voraussetzung für die negative Beweiswürdigung ist danach, daß allein der mitwirkungssäumige Beteiligte über das betreffende Wissen verfügen kann oder für die Beweissicherung verantwortlich ist, ohne daß dem Gericht „Dritterforschungsmöglichkeiten" zur Verfügung stünden.[107] Ferner wird verlangt, daß dem Beteiligten eine Sorgfaltspflichtverletzung zur Last fällt,[108] ohne daß allerdings klar wäre, an welchem rechtlichen Maßstab sich dieser Sorgfaltsverstoß bemessen soll. Auf diese Weise

---

[104] Im Überblick *W. Höfling/V. Breustedt*, in: NKVwGO § 86, Rn. 129.

[105] In der Lit. zugunsten gewisser Auswirkungen auf das Beweismaß *F. O. Kopp/R. Schenke*, Verwaltungsgerichtsordnung, § 86, Rn. 12; § 108, Rn. 17.

[106] So mit umfangreichen Nachweisen aus Rsp. und Lit. *M. Nierhaus*, Beweismaß und Beweislast, 344; vgl. hier nur *W. Höfling/V. Breustedt*, in: NKVwGO § 86, Rn. 131; *J. Haverkämper*, Die verfassungsrechtlichen Grundlagen, 66ff.; *M. Pfeifer*, Der Untersuchungsgrundsatz und die Offizialmaxime im Verwaltungsverfahren, 56ff.; *B. Kropshofer*, Untersuchungsgrundsatz und anwaltliche Vertretung im Verwaltungsprozeß, 62ff.; aus der Rsp. *BVerwGE* 8, 29ff.; 63, 176 (178f.); *BVerwG* Buchholz 310 § 86 Abs. 1, Nr. 74, Nr. 108, Nr. 147 (unter Abgrenzung zur Beweislastumkehr), Nr. 191; *BVerwG* NJW 1985, 1179f.; *VGH Kassel* NVwZ 1982, 136 (138f.); *OVG Koblenz* NVwZ 1986, 665; *VGH München* BayVBl. 1986, 118f.; *OVG Münster* NJW 1981, 1398f.

[107] *M. Nierhaus*, Beweismaß und Beweislast, 348; *W. Höfling/V. Breustedt*, in: NKVwGO, § 86 Rn. 131.

[108] *W. Höfling/V. Breustedt*, in: NKVwGO, § 86 Rn. 132.

möchte die herrschende Lehre verhindern, daß der Bürger durch das Ausufern der Verwaltungstätigkeit, das vielfältige Angewiesensein auf Verwaltungsleistungen und die Kompliziertheit des Rechts[109] prozessual benachteiligt wird.

3. *Bindungsfreiheit des Gerichts (§ 86 Abs. 1 Satz 2 VwGO)*

Nach § 86 Abs. 1 Satz 2 VwGO ist das Gericht an das Vorbringen und an die Beweisanträge der Parteien nicht gebunden. Im tradierten Maximenverständnis bringt die Vorschrift nochmals die Abkehr von der Verhandlungsmaxime zum Ausdruck, indem sie das Gericht in seiner Pflicht zur amtswegigen Sachverhaltsermittlung von jeder Bindung an die tatsächlichen Angaben der Parteien freistellt. So verstanden hat die Vorschrift lediglich deklaratorischen Charakter.[110]

Üblicherweise wird die von § 86 Abs. 1 Satz 2 VwGO (nochmals) normierte Bindungsfreiheit des Gerichts dahingehend verstanden, daß Parteivorbringen und Beweisanträge dem Ermessen des Gerichts bei der Ausübung seiner Ermittlungskompetenz keine rechtsverbindlichen Grenzen setzen. Anders als im Zivilprozeß kann das Gericht daher seine Ermittlungen auch auf solche Tatsachen erstrecken, die keiner der Beteiligten in die Verhandlung eingeführt hat. Wichtigste Verfahrensfolge der Bindungsfreiheit ist der Ausschluß der entsprechenden Geltung der §§ 288, 138 Abs. 3 ZPO, wonach solche Tatsachen nicht des Beweises bedürfen, die zugestanden oder nicht bestritten wurden.[111] Im Zivilprozeß muß der Richter derartige Tatsachen ungeprüft als wahr berücksichtigen.[112] Diese Anordnung kann nach hM nicht über § 173 VwGO entsprechend angewendet werden, weil der Verwaltungsprozeß ausweislich des § 86 Abs. 1 VwGO auf einer anderen Verfahrensart beruht.[113]

Anders verhält es sich mit der Zulässigkeit von Anerkenntnis und Verzicht und den entsprechenden Urteilsarten (§§ 306, 307 ZPO) im Verwaltungsprozeß. Hierzu heißt es, da es sich bei dem „Vorbringen" i.S.d. § 86 Abs. 1 Satz 2 VwGO nur um Vorbringen *tatsächlicher* Art handele, könne aus der Norm nichts für oder gegen die Geltung eines *prozessualen* Anerkenntnisses oder ei-

---

[109] Diese Topoi bei *M. Nierhaus*, Beweismaß und Beweislast, 347.

[110] *M. Dawin*, in: *F. Schoch/E. Schmidt-Aßmann/R. Pietzner*, Verwaltungsgerichtsordnung, 83; ähnlich bereits *W. Höfling/V. Breustedt*, in: NKVwGO § 86, Rn. 137.

[111] Damit ist auch das Versäumnisurteil gegen den Beklagten gem. § 331 Abs. 1 ZPO ausgeschlossen, das auf der Fiktion des Zugeständnisses des klägerischen Vorbringens beruht (Satz 1).

[112] *H. Thomas/H. Putzo*, ZPO, § 288, Rn. 5.

[113] *M. Nierhaus*, Beweismaß und Beweislast, 277; *W. Höfling/V. Breustedt*, in: NKVwGO, § 86, Rn. 138; *M. Dawin*, in: *F. Schoch/E. Schmidt-Aßmann/R. Pietzner*, Verwaltungsgerichtsordnung, § 86, Rn. 84; *F. O. Kopp/R. Schenke*, Verwaltungsgerichtsordnung, § 86, Rn. 15f.; *S. Kuntze*, in: *J. Bader/M. Funke-Kaiser/S. Kuntze/J. Albedyll*, Verwaltungsgerichtsordnung, § 86, Rn. 4.

nes Verzichts auf den Klageanspruch und die Zulässigkeit der entsprechenden Urteilsarten entnommen werden.[114] Deren Zulässigkeit im Verwaltungsprozeß wird zudem gestützt durch § 87 a Abs. 1 Nr. 2 VwGO, der Anerkenntnis und Verzicht ausdrücklich der Entscheidung des Gerichts überantwortet.[115]

Andere Stimmen legen Wert auf die Einschränkung, daß zwar Anerkenntnis und Verzicht im Verwaltungsprozeß nicht grundsätzlich ausgeschlossen seien, daß sie aber voraussetzten, daß die Beteiligten materiell über den Streitgegenstand verfügen könnten.[116] Dies ist hinsichtlich des klagenden Bürgers grundsätzlich der Fall, auf Seiten der Behörde zumindest dann, wenn eine Ermessensentscheidung in Rede steht.[117] Nach anderer Ansicht sind Anerkenntnis und Verzicht als Ausdruck des prozessualen Dispositionsrechts der Beteiligten immer zulässig, ohne daß es auf die materiell-rechtliche Verfügungsbefugnis über den Streitgegenstand ankäme. Die für den gerichtlichen Vergleich nach § 106 VwGO geltende Einschränkung sei insoweit nicht einschlägig. Der Beklagte könne den Kläger, etwa durch Aufhebung des angefochtenen oder Erlaß des begehrten Verwaltungsaktes, jederzeit klaglos stellen. Gleiches gälte umgekehrt für die Klagerücknahme, durch die der Kläger jederzeit die formelle Rechtskraft etwa eines angefochtenen Verwaltungsakts herbeiführen könne, ohne daß das Gericht dies hindern könne. Aus der verwaltungsprozessualen *Dispositionsmaxime* folge daher, daß Anerkenntnis und Verzicht unabhängig von der materiellrechtlichen Verfügungsbefugnis zulässig seien.[118]

Unabhängig von dieser Streitfrage – die mit Blick auf § 87 a Abs. 1 Nr. 2 VwGO und das Dispositionsrecht der Beteiligten über den prozessualen Anspruch im Sinne der zuletzt genannten Meinung zu entscheiden ist – steht jedenfalls § 86 Abs. 1 Satz 2 VwGO der Wirksamkeit von Anerkenntnis und Verzicht und damit der Anwendbarkeit der §§ 306, 307 ZPO i.V.m. § 174 VwGO auch nach herrschender Meinung nicht entgegen. Die Bindungsfreiheit des Gerichts bezieht sich allein auf das Parteivorbringen zu den Tatsachengrundlagen des Urteils, wie allgemein § 86 Abs. 1 VwGO sich allein auf die Erforschung des

---

[114] *M. Dawin*, in: *F. Schoch/E. Schmidt-Aßmann/R. Pietzner*, Verwaltungsgerichtsordnung, § 86, Rn. 85.

[115] *B. Clausing*, in: *F. Schoch/E. Schmidt-Aßmann/R. Pietzner*, Verwaltungsgerichtsordnung, § 107, Rn. 8; *F. O. Kopp/R. Schenke*, Verwaltungsgerichtsordnung, § 107, Rn. 5 m.w.N.; *K. Redeker/H. v. Oertzen*, Verwaltungsgerichtsordnung, § 86, Rn. 6; § 107, Rn. 6; *G. Lüke*, JuS 1961, 41, 46.

[116] *W. Höfling/V. Breustedt*, in: NKVwGO, § 86, Rn. 144; *F. O. Kopp/R. Schenke*, Verwaltungsgerichtsordnung, § 86, Rn. 16; aus der Rsp. *BVerwG* WM 1963, 327; OVG Hamburg NJW 1977, 214; gegen die Zulässigkeit des Anerkenntnisses, aber noch auf Basis der Verordnung Nr. 165 der britischen Militärregierung vom 15. 09. 1958 (ABl. Nr. 24, 799) *BVerwG* NJW 1957, 85 (886); ablehnend für den Anfechtungsprozeß *BVerwGE* 62, 18 (19).

[117] Hierzu *A. Lang*, VerwArch 1961, 60, 84f.; vgl. *W. Höfling/V. Breustedt*, in: NKVwGO § 86, Rn. 145.

[118] *K. Redeker/H. v. Oertzen*, Verwaltungsgerichtsordnung, § 86, Rn. 5 m.w.N.

Sachverhalts erstreckt.[119] Ein unmittelbarer Widerspruch besteht jedenfalls solange nicht, wie man mit dem tradierten Modell scharf zwischen den Anwendungsbereichen der Dispositions- und der Untersuchungsmaxime unterscheidet. Gleichwohl besteht hinsichtlich der grundlegenden Wertungen des Prozesses, wie die genannte Streitfrage offenbart, ein potentieller Widerspruch zwischen Parteidisposition und Amtsermittlung.[120]

---

119 *C.-H. Ule*, Verwaltungsverfahrensrecht, § 28 II, 138; *K. Redeker/H. v. Oertzen*, Verwaltungsgerichtsordnung, § 86 Rn. 5 m.w.N.; vgl. *S. Kuntze*, in: *J. Bader/M. Funke-Kaiser/S. Kuntze/J. Albedyll*, Verwaltungsgerichtsordnung, § 86, Rn. 4.

120 Von einem „Spannungsfeld" sprechen *M. Nierhaus*, Beweismaß und Beweislast, 282; *W. Höfling/V. Breustedt*, in: NKVwGO § 86, Rn. 143, ausführlich sogleich unten, Abschnitt III. 1.

III. Antinomien und Kritik

Ansatzpunkte für die immanente Kritik der tradierten Dogmatik des Untersuchungsgrundsatzes bestehen in dreifacher Hinsicht. An erster Stelle steht der potentielle Wertungswiderspruch zwischen der Dispositionsbefugnis der Parteien über den Streitgegenstand auf der einen, der gerichtlichen Sachverhaltsermittlung auf der anderen Seite (1). Dieser Wertungswiderspruch ist gewissermaßen das binnendogmatische Spiegelbild des antinomischen Verhältnisses zwischen der Sachverhaltsermittlung von Amts wegen und dem verfassungsrechtlichen Leitbild der Rechtsprechung. Problematisch ist weiterhin die §86 Abs. 1 Satz 1 Hs. 1 VwGO zugeschriebene Prämisse potentiell unbegrenzter Inquisition, bezieht man die funktionalen Limitierungen eines gerichtlichen Erkenntnisverfahrens im allgemeinen, die hieraus resultierende Wechselbeziehung zwischen Parteivortrag und gerichtlicher Tatsachenermittlung im besonderen in die Betrachtung ein (2). Diese Widersprüche kulminieren in den Schwierigkeiten des tradierten Modells, der Mitwirkung der Beteiligten im Verwaltungsprozeß rechtliche Gestalt zu verleihen (3).

1. Untersuchungsgrundsatz und Dispositionsmaxime

Die Prozessualistik hatte bereits im 19. Jahrhundert erkannt, daß zwischen der Ermittlung des Sachverhalts von Amts wegen und der damit verbundenen Bindungslosigkeit des Gerichts gegenüber dem tatsächlichen Vorbringen der Parteien einerseits, deren Herrschaft über den Streitgegenstand andererseits ein potentielles Spannungsverhältnis besteht. Zwar setzte sich in der legislativen Praxis des Verwaltungsprozesses die bis heute kennzeichnende, kompromißhafte Legierung beider Verfahrensprinzipien durch. Gleichwohl blieb im Schrifttum das Bewußtsein eines grundlegenden Wertungswiderspruchs lebendig.

Bereits 1832 bemerkte *Gustav F. Gaertner* in seiner Kritik des preußischen Prozesses, daß die Dispositionsbefugnis über den Streitgegenstand zwar der materiell-rechtlichen Privatautonomie entspreche; daß diese Entsprechung aber im Widerspruch mit dem Prinzip des preußischen Prozesses stehe, materiell richtige Entscheidungen auf der Basis richterlicher Wahrheitserforschung zu erstreben.[1] Aus der richterlichen Befugnis zur Ermittlung der Wahrheit von

[1] *G.F. Gaertner*, Kritik des Untersuchungs-Prinzips des Preußischen Civil-Prozesses, 26.

Amts folge, daß den Parteien im Prozeß lediglich eine unselbständige, instrumentelle Stellung zukomme. Mit dieser Stellung sei die Bindung des Richters an Streitgegenstand, Klagantrag und den damit bezeichneten Lebenssachverhalt nicht zu vereinbaren. Der Richter müsse, „um materielles Recht sprechen zu können, den eigentlichen Grund des Streites untersuchen", dürfe aber dennoch „nicht darauf, was demnach wirklich Rechtens ist, erkennen, sondern nur auf das Recht, was der Kläger zuerkannt haben wollte, also nicht materielles, sondern nur formelles Recht sprechen."[2]

Zwei Generationen später bemängelte *Philipp Zorn*, daß zwar die einschlägigen Prozeßgesetzgebungen die zivilprozessualen Säumnisfolgen ebenso eliminiert hätten wie Anerkenntnis und Geständnis, daß aber die notwendige letzte Konsequenz nicht gezogen worden sei, die Verwaltungsgerichte auch in ihren *Entscheidungen* von der Bindung an die Anträge der Parteien freizustellen. In der Konsequenz der Untersuchungsmaxime hätte es gelegen, den Verwaltungsgerichten die Befugnis zu verleihen, auch das Rechtsverhältnis nach Maßgabe des pflichtgemäß ermittelten Tatbestandes festzulegen, ohne daß es auf die Anträge der Parteien ankäme.[3] Mit dem Zweck des Verwaltungsprozesses, die öffentliche Ordnung des Gemeinwesens zu sichern, sei die Bindung des Verwaltungsrichters an die *petita partium* ebenso unvereinbar, wie es die zivilprozessuale Bindung an den unstreitigen Tatsachenvortrag der Parteien wäre. Die Parteidisposition über den Streitgegenstand sei daher mit dem Untersuchungsgrundsatz logisch unvereinbar und widerspreche der Zielbestimmung des Verwaltungsprozesses, nicht dem individuellen Willen, sondern dem Interesse der öffentlichen Ordnung zu dienen.[4]

Dieser potentielle Wertungswiderspruch lebt bis heute fort, allerdings unter umgekehrten Vorzeichen. Während das Grundgesetz ein Modell der Verwaltungsrechtspflege entwirft, das durch Zuerkennung subjektiv-öffentlicher Rechte, unabhängige Streitentscheidung zwischen prozeßrechtlich gleichgeordneten Parteien durch echte Gerichte (Art. 19 Abs. 4 GG) und damit notwendigerweise durch den Dispositionsgrundsatz gekennzeichnet ist, findet sich in der VwGO nach wie vor die Vorschrift des § 86 Abs. 1, derzufolge die Sachverhaltserforschung in die Alleinverantwortung des Gerichts fällt (a). Konkrete Ausprägung dieses Widerspruchs ist die Zulässigkeit des Anerkenntnis- und des Verzichtsurteils in der VwGO (b). Die „maximendogmatische" Auflösung

---

[2] *G.F. Gaertner*, Kritik des Untersuchungs-Prinzips des Preußischen Civil-Prozesses, 35.

[3] *P. Zorn*, VerwArch 2 (1893), 74, 119.

[4] *P. Zorn*, VerwArch 2 (1893), 74, 120f. Daß diese Ansicht mit der Ablehnung subjektiv-öffentlicher Rechte, namentlich in der Fassung *Jellineks*, einhergeht, liegt auf der Hand; vgl. ebd. 121, Fn. 176, 177. Gerade hier erweist sich die „Fremdheit" der Berufung auf öffentliche Interessen zur Begründung des Untersuchungsgrundsatzes gegenüber der heutigen verfassungsrechtlichen Lage.

des Wertungswiderspruchs setzt Unterscheidungen voraus, die im positiven Recht keinen Rückhalt finden (c).

a) Wertungswiderspruch

Wie im Zivilprozeß gilt auch im verwaltungsgerichtlichen Streitverfahren nach allgemeiner Ansicht die Dispositionsmaxime,[5] der zufolge den Parteien die Verfügungsfreiheit über den – durch Klageanspruch und Klagegrund konkretisierten – Streitgegenstand[6] zukommt. Das Verwaltungsgericht wird regelmäßig nur auf Antrag hin tätig (vgl. §§42 Abs. 1, 43, 47 Abs. 1, 80 Abs. 5, 80a, 123 Abs. 1 Satz 1 VwGO). Es ist in seiner Entscheidung an die Anträge der Beteiligten gebunden (insbesondere §88 VwGO, *ne ultra petita*). Entsprechend seiner Dispositionsbefugnis über Beginn und Ende des Verfahrens darf der Kläger die Klage zurücknehmen (§92 VwGO) und auch ändern (§91 VwGO). Den Beteiligten ist damit ein *Initiativrecht* über das Prozeßrechtsverhältnis eingeräumt, indem sie über dessen Bestand, Inhalt und Entwicklung bestimmen können.[7]

aa) Wie im Rahmen der verfassungsrechtlichen Direktiven des verwaltungsgerichtlichen Verfahrens bereits vermerkt, bilden die Prozeßinitiative der Beteiligten und die hieraus resultierende Passivität des Richters notwendige, kardinale Bausteine des verfassungsrechtlichen Leitbildes der Rechtsprechung, das wesentlich durch die Unparteilichkeit des Richters geprägt wird. Schon um des Verfassungsbegriffs der Rechtsprechung willen kommt der Dispositionsmaxime selbst daher dem Grunde nach Verfassungsrang zu.[8] Neben dieser Verankerung in den objektiv-rechtsstaatlichen Vorgaben für die Ausgestaltung der Rechtsprechung ruht die Dispositionsmaxime zugleich in der Verfassungsentscheidung des Art. 19 Abs. 4 GG, dem Bürger im Falle der Verletzung subjektiv-öffentlicher Rechte die Rechtsausübung vor Gericht zu garantieren. Die Dispositionsmaxime ist Ausdruck der dort normierten konzeptuellen Direktive der Verwaltungsgerichtsbarkeit, die Entscheidung über Einleitung, Weiterverfolgung und Beendigung des Rechtsschutzes grundsätzlich in die Hand des

---

[5] Zur Geltung der Dispositionsmaxime im Verwaltungsprozeß vgl. etwa *W. Grunsky*, Grundlagen des Verfahrensrechts, 24; *W. Höfling/V. Breustedt*, in: NKVwGO, §86, Rn. 5; *K. Redeker/H. v. Oertzen*, Verwaltungsgerichtsordnung, §86, Rn. 2; *G. Lüke*, JuS 1961, 41, 42; aus der Rsp. *BVerwG* NVwZ 1993, 681 (685); NVwZ 1993, 689 (690);

[6] Zum zweigliedrigen Begriff des Streitgegenstandes *M. Nierhaus*, Beweismaß und Beweislast, 282ff.; aus der Rsp. *BVerwG* NJW 1985, 280; *BVerwGE* 52, 247 (249); *BVerwG* Buchholz 310 §40 VwGO Nr. 195.

[7] *G. Lüke*, JuS 1961, 41, 42; zustimmend *W. Höfling/V. Breustedt*, NKVwGO §86, Rn. 5.

[8] Siehe oben, Kap. 2, Abschnitt II. 3. c) cc); vgl. hier *K. A. Bettermann*, GS Jellinek (1955), 361, 372; *ders.*, in: HdbStR III, §73, Rn. 35.

Rechtsschutzsuchenden zu legen.[9] Der Bürger soll selbstverantwortlich darüber entscheiden, ob und in welchem Umfang er verwaltungsgerichtlichen Rechtsschutz beantragt.[10]

Weitergehend dient das in Art. 19 Abs. 4 GG normierte Modell subjektiver Rechtsausübung vor Gericht der „Anerkennung des einzelnen als individuelle Persönlichkeit".[11] Die Dispositionsmaxime steht damit auch in Beziehung zu den grundlegenden Entscheidungen der Art. 1 Abs. 1, 2 Abs. 1 GG, den einzelnen nicht als Objekt staatlicher Herrschaft, sondern als verantwortliches, mit umfassender Handlungsfreiheit begabtes Rechtssubjekt anzusprechen. Demgegenüber findet der Untersuchungsgrundsatz, wie die Versuche seiner verfassungsrechtlichen Verankerung anzeigten, seine Begründung heute in Motiven sozialstaatlicher Rechtsfürsorge sowie in jenen Bemühungen um eine objektivrechtliche Funktionsanreicherung der Verwaltungsrechtspflege, die den Streit um die funktionale Trennung der Verwaltungsgerichte von der aktiven Verwaltung unter den aktuellen verfassungsrechtlichen Vorgaben fortsetzen. Der Untersuchungsgrundsatz erscheint damit als Ausdruck gegenläufiger Wertungen, denen es allerdings an der verfassungsrechtlichen Valenz fehlt.[12]

Die These mangelnder verfassungsrechtlicher Verankerung des Untersuchungsgrundsatzes findet im Zusammenspiel von Dispositions- und Untersuchungsmaxime auf einfach-gesetzlicher Ebene eine weitere Bestätigung. Da die mit der Sachverhaltsermittlung von Amts wegen intendierte staatliche Fürsorge nur nach Maßgabe der Parteidisposition eingreift, kann weder der allgemeine Schutz des belasteten Bürgers noch der Schutz der Öffentlichkeit vor rechtswidrigem Verwaltungshandeln im allgemeinen verfassungsrechtlich intendiert sein. Der Untersuchungsgrundsatz ergreift nämlich alle jene Sachverhalte nicht, in denen ein Prozeß überhaupt nicht initiiert oder nicht zu einer Entscheidung des Gerichts in der Sache gebracht wird.[13]

bb) Aus dem verfassungsrechtlich begründeten *Vorrang der Parteidisposition* über den Streitgegenstand leitete eine der früheren Abhandlungen über Untersuchungs- und Verhandlungsmaxime im Verwaltungsprozeß weitreichende Folgerungen ab. Im Verwaltungsprozeß müsse, so *Arno Lang* im Jahre 1961, den Parteien um der Wertentscheidungen der Verfassung willen nicht nur die Disposition über den Streitgegenstand, sondern auch über den für die gerichtliche Entscheidung maßgeblichen Tatsachenstoff zukommen.[14] Eine „Einschränkung der prozessualen Handlungsfreiheit der Parteien" bedürfe demgegenüber

---

[9] *E. Schmidt-Aßmann*, in: Maunz/Dürig, Grundgesetz, Art. 19 Abs. 4, Rn. 264; *R. Schenke*, in: BK, Art. 19 Abs. 4, Rn. 91; *J. Haverkämper*, Die verfassungsrechtlichen Grundlagen, 50f.

[10] *W. Berg*, FS Menger (1985), 537, 542.

[11] Zuletzt *M. Ibler*, Rechtspflegender Rechtsschutz im Verwaltungsrecht, 161, 169.

[12] Vgl. oben, Kap. 2 Abschnitte II. bis IV.

[13] Vgl. *U. Guttenberg*, VBlBW 1992, 244, 247.

[14] *A. Lang*, VerwArch 1961, 60, 76f., 78.

einer besonderen Rechtfertigung. Sie sei nur in jenen Fällen legitim, in denen die soziale Gebundenheit oder auch die gewaltenkontrollierende Funktion der Verwaltungsgerichtsbarkeit ausnahmsweise Vorrang genössen.[15] Ein anderer Autor entnimmt Art. 2 Abs. 1 GG das Recht des streitbeteiligten Bürgers, vor unnötigen Eingriffen der öffentlichen Gewalt in seinen Lebensbereich geschützt zu werden. Daher dürfe die gerichtliche Erforschung des Sachverhalts nicht über das klägerische Rechtsschutzbegehren, also den im Wege der Parteidisposition festgelegten Streitgegenstand, hinausreichen.[16]

b) Anerkenntnis- und Verzichtsurteil

Der Wertungswiderspruch zwischen den verfassungsrechtlichen Direktiven des Verwaltungsprozesses auf der einen, den nur rechtspolitisch zu rechtfertigenden Motiven des Untersuchungsgrundsatzes auf der anderen Seite findet ein einfach-gesetzliches Gegenstück in der Zulässigkeit von Anerkenntnis- und Verzichtsurteilen im Verwaltungsprozeß.

aa) Nach älterer Ansicht, die sich auf die vor Inkrafttreten der VwGO gültigen regionalen Verwaltungsprozeßgesetze stützte, wurde die Zulässigkeit von Anerkenntnis- und Verzichtsurteilen mit dem Hinweis auf den Untersuchungsgrundsatz teilweise verworfen.[17] Heute herrscht dagegen weitgehend Einigkeit über die Zulässigkeit von Anerkenntnis- und Verzichtsurteilen (§§ 306, 307 ZPO i.V.m. § 173 VwGO). Hierfür spricht bereits die Erwähnung beider Urteilsformen in § 87 a Abs. 1 Nr. 2 VwGO.[18]

Der drohende Wertungskonflikt zum Untersuchungsgrundsatz wird im tradierten Modell mittels einer „maximendogmatischen" Argumentation abgebogen, wonach Anerkenntnis und Verzicht keine Frage der Sachverhaltsermittlung im Prozeß darstellen, sondern auf dem Dispositionsgrundsatz beruhen.[19] Anerkenntnis und Verzicht hätten, so das Argument, mit der Inquisitionsmaxime nichts zu tun, da zwar die Amtsermittlung ausgeschaltet, aber keine Bin-

---

[15] *A. Lang*, VerwArch 1961, 60, 78.

[16] *H. Mösbauer*, BB 1977, 505. Dagegen soll nach *D. Brüggemann*, Judex statutor und judex investigator, 171f., Art. 2 Abs. 1 GG im Prozeßrechtsverhältnis zwischen Richter und Bürger keine Geltung beanspruchen können.

[17] *BVerwGE* 4, 312 (315); weitere Nachweise aus der Lit. bei *G. Lüke*, JuS 1961, 41, 45.

[18] *B. Clausing*, in: *F. Schoch/E. Schmidt-Aßmann/R. Pietzner*, Verwaltungsgerichtsordnung, § 107, Rn. 8; *F. O. Kopp/R. Schenke*, Verwaltungsgerichtsordnung, § 107, Rn. 5; *K. Redeker/H. v. Oertzen*, Verwaltungsgerichtsordnung, § 107, Rn. 6; aus der Rsp. *VGH Mannheim*, NJW 1991, 859; *OVG Hamburg*, NJW 1977, 214; für die Anfechtungsklage anders noch *BVerwGE* 62, 18 (19) für den Sonderfall des Anerkenntnisses der beklagten Behörde, da der angegriffene Verwaltungsakt den Kläger noch beschwere.

[19] *G. Lüke*, JuS 1961, 41, 45; *H. Geiger*, BayVBl. 1999, 321, 321; *B. Köhler-Rott*, Der Untersuchungsgrundsatz im Verwaltungsprozeß und die Mitwirkungslast der Beteiligten, 211; im Ergebnis *W. Höfling/V. Breustedt*, in: NKVwGO, § 86, Rn. 143f.

dung des Verwaltungsgerichts an das tatsächliche Vorbringen der Beteiligten bewirkt würde. Es werde lediglich die behauptete *Rechtsfolge* anerkannt, ohne daß es noch auf die Richtigkeit der *Tatsachenbehauptungen* ankomme. Das Anerkenntnis gilt damit gegenüber dem Geständnis nicht als *maius*, sondern als *aliud*.[20] Während letzteres das Gericht an eine Tatsachenbehauptung binde, entfalle bei Anerkenntnis und Verzicht die Rechtsprüfung schlechthin.[21]

bb) Die hierin verborgene konzeptuelle Ungereimtheit des Verwaltungsprozesses wird auch im tradierten Modell notiert. Zwar bestehe, so etwa *Gerhard Lüke*, dogmatisch kein Widerspruch zwischen der Zulässigkeit des Anerkenntnisurteils und dem Ausschluß der zivilprozessualen Geständniswirkungen; ob dieses Ergebnis aber *rechtspolitisch* befriedige, sei zweifelhaft.[22] Ein anderer Autor erkennt die Inkonsequenz des geltenden Rechts darin, daß zwar ein möglicherweise unrichtiges Urteil durch prozessuales Anerkenntnis herbeigeführt werden könne, aber zugleich die Bindungswirkung des Tatsachengeständnisses ausgeschlossen sei.[23] Immerhin zielten, so das Argument, das prozessuale Anerkenntnis und der prozessuale Verzicht nicht nur auf das Verfahren selbst ab. Vielmehr habe ein entsprechendes Urteil, anders als Klagerücknahme oder Erledigungserklärung, nicht nur verfahrensbeendende Wirkung, sondern wirke sich wie eine Verfügung über den materiell-rechtlichen Gegenstand des Rechtsstreits selbst aus. Da der im Anerkenntnis- und Verzichtsurteil enthaltene Urteilsausspruch vom Zeitpunkt der Rechtskraft an maßgebend für das vormals streitige Rechtsverhältnis einschließlich seiner tatsächlichen Grundlage sei, könne er mit dem prozessualen Dispositionsgrundsatz allein nicht gerechtfertigt werden.[24]

Wolfgang Grunsky kritisiert die „maximendogmatische“ Bewältigung des Wertungswiderspruchs zwischen Parteidisposition und Amtsermittlung als „späten Ableger der Begriffsjurisprudenz“. Zwar sei die Unterscheidung von Dispositions- und Untersuchungsgrundsatz begrifflich möglich, interessengerecht sei sie aber nicht. So könne dem Wortlaut des § 86 Abs. 1 VwGO zufolge kein Versäumnisurteil gegen den Beklagten ergehen, da dies nach geltendem Recht die entsprechende Anwendung der Geständnisfiktion des § 331 Abs. 1 ZPO voraussetze.[25] Wäre das Versäumnisurteil dagegen, wie im Falle des § 330 ZPO, als Fiktion eines Anerkenntnisses oder Verzichts konstruiert, könnte § 86 Abs. 1 VwGO seinem Erlaß nicht entgegengehalten werden.[26] Zur Vermeidung

[20] *G. Lüke*, JuS 1961, 41, 45.
[21] *B. Köhler-Rott*, Der Untersuchungsgrundsatz im Verwaltungsprozeß und die Mitwirkungslast der Beteiligten, 211.
[22] *G. Lüke*, JuS 1961, 41, 45, Anm. 54.
[23] *U. Guttenberg*, VBlBW 1992, 244, 247.
[24] *U. Guttenberg*, VBlBW 1992, 244, 246.
[25] So auch die hM; vgl. *G. Lüke*, JuS 1961, 41, 47.
[26] *W. Grunsky*, Grundlagen des Verfahrensrechts, 167.

dieser Ungereimtheiten schlägt *Grunsky* vor, die Anwendungsbereiche von Dispositions- und Verhandlungsgrundsatz bereits nach geltendem Recht gleichzuschalten.[27] Die Geltung des § 86 Abs. 1 VwGO sei, so seine Schlußfolgerung, im Wege einschränkender Auslegung für jene Fälle zugunsten des Verhandlungsgrundsatzes auszuschließen, in denen eine materiell-rechtliche Verfügung über das geltend gemachte Recht zulässig sei.[28]

c) Maximendogmatische Auflösung?

Die tradierte Konzeption des Untersuchungsgrundsatzes antwortet auf die potentielle Antinomie zwischen Amtsermittlung und Parteidisposition mit einer an den korrespondierenden Prozeßmaximen orientierten Differenzierung. Dispositions- und Untersuchungsgrundsatz sind danach sorgfältig zu unterscheiden. Die Dispositionsbefugnis und ihr Gegenstück, die Offizialmaxime, bezögen sich auf Inhalt und Gang des Verfahrens im ganzen, während das Gegensatzpaar von Verhandlungs- und Untersuchungsgrundsatz allein die Tatsachenseite des Prozesses betreffe.[29] Hieran werden im tradierten Modell verfassungsrechtlich inspirierte Sekundärunterscheidungen angeschlossen, so etwa die Zuordnung des Verfügungsgrundsatzes zur Rechtsschutzfunktion der Verwaltungsgerichtsbarkeit, des Untersuchungsgrundsatzes zur Gewährleistung materieller Gesetzmäßigkeit.[30]

Fraglich ist indes, ob die Regelungen des Verwaltungsprozesses einer derart reinlichen konzeptuellen Unterscheidung zugänglich sind. Wie bereits erwähnt, hatte *Grunsky* sie als späten Ableger der Begriffsjurisprudenz kritisiert und verworfen.[31] Der Sache nach nimmt *Grunsky* das aus der zivilprozessualen Diskussion des 19. Jahrhunderts vertraute Argument auf, *materiell-rechtliche Dispositionsfreiheit* und *Verhandlungsmaxime* gehörten ihrem Wesen nach zusammen. Er ist der Ansicht, die Befugnis der Parteien, über Sammlung und Auswertung des Tatsachenmaterials zu bestimmen, folge unmittelbar aus dem Grundsatz der Dispositionsmaxime, die Ausübung des materiellen Rechts in

---

27 *W. Grunsky*, Grundlagen des Verfahrensrechts, 168.

28 *W. Grunsky*, Grundlagen des Verfahrensrechts, 168; im Ergebnis der von *Grunsky* ebd. in Bezug genommene *A. Lang*, VerwArch 1961, 60, 195, der allerdings eher im rechtspolitischen Raum argumentiert.

29 Idealtypisch *G. Lüke*, JuS 1961, 41, 42; vgl. etwa *H. Geiger*, BayVBl. 1999, 321, 321; *B. Köhler-Rott*, Der Untersuchungsgrundsatz im Verwaltungsprozeß und die Mitwirkungslast der Beteiligten, 211; im allgemeinen zur Notwendigkeit der begrifflichen Differenzierung der Prozeßmaximen *B. Kropshofer*, Untersuchungsgrundsatz und anwaltliche Vertretung im Verwaltungsprozeß, 30.

30 *W. Berg*, FS Menger (1985), 537, 543.

31 *W. Grunsky*, Grundlagen des Verfahrensrechts, 167.

das Belieben des Inhabers zu stellen.[32] Zwar könne über Tatsachen als solche nicht verfügt werden. Die materiell-rechtliche Verfügungsfreiheit umfasse aber das Recht, über die *Berücksichtigung* von Tatsachen im Prozeß zu entscheiden.[33]

Diesem Ableitungszusammenhang kann nur dann mit dem Argument der „normtheoretischen Faktenabhängigkeit" des Rechts entgegengetreten werden,[34] wenn man dem Prozeß das Ziel materieller Wahrheitsermittlung nach Maßgabe der Korrespondenztheorie der Wahrheit zuschreibt.[35] Ansonsten wird man jedenfalls die *Ergebnisäquivalenz von Anspruchs- und Tatsachendisposition* konzedieren müssen, mögen auch zwischen der materiell-rechtlichen Willensherrschaft, der prozessualen Disposition und der Einführung von Tatsachen in den Prozeß konzeptuelle Unterschiede bestehen, die eine naive Berufung auf tradierte Kongruenzvorstellungen des 19. Jahrhunderts ausschließen.

Entscheidend dürfte jedoch sein, daß der Versuch einer „maximendogmatischen" Entschärfung des Widerspruchs zwischen Dispositions- und Untersuchungsgrundsatz zu greifbaren Problemen bei der *Auslegung des geltenden Rechts* führt. Diese lassen sich namentlich an der Vorschrift des § 82 Abs. 1 Satz 1 VwGO festmachen, der dem Kläger vorschreibt, neben den notwendig Beteiligten auch den Gegenstand des Klagebegehrens zu benennen. Die Kombination von Untersuchungs- und Dispositionsmaxime führt zu der paradoxen Lage, daß die Befugnis, ein Prozeßrechtsverhältnis zu kreieren, notwendigerweise die Last umfaßt, das Klagebegehren auch der Sache nach zu kennzeichnen, da das Gericht andernfalls weder zur Sachverhaltserforschung noch zum Ausspruch der begehrten Feststellung imstande wäre. Der *Transfer von Informationen* in den Prozeß im allgemeinen beruht, so die daran anschließende Vermutung, in Verfahren nach Maßgabe der Dispositionsmaxime wesentlich auf *Informationsleistungen der Parteien*, ohne daß diese Abhängigkeit der gerichtlichen Sachverhaltserforschung im Untersuchungsgrundsatz angemessenen dogmatischen Ausdruck fände. Diese Dimension des Wertungswiderspruchs zwischen Untersuchungs- und Dispositionsmaxime findet sich in einer Reihe handfester dogmatischer Einzelfragen wieder, die im folgenden gesondert zu beleuchten sind.

---

[32] *W. Grunsky*, Grundlagen des Verfahrensrechts, 20.

[33] *W. Grunsky*, Grundlagen des Verfahrensrechts, 20; vgl. auch *D. Brüggemann*, Judex statutor und judex investigator, 118f.

[34] So namentlich *E. Schmidt*, DuR 1984, 24, 27ff.

[35] Sinngemäß *E. Schmidt*, DuR 1984, 24, 29: Die Orientierung am materiellen Rechtsprogramm dürfe nicht der Beibringungsfreiheit zum Opfer fallen.

2. Parteivorbringen und Tatsachenermittlung

Diese dogmatischen Einzelfragen finden ihren Ausgangspunkt in dem Problem, welche Direktiven dem Satz, das Gericht erforsche den Sachverhalt von Amts wegen (§ 86 Abs. 1 Satz 1 Hs. 1 VwGO), hinsichtlich der Verteilung der Sachverhaltsverantwortung überhaupt entnommen werden können. Zu Recht meint *Fritz Baur*, mit dem Satz als solchem sei wenig anzufangen, da die Feststellung des Sachverhalts in allen Verfahrensarten eine wesentliche Aufgabe des Gerichts sei.[36] Im übrigen lasse der Wortlaut die Frage offen, ob das Gericht den von den Parteien in den Prozeß eingeführten, behaupteten Sachverhalt zu erforschen habe, oder vielmehr jenen, der nach dem Tatbestand einer gesetzlichen Vorschrift gegeben sein muß, um im Urteil eine bestimmte Rechtsfolge aussprechen zu können.[37]

Ähnlich kritisiert *Joachim Martens*, daß der Untersuchungsgrundsatz weitaus weniger Direktiven für die Organisation der Informationsbeschaffung gebe als der Verhandlungsgrundsatz. Aus der Vorschrift des § 86 Abs. 1 VwGO lasse sich nur wenig über die Aktivierung der vorhandenen Informationsquellen entnehmen.[38] Namentlich insinuiere die Vorschrift eine umfassende Ermittlungsverpflichtung des Gerichts, obschon dieses aus eigener Wahrnehmung nur geringe Beiträge zur Sammlung des Tatsachenstoffes leisten könne.[39] Die Informationsbeschaffung scheine, so *Martens* weiter, angesichts des Informationsgefälles zwischen Parteien und Richter ausgerechnet dem schwächsten Wissensträger überlassen worden zu sein. Die Möglichkeit des Richters, die Parteien zur Sachverhaltsermittlung heranzuziehen, verlagere lediglich das Problem, da unklar bleibe, wie der Richter diese Heranziehung im Falle unzureichender Vorinformationen organisieren solle.[40]

Das damit angesprochene *strukturelle Problem* richterlicher Sachverhaltsermittlung nach Maßgabe des grundgesetzlichen Verständnisses der Rechtsprechung verschärft sich, hinterfragt man die Denkvoraussetzungen jener rechtlich nahezu unbegrenzten Ermittlungspflicht, der das Gericht nach tradiertem Verständnis aufgrund § 86 Abs. 1 VwGO unterliegt. Diese zielt, allenfalls gemildert durch äußerste Zumutbarkeitsgrenzen, auf Wirklichkeitsbeschreibungen von nahezu *naturwissenschaftlicher Verläßlichkeit* und erlauben dem Gericht den Abbruch der Sachverhaltsermittlungen erst dann, wenn die Erkenntnismöglichkeiten bis zu dieser Grenze ausgeschöpft sind.[41] Er erscheint zweifelhaft, ob dieser Normgehalt, und sei es als ein der Relativierung fähiges Maximierungsge-

[36] *F. Baur*, in: Rechtsschutz im Sozialrecht, 35, 40.
[37] *F. Baur*, in: Rechtsschutz im Sozialrecht, 35, 40.
[38] *J. Martens*, Die Praxis des Verwaltungsverfahrens, Rn. 122.
[39] *J. Martens*, Verwaltungsvorschriften zur Beschränkung der Sachverhaltsermittlung, Rn. 58.
[40] *J. Martens*, KritV 1989, 341, 349.
[41] *H. Faber*, FS RAV Hannover (1981), 79, 82.

bot, durchgehalten werden kann, berücksichtigt man das immense Wachstum der prozessualen Informationskosten,[42] ihren limitierenden Einfluß auf die gerichtlichen Ermittlungsmöglichkeiten und die normativen wie tatsächlichen Restriktionen gerichtlicher Ermittlungstätigkeit. *Heiko Faber* plädiert angesichts dieser Einschränkungen dafür, die Inquisitionsmaxime als eine der Abwägung zugängliche Generalklausel zu interpretieren, wobei die richterliche Inquisition sich an der Verhältnismäßigkeit der Informationskosten ausrichten solle.[43]

Die Regelung des § 86 Abs. 1 Satz 1 Hs. 2 VwGO, die Beteiligten bei der Ermittlung des Sachverhalts heranzuziehen, interpretiert *Faber* dabei als exemplarischen Fall der allgemeinen Regel, die Informationskosten in die Bestimmung der konkreten Ermittlungspflichten einzustellen. Die von der herrschenden Meinung angenommene Pflicht zur Sachverhaltsermittlung gegen den Willen und gegen das Bewußtsein der Beteiligten sei, so *Faber*, in der heutigen Praxis des Verwaltungsgerichtsprozesses weithin obsolet.[44] Setzt man das Argument *Faber*s mit dem oben erkannten Wertungswiderspruch zwischen dem verfassungsrechtlichen Bild der Rechtsprechung einschließlich der Parteidisposition über den Streitgegenstand einerseits, dem Untersuchungsgrundsatz andererseits in Beziehung, wird eine allgemeine Problematik des tradierten Modells sichtbar, nämlich die offenbar *unhintergehbare Abhängigkeit* zwischen Beteiligtenvortrag und richterlicher Ermittlungstätigkeit. Ließen sich für diese Abhängigkeit positiv-rechtliche Belege finden, könnte dies auf eine weitere Antinomie der tradierten Konzeption des Untersuchungsgrundsatzes hindeuten.

Ansatzpunkt ist erneut der konzeptuelle Widerspruch zwischen einem auf der Dispositionsmaxime beruhenden Streitverfahren, das notwendigerweise die Last des Klägers umfaßt, den maßgeblichen Sachverhalt in die kognitive Sphäre des Gerichts zu transferieren,[45] und der undifferenzierten Aufforderung des § 86 Abs. 1 Satz 1 Hs. 1 VwGO an das Gericht, „den Sachverhalt" zu erforschen. Positiv-rechtlicher Niederschlag dessen ist das Verhältnis dieser Norm zu § 82 Abs. 1 VwGO, der den Kläger dazu verpflichtet, neben den Parteien des Verfahrens auch den Gegenstand seines Begehrens zu bezeichnen (a). Darüber hinaus tritt auch im Verfahren selbst, so der bereits beim Überblick über das tradierte Modell erkennbare Befund, die Beteiligtenmitwirkung in eine Wechselbeziehung mit der richterlichen Inquisition. Diese Wechselwirkung kann nach herkömmlichem Verständnis des § 86 Abs. 1 VwGO, so die Vermutung, dogmatisch kaum verarbeitet werden (b). Beim Blick auf den tatsächlichen Ablauf des verwaltungsgerichtlichen Verfahrens ergeben sich vielmehr Tendenzen einer

[42] Dieser Punkt namentlich bei *H. Faber*, FS RAV Hannover (1981), 79, 82f.
[43] *H. Faber*, FS RAV Hannover (1981), 79, 83.
[44] *H. Faber*, FS RAV Hannover (1981), 79, 95.
[45] *H. Frohn*, Rechtliches Gehör und richterliche Entscheidung, 124.

Konvergenz mit dem Zivilprozeß (c), aufgrund derer die Frage nach der rechtlichen Konzeption der Beteiligtenmitwirkung dringlich wird (unter 3).

a) Gegenstand des Klagebegehrens, § 82 Abs. 1 VwGO

Vor dem 4. VwGO-Änderungsgesetz vom 17. 12. 1990[46] verlangte § 82 Abs. 1 VwGO vom Kläger die Angabe der Parteien sowie des Streitgegenstandes. Nunmehr muß die Klageschrift den „Gegenstand des Klagebegehrens" bezeichnen, was freilich keine substantielle Änderung der Rechtslage darstellt.[47] In Satz 3 verlangt § 82 Abs. 1 VwGO, allerdings lediglich in Gestalt einer „Soll-Vorschrift", überdies die Angabe der zur Begründung dienenden Tatsachen und Beweismittel.

aa) Sachverhaltskern

In allgemeinster Umschreibung verlangt § 82 Abs. 1 Satz 1 VwGO eine Kennzeichnung dessen, worum es dem Kläger in dem angestrengten Verfahren geht.[48] Dazu muß er zumindest einen Sachverhalt bezeichnen, aufgrund dessen er ein Urteil bestimmten Inhalts beantragt.

Nach überwiegender Ansicht obliegt ihm damit eine *Konkretisierungs-* oder *Individualisierungs*pflicht, die jedenfalls ein Mindestmaß an Sachverhaltsangaben verlangt.[49] Die tradierte Ansicht versucht, diese Pflicht als Abstecken des Streitprogramms zu verbildlichen.[50] Immerhin hat sich, und hierin werden gewisse Interferenzen mit dem Untersuchungsgrundsatz sichtbar, im Anschluß an *Baur* die Formulierung eingebürgert, der Kläger müsse zur Individualisierung des Streitgegenstandes einen *Sachverhaltskern* benennen, der den gestellten Antrag zu begründen vermag.[51]

---

[46] BGBl. I, 2809.

[47] Die Vorschrift in ihrer Neufassung soll dem Willen des Gesetzgebers zufolge die Auslegung des § 82 Abs. 1 VwGO von dem Meinungsstreit über den Streitgegenstandsbegriff freihalten (BT-Drs. 11/7030, 25); vgl. *K.-M. Ortloff*, in: *F. Schoch/E. Schmidt-Aßmann/R. Pietzner*, Verwaltungsgerichtsordnung, § 82, Rn. 1.

[48] *K.-M. Ortloff*, in: *F. Schoch/E. Schmidt-Aßmann/R. Pietzner*, Verwaltungsgerichtsordnung, § 82, Rn. 6.

[49] Vgl. *K. A. Bettermann*, Die Beweislast im Verwaltungsverfahren, 31; *B. Kropshofer*, Untersuchungsgrundsatz und anwaltliche Vertretung im Verwaltungsprozeß, 46; *M. Nierhaus*, Beweismaß und Beweislast, 282.

[50] *G. Lüke*, JuS 1961, 41, 43; der Sache nach ähnlich die allegorischen Ausflüge in die Welt des Theaters bei *B. Köhler-Rott*, Der Untersuchungsgrundsatz im Verwaltungsprozeß und die Mitwirkungslast der Beteiligten, 28.

[51] *F. Baur*, in: Rechtsschutz im Sozialrecht, 35, 44; vgl. *O. Bachof*, JZ 1966, 302, 307; *W. Grunsky*, Grundlagen des Verfahrensrechts, 177; *M. Marx*, Die Notwendigkeit und Tragweite der Un-

bb) Partielle Behauptungslast?

Baur hat bezüglich dieses Sachverhaltskerns eine Behauptungslast des Klägers angenommen. Die reine Untersuchungsmaxime sei abgemildert, da ausweislich des § 82 Abs. 1 Satz 1 VwGO die Pflicht zur Materialsammlung nicht dem Gericht allein, sondern auch dem Kläger obliege.[52]

Dem ist die herrschende Meinung zum Untersuchungsgrundsatz mit einer bereits vertrauen Argumentation entgegengetreten, die den potentiellen Konflikt von § 82 Abs. 1 Satz 1 und § 86 Abs. 1 VwGO auf das Nebeneinander von Dispositions- und Untersuchungsgrundsatz abbiegt. Die Pflicht zur Konkretisierung des Streitgegenstandes nach § 82 Abs. 1 Satz 1 wird als notwendige Konsequenz der Dispositionsmaxime ausgewiesen, die „folglich (!) weder eine Behauptungslast begründen noch den Untersuchungsgrundsatz einschränken" könne.[53] Plausibilität gewinnt diese Argumentation allenfalls durch die spezifische Rechtsfolge eines Verstoßes gegen § 82 Abs. 1 Satz 1 VwGO. Fehlt es an einer ordnungsgemäßen *Klageerhebung*, so ist die Klage als unzulässig abzuweisen. Demgegenüber bestünde die Rechtsfolge einer nicht erfüllten *Behauptungslast* – in der Begrifflichkeit des Zivilprozesses – darin, daß das Gericht gehindert wäre, von sich aus die fehlenden Behauptungen in den Prozeß einzuführen. In diesem Falle wäre die Klage also nicht bereits unzulässig, sondern allenfalls unbegründet.[54]

cc) Problematik maximendogmatischer Entschärfung

Gleichwohl weisen die klägerischen Pflichten aus § 82 Abs. 1 Satz 1 VwGO, soweit sie den Tatsachenkern des Rechtsstreits betreffen, auf eine dogmatisch heikle Überschneidung zwischen Untersuchungs- und Dispositionsgrundsatz hin.

(1) Auch die am tradierten Modell des Untersuchungsgrundsatzes orientierte Literatur erkennt das Problem der Strategie, für ein und dasselbe Verhalten, nämlich den Vortrag von Sachverhaltsangaben, eine gleichsam interne Grenze zu ziehen. Die Unterteilung der Tatsachenbehauptungen in „Noch-Streitge-

---

tersuchungsmaxime, 97; *O. Mühl*, GS Bruns (1980), 145, 158; *W. Tietgen*, Gutachten, 25; *M. Nierhaus*, Beweismaß und Beweislast, 283.

[52] *F. Baur*, in: Rechtsschutz im Sozialrecht, 35, 44; zustimmend (?) zitiert bei *O. Mühl*, GS Bruns (1980), 145, 159. Weitergehend *D. Brüggemann*, Judex statutor und judex investigator, 119, der ohne weiteres davon ausgeht, daß Behauptungs- und Bestreitenslast der Last des Disponierens „inhärend" seien.

[53] *M. Nierhaus*, Beweismaß und Beweislast, 284. Dieses „maximendogmatische" Argument findet sich etwa bei *W. Tietgen*, Gutachten, 25ff.; *W. Grunsky*, Grundlagen des Verfahrensrechts, 177;

[54] Grundlegend *W. Tietgen*, Gutachten, 26f.; vgl. *M. Nierhaus*, Beweismaß und Beweislast, 284.

genstandskonkretisierung" und „Schon-Sachverhaltsvortrag" fällt nicht leicht.[55]

Die gängigen Abgrenzungsformeln, die mit den bildhaften Vorstellungen des Rahmens, des Abgrenzens oder -steckens oder gar des Theaterstücks (im Unterschied zur Inszenierung) hantieren,[56] verlieren rasch an Trennschärfe, macht man mit ihrer Übertragung auf Tatsachenlagen Ernst. Will man nicht, was nach gängiger Konzeption des Streitgegenstandes ausscheidet,[57] schon den Antrag des Klägers als solchen zur Abgrenzung genügen lassen, so kommt man nicht umhin, den sachverhaltsbezogenen Behauptungen gemäß § 82 Abs. 1 Satz 1 VwGO dieselbe Qualität zuzusprechen wie jenen nach Satz 3 besagter Vorschrift, welche die streiterheblichen Tatsachen benennen.[58] Aussagen zur Konkretisierung des Streitgegenstandes haben dieselbe Referenz wie jene, die das klägerische Begehren in tatsächlicher Hinsicht näher begründen.

Die Brisanz dieser Artgleichheit für das Verständnis des Untersuchungsgrundsatzes läßt sich kaum mit dem Argument entschärfen, es handele sich beim Sachvortrag nach § 82 Abs. 1 VwGO lediglich bei „formaler Betrachtung" um das gleiche Verhalten, das aber von der Sachverhaltsermittlung gemäß § 86 Abs. 1 VwGO grundsätzlich unabhängig sei.[59] § 82 Abs. 1 Satz 1 und § 86 Abs. 1 VwGO normieren für ein und dasselbe Verhalten, nämlich die Einführung von Tatsachenäußerungen in den Prozeß, unterschiedliche Subjekte und Verantwortlichkeiten, so daß die These ausschließlicher Tatsachenverantwortung des Gerichts schon von daher als haltlos erscheint.

(2) Auch die Kritik an der kühnen Behauptung *Baur*s, § 82 Abs. 1 Satz 1 VwGO normiere für den Tatsachenkern des streitgegenständlichen Sachverhalts eine Behauptungslast, verliert angesichts dessen an Evidenz.

Zwar scheint es um der begrifflichen Klarheit willen zunächst plausibel, den Terminus der „Behauptungslast" für die Beschreibung klägerischer Obliegenheiten im Prozeß zu reservieren, ihn also nicht auf die Erfüllung der Sachentscheidungsvoraussetzungen zu erstrecken. Gleichwohl kommt eine am Kriterium der prozessualen Risikoverteilung orientierte Beobachtung nicht daran vorbei, daß § 82 Abs. 1 Satz 1 VwGO dem Kläger hinsichtlich des Sachverhaltskerns eine echte Obliegenheit zum Tatsachenvortrag überantwortet. Anders als es die isolierte Betrachtung des § 86 Abs. 1 VwGO nahelegen könnte, führt die

---

[55] *B. Kropshofer*, Untersuchungsgrundsatz und anwaltliche Vertretung im Verwaltungsprozeß, 46.

[56] In dieser Häufung namentlich *B. Köhler-Rott*, Der Untersuchungsgrundsatz im Verwaltungsprozeß und die Mitwirkungslast der Beteiligten, 28.

[57] *T. Yoshimura*, ZZP 1970, 245, 263 und passim; der Sache nach *M. Nierhaus*, Beweismaß und Beweislast, 282ff.

[58] Vgl. auch die Aussage *D. Brüggemann*, Judex statutor und judex investigator, 118f., schon der Dispositionsgrundsatz nötige den Kläger, den erforderlichen Tatsachenstoff zu liefern.

[59] So *M. Marx*, Die Notwendigkeit und Tragweite der Untersuchungsmaxime, 46.

Versäumung dieser Obliegenheit zwangsläufig zum Prozeßverlust, ohne daß das Gericht von Amts wegen eingreifen könnte.[60]

Im übrigen entfaltet die Substanz des Tatsachenvortrags nach § 82 Abs. 1 Satz 1 VwGO unmittelbare Auswirkungen auf den „Sachverhalt" des Rechtsstreits, dessen Erforschung § 86 Abs. 1 VwGO dem Gericht überantwortet. Wie § 88 VwGO erkennen läßt, bildet das Klagebegehren auch hinsichtlich der *Sachermittlungsbefugnis* für das Gericht eine Grenze.[61] Das Spannungsverhältnis zwischen § 82 Abs. 1 und § 86 Abs. 1 VwGO läßt zumindest offen, ob neben dieser Wechselbeziehung auch weitere Einschränkungen der richterlichen Ermittlungsbefugnis denkbar sind, die der Sperrwirkung des Parteivorbringens im Zivilprozeß zumindest nahekommen. So entnimmt *Walter Tietgen* der Vorschrift des § 82 Abs. 1 VwGO das Recht des Klägers, das Gericht insoweit hinsichtlich der Feststellung des Sachverhalts zu binden, als er den Streitgegenstand auf einen ganz bestimmten Ausschnitt der Lebenswirklichkeit beschränken kann. Die gerichtliche Ermittlung anderer Tatsachenlagen, welche die begehrte Rechtsfolge ebenso zeitigen würden, käme danach nicht mehr in Betracht.[62] Gleichsinnig wurde in der Literatur das „ungefragte" Aufklären von Sachfragen jenseits des Streitgegenstandes bereits als zentrales Problem des Untersuchungsgrundsatzes bezeichnet.[63] Die Verlagerung dieser Problematik auf die Frage nach den „Grenzen des Verfügungsgrundsatzes"[64] hilft nicht weiter, da der Normbefehl des § 86 Abs. 1 VwGO in jeder Form der Wechselwirkung mit § 82 Abs. 1 Satz 1 VwGO jene rigoros geschnittene Kontur einbüßt, derer die tradierte Konzeption des Untersuchungsgrundsatzes gerade bedarf.

(3) Schließlich scheint auch der dogmatische Standort der Verpflichtung des Klägers aus § 82 Abs. 1 Satz 3 VwGO weitgehend ungeklärt, die streiterheblichen Tatsachen und Beweismittel zu benennen.

Zwar läßt sich dem Wortlaut des § 82 Abs. 1 VwGO ohne weiteres entnehmen, daß zwar ein Verstoß gegen Satz 1, aber nicht gegen Satz 3 die Abweisung der Klage als unzulässig rechtfertigen kann. Mit der Dispositionsmaxime hat Satz 3 daher auch nach der tradierten maximentheoretischen Differenzierung

---

[60] Abgesehen von der Hinweismöglichkeit nach § 86 Abs. 3 VwGO, die jedoch auf ein Tätigwerden der Beteiligten gerichtet ist, aber keine Ermächtigung zur selbständigen Tatsachenermittlung im Rahmen der Pflichten aus § 82 Abs. 1 VwGO enthält.

[61] *B. Köhler-Rott*, Der Untersuchungsgrundsatz im Verwaltungsprozeß und die Mitwirkungslast der Beteiligten, 158.

[62] *W. Tietgen*, Gutachten, 27.

[63] *K. Redeker*, DVBl. 1981, 83, 87. Anlaß war eine Entscheidung des *BVerwG* zum Bauplanungsrecht, in der es hieß: „Erst recht ginge es fehl, wenn die Verwaltungsgerichte ihre ... Sachaufklärungspflicht nach § 86 Abs. 1 Satz 1 VwGO zum Anlaß nähmen, von sich aus und gleichsam ungefragt in eine Suche nach Fehlern in der Vor- und Entstehungsgeschichte einzutreten."

[64] *W. Berg*, FS Menger (1985), 537, 542. Auch *W. Tietgen*, Gutachten, 27, betrachtet die Bindung des Gerichts an einen bestimmten Ausschnitt aus der Lebenswirklichkeit allein als Frage der Dispositionsmaxime.

nichts zu tun, da die von § 82 Abs. 1 Satz 3 VwGO geforderten Angaben gerade nicht unter den in Satz 1 bezeichneten Sachverhaltskern fallen. Bisweilen wird der Ausweg beschritten, § 82 Abs. 1 Satz 3 VwGO als bloße „Soll-Vorschrift" mit der gerichtlichen Ermittlungspflicht aus § 86 Abs. 1 VwGO zu kontrastieren, was den Schluß auf eine „nur untergeordnete" Funktion der erstgenannten Norm zulassen soll.[65] Freilich läßt sich dieser Schluß ohne weiteres in sein Gegenteil verkehren, ohne daß er an argumentationslogischer Stringenz verlöre, sofern die dogmatische Wahrnehmung des Interpreten nicht durch die Fiktion übergeordneter Rechtsgrundsätze verzerrt wird.

Im übrigen wird in der Literatur zu Recht angemahnt, die Differenz zwischen „Soll"- und „Muß-Vorschriften" nicht zu überschätzen. Auch „Soll-Vorschriften" wie § 82 Abs. 1 Satz 3 VwGO begründen Pflichten, und sei es mit dem Ziel, Rechtsnachteile für den Kläger zu vermeiden.[66] Damit rückt § 82 Abs. 1 Satz 3 VwGO begrifflich in die Nähe der zivilprozessualen Last, allerdings ohne daß damit die konzeptuelle Einordnung in das Spannungsverhältnis zwischen § 82 Abs. 1 und § 86 Abs. 1 VwGO gelungen wäre.

(4) § 82 Abs. 1 VwGO bildet den wohl wichtigsten Hinweis auf eine Form *gemeinsamer Verantwortung* von Gericht und Parteien für den entscheidungserheblichen Sachverhalt. Im tradierten Verständnis des Untersuchungsgrundsatz ist es bislang aber nicht gelungen, dieser Form nähere Kontur zu verleihen.

Immerhin finden sich im Schrifttum zu § 82 Abs. 1 Satz 3 VwGO Hinweise auf ein entsprechendes Problembewußtsein. Bei der Vorschrift handele es sich, so die Kommentierung von *Ferdinand O. Kopp* und *Rüdiger Schenke*, um eine „prozessuale Mitwirkungspflicht", bei deren Verletzung das Gericht nicht von sich aus allen denkbaren Möglichkeiten nachgehen müsse, sondern die Klage gegebenenfalls als unbegründet abweisen könne.[67] *Aulehner* ist der Ansicht, der von der Rechtsprechung geprägte „Anfang-Ende-Satz" mache deutlich, daß die Anordnung des § 82 Abs. 1 Satz 3 VwGO im Ergebnis weniger einer „Soll"- denn einer „Muß-Vorschrift" entspreche. Beide Stimmen deuten darauf hin, daß es mit der Depotenzierung des § 82 Abs. 1 Satz 3 VwGO zur Soll-Vorschrift im Kontext des Dispositionsgrundsatz nicht getan ist, sondern vielmehr gleichsam unterirdische Querverbindungen zur Sachverhaltsermittlung im Prozeß bestehen, welche die tradierten Unterscheidungen der Prozeßmaximen unterlaufen.

---

[65] So *F. O. Kopp/R. Schenke*, Verwaltungsgerichtsordnung, § 82, Rn. 11.

[66] *J. Aulehner*, in: NKVwGO, § 82, Rn. 6, 52.

[67] *F. O. Kopp/R. Schenke*, Verwaltungsgerichtsordnung, § 82, Rn. 11; die Zulässigkeit einer Schlüssigkeitsprüfung lehnen die Autoren indes ab.

b) Wechselwirkung zwischen Parteivortrag und gerichtliche Sachverhaltsermittlung

Auch im herkömmlichen Modell des Untersuchungsgrundsatzes läßt sich die Konsequenz der auf den Dispositionsgrundsatz hin berechneten Direktive des Art. 19 Abs. 4 GG nicht ausblenden, daß die Einschaltung eines Richters als entscheidungsbefugter Dritter den *Informationstransfer vom Rechtsträger in das Verfahren* funktionsnotwendig voraussetzt.[68] Die Strategie, diesen Informationstransfer als Ausdruck der Dispositionsmaxime vom Verfahren der Tatsachenermittlung nach § 86 Abs. 1 VwGO zu isolieren, führt bereits im Verhältnis dieser Norm zu § 82 Abs. 1 VwGO zu dogmatischen Ungereimtheiten. Diese Ungereimtheiten setzen sich fort, bezieht man den Umstand in die Bewertung ein, daß nicht nur die Bestimmung des Streitgegenstandes selbst, sondern auch die richterliche Ermittlungstätigkeit nach § 86 Abs. 1 VwGO in einer zumindest faktischen Abhängigkeit von den Informationsleistungen der Beteiligten steht. Diese Wechselbeziehung wird offenkundig in jenen Fällen, wo die Beteiligten als primäre Wissensträger des streiterheblichen Tatsachenmaterials erscheinen (aa). Der oben erwähnte „Anfang-Ende-Satz" der Rechtsprechung beschreibt zwar zunächst nur eine funktionale Selbstverständlichkeit, wirft aber die Frage nach der rechtlichen Kanalisierung faktischer Informationsflüsse im Verwaltungsprozeß auf (bb)

aa) Parteien als primäre Wissensträger

Wie oben bereits erwähnt, entnimmt die hM § 86 Abs. 1 VwGO die Pflicht zur erschöpfenden Sachverhaltsermittlung. Die Ermittlungspflicht soll danach bis an die Grenze der Zumutbarkeit reichen. Die Zumutbarkeit orientiert sich nicht an den Kapazitätsgrenzen der Gerichte, sondern umschreibt lediglich die Notwendigkeit, eine begrifflich ins Unendliche zielende Ermittlungspflicht grundsätzlich an die Funktionsbedingungen eines Gerichtsverfahrens rückzubinden.

Es erscheint zweifelhaft, ob in einem Gerichtsverfahren, das von der Parteidisposition über den Streitgegenstand und der strukturellen Bedingung richterlicher Neutralität beherrscht wird, ein derartiger Maximalbegriff richterlicher Aufklärungstätigkeit einen sinnvollen Ausgangspunkt der dogmatischen Konstruktion darstellt.[69] Auch im Verwaltungsprozeß ist das Gericht im wesentlichen auf das *Parteivorbringen* angewiesen, um konkrete Anhaltspunkte für die eigenständige Sachverhaltsermittlung zu gewinnen. In einem Gerichtsverfahren

[68] Vgl. *H. Frohn*, Rechtliches Gehör und richterliche Entscheidung, 100, 124.

[69] *B. Köhler-Rott*, Der Untersuchungsgrundsatz im Verwaltungsprozeß und die Mitwirkungslast der Beteiligten, 151.

bedarf es notwendigerweise nicht nur solcher Sachverhaltsangaben, die den Streitgegenstand umreißen, sondern auch eines Mindestmaßes an Anhaltspunkten, um die Erforschung des Sachverhalts einzuleiten und durchzuführen.[70] Die Behauptung bestimmter, über einen bloßen Sachverhaltskern hinausreichender Tatsachen durch den Kläger ist daher Voraussetzung dafür, daß die gerichtliche Ermittlungstätigkeit überhaupt einsetzen kann.[71] *Heiko Faber* hat angesichts dieser Abhängigkeit ohne weiteres eine allgemeine „weitgehende Darlegungslast" der Parteien des Verwaltungsprozesses angenommen, die jeder gerichtlichen Sachverhaltsinquisition vorgelagert sei.[72]

Andere Stimmen plädieren dafür, die gerichtliche Aufklärungspflicht nicht allumfassend, sondern als von vornherein eingeschränkt zu verstehen.[73] Auch Vertreter eines „reinen" Untersuchungsgrundsatzes müssen schon aus praktischen Gründen konzedieren, daß das Gericht nicht verpflichtet sein könne, ohne nähere Veranlassung in alle theoretisch denkbaren Richtungen zu ermitteln.[74] *Konrad Redeker* verschärft diese Einschränkung dahingehend, das § 86 Abs. 1 VwGO das Gericht nicht verpflichte, ohne jeden Anhaltspunkt im Vortrag der Parteien in Ermittlungen einzutreten. Die Untersuchungsmaxime bedeute nicht, „daß das Gericht einem Untersuchungsrichter gleich ohne jeden Hinweis der Beteiligten Sachermittlungen anzustellen hätte".[75] Andernfalls würde das Gericht durch § 86 Abs. 1 VwGO zu einer Kognitionstätigkeit verpflichtet, die es ohne eigene Ermittlungsorgane und unter Wahrung richterlicher Neutralität niemals vollständig erfüllen könnte.[76] So problematisch der Einbau von Vortrags- oder Substantiierungslasten der Parteien in das tradierte Paradigma des Verwaltungsprozesses erscheint, so unabwendbar sind die Konsequenzen der funktionalen Konstante, daß in einem Gerichtsverfahren nach Maßgabe der

---

70 *B. Kropshofer*, Untersuchungsgrundsatz und anwaltliche Vertretung im Verwaltungsprozeß, 63.

71 *J. Martens*, StuW 1967, 369, 378 für den Steuerprozeß (§ 76 Abs. 1 Satz 1 FGO).

72 *H. Faber*, FS RAV Hannover (1981), 79, 98; *Faber* verwendet den Begriff der Last, obschon auch er davon ausgeht, daß das Gericht nicht an den Tatsachenvortrag der Beteiligten gebunden sei.

73 *B. Köhler-Rott*, Der Untersuchungsgrundsatz im Verwaltungsprozeß und die Mitwirkungslast der Beteiligten, 151.

74 *B. Kropshofer*, Untersuchungsgrundsatz und anwaltliche Vertretung im Verwaltungsprozeß, 64 m.w.N.

75 *K. Redeker*, Verfahrensrechtliche Bindungen der Untersuchungsmaxime im Verwaltungsprozeß, 480; vgl. *B. Köhler-Rott*, Der Untersuchungsgrundsatz im Verwaltungsprozeß und die Mitwirkungslast der Beteiligten, 33: Eine Ermittlung ‚ins Blaue hinein' ohne jeden Anhaltspunkt könne vom Gericht nicht erwartet werden; vgl. auch ebd., 150f. Auch *W. Berg*, Die verwaltungsrechtliche Entscheidung, 51, sieht das Risiko der „Uferlosigkeit" verwaltungsgerichtlicher Ermittlungen. Entsprechend schon Teile der älteren Lehre; vgl. die Nachweise bei *A. Lang*, VerwArch 1961, 60, 187.

76 *T. Yoshimura*, ZZP 1970, 245, 260.

Dispositionsmaxime vornehmlich die Parteien selbst den entscheidungserheblichen Stoff in die Gerichtsverhandlung einführen müssen.[77]

bb) Verhältnis zur Amtsermittlung

Die oben umrissene Formel der Rechtsprechung, die Amtsermittlungspflicht des Gerichts ende dort, wo die Mitwirkungspflicht der Parteien einsetze,[78] ist mit dem tradierten Modell des Untersuchungsgrundsatzes nicht vereinbar. Der Grund hierfür liegt nicht erst in dem verbreiteten Argument, der „Anfang-Ende-Satz" biete für die Abgrenzung der Aufgaben von Gericht und Beteiligten bei der Sachverhaltsaufklärung keine materiellen Anhaltspunkte.[79] Unvereinbar ist vielmehr schon der gedankliche Ausgangspunkt der Formel, die Ermittlungspflicht des Gerichts nach § 86 Abs. 1 VwGO überhaupt in *Relation zur Erfüllung der Beteiligtenmitwirkung* zu setzen.

Dieser Ausgangspunkt führte, so denn auch die Kritik auf der Basis des tradierten Modells, bei wörtlicher Umsetzung zur Einführung der Verhandlungsmaxime und sei damit „offensichtlich unhaltbar".[80] Die Formel der Rechtsprechung wird daher entschärft, nämlich als Beschreibung einer Situation, „in der von der Interessenlage her erwartet werden kann, daß die jeweilige Partei von sich aus auf Irrtümer und Unvollständigkeiten hinweist." Das Gericht dürfe in dieser Lage annehmen, daß der bislang ermittelte Sachverhalt vollständig und zutreffend sei.[81] Eine ähnliche Strategie besteht darin, den „Anfang-Ende-Satz" als Konkretisierung des Begriffs des „Sich-Aufdrängens" zu verstehen, also als Tatbestandsmerkmal einer gleichsam externen Grenze richterlicher Aufklärungsverantwortung.[82] Beide Formeln beschreiben aber nicht mehr als eine *prozessuale Sachgesetzlichkeit*, nämlich daß ohne ein Mindestmaß an Anhaltspunkten die gerichtliche Sachverhaltsermittlung nicht möglich ist.[83] Die prozessuale Bedeutung des Satzes kann auf diese Weise in den Bereich der Beweiswürdigung abgebogen werden,[84] so daß er für eine Relativierung der richterlichen Sachverhaltsaufklärung nichts hergibt. Der „Anfang-Ende-Satz" erscheint in dieser

---

[77] *W.B. Maetzel*, DÖV 1966, 521; vgl. *A. Lang*, VerwArch 1961, 60, 187; *J. Martens*, Die Praxis des Verwaltungsverfahrens, 133f.; *W. Grunsky*, Grundlagen des Verfahrensrechts, 173f.

[78] Hier nur *BVerwGE* Buchholz 310 § 86 Abs. 1 VwGO Nr. 37, 122.

[79] Vgl. hierzu *B. Köhler-Rott*, Der Untersuchungsgrundsatz im Verwaltungsprozeß und die Mitwirkungslast der Beteiligten, 36; *M. Nierhaus*, Beweismaß und Beweislast, 336.

[80] *W. Berg*, Die verwaltungsrechtliche Entscheidung, 52; vgl. *H. Frohn*, Rechtliches Gehör und richterliche Entscheidung, 101.

[81] *W. Berg*, Die verwaltungsrechtliche Entscheidung, 52.

[82] Vgl. dazu *M. Nierhaus*, Beweismaß und Beweislast, 336; vgl. *J. Haverkämper*, Die verfassungsrechtlichen Grundlagen, 69.

[83] *B. Kropshofer*, Untersuchungsgrundsatz und anwaltliche Vertretung im Verwaltungsprozeß, 63; *H. Frohn*, Rechtliches Gehör und richterliche Entscheidung, 101.

[84] Ausdrücklich *W. Berg*, Die verwaltungsrechtliche Entscheidung, 52.

Lesart als unnötig komplizierte Umschreibung einer *non-liquet*-Situation: Sofern das Gericht irrtümlicherweise von einem zureichend geklärten Sachverhalt ausgeht und der Betroffene wider besseres Wissen seine weitergehenden Kenntnisse nicht einbringt, fällt dem Gericht keine Verletzung des Untersuchungsgrundsatzes zur Last. Dies lasse jedoch, so die Kritik, nicht den Schluß auf eine „gerichtliche Arbeitsteilung nach Pflichtenkreisen mit den Beteiligten" zu.[85]

Die Intention des Anfang-Ende-Satzes und der übrigen Rechtsprechung zum Umfang der Amtsermittlungspflicht in Abgrenzung zur Beteiligtenmitwirkung weisen allerdings in eine andere Richtung. Vorherrschend ist, wie oben umrissen, die Tendenz, den Beteiligten den Vortrag der ihnen geläufigen Tatsachen, mit denen sie ihre Anträge begründen, in *prozessual rechtserheblicher Weise* zu überantworten.[86] Das Erfordernis substantiierten Vortrags erfährt dabei eine Konkretisierung durch die Bezugnahme auf Risiko- und Wissenssphären. Substantiierter Vortrag wird namentlich bei der Schilderung von Erlebnissen aus dem eigenen Erkenntnisbereich und der persönlichen Sphäre der Prozeßbeteiligten erwartet. Eine Implementation dieser Risikozuweisung in das tradierte Verständnis des Untersuchungsgrundsatzes[87] ist jedoch kaum plausibel, wenn zugleich der Begriff des Sachverhalts in § 86 Abs. 1 VwGO als *„stehende Größe"* konzipiert wird, dessen Aufklärung dem Gericht unabhängig vom tatsächlichen Vorbringen der Parteien, nur limitiert durch extern gesetzte, äußerste Grenzen, überantwortet wird.

c) Praktische Angleichung der Prozeßordnungen

Die Abhängigkeit der gerichtlichen Sachverhaltsermittlung von der Disposition der Parteien über den Streitgegenstand einerseits, die Bedingtheit des „Sachverhalts" i.S.d. § 86 Abs. 1 VwGO durch das tatsächliche Vorbringen der Parteien andererseits führen dazu, daß Verwaltungs- und Zivilprozeß mit Blick auf das Verfahren der Sachverhaltsermittlung in der Praxis zunehmend konvergieren.

Beide Prozeßarten realisieren mittlerweile, wie auch die Vertreter des tradierten Modells einräumen, ein gemeinsames Grundschema der Tatsachenermittlung, in dem die Sachaufklärung als *Gemeinschaftsaufgabe von Gericht und Verfahrensbeteiligten* erscheint.[88] Nicht nur im Zivil-, auch im Verwaltungspro-

---

[85] *M. Marx*, Die Notwendigkeit und Tragweite der Untersuchungsmaxime, 175.

[86] Vgl. *BVerwGE* 66, 237 (238); *BVerwG* Buchholz 445.4 § 8 WHG Nr. 9; 310 § 86 Abs. 1 VwGO Nr. 122, 129; DÖV 1983, 207; DVBl. 1983, 995 (997).

[87] Häufig bei solchen Autoren, die auf der Basis des tradierten Modells mit der Rechtsprechung im Ergebnis übereinstimmen; vgl. etwa *M. Marx*, Die Notwendigkeit und Tragweite der Untersuchungsmaxime, 175f.

[88] *F. Schoch*, Vorläufiger Rechtsschutz und Risikoverteilung im Verwaltungsrecht, 1646, spricht von „Arbeitsteilung zwischen Gericht und Antragsteller".

zeß sind es in erster Linie die Parteien, die das Material sammeln und in den Prozeß einführen.[89] Strukturelle Grundlage dieser Konvergenz ist die gleichartige Mobilisierung des Parteiinteresses im kontradiktorischen Verfahren,[90] dem die Grundentscheidung für die Parteidisposition über den Streitgegenstand zugrundeliegt. Da den Beteiligten in beiden Prozeßarten die Befugnis zukommt, das Prozeßrechtsverhältnis zu kreieren, obliegt ihnen unabhängig von der jeweiligen Verfahrensmaxime auch die Last der Tatsacheneinführung, da das Gericht ansonsten nicht in die Lage käme, den begehrten Ausspruch treffen zu können.[91] Vornehmliche Ursache jener Konvergenztendenzen ist also nicht die Annäherung der zivilprozessualen Richtermacht an den Verwaltungsprozeß, sondern vielmehr die funktionale Notwendigkeit eines Verfahrens unabhängiger Streitentscheidung, daß die Streitbeteiligten selbst den Richter als unbeteiligten Dritten vom streiterheblichen Sachverhalt in Kenntnis setzen müssen.[92]

Unterschiede ergeben sich, abgesehen von Stilfragen,[93] nur in jenen Fällen, in denen die Parteien abweichend vom normalen prozessualen Geschehen passiv sind oder im Wege einvernehmlichen Handelns Einfluß auf die Tatsachengrundlage des Urteils nehmen möchten. *Wilfried Berg* spricht in diesem Zusammenhang von drei unterschiedlichen Stufen der Sachverhaltsermittlung,[94] die sich – so ist zu ergänzen – nicht nur im Prozeßmodell der VwGO, sondern auch in den übrigen Prozeßordnungen finden. Insoweit ist ein einheitliches Grundschema prozessualer Sachverhaltsermittlung zu erkennen, das nur in Ausnahmefällen Verfahrensabweichungen zuläßt.[95] Auf der *ersten* Stufe geht der Verwaltungsrichter vom Vortrag und den Beweisanträgen der Parteien aus.[96] Regelmäßig soll der Kläger daher nicht nur die zur Bestimmung des Verfahrensgegenstandes notwendigen Tatsachenbehauptungen (§253 Abs. 2 Nr. 2 ZPO; §82 Abs. 1 Satz 1 VwGO), sondern auch die zur Begründung seines Antrags dienen-

[89] *H. Kollhosser*, Zur Stellung und zum Begriff der Verfahrensbeteiligten, 120. Im allgemeinen zur Angleichung der Praxis von Zivil- und Verwaltungsprozeß *C.H. Ule*, DVBl. 1954, 137, 146; *G. Lüke*, JuS 1961, 41, 43; *C.-F. Menger*, Allgemeine Prozeßgrundsätze, 435; *K. Redeker/H. v. Oertzen*, Verwaltungsgerichtsordnung, §86, Rn. 1; *O. Mühl*, GS Bruns (1980), 145, 160; auch *G. Zettel*, Der Beibringungsgrundsatz, 160.

[90] *H. Kollhosser*, Zur Stellung und zum Begriff der Verfahrensbeteiligten, 124f., 131.

[91] Vgl. *H. Frohn*, Rechtliches Gehör und richterliche Entscheidung, 124.

[92] Zutreffend *B. Köhler-Rott*, Der Untersuchungsgrundsatz im Verwaltungsprozeß und die Mitwirkungslast der Beteiligten, 116. *H. Faber*, FS RAV Hannover (1981), 79 spricht in diesem Zusammenhang vom „Aufstand der Gerichte gegen die Inquisitionsmaxime".

[93] *B. Köhler-Rott*, Der Untersuchungsgrundsatz im Verwaltungsprozeß und die Mitwirkungslast der Beteiligten, 117.

[94] *W. Berg*, Die verwaltungsrechtliche Entscheidung, 39.

[95] Vgl. das Schema bei *H. Kollhosser*, Zur Stellung und zum Begriff der Verfahrensbeteiligten, 117; ähnlich für den Verwaltungsprozeß bei *M. Nierhaus*, Beweismaß und Beweislast, 288ff.; *W. Höfling/V. Breustedt*, in: NKVwGO, §86, Rn. 9; auch *H. Faber*, FS RAV Hannover (1981), 79, 98,

[96] *W. Berg*, Die verwaltungsrechtliche Entscheidung, 39.

den Tatsachen möglichst vollständig angeben (§§ 253 Abs. 4, 130, 282 ZPO; § 81 Abs. 1 Satz 3 VwGO). Die Gegenseite soll sich hierzu möglichst umfassend äußern (§§ 261a, 130, 282 ZPO; § 85 Satz 2 VwGO). Auch im weiteren Verfahren sollen die Parteien soweit wie möglich zur Sachaufklärung beitragen und können hierzu herangezogen werden (§§ 129, 130, 137, 138, 279a, 282 ZPO; § 86 Abs. 1 Satz 1 VwGO).[97] Auf der *zweiten* Stufe ist gegebenenfalls das Instrumentarium des richterlichen Fragerechts (§ 139 ZPO, 86 Abs. 3 VwGO) einzusetzen, um die Beteiligten zu weiterem Vortrag oder zur mündlichen Erörterung zu aktivieren.

Erst auf der *dritten* Stufe, im „harten Kern“ des Untersuchungsgrundsatzes,[98] hat der Verwaltungsrichter selbständig Ermittlungen gemäß § 86 Abs. 1 VwGO anzustellen, aber erst dann, wenn eine weitere Aktivierung der Parteien keinen Erfolg mehr verspricht.[99] Wenn dem Gericht in dieser Phase der Rekonstruktion Teile des Sachverhalts ungeklärt erscheinen oder sich weitere Aufklärungsmöglichkeiten aufdrängen, stellt sich im Verwaltungsprozeß die Frage nach zusätzlicher Ermittlungstätigkeit. Erst hier läßt sich ein zumindest konzeptueller Unterschied beider Prozeßarten ausmachen, da die selbständige Sachverhaltsermittlung des Richters nur nach § 86 Abs. 1 VwGO zulässig ist. Aber auch insoweit seien, so *Helmut Kollhosser*, die Unterschiede nicht erheblich. Soweit die richterlichen Hinweispflichten korrekt gehandhabt würden, reduziere sich die Frage nach der zusätzlichen richterlichen Aktivität im wesentlichen auf den Fall, daß ein Verfahrensbeteiligter eine bestimmte Tatsache oder ein bestimmtes Beweismittel nicht vorbringen oder benennen wolle.[100]

Ursache der Konvergenz beider Prozeßarten dürfte es sein, daß die praktische Entwicklung des Verwaltungsprozesses nunmehr unter der Direktive steht, ein *echtes kontradiktorisches Streitverfahren* zwecks individueller Rechtsausübung vor Gericht (Art. 19 Abs. 4 GG) zu gewährleisten. Das Grundgesetz stellt damit ein klares Wertungsprinzip zur Verfügung, mit dem der historisch überlieferte, unkritisch übernommene normative Bestand des Untersuchungsgrundsatzes von Beginn an nicht harmonierte. Die in der Praxis zu beobachtende Konvergenz von Zivil- und Verwaltungsprozeß bestätigt insoweit die

---

[97] Vgk, *H. Kollhosser*, Zur Stellung und zum Begriff der Verfahrensbeteiligten, 117f.

[98] *W. Berg*, Die verwaltungsrechtliche Entscheidung, 39.

[99] *W. Berg*, Die verwaltungsrechtliche Entscheidung, 39.

[100] *H. Kollhosser*, Zur Stellung und zum Begriff der Verfahrensbeteiligten, 119f. Hierzu paßt die Beobachtung von *W. Berg*, FS Menger (1985), 537, 539, der Untersuchungsgrundsatz trete im normalen Prozeß überhaupt nicht in Erscheinung; Unterschiede in der Methode der Stoffsammlung im Verwaltungsprozeß gegenüber der zivilprozessualen Verhandlungsmaxime seien in diesen Fällen nicht erkennbar. Ebenso im allgemeinen für den Verwaltungsprozeß *F. Baur*, FS Bachof (1984), 285, 287; auch *B. Köhler-Rott*, Der Untersuchungsgrundsatz im Verwaltungsprozeß und die Mitwirkungslast der Beteiligten, 117f. Zutreffend weist *H. Faber*, FS RAV Hannover (1981), 79, 95, darauf hin, daß die gerichtliche *Pflicht* zur Sachverhaltsermittlung gegen den Willen und gegen das Bewußtsein der Beteiligten weithin obsolet geworden sei.

oben erwähnte These *Essers*, daß die Überlagerung klarer Wertungsprinzipien durch historisch eigenwillige, nicht adäquate Strukturformen zu „Entwicklungsstörungen und Anomalien der betreffenden Figuren" führe.[101] Die Sachlogik des kontradiktorischen Streitverfahrens, so wäre mit *Esser* fortzufahren, setzt sich in der Gesamtheit des Verwaltungsprozesses bis hin in die dogmatischen Feinheiten der Beteiligtenmitwirkung gegen das widerstrebende historische Formprinzip des Untersuchungsgrundsatzes durch – „wo nicht in der Kodifikation oder offiziellen Doktrin, da in der praktischen Jurisprudenz".[102] Verliert ein Prinzip, wie es für den Untersuchungsgrundsatz weithin zu beobachten ist, seine praktische Effizienz, dann steht auch seine rechtliche Bedeutung in Frage.[103] Die Widersprüche des tradierten Modells mit dem materiellen Begriff der Rechtsprechung und seine weitgehende Derogation in der Gerichtspraxis legen es nahe, eine Neukonzeption der Sachverhaltsermittlung im Verwaltungsprozeß jenseits des tradierten Bestandes zu unternehmen.[104]

3. Rechtliche Konzeption der Beteiligtenmitwirkung

Die Notwendigkeit einer derartigen Neukonzeption wird bestätigt durch die Schwierigkeiten des tradierten Modells, der Beteiligtenmitwirkung im Verwaltungsstreitverfahren eine prozeßrechtlich anschlußfähige Gestalt zu geben. In einem Gerichtsverfahren, das als Verfahren subjektiver Rechtsausübung konzipiert ist und dessen Einleitung und Fortgang um der Neutralität des Richters willen in die Disposition der Parteien fällt, bildet die Einführung von Sachinformationen durch die Parteien eine entscheidende Funktionsvoraussetzung. Als rechtliches Instrument zur Motivation der Parteien bietet sich zweierlei an,

---

[101] *J. Esser*, Grundsatz und Norm, 156f.

[102] *J. Esser*, Grundsatz und Norm, 157. Vgl. nur *H. Faber*, FS RAV Hannover (1981), 79, 79, zum „Aufstand der Gerichte gegen die Inquisitionsmaxime", der bisweilen (im Ausländerrecht) offene Formen annehme, sich in anderen Rechtsgebieten als Beweislastkalkulation tarne. Auch *W. Höfling/V. Breustedt*, in: NKVwGO, § 86, Rn. 22 beobachten – allerdings mit unzutreffenden Schlußfolgerungen – eine „zunehmende Aufweichung des Amtsermittlungsprinzips" in der Rechtsprechung.

[103] Zum Zivilprozeß schreibt *Esser* a.a.O.: „Wenn wir etwa die offiziellen ‚Maximen' des Zivilprozesses – wie ‚Verhandlungs- oder Untersuchungsmaxime' – in dem Sinne ernstnehmen wollten, daß sich daraus gewisse Einzellösungen ‚zwingend' ergäben, so würden wir völlig absurde Vorstellungen vom wirklichen Verfahren erhalten. Tatsächlich werden solchen Schulmaximen zuliebe oft tragende Elemente als angeblich nur ‚zweckbedingte Ausnahmen' und Behelfe hingestellt, dagegen bedeutungslos gewordene Überreste jenes ideologischen Prinzips als Schul- und Paradestücke geehrt." Die Kritik *Essers* läßt sich auf die heutigen Versuche im Schrifttum, das tradierte Modell des Untersuchungsgrundsatzes in seiner Idealtypik zu retten, bruchlos übertragen.

[104] Unten, Abschnitt IV.

nämlich entweder die Normierung von *Informationspflichten* oder die Drohung mit *Prozeßverlust* als Folge unzureichender Aufklärung.[105]

Mit diesen beiden Möglichkeiten korrespondiert die in der Prozessualistik entwickelte Differenzierung zwischen *Pflichten* und *Lasten*, die im Anschluß an *Friedrich Lent* anhand eines wertenden Moments getroffen wird. Während das Wesen einer Pflicht darin besteht, daß das Gesetz die Einhaltung seiner Anordnung unbedingt fordert und abweichendes Verhalten mißbilligt, steht das Verhalten der Partei bei Bestehen einer Last in ihrem freien Belieben.[106] Im diesem Falle wird die Partei nur durch das eigene Interesse zum Tätigwerden veranlaßt, weil sie anderenfalls Gefahr läuft, den Prozeß zu verlieren. Im Zivilprozeß sind die Obliegenheiten der Parteien bei der Ermittlung des Sachverhalts im wesentlichen als derartige Lasten ausgestaltet. So gibt es heute weder Einlassungszwang noch Prozeßführungspflicht, keine Behauptungs-, Beweisführungs- oder Aussagepflichten, sondern nur entsprechende Lasten des Beklagten, auch wenn das Gesetz (§§ 239 Abs. 5, 266 Abs. 1 Satz 1, 447, 448 ZPO) bisweilen in mißverständlicher Weise von Pflichten redet. Die Last ist das rechtstechnische Mittel, die Selbstverstrickung der Parteien in das prozessuale Geschehen und damit die Bereitschaft zu fördern, das Prozeßergebnis den eigenen Handlungen zuzurechnen und zu akzeptieren.[107] Nur in Ausnahmefällen kennt der Zivilprozeß Handlungspflichten der Parteien, so etwa im Falle der Wahrheitspflicht (§ 138 Abs. 1 ZPO) sowie der Pflicht zur sachgemäßen und sorgfältigen Prozeßführung (§ 282 ZPO).[108] Diese Pflichten bestehen gegenüber allen Beteiligten des Prozeßrechtsverhältnisses, haben jedoch mit Blick auf das konkrete Verfahren keine prozessualen Folgen.

Nach dem konventionellen Verständnis des Untersuchungsgrundsatzes ist für das rechtstechnische Instrument der Last im Verwaltungsprozeß kein Raum (b). Das tradierte Modell gerät damit allerdings zunehmend in Widerspruch zu den Konstruktionsmerkmalen und Funktionsbedingungen des heutigen Prozesses. Der Ausweg, die Beteiligtenmitwirkung als sanktionslose Pflicht zu konstruieren (c), führt nicht weiter, weil die erwünschte Motivation der Beteiligten auf diese Weise nicht zu erzeugen ist. Unhaltbar dürfte vor allem die eigentlich systemkonforme Lösung des tradierten Modells der Untersuchungsmaxime sein, die Parteimitwirkung als unselbständiges Element der amtswegigen Sachverhaltsaufklärung zu konstruieren (a). Diese Konzeption weist nicht

---

[105] *J. Martens*, KritV 1989, 341, 351; vgl. auch *H.-L. Weyers*, FS Esser (1975), 193, 194.

[106] *F. Lent*, ZZP 67 (1954), 344, 350f.; daran anschließend *E. Schumann*, in: Stein-Jonas, ZPO, Einl. Rn. 233ff.; *L. Rosenberg/K. Schwab/P. Gottwald*, Zivilprozeßrecht, 10f.; *W. Henckel*, Prozeßrecht und materielles Recht, 14ff.; *H. Prütting*, Gegenwartsprobleme der Beweislast, 30; das Kriterium des rechtlich mißbilligten Verhaltens – bei ansonsten leicht abweichender Kategorisierung – auch bei *R. Stürner*, Die Aufklärungspflicht der Parteien des Zivilprozesses, 76f.

[107] Vgl. oben, Abschnitt II. 2. a) aa).

[108] Weitere Pflichten: persönliches Erscheinen auf Anordnung des Gerichts, §§ 141, 613 ZPO; Vorlegung von Urkunden, §§ 421ff. ZPO.

nur inhärente Widersprüche auf, sondern ist auch mit der gerichtlichen Hinweispflicht in § 86 Abs. 3 VwGO und der Möglichkeit der Zurückweisung verspäteten Vorbringens in § 87 b VwGO nicht zu vereinbaren.

a) Element amtswegiger Sachaufklärung

Im tradierten Modell des Untersuchungsgrundsatzes kann die Mitwirkung der Parteien bei der Sachverhaltsermittlung lediglich als unselbständiges Element richterlicher Ermittlungspflichten schlüssig eingearbeitet werden. Mitwirkungspflichten sind dieser Konzeption zufolge ein *Derivat der Amtsermittlung*, im Rahmen derer die Parteien als Erforschungsgehilfen des Richters fungieren. Damit ist die zivilprozessuale Risikoverteilung im Wege von Behauptungs- und Beweisführungslasten ausgeschlossen, da das Gericht niemals berechtigt oder gar verpflichtet ist, Behauptungen oder Beweise außer Betracht zu lassen, die von den Beteiligten nicht vorgebracht werden.[109] Neben der Untersuchungsmaxime, so eine markante Stellungnahme aus dem älteren Schrifttum, könne eine Anführungs- und Beweislast der Parteien *begrifflich* nicht bestehen, da die Pflicht des Gerichts, die erheblichen Tatsachen zu erforschen, eine *totale* sei, die nicht teilweise von den Parteien getragen werden könne.[110] Grundlage dieser Einordnung ist die vorerwähnte, idealtypische Gegenüberstellung von Partei- und Richterprozeß, also eines Systems risikozuweisender Lasten und Pflichten auf der einen, der richterlichen Erforschung des Sachverhalts unter Heranziehung der Parteien auf der anderen Seite.[111]

Das Modell des „Richterprozesses“ steht in einem gewissen Wertungswiderspruch mit dem hier zugrundegelegten materiellen Begriff der Rechtsprechung als Streitentscheidung durch einen unparteiischen Dritten. Autonomie und Selektivität des Verfahrens, Distanz des Richters gegenüber der Tatsachengrundlage des Urteils und Mobilisierung der Parteien zur Erhöhung der legitimatorischen Leistung des Prozesses wären in einem „Richterprozeß“, in dem die Beteiligten als bloße Objekte richterlicher Prozeßleitung erschienen, nicht zu verwirklichen. Auch die Praxis des Verwaltungsprozesses wird, ungeachtet der Regelung des § 86 Abs. 1 VwGO, dem Idealtypus des Richterprozesses kaum mehr gerecht. Es gehört zu den versteckten Antinomien des tradierten Modells, daß einerseits die Parteienmitwirkung konzeptuell zum Instrument der richterli-

---

[109] Vgl. *W. Tietgen*, Gutachten, 28.

[110] *D. Berner*, Drei Abhandlungen zum preußischen Verwaltungsstreitverfahren, 437; bruchlose Übernahme des Arguments für die Diskussion des § 86 Abs. 1 VwGO etwa bei *W. Tietgen*, Gutachten, 13.

[111] Vgl. zu dieser idealtypischen Gegenüberstellung *M. Schultzenstein*, ZZP 1913, 301, 305; *R. Stürner*, Die Aufklärungspflicht der Parteien des Zivilprozesses, 62ff.; zustimmend *M. Nierhaus*, Beweismaß und Beweislast, 277.

chen Sachverhaltsaufklärung depotenziert wird, andererseits die auf Informationstransfer angewiesene Praxis des Verwaltungsprozesses notwendigerweise in ein System von Risikozuweisungen mündet, das sich dem Zivilprozeß annähert (aa). Neben diese gleichsam inhärenten Probleme treten die Regelungen des § 86 Abs. 3 VwGO (bb) und § 87 b VwGO (cc), die das tradierte Modell von außen her aufweichen, ohne daß der Rückgriff auf die Untersuchungsmaxime als übergeordneter „Rechtsgrundsatz" dogmatischen Halt gäbe.

aa) Risikozuweisung

Das tradierte Verständnis der Beteiligtenmitwirkung als Instrument richterlicher Sachverhaltsermittlung krankt ebenfalls daran, daß die grundlegende Funktionsbedingung eines jeden Gerichtsverfahrens nach Maßgabe des grundgesetzlichen Begriffs der Rechtsprechung verkannt wird, den Informationstransfer von den Parteien zum Richter organisieren zu müssen.

(1) Schon die oben umrissenen Regelungen des § 82 Abs. 1 VwGO erzeugen damit, wie in der Literatur vereinzelt erkannt wird, eine *sachverhaltsbezogene Risikozuweisung* zulasten des Klägers, die präzise die Kriterien einer prozessualen Last erfüllt.[112] Zumindest hinsichtlich des Sachverhaltskerns trifft den Kläger insofern eine Substantiierungslast, die den Versuch, den Verwaltungsprozeß als Richterprozeß zu konzipieren, von vornherein unterläuft. An dieser prozessualen Risikozuweisung ändert es nichts, daß ein Verstoß gegen die Anforderungen des § 82 Abs. 1 Satz 1 VwGO zur Klageabweisung im Wege des Prozeßurteils, nicht zum Sachurteil führt.

(2) Das Risiko der Parteien erschöpft sich hierin allerdings nicht, sondern es erstreckt sich auch auf die übrigen streiterheblichen Tatsachen. Können diese nicht ermittelt werden, so trifft das Gericht eine Entscheidung nach Maßgabe der *objektiven Beweislast*.[113] Auch der Verwaltungsprozeß verfügt damit über eine „Stoppregel", die im Falle der Unaufklärbarkeit von Tatsachenlagen eine Entscheidung in der Sache ermöglicht.[114] Ohne tatsächliche Anhaltspunkte in Gestalt eines Grundstocks von Tatsachenangaben kann die richterliche Amtsermittlung auch im tradierten Verständnis des Untersuchungsgrundsatzes nicht einsetzen. Insofern tragen die Parteien der Sache nach ein ähnliches Aufklä-

---

[112] Vgl. erneut *F. Baur*, in: Rechtsschutz im Sozialrecht, 35, 44.

[113] Vgl. nur *K.A. Bettermann*, Die Beweislast im Verwaltungsverfahren, E 27; auch *O. Mühl*, GS Bruns (1980), 145, 153, mit der Differenzierung, daß im Verwaltungsprozeß (nach herkömmlicher Lesart) die Risikozuweisung ihre Wirkung erst dann entfalte, wenn die Richteraktivität ohne überzeugendes Aufklärungsergebnis bleibe.

[114] Eben dies bringt *BVerwGE* 19, 87 (94) zum Ausdruck: „Will ein Prozeßbeteiligter nicht Gefahr laufen, daß die Ungewißheit über eine Tatsache, die nach Erschöpfen der dem Gericht bekannten Erkenntnismöglichkeit verbleibt, zu seinen Lasten geht, so muß er auch in einem Verfahren, das vom Untersuchungsgrundsatz beherrscht wird, die nur ihm bekannten Tatsachen und Erkenntnismöglichkeiten dem Gericht mitteilen".

rungsrisiko wie im Zivilprozeß.[115] Projiziert auf die Dichotomie zwischen Richter- und Parteienprozeß, erscheint die Qualifizierung des Verwaltungsprozesses als Richterprozeß schon von daher verfehlt. Auch der Verwaltungsprozeß erzeugt über die Stoppregel der objektiven Beweislast ein *System der Risikozuweisung*, das die Parteien im ihrem eigenen Interesse zur Aufklärung zwingt.[116] Daher müssen die Parteien ungeachtet des Untersuchungsgrundsatzes die Sachaufklärung fördern und dem Gericht Beweismittel beibringen, um eine Entscheidung des von ihnen gewünschten Inhalts zu erwirken.[117]

Vor diesem Hintergrund gewinnen die Stimmen in der prozeßrechtlichen Literatur an Plausibilität, die in der Mitwirkung an der Sachaufklärung eine echte *prozessuale Last* der Parteien erblicken, also eine solche Handlungsmotivation, die sich „als Vor-Wirkung der Feststellungslast darstellt und ähnlichen Regeln unterworfen ist wie die subjektive Beweislast in Verfahren mit Verhandlungsmaxime."[118] Es mache, so *Hans-Joachim Musielak*, keinen Unterschied, ob in einem Verfahren mit Verhandlungsmaxime die feststellungsbelastete Partei trotz entsprechender Aufforderung durch den Richter nach § 139 ZPO überhaupt keinen Beweis antrete, oder ob in einem Verfahren mit Untersuchungsgrundsatz dem Gericht keine Beweismittel zur Verfügung stünden. „In beiden Fällen entscheidet der Richter nach Beweislastnormen, und in beiden Fällen treffen die Nachteile dieser Entscheidung die beweisbelastete Partei, die nur durch Beibringung von Beweisen diese Nachteile abwenden kann."[119]

Damit beschränkt sich der Unterschied zwischen Zivil- und Verwaltungsprozeß hinsichtlich der Risikoverteilung auf einen Punkt. Die Verhandlungsmaxime verlegt die Risikoverteilung nach vorne, indem sie den Parteien von vornherein subjektive Substantiierungs- und Beweisführungslasten auferlegt. Dagegen entfaltet die Risikozuweisung im Verwaltungsprozeß ihre Wirkung erst dann, wenn die richterlichen Aufklärungsbemühungen – die aber ihrerseits vom Umfang des Parteivorbringens abhängen – vergeblich bleiben.[120] Ausgehend vom etablierten Begriff der Last, der an die Stelle eines rechtlichen Imperativs das *Handeln im eigenen Interesse* setzt,[121] erscheint eine Qualifizierung

---

[115] *B. Köhler-Rott*, Der Untersuchungsgrundsatz im Verwaltungsprozeß und die Mitwirkungslast der Beteiligten, 194.

[116] Dies dürfte letztlich für jeden Prozeß vor einem Gericht im materiellen Sinne gelten. Ein echter „Richterprozeß" i.S.d. von *R. Stürner*, Die richterliche Aufklärung im Zivilprozeß, 62f. entfalteten Dichotomie dürfte es nach Maßgabe des grundgesetzlichen Begriffs der Rechtsprechung nicht geben, da der Entscheidungszwang der Rechtsprechung – anders als bei der Verwaltung – stets eines Systems risikozuweisender prozessualer Auffangregeln bedarf, um in jedem Falle eine Sachentscheidung zu ermöglichen.

[117] *H.-J. Musielak*, Die Grundlagen der Beweislast im Zivilprozeß, 38.

[118] *H.-J. Musielak*, Die Grundlagen der Beweislast im Zivilprozeß, 39.

[119] *H.-J. Musielak*, Die Grundlagen der Beweislast im Zivilprozeß, 39.

[120] Vgl. *R. Stürner*, Die Aufklärungspflicht der Parteien des Zivilprozesses, 253.

[121] *H.-J. Musielak*, Die Grundlagen der Beweislast im Zivilprozeß, 49.

dieser Interessenkonstellation als Beweis- oder Behauptungslast nicht unplausibel.[122]

Insofern wundert es nicht, wenn in der verwaltungsprozessualen Literatur ungeachtet des Untersuchungsgrundsatzes von einer *de-facto-Beweislast* der Parteien die Rede ist.[123] Selbst Apologeten des tradierten Modells scheuen sich nicht, den potentiell nachteiligen Zusammenhang zwischen mangelnden Tatsachenangaben der Beteiligten und dem Ausfall der gerichtlichen Sachverhaltsermittlung als „prozessuale Last“ zu bezeichnen,[124] auch wenn wenige Atemzüge zuvor Behauptungs- und Beweisführungslasten im zivilprozessualen Sinne als unvereinbar mit dem Untersuchungsgrundsatz bezeichnet wurden.[125] In dieselbe Richtung geht das Argument, die verwaltungsprozessualen Mitwirkungspflichten oder -lasten seien gleichsam „an die Stelle“ der zivilprozessualen Behauptungs- und Beweisführungslast getreten.[126]

Für die Auslegung des § 86 Abs. 1 Satz 1 Hs. 2 VwGO wird damit Neuland betreten. Die von der Reformliteratur intendierte *Auslösung* richterlicher Ermittlungstätigkeit durch Beteiligtenmitwirkung ist mit seinem tradierten Verständnis nicht mehr zu vereinbaren.[127] Die Untersuchungspflicht verflüchtigt sich in eine Art „Aufsicht über die Sachverhaltsermittlung durch die Beteiligten“, die nur in Ausnahmefällen die eigenständige richterliche Ermittlung rechtfertigt.[128]

(3) Nur vereinzelt wurde dem zugrundeliegenden Problem, in allen Prozeßarten eine gleichartige Verteilung des Prozeßrisikos zu erkennen, gleichsam frontal begegnet. So argumentierte *Bettermann*, das Wesen der Untersuchungsmaxime bestehe darin, daß das Gericht auch und gerade im Falle der Säumigkeit

---

[122] So *H.-J. Musielak*, Die Grundlagen der Beweislast im Zivilprozeß, 47; ähnlich *H. Faber*, FS RAV Hannover (1981), 79, 98f.

[123] Betriff der „faktischen Beweislast“ bereits bei *Julius Glaser*, Handbuch des Strafprozesses, Bd. 1, 1883, 365; aus der verwaltungsprozeßrechtlichen Literatur *H. Frohn*, Rechtliches Gehör und richterliche Entscheidung, 124: zwar werde im Verwaltungsprozeß nicht de iure, aber de facto nach § 138 ZPO verfahren, indem das Parteivorbringen wenn schon nicht als Willenserklärung, so doch als „Wissenserklärung“ behandelt werde; *W. B. Maetzel*, DÖV 1966, 520ff; *J. Martens*, StuW 1967, 369, 381; der Tendenz nach *F. Baur*, FS Bachof (1984), 285, 286f.; kritisch *M. Schmidt*, Die Problematik der objektiven Beweislast im Steuerrecht, 179ff. *H. Faber*, FS RAV Hannover (1981), 79, 80, 96 spricht von einem „unterirdischen Zusammenhang“ zwischen objektiver Beweislast und Untersuchungsgrundsatz. Vgl. auch ebd., 98, zur de-facto-Anerkennung von Darlegungslasten im Verwaltungsprozeß durch die Rechtsprechung.

[124] *M. Dawin*, in: *F. Schoch/E. Schmidt-Aßmann/R. Pietzner*, Verwaltungsgerichtsordnung, § 86, Rn. 72.

[125] *M. Dawin*, in: *F. Schoch/E. Schmidt-Aßmann/R. Pietzner*, Verwaltungsgerichtsordnung, § 86, Rn. 10.

[126] *H. Geiger*, BayVBl. 1999, 321, 324 spricht ohne weiteres von „Darlegungslast“; vgl. *K. Redeker/H. v. Oertzen*, Verwaltungsgerichtsordnung, § 86, Rn. 11; *K. Redeker*, DVBl. 1981, 83, 84; *J. Martens*, StuW 1967, 369, 378f.

[127] Vgl. auch *H. Frohn*, Rechtliches Gehör und richterliche Entscheidung, 101.

[128] So die Lösung von *H. Faber*, FS RAV Hannover (1981), 79, 98f.

der Partei Aufklärungsmaßnahmen zu ergreifen habe.[129] Ergiebiger als diese zunehmend realitätsferne Erwartung scheint, zumindest auf den ersten Blick, die begriffliche Differenzierung zwischen dem faktischen Eigeninteresse der Parteien an der Mitwirkung einerseits, echten prozessualen Lasten andererseits zu sein. Der Begriff der Last setze, so *Hanns Prütting*, voraus, daß der prozessuale Nachteil eine *unabwendbare Folge* der Untätigkeit der Parteien sei. Hieran fehle es im Verwaltungsprozeß, da sich wegen § 86 Abs. 1 Satz 2 VwGO keine zwingenden Nachteile an das Untätigbleiben knüpften. Die zivilprozessuale Hinweispflicht des Richters aus § 139 ZPO könne dagegen prozessuale Nachteile nicht verhindern, wenn die Partei untätig bleibe.[130]

Die Plausibilität dieser Argumentation beruht allerdings auf einer Grundannahme über den Begriff des Sachverhalts in § 86 Abs. 1 Satz 1 VwGO und der entsprechenden Aufklärungsverpflichtung des Gerichts, die heute nicht mehr zu halten ist. Es handelt sich um die Fiktion, daß die Verpflichtung des Gerichts zur Sachverhaltsermittlung bis zu „Erkenntnisgrenzen von nahezu naturwissenschaftlicher Härte" führen müsse, ein Abbruch der richterlichen Bemühungen mit dem Ergebnis des *non liquet* also erst bei Erreichen dieser Grenze zulässig sei.[131] Oben war zu zeigen,[132] daß mit der Zunahme der Informationskosten und den hieraus resultierenden Zumutbarkeitsgrenzen, der prinzipiellen Abhängigkeit des „Sachverhalts" i.S.d. § 86 Abs. 1 Satz 1 VwGO vom Parteivortrag und den funktionalen Grenzen der Sachaufklärung durch das Gericht ein derartiger Zuschnitt der richterlichen Ermittlungsreichweite an Überzeugungskraft verliert. Mitwirkungsversäumnisse der Parteien führen angesichts dessen zwar nicht rechtlich zwingend, aber mit *hoher tatsächlicher Wahrscheinlichkeit* zu unwiederbringlichen prozessualen Nachteilen.

Zu dieser tatsächlichen tritt nunmehr eine *rechtliche Dimension* der Mitwirkungsversäumnisse hinzu, die deren Folgen in die Nähe rechtlich obligatorischer Prozeßnachteile rücken lassen. Auch im tradierten Verständnis des Untersuchungsgrundsatzes werden den Parteien mittlerweile *Mitwirkungs- und Aufklärungsbeiträge* überall dort angelastet, wo die Undurchschaubarkeit des

[129] *K.A. Bettermann*, Die Beweislast im Verwaltungsverfahren, E 33f. Freilich bezieht sich *Bettermann* nur auf die Auslegung des geltenden Rechts, steht indes der Untersuchungsmaxime als solcher aufgrund des gewandelten Staat-Bürger-Verhältnisses durchaus skeptisch gegenüber (ebd.).

[130] *H. Prütting*, Gegenwartsprobleme der Beweislast, 25; vgl. *W. Berg*, FS Menger (1985), 537, 545; *J. Dürig*, Beweismaß und Beweislast im Asylrecht, 43; *M. Marx*, Die Notwendigkeit und Tragweite der Untersuchungsmaxime, 173; *M. Schmidt*, Die Problematik der objektiven Beweislast im Steuerrecht, 183; *W. Tietgen*, Gutachten, 26; *W. Grunsky*, Grundlagen des Verfahrensrechts, 173f., allerdings mit dem relativierenden Hinweis, daß auch in Verfahren mit Untersuchungsgrundsatz vornehmlich den Parteien die Einführung des Tatsachenmaterials obliege; dezidiert a.A. *H. Faber*, FS RAV Hannover (1981), 79, 98, der von einer weitgehenden Darlegungslast der Parteien ausgeht, obschon das Gericht nicht an deren Vortrag gebunden sei.

[131] *H. Faber*, FS RAV Hannover (1981), 79, 82.

[132] Abschnitt 2. b).

Sachverhalts, namentlich in der Parteisphäre, die Sachverhaltsaufklärung für den Richter als Außenstehenden übermäßig erschwert.[133] Sobald der Umfang gerichtlicher Aufklärungstätigkeit in Relation zum Parteivortrag gesetzt wird,[134] sobald gar Aufklärungspflichten der Parteien aus dem eigenen Kenntnis- und Verantwortungsbereich angenommen und deren Versäumung als Indiz bei der Beweiswürdigung oder als Ausgangspunkt einer Beweislastentscheidung genommen, sofern schließlich gesteigerte Substantiierungs- und Mitwirkungslasten in Abhängigkeit vom gegnerischen Sachvortrag behauptet werden,[135] fällt es schwer, den hieraus resultierenden „faktischen" Nachteilen der Parteien nicht auch eine *rechtliche Dimension* im Sinne echter Behauptungs- und Beweisführungslasten zuzumessen. An der überkommenen Idealtypik orientierte Stellungnahmen wie jene *Walter Tietgens*, es könne zwar einen faktischen, aber keinen *rechtsdogmatischen* Zusammenhang zwischen Amtsermittlungs- und Mitwirkungspflicht geben,[136] wirken angesichts dessen überholt. Die instrumentale Zuordnung der Beteiligtenmitwirkung zur Amtsermittlung verliert ihren inneren Halt in der Praxis des Verwaltungsprozesses.

bb) Hinweispflicht, § 86 Abs. 3 VwGO

Nach § 86 Abs. 3 VwGO hat der Richter die Pflicht, darauf hinzuwirken, daß Formfehler beseitigt, unklare Anträge erläutert, sachdienliche Anträge gestellt, ungenügende tatsächliche Angaben ergänzt, ferner alle für die Feststellung und Beurteilung des Sachverhalts wesentlichen Erklärungen abgegeben werden. Namentlich die letzteren beiden Alternativen stehen einer rein instrumentalen Konzeption der Beteiligtenmitwirkung entgegen.

(1) In der Literatur ist dieses antinomische Verhältnis zwischen § 86 Abs. 3 VwGO und den tradierten Gehalten des § 86 Abs. 1 Satz 1 VwGO von *Fritz Baur* aufgezeigt worden. Es liege, so *Baur*, in der Konsequenz der Untersuchungsmaxime, daß die Einführung des Tatsachenstoffs ausschließlich Sache des Gerichts, nicht der Parteien sei. Eine echte Rechtspflicht zum Vortrag tatsächlicher Behauptungen oder zur Stellung von Beweisanträgen sei hiermit unvereinbar, da den Parteien die Verantwortung für die tatsächliche Grundlage der richterlichen Entscheidung abgenommen sei, sie also nur noch als Objekte richterlicher Materialsammlung fungierten. Daher könnten sie nicht rechtlich verpflichtet werden, tatsächliche Behauptungen zur Stützung ihres Prozeßziels vorzutragen oder entsprechende Beweisanträge zu stellen. Für eine richterliche

---

[133] *W. Berg*, Die verwaltungsrechtliche Entscheidung, 43 m.w.N.

[134] Vgl. hier nur *W. Höfling/V. Breustedt*, in: NKVwGO, § 86, Rn. 111; *M. Dawin*, in: *F. Schoch/E. Schmidt-Aßmann/R. Pietzner*, Verwaltungsgerichtsordnung, § 86, Rn. 73.

[135] Vgl. *W. Höfling/V. Breustedt*, in: NKVwGO, § 86, Rn. 117ff. mit zahlr. Nachw. aus der Rsp.; im übrigen oben, Abschnitt 2. b).

[136] *W. Tietgen*, Gutachten, 28f.

Hinweis- und Fragepflicht hinsichtlich des Tatsachenvortrags, wie sie § 86 Abs. 3 VwGO vorsieht, sei daher kein Raum, da sie nur der *Aktivierung entsprechend belasteter Parteien* dienen könnte.[137] Ebenso geht *Grunsky* davon aus, daß zwar die richterliche Hinweispflicht mit Blick auf die dispositionserheblichen Prozeßhandlungen der Parteien in allen Prozeßarten gleichermaßen von Bedeutung sei, daß aber für die richterliche Pflicht, auf Parteibehauptungen zur Tatsachengrundlage hinzuwirken, angesichts der Aufgabe selbsttätiger Sachverhaltsermittlung kein Raum sei. Etwaige Befragungen der Parteien zum Sachverhalt könnten zwar als Instrument der richterlichen Sachverhaltsermittlung (§ 86 Abs. 1 VwGO), aber nicht als Ausdruck einer selbständigen richterlichen Hinweispflicht (§ 86 Abs. 3 VwGO) gewertet werden.[138]

Gegen die damit mögliche Eliminierung des § 86 Abs. 3 VwGO spricht bereits auf den ersten Blick, daß diese Vorschrift einschließlich ihrer 4. und 5. Tatbestandsalternative gleichermaßen geltendes Recht darstellt wie § 86 Abs. 1 VwGO. Im Sog des maximentheoretischen Denkens, das von der normtheoretisch haltlosen Hintergrundannahme gleichsam „übergeordneter" Prozeßgrundsätze ausgeht, mag die Versuchung naheliegen, die richterliche Hinweispflicht „begrifflich" zu derogieren oder als Reflex der richterlichen Untersuchungspflicht zu qualifizieren.[139] So wird erneut die „maximentheoretische" Differenzierungsstrategie herangezogen, um die selbständige Bedeutung der Hinweispflicht auf den Bereich der Parteidisposition zu verengen. Eine andere Entschärfung der drohenden Antinomie besteht darin, § 86 Abs. 3 als verfahrensspezifische Konkretisierung des Anspruchs auf rechtliches Gehör (Art. 103 Abs. 1 GG) zu interpretieren, die richterliche Hinweispflicht also nicht auf die Pflichten, sondern die Rechte der Parteien zur Mitwirkung zu projizieren und so als Beitrag zur *Effektuierung ihrer prozessualen Befugnisse* auszuweisen.[140]

Dieses Argument ist freilich ambivalent. Sein zutreffender Ausgangspunkt, die Parteien mit Blick auf ihre Mitwirkungsrechte nicht als Objekte, sondern als

---

[137] *F. Baur*, in: Rechtsschutz im Sozialrecht, 35, 43; wohl auch *O. Mühl*, GS Bruns (1980), 145, 159.

[138] *W. Grunsky*, Grundlagen des Verfahrensrechts, 180; vgl. auch die Erwägungen von *K. Kuchinke*, JuS 1967, 295, 296.

[139] In die richtige Richtung geht dagegen das Argument, bei § 86 Abs. 3 VwGO handele es sich nicht um eine Ausprägung des Untersuchungsgrundsatzes, sondern um eine in jedem Gerichtsverfahren geltende Rechtspflicht (so *K. Redeker/H. v. Oertzen*, Verwaltungsgerichtsordnung, § 86, Rn. 17). Der potentiell antinomische Charakter dieser Rechtspflicht zur Pflicht des Gerichts zur Sachverhaltserforschung aus § 86 Abs. 1 VwGO wird dabei jedoch – soweit erkennbar – nicht gesehen.

[140] In diese Richtung – mit im einzelnen unterschiedlichen Argumenten – bereits *K. Kuchinke*, JuS 1967, 295, 396; nunmehr *B. Köhler-Rott*, Der Untersuchungsgrundsatz im Verwaltungsprozeß und die Mitwirkungslast der Beteiligten, 26; *S. Kuntze*, in. *J. Bader/M. Funke-Kaiser/S. Kuntze/J. Albedyll*, Verwaltungsgerichtsordnung, § 86, Rn. 45; *W. Höfling/V. Breustedt*, in: NKVwGO, § 86 Rn. 207; *M. Dawin*, in: *F. Schoch/E. Schmidt-Aßmann/R. Pietzner*, Verwaltungsgerichtsordnung, § 86, Rn. 130;

Subjekte des Prozeßrechtsverhältnis zu begreifen,[141] führt gleichsam automatisch zur Anerkennung einer Pflichtenstellung als Partei. So interpretiert *Kuchinke* die Regelung des § 86 Abs. 3 VwGO nicht als Konsequenz des Art. 103 Abs. 1 GG, sondern als Korrelat jener Mitwirkungs- und Förderungspflichten der Parteien im Verwaltungsprozeß, die gleichsam spiegelbildlich aus ihrer Position als prozessuale Rechtssubjekte folgen.[142]

(2) Nimmt man freilich die Anordnung des § 86 Abs. 3 VwGO hinsichtlich der Tatsachenermittlung ernst, so bietet die Vorschrift einen weiteren Hebel, die im tradierten Verständnis des Untersuchungsgrundsatzes gepflegte Fiktion von der umfassenden Ermittlungspflicht des Gericht aus § 86 Abs. 1 VwGO zu erschüttern. Wie weit dies gehen kann, verdeutlicht die zuletzt von *Baur* geäußerte These, § 86 Abs. 3 VwGO *begründe* „eine Verantwortung (auch) der Beteiligten für die Tatsachengrundlage des Urteils, die Materialsammlung". Während die Parallelvorschrift des § 139 Abs. 1 ZPO vor dem Hintergrund der zivilprozessualen Verhandlungsmaxime die bloße Verpflichtung zur richterlichen *Hilfestellung* bei der Materialsammlung normiere, fixiere – so *Baur* – § 86 Abs. 3 VwGO eine echte *Mitwirkungslast* der Beteiligten, auf die der Richter gegebenenfalls hinzuweisen habe.[143] Die Vorschrift ermögliche es dem Richter, die im jeweiligen Fall auf die Partei zukommende Mitwirkungslast zu konkretisieren. Bei *Baur* ergibt sich hieraus die These einer *zweifach normierten Behauptungslast* der Parteien des Verwaltungsprozesses, nämlich einer direkten aus § 82 Abs. 1 VwGO für den Tatsachenkern sowie einer indirekten aus § 86 Abs. 3 VwGO nach Maßgabe richterlicher Konkretisierung,[144]

Freilich spricht schon der Wortlaut des § 86 Abs. 3 VwGO gegen eine derartige Überdehnung des Normgehalts, wie es die unmittelbare Ableitung einer Mitwirkungslast der Parteien verlangte. § 86 Abs. 3 VwGO hat indes, und insoweit ist der Intention *Baur*s zu folgen, zumindest indikativen Charakter. Die Norm enthält den Hinweis, daß die Konzeption des Verwaltungsprozesses als eines der Parteidisposition unterliegenden, kontradiktorischen Parteiverfahrens vor echten Gerichten einer *anderen rechtlichen Rollenbeschreibung* der Subjekte des Prozeßrechtsverhältnisses bedarf, als es das tradierte Verständnis des Untersuchungsgrundsatzes zu leisten vermag. Die rechtliche Konzeption der Beteiligtenmitwirkung als unselbständiges Element richterlicher Sachverhaltsverant-

---

[141] *K. Kuchinke*, JuS 1967, 295, 296; ebenso *B. Köhler-Rott*, Der Untersuchungsgrundsatz im Verwaltungsprozeß und die Mitwirkungslast der Beteiligten, 26.

[142] *K. Kuchinke*, JuS 1967, 295, 296; vgl. *B. Köhler-Rott*, Der Untersuchungsgrundsatz im Verwaltungsprozeß und die Mitwirkungslast der Beteiligten, 26.

[143] *F. Baur*, FS Bachof (1984), 285, 287; in diese Richtung auch *F. Haueisen*, NJW 1966, 764. Die schwebende Verortung des § 86 Abs. 3 VwGO in der hM wird deutlich in *BVerwG* Buchholz 310 § 86 Abs. 3, Nr. 35, wo es heißt, bei der Hinweispflicht gehe es „nicht in erster Linie um eigene Aufklärung durch das Gericht, sonder um Schutz und Hilfestellung für die Beteiligten bei der Wahrnehmung ihrer Mitwirkungspflicht, die dadurch nicht eingeschränkt oder beseitigt wird."

[144] *F. Baur*, FS Bachof (1984), 285, 288.

wortung verliert auch in diesem Punkte an Plausibilität, erliegt man nicht der Versuchung der maximendogmatischen Interpretation, § 86 Abs. 3 VwGO einer richterlichen Ermittlungspflicht tradierten Zuschnitts unterzuordnen.

cc) Zurückweisung verspäteten Vorbringens, § 87 b Abs. 3 VwGO

Seit 1991 bietet § 87 b Abs. 2 und 3 VwGO dem Richter die Möglichkeit, den Beteiligten für den Vortrag von Tatsachenangaben oder Beweismitteln eine Frist zu setzen und den entsprechenden Vortrag nach Fristablauf zurückzuweisen, soweit die Verspätung nicht entschuldigt wurde und die Zulassung des Vortrags zur Verzögerung des Rechtsstreits führen würde. Dies gilt nach § 87 b Abs. 3 Satz 3 VwGO nur dann, wenn es nicht mit geringem Aufwand möglich ist, den Sachverhalt auch ohne Mitwirkung des Beteiligten zu ermitteln.[145] Die Neuregelung hat weitreichende Konsequenzen für das Verständnis des Verwaltungsprozesses im allgemeinen, der Regelungen des § 86 VwGO im besonderen. Eine rechtliche Konzeption der Beteiligtenmitwirkung als unselbständiges Element richterlicher Sachverhaltsaufklärung dürfte, so die Vermutung, mit der Möglichkeit des Ausschlusses verspäteten Vorbringens nicht vereinbar sein.[146]

(1) Dies folgt gleichsam im Umkehrschluß aus jenen Argumenten, die vor Inkrafttreten des § 87 b VwGO gegen die entsprechende Anwendung des § 296 ZPO (i. V. m. § 173 VwGO) vorgebracht wurden. Eine Kombination von Untersuchungsmaxime und Präklusionsvorschriften sei, so die damalige Argumentation, „in sich systemwidrig“, da eine Präklusion nur in solchen Verfahrensarten Platz greifen könne, die davon ausgehen, daß jeder das ihm Günstige vortrage.[147] Zur Präklusion gehöre notwendigerweise die Verhandlungsmaxime. Wenn dagegen trotz Anordnung der Untersuchungsmaxime die gleichzeitige Statuierung von Präklusionsvorschriften ins Auge gefaßt werde, so könne nicht nur zum Nachteil des Säumigen, sondern auch anderer Beteiligter präkludiert werden.[148] Im Zusammenhang mit diesen binnensystematischen Argumenten wurden auch die vertrauten verfassungsrechtlichen Bezüge hergestellt. Die Präklusion passe, so diese Figur, weder zum Gebot materiell richtiger Entscheidungen noch zu dem Ansinnen, im Wege des Untersuchungsgrundsatzes zwischen den Beteiligten Waffengleichheit herzustellen.[149]

Vereinzelt wurde in der Literatur schon vor Inkrafttreten des § 87 b VwGO die Zulässigkeit der Zurückweisung verspäteten Vorbringens im Verwaltungsprozeß bejaht. Nach *Kopp* war das Verwaltungsgericht, zumal angesichts der Dispositionsmacht der Beteiligten über den Streitgegenstand, nicht dazu aufge-

---

[145] § 87 b VwGO eingefügt durch das 4. VwGO ÄndG vom 17. 12. 1990, BGBl. I, 2809.
[146] Nachweise bei *D. Kreitl*, BayVBl. 1982, 359.
[147] *M. Marx*, Die Notwendigkeit und Tragweite der Untersuchungsmaxime, 123f.
[148] *M. Marx*, Die Notwendigkeit und Tragweite der Untersuchungsmaxime, 124.
[149] *M. Marx*, Die Notwendigkeit und Tragweite der Untersuchungsmaxime, 124.

rufen, „für den von der Rechtsordnung als mündig bezeichneten Bürger Kindermädchendienste zu leisten".[150] *Redeker* zufolge sollte den Beteiligten des Verwaltungsprozesses eine Mitwirkungspflicht obliegen, die nicht nur die Pflicht zum Sachvortrag im allgemeinen, sondern auch eine Pflicht zum Sachvortrag zu rechten Zeit umfasse. Diese Prozeßförderungspflicht folge, so *Redeker*, gleichsam spiegelbildlich aus dem Mitwirkungsrecht der Parteien im Gerichtsverfahren (Art. 103 Abs. 1 GG). Ebenso wie im Verwaltungsverfahren materiell-rechtliche Präklusionsvorschriften zulässig seien, müßte es auch dem Richter ermöglicht werden, solche Tatsachen bei der Aufklärung und Feststellung des Sachverhalts nicht heranzuziehen, mit denen der Beteiligte wegen Verstoßes gegen seine Prozeßförderungspflicht nicht mehr gehört werden könne.[151]

(2) Wie diese Stimmen indizieren, besteht ein zumindest *assoziativer Zusammenhang* zwischen der Forcierung einer Mitwirkungsverantwortung der Beteiligten auf der einen, der Zulässigkeit von Präklusionsvorschriften auf der anderen Seite. Im Schrifttum zu § 87 b VwGO heißt es, die These, im Verwaltungsprozeß existiere weder eine subjektive noch eine objektive Behauptungslast, könne angesichts der Präklusionsbefugnis des Gerichts nicht mehr überzeugen. Die neu eingefügte Norm habe theoretisch weitreichende Konsequenzen für das Verständnis des Verwaltungsgerichtsprozesses,[152] die über die punktuelle Regelung des § 87 b VwGO hinausreichten. Eine andere Stimme geht ohne weiteres von einer *Einschränkung des Untersuchungsgrundsatzes* durch Mitwirkungslasten der Beteiligten aus. Darlegungs- und Beweislastregeln könnten daher auch im Verwaltungsprozeß „grundsätzlich" Geltung beanspruchen. Diese aus der allgemeinen prozessualen Risikoverteilung resultierenden Mitwirkungslasten der Beteiligten würden durch die Präklusionsnormen lediglich insofern verschärft, als das jeweils erforderliche Vorbringen nunmehr zügiger angefordert werden könne. Daher kollidierten Präklusionsnormen nicht mit dem Amtsermittlungsgrundsatz.[153]

Freilich fehlt es auf der anderen Seite nicht an Stimmen, die wenn schon nicht verfassungsrechtliche, so doch zumindest *rechtspolitische* Bedenken gegenüber § 87 b VwGO geltend machen, die sich aus den angeblichen verfassungsrechtlichen Bezügen der Untersuchungsmaxime speisen. So heißt es, die Möglichkeit der Präklusion gehe zu Lasten „des im Verwaltungsprozeß im Vergleich zum Zivilprozeß bestehenden stärkeren öffentlichen Interesses an der sachlichen Richtigkeit der Entscheidung im Einklang mit dem geltenden Recht". Die Ver-

---

[150] *F. Kopp*, BayVBl. 1980, 263, 268.

[151] *K. Redeker*, DVBl. 1981, 83, 86.

[152] *Schmid*, in: NKVwGO § 87 b, Rn. 1; ebd., Anm. 4.

[153] *K.-M. Ortloff*, in: *F. Schoch/E. Schmidt-Aßmann/R. Pietzner*, Verwaltungsgerichtsordnung, § 87 b, Rn. 15f.; vgl. auch *F. O. Kopp/R. Schenke*, Verwaltungsgerichtsordnung, § 87 b, Rn. 3: Die Vorschrift ergänze und präzisiere die „allgemeine Mitwirkungspflicht des Klägers gemäß § 86 Abs. 1 Satz 2".

waltungsgerichte müßten „nicht nur dem Bürger Rechtsschutz gegenüber der Verwaltung gewähren, sondern grundsätzlich unabhängig vom Vortrag der Beteiligten (vgl. § 86 Abs. 1) sicherstellen, daß im konkreten Fall die schließlich ergehende Entscheidung auch dem Gesetz und dem Grundsatz der Gesetzmäßigkeit der Verwaltung genügt."[154]

(3) Nach dem hier zugrundeliegenden Verständnis der verfassungsrechtlichen Direktiven des Verwaltungsprozesses hinsichtlich der Sachverhaltsermittlung ist § 87 b VwGO sowohl in rechtlicher wie rechtspolitischer Hinsicht unbedenklich. Der Untersuchungsgrundsatz ist verfassungsrechtlich nicht geboten. Im Gegenteil stellt sich die Frage, ob die konzeptuelle Grundentscheidung des Art. 19 Abs. 4 GG nicht eher ein an den Zivilprozeß angenähertes Verfahren der Sachverhaltsermittlung erforderte.[155]

Auch kommt es methodisch nicht in Betracht, die Rechtmäßigkeit des § 87 b VwGO an „dem" Untersuchungsgrundsatz als einfach-gesetzlichem Rechtsgrundsatz zu bemessen. Argumentative Ansätze, die Präklusion gemäß § 87 b VwGO mit der Pflicht des Gerichts aus § 86 Abs. 1 VwGO zur umfassenden Sachverhaltsermittlung zu konfrontieren und einschränkend auszulegen,[156] verfehlen den normativen Befund. Angesichts der klaren Entscheidung des Gesetzgebers für die *Sanktionierung von Mitwirkungsversäumnissen* geht es fehl, die Amtsermittlung zum „beherrschenden Grundsatz" des Verwaltungsprozesses zu erheben, die Präklusionsmöglichkeit dagegen zum „Nebenkriegsschauplatz" zu degradieren und hieraus das Postulat einer engen Auslegung des § 87 b VwGO als Ausnahmebestimmung zu ziehen.[157]

Zutreffend bleibt freilich die Erkenntnis der älteren Literatur, daß die Präklusion von Sachvortrag im Prozeß mit dem tradierten, instrumentellen Verständnis der Beteiligtenmitwirkung nicht zu vereinbaren ist. Unter der Geltung des § 87 b VwGO sind hieraus freilich die gegenteiligen Schlüsse zu ziehen, nämlich die *Unvereinbarkeit der instrumentellen Zuordnung* von Beteiligtenmitwirkung und Amtsermittlung mit dem geltenden Recht. Auch die weitergehende Annahme einer selbständigen, vom Vorbringen der Parteien gänzlich unabhängigen Ermittlungspflicht (§ 86 Abs. 1 Satz 2 VwGO) des Gerichts ist angesichts der Öffnung des Verwaltungsprozesses für die Zurückweisung verspäteten Vorbringens nicht mehr plausibel. Zumindest in den Fällen des § 87 b Abs. 3 VwGO beschränkt sich die selbständige Ermittlungstätigkeit des Gerichts auf solche Fälle, in denen es mit *geringem Aufwand* möglich ist, den Sachverhalt auch ohne

---

154 *F. O. Kopp/R. Schenke*, Verwaltungsgerichtsordnung, § 87 b, Rn. 2; in diese Richtung auch *S. Kuntze*, in: *J. Bader/M. Funke-Kaiser/S. Kuntze/J. Albedyll*, Verwaltungsgerichtsordnung, § 87 b, Rn. 1.

155 Vgl. oben, Kap. 2.

156 In diese Richtung *F. O. Kopp/R. Schenke*, Verwaltungsgerichtsordnung, § 87 b, Rn. 1.

157 So aber *S. Kuntze*, in: *J. Bader/M. Funke-Kaiser/S. Kuntze/J. Albedyll*, Verwaltungsgerichtsordnung, § 87 b Rn. 2f.

Mitwirkung der Beteiligten zu ermitteln (Satz 3).[158] Fraglich ist allein – und dies ist im Zusammenhang mit der unten zu entwickelnden Konzeption des Verhältnisses von Amtsermittlung und Beteiligtenmitwirkung zu untersuchen[159] – ob der zuletzt genannten Vorschrift nicht ein allgemeiner Rechtsgedanke zur Konturierung der verbleibenden Sachverhaltsverantwortung des Gerichts entnommen werden kann.

b) Mitwirkungslast

Im Zivilprozeß wird die Motivation der Parteien, zur Sachverhaltsermittlung beizutragen, im wesentlichen über Lasten bewirkt, d.h. über solche Handlungsmöglichkeiten, die zu ergreifen im Belieben der Parteien steht. Die Parteien werden im wesentlichen nur durch das eigene Interesse zum Tätigwerden getrieben, weil sie anderenfalls Gefahr laufen, den Prozeß zu verlieren.[160]

Auch mit Blick auf den Verwaltungsprozeß ist, wie bereits erwähnt, bisweilen von Behauptungs- oder Beweisführungslasten der Parteien die Rede,[161] allerdings zumeist ohne die Intention, den zivilprozessualen Lastenbegriff zu übernehmen oder gar eine konsistente Alternativkonstruktion zu entwickeln. Eine Ausnahme bildet das oben bereits erwähnte Argument von *Musielak*, daß im Verwaltungsprozeß eine Behauptungs- und Beweisführungslast als „Vor-Wirkung" der objektiven Beweislast bestehe. Es mache de facto, so das Argument, keinen Unterschied, ob die feststellungsbelastete Partei im Verfahren mit Verhandlungsmaxime keinen Beweis antrete, oder ob in einem Verfahren mit Untersuchungsgrundsatz keine Beweismittel zur Verfügung stünden.[162] Dagegen setzt nach herrschender Meinung der Begriff der Last voraus, daß der prozessuale Nachteil eine *unabwendbare Folge* der Untätigkeit der Parteien sei. Daran fehle es, da § 86 Abs. 1 Satz 2 VwGO richterliche Untersuchungen unabhängig von Qualität und Inhalt des Parteivorbringens ermögliche.[163]

---

[158] Satz 3 des § 87 b Abs. 1 VwGO harmonisiert die Zurückweisung verspäteten Vorbringens mit dem Amtsermittlungsgrundsatz, folgt aber nicht bereits aus diesem. Abwegig daher die Ansicht von *S. Kuntze*, in: *J. Bader/M. Funke-Kaiser/S. Kuntze/J. Albedyll*, Verwaltungsgerichtsordnung, Rn. 15, Satz 3 sei als „Rekurs auf den Grundsatz der Amtsermittlung ... eigentlich überflüssig."

[159] Sogleich unten, Abschnitt 4.

[160] Vgl. erneut *L. Rosenberg/K. Schwab/P. Gottwald*, Zivilprozeßrecht, 10f.

[161] Vgl. *M. Dawin*, in: *F. Schoch/E. Schmidt-Aßmann/R. Pietzner*, Verwaltungsgerichtsordnung, § 86, Rn. 73; *W. Höfling/V. Breustedt*, in: NKVwGO, § 86, Rn. 110; *W. B. Maetzel*, DÖV 1966, 520, 521; aus der Rsp. *BVerwG* Buchholz 310 § 86 Abs. 1 VwGO Nr. 88 und 116 (115).

[162] *H.-J. Musielak*, Die Grundlagen der Beweislast im Zivilprozeß, 38f.; vgl. jüngst *H. Geiger*, BayVBl. 1999, 321, 324.

[163] *H. Prütting*, Gegenwartsprobleme der Beweislast, 25; vgl. *W. Berg*, FS Menger (1985), 537, 545; *M. Marx*, Die Notwendigkeit und Tragweite der Untersuchungsmaxime, 173; *W. Grunsky*, Grundlagen des Verfahrensrechts, 173f.

aa) Problematik des Lastbegriffs

Oben konnte gezeigt werden, daß diese Argumentation bereits angesichts der inhärenten, funktionsnotwendigen Grenzen richterlicher Sachverhaltsermittlung Plausibilitätsdefizite aufweist. Mit Blick auf die rechtliche Qualifikation ist es zudem keineswegs selbstverständlich, den Begriff der Last auf solche Handlungsmöglichkeiten zu beschränken, deren Nichtergreifen zwangsläufig zum prozessualen Nachteil führt. Dies ist mangels einschlägiger Legaldefinitionen vielmehr eine Frage juristischer Begriffsbildung, die nicht als richtig oder falsch, sondern nur als mehr oder minder zweckmäßig bewertet werden kann, wobei die Funktionen der juristischen Dogmatik[164] den Maßstab abgeben. Insofern mag es allerdings mit Blick auf die Differenzierungsleistung und Anschlußfähigkeit der Begriffsbildung naheliegen, den Unterschied zwischen zwingenden und gleichsam zufälligen Folgen der Untätigkeit der Parteien auch begrifflich zum Ausdruck zu bringen.

Ein Blick auf die Quellen des Lastbegriffs erweist, daß dort durchaus zwischen notwendigen und zufälligen Folgen der Parteipassivität unterschieden wurde. *James Goldschmidt* spricht bei jenen prozessualen Nachteilen, die erst aufgrund der materiellen Beweislast, nicht schon aufgrund der Bindung des Gerichts an den Parteivortrag eintreten, von „minder vollkommenen" Lasten. Diese Bezeichnung rechtfertigt sich nach *Goldschmidt* aus dem Grunde, daß in diesen Fällen der Nachteil der Nichtfeststellung von Tatsachen durch richterliche Ermittlungstätigkeit abgewendet werden könnte.[165] Freilich ändert eine derartige begriffliche Differenzierung nichts an der oben gewonnenen Erkenntnis, daß über die Stoppregel der materiellen Beweislast im Verwaltungsprozeß *de facto* eine ähnliche Risikoverteilung für die Sachverhaltsaufklärung bewirkt wird wie im Zivilprozeß, ohne daß dies mit dem tradierten Verständnis des Untersuchungsgrundsatzes noch in angemessener Form dogmatisch abgebildet werden könnte.

bb) Einschränkung der richterlichen Aufklärungsbefugnis?

Plausibler wäre der Lastbegriff freilich dann, wenn nicht nur die Aufklärungs*pflicht*, sondern auch die entsprechende *Befugnis* des Gerichts im Falle von Mitwirkungsdefiziten oder unstreitigem Vorbringen eingeschränkt würde. Immerhin heißt es hierzu in der Rechtsprechung, es sei verfehlt, wenn die Verwaltungsgerichte ihre Sachaufklärungspflicht zum Anlaß nähmen, in Verwaltungsstreitverfahren gleichsam ungefragt in eine Suche nach Fehlern einzutreten.[166] Ähnlich bezweifelt *Redeker*, ob die Handhabung des Untersuchungs-

[164] Hierzu *R. Alexy*, Theorie der juristischen Argumentation, 330f.

[165] *J. Goldschmidt*, Der Prozeß als Rechtslage, 341.

[166] *BVerwG* DVBl. 1980, 230 (231); bestätigt durch *BVerwG* Buchholz 310 §86 Abs.1,

grundsatzes in dieser Form notwendig, ja überhaupt *zulässig* sei; ob also in diesen Fällen nicht richterliche Aufklärungspflichten angenommen würden, denen es der Stütze im Gesetz ermangele und die zudem mit den Mitwirkungs*rechten* der Parteien kollidierten.[167] Eine andere Stimme im Schrifttum tendiert dahin, die Untersuchungsbefugnis des Gerichts für jene Sachverhaltselemente einzuschränken, die eindeutig in die Sphäre eines der Beteiligten fallen.[168]

Nach dem tradierten Modell kann jedem Versuch, eine derartige *Kongruenz von Aufklärungspflicht und Aufklärungsbefugnis* des Gerichts zu entwickeln, mit Hinweis auf § 86 Abs. 1 Satz 2 VwGO begegnet werden, wonach das Gericht an das tatsächliche Vorbringen und die Beweisanträge der Beteiligten nicht gebunden ist.[169] Fraglich ist jedoch, ob dieses Ergebnis befriedigen kann, wenn zugleich auf breiter Linie eine faktische Abhängigkeit zwischen Qualität und Umfang des Parteivorbringens auf der einen, der Reichweite richterlicher Ermittlungspflicht auf der anderen Seite akzeptiert wird. Immerhin reicht dies bis hin zu dem Eingeständnis der herrschenden Meinung, daß ein Geständnis der Parteien oder übereinstimmender Parteivortrag das Maß der Nachforschungspflicht des Gerichts auf Null reduzieren kann, soweit sich ein abweichender Geschehensablauf nicht aufdrängt.[170]

Es stellt sich die Frage, ob ein derartiges Auseinandertreten von Aufklärungspflicht und Aufklärungsbefugnis nicht zu Beeinträchtigungen der *richterlichen Unabhängigkeit* führen kann, wenn einerseits die Aufklärungspflicht des Gerichts in praxi zunehmend auf ein Maß zurückgeführt wird, das die faktischen Unterschiede zum Zivilprozeß schwinden läßt, aber zugleich eine nach wie vor unbegrenzte, nur durch naturwissenschaftliche Erkenntnisgrenzen limitierte Aufklärungsbefugnis postuliert wird. Der Prozeßausgang droht angesichts dessen, von der mehr oder minder *zufälligen Entscheidung* determiniert zu werden, ob das Gericht trotz mangelnder Substantiierung oder übereinstimmenden

---

Nr. 273: Die Pflicht zur Sachverhaltsaufklärung bedeute nicht, „daß das Gericht verpflichtet wäre, auf bloße von einem Beteiligten geäußerte allgemeine Zweifel hin in eine Fehlersuche in der Entstehungsgeschichte eines vor mehr als hundert Jahren entstandenen Fluchtlinienplan einzutreten"; ähnlich *BVerwG* Buchholz 310 § 86 Abs. 1, Nr. 296: Ohne substantiierten Vortrag des Antragstellers, der die strengen Anforderungen für das Funktionsloswerden eines Bebauungsplanes im Einzelfall konkretisiere, bestehe für das Gericht im Rahmen der abstrakten Normenkontrolle (!) kein Anlaß, von sich aus in die entsprechende Prüfung einzusteigen.

[167] *K. Redeker*, DVBl. 1981, 83, 87,

[168] *B. Köhler-Rott*, Der Untersuchungsgrundsatz im Verwaltungsprozeß und die Mitwirkungslast der Beteiligten, 160: „In dieser Sphäre sollte es (das Gericht, M.K.) eigentlich nur dann tätig werden, wenn von einem Beteiligten ein konkreter Anstoß gegeben wird". *Köhler-Rott* erblickt darin die (begrenzte) Befugnis der Beteiligten, die Amtsermittlung auf jenen Bereich zu beschränken, den sie entschieden haben wollen.

[169] Vgl. nur *W. Höfling/V. Breustedt*, in: NKVwGO, § 86, Rn. 137ff.; unkritisch *B. Köhler-Rott*, Der Untersuchungsgrundsatz im Verwaltungsprozeß und die Mitwirkungslast der Beteiligten, 160.

[170] *W. Höfling/V. Breustedt*, in: NKVwGO, § 86, Rn. 141 m.w.N.

Sachvortrags weitere Ermittlungen anstellt oder nicht. Das Gebot richterlicher Neutralität drängt dagegen auf *verläßliche, a priori vorhersehbare Maßstäbe*, unter welchen Voraussetzungen das Gericht in die selbständige Sachverhaltsaufklärung eintreten kann und muß. Die zu Zeiten des preußischen Verwaltungsprozesses vertretene Lösung, die Aufklärung in diesen Fällen in das *Ermessen* des Gerichts nach Maßgabe der jeweils streitbefangenen „öffentlichen Interessen" zu stellen,[171] ist heute so nicht mehr gangbar. Öffentliche Interessen sind nur nach Maßgabe ihrer gesetzlichen Normierung von Belang, bilden (und bildeten[172]) aber keinen verläßlichen Maßstab zur rechtlichen Konturierung der richterlichen Amtsaufklärung. Die Lösung von *Faber*, die verwaltungsprozessuale Ausprägung des Untersuchungsgrundsatzes als „eine Art Aufsicht über die Sachverhaltsdarbietung durch die Beteiligten" zu charakterisieren,[173] geht zwar in die richtige Richtung. Sie bietet aber keine Anhaltspunkte dafür, nach welchen rechtlichen Maßstäben eine derartige Reservekompetenz eingreifen kann und muß.

c) *Mitwirkungspflicht*

Der Begriff der Pflicht als rechtliche Kennzeichnung der Mitverantwortung der Beteiligten für die Sachverhaltsermittlung führt zu ähnlichen Widersprüchen mit dem tradierten Modell des Untersuchungsgrundsatzes sowie der allgemeinen prozeßrechtlichen Begriffsbildung, wie sie bereits beim Begriff der Last zu beobachten waren.

Auf den ersten Blick erscheint der in Rechtsprechung und Schrifttum vielfach herangezogene[174] Begriff der Mitwirkungspflicht allerdings als systemkonform.

---

[171] *K. Friedrichs*, LVG, §76, Anm. 3f. m.w.N.; so heute noch *H. Kollhosser*, Zur Stellung und zum Begriff der Verfahrensbeteiligten, 126, der indes die hieraus resultierende „erhebliche Unklarheit" über den allgemeinen Umfang der gerichtlichen Aufklärungspflicht durchaus erkennt (128). Im Ergebnis geht er zu Recht von einer auf die „ergänzende Sachaufklärung" des Gerichts beschränkte Ermittlungstätigkeit aus (132). Kritisch zu der hieraus resultierenden „abgeschwächten", zwischen Verhandlungs- und Untersuchungsgrundsatz angesiedelten Mitwirkungspflicht *W. Grunsky*, Grundlagen des Verfahrensrechts, 169.

[172] Dies zeigt ein Blick auf die uneinheitliche Rechtsprechung des PrOVG zum Verhältnis von Parteimitwirkung und Amtsermittlung; vgl. im Überblick die Kommentierung bei *K. Friedrichs*, LVG, §76, Anm. 3ff.

[173] *H. Faber*, FS RAV Hannover (1981), 79, 99.

[174] Die Begriffsverwendung ist uneinheitlich; das einschlägige Schrifttum erklärt die Frage der begrifflichen Kennzeichnung bisweilen für nachrangig und verwendet die Begriffe Pflicht und Last nahezu synonym (etwa *M. Nierhaus*, Beweismaß und Beweislast, 348 und passim; *B. Köhler-Rott*, Der Untersuchungsgrundsatz im Verwaltungsprozeß und die Mitwirkungslast der Beteiligten, 32, 188ff.; unentschieden *K. Redeker/H. v. Oertzen*, Verwaltungsgerichtsordnung, §86, Rn. 11). Im älteren Schrifttum und in der Rsp. findet sich überwiegend der Begriff der Mitwirkungs*pflicht* (vgl. *F. Haueisen*, NJW 1966, 764, 764; *G. Lüke*, JuS 1961, 41, 43; *K. Kuchinke*, JuS 1967, 295, 297ff.; weitere Nachweise bei *H. Kollhosser*, Zur Stellung und zum Begriff der Ver-

Während der Begriff der Last auf eine wegen § 86 Abs. 1 Satz 2 VwGO problematische Kongruenz von Befugnis und Pflicht des Richters zur Sachverhaltsermittlung zusteuert, ist der Begriff der Mitwirkungspflicht geeignet, die Konstellation einer „echten Überlappung" der Befugnisse des Gerichts und der Parteien bei der Sachverhaltsermittlung abzubilden.[175] Die von der tradierten Konzeption in Kauf genommene Lage, die Frage weiterer Sachverhaltsermittlung in zahlreichen Fällen unzureichenden Parteivortrags in ein nicht näher konturiertes Ermessen des Gerichts zu geben, läßt sich mit dem Pflichtbegriff immerhin zutreffend abbilden. Grund hierfür ist, daß die Annahme einer Mitwirkungspflicht, anders als beim Begriff der Last, keine strikte rechtliche Koppelung zwischen Beteiligtenmitwirkung und der Befugnis des Gerichts zur eigenen Sachverhaltsermittlung impliziert.

Problematisch erscheint der Pflichtbegriff indes hinsichtlich der *Folgen der Pflichtverletzung*. Die Verwaltungsprozeßordnung kennt keine erzwingbaren Mitwirkungpflichten der Beteiligten. Nach der Idealtypik des tradierten Modells ist dieser Befund ambivalent. Verstanden als unselbständiges Element richterlicher Mitwirkung im Dienste der Ermittlung „materieller Wahrheit" wäre eine Sanktionsbewehrung der Parteimitwirkung konsequent gewesen.[176] Prozessuale Nachteile, etwa im Wege der Beweislastumkehr, der Minderung des Beweismaßes, der Präklusion oder der negativen Fiktion, kollidieren aber mit der Leitidee des tradierten Modells, der Richter solle von Amts wegen den tatsächlichen Geschehensablauf zur Gänze erschließen.[177] Soweit der Lastbegriff wegen § 86 Abs. 1 Satz 2 VwGO vermieden wird, bleibt dem tradierten Modell daher nur der Entwurf *„sanktionsloser Pflichten"*. Derartige Rechtsnormen sind zwar konzeptuell möglich, da der Begriff der Rechtsnorm die Elemente der Sanktionsandrohung oder -verhängung, obschon typisches Motiv der Normbefolgung, nicht notwendig umfaßt.[178] Ein sinnvolles Instrument zur Motivation der Parteien, den notwendigen Informationstransfer in den Prozeß zu bewerkstelligen, bilden derartige sanktionslose Pflichten freilich nicht. Insofern kann es nicht verwundern, daß sich in der Praxis auch nach herkömmlichem Ver-

---

fahrensbeteiligten, 121, Anm. 32). Eine Systematik liegt dem nicht zugrunde, so daß die nähere Darstellung des Schrifttums insoweit keine Aufschlüsse erwarten läßt.

[175] Vgl. zu dieser Konstellation *A. Lang*, VerwArch 1961, 60, 190f.

[176] Vgl. *R. Stürner*, Die Aufklärungspflicht der Parteien des Zivilprozesses, 252: „Der Gesetzgeber hat nun häufig den Grundsatz amtswegiger Wahrheitserforschung nicht so konsequent verwirklicht, daß er erzwingbare Pflichten geschaffen hätte".

[177] Vgl. im einzelnen *W. Höfling/V. Breustedt*, in: NKVwGO, § 86, Rn. 127ff.; *B. Köhler-Rott*, Der Untersuchungsgrundsatz im Verwaltungsprozeß und die Mitwirkungslast der Beteiligten, 214ff.

[178] *N. Luhmann*, Das Recht der Gesellschaft, 134f.; *H. Kelsen*, Reine Rechtslehre, 55; im hiesigen Zusammenhang *B. Köhler-Rott*, Der Untersuchungsgrundsatz im Verwaltungsprozeß und die Mitwirkungslast der Beteiligten, 32; auch *H. Prütting*, Gegenwartsprobleme der Beweislast, 31, der jedoch im Zivilprozeß keine echten Handlungspflichten anerkennen möchte, die nicht zugleich sanktionsbewehrt wären.

ständnis des Untersuchungsgrundsatzes die Bemühungen dahin richten, Folgen an die „Verletzung“ von Mitwirkungspflichten zu knüpfen. Diese Folgen sind zum einen durchaus heterogen, zum anderen bewegen sie sich angesichts des § 86 Abs. 1 Satz 1 VwGO im Zwielicht zwischen Sanktion und Nicht-Sanktion, was weitere Widersprüche induziert.

Die Problematik der Handlungspflicht als rechtsbegriffliche Kennzeichnung der Mitwirkungsobliegenheiten liegt darin, daß sie höchst heterogene Handlungsanweisungen und Sanktionsandrohungen an die Parteien adressieren muß. Zum einen geht es um die *Reichweite* der richterlichen Ermittlungspflicht, insbesondere dann, wenn die Beteiligten sich der Mitwirkung an der Sachverhaltsermittlung verweigern. Zum anderen stellt sich die Frage, ob und inwieweit das Gericht aus der Unterlassung oder Verweigerung der Mitwirkung Schlüsse im Rahmen der Sachverhaltsermittlung und *Beweiswürdigung* ziehen darf.[179] § 86 Abs. 1 Satz 1 Hs. 2 VwGO müßte danach prima facie drei unterschiedliche Rechtsformen der Mitwirkungspflicht normieren: Die Auslösung der richterlichen Ermittlungspflicht, indem die Parteien einen tatsächlichen Umstand in den gerichtlichen „Wahrnehmungsbereich“ transferieren (aa); die Mitwirkung bei Vortrag und Beweis solcher Tatsachen, für welche die Partei die objektive Beweislast trägt (bb); schließlich die Aufklärungspflicht für solche Tatsachen, für welche die mitwirkungsbelastete Partei nicht objektiv beweisbelastet ist (cc).

aa) Risiko der Unaufklärbarkeit

Sofern der Umfang richterlicher Sachverhaltsermittlung durch unzureichenden Vortrag der Parteien limitiert wird, realisiert sich lediglich deren allgemeines Prozeßrisiko für die Sachverhaltsaufklärung, da das Gericht im Falle des *non liquet* eine Entscheidung nach objektiver Beweislast fällt. Gemeint sind damit jene Fälle, in denen die richterliche Ermittlungspflicht nach § 86 Abs. 1 VwGO nicht ausgelöst wird, weil überhaupt keine Anhaltspunkte für die Sachverhaltsermittlung bestehen.

Da sich in dieser Konstellation die allgemeine prozessuale Risikoverteilung realisiert, entsteht, wie oben dargetan, eine der zivilprozessualen Last *materiell gleichgelagerte Handlungsmotivation*. Die Kennzeichnung der dahinterstehenden Rechtsfigur als Pflicht birgt das Risiko, die Erkenntnis der allgemeinen prozessualen Risikoverteilung im Verwaltungsprozeß zu verunklaren. Im Verhältnis zu dieser Risikoverteilung könnte es sich bei einer korrespondierenden Pflicht der Partei zur Sachverhaltsaufklärung allenfalls um ein *Sekundärphänomen* handeln, das aber von der Risikozuweisung zur Gänze überlagert würde.

---

[179] Vgl. *K. Redeker*, DVBl. 1981, 83, 84; auch *M. Dawin*, in: *F. Schoch/E. Schmidt-Aßmann/R. Pietzner*, Verwaltungsgerichtsordnung, § 86, Rn. 82.

Einer Handlungspflicht neben der allgemeinen Risikoverteilung bedarf es konzeptuell nicht, da diese Lastverteilung etwaige Mitwirkungspflichtverletzungen in der Rechtsfolge vollständig konsumiert. Ähnlich wie im Zivilprozeß gilt, daß für die risikobelastete Partei nicht die Erfüllung oder Nichterfüllung einer Pflicht und die daran geknüpfte Verhaltensgratifikation, sondern allein die Risikobewältigung entscheidend ist.[180] Der Begriff der Pflicht ist insoweit redundant.

bb) Aufklärungspflichtverletzung der risikobelasteten Partei

Anders verhält es sich in jenen Fällen, in denen sich die Notwendigkeit weiterer Sachverhaltsermittlung nicht *aufdrängt*, also die von der hM gebildeten inhärenten Begrenzungen der Ermittlungspflicht aus § 86 Abs. 1 VwGO greifen.[181] Diese Konstellation tritt, wie oben geschildert, in der Praxis vor allem dann ein, wenn nicht einmal der interessierte Beteiligte selbst einigermaßen substantiierte Angaben zum Sachverhalt macht. Derartiger Vortrag wird vor allem dann erwartet, wenn die Umstände in der Sphäre des Beteiligten entstanden sind.[182] Es handelt sich also um jene Fälle, wo zwar *Anhaltspunkte* für die richterliche Aufklärung einzelner Elemente des Sachverhalts bestehen, die Aufklärungsverantwortung jedoch aufgrund materiell-rechtlicher Anordnung,[183] tatsächlicher Umstände[184] oder einer rechtlichen Zuweisung anhand des Sphärengedankens[185] in die Alleinverantwortung eines der Prozeßbeteiligten überwiesen wird.

An die Stelle der bloß faktisch wirksamen Risikoverteilung im Falle mangelnden Informationstransfers schlechthin tritt mit dem Sphärengedanken, jedenfalls in der judikativen Praxis, eine *wertende Betrachtensweise* hinzu, die den Parteien, insofern wiederum ähnlich dem zivilprozessualen Lastgedanken, die Aufklärung bestimmter Tatsachen a priori überantwortet. Diese Entwicklung des Pflichtengedankens leidet nicht nur am Widerspruch zur Aufklärungsverpflichtung des Gerichts aus § 86 Abs. 1 VwGO, sondern auch an der mangelhaften Abstimmung mit dem Prinzip der objektiven Beweislast. Sie normiert eine „Sphärenverantwortung" der Parteien, die mit der allgemeinen prozessualen

---

180 *R. Stürner*, Die Aufklärungspflicht der Parteien des Zivilprozesses, 253.

181 Vgl. zu dieser Differenzierung auch *M. Dawin*, in: *F. Schoch/E. Schmidt-Aßmann/R. Pietzner*, Verwaltungsgerichtsordnung, § 108, Rn. 78.

182 Vgl. an dieser Stelle nur *M. Dawin*, in: *F. Schoch/E. Schmidt-Aßmann/R. Pietzner*, Verwaltungsgerichtsordnung, Rn. 73.

183 Beispielsweise im Wehrrecht: Duldung einer körperlichen Untersuchung, § 17 Abs. 4 bis 7 WPflG; hierzu *BVerwGE* 74, 222 (225).

184 Insbesondere dann, wenn allein der Beteiligte der Wissensträger ist.

185 Beispielsweise im Asylrecht: Schilderung derjenigen Umstände, die der Asylbewerber aus eigenem Erleben und eigenen Erfahrungen kennt; vgl. *BVerwGE* NVwZ 1994, 1123; *W. Höfling/V. Breustedt*, in: NKVwGO § 86, Rn. 123.

Risikoverteilung nicht mehr kongruiert, sondern quer dazu steht oder nur Teilbereiche erfaßt.

In diesen Fällen soll, so die Formel der herrschenden Meinung, die unzureichende Beteiligtenmitwirkung bei der *Beweiswürdigung* berücksichtigt werden.[186] Die Pflichtverletzung geht dabei in der Regel zu Lasten der säumigen Partei, was unter Anlehnung an die zivilprozessuale Figur der *Beweisvereitelung* gerechtfertigt wird.[187] Diese verbreitete Formel leidet in ihrer Stringenz gerade unter der mangelhaften Abstimmung mit der allgemeinen prozessualen Risikoverteilung. Handelt es sich nämlich bei den unaufklärbaren Umständen um solche, für welche die betreffende Partei nach den allgemeinen Grundsätzen der objektiven Beweislast das *Aufklärungsrisiko* trägt, ist der Rückgriff auf die Beweiswürdigung überflüssig. Für die risikobelastete Partei ist es gleichgültig, ob eine prozessuale Pflicht bestand und ob sie erfüllt wurde. Maßgeblich für den Prozeßausgang ist allein, ob das Aufklärungsrisiko bewältigt wurde.[188] Für die Auferlegung weiterer Nachteile wegen der Aufklärungspflichtverletzung besteht ebensowenig Raum[189] wie in jenen vorgenannten Fällen, in denen ein Umstand überhaupt nicht in den prozessualen Erkenntnishorizont gelangt. Auch insoweit ist der Pflichtbegriff irreführend.

cc) Aufklärungspflichtverletzung der nicht risikobelasteten Partei

Es bleiben die Pflichtverletzungen der nicht risikobelasteten Partei. Diese würden, soweit keine richterliche Aufklärungstätigkeit die mangelnde Parteiaktivität substituiert, ebenfalls zu Lasten der risikobelasteten Partei gehen, falls keine taugliche Sanktion dies verhindert.[190] Die von der herrschenden Lehre pauschal vorgeschlagene „Sanktionierung" dieser Pflichtverletzungen im Rahmen der Beweiswürdigung ist mit Blick auf den auch im Verwaltungsprozeß geltenden Grundsatz der freien Beweiswürdigung (§ 108 Abs. 1 VwGO) nicht unproblematisch. Vielmehr stößt die Dogmatik der verwaltungsprozessualen Beteiligtenmitwirkung an dieser Stelle auf eines der großen Streitthemen des all-

---

[186] *BVerwGE* 8, 29ff.; in der Sache wohl *BVerwG* Buchholz 442.10 § 4 StVG, Nr. 32, Nr. 52; *OVG Koblenz* NVwZ 1986, 665; *VGH München* BayVBl. 1986, 118f.; *OVG Münster* NJW 1981, 1398f.; *W. Höfling/V. Breustedt*, in: NKVwGO § 86, Rn. 131.

[187] Vgl. *M. Nierhaus*, Beweismaß und Beweislast, 351f.

[188] *R. Stürner*, Die Aufklärungspflicht der Parteien des Zivilprozesses, 253.

[189] Vgl. *M. Dawin*, in: *F. Schoch/E. Schmidt-Aßmann/R. Pietzner*, Verwaltungsgerichtsordnung, § 108, Rn. 77.

[190] *R. Stürner*, Die Aufklärungspflicht der Parteien des Zivilprozesses, 254. *Stürner* nennt als Beispiel zwei Entscheidungen des Bundesverwaltungsgerichts: Eine Behörde reicht Urkunden der risikobelasteten Partei zur Echtheitsprüfung an eine Polizeidienststelle weiter, wo sie verloren gehen (E 6, 94ff.); ein Postbeamter, der Postgelder verwaltet, sorgt nicht für rechtzeitige Feststellung eines Fehlbetrags und bringt dadurch die klagende Bundespost im Erstattungsprozeß in Beweisschwierigkeiten (E 10, 270ff.).

gemeinen Beweisrechts, nämlich die Frage nach der Berücksichtigung von Aufklärungspflichtverletzungen der nicht beweisbelasteten Partei im allgemeinen. Dieser im wesentlichen in der zivilprozessualen Literatur ausgetragene Disput wird durch die Pflicht des Verwaltungsgerichts zur selbständigen Sachverhaltsermittlung nach § 86 Abs. 1 VwGO zusätzlich kompliziert.[191]

(1) Die herrschende Meinung fordert, derartige Aufklärungspflichtverstöße im Rahmen der *freien Beweiswürdigung* zu berücksichtigen, wonach der Richter den tatsächlichen Geschehensablauf aus dem gesamten Inhalt der Verhandlungen zu erschließen hat. Dem liegt die Annahme zugrunde, die ‚Beweiskraft' einer Mitwirkungsunwilligkeit sei regelmäßig so stark, daß sie die Überzeugung des Gerichts vom Vorliegen oder Nicht-Vorliegen des nicht vorgetragenen Tatumstandes allein stützen könne; im Verwaltungsprozeß jedenfalls dann, wenn der Partei ein Sorgfaltsverstoß zur Last falle.[192] Dagegen hat *Stürner* vorgebracht, daß viele Pflichtverstöße überhaupt keinen Schluß auf die Wahrheit zulassen, da ihnen *kein Beweiswert* zukomme.[193] Die Beweiswürdigung eigne sich daher nicht als Sanktion für Aufklärungspflichtverletzungen. Überdies sei eine Beweiswürdigungsregel, welche die nachteilige Würdigung pflichtwidrigen Verhaltens anordne,[194] kaum mit dem Grundsatz der freien Beweiswürdigung vereinbar,[195] da der Richter hier allein an die Denk-, Erfahrungs- und Naturgesetze, aber grundsätzlich nicht an gesetzliche Beweisregeln gebunden sei.[196] *Stürner* schlägt daher vor, die Aufklärungspflichtverletzungen der nicht risikobelasteten Partei durch eine echte Sanktion zu ahnden, nämlich eine zu Lasten des Aufklärungspflichtigen gehende *negative Fiktion*, die allerdings im Einzelfall widerlegbar sein soll.[197]

Die Einzelheiten dieser außerordentlich kontroversen Diskussion und die Alternativen zum Ansatz *Stürner*s – neben der Beweiswürdigung vor allem die Anordnung der Beweislastumkehr, die Verminderung des Beweismaßes oder

---

[191] Im Überblick *H.-H. Peschau*, Die Beweislast im Verwaltungsrecht, 60ff.; für den Zivilprozeß *R. Stürner*, Die Aufklärungspflicht der Parteien des Zivilprozesses, 235ff.

[192] *M. Nierhaus*, Beweismaß und Beweislast, 347.

[193] Grundlegend *R. Stürner*, Die Aufklärungspflicht der Parteien des Zivilprozesses, 236; zustimmend *M. Dawin*, in: *F. Schoch/E. Schmidt-Aßmann/R. Pietzner*, Verwaltungsgerichtsordnung, § 108, Rn. 88; *H. Prütting*, Gegenwartsprobleme der Beweislast, 188;

[194] So *W. Grunsky*, Grundlagen des Verfahrensrechts, 432. Deutlich diese Quasi-Beweisregel etwa in *BVerwG* Buchholz 310 § 86 Abs. 1, Nr. 147, wo es heißt (11), die Verletzung der prozessualen Mitwirkungspflicht bewirke zwar keine Umkehr der Beweislast, aber könne als Beweisvereitelung im Rahmen der freien Beweiswürdigung berücksichtigt werden. Die Mitwirkungspflichtverletzung des Klägers könne die Klageabweisung insoweit *regelmäßig* rechtfertigen (Leitsatz).

[195] *R. Stürner*, Die Aufklärungspflicht der Parteien des Zivilprozesses, 236.

[196] Im allgemeinen *L. Rosenberg/K. Schwab/P. Gottwald*, Zivilprozeßrecht, 657f.; zum Verwaltungsprozeß *M. Dawin*, in: *F. Schoch/E. Schmidt-Aßmann/R. Pietzner*, Verwaltungsgerichtsordnung, § 198, Rn. 19ff.

[197] *R. Stürner*, Die Aufklärungspflicht der Parteien des Zivilprozesses, 242ff., 252ff.

der Verzicht auf jegliche schematische Würdigung – brauchen hier, wo es lediglich um die Frage möglicher Antinomien im tradierten Verständnis des Untersuchungsgrundsatzes geht, nicht weiter zu beschäftigen. Es reicht die Erkenntnis, daß allen Sanktionsmechanismen die mehr oder minder starke Anlehnung an den Rechtsgedanken des § 444 ZPO gemeinsam ist,[198] wonach die schuldhafte Beweisvereitelung (wie die Beseitigung einer Urkunde) nicht folgenlos bleiben kann, sondern die Behauptungen des Gegners (über die Beschaffenheit und den Inhalt der Urkunde) als bewiesen fingiert werden.

(2) Die Übertragung dieses Gedankens auf den Verwaltungsprozeß ist im tradierten Verständnis nicht unproblematisch. Zwar fällt es dort wegen der Vorschrift des § 86 Abs. 1 Satz 1 Hs. 2 VwGO erheblich leichter als im Zivilprozeß, eine allgemeine, risikounabhängige echte Aufklärungspflicht der Parteien zu erkennen. Während es im Zivilprozeß der gewagten Konstruktion eines Analogieschlusses zu den verstreuten gesetzlichen Aufklärungspflichten bedarf,[199] verleiht § 86 Abs. 1 VwGO eine generelle Befugnis des Gerichts zur Heranziehung der Parteien, der die generelle Pflicht der Parteien zur Mitwirkung entspricht. Anders als im tradierten Modell kann der Pflichtengedanke jedoch nur dann in den Verwaltungsprozeß implementiert werden, wenn er mit der allgemeinen Risikoverteilung im Wege der objektiven Beweislast abgestimmt wird. Von Pflichten der Beteiligten kann sinnvollerweise nur dann die Rede sein, wenn es um *Aufklärungsbeiträge der objektiv nicht beweisbelasteten Partei* geht.[200] In diesem Sinne wird in dem unten zu entwickelnden Modell einer verwaltungsprozessualen Risikoverteilung von Pflichten der Beteiligten die Rede sein.[201]

Im tradierten Modell des Untersuchungsgrundsatzes kann diese spezifische Pflichtenstellung einschließlich der Sanktionsmöglichkeiten nur schwer verarbeitet werden. Zwar wird auch dort die Notwendigkeit einer tauglichen Sanktion gesehen, um auszuschließen, daß Pflichtverletzungen der nicht risikobelasteten Partei zu Lasten der Gegenseite gehen.[202] Andererseits wird angemahnt, daß die Partei, die ihren Mitwirkungsobliegenheiten nicht nachkomme, dem

---

198 So zu Recht *M. Nierhaus*, Beweismaß und Beweislast, 352; vgl. *F. O. Kopp/R. Schenke*, Verwaltungsgerichtsordnung, § 108, Rn. 17; *H. Geiger*, BayVBl. 1999, 321, 324; *K. Redeker*, DVBl. 1981, 83, 85; vgl. für das schweizerische Recht *M. Pfeifer*, Der Untersuchungsgrundsatz und die Offizialmaxime im Verwaltungsverfahren, 127f.

199 *R. Stürner*, Die Aufklärungspflicht der Parteien des Zivilprozesses, 104.

200 Vgl. *M. Dawin*, in: *F. Schoch/E. Schmidt-Aßmann/R. Pietzner*, Verwaltungsgerichtsordnung, § 86, Rn. 82, der – obschon auf der Basis des tradierten Modells argumentierend – die Beweisvereitelung zulasten der beweisbelasteten Partei von der Verletzung der verwaltungsprozessualen „Mitwirkungslast" (!) abgrenzt.

201 Sogleich unten, Abschnitt IV. 4.

202 Vgl. *R. Stürner*, Die Aufklärungspflicht der Parteien des Zivilprozesses, 254, der daher zu Recht von der Anwendbarkeit der „negativen Fiktion" als Sanktion von Aufklärungspflichten im Verwaltungsprozeß ausgeht.

Gericht nichts „schuldig" bleibe. Das Gericht dürfe angesichts seiner umfassenden Aufklärungsverantwortung aus § 86 Abs. 1 Satz 1 VwGO nicht mit der Strafe einer „Selbstbeschränkung seiner Amtsermittlungspflicht" reagieren.[203] Fraglich ist dann allerdings, welchen Sinn es haben soll, den Beteiligten überhaupt die Verantwortung für bestimmte Tatsachen, insbesondere nach dem Sphärengedanken, zuzuweisen. Die in der Praxis verbreitete wertende Zuweisung von Aufklärungspflichten nach dem Sphärengedanken und die Konstruktion einer Wechselbeziehung nach Maßgabe des Anfang-Ende-Satzes der Rechtsprechung hängen damit konzeptuell in der Luft.

4. *Zusammenfassung und Ausblick*

Das tradierte Modell des Untersuchungsgrundsatzes weist beträchtliche Brüche und Spannungen auf. Es vermag nicht, das verfassungsrechtlich induzierte Spannungsverhältnis zwischen Dispositionsmaxime und prozessualer Sachverhaltsermittlung schlüssig zu verarbeiten. Die Prämisse potentiell unbegrenzter Inquisition ist wegen der notwendigen Wechselwirkungen zwischen Parteivortrag und Sachverhaltsermittlung nicht zu halten. Schließlich mißlingt auch die schlüssige rechtliche Qualifizierung der Beteiligtenmitwirkung.

Der Wertungswiderspruch zwischen einem Verfahren subjektiver Rechtsverfolgung auf der Basis der Parteidisposition über den Streitgegenstand findet sich zunächst wieder im Mißverhältnis zwischen der Zulässigkeit von Anerkenntnis- und Verzichtsurteil auf der einen, der fehlenden Verfügungsmacht der Parteien über den prozessual relevanten Tatsachenstoff auf der anderen Seite. Die in der Dispositionsbefugnis inbegriffene Aufforderung an den Kläger, den Tatsachenkern des Rechtsstreits in den prozessualen Erkenntnishorizont zu transferieren, führt zu der Erkenntnis prinzipieller Abhängigkeit zwischen dem Sachverhalt als Objekt richterlicher Ermittlungstätigkeit und dem Tatsachenvorbringen der Parteien. Dem entsprechen funktionale Beschränkungen der Ermittlungspflicht um der Informationskosten des Verfahrens willen, die mit der tradierten Fiktion einer ins Unendliche tendierenden Ermittlungspflicht nicht übereinstimmen. Die „Dispositionslast" des § 82 Abs. 1 VwGO und das Wissensgefälle von den Parteien zum Richter führen in der Praxis zur Konstruktion eines pseudo-rechtlichen Verhältnisses zwischen Beteiligtenmitwirkung und Amtsaufklärung, das mit den tradierten Prämissen schwerlich in Einklang zu bringen ist. Vielmehr gleicht sich die Praxis der verwaltungsprozessualen Sachverhaltsermittlung an den Zivilprozeß an, ohne daß der normative Kern des Untersuchungsgrundsatzes in diesen Konvergenzen angemessene Kontur fände.

---

[203] *W. Höfling/V. Breustedt*, in: NKVwGO § 86, Rn. 114.

Diese Schwierigkeiten kulminieren in der Frage der rechtlichen Qualifikation der Beteiligtenmitwirkung. Der tradierten Einordnung als Element amtswegiger Sachverhaltsermittlung widerspricht schon die allgemeine prozessuale Risikozuweisung des Verwaltungsprozesses, die nicht dem Modell des Richter-, sondern des Parteienprozesses folgt. Im übrigen finden sich in Gestalt der §§ 86 Abs. 3, 87 b VwGO handfeste binnendogmatische Argumente gegen die instrumentale Verortung der Beteiligtenmitwirkung. Beide Vorschriften implizieren selbständige Mitwirkungspflichten, wie sie im übrigen auch der verfassungsrechtlich intendierten Subjektstellung des Bürgers im Verwaltungsprozeß entsprechen. Dem würde die Einordnung der Beteiligtenmitwirkung als Last im zivilprozessualen Sinne gerecht – ein Lösungsweg, der sogleich weiter beschritten wird, der allerdings nach tradiertem Verständnis an der Klausel des § 86 Abs. 1 Satz 2 VwGO scheitert. Auch hier ist fraglich, ob das von der hM intendierte Auseinandertreten von Aufklärungspflicht und -befugnis mit den verfassungsrechtlichen Vorgaben, namentlich der richterlichen Neutralität, harmoniert.

Schließlich führt auch die verbreitete Kennzeichnung der Mitwirkungsobliegenheiten als Pflichten zu inhärenten Problemen. Angesichts der allgemeinen prozessualen Risikoverteilung ist der Pflichtenbegriff dann redundant, wenn das Objekt der Mitwirkungspflicht in den Bereich der objektiven Beweislast der mitwirkungspflichtigen Partei fällt. Zudem führt die mangelnde Abstimmung zwischen Pflichtenkreis der Partei auf der einen, der allgemeinen Risikoverteilung auf der anderen Seite zu Ungereimtheiten. Soweit sich ein konsistenter Anwendungsbereich für den Pflichtbegriff findet – nämlich im Falle von Aufklärungspflichtverletzungen der nicht beweisbelasteten Partei – hat das tradierte Modell angesichts der Aufklärungsverantwortung des Gerichts aus § 86 Abs. 1 Satz 1 VwGO Mühe, eine angemessene Sanktion zu begründen. Die Verlagerung dieser Problematik auf die Beweiswürdigung kommt nicht in Betracht, da der Mitwirkungspflichtverletzung als solcher kein Beweiswert zukommt.

In der Summe ergibt sich ein desolates Bild. Während die Theorie des Verwaltungsprozesses die Blaupause eines überkommenen Modells ausmalt, werden dessen Trümmer in der Praxis vom ubiquitären Wildwuchs funktionaler Notwendigkeiten überwuchert. Haben diese auch den Vorzug der verfassungsrechtlichen Resonanz im Begriff der Rechtsprechung für sich, so fehlt es doch an einer verläßlichen, berechenbaren Dogmatik des Untersuchungsgrundsatzes, die der verwaltungsgerichtlichen Sachverhaltsermittlung Orientierung bieten könnte. Angesichts dessen scheint es legitim, die Spielräume des geltenden Rechts für ein neues, wiewohl quellenverbundenes Modell der Risikoverteilung im Verwaltungsprozeß auszuloten.

IV. Risikoverteilung im Verwaltungsprozeß

Der Blick über die tradierte Dogmatik des Untersuchungsgrundsatzes, ihre Wertungswidersprüche und Antinomien hat deutlich gemacht, daß Anlaß zur rechtlichen Neujustierung der Aktivitäten von Richter und Parteien bei der Sachverhaltsermittlung im Verwaltungsprozeß besteht. Die Spielräume einer derartigen Neujustierung de lege ferenda sind an dieser Stelle nicht auszuloten. Immerhin ist bei der Analyse der verfassungsrechtlichen Direktiven des Verwaltungsprozesses deutlich geworden, daß der Gesetzgeber bei der Regelung der Sachverhaltsermittlung nicht auf die Untersuchungsmaxime im herkömmlichen Verständnis festgelegt ist. Aber auch das geltende Recht birgt erhebliche Interpretationsspielräume zugunsten einer praxiskonformen, den verfassungsrechtlichen Vorgaben des Gerichtsverfahrens einschließlich seiner funktionalen Implikationen entsprechenden Regelung.

Zunächst sind die Prämissen dieser Neujustierung zu benennen (1). Sodann wird ein Stufenmodell der Risikoverteilung im Verwaltungsprozeß entworfen. Die erste Stufe der Sachverhaltsermittlung bildet die Individualisierung und Konkretisierung des Streitgegenstandes durch den Kläger (2), gefolgt von den Beiträgen der Beteiligten zur Konturierung des Sachverhalts i.S.d. § 86 Abs. 1 Satz 1 Hs. 1 VwGO. Diese Beiträge werden als Erfüllung einer subjektiven Behauptungs- und Beweislast verstanden, soweit es sich um die Beiträge der objektiv risikobelasteten Partei handelt (3), als Mitwirkungspflicht, soweit die Parteien das Risiko für Vortrag oder Erweisbarkeit der jeweiligen Tatsache nicht trifft (4). Pflicht und Befugnis des Gerichts zur Sachverhaltsermittlung aus § 86 Abs. 1 VwGO erscheinen danach als Reservekompetenz (5), die unter klar konturierten, vom objektiven Informationsstand des Gerichts bestimmten Voraussetzungen eintritt.

1. Prämissen

Das im folgenden zu entwickelnde Modell einer Risikoverteilung beruht auf drei Prämissen, die in einem inneren Bedingungs- und Begründungsverhältnis stehen. Die erste orientiert sich an einer prozeßtheoretisch entwickelten Dichotomie, weist aber darüber hinaus Bezüge zum verfassungsrechtlichen Begriff der Rechtsprechung auf. Es handelt sich um die Qualifizierung des Verwaltungsprozesses als Parteien- und nicht als Richterprozeß (a). Die zweite speist sich aus der Beobachtung der normativen wie praktischen Antinomien des tradierten Modells und richtet sich gegen die zentrale Positionierung sowie die nahezu unbegrenzte Spannweite des Gebotes aus § 86 Abs. 1 Satz 1 Hs. 1 VwGO an das Gericht, den „Sachverhalt" zu erforschen. Die Gegenthese besagt, daß der Vorschrift keine umfassende Ermittlungspflicht des Gerichts entnommen werden kann (b). Die dritte These bringt die Kongruenz von Pflichten- und Befugniskreis des Gerichts bei der Sachverhaltsermittlung gemäß § 86 Abs. 1 VwGO zum Ausdruck (c).

a) *Verwaltungsprozeß als Parteienprozeß*

Die erste der drei Prämissen des im folgenden zu entwickelnden Modells knüpft an die namentlich von *Stürner* entfaltete, prozeßtheoretische Dichotomie zwischen Richter- und Parteienprozeß an.[1] Im Parteienprozeß der Zivilprozeßordnung werden die Parteien durch ein System risikozuweisender Pflichten und Lasten zur Aufklärung gezwungen, während der Richterprozeß durch die amtswegige Sachverhaltsermittlung unter bloßer Heranziehung der Parteien gekennzeichnet ist. Die These lautet, daß auch der Verwaltungsprozeß als *Parteien*prozeß zu qualifizieren, also als ein System der Risiko-, Last- und Pflichtenverteilung zu interpretieren ist, in dem für eine umfassende richterliche Aufklärungs- und Ermittlungspflicht kein Raum besteht.[2]

Diese These gewinnt zunächst Plausibilität im Lichte des verfassungsrechtlichen Bildes der Rechtsprechung. Der *materielle Begriff der Rechtsprechung* als Streitentscheidung durch einen unbeteiligten Dritten, die Autonomie und die Selektivität des gerichtlichen Verfahrens sowie die Distanz des Richters gegen-

---

[1] *R. Stürner*, Die Aufklärungspflicht der Parteien des Zivilprozesses, 62f.; zuvor bereits *M. Schultzenstein*, ZZP 1913, 301, 305.

[2] Für die prozessuale Sonderkonstellation der prinzipalen Normenkontrolle i.S.d. § 47 VwGO beanspruchen die nachfolgenden Ausführungen dem Grunde nach Geltung, bedürfen allerdings einer gewissen Einschränkung. Auch die Normenkontrolle wird als Parteiverfahren durchgeführt (§ 47 Abs. 2 Sätze 1 und 2 VwGO), das der ratio des 6. VwGO-Änderungsgesetzes zufolge eine stärker individualrechtliche Ausrichtung erhalten hat (vgl. die Anforderungen des § 47 Abs. 2 Satz 1 an die Antragsbefugnis; auch *M. Gerhardt*, in: *F. Schoch/E. Schmidt-Aßmann/R. Pietzner*, Verwaltungsgerichtsordnung, § 47, Rn. 31). Im Zusammenhang mit dem durch Art. 19 Abs. 4 GG konstituierten System subjektiven Rechtsschutzes bleibt § 47 VwGO jedoch ein aliud, das namentlich bei der Sachaufklärung strukturelle Schwächen offenbart: Es fehlt der Halt, den das subjektive Recht dem verwaltungsgerichtlichen Verfahren im allgemeinen gibt, und die im kontradiktorischen Verfahren vorgegebene Distanz des Richters ist gefährdet; zutreffend *M. Gerhardt*, in: *F. Schoch/E. Schmidt-Aßmann/R. Pietzner*, Verwaltungsgerichtsordnung, Vorb. § 47, Rn. 14 a. E. Jedenfalls vermag es die Anomalie des § 47 VwGO im System des verwaltungsgerichtlichen Rechtsschutzes nicht, das System einer allgemeinen Risikoverteilung im Verwaltungsprozeß zu beeinträchtigen.

über der Tatsachengrundlage des Urteils widerstreben der Vorstellung einer umfassenden richterlichen Inquisition, wie sie dem tradierten Modell inhärent ist. Im Gegenteil erfordert ein Gerichtsverfahren, das nach Art. 19 Abs. 4 GG als Verfahren subjektiver Rechtsausübung vor Gericht auszugestalten ist und insoweit dem Dispositionsgrundsatz unterliegt, daß das Verfahren die Parteien zum Transfer von Informationen aus ihrer Sphäre in das Gerichtsverfahren motiviert. Hierfür streiten auch funktionale Notwendigkeiten, da ein Gericht, das dem grundgesetzlichen Erfordernis richterlicher Neutralität zu genügen hat, notwendigerweise nicht über einen eigenen Ermittlungsapparat verfügt und damit auf einen derartigen Informationstransfer angewiesen ist.

Überdies ist die Qualifizierung als Parteienprozeß auch wegen der *allgemeinen prozessualen Risikoverteilung* plausibel. Wie beim Blick auf die Antinomien des tradierten Modells zu zeigen war, wird nicht nur der Zivil-, sondern auch der Verwaltungsprozeß durch diese allgemeine Risikoverteilung geprägt. Ausgangspunkt hierfür ist § 82 Abs. 1 VwGO, der dem Kläger die Individualisierung und Konkretisierung des Streitgegenstandes um der Vermeidung der Klageabweisung per Prozeßurteil willen auferlegt. Hinzu tritt zum einen die objektive Beweislast im Falle des non liquet, zum anderen die Einschränkungen der richterlichen Ermittlungstätigkeit für solche Umstände, die der Partei als Gegenstand ihrer „Mitwirkungspflicht" zugerechnet werden. Die Konzeption des Verwaltungsprozesses als eines Parteienprozesses öffnet den Weg zu einer konsistenten Systematik dieser verschiedenartigen Beiträge der Parteien zur Sachverhaltsermittlung. Auch der Verwaltungsprozeß treibt damit, so die im folgenden zu belegende Prämisse, die Parteien mit einem System von Risikozuweisungen und Parteipflichten zu Aufklärungsbeiträgen an, die nicht als Elemente richterlicher Sachverhaltsaufklärung zu verstehen sind, sondern prinzipiell *gerichtsunabhängig* gelten.

b) Keine umfassende Ermittlungspflicht aus § 86 Abs. 1 VwGO

Die bislang angenommene umfassende richterliche Aufklärungs- und Ermittlungspflicht ist mit dem Verständnis des verwaltungsgerichtlichen Verfahrens als Parteienprozeß nicht zu vereinbaren. Die richterliche Aktivität bei der Sachverhaltsermittlung muß unabhängig von diesem allgemeinen System prozessualer Risikozuweisung konzipiert werden, nämlich als gerichtliche Ausnahme- oder *Reservekompetenz*. Diese Prämisse beruht auf der Relativität des Rechtsbegriffs „Sachverhalt" in § 86 Abs. 1 Satz 1 Hs. 1 VwGO. Anders als es das tradierte Modell voraussetzt, kann es eine ins Unendliche tendierende Inquisition nicht geben, da die Ermittlungstätigkeit des Richters von jenem objektiven Informationsstand abhängt, der im wesentlichen durch die Transferleistungen der Beteiligten bestimmt wird.

aa) Dem Grunde nach bezeichnet „Sachverhalt" den Inbegriff jener Tatsachenaussagen, die den Untersatz des dem Urteil zugrundeliegenden syllogistischen Schlusses bilden. Als Gegenstand der richterlichen Ermittlungstätigkeit kommen zwar auch solche Tatsachenaussagen in Betracht, die sich schließlich als nicht entscheidungserheblich herausstellen. Ungeachtet dessen ist die Ermittlungstätigkeit *prinzipiell limitiert*, und zwar in zweifacher Weise. Eine basale Grenzziehung bilden Pflicht und Befugnis des Klägers, den *Streitgegenstand* zu bestimmen, zu individualisieren und zu konkretisieren. Jenseits des damit bezeichneten Lebenssachverhalts ist die richterliche Ermittlungstätigkeit weder zulässig noch geboten. Im übrigen wird die Ermittlungstätigkeit in der Praxis auch durch jenes Parteivorbringen bestimmt, das nach tradierter Ansicht nicht mehr in den Regelungsbereich des §82 Abs. 1 VwGO fällt, sondern – in einer problematischen Differenzierung – als echter Sachverhaltsvortrag von der Individualisierung des Streitgegenstandes abgeschichtet wird.

Hintergrund der zuletzt genannten Relation sind jene Einschränkungen, die in Rechtsprechung und Literatur an die tradierte Fiktion einer quasi naturwissenschaftlichen, umfassenden Inquisition herangetragen werden.[3] Diese Einschränkungen resultieren nicht nur aus den *funktionalen Grenzen* eines echten Gerichtsverfahrens, sondern auch aus den verfassungsrechtlich vorgegebenen *Leitstrukturen* des Prozesses. Als Folge dieser dem Untersuchungsgrundsatz systematisch fremden Einschränkungen entwickelte sich eine *apokryphe Wechselbeziehung* zwischen Parteivortrag und richterlicher Ermittlungspflicht, deren konzeptuelle Verarbeitung unschlüssig blieb. Folglich fehlt es an einer trennscharfen, verläßlichen Abgrenzung der Verantwortungsbereiche von Gericht und Parteien bei der Sachverhaltsermittlung.

bb) Die Vorstellung einer umfassenden, jedem Parteivorbringen vorgelagerten Ermittlungspflicht des Gerichts wird angesichts der Inkongruenz mit den funktionalen wie normativen Vorgaben des Gerichtsverfahrens aufgegeben.[4] Die entsprechende, in §86 Abs. 1 Satz 1 VwGO verortete Fiktion ist obsolet. Damit entfällt zugleich die Notwendigkeit des Korrektivs, eine jedem Parteivorbringen vorgelagerte totale Ermittlungspflicht durch Mitwirkungsbeiträge der Parteien einschränken zu wollen. Die Notwendigkeit *unmittelbarer Relationsbestimmungen*, etwa nach dem Vorbild des von der Rechtsprechung entwickelten Anfang-Ende-Satzes, entfällt.

An die Stelle der Fiktion einer umfassenden, selbständig initiierten Phase richterlicher Inquisition tritt vorliegend die Konzeption der Amtsermittlung als *Reservekompetenz*, die das Gericht unter bestimmten, klar konturierten Voraussetzungen zur selbständigen Sachverhaltsermittlung berechtigt und verpflichtet. Dieser Reservekompetenz vorgelagert ist ein System *prozessualer*

---

[3] Hierzu ausführlich oben, Abschnitt III 2 b.

[4] Vgl. die Kritik von *H. Faber*, FS RAV Hannover (1981), 79, 98.

Risikoverteilung, das dem des Zivilprozesses im wesentlichen entspricht. Das Verhältnis zwischen Amtsermittlung und Beteiligtenmitwirkung, wie es im Anfang-Ende-Satz der Rechtsprechung zum Ausdruck kommt, wird also nicht einfach umgedreht. Weder endet die Amtsermittlungspflicht dort, wo die Pflicht der Parteien zur Mitwirkung beginnt, noch beginnt sie dort, wo jene endet. Vielmehr fällt in einem lastenbasierten System prozessualer Risikoverteilung jede Tatsache in die Behauptungs- und Beweisführungslast der einen oder der anderen Partei.[5] Diese basale Risikoverteilung wird jedoch nach Maßgabe des §86 Abs. 1 VwGO von einer unter bestimmten Umständen eintretenden Reservekompetenz des Verwaltungsgerichts zur selbständigen Sachverhaltserforschung überlagert.

c) Kongruenz von Ermittlungspflicht und Ermittlungsbefugnis

Ein wesentliches Element dieser Abgrenzung von Verantwortungsbereichen ist die dritte Grundannahme des im folgenden zu entwickelnden Modells, nämlich die Kongruenz von Ermittlungs*pflicht* und Ermittlungs*befugnis* des Verwaltungsrichters aus §86 Abs. 1 Satz 1 VwGO.

aa) Ihre Plausibilität zieht diese dritte Prämisse aus dem verfassungsrechtlichen *Gebot richterlicher Neutralität*. Die Neutralität des Richters erfordert es, seiner Ermittlungstätigkeit nicht nur Pflicht-, sondern auch Befugnisgrenzen zu ziehen. Es erscheint nicht einsichtig, einerseits den Pflichtenkreis richterlicher Ermittlungstätigkeit zu begrenzen, namentlich mit der hM die Möglichkeit der auf eine Verletzung von §86 Abs. 1 VwGO gestützten Verfahrensrevision (§132 Abs. 2 Nr. 3 VwGO) von der einschränkenden Bedingung abhängig zu machen, die Notwendigkeit weiterer Sachaufklärung habe sich „aufdrängen" müssen;[6] andererseits dem Richter jenseits dieser Ermittlungspflicht einen Bereich diskretionären „Ermittlungsermessens" zuzuschreiben, dessen Ausfüllung revisionsrechtlich unbeachtlich sein soll. Überdies entwickelt die hM keine tauglichen Maßstäbe für die Wahrnehmung jenes Ermittlungsermessens, das sich außerhalb des in §86 Abs. 1 VwGO bestimmten Pflichtenkreises bewegt. Weder die Fürsorge für öffentliche noch für private Interessen kann es rechtfertigen, daß der Richter, über die in §86 Abs. 3 VwGO gebotenen Hilfen hinaus, ein eigenes Entscheidungsinteresse im Wege eigenständiger Sachverhaltsermittlung verfolgt.

Die Kongruenz von Pflicht- und Befugniskreis richterlicher Ermittlungstätigkeit öffnet den Weg zur Konzeption echter *Lasten* der Parteien des Verwal-

---

[5] Im einzelnen unten, Abschnitt 3.

[6] *BVerwGE* 57, 55 (57); 74, 222 (224); vgl. *W. Höfling/V. Breustedt*, in: NKVwGO §86, Rn. 104; *K. Redeker/H. v. Oertzen*, Verwaltungsgerichtsordnung, §132, Rn. 19.

tungsprozesses. Wenn – mit der zweiten Prämisse – die Fiktion umfassender, vorgelagerter Inquisition des Gerichts hinfällig ist, bestehen keine Vorbehalte mehr gegen die damit bewirkte Risiko- und Befugnisverteilung. Die Parteien unterliegen damit auch im Verwaltungsprozeß der Gefahr des Prozeßverlusts, wenn sie die erforderlichen Aufklärungsbeiträge nicht erbringen. Zugleich erlangen sie die Befugnis, den Kreis richterlicher Sachverhaltsermittlung unter Umständen rechtsverbindlich bestimmen zu können.

bb) Ein Widerspruch zu § 86 Abs. 1 Satz 2 VwGO besteht dabei nicht. Auch nach herrschender Meinung ist anerkannt, daß diese Vorschrift im wesentlichen deklaratorischen Charakter hat, da das Gericht bereits nach Satz 1 der Vorschrift von der Bindung an das Parteivorbringen freigestellt ist.[7] Zu Recht rekurriert die tradierte Konzeption des Untersuchungsgrundsatzes damit auf den engen systematischen Zusammenhang des Satzes 2 zu jener Untersuchungspflicht, die dem Gericht nach Satz 1 unabhängig vom jeweiligen Vorbringen der Parteien obliegen soll. Wird indes diese Pflicht als eine tatbestandlich eng umgrenzte *Reservekompetenz* begriffen, so wird auch die normative Reichweite des Satzes 2 beschränkt: *Soweit* das Gericht den Sachverhalt von Amts wegen zu ermitteln hat, ist es an das Vorbringen der Parteien nicht gebunden.[8] Insofern widerspricht § 86 Abs. 1 Satz 2 VwGO nicht der hier verfochtenen Konzeption.

2. *Individualisierungs- und Konkretisierungslast*

Ausgangspunkt der arbeitsteiligen Ermittlung des Sachverhalts im System des Parteienprozesses ist die Bestimmung des Streitgegenstandes durch den Kläger gemäß § 82 Abs. 1 Satz 1 VwGO. Die Vorschrift verlangt vom Kläger zumindest, so die Begriffsprägung von *Fritz Baur*, die Angabe eines *Sachverhaltskerns*, der den gestellten Antrag zu begründen vermag.[9] Darüber hinaus ermächtigt die Vorschrift den Kläger dazu, eine erste Grenze des konkreten Verfahrens im Tatsächlichen zu ziehen, die zwischen den streiterheblichen Tatsachen und jenen außerhalb des streitigen Geschehens verläuft.

Baur hat bezüglich dieses Sachverhaltskerns eine echte Behauptungslast angenommen.[10] Legt man den gängigen Lastbegriff der Prozessualistik zugrunde, ist dieser Qualifizierung prinzipiell zu folgen. Lasten bezeichnen solche Hand-

[7] *M. Dawin*, in: *F. Schoch/E. Schmidt-Aßmann/R. Pietzner*, Verwaltungsgerichtsordnung, § 86, Rn. 83; vgl. *W. Höfling/V. Breustedt*, in: NKVwGO § 86, Rn. 137.

[8] Möglich ist natürlich auch der Umkehrschluß: *Weil* das Gericht nicht an das Parteivorbringen gebunden ist, ist seine Ermittlungspflicht aus § 86 Abs. 1 Satz 1 1. Hs. VwGO unbeschränkt. Diese unbeschränkte Ermittlungspflicht läßt sich jedoch auch im tradierten Modell, wie oben zu zeigen war, weder praktisch noch konzeptionell durchhalten.

[9] *F. Baur*, in: Rechtsschutz im Sozialrecht, 35, 44; weitere Nachweise oben, Abschnitt III. 2. a) bb).

[10] *F. Baur*, in: Rechtsschutz im Sozialrecht, 35, 44.

lungsmöglichkeiten, die zu ergreifen im Belieben der Parteien steht. Sie erzeugen Handlungsmotivation über die Mobilisierung des Eigeninteresses der Parteien, denen im Falle ihrer Untätigkeit der Prozeßverlust droht.[11] Die Anforderungen aus § 82 Abs. 1 Satz 1 VwGO bezeichnen eine echte Last, deren Nichterfüllung nicht selbständig sanktioniert, sondern im Wege des Prozeßverlusts geahndet wird. Fehlen die nach § 82 Abs. 1 Satz 1 VwGO zwingend vorgeschriebenen Angaben, so kann das Gericht dem Kläger die Ergänzung innerhalb einer bestimmten Frist aufgeben. Kommt der Kläger der Aufforderung nicht nach, so ist die Klage (endgültig) unzulässig und wird per Prozeßurteil abgewiesen.[12]

Zwar sollte der Begriff der *Behauptungs*last um der begrifflichen Klarheit willen für den Tatsachenvortrag des Klägers außerhalb der Sachurteilsvoraussetzungen vorbehalten bleiben.[13] Dagegen sollte die Strategie der tradierten Konzeption des Untersuchungsgrundsatzes, mit dem Begriff der Behauptungslast zugleich den Lastbegriff schlechthin für § 82 Abs. 1 VwGO auszuschließen und die entsprechenden Handlungsoptionen des Klägers als Ordnungsvorschriften im Rahmen der Dispositionsmaxime zu depotenzieren, aufgegeben werden. Der Tatsachenbegriff, den § 82 Abs. 1 Satz 1 VwGO mit dem Merkmal des „Gegenstand des Klagebegehrens" in Bezug nimmt, und jener, der in § 86 Abs. 1 Satz 1 VwGO zum Gegenstand richterlicher Ermittlungstätigkeit erklärt wird, läßt keine *substantiellen*, qualitativen Differenzierungen zu. Die im tradierten Modell entwickelte Unterscheidung zwischen „Noch-Streitgegenstandskonkretisierung" und „Schon-Sachverhaltsvortrag"[14] bezeichnet keine unterschiedlichen Tatsachenkategorien, sondern einen einheitlichen Bestand an Tatsachen, der je nach rechtlicher Perspektive und einschlägiger Norm unterschiedliche Rechtswirkungen zeitigen kann.

Am Beginn des Verwaltungsprozesses steht damit, wie von einem Verfahren individueller Rechtsausübung nach Maßgabe der Dispositionsmaxime nicht anders zu erwarten, eine *tatsachenbezogene Individualisierungs- und Konkretisierungslast* des Klägers. Der Verwaltungsprozeß ist insoweit eindeutig und angesichts der verfassungsrechtlichen Vorgaben (Art. 19 Abs. 4 GG) notwendigerweise Parteienprozeß, bei dem der Kläger das volle Risiko des grundlegenden Tatsachenvortrags im Wege einer echten Last zu tragen hat.

---

[11] Vgl. nur *L. Rosenberg/K. Schwab/P. Gottwald*, Zivilprozeßrecht, 10f.

[12] *K. Redeker/H. v. Oertzen*, Verwaltungsgerichtsordnung, § 82, Rn. 8; *K.-M. Ortloff*, in: *F. Schoch/E. Schmidt-Aßmann/R. Pietzner*, Verwaltungsgerichtsordnung, § 82 Rn. 11.

[13] Vgl. oben, Abschnitt III. 2. a) bb).

[14] *B. Kropshofer*, Untersuchungsgrundsatz und anwaltliche Vertretung im Verwaltungsprozeß, 46.

3. Behauptungs- und Beweisführungslast

Vorliegend wird davon ausgegangen, daß die Beteiligten auch im Verwaltungsprozeß einer echten Behauptungs- und Beweisführungslast unterliegen, die der Risikoverteilung des Zivilprozesses entspricht.[15] Freilich hat das Gericht im Verwaltungsprozeß – in Abweichung von den zivilprozessualen Regeln – nach § 86 Abs. 1 VwGO unter Umständen das Recht und die Pflicht, eigenständige Sachverhaltsermittlungen anzustellen. Diese Kompetenz hat jedoch nicht den Zuschnitt einer Ermächtigung zur umfassenden, dem tatsächlichen Parteivorbringen vorgeordneten Inquisition, der die Aufklärungsbeiträge der Parteien lediglich instrumental zuzuordnen wären. Es handelt sich vielmehr sowohl in der Praxis wie auch nach der fälligen Neuinterpretation des geltenden Rechts um eine Reservekompetenz, die nur unter bestimmten tatbestandlichen Voraussetzungen eintritt.

a) Rechtsgrundlage

Die Annahme einer Behauptungs- und Beweisführungslast der Parteien im Verwaltungsprozeß rechtfertigt sich zunächst vor dem Hintergrund der *binnendogmatischen Antinomien* des tradierten Modells, die Beteiligtenmitwirkung als unselbständiges Element amtswegiger Sachaufklärung zu konzipieren. Wie oben dargetan, verträgt sich diese Konzeption nicht mit der Grundbedingung eines jeden auf der Dispositionsmaxime beruhenden Streitverfahrens, den Wissenstransfer von den Parteien zum Gericht zu organisieren und für die Fälle tatsächlicher Unaufklärbarkeit eine prozessuale Risikoverteilung vorzusehen, die dem Gericht in jedem Falle eine Sachentscheidung ermöglicht.

Schon wegen der Vorwirkungen der objektiven Beweislast ist es gerechtfertigt, eine echte prozessuale Last anzunehmen, die ähnlichen Regeln unterliegt wie die subjektive Behauptungs- und Beweislast in Verfahren mit Verhandlungsmaxime.[16] Zudem kann die Vielfalt der Mitwirkungs- und Aufklärungsbeiträge, die den Parteien des Verwaltungsprozesses auch nach herrschendem Verständnis angelastet werden, nicht mehr in eine instrumentelle Zuordnung zur richterlichen Ermittlungstätigkeit aufgelöst werden. Die Hilfsannahme von Teilen der Literatur, diese Mitwirkungspflichten – namentlich für Tatsachen aus der jeweiligen Sphäre der Beteiligten – seien gleichsam an die Stelle der zivilprozessualen Mitwirkungslast getreten,[17] zielt zwar in die richtige Richtung, ist je-

---

[15] Bisher hat allein *W. Grunsky*, Grundlagen des Verfahrensrechts, 168 und passim, den Vorschlag gemacht, von der Geltung der Verhandlungsmaxime im Verwaltungsprozeß auszugehen, so weit der Streitgegenstand der Parteidisposition unterliegt.

[16] Vgl. *H.-J. Musielak*, Die Grundlagen der Beweislast im Zivilprozeß, 38.

[17] Vgl. die Nachweise oben, III 3. a) aa) (3) a. E.

doch mit Blick auf den dogmatischen Grundkonflikt ein dilatorischer Kompromiß, der wenig erhellt und keine verläßliche Handhabe zur Abgrenzung der jeweiligen Verantwortungsbereiche bietet.

aa) Gesamtanalogie zum Zivilprozeß

Bei der Frage nach einer ausdrücklichen positiv-rechtlichen Rechtsgrundlage der verwaltungsprozessualen Behauptungs- und Beweisführungslast ist zunächst daran zu erinnern, daß eine solche auch im Zivilprozeß nicht vorhanden ist.

Dort folgen beide Lasten aus der prozessualen Risikoverteilung, die sich aus der zivilprozessualen Verhandlungsmaxime ergibt.[18] Zwar entbehrt auch diese einer ausdrücklichen Anordnung. Sie folgt aber zum einen im Umkehrschluß aus den Regelungen der §§ 616, 617 ZPO, die das Gericht ausnahmsweise zur alleinigen Einführung des Streitstoffes berechtigen.[19] Zum anderen läßt sich namentlich § 130 Nr. 3 ZPO entnehmen, daß allein die Parteien die zur Begründung ihrer Anträge dienenden tatsächlichen und rechtlichen Verhältnisse angeben können und sollen.[20] Vor allem haben die Parteien im Wege des Geständnisses (§ 288 ZPO) sowie des übereinstimmenden oder unstreitigen Vortrags (§§ 138 Abs. 3, 439 Abs. 3 ZPO) die Befugnis, über die Beweisbedürftigkeit der vorgetragenen Behauptungen zu disponieren.[21] Alle diese Bestimmungen gälten sowohl im einzelnen als auch in Gestalt der Verdichtung zur Verhandlungsmaxime auch im Verwaltungsprozeß (§ 173 VwGO), würde nicht die Normierung des § 86 Abs. 1 VwGO als Statuierung eines „grundsätzlichen Unterschiedes" beider Verfahrensordnungen verstanden, der die entsprechende Anwendung besagter Vorschriften ausschlösse.[22]

Im Umkehrschluß gilt, daß für die Annahme einer verwaltungsprozessualen Behauptungs- und Beweisführungslast im Wege einer *Gesamtanalogie zum Zivilprozeß* nach § 173 VwGO schon dann Raum besteht, wenn § 86 Abs. 1 VwGO nicht jene „grundsätzliche" Bedeutung für das Gefüge des Verwaltungsprozesses und jene tatbestandliche Spannweite für das Verfahren der Sachverhaltsermittlung zukommt, die ihm die herrschende Meinung bislang zumißt.[23] An dieser durchgehenden, ubiquitären Geltung des § 86 Abs. 1 VwGO

---

[18] Vgl. *L. Rosenberg/K. Schwab/P. Gottwald*, Zivilprozeßrecht, 670, 677.

[19] *L. Rosenberg/K. Schwab/P. Gottwald*, Zivilprozeßrecht, 426; vgl. *BGH* NJW 1989, 3161 (3162).

[20] Vgl. hinsichtlich der Berichtigung und Rücknahme von Behauptungen auch §§ 85 Abs. 1 Satz 2, 90 Abs. 1 ZPO.

[21] Vgl. *L. Rosenberg/K. Schwab/P. Gottwald*, Zivilprozeßrecht, 427.

[22] Vgl. nur *K. Redeker/H. v. Oertzen*, Verwaltungsgerichtsordnung, § 173, Rn. 2.

[23] Vgl. zu diesem Gedanken die Andeutungen bei *H. Prütting*, Gegenwartsprobleme der Beweislast, 47; weiterhin *J. Martens*, StuW 1981, 322, 330: Das Gesetz biete keinen Anhaltspunkt für die These, der Untersuchungsgrundsatz bedeute die Alleinverantwortung des Gerichts für

fehlt es jedoch. Daß das überkommene Fundament jener Hypostasierung, nämlich das Gemeinwohl- sowie das Rechtsschutzargument einschließlich ihrer vermeintlichen verfassungsrechtlichen Wurzeln, im Lichte der konzeptuellen Grundentscheidung des Art. 19 Abs. 4 GG mürbe geworden ist, wurde oben bereits dargetan. Gleiches gilt für die Annahme, es handele sich beim Untersuchungsgrundsatz um eine den Einzelbestimmungen der VwGO übergeordnete Normebene „zwischen" Verfassungs- und Prozeßrecht. Damit ist es in erster Linie die *restriktive Auslegung* des § 86 Abs. 1 VwGO selbst, die im Rückschluß die Konstruktion einer *echten Behauptungs- und Beweisführungslast* im Verwaltungsprozeß im Wege der Analogie zum Zivilprozeß (§ 173 VwGO) ermöglicht und erfordert.

bb) Positiv-rechtliche Anhaltspunkte

Daß es für die Zulässigkeit einer derartigen Analogiebildung auch positivrechtliche Anhaltspunkte unter den verwaltungsprozessualen Einzelbestimmungen gibt, ist beim Blick auf die Antinomien des tradierten Modells bereits sichtbar geworden.

(1) Zu nennen ist zunächst die Vorschrift des § 82 Abs. 1 Satz 3 VwGO, wonach der Kläger die zur *Begründung seines Begehrens* dienenden Tatsachen und Beweismittel angeben soll.

Daß sich diese Norm nicht – unter Hinweis auf einen angeblich übergeordneten „Rechtsgrundsatz" aus § 86 Abs. 1 VwGO – zur unverbindlichen *Ordnungs*vorschrift depotenzieren läßt, wurde oben bereits ausgeführt.[24] Auch „Sollvorschriften" bringen, ebenso wie die Verwendung des sogenannten „imperativen Präsens" oder des Verbums „müssen", zwingende Rechtsgebote zum Ausdruck.[25] Sie verlangen keinen geringeren Gehorsam als eine Mußvorschrift,[26] mag auch die Rechtsfolge eines Verstoßes gegen Sollvorschriften weniger schwer wiegen. Eine derartige Differenzierung in der Rechtsfolge, wie sie die unterschiedliche Terminologie in Satz 1 („muß") und Satz 3 („soll") des § 82 Abs. 1 VwGO geradezu erzwingt, liegt jedoch bereits in dem Umstand, daß es bei einem fortwährenden Verstoß gegen § 82 Abs. 1 Satz 1 VwGO bereits an ei-

---

die Sachverhaltsermittlung. Daher „hindert die Untersuchungsmaxime auch nicht die Bejahung einer Beweisführungspflicht, zumal da es im öffentlichen Recht nicht weniger erwünscht sein dürfte, die Beteiligten zur Mitwirkung bei der Sachaufklärung zu motivieren wie im Privatrecht."

[24] Vgl. oben, III 2. a) cc) (3).

[25] *H. Schneider*, Gesetzgebung, Rn. 621, führt aus: „Am klarsten wird ein Gebot durch *Sollen* oder *Müssen* ausgesprochen."

[26] *H. Schneider*, Gesetzgebung, Rn. 621, mit Blick auf die Vorschrift des § 26 Abs. 2 VwVfG; zur normativen Relevanz prozessualer Sollvorschriften hinsichtlich des Sachvortrags im allgemeinen auch *C.-F. Menger*, Fragen zur Mitwirkung des Antragstellers im Verfahren der Sozialgerichtsbarkeit, 148.

ner wirksamen Klageerhebung fehlt.[27] Daß ein Verstoß gegen die Sollvorschrift des § 82 Abs. 1 Satz 3 VwGO nicht dieselbe Rechtsfolge zeitigen kann, versteht sich mit Blick auf die terminologische Differenzierung zu Satz 1 von selbst. Hieraus folgt aber nicht, daß ein Verstoß gegen das Gebot des Satzes 3 nunmehr überhaupt keine Sanktionen nach sich ziehen dürfe.

Vielmehr kann die mit dem Begriff der prozessualen Last implizierte Risikoverteilung und Interessenmobilisierung gerade eine solche, von der Klageabweisung per Prozeßurteil sinnvoll abgestufte, *Sanktion geringeren Nachteils*[28] darstellen, die sich ohne weiteres in die Systematik des § 82 Abs. 1 VwGO integrieren läßt. Diese Interpretation wird im übrigen dadurch gestützt, daß auch in der zivilprozessualen Dogmatik auf die Parallelvorschrift des § 130 Nr. 3 ZPO hingewiesen wird, wenn es um die Plausibilisierung der Behauptungslast der Parteien geht.[29]

(2) Die Annahme einer Behauptungs- und Beweisführungslast wird ferner gestützt durch die Normierung der richterlichen *Hinweispflicht*, namentlich hinsichtlich der Ergänzung ungenügender tatsächlicher Angaben und der Abgabe jener Erklärungen, die für die Feststellung und Beurteilung des Sachverhalts wesentlich sind (§ 86 Abs. 3 VwGO).

Ohne Annahme einer originären Behauptungslast der Parteien ist diese Vorschrift sinnlos. Es besteht keine Veranlassung, das hieraus resultierende Spannungsverhältnis zwischen § 86 Abs. 3 VwGO und der Ermittlungspflicht des Gerichts aus § 86 Abs. 1 VwGO ohne weiteres zu Lasten der ersteren Norm aufzulösen. Zwar kommt § 86 Abs. 3 VwGO aus den oben genannten Gründen[30] nicht als selbständige Rechtsgrundlage einer Behauptungs- und Beweisführungslast der Parteien des Verwaltungsprozesses in Betracht. Angesichts der Möglichkeit der Gesamtanalogie zum Zivilprozeß (§ 173 VwGO) bedarf es auch keiner derartigen Grundlage. § 86 Abs. 3 VwGO indiziert jedoch die *Konsistenz* dieser Analogie, da die Vorschrift die eigenständige Sachverhaltsverantwortung der Parteien gegenüber der gerichtlichen Inquisition denknotwendig voraussetzt.

(3) Dieses Indiz wird mittlerweile nachdrücklich unterstützt durch die Möglichkeit der *Zurückweisung verspäteten Vorbringens* gemäß § 87 b Abs. 2 und 3 VwGO.[31]

---

[27] Vgl. *F. O. Kopp/R. Schenke*, Verwaltungsgerichtsordnung, § 82, Rn. 1. Dies gilt zumindest dann, wenn der Mangel nicht rechtzeitig, d.h. bis zum Abschluß der mündlichen Verhandlung bzw. nach Ablauf einer gemäß § 82 Abs. 2 Sätze 1 und 2 VwGO gesetzten Frist, geheilt wird.

[28] Zu deren Affinität zu Sollvorschriften im allgemeinen *H. Schneider*, Gesetzgebung, Rn. 621.

[29] *L. Rosenberg/K. Schwab/P. Gottwald*, Zivilprozeßrecht, 427.

[30] Oben, III 3. a) bb).

[31] Oben, III 3. a) cc).

Zwar enthält auch diese Vorschrift keine selbständige Grundlage einer echten Behauptungs- und Beweisführungslast der Parteien des Verwaltungsprozesses. Für das Verständnis dieser Prozeßform hat sie gleichwohl theoretisch weitreichende Konsequenzen, da ihre konsistente Einordnung in ein stimmiges prozessuales Gefüge ohne die Annahme einer dem Zivilprozeß ähnlichen Behauptungs- und Beweisführungslast nicht möglich ist.

b) Umfang der Behauptungs- und Beweisführungslast

Die abstrakte Verteilung der subjektiven *Beweisführungslast* im Verwaltungsprozeß richtet sich, folgt man der hier vorgeschlagenen Konzeption, nach den gleichen Grundsätzen wie die objektive Beweislast.[32] Dem folgt wiederum die Verteilung der *Behauptungslast*, die sich ihrem Gegenstand und Umfang nach grundsätzlich mit der Beweislast deckt.[33]

aa) Günstigkeitsregel

Maßgeblich für die abstrakte Verteilung der Behauptungs- und Beweisführungslast im Verwaltungsprozeß sind damit die ihrerseits umstrittenen, hier nur der Vollständigkeit halber zu nennenden Regeln über die Verteilung der *objektiven Beweislast*.[34] Diese Regeln sind grundsätzlich durch Auslegung der streiterheblichen materiell-rechtlichen Norm zu ermitteln, ohne daß ein übergeordnetes Prinzip der Beweislastverteilung a priori Orientierung böte.[35] Sofern allerdings keine spezielle Anordnung vorhanden oder ermittelbar ist, kommt nach Rechtsprechung und herrschendem Schrifttum das beweislastrechtliche Verteilungsprinzip zum Zuge, wonach diejenige Partei, deren Prozeßbegehren ohne Anwendung eines Rechtssatzes erfolglos bliebe, die Beweislast für dessen tatsächliche Voraussetzungen trägt. Wer ein Recht geltend macht, trägt danach die Beweislast für die den Tatbestand des entsprechenden Rechtssatzes ausfüllenden Tatsachen. Wer den nachträglichen Untergang oder die Hemmung des Rechts geltend macht, muß die rechtsvernichtenden oder rechtshemmenden Tatsachen dartun.[36]

---

[32] *L. Rosenberg/K. Schwab/P. Gottwald*, Zivilprozeßrecht, 671; eingehend zum Verhältnis zur objektiven Beweislast *H. Prütting*, Gegenwartsprobleme der Beweislast, 26f.

[33] *L. Rosenberg/K. Schwab/P. Gottwald*, Zivilprozeßrecht, 677.

[34] Hierzu aus dem monographischen Schrifttum namentlich *H.-H. Peschau*, Die Beweislast im Verwaltungsrecht; *M. Nierhaus*, Beweismaß und Beweislast.

[35] *M. Dawin*, in: *F. Schoch/E. Schmidt-Aßmann/R. Pietzner*, Verwaltungsgerichtsordnung, § 108, Rn. 100; *W. Berg*, Die verwaltungsrechtliche Entscheidung, 221; *H. Prütting*, Gegenwartsprobleme der Beweislast, 264; vgl. *BVerwGE* 13, 36 (40).

[36] Vgl. die zahlreichen Nachweise aus der Rsp. bei *M. Dawin*, in: *F. Schoch/E. Schmidt-Aßmann/R. Pietzner*, Verwaltungsgerichtsordnung, § 108, Rn. 100, Anm. 256; ebenso *F. O. Kopp/R.*

Die Kritik an der Übertragbarkeit dieser sogenannten Günstigkeitsregel auf den Verwaltungsprozeß stellt im wesentlichen darauf ab, daß sie auf die Konstellation *rechtlich gleichgeordneter Interessenlagen* hin berechnet sei, während den Verwaltungsprozeß die Relevanz „öffentlicher Interessen" kennzeichne.[37] Diesem Gesichtspunkt kommt freilich angesichts der vollständigen Normativierung des öffentlichen Interesses im allgemeinen, der Konzeption des Verwaltungsrechtsstreits als einer Entscheidung zwischen kollidierenden subjektiven Rechtspositionen prozessual gleichgeordneter Beteiligter im besonderen keine Bedeutung zu.[38] Die Günstigkeitsregel stellt nicht auf die komplexe, außerrechtliche Gemengelage von Interessen des einzelnen, der Allgemeinheit oder bestimmter Personenmehrheiten ab, die durch den jeweiligen Rechtsstreit in mannigfacher, häufig ambivalenter Weise berührt sein mögen.[39] Maßgeblich für ihre Anwendung ist allein die *formale Relation* zwischen streiterheblicher Norm und prozessualem Begehren, mag dieses in außerrechtlicher Betrachtung als öffentliches, privates oder kollektives Interesse erscheinen.[40]

bb) Sphärenverantwortung

Der Kritik ist freilich zuzugeben, daß es sich auch bei der Günstigkeitsregel nur um einen unter mehreren möglichen und relevanten Begründungsgesichtspunkten für die Verteilung der objektiven Beweislast handelt.[41] Als weiterer Gesichtspunkt bietet sich insbesondere die Orientierung am Gedanken der Sphä-

---

Schenke, Verwaltungsgerichtsordnung, § 108, Rn. 13; *K. Redeker/H. v. Oertzen*, Verwaltungsgerichtsordnung, § 108, Rn. 12; aus dem zivilprozessualen Schrifttum *H. Thomas/H. Putzo*, ZPO, Vorbem § 284, Rn. 23; *L. Rosenberg/K. Schwab/P. Gottwald*, Zivilprozeßrecht, 670f.; zur Auseinandersetzung dort *H. Prütting*, Gegenwartsprobleme der Beweislast, 266f.

[37] Vgl. für den Verwaltungsprozeß *W. Berg*, Die verwaltungsrechtliche Entscheidung, 182, 184ff.; *H.-H. Peschau*, Die Beweislast im Verwaltungsrecht, 38f.; *M. Nierhaus*, Beweismaß und Beweislast, 407ff.

[38] Vgl. in diese Richtung bereits *W. B. Maetzel*, DÖV 1966, 520, 522, der von einer formalen Gleichstellung behördlicher Befugnisse und subjektiver Rechte spricht; nach der hier vertretenen Konzeption subjektiv-öffentlicher Rechte eine unnötige terminologische Verengung. Kritisch gegenüber *Maetzel H.-H. Peschau*, Die Beweislast im Verwaltungsrecht, 39; *W. Berg*, Die verwaltungsrechtliche Entscheidung, 185.

[39] Vgl. zu diesem Gesichtspunkt *H.-H. Peschau*, Die Beweislast im Verwaltungsrecht, 39; *W. Berg*, Die verwaltungsrechtliche Entscheidung, 185.

[40] Vgl. in diese Richtung auch die Verteidigung der Günstigkeitsregel bei *M. Dawin*, in: *F. Schoch/E. Schmidt-Aßmann/R. Pietzner*, Verwaltungsgerichtsordnung, 38f. unter dem Gesichtspunkt des „Angreifergedankens"; ähnlich im Zivilrecht *H. Prütting*, Gegenwartsprobleme der Beweislast, 258.

[41] Welche Gesichtspunkte dies sind und welche Bedeutung ihnen zukommt, ist streitig; vgl. zu den unterschiedlichen Zusammenstellungen abzulehnender und anzuerkennender Sachgründe für die Beweislastverteilung *M. Nierhaus*, Beweismaß und Beweislast, 430ff.; *H.-H. Peschau*, Die Beweislast im Verwaltungsrecht, 17ff.; im Überblick *H. Prütting*, Gegenwartsprobleme der Beweislast, 257ff.

renverantwortung an, der bereits im tradierten Modell heranzogen wurde, um die Sachverhaltsverantwortung der Parteien näher zu konturieren.[42]

(1) Der Bürger soll danach alle Fakten vortragen und die Beweismittel hierfür benennen, die in seinem Lebenskreis liegen und die für ihn erreichbar sind. Umgekehrt muß die beteiligte Behörde alle Sachaspekte offenlegen und beweisen, die in ihrem Bereich liegen.[43] Gerade wegen der Konvergenz dieses Verteilungsgesichtspunkt mit jenen Risikozuweisungen, die schon im tradierten Verständnis des Untersuchungsgrundsatzes vorgenommen wurden,[44] avanciert die Sphärenverantwortung neben der Günstigkeitsregel zum wichtigsten Kriterium der Beweislastverteilung im vorgeschlagenen Modell.

Die zahlreichen für Sachverhalte im Lebens-, Verantwortungs- oder Risikobereich des Beteiligten angesiedelten Mitwirkungs- und Nachweisvorschriften des *materiellen Verwaltungsrechts* lassen sich schlüssig als positiv-rechtlich basierte *normative Verfestigung* der Sphärenverantwortung begreifen.[45] Sie gewinnen beweislastverteilenden Charakter und damit prozessuale Relevanz, indem sie das Prinzip der Sphärenverantwortung inhaltlich konturieren. Diese Sphärenverantwortung erstreckt sich nach der hier zugrundeliegenden Konzeption nicht nur auf die objektive Beweislast, sondern bereits auf die Beweisführungs- und Behauptungslast der Parteien. Diese subjektiven Lasten werden sonach nicht nur durch die Günstigkeitsregel unter Einbeziehung der materiell-rechtlichen Angreifer- und Verteidigungsposition strukturiert. Sie erfahren vielmehr eine weitere, wesentliche inhaltliche Formierung und Konturierung durch die materiell-rechtlichen Mitwirkungs- und Nachweispflichten der Beteiligten.

(2) Auf diesem Wege findet sich eine konsistente Lösung für die problematische Frage nach dem *prozessualen Charakter* der materiell-rechtlichen Mitwirkungspflichten.[46] Im tradierten Modell hatte sich diese Frage als dilemmatisch erwiesen. Einerseits wurde durchaus die Notwendigkeit gesehen, den Umfang der Mitwirkungspflicht im gerichtlichen Verfahren nicht geringer zu ziehen als im Verwaltungsverfahren. Ansonsten bestand die Gefahr, die materiell-rechtli-

[42] Vgl. zu den Bemühungen, eine Sphärenverantwortung im tradierten Paradigma des Untersuchungsgrundsatzes zu begründen, zuletzt die Ausführungen von *B. Köhler-Rott*, Der Untersuchungsgrundsatz im Verwaltungsprozeß und die Mitwirkungslast der Beteiligten, 214ff. und passim.

[43] *F. Hufen*, Verwaltungsprozeßrecht, § 37, Rn. 17.

[44] Vgl. *M. Nierhaus*, Beweismaß und Beweislast, 430; für das Zivilrecht *H. Prütting*, Gegenwartsprobleme der Beweislast, 213.

[45] Ebenso *M. Nierhaus*, Beweismaß und Beweislast, 438. *Nierhaus* bezieht sich namentlich auf *BVerwG* DÖV 1987, 744, wo es heißt: „Die Mitwirkungspflicht der Beteiligten bei der Aufklärung des Sachverhalts durch das Tatsachengericht erstreckt sich nicht auf solche Tatsachen, die nicht in ihren Erkenntnisbereich und nicht in ihre Sphäre fallen."

[46] Hierzu *M. Nierhaus*, Beweismaß und Beweislast, 311ff.; *B. Köhler-Rott*, Der Untersuchungsgrundsatz im Verwaltungsprozeß und die Mitwirkungslast der Beteiligten, 189f.; vgl. bereits *C.-F. Menger*, Fragen zur Mitwirkung des Antragstellers im Verfahren der Sozialgerichtsbarkeit, 150f.

che Mitverantwortung des Bürgers für die Sachverhaltsermittlung im Wege des Gerichtsverfahrens zu unterlaufen.[47] Andererseits setzte die prozessuale Relevanz der materiell-rechtlichen Mitwirkungspflichten mangels Behauptungs- und Beweisführungslast einen prekären „Brückenschlag"[48] voraus, nämlich die Geltung der Mitwirkungspflichten als Beweispflichten des Gerichtsverfahrens. Im tradierten Modell des Untersuchungsgrundsatzes fiel es nicht schwer, die Existenz eines solchen normativen Bindegliedes zu negieren. Paradigmatisch hierzu heißt es bei *Nierhaus*, angesichts des verfassungsrechtlichen Ranges des Untersuchungsgrundsatzes hätte es einer gesetzesexpliziten Rezeption der materiell-rechtlichen Mitwirkungspflichten bedurft, um in das Prozeßrecht transponiert zu werden.[49] Eine Ausnahme vom Grundsatz der Sachverhaltsermittlung von Amts wegen, so die vertraute Argumentationsfigur, sei nur im Wege ausdrücklicher Anordnung zulässig.[50]

Konzipiert man dagegen die Mitwirkungsverantwortung der Beteiligten im Verwaltungsprozeß als echte, durch die Grundsätze der objektiven Beweislast unter besonderer Berücksichtigung des Sphärengedankens konkretisierte Beweisführungs- und Behauptungslast, dann entfällt die Notwendigkeit einer derart angreifbaren Hilfskonstruktion. Die auch nach herrschender Meinung akzeptierte Funktion der materiell-rechtlichen Pflichten als *Konkretisierungsgesichtspunkte für genuin prozessuale Aufklärungspflichten* der Parteien kann dabei unmittelbar übernommen werden. Sie führt allerdings angesichts der hier vorgeschlagenen Konstruktion eines Systems subjektiver Lasten zu weiterreichenden Folgen. Im Grundsatz gilt dann, daß denjenigen, dem nach materiellem Recht eine Mitwirkungs- oder Nachweispflicht obliegt, im Prozeß nicht nur die objektive Beweislast, sondern bereits die subjektive Pflicht zur Behauptung und Beweisführung trifft.

cc) Konkrete Behauptungs- und Beweisführungslast

Neben die abstrakte Behauptungs- und Beweisführungslast der Parteien, die der objektiven Beweislast folgt und festlegt, wer welche Behauptungen aufstellen und gegebenenfalls beweisen muß, tritt in Abhängigkeit vom Prozeßverlauf

---

[47] Vgl. *B. Köhler-Rott*, Der Untersuchungsgrundsatz im Verwaltungsprozeß und die Mitwirkungslast der Beteiligten, 189.

[48] *M. Nierhaus*, Beweismaß und Beweislast, 311; im Anschluß daran *B. Köhler-Rott*, Der Untersuchungsgrundsatz im Verwaltungsprozeß und die Mitwirkungslast der Beteiligten, 189; vgl. schon *C.-F. Menger*, Fragen zur Mitwirkung des Antragstellers im Verfahren der Sozialgerichtsbarkeit, 311;

[49] *M. Nierhaus*, Beweismaß und Beweislast, 312; vgl. *K.A. Bettermann*, Die Beweislast im Verwaltungsverfahren, 43f. mit der Konsequenz, daß die im Verwaltungsverfahren versäumte Mitwirkung im anschließenden Verwaltungsprozeß uneingeschränkt nachgeholt werden könne und sich allenfalls bezüglich der Kosten nachteilig auswirken könne.

[50] *M. Nierhaus*, Beweismaß und Beweislast, 312.

die konkrete Behauptungslast (Substantiierungslast) und Aufklärungspflicht der Parteien. Sie steht in Abhängigkeit zum bisherigen Sachvortrag der Gegenseite und motiviert die Parteien dazu, gegebenenfalls genauere oder neue Tatsachen nachzutragen.[51] Relevant ist sie in solchen Prozeßlagen, wo bereits gewisse Sachinformationen in das Verfahren Eingang gefunden haben und dem Richter vorläufige Überzeugungen ermöglichen, ohne daß die Sache bereits spruchreif wäre.[52]

Auch im tradierten Modell war, wenngleich in latentem Widerspruch zur Fiktion einer umfassenden Aufklärungsverantwortung des Gerichts, eine Abhängigkeit des Umfangs der Mitwirkungsobliegenheiten vom konkreten Prozeßverlauf erkannt worden. So sollte den Kläger eine gesteigerte Mitwirkungspflicht in solchen Fällen treffen, in denen seine Behauptungen im Widerspruch zu offenkundigen Tatsachen stehen. Seine Behauptungen müßten, so die Rechtsprechung, zumindest geeignet sein, gerichtlicherseits Zweifel am Vorliegen der offenkundigen Tatsachen zu wecken.[53] Gleiches wurde für den Fall verlangt, daß eine Vermutung widerlegt werden sollte.[54] Schließlich vertrat das Bundesverwaltungsgericht die Auffassung, es könne von weiterer amtswegiger Aufklärung abgesehen werden, wenn der Kläger einem substantiierten Bestreiten des Beklagten nicht seinerseits substantiiert entgegentrete.[55]

Die Rechtsprechung bewegte sich damit, wie namentlich das letzte Beispiel indiziert, bereits in einer *prozessualen Grauzone*, in der dem Parteiverhalten ein weiterreichender Einfluß auf die Beweisbedürftigkeit von Tatsachen zugebilligt wurde, als es nach tradiertem Verständnis des § 86 Abs. 1 VwGO zulässig gewesen wäre.[56] Akzeptiert man dagegen mit der hier vorgeschlagenen Neujustierung die Existenz subjektiver Lasten im Verwaltungsprozeß, dann erheben sich auch gegen die Übertragung der aus dem Zivilprozeß vertrauten Figur der konkreten Behauptungs- und Beweislast keine Bedenken.

c) Rechtsfolgen

Kommt die behauptungs- oder beweisführungsbelastete Partei ihren Obliegenheiten nicht nach, so richten sich die prozessualen Folgen nach den allgemei-

---

[51] *H. Prütting*, Gegenwartsprobleme der Beweislast, 44; *L. Rosenberg/K. Schwab/P. Gottwald*, Zivilprozeßrecht, 678.

[52] Zum Begriff der konkreten Beweislast im allgemeinen *H. Prütting*, Gegenwartsprobleme der Beweislast, 7f.

[53] *OVG Münster* OFGE 16, 293 (294); dieses und die beiden folgenden Urteile zitiert bei *W. Höfling/V. Breustedt*, in: NKVwGO § 86, Rn. 118.

[54] *OVG Lüneburg* NVwZ-RR 1993, 510 (511).

[55] Entscheidung vom 30.06. 1994 (4 B.136.94).

[56] Vgl. zur Beweisbedürftigkeit im Bereich der Untersuchungsmaxime nur *L. Rosenberg/K. Schwab/P. Gottwald*, Zivilprozeßrecht, 657.

nen, aus dem Zivilprozeß bekannten Regeln. Dies gilt vorbehaltlich des Umstandes, daß dem Gericht unter bestimmten Voraussetzungen nach § 86 Abs. 1 VwGO die Befugnis zur eigenständigen Sachverhaltsermittlung und Beweiserhebung zukommt.

aa) Namentlich ist es danach möglich, eine Klage bereits wegen mangelnder *Schlüssigkeit* des klägerischen Vorbringens durch Sachurteil abzuweisen, sofern der unzureichende Sachvortrag eindeutig in den gegenständlichen Bereich der Behauptungslast des Klägers fällt. In der Praxis wird dies, ähnlich wie im Zivilprozeß,[57] nur dann eine Rolle spielen, wenn die richterlichen Bemühungen um vollständigen Sachvortrag und Beweisantritt (§ 86 Abs. 3 VwGO) erfolglos bleiben und auch die Voraussetzungen für Ermittlungen von Amts wegen (§ 86 Abs. 1 VwGO) nicht vorliegen.

bb) Weiterführend ergibt sich die Konsequenz, daß auch *Geständnis* (§ 288 ZPO) und *Nichtbestreiten* gegnerischer Behauptungen (§ 138 Abs. 3 ZPO) analog den zivilprozessualen Regelungen die Beweisbedürftigkeit von Tatsachenbehauptungen ausschließen. Folgt man der oben begründeten Prämisse der Kongruenz des Pflichten- mit dem Befugniskreis richterlicher Sachaufklärung,[58] so erheben sich gegen die Übertragbarkeit des Grundgedankens beider Regelungen keine Bedenken.

cc) Schließlich wird auch die Zulässigkeit von *Versäumnisurteilen* gegen den Kläger sowie gegen den Beklagten zu bejahen sein. Im einzelnen ist zu differenzieren. Während das Versäumnisurteil gegen den Beklagten gemäß § 331 Abs. 1 Satz 1 ZPO darauf beruht, daß das tatsächliche Vorbringen des Klägers als zugestanden angesehen wird,[59] gilt das Versäumnisurteil gegen den Kläger nach § 330 ZPO als Konsequenz aus der klägerischen Dispositionsbefugnis. Folgerichtig konnte schon nach der tradierten Ansicht § 86 Abs. 1 VwGO einer entsprechenden Anwendung des § 330 ZPO nicht entgegengehalten werden. Ungeachtet dessen lehnt die herrschende Meinung die Anwendbarkeit der zivilprozessualen Säumnisvorschriften im allgemeinen unter Hinweis auf § 102 Abs. 2 VwGO ab, wo es heißt, der Richter habe bei der Ladung zur mündlichen Verhandlung darauf hinzuweisen, daß beim Ausbleiben eines Beteiligten auch ohne ihn verhandelt und entschieden werden kann.[60] Ein Ausschluß der Säumnisfolgen läßt sich § 102 Abs. 2 VwGO jedoch nicht entnehmen. Die Vorschrift schließt den unstreitigen Verlauf der Verhandlung und die Säumnisentscheidung mitnichten

---

[57] *L. Rosenberg/K. Schwab/P. Gottwald*, Zivilprozeßrecht, 677.

[58] Oben 1. c).

[59] Vgl. nur *H. Thomas/H. Putzo*, ZPO, § 331, Rn. 5.

[60] *B. Clausing*, in: *F. Schoch/E. Schmidt-Aßmann/R. Pietzner*, Verwaltungsgerichtsordnung, § 107, Rn. 8 der zugleich – in dieser Pauschalität unzutreffend – meint, eine allein auf die Säumnis eines Beteiligten gestützte Entscheidung widerspräche dem Untersuchungsgrundsatz; *K. Redeker/H. v. Oertzen*, Verwaltungsgerichtsordnung, § 107, Rn. 7, § 102, Rn. 8; *BVerwG* NJW 1957, 885 (886); *OVG NW* JZ 1964, 566.

aus. Im Gegenteil kann §102 Abs.2 VwGO gerade als Hinweis darauf verstanden werden, daß dem Beteiligten aus seiner Abwesenheit Nachteile bis hin zum Versäumnisurteil entstehen können.[61]

Mit der hier vorgeschlagenen Neujustierung wird auch gegen die Möglichkeit eines Versäumnisurteils gegen den Beklagten gemäß §331 ZPO nichts zu erinnern sein. Wenn, wie dargetan, die §§288, 138 Abs.3 ZPO über §173 VwGO entsprechend anzuwenden sind, kann für die Geständnisfiktion des §331 Abs.1 Satz 1 ZPO nichts anderes gelten.[62] §102 Abs.2 VwGO steht dem ebensowenig entgegen wie der entsprechenden Anwendung des §330 ZPO.

dd) Eine systemkonforme Anwendung der genannten Vorschriften im Verwaltungsprozeß wird zunächst dafür Sorge tragen müssen, daß es sich bei der zugestandenen Tatsache tatsächlich um eine solche handelt, die dem Zugestehenden ungünstig ist oder in die Sphäre der Gegenseite fällt, also – allgemeiner gesagt – zur Beweislast der anderen Seite steht.[63] Weiterhin gilt es, die bereits jetzt vorgesehenen Ausnahmen systemgerecht zu erweitern. So treten die Geständniswirkungen der §§288, 138 Abs.3 ZPO auch im Zivilprozeß in jenen Fällen nicht ein, in denen die zugestandene Tatsache unmöglich oder ihr Gegenteil offenkundig ist.[64]

Im Verwaltungsprozeß kommt als weitere Einschränkung hinzu, daß die Geständniswirkungen unter Umständen dann substituiert werden, wenn die Voraussetzungen selbständiger gerichtlicher Sachverhaltsermittlung von Amts wegen gegeben sind. Die Anwendung der §§288, 138 Abs.3, 330ff. ZPO im Verwaltungsprozeß steht unter der Einschränkung, daß nicht die Voraussetzungen der Reservekompetenz des Gerichts zur eigenständigen Sachverhaltsermittlung aus §86 Abs.1 VwGO gegeben sind und die Ermittlungsbemühungen abweichende Ergebnisse in der Sache zeitigen. In diesem Falle würden die Beweisführungs- und die Behauptungslast der Beteiligten substituiert, so daß für den Eintritt der zivilprozessualen Geständnisfolgen i.w.S. kein Raum bestünde.

4. *Aufklärungspflichten der nicht risikobelasteten Partei*

Im Zivilprozeß können die Parteien auch hinsichtlich solcher Umstände zur Aufklärung verpflichtet sein, für die sie nicht die Behauptungs- oder Beweislast

[61] *W. Grunsky*, Grundlagen des Verfahrensrechts, 192.

[62] Ebenso *W. Grunsky*, Grundlagen des Verfahrensrechts, 193, aufgrund der von ihm vorgeschlagenen Geltung der Verhandlungsmaxime im Verwaltungsprozeß nach Maßgabe der klägerischen Dispositionsbefugnisse.

[63] Zu dieser Voraussetzungen im Rahmen des §288 ZPO *L. Rosenberg/K. Schwab/P. Gottwald*, Zivilprozeßrecht, 650; *H. Thomas/H. Putzo*, ZPO, §288, Rn.3.

[64] *BGH* NJW 1979, 2089; vgl. *L. Rosenberg/K. Schwab/P. Gottwald*, Zivilprozeßrecht, 652; *H. Thomas/H. Putzo*, ZPO, §288, Rn.6.

tragen. So ist die nicht beweisbelastete Partei gemäß § 423 ZPO zur Vorlage von Urkunden verpflichtet, die sich in ihrem Besitz befinden, wenn sie selbst im Prozeß darauf Bezug genommen hat. Ferner kann sie nach §§ 445, 448 ZPO als Partei vernommen werden. Schließlich wird nach Treu und Glauben eine sekundäre Aufklärungspflicht für solche Umstände angenommen, deren Aufklärung der Partei aufgrund ihrer Sachnähe zumutbar ist, während die an sich beweisbelastete Partei außerhalb des Geschehensablaufs steht und sie keine näheren Kenntnisse über die in Rede stehenden Umstände besitzt.[65] Ähnliche Konstellationen sind auch im Verwaltungsprozeß denkbar, etwa wenn ein Kläger nach allgemeinen Regeln die Beweislast für solche Umstände zu tragen hat, die im Behördenbereich geschehen sind.[66] Ebenso kann es in Ausnahmefällen möglich sein, daß der Partei nach dem materiellen Verwaltungsrecht Aufklärungs- oder Mitwirkungspflichten obliegen, ohne daß sich hieraus nach dem Prinzip der Sphärenverantwortung eine Zuordnung der Beweislast ableiten ließe.

Wie oben bereits erwähnt,[67] bedurfte es im Zivilprozeß erheblicher dogmatischer Anstrengungen, um aus den verstreuten Einzelbestimmungen eine umfassende prozessuale Aufklärungspflicht der Parteien abzuleiten.[68] Anders als in der ZPO steht im Verwaltungsprozeß in Gestalt des § 86 Abs. 1 Satz 1 Hs. 2 VwGO die gesetzliche Grundlage einer allgemeinen Befugnis des Gerichts zur Verfügung, die Beteiligten für die Sachverhaltsaufklärung heranzuziehen. Die vorgeschlagene Neujustierung der Risikoverteilung ermöglicht eine trennscharfe Positionierung dieser gerichtlichen Befugnis und der ihr entsprechenden Aufklärungspflicht der Beteiligten. Sie entfaltet ihre rechtliche Relevanz in jenen Fällen, in denen die jeweilige Partei zwar nicht die Behauptungs- oder Beweisführungslast für bestimmte Umstände trägt, ihr aber gleichwohl die Pflicht zur Sachaufklärung obliegt.

Bei der Frage nach den Rechtsfolgen der Pflichtverletzung stellt die Prozeßrechtswissenschaft, wie oben erwähnt, eine Fülle von Lösungen zur Verfügung, denen die Anlehnung an den Rechtsgedanken der Beweisvereitelung (§ 444 ZPO) gemeinsam ist. *Stürner* hat als Regelfolge der Aufklärungspflichtverletzung eine der aufklärungspflichtigen Partei ungünstige, freilich widerlegbare Fiktion vorgeschlagen.[69] In der verwaltungsprozessualen Rechtsprechung und Literatur wird, wenngleich unter dem irreführenden Etikett der „Beweiswürdi-

---

[65] Vgl. *L. Rosenberg/K. Schwab/P. Gottwald*, Zivilprozeßrecht, 679 m.w.N.

[66] Unmittelbar über die Beweislastverteilung löst diese Konstellation dagegen *BVerwG* DVBl. 1985, 61 (63, 65), wo es um die Frage der Beweislast des Prüflings für Auswirkungen eines Sachverhaltsirrtums des Prüfers auf das Prüfungsergebnis ging; hierzu *W. Berg*, FS Menger (1985), 537, 548f.

[67] Abschnitt III. 3. c) bb) (3).

[68] Namentlich *R. Stürner*, Die Aufklärungspflicht der Parteien des Zivilprozesses, 92ff.

[69] *R. Stürner*, Die Aufklärungspflicht der Parteien des Zivilprozesses, 256.

gung", ähnliches vertreten. Wer sich der Mitwirkung entzieht, muß danach mit der *Unterstellung der ihm ungünstigeren Sachverhaltsvariante* rechnen.[70]

Auch diese Rechtsfolge kann im Verwaltungsprozeß, ebenso wie im Falle mangelnden Tatsachenvortrags der risikobelasteten Partei, nur dann eintreten, wenn die Voraussetzungen für die selbständige richterliche Sachaufklärung von Amts wegen nicht vorliegen. Die im tradierten Paradigma des Untersuchungsgrundsatzes kaum lösbare Streitfrage, ob die Aufklärungspflichtverletzung weitere Ermittlungsanstrengungen des Gerichts *entbehrlich* mache, oder ob die „negative Fiktion" erst nach *Erschöpfung* aller weiteren Möglichkeiten der Sachverhaltsaufklärung eintreten könne,[71] erübrigt sich nach dem vorliegend entwickelten Modell. Soweit die Voraussetzungen für gerichtliche Ermittlungen gegeben sind, kann die negative Fiktion widerlegt werden. Die Sanktion für eine Aufklärungspflichtverletzung der nicht risikobelasteten Partei besteht somit allein in der Möglichkeit der ungünstigen Unterstellung, aber nicht in der Einschränkung einer etwaigen richterlichen Ermittlungspflicht.

5. *Amtsermittlung als Reservekompetenz*

Beim Blick auf die konzeptuellen Widersprüche des tradierten Verständnisses vom Untersuchungsgrundsatz konnte gezeigt werden, daß sich die gerichtliche Tatsachenermittlung gemäß § 86 Abs. 1 VwGO nicht auf einen a priori gegebenen „Sachverhalt" beziehen, sondern erst auf der Grundlage des tatsächlichen Parteivorbringens entfalten kann.[72] In einem auf der Dispositionsmaxime beruhenden Streitverfahren besteht notwendigerweise ein Informationsgefälle zwischen Parteien und Gericht. Dies impliziert die Obliegenheit der Parteien, den maßgeblichen Sachverhalt in die kognitive Sphäre des Gerichts zu transferieren.

Der Verwaltungsprozeß trägt dieser funktionalen Grundbedingung zunächst mit der Vorschrift des § 82 Abs. 1 VwGO Rechnung, die dem Kläger die Benennung eines Tatsachenkerns zur Individualisierung und Konkretisierung des Streitprogramms überantwortet. Auch im weiteren Prozeßverlauf erbringt das Parteivorbringen die Hauptmasse jener Anhaltspunkte, die zur verfahrensinternen Rekonstruktion des Sachverhalts erforderlich sind. Die theoretische Prämisse einer nahezu unbegrenzten Ermittlungspflicht, wie sie der Wortlaut des § 86 Abs. 1 VwGO insinuiert, ist daher nicht zu halten. In der Praxis ist dementsprechend eine zunehmende Diskrepanz zwischen den konstruktiven Prämissen des tradierten Modells einerseits, der faktischen Annäherung an das Verfah-

[70] *B. Köhler-Rott*, Der Untersuchungsgrundsatz im Verwaltungsprozeß und die Mitwirkungslast der Beteiligten, 217.

[71] So *BVerwGE* 8, 29 (30); *BVerwG* BayVBl. 1988, 505 (506); Entbehrlichkeit weiterer Aufklärung wird dagegen angenommen von *OVG Münster* NVwZ 1982, 251 (252).

[72] Im einzelnen oben, III. 2.

ren der Sachverhaltsermittlung im Zivilprozeß andererseits zu beobachten. Die praktische Bedeutung des Untersuchungsgrundsatzes verengt sich auf solche Fälle, in denen die Parteien abweichend vom normalen Geschehen des Verwaltungsprozesses passiv sind oder im Wege einvernehmlichen Handelns Einfluß auf die Tatsachengrundlage des Urteils nehmen möchten.

Die vorliegende Konzeption vermeidet diese Antinomien, indem sie die Amtsermittlung als Reservekompetenz definiert (a). Diese Reservekompetenz tritt unter objektiven Voraussetzungen ein, wird also nicht unmittelbar durch das Parteivorbringen ausgelöst oder begrenzt (b). Die tatbestandlichen Voraussetzungen der Reservekompetenz können unter Anknüpfung an den dogmatischen Bestand näher konturiert werden (c).

a) Standort

Die vorgeschlagene Neujustierung zieht die Konsequenzen aus den gravierenden Modifikationen, denen die Verfahrenswirklichkeit der Untersuchungsmaxime angesichts der Verfassungsvorgabe eines Verfahrens individueller Rechtsausübung (Art. 19 Abs. 4 GG) und dessen Funktionsbedingungen unterliegt. Sie findet damit Anschluß an die Erkenntnis, daß die vom tradierten Modell in § 86 Abs. 1 VwGO verortete Pflicht zur Sachverhaltsermittlung gegen den Willen und gegen das Bewußtsein der Beteiligten unter den normativen Prämissen des Grundgesetzes und ihren funktionalen Implikationen für das Gerichtsverfahren weithin obsolet geworden ist.[73]

Freilich bleibt sie bei der Erkenntnis nicht stehen, daß in der Praxis die Beteiligten den Streitstoff definieren, während die Inquisitionsmaxime ein Reserveinstrument bildet, dessen Einsatz im Ermessen des Gerichts steht.[74] Vielmehr soll diese Ermessensausübung um der Sicherung richterlicher *Neutralität* willen in eine Konzeption des Verwaltungsprozesses als *Parteienprozeß* eingebettet werden, dessen grundlegende Risikoverteilung auf einem System subjektiver Behauptungs- und Beweisführungslasten entsprechend dem Zivilprozeß beruht. Dessen Konstruktion de lege lata rechtfertigte sich, so die oben vorgestellte Konzeption, im Wege einer Gesamtanalogie zum Zivilprozeß (§ 173 VwGO). Diese Gesamtanalogie bedarf, gleichsam als Schlußstein, der restriktiven, den Funktionsimperativen und verfassungsrechtlichen Prämissen des Verwaltungs-

---

[73] Vgl. *H. Faber*, FS RAV Hannover (1981), 79, 95. Vgl. auch ebd. 95; 99: Wer „auf der Suche nach der verlorenen Zeit die Inquisitionsmaxime im konventionellen Sinn kontrafaktisch wiederzubeleben und durchzusetzen versucht, wird die Realität der Sachverhaltsermittlung im Verwaltungsprozeß gewiß nicht ändern, wohl aber einen wohlfeilen Revisionsgrund bereitstellen." Es mache „wenig Sinn, wider alle Erfahrungen über die Vollziehbarkeit eines streng verstandenen Untersuchungsgrundsatzes auf dem Wortlaut des § 86 Abs. 1 Satz 1 VwGO zu bestehen."

[74] Insoweit zutreffend *H. Faber*, FS RAV Hannover (1981), 79, 95.

prozesses angepaßten Interpretation des § 86 Abs. 1 VwGO. Versteht man die gerichtliche Sachverhaltsermittlung als Reservekompetenz, kann § 86 Abs. 1 VwGO nicht mehr einen grundsätzlichen Unterschied zwischen dem verwaltungsgerichtlichen und dem zivilprozessualen Verfahren i.S.d. § 173 VwGO begründen.

Diese Reservekompetenz wird, wie es bereits in der gegenwärtigen Praxis des Verwaltungsprozesses der Fall ist, erst auf der *dritten Stufe* der Sachverhaltsrekonstruktion einsetzen. Auf der ersten Stufe geht der Verwaltungsrichter vom Vortrag und den Beweisanträgen der Parteien aus.[75] Auf der zweiten Stufe ist gegebenenfalls das Instrumentarium des richterlichen Fragerechts (§ 139 ZPO, § 86 Abs. 3 VwGO) zu mobilisieren, um die Parteien zu weiterem Vortrag oder zur mündlichen Erörterung zu veranlassen. Nach Erschöpfung dieses Instrumentariums ist unter Umständen bereits Raum für die Schlüssigkeits- und Erheblichkeitsprüfung des Parteivorbringens, wobei auch Mängel im Parteivortrag unter Berücksichtigung der abstrakten wie konkreten Behauptungs- und Beweisführungslast zu würdigen sind.

Weitere Schritte unternimmt das Gericht nur dann, wenn – auf der dritten Stufe – Anlaß für *selbständige Tatsachenermittlungen* i.S.d. § 86 Abs. 1 VwGO besteht. Ein solcher Anlaß wird sich vor allem in den „kritischen" Situationen der prozessualen Sachverhaltsermittlung in einem lastenbasierten Modell ergeben. Es sind dies das einseitige Geständnis (§ 288 ZPO), der (teilweise) Eintritt der Geständniswirkungen nach § 138 Abs. 3 ZPO, der übereinstimmende Sachvortrag der Partei sowie die Säumnis des Beklagten[76] (§ 331 Abs. 1 Satz 1 VwGO), die Behauptungs- oder Beweisfälligkeit einer Partei und schließlich der Eintritt einer „negativen Fiktion" im Falle der Aufklärungspflichtverletzung der nicht beweisbelasteten Partei.

b) Verhältnis zur Beteiligtenmitwirkung

Folgt man der vorgeschlagenen Neujustierung, so rückt die Frage nach der näheren Bestimmung der tatbestandlichen Voraussetzungen in den Mittelpunkt, bei deren Erfüllung die gerichtliche Ermittlungspflicht und -befugnis eintritt. Dazu ist zunächst das Verhältnis zur Beteiligtenmitwirkung zu klären.

aa) Das tradierte Modell bietet hier nur eingeschränkt Orientierungsmöglichkeiten. Die in der Rechtsprechung verbreitete Formel, die Amtsermittlungspflicht des Gerichts ende dort, wo die Mitwirkungspflicht der Parteien einset-

[75] Im einzelnen oben, III. 2. c).

[76] Im Falle der Säumnis des Klägers besteht dagegen kein Raum für die richterliche Sachverhaltsinquisition, da die Säumnisfolgen hier unabhängig vom Tatsachenvortrag der Beteiligten eintreten; anders im Falle des Versäumnisurteils nach § 331 Abs. 1 ZPO, das – auf der Basis einer Geständnisfiktion – eine schlüssige Klage voraussetzt.

ze,[77] stand mit den Denkvoraussetzungen des Untersuchungsgrundsatzes und der hieraus folgenden instrumentalen Zuordnung der Beteiligtenmitwirkung zur richterlichen Ermittlungspflicht nicht in Einklang. Sie bot zudem keine inhaltlichen, substantiellen Anhaltspunkte für die Abgrenzung der jeweiligen Verantwortungsbereiche. Auch aus der Sicht der hier vorgeschlagenen Neujustierung wäre es widersinnig, der Beteiligtenmitwirkung eine mitwirkungsunabhängige, inquisitorische Phase der gerichtlichen Sachverhaltserforschung vorzuschalten.[78]

In einem durch subjektive Behauptungs- und Beweisführungslasten gekennzeichneten Prozeßmodell ist es aber nicht damit getan, das Verhältnis umzukehren und dem verwaltungsprozessualen Untersuchungsgrundsatz eine „weitgehende Darlegungslast der Beteiligten" voranzustellen.[79] Vielmehr wird man die apokryphe, *unmittelbare dogmatische Wechselbeziehung* zwischen Ermittlungspflicht und Beteiligtenmitwirkung, wie sie sich in der verwaltungsprozessualen Praxis entwickelt hat, auflösen müssen. Die Ermächtigung und Verpflichtung des Gerichts zur selbständigen Sachverhaltsermittlung kann weder nach den Prämissen des tradierten Modells noch im Parteienprozeß davon abhängen, in welchem Grade die Parteien ihren Mitwirkungslasten genügen. In diesem Punkte erweist sich die vorgeschlagene Konzeption somit als durchaus quellenverbunden.

bb) Die unmittelbare Wechselbeziehung zwischen Ermittlungspflicht und Beteiligtenmitwirkung ist aufzulösen, weil sie auf der Voraussetzung *gegenständlich abgrenzbarer Verantwortungsbereiche* der gerichtlichen Inquisition auf der einen, der Beteiligtenmitwirkung auf der anderen Seite beruht. Im Parteienprozeß ist – insofern vergleichbar der Idealtypik des Untersuchungsgrundsatzes – für eine derartige gegenständliche Abgrenzung jedoch kein Raum, da zunächst jede entscheidungserhebliche Tatsache in die Aufklärungsverantwortung der einen oder der anderen Partei fällt.[80]

Dem liegt die prozeßtheoretische Prämisse zugrunde, daß in einem Parteiprozeß, dessen Risikoverteilung mit einem System subjektiver und objektiver Lasten bewältigt wird, jede entscheidungserhebliche Tatsache in den gegenständlichen Bereich der Behauptungs- und Beweisführungslast entweder der einen oder der anderen Partei fällt. Im Bereich der objektiven Beweislast, deren Regeln im Falle des tatsächlichen non liquet eine eindeutige, am zweiwertigen Code des Rechtssystems orientierte Entscheidung ermöglichen, ist die Notwendigkeit dieser strengen Alternative unschwer erkennbar. Um eine klagab-

---

[77] Nachweise hierzu oben, III. 2. b) bb).

[78] Ebenso die Kritik bei *H. Faber*, FS RAV Hannover (1981), 79, 98.

[79] So der – auf der Basis der dort gewählten Prämissen konsequente – Vorschlag von *H. Faber*, FS RAV Hannover (1981), 79, 98.

[80] Nach der Idealtypik des Untersuchungsgrundsatzes ist die Wechselbeziehung ausgeschlossen, weil jede streiterhebliche Tatsache in die Aufklärungsverantwortung des Gerichts fällt.

weisende oder -stattgebende Entscheidung fällen zu können, muß der Richter für *jeden tatsächlichen Umstand* entscheiden können, welche Partei behauptungs- oder beweisfällig geblieben ist. Wegen des Akzessorietätsverhältnisses der subjektiven zur objektiven Beweis- bzw. Behauptungslast kann für die subjektive Seite der prozessualen Risikoverteilung nichts anderes gelten.

cc) Jede entscheidungserhebliche Tatsache fällt damit in den gegenständlichen Bereich der subjektiven Behauptungs- bzw. Beweislast entweder der einen oder der anderen Partei – tertium non datur. Eine *Grauzone von Tatsachen*, bei denen das Aufklärungsrisiko weder der einen noch der anderen Partei zugewiesen wäre, wird durch das Verbot der Justiz- bzw. Entscheidungsverweigerung und die zu dessen Bewältigung gebildete Figur der Beweislast ausgeschlossen. Folglich kann die gerichtliche Sachverhaltsaufklärung nicht durch Risikozuweisungen dinglich limitiert oder ausgelöst werden. Ein gegenständlicher Bereich originärer richterlicher Aufklärungsverantwortung existiert nicht. Vielmehr erstreckt sich die richterliche Sachverhaltsaufklärung potentiell stets auf die *Gesamtheit der streiterheblichen Tatsachen*. Allerdings ist sie nach dem hier entwickelten Modell nur unter spezifischen Bedingungen zulässig und geboten.

Diese Bedingungen können in einem lastenbasierten Prozeßmodell nicht unmittelbar an den Grad der Erfüllung von Mitwirkungspflichten anknüpfen. Erforderlich sind vielmehr Bedingungen der richterlichen Inquisition, die von der Erfüllung der jeweiligen Parteiobliegenheiten gänzlich abstrahieren. Sie müssen damit an die *objektive Faktenlage* des Prozesses anknüpfen, mag diese ihrerseits auch wesentlich durch die Aufklärungsbeiträge der Parteien determiniert sein.

c) *Voraussetzungen*

aa) Derartige objektive Kriterien können zunächst unter Rückgriff auf den Begriff des „*Aufdrängens*“ gebildet werden. Insofern sichert die hier vorgeschlagene Neujustierung eine gewisse Kontinuität mit dem in Praxis und Lehre entwickelten dogmatischen Bestand der Untersuchungsmaxime. Selbständige richterliche Sachverhaltsermittlung i.S.d. § 86 Abs. 1 VwGO ist, namentlich in den oben genannten „kritischen“ Fällen der prozessualen Sachverhaltsermittlung, dann geboten, wenn sich aus der verwertbaren, auf prozessual ordnungsgemäßen Wege gewonnenen Kenntnis des Gerichts die *ernstliche Möglichkeit eines abweichenden Geschehensablaufs* aufdrängt.

bb) Mit dieser Voraussetzung allein ist es aber nicht getan. Zunächst wird der Richter auch in derartigen Zweifelsfällen das Instrumentarium des § 86 Abs. 3 VwGO mobilisieren müssen. Die weitergehende Pflicht und die ihr entsprechende Befugnis zur selbständigen Ermittlungstätigkeit i.S.d. § 86 Abs. 1 VwGO sollte dagegen unter einen weiteren *Vorbehalt* gestellt werden. Dieser

Vorbehalt ist, so die These, dem Rechtsgedanken des § 87 b Abs. 3 Satz 3 VwGO zu entnehmen.

Dort heißt es, die Befugnis des Gerichts zur Präklusion verspäteten Vorbringens trete nicht ein, wenn es „mit geringem Aufwand möglich" sei, „den Sachverhalt auch ohne Mitwirkung des Beteiligten zu ermitteln". Vor dem Hintergrund eines lastenbasierten Modells des Verwaltungsprozesses ist dieser Vorschrift der allgemeine Rechtsgedanke zu entnehmen, daß das Gericht den *erforderlichen Aufwand* für etwaige Ermittlungen gegen den Willen oder das Bewußtsein der Beteiligten in die Abwägung darüber einzustellen hat, ob diese Ermittlungen aufzunehmen sind oder nicht.[81] Eigenständige richterliche Sachverhaltsermittlung ist also auch dann, wenn sich die Möglichkeit eines anderen als dem prozessual wirksam unterstellten Sachverhalt aufdrängt, nur dann geboten und erlaubt, wenn der *Ermittlungsaufwand verhältnismäßig* ist.

cc) Während auf der einen Waagschale der Aufwand für die gerichtlichen Ermittlungsanstrengungen als solcher zu veranschlagen ist, gilt es auf der anderen Seite, die *konkreten Umstände des Einzelfalles* bei der Abwägung darüber zu berücksichtigen, ob eigenständige Ermittlungen in den genannten kritischen Fällen geboten und erlaubt sind oder nicht.

Hier ist Raum für die *wertende Einbeziehung* jener Faktoren, die zum Teil schon bisher in Rechtsprechung und Lehre, wenngleich ohne gesicherten dogmatischen Ort, zu den Tatbestandsvoraussetzungen der richterlichen Ermittlungspflicht gerechnet wurden. Dazu zählen zunächst Art und Gewicht der *Anhaltspunkte* für einen abweichenden Geschehensablauf, die das Gericht in prozessual ordnungsgemäßer Weise gewinnen konnte. Ferner können Hinweise für *kollusives Zusammenwirken* der Prozeßparteien zu Lasten Dritter, namentlich in Drittbeteiligungsfällen und multipolaren Verwaltungsrechtsverhältnissen im allgemeinen, die Amtsermittlung rechtfertigen. In die Abwägung über die Aufnahme der eigenständigen Sachverhaltsermittlung kann, ebenso wie bei der Ausübung des richterlichen Fragerechts nach § 86 Abs. 3 VwGO, auch der Gedanke der *Fürsorge* des Richters für die prozessual ungewandte, namentlich die anwaltlich nicht vertretene Partei eingestellt werden. Dabei sind die Grenzen zu beachten, die das Prinzip der richterlichen Unabhängigkeit derartigen Bemühungen zieht. Weiterhin ist hier der Ort, *Art und Gewicht* der streitbefangenen privaten und öffentlichen Interessen dem potentiellen Ermittlungsaufwand gegenüberzustellen, soweit sie in streiterheblicher Weise rechtlichen Schutz erfahren. Auch die *Qualität der streitbefangenen Rechte* und die *Intensität* ihrer drohenden Beeinträchtigung, namentlich im Falle des Streits über

---

[81] Im Ergebnis ergeben sich Ähnlichkeiten zum Vorschlag *H. Fabers*, FS RAV Hannover (1981), 79, 95 und passim, § 86 Abs. 1 VwGO unter einen *Wirtschaftlichkeitsvorbehalt* zu stellen, d.h. den Einsatz eigenständiger gerichtlicher Inquisition davon abhängig zu machen, ob besondere Umstände die ungewöhnlich hohen Informationskosten richterlicher Sachverhaltsermittlung rechtfertigen.

Grundrechtseingriffe, kann zugunsten der selbsttätigen richterlichen Ermittlungstätigkeit in die Abwägung eingestellt werden.

Schließlich gibt die Abwägungsentscheidung über das richterliche Einschreiten Gelegenheit, die im Modell des Parteiprozesses notwendigerweise starre Lastenverteilung durch *wertende Betrachtungen* zu modifizieren. Die richterliche Inquisition wird danach, etwa im Falle der Behauptungs- oder Beweisfälligkeit einer Partei oder einer negativen Fiktion, um so weniger geboten sein, je eindeutiger der aufzuklärende Umstand in die Sphäre oder den beherrschbaren Verantwortungsbereich der beweisbelasteten Partei fällt.[82]

6. *Zusammenfassung*

Der Verwaltungsprozeß ist grundsätzlich als Parteienprozeß zu verstehen, in dem das System der allgemeinen prozessualen Risikoverteilung durch die Befugnis des Gerichts ergänzt wird, unter bestimmten Voraussetzungen eigenständige Sachverhaltsermittlung zu betreiben. Eine umfassende, dem Tatsachenvortrag der Parteien vorgelagerte Ermittlungspflicht besteht dagegen nicht. Die Befugnis des Gerichts zur Sachverhaltsermittlung reicht nicht weiter als die Ermittlungspflicht.

In einem auf der Dispositionsmaxime beruhenden gerichtlichen Streitverfahren obliegt dem Kläger die Bestimmung des Verfahrensgegenstands im Tatsächlichen. § 82 Abs. 1 VwGO normiert insofern eine echte Last zum Vortrag eines Tatsachenkerns, bei deren Verfehlung die Klageabweisung per Prozeßurteil droht. Überdies kennt der Verwaltungsprozeß eine echte Behauptungs- und Beweisführungslast für alle jene Umstände, die sich außerhalb des in § 82 Abs. 1 Satz 1 VwGO in Bezug genommenen Tatsachenkerns bewegen.

Die Behauptungslast beruht auf einer Gesamtanalogie zum Zivilprozeß nach § 173 VwGO. § 86 Abs. 1 VwGO in seiner engen Auslegung bildet keinen grundsätzlichen Unterschied beider Verfahrensarten, der den Rückgriff auf das zivilprozessuale Lastensystem ausschlösse. Plausibel wird diese Gesamtanalogie zunächst mit Blick auf § 86 Abs. 3 VwGO, vor allem jedoch wegen der Möglichkeit der Zurückweisung verspäteten Vorbringens nach § 87 b VwGO. Der Umfang der Behauptungs- und Beweisführungslast folgt dem Umfang der ob-

---

[82] *J. Martens*, StuW 1981, 322, 331, erhebt gegen die Verwendung des Lastenbegriffs – bei grundsätzlicher Bejahung von Beweisführungspflichten der Beteiligten des Verwaltungs- bzw. Steuerprozesses – einen auf diese Frage zielenden Einwand: „Der Ausdruck subjektive Beweislast sollte dabei besser nicht benutzt werden, weil der Lastenbegriff weniger Raum für differenzierende Reaktionen auf unzureichende Mitwirkung bietet als die (Verletzung einer) Rechtspflicht." Diesem grundsätzlich berechtigen Einwand wird im vorliegend entwickelten Modell dadurch begegnet, Qualität und Inhalt der lastbegründenden Umstände (namentlich im Rahmen der Sphärenverantwortung) bei der Abwägung über die Erforderlichkeit eigenständiger richterlicher Sachverhaltsermittlung zu berücksichtigen.

jektiven Beweislast. Diese wird vornehmlich durch die Günstigkeitsregel, aber auch durch den Gedanken der Sphärenverantwortlichkeit der Parteien bestimmt, Die Sphären der jeweiligen Sachverhaltsverantwortung werden auch durch die materiell-rechtlichen Mitwirkungspflichten definiert. Sämtliche Rechtsfolgen der Zivilprozeßordnung für unzureichenden oder übereinstimmenden Tatsachenvortrag – namentlich Geständnis, Geständnisfiktion und Versäumnisurteil – sind auch im Verwaltungsprozeß anwendbar. Daneben normiert der Verwaltungsprozeß eine Aufklärungspflicht der nicht risikobelasteten Partei, die ihre Grundlage in § 86 Abs. 1 Satz 1 Hs. 1 VwGO findet und im Falle ihrer Verletzung durch eine negative Fiktion geahndet wird.

In diesem lastenbasierten System der allgemeinen prozessualen Risikoverteilung figuriert die Amtsermittlung gemäß § 86 Abs. 1 VwGO als Reservekompetenz des Gerichts. Sie tritt auf der dritten Stufe der Sachverhaltsrekonstruktion im Prozeß ein, also dann, wenn der Sachvortrag der Parteien unzureichend und die richterliche Hilfestellung nach § 86 Abs. 3 VwGO erfolglos war. Die Voraussetzungen der Reservekompetenz aus § 86 Abs. 1 VwGO stehen, insoweit entsprechend der Idealtypik der Untersuchungsmaxime, in keiner unmittelbaren Beziehung zur Erfüllung der Mitwirkungsobliegenheiten durch die Parteien. Eine gegenständliche Abgrenzung der Verantwortungssphären von Partei und Gericht nach dem Vorbild des Anfang-Ende-Satzes ist nicht möglich, da jede streiterhebliche Tatsache in den Verantwortungsbereich einer der Parteien fällt. Damit korrespondiert eine gegenständlich unbegrenzte Ermittlungspflicht des Gerichts, soweit die Voraussetzungen für die selbständige Ermittlung gegeben sind. Erste Voraussetzung für die Ermittlung des Sachverhalts von Amts wegen ist, daß sich die ernstliche Möglichkeit eines vom Parteivortrag abweichenden Geschehensablaufs aufdrängt. Als weitere Voraussetzung tritt die Verhältnismäßigkeit der Ermittlungsbemühungen hinzu. Dabei ist der Ermittlungsaufwand als solcher mit einer Reihe von Faktoren abzuwägen, zu denen Art und Gewicht der Anhaltspunkte für einen abweichenden Geschehensablauf, der Fürsorgegedanke sowie Art und Gewicht der streitbefangenen Interessen und Rechte zählen.

Zusammenfassung in Thesen

I. Thema

1. Der Untersuchungsgrundsatz bezeichnet solche Verfahren prozessualer Sachverhaltsrekonstruktion, bei denen die Tatsachenermittlung in der Hand des Gerichts liegt. Gerichtsverfahren verwirklichen den Untersuchungsgrundsatz, wenn das Gericht den Sachverhalt von Amts wegen ermittelt, ohne an Anträge oder das sonstige Verhalten der Parteien gebunden zu sein.

2. Verwaltungsgerichtsbarkeit meint vornehmlich die allgemeine Verwaltungsgerichtsbarkeit i.S.d. Art. 95 Abs. 1 GG, § 1 VwGO. Der Begriff umfaßt auch die seit 1863 errichteten Verwaltungsgerichte moderner Prägung sowie deren Vorstufen im 19. Jahrhundert.

3. Gegenstand der Untersuchung ist die Frage, ob die historisch nahezu selbstverständliche Legierung des Untersuchungsgrundsatzes mit dem Verfahren der Verwaltungsgerichte unter den heutigen verfassungsrechtlichen Prämissen der Gerichtsbarkeit und deren Funktionserfordernissen noch zu rechtfertigen ist. Weiterhin stellt sich die Frage, ob der Verwaltungsprozeß bereits nach geltendem Recht als Parteienprozeß interpretiert werden kann, der die Beteiligten durch ein System subjektiver Lasten zum Informationstransfer motiviert.

II. Entwicklung von Verhandlungs- und Untersuchungsgrundsatz

4. Der gemeine deutsche Zivilprozeß war durch die Verhandlungsmaxime gekennzeichnet, während der preußische Zivilprozeß ab 1793 den Richter zur Sachverhaltsermittlung ermächtigte. In der Reform des Zivilprozesses in den deutschen Territorien setzte sich die modifizierte, um ein richterliches Fragerecht erweitere Verhandlungsmaxime auf breiter Linie durch. Im liberalen Prozeßmodell der reichseinheitlichen Zivilprozeßordnung fand sie im wesentlichen ihre heutige Form.

5. Die Polarität von Verhandlungs- und Untersuchungsmaxime war zunächst eine vernunftrechtlich inspirierte Begriffsschöpfung, die auf Erkenntnis der jeweils dominierenden Ordnungsgrundsätze positiver oder idealer Prozeßordnungen zielte. Im Zuge der Rezeption der Rechtslehre *Kant*s wurde die Par-

teidisposition über den prozessualen Tatsachenstoff mit der basalen zivilrechtlichen Wertung der Privatautonomie zusammengeführt. Die Historische Schule trug diese Grundwertungen weiter und bereicherte sie um die Parallelunterscheidung zwischen formeller und materieller Wahrheit.

6. Im Zuge der Emanzipation des Prozeßrechts vom materiellen Zivilrecht öffnete sich die Ordnung des Zivilprozesses der Bewertung im Lichte öffentlich-rechtlicher und verfassungspolitischer Direktiven. Die Verhandlungsmaxime erschien seither als Ausdruck eines liberalen, auf Wahrung der individuellen Handlungs- und Verfügungsfreiheit gerichteten Prozeßmodells. Befürworter einer sozialen Funktion des Zivilprozesses drängten dagegen auf stärkere Tatsachenverantwortung des Richters.

7. Bis zur Etablierung der Verwaltungsgerichtsbarkeit moderner Prägung wurde der Rechtsschutz in Verwaltungssachen in Preußen durch die ordentlichen Gerichte und durch Institutionen der Kammerjustiz gewährleistet, die im wesentlichen nach dem Untersuchungsgrundsatz verfuhren. Auch die Administrativjustiz in den süddeutschen Staaten wich hinsichtlich des Verfahrens der Sachverhaltsermittlung signifikant vom Zivilprozeß ab, indem das summarische Verfahren und Aufklärungsbefugnisse von Amts wegen vorgesehen waren. Anders verfuhren namentlich die Gerichte in Kurhessen, die – in Realisierung des justizstaatlichen Modells – über alle Verletzungen subjektiver Rechte nach den Vorschriften des ordentlichen Prozesses entschieden.

8. Die Dominanz des Untersuchungsgrundsatzes wurde mit der Etablierung der Verwaltungsgerichtsbarkeit moderner Prägung ab 1863 fortgeschrieben. Zwar folgte der Verwaltungsprozeß grundsätzlich dem Vorbild des Zivilprozesses, indem er als kontradiktorisches Streitverfahren konstituiert wurde. Auch galt das Zivilprozeßrecht regelmäßig als subsidiäre Rechtsgrundlage des Verwaltungsstreitverfahrens. Ansonsten verfuhren sowohl die Verwaltungsgerichte süddeutscher als auch preußischer Prägung nach der Untersuchungsmaxime. Die süddeutschen, vornehmlich auf den Individualrechtsschutz hin berechneten Verfahrensvorschriften kamen dabei hinsichtlich der Sachverhaltsermittlung der heutigen Regelung bereits weitgehend nahe.

9. Auch die rudimentäre Verwaltungsgerichtsbarkeit auf Reichsebene folgte durchgängig dem Untersuchungsgrundsatz. An der Dominanz dieses Verfahrensgrundsatzes änderte sich auch unter dem Nationalsozialismus nichts. Im Gegenteil galt die Untersuchungsmaxime dort als selbstverständlicher Ausdruck einer spezifischen Gemeinwohl- und Gestaltungskompetenz der Verwaltungsgerichte.

10. Im Zuge der Neuerrichtung der Verwaltungsgerichtsbarkeit in den Besatzungszonen und den Bundesländern galt der Untersuchungsgrundsatz als selbstverständliches Element des verwaltungsgerichtlichen Verfahrens. Als langbewährter Verfahrensgrundsatz fand er seinen Niederschlag in § 86 Abs. 1 VwGO, ohne im Gesetzgebungsverfahren näher thematisiert worden zu sein.

III. Historische Begründungen des Untersuchungsgrundsatzes

11. Die Verfechter des Justizstaates begründeten die Zuständigkeit der ordentlichen Gerichte für Verwaltungsstreitigkeiten mit einem weiten Begriff subjektiver Rechte, der alle Rechtspositionen Privater unabhängig von Rechtsquelle und Adressat umfaßte. Die Notwendigkeit von Verfahrensdifferenzierungen zwischen Verwaltungs- und Privatrechtsstreitigkeiten konnte sich mit dieser Begriffsstrategie nicht stellen. Vielmehr sollten auch Verwaltungsrechtssachen als echte Parteiverfahren verhandelt werden, wobei den Behörden als Partei die Vertretung der Gemeinwohlbelange obliegen sollte. Die Konzessionen des summarischen Verfahrens sowie des richterlichen Fragerechts konnten pragmatisch begründet werden, ohne daß dies der grundsätzlichen Eignung der Verhandlungsmaxime entgegengestanden hätte.

12. Das Argument der Gegenseite, der Landesherr könne um seiner Souveränität willen nicht den Landesgerichten unterstehen, wurde durch das Leitmotiv der Sphärentrennung sachlich unterfüttert, in welchem sich Wesensspekulationen, Rollentypologie und methodische Betrachtungen zu einer Frühgestalt der Differenzierung von Politik und Recht formierten. Als Wesen der Justiz galt die neutrale, gründliche und streng verfahrensgebundene Rechtsanwendung, während die Verwaltung der effektiven, gemeinwohlorientierten Zweckverwirklichung dienen sollte. Verwaltungsjustiz mußte vor dem Hintergrund dieser Dichotomie als systemwidrige Vermischung unterschiedlicher Leitprinzipien und -methoden erscheinen.

13. Der Idealtypik der Sphärentrennung hätte es entsprochen, Verwaltungsrechtsstreitigkeiten entweder im formlosen Verwaltungsverfahren oder im Verfahren der ordentlichen Gerichte zu behandeln. Die Kompromißlinie lief dagegen auf die Errichtung eigener Verwaltungsgerichte zu, die ein dem ordentlichen Prozeß angenähertes Verfahren durchführen sollten. Die Freiheit dieser „Verwaltungsgerichte" bei der Sachverhaltsermittlung blieb, gleichsam als Relikt der Zuordnung zur Sphäre der aktiven Verwaltung, bestehen. Sie fand eine explizite Rechtfertigung in der quasi-politischen, selbständigen Obsorge des Verwaltungsrichters für die jeweils streitbefangenen Interessen des Gemeinwohls.

14. Mit der vollständigen Verrechtlichung des öffentlichen Interesses im Rechtsstaat verlor diese Funktionsbeschreibung an Plausibilität. Dies läßt sich exemplarisch an der Etablierung des subjektiv-öffentlichen Rechts aufzeigen, das ab der Mitte des 19. Jahrhunderts – wie sein zivilrechtliches Pendant – als objektiv-rechtlich radizierte Willensmacht zur Wahrnehmung individueller Interessen verstanden wurde. Sofern der Verwaltungsgerichtsbarkeit der Zweck subjektiven Rechtsschutzes zugeschrieben wurde, verlor die Verfahrensdifferenzierung gegenüber den Zivilgerichten angesichts des identischen Begriffs öffentlich-rechtlicher und privatrechtlicher subjektiver Rechte an Plausibilität. Sofern die Verwaltungsgerichte indes als Fortsetzung der aktiven Verwaltung

verstanden wurden, ergab sich die Begründung der Untersuchungsmaxime nahezu von selbst.

15. Sowohl im subjektiv-rechtlichen wie im objektiv-rechtlichen Paradigma der Verwaltungsgerichtsbarkeit wurde die Geltung des Untersuchungsgrundsatzes mit der These eines spezifischen Gemeinwohlbezugs öffentlich-rechtlicher Streitigkeiten begründet. Dieses Argument hätte mit der Normativierung des Gemeinwohls im Zuge der operativen Schließung von Politik und Recht hinfällig werden müssen, da seither auch die Entscheidungen der Gerichte in Gemeinwohlbelangen als Rechtsentscheidungen firmieren und deren methodischen Grundsätzen folgen. Der Wechsel der Systemreferenz des Gemeinwohls blieb allerdings solange verborgen, wie ein substantieller Gegensatz zwischen dem Privatrecht als Sphäre individueller Rechtswillkür und dem öffentlichem Recht als Sphäre der Gemeinwohlverwirklichung angenommen wurde. Dieser Gegensatz hat heute, angesichts des einheitlichen Entstehungstatbestandes beider Rechtskreise sowie der Indifferenz des Interessengesichtspunkts, keinerlei Bedeutung.

16. Aus Sicht der subjektiv-rechtlichen Zweckbestimmung der Verwaltungsgerichtsbarkeit konnte keine konsistente Rechtfertigung des Untersuchungsgrundsatzes im positiven Recht gelingen. In der Konsequenz der objektivrechtlichen Zweckbestimmung hätte es dagegen gelegen, nicht nur die zivilprozessuale Verhandlungsmaxime, sondern das gesamte kontradiktorische Verfahren nach Maßgabe der Parteidisposition der aktiven Gemeinwohlverwirklichung zu opfern. Seither markiert der Untersuchungsgrundsatz einen verdeckten Grundkonflikt in der Konzeption der Verwaltungsgerichtsbarkeit.

IV. Untersuchungsgrundsatz und Verfassungsrecht

17. Im hierarchischen Rechtsverständnis (Art. 20 Abs. 3 GG) ist das Grundgesetz auch dann der einzige rechtliche Maßstab des verwaltungsgerichtlichen Verfahrens, wenn dieses an vorkonstitutionelle, eigenständige Rechtsentwicklungen anknüpft. Für den Untersuchungsgrundsatz finden sich heute zwei verfassungsrechtliche Begründungsansätze, nämlich das Gebot effektiven Individualrechtsschutzes (Art. 19 Abs. 4 GG) sowie das öffentliche Interesse an der objektiven Rechtmäßigkeit des Verwaltungshandelns (Art. 20 Abs. 3 GG).

18. Die Begründung des Untersuchungsgrundsatzes zielt damit auf den grundgesetzlichen Begriff des Rechtsstaats selbst, der durch die kunstvolle Balance zwischen objektiver Rechtmäßigkeitsgewähr und individueller Rechtsausübung gekennzeichnet ist. Die Gerichte fungieren als institutioneller Träger dieses Equilibriums und sichern seine tatsächliche Akzeptanz.

1. Rechtsprechung

19. Rechtsprechung als unparteiische Entscheidung von Rechtsstreitigkeiten operiert im Zentrum des Rechtssystems unter den Prämissen des Entscheidungszwangs (Justizverweigerungsverbot) und der exklusiven Rechtsbindung. Aus der Spezialität des rechtlichen Rationalitätskriteriums und der Universalität rechtlicher Entscheidungsfähigkeit folgt eine Funktionsspezifität der Rechtsprechung gegenüber Verwaltung und Gesetzgebung, die ihrer Integration in einen arbeitsteiligen Prozeß der Gemeinwohlverwirklichung entgegensteht.

20. Die Legitimationsleistung des gerichtlichen Verfahrens beruht auf Autonomie und Selektivität. Das Gerichtsverfahren erarbeitet selbst die für Fortgang und Ergebnis maßgeblichen Gesichtspunkte. In rechtlicher Hinsicht kongruiert damit zunächst das Gebot richterlicher Neutralität, durch das die sozialen Bezüge des Verfahrensgegenstandes mit Ausnahme der rechtlichen Dimension ausgeblendet werden. Das rechtliche Gehör (Art. 103 Abs. 1 GG) garantiert die Struktur des kontradiktorischen Prozesses sowie die subjektive Parteistellung vor Gericht. Die Dispositionsmaxime bildet das Bindeglied zu den materiellrechtlichen Rechtspositionen.

21. Aus funktionaler Sicht der Rechtsprechung verdient die Verhandlungsmaxime gegenüber dem Untersuchungsgrundsatz den Vorzug, da sie die Selektivität des Verfahrens und die Mobilisierung der Beteiligten besser zu sichern vermag. Verfassungsrechtlich gestützt wird diese Präferenz durch die Garantie der Parteidisposition durch Art. 19 Abs. 4 GG, durch die im Wege des Art. 103 Abs. 1 GG gewährleistete Subjektstellung des einzelnen vor Gericht sowie durch das an den Richter adressierte Neutralitätsgebot (Art. 101 Abs. 1 Satz 2 GG), das auf Distanz zum streitgegenständlichen Geschehen drängt.

2. Effektiver Rechtsschutz

22. Effektivität als Relationsbegriff zwischen Normgehalt und Normwirklichkeit hat keinen eigenständigen normativen Gehalt, der Rückschlüsse auf den Tatbestand einer Norm zuließe.

23. Der Begriff des Rechtsschutzes als Kennzeichnung des Gewährleistungsgehalts von Art. 19 Abs. 4 GG ist problematisch, weil diese Vorschrift lediglich einen Justizgewährleistungsanspruch normiert, dessen Konturen durch die Verwirklichungsbedingungen des materiellen Begriffs der Rechtsprechung gezogen werden. Der Begriff des Rechtsschutzes zielt dagegen auf einen aus dem streitgegenständlichen Rechtsverhältnis selbst resultierenden Anspruch gegen den Richter auf materiell-rechtlich günstige Entscheidung. In dieser Form findet der Rechtsschutzanspruch in der heutigen Prozeßtheorie angesichts der

Kreationsbedingungen der richterlichen Entscheidung und wegen der Wahrung richterlicher Unabhängigkeit kaum Anschluß.

24. Auch die Ableitung eines Rechtsschutzanspruchs aus den materiellen Grundrechten droht den Richter zum Adressaten des streitgegenständlichen subjektiven Rechts zu degradieren. Eine Erstreckung materiell-grundrechtlicher Gewährleistungsgehalte auf das Prozeßrechtsverhältnis widerspricht dem Prinzip richterlicher Unabhängigkeit. Das Verwaltungsprozeßrecht steht nicht in einer einseitigen Verwirklichungsfunktion für die streitbefangenen (Grund-) Rechte einer Partei, sondern dient der Hervorbringung neutraler Rechtsentscheidungen schlechthin.

25. Dem Anspruch auf individuelle Rechtsausübung vor Gericht aus Art. 19 Abs. 4 GG läßt sich daher keine Garantie des Untersuchungsgrundsatzes entnehmen. Die in seinen Schutz inbegriffene prozessuale Waffengleichheit umfaßt keine Pflicht zur richterlichen Rechtsfürsorge im Wege der Tatsachenermittlung für die indolente Partei. Die von Art. 19 Abs. 4 GG geforderte vollständige Überprüfung der angegriffenen Verwaltungsentscheidung in tatsächlicher Hinsicht schließt lediglich die apriorische Bindung des Gerichts an die behördliche Tatsachenermittlung aus, aber nicht die Parteidisposition über die Beweiserheblichkeit von Tatsachen nach Maßgabe der Verhandlungsmaxime.

26. Eine typische Ungleichheit der Machtverteilung zwischen den Parteien des Verwaltungsprozesses kann heute empirisch nicht mehr verifiziert werden. Der Rekurs auf das angebliche verwaltungsrechtliche Subordinationsverhältnis geht fehl, da hiermit lediglich die typischerweise unterschiedlichen Rechtserzeugungstatbestände des öffentlichen und des privaten Rechts bezeichnet werden. Namentlich im Prozeßrechtsverhältnis begegnen sich Staat und Bürger jedoch auf gleicher Augenhöhe, nämlich als rechtlich gleichgeordnete Parteien.

3. Öffentliches Interesse

27. Das „Gemeinwohlargument" ist heute nur insoweit anschlußfähig, als es auf die Richtigkeit der verwaltungsgerichtlichen Entscheidung zielt (Art. 20 Abs. 3 GG). Dagegen ist für die eigenständige, quasi-politische Gemeinwohlverantwortung des Verwaltungsrichters im geschlossenen Rechtsstaat des Grundgesetzes kein Raum. Gleiches gilt für eine Funktionserweiterung des Verwaltungsprozesses in Richtung Gemeinwohlkonkretisierung und Effektuierung rechtlicher Steuerung.

28. Auf den ersten Blick stößt sich das Gemeinwohlargument bereits an der primären Zweckbestimmung des Verwaltungsprozesses aus Art. 19 Abs. 4 GG, den Rechtsweg gegen Individualrechtsverletzungen zu garantieren. Allerdings transportiert die verwaltungsrechtliche Dogmatik in Gestalt der Schutznormtheorie des subjektiv-öffentlichen Rechts einen gleichsam subkutanen Verweis

auf streitbefangene öffentliche Interessen, der dem Gemeinwohlargument Hintergrundplausibilität verleihen könnte.

29. Dies indiziert eine Problematik der Schutznormtheorie selbst, nämlich die mangelnde Trennschärfe des Interessenbegriffs. Zu Recht gehen verwaltungsgerichtliche Praxis und rechtstheoretische Begriffsbildung daher zunehmend von der objektiv-rechtlich verliehenen individuellen Rechtsmacht als Begriffskern des subjektiv-öffentlichen Rechts aus. Individualinteressen können im Rahmen dieser Begriffsbildung lediglich von indizieller, aber nicht konstitutiver Bedeutung für die gesetzgeberische Verleihung subjektiver Rechtspositionen im öffentlichen Recht sein. Ein derartiger, auf individuelle Rechtsmacht gegründeter Begriff subjektiv-öffentlicher Rechte vermag das tradierte Gemeinwohlargument nicht zu stützen.

30. Im übrigen zielt der Rekurs auf das öffentliche Interesse an der objektiven Rechtmäßigkeit der verwaltungsgerichtlichen Entscheidung auf die Wahrheit jener Tatsachenaussagen, die ihren Tatbestand bilden. Die zugrundeliegende Alternative zwischen „formeller" und „materieller" Wahrheit ist irreführend. Jeder Prozeß kann, unabhängig von der jeweiligen Maxime der Sachverhaltsermittlung, lediglich eine verfahrensinterne Rekonstruktion eines Ausschnittes der Außenwelt produzieren, die spezifischen, prozeßrechtlich gesteuerten Selektionen unterliegt. Prozessuale Wahrheit wird durch den Prozeß selbst konstituiert, da es sich um Wahrheit nach Maßgabe richterlicher Kompetenz und gerichtlichen Verfahrens handelt.

31. Dem zugleich erhobenen Anspruch auf Richtigkeit gerichtlicher Urteile kann nur mit einem relativen oder fiktiven Format prozessualer Wahrheit entsprochen werden. Namentlich das von der Korrespondenztheorie getragene Alltagsverständnis scheidet damit für die Theoriebildung aus. Prozeßtheoretisch kann prozessuale Wahrheit als Wahrheit spezifischer Kohärenz begriffen werden, die allein auf prozeßrechtlich determinierte Kohärenzbedingungen, aber nicht auf eine ideale Datenbasis außerhalb des Prozesses referiert.

32. Der Untersuchungsgrundsatz kann gegenüber der Verhandlungsmaxime keine Wahrheitsermittlung eigener, höherer Qualität garantieren. Er kann daher auch nicht um der objektiven Rechtmäßigkeit des Verwaltungshandelns willen geboten sein. Selbst wenn der Untersuchungsgrundsatz eine graduelle Annäherung der spezifischen Kohärenzbedingungen prozessualer Wahrheit an die ideale Kohärenz des wissenschaftlichen Wahrheitsbegriffs gewährleisten könnte, ergäbe sich hieraus – angesichts der möglichen Kollisionen mit dem Gebot richterlicher Unabhängigkeit – noch kein prinzipielles oder gar zwingendes Verfassungsgebot.

V. Dogmatik des Untersuchungsgrundsatzes

33. Der Untersuchungsgrundsatz ist kein Rechtssatz, sondern dient als Sammelbezeichnung für die einschlägigen Vorschriften des jeweiligen Prozeßgesetzes, vorliegend namentlich § 86 Abs. 1 VwGO. Darüber hinaus kann der Untersuchungsgrundsatz gesetzgeberische Wertungen idealtypisch bündeln, beschränkt sich aber auch insoweit auf eine Systematisierungs- und Verdeutlichungsfunktion. Insbesondere gibt es keine rechtliche Intermediärebene der Prozeßmaximen zwischen Prozeßgesetz und Verfassung, die auf Gehalt und Systematik der einfach-gesetzlichen Vorschriften selbst zurückwirken könnte.

1. Tradiertes Modell

34. Im herkömmlichen Modell des Untersuchungsgrundsatzes unterliegt das Gericht einer nur durch den Streitgegenstand begrenzten Pflicht zur Tatsachenermittlung (§ 86 Abs. 1 Satz 1 Hs. 1 VwGO), die gleichsam an die Stelle der behördlichen Sachverhaltserforschung im Rahmen des Verwaltungsverfahrens tritt. Das Gericht muß den Sachverhalt grundsätzlich erschöpfend untersuchen, wobei bisweilen eine Grenze durch das Kriterium des „Sich-Aufdrängens" von Geschehensabläufen gezogen wird.

35. Die Beteiligten können gemäß § 86 Abs. 1 Satz 1 Hs. 2 VwGO zur Sachverhaltsermittlung herangezogen werden. Im tradierten Modell wird diese Mitwirkung als Instrument richterlicher Sachverhaltserforschung verstanden. Darüber hinaus können Mitwirkungsbeiträge der Beteiligten die richterliche Ermittlungspflicht faktisch auslösen, indem sie bestimmte Tatsachenkomplexe in den richterlichen Erkenntnishorizont rücken. Diese faktische Wechselbeziehung gewinnt durch den „Anfang-Ende-Satz" der Rechtsprechung eine apokryphe rechtliche Dimension, indem der Umfang richterlicher Aufklärungsverantwortung in Beziehung zum Grad der Erfüllung der Mitwirkungspflicht gesetzt wird. Zur Konkretisierung dieser Wechselbeziehung werden den Beteiligten gewisse Substantiierungsbeiträge angelastet, namentlich was persönliche, exklusive Wissens- und Erlebnissphären betrifft. Zugleich werden erkennbare Mitwirkungsdefizite nach herrschender Meinung im Rahmen der Beweiswürdigung berücksichtigt.

36. Nach § 86 Abs. 1 Satz 2 VwGO ist das Gericht an Vorbringen und Beweisanträge der Parteien nicht gebunden. Nach dem tradierten Modell des Untersuchungsgrundsatzes sind damit namentlich das zivilprozessuale Geständnis (§ 288 Abs. 1 ZPO), die Fiktion von Geständniswirkungen (insb. § 138 Abs. 3 ZPO) einschließlich des Versäumnisurteils zulasten des Beklagten (§ 331 Abs. 1 Satz 1 ZPO) sowie der Fortfall der Beweisbedürftigkeit im Falle übereinstimmenden Parteivortrags im Verwaltungsprozeß ausgeschlossen (§ 173 VwGO).

Anerkenntnis- und Verzichtsurteil (§§ 306, 307 Abs. 1 ZPO) sind dagegen nach hM zulässig, da dies nicht die Tatsachenermittlung berühre, sondern Ausdruck der Dispositionsbefugnis der Parteien sei.

2. *Antinomien und Kritik*

37. Zwischen der Dispositionsbefugnis der Parteien über den Streitgegenstand des Verwaltungsprozesses und dem Untersuchungsgrundsatz besteht ein Wertungswiderspruch, der sich in konkreten dogmatischen Unstimmigkeiten niederschlägt. Dies betrifft namentlich die Zulässigkeit von Anerkenntnis- und Verzichtsurteil auf der einen, den Ausschluß der Disposition über die Beweisbedürftigkeit von Tatsachenbehauptungen auf der anderen Seite. Zudem obliegt den Parteien nach Maßgabe des zweigliedrigen Streitgegenstandsbegriffs notwendigerweise die Last, eine erste Kennzeichnung der Streitsache im Tatsächlichen zu unternehmen (vgl. § 82 Abs. 1 Satz 1 VwGO).

38. Dies führt zu der Problematik der notwendigen Wechselbeziehung zwischen Parteivortrag und Amtsermittlung im allgemeinen. Die auf Wirklichkeitsbeschreibungen von naturwissenschaftlicher Vollständigkeit und Präzision zielende Auslegung des § 86 Abs. 1 VwGO ist angesichts der hohen prozessualen Informationskosten eher fiktiv. Auf der anderen Seite sind die Parteien in Gerichtsverfahren nach Maßgabe der Dispositionsmaxime notwendigerweise die primären Wissensträger. In der Praxis ist eine Annäherung der Sachverhaltsermittlung des Verwaltungsprozesses an das Verfahren der Zivilgerichte zu beobachten.

39. Die rechtliche Konzeption der Beteiligtenmitwirkung ist ungeklärt. Die instrumentale Zuordnung zur richterlichen Sachverhaltsermittlung stößt sich bereits daran, daß auch der Verwaltungsprozeß über die Stoppregel der objektiven Beweislast den Parteien das Letztrisiko für die Unaufklärbarkeit einzelner Tatsachen zuweisen muß. Dogmatisch stehen die Pflicht des Richters aus § 86 Abs. 3 VwGO, die Parteien zum Tatsachenvortrag zu veranlassen, vor allem aber die Präklusionsmöglichkeiten im Falle verspäteten Vortrags nach § 87 b VwGO der instrumentalen Zuordnung der Beteiligtenmitwirkung entgegen.

40. Die Integration des Lastbegriffs in das tradierte Modell des Untersuchungsgrundsatzes ist nach hM problematisch, da sich wegen § 86 Abs. 1 Satz 2 VwGO keine notwendigen prozessualen Nachteile der Parteien an die Versäumung von Mitwirkungspflichten knüpfen. Der Pflichtbegriff kann allein die Aufklärungsbeiträge der nicht beweisbelasteten Partei kennzeichnen, ist aber ansonsten wegen der allgemeinen, über die objektive Beweislast hergestellten prozessualen Risikoverteilung redundant.

3. *Risikoverteilung im Verwaltungsprozeß*

41. Das hier vorgeschlagene Modell der Risikoverteilung im Verwaltungsprozeß beruht zunächst auf der Prämisse, den Verwaltungs- als Parteienprozeß zu begreifen. Als weitere Prämisse tritt hinzu, daß § 86 Abs. 1 VwGO keine umfassende, vom Parteivorbringen unabhängige Ermittlungspflicht entnommen werden kann. Schließlich wird angenommen, daß Ermittlungspflicht und Ermittlungsbefugnis des Gerichts um der Wahrung richterlicher Unabhängigkeit willen kongruieren.

42. Am Beginn des Verfahrens steht eine echte Individualisierungs- und Konkretisierungslast des Klägers (§ 82 Abs. 1 Satz 1 VwGO). Wird diese Last nicht erfüllt, tritt notwendigerweise Prozeßverlust im Wege des Prozeßurteils ein.

43. Im übrigen trifft die Parteien des Verwaltungsprozesses – im Gegensatz zur herrschenden Meinung – eine echte Behauptungs- und Beweisführungslast. Sie beruht auf einer Gesamtanalogie zum Zivilprozeß (§ 173 VwGO). Für diese besteht Raum, da § 86 Abs. 1 VwGO in der hier vorgeschlagenen, restriktiven Interpretation keinen grundsätzlichen Unterschied zwischen Verwaltungs- und Zivilprozeß bildet, welcher der analogen Anwendung des zivilprozessualen Lastensystems entgegenstünde. Überdies wird diese Interpretation zunächst durch § 82 Abs. 1 Satz 3 VwGO gestützt, der dem Kläger die Angabe der sein Begehren tragenden Tatsachen und Beweismittel auferlegt. Eine weitere Stütze findet die Gesamtanalogie zum Zivilprozeß in § 86 Abs. 3 VwGO und vor allem in den Präklusionsmöglichkeiten nach § 87 b VwGO.

44. Die abstrakte Verteilung der Behauptungs- und Beweisführungslast folgt den gleichen Kriterien wie die objektive Beweislast. Neben der Günstigkeitsregel ist namentlich der aus der bisherigen Dogmatik bereits vertraute Gedanke der Sphärenverantwortung heranzuziehen. Hinsichtlich der Rechtsfolgen mangelhaften Parteivortrags gelten die aus dem Zivilprozeß bekannten Regeln über Geständnis und Geständnisfiktionen einschließlich des Versäumnisurteils gegen den Beklagten.

45. Die nicht behauptungs- und beweisbelastete Partei treffen unter Umständen Aufklärungspflichten, bei deren Versäumung ein der aufklärungspflichtigen Partei negatives Ergebnis fingiert werden kann.

46. Die genannten Rechtsfolgen mangelhafter Mitwirkung bei der Sachverhaltsaufklärung treten nicht ein, wenn die Voraussetzungen für die Tatsachenermittlung von Amts wegen vorliegen (§ 86 Abs. 1 VwGO). Diese Voraussetzungen stehen nicht in unmittelbarer rechtlicher Beziehung zum Umfang der Beteiligtenmitwirkung, da weder der Parteienprozeß noch die Idealtypik der Untersuchungsmaxime eine gegenständliche Abgrenzung von Verantwortungsbereichen für die gerichtliche Inquisition auf der einen, den Sachvortrag der Parteien auf der anderen Seite kennen.

47. Das Gericht hat die Befugnis und die Pflicht zur Sachverhaltsermittlung, wenn sich aus der verwertbaren, auf prozessual ordnungsgemäßem Wege gewonnen Kenntnis des Gerichts einschließlich der Beiziehung der Akten des gegenständlichen Verwaltungsvorgangs die ernstliche Möglichkeit eines abweichenden Geschehensablaufs aufdrängt. Dies steht unter der einschränkenden Bedingung, daß der zu erwartende Ermittlungsaufwand verhältnismäßig ist (Rechtsgedanke des § 87 b Abs. 3 Satz 2 VwGO). Während auf der einen Seite der absolute Ermittlungsaufwand zu veranschlagen ist, können auf der anderen Seite Faktoren wie die Dringlichkeit der Anhaltspunkte für einen abweichenden Geschehensablauf, der Fürsorgegedanke oder Art und Gewicht der streitbefangenen Interessen und Rechte in die Abwägung einbezogen werden.

48. Die Amtsermittlung nach § 86 Abs. 1 VwGO ist eine Reservekompetenz, die in objektiv bestimmbaren prozessualen Lagen in das pflichtgemäße Ermessen des Gerichts gestellt ist und das System prozessualer Lasten und Pflichten der Parteien des Verwaltungsprozesses punktuell überlagert.

Literaturverzeichnis

Es wurde davon abgesehen, Kommentierungen einzelner Rechtsvorschriften gesondert und unter dem Namen ihres Kommentators aufzuführen. Die folgende Aufstellung beschränkt sich darauf, die Kommentare als ganze bibliographisch nachzuweisen. Ebenso wurde von einer Aufnahme von Diskussions- oder Debattenbeiträgen Abstand genommen. *Hervorhebungen* in Zitaten entsprechen, soweit nicht abweichend gekennzeichnet, dem Original. Abkürzungen verstehen sich, soweit nicht gemeingebräuchlich, aus dem Zusammenhang heraus verständlich oder abweichend bestimmt, nach Hildebert Kirchner, Abkürzungsverzeichnis der Rechtssprache, 4. Aufl. Berlin u.a. 1993.

Abegg, Julius Friedrich Heinrich: Versuch einer Geschichte der Preußischen Civil-Prozeß-Gesetzgebung, Breslau 1848

Achterberg, Norbert: Der Begriff „Rechtsprechung im materiellen Sinne", in: Erichsen, Hans-Uwe u.a. (Hg.), System des verwaltungsgerichtlichen Rechtsschutzes, Festschrift für Christian-Friedrich Menger, Köln u.a. 1985, 125–141

Albrecht, Wilhelm Eduard: Rez. Maurenbrecher, Romeo, Grundsätze des heutigen deutschen Staatsrechts, Göttingische gelehrte Anzeigen 1837 Bd. 3, 1489–1504, 1508–1515; Ausgabe der Wissenschaftlichen Buchgesellschaft Darmstadt, 1962

Alexy, Robert: Theorie der Grundrechte, 2. Aufl. Frankfurt/M. 1994

–, Zum Begriff des Rechtsprinzips, in: Ders., Recht, Vernunft, Diskurs, Frankfurt/M. 1995, 177–212

Anschütz, Gerhard: Allgemeine Begriffe und Lehren des Verwaltungsrechts nach der Rechtsprechung des Oberverwaltungsgerichts, PrVBl. 22 (1900/01), 83–90

–, Art. Verwaltungsgerichtsbarkeit, in: Brix, Josef u.a. (Hg.), Handwörterbuch der Kommunalwissenschaft, Bd. 4, Jena 1924, 326–341

–, Justiz und Verwaltung, in: Hinneberg, Paul (Hg.), Die Kultur der Gegenwart, Teil 2, Abt. 8, 2. Aufl. 1913, 372–421

–, Die im Jahre 1896 veröffentlichte Rechtsprechung des Königlich Preußischen Oberverwaltungsgerichts, VerwArch 5 (1897), 390–451

Apelt, Willibald: Der Instanzenzug der Verwaltung in Reich und Ländern. Referat über „Angleichung von Organisation und Verfahren in der Verwaltung von Reich und Ländern", erstattet für die Länderkonferenz, Dresden 1929

Apelt, Karl: Das Königlich Sächsische Gesetz über die Verwaltungsrechtspflege, 2. Aufl. 1911

Arndt, Hans-Wolfgang: Praktikabilität und Effizienz. Zur Problematik gesetzesvereinfachenden Verwaltungsvollzuges und der „Effektuierung" subjektiver Rechte, Köln 1983

Austin, John L.: How to do things with words, London u.a. 1962
Bachof, Otto: Reflexwirkungen und subjektive Rechte im öffentlichen Recht, in: Ders.u.a. (Hg.), Gedächtnisschrift für Walter Jellinek, München 1955, 287–307
–, Art. 19 Abs. 4 des Grundgesetzes und das Bundesverwaltungsgericht, DRZ 1950, 245–247
–, Die Rechtsprechung des Bundesverwaltungsgerichts (BVerwGE Band 13–19), JZ 1966, 302–310
Bader, Johann/Funke-Kaiser, Michael/Kuntze, Stefan/Albedyll, Jörg von: Verwaltungsgerichtsordnung. Kommentar anhand der höchstrichterlichen Rechtsprechung, Heidelberg 1999
Badura, Peter: Staatsrecht, 2. Aufl. München 1996
–, Das Verwaltungsrecht des liberalen Rechtsstaates. Methodische Überlegungen zur Entstehung des wissenschaftlichen Verwaltungsrechts, Göttingen 1967
Bähr, Otto: Der Rechtsstaat, Cassel 1864
Barbey, Günther: Bemerkungen zum Streitgegenstand m Verwaltungsprozeß, in: Erichsen, Hans-Uwe u.a. (Hg.), System des verwaltungsgerichtlichen Rechtsschutzes, Festschrift für Christian-Friedrich Menger, Köln u.a. 1985, 177–189
–, Der Status des Richters, in: Isensee, Josef/Kirchhof, Paul, Handbuch des Staatsrechts der Bundesrepublik Deutschland, Bd. III, 2. Aufl. Heidelberg 1990, § 74, 815–878
Bauer, Hartmut: Geschichtliche Grundlagen der Lehre vom subjektiven öffentlichen Recht, Berlin 1986
–, Altes und Neues zur Schutznormtheorie, AöR 113 (1988), 582–631
Bauer, Horst: Gerichtsschutz als Verfassungsgarantie. Zur Auslegung des Art. 19 Abs. 4 GG, Berlin 1973
Baur, Fritz: Richtermacht und Formalismus im Verfahrensrecht, in: Summum Ius, Summum Iniuria. Individualgerechtigkeit und der Schutz allgemeiner Werte im Rechtsleben, Tübingen 1963, 97–116
–, Richterliche Hinweispflicht und Untersuchungsgrundsatz, in: Weber, Werner u.a. (Hg.), Rechtsschutz im Sozialrecht, Köln u.a. 1965, 35–46
–, Einige Bemerkungen zur Beweislastverteilung im Verwaltungsprozeß, in: Püttner, Günter (Hg.), Festschrift für Otto Bachof, München 1984, 285–292
Bayer, Hieronymus: Vorträge über den gemeinen ordentlichen Civilprozeß mit Beziehung auf Martin's Lehrbuch, 4. Aufl. München 1834
Bender, Bernd: Besprechung von: Kropshofer, Birger, Untersuchungsgrundsatz und anwaltliche Vertretung im Verwaltungsprozeß (1981), NVwZ 1982, 25–26
Bender, Rolf: Nochmals: Zivilprozeß und Ideologie, JZ 1982, 719–712
Berg, Günther Heinrich von: Handbuch des Teutschen Polizeirechts, Erster Theil, Hannover 1799
Berg, Thomas: Beweismaß und Beweislast im öffentlichen Umweltrecht, Baden-Baden 1995
Berg, Wilfried: Die verwaltungsrechtliche Entscheidung bei ungewissem Sachverhalt, Berlin 1980
–, Zur Untersuchungsmaxime im Verwaltungsverfahren, Die Verwaltung 9 (1976), 161–189
–, Grundsätze des verwaltungsgerichtlichen Verfahrens, in: Erichsen, Hans-Uwe u.a. (Hg.), System des verwaltungsgerichtlichen Rechtsschutzes, Festschrift für Christian-Friedrich Menger, Köln u.a. 1985, 537–556

Bernatzik, Edmund: Rechtsprechung und materielle Rechtskraft, Wien 1986
Berner, D.: Drei Abhandlungen zum preußischen Verwaltungsstreitverfahren, VerwArch 31 (1926), 428–459
Bethge, Herbert: Grundrechtsverwirklichung und Grundrechtssicherung durch Organisation und Verfahren. Zu einigen Aspekten der aktuellen Grundrechtsdiskussion, NJW 1982, 1–7
–, Grundrechte und gerichtlicher Schutz, KritV 1990, 9–33
Bethmann-Hollweg, August: Grundriß zu den Vorlesungen über den gemeinen und preußischen Civilprozeß, 3. Aufl. Bonn 1832
Bettermann, Karl August: Besprechung von: Falk Bomsdorf, Prozeßmaximen und Rechtswirklichkeit, ZZP 1975 (88), 347–350
–, Die Beweislast im Verwaltungsverfahren, Verhandlungen des 46. Deutschen Juristentages, Bd. 2, E 26-E 48
–, Die rechtsprechende Gewalt, in: Isensee, Josef/Kirchhof, Paul, Handbuch des Staatsrechts der Bundesrepublik Deutschland, Bd. III, 2. Aufl. Heidelberg 1990, § 73, 775–813
–, Die Rechtsweggarantie in der Rechtsprechung des Bundesverfassungsgerichts, AöR 96 (1971), 628–567
–, Der Schutz der Grundrechte in der ordentlichen Gerichtsbarkeit, in: Ders. (Hg.), Die Grundrechte, Bd. 3, Halbbd. 2, 779–908
–, Verfassungsrechtliche Grundlagen und Grundsätze des Prozesses, JBl. 1972, 57–68
-Verwaltungsakt und Richterspruch, in: Bachof, Otto u.a. (Hg.), Forschungen und Berichte aus dem Öffentlichen Recht. Gedächtnisschrift für Walter Jellinek, München 1955, 361–389
Binder, Julius: Prozeß und Recht. ein Beitrag zur Lehre vom Rechtsschutzanspruch, Leipzig 1927
Blomeyer, Arwed: Der Rechtsschutzanspruch im Zivilprozeß, in: Bettermann, Karl August/Zeuner, Albrecht, Festschrift für Eduard Bötticher, Berlin 1969, 61–75
Böckenförde, Ernst-Wolfgang: Die Bedeutung der Unterscheidung von Staat und Gesellschaft im demokratischen Sozialstaat der Gegenwart, in: Ders., Recht, Staat, Freiheit, Frankfurt/M. 1992, 209–243
–, Entstehung und Wandel des Rechtsstaatsbegriffs, in: Ders., Recht, Staat, Freiheit, 2. Aufl. Frankfurt/M. 1992, 143–169
–, Die Historische Rechtsschule und das Problem der Geschichtlichkeit des Rechts, in: Ders., Recht, Staat, Freiheit, 2. Aufl. Frankfurt/M. 1992, 9–41
–, Verfassungsfragen der Richterwahl. Dargestellt anhand der Gesetzesentwürfe zur Einführung der Richterwahl in Nordrhein-Westfalen, Berlin 1974
Böhm, Peter: Der Streit um die Verhandlungsmaxime. Zum Einfluß der Verfahrenstheorie des 19. Jahrhunderts auf das gegenwärtige Prozeßverständnis, Ius Commune VII (1978), 136–159
Bomsdorf, Falk: Prozeßmaximen und Rechtswirklichkeit, Berlin 1971
Bornhak, Conrad: Preußisches Staatsrecht, Bd. 1, 2. Aufl. Breslau 1911
Bötticher, Eduard: Inwieweit sichern die Art. 102ff. der Reichsverfassung die Unabhängigkeit des Richters und den Rechtsweg, ZZP 51 (1926), 201–232
–, Die Gleichheit vor dem Richter, Hamburg 1954
Bovensiepen, N.N.: Die Behördenorganisation in Kurhessen aufgrund des Organisationsedikts Wilhelms II. vom 29. Juni 1821, AöR 32 (1914), 47–81

Brater, Karl: Administrativjustiz, Blätter für administrative Praxis Bd. 7 (1857), 1–15, 17–23
–, Über das Verhältniß zwischen Brauer und Wirth bezüglich der Bierabnahme (Fortsetzung), Blätter für administrative Praxis Bd. 7 (1857), 145–156
Brauchitsch, Max von: Die Preußischen Verwaltungsgesetze, Bd. 1, 23. Aufl. 1925
Brehm, Wolfgang: Besprechung von: Smid, Stefan: Rechtsprechung, ZZP 104 (1991), 495–501
Brenner, Michael: Allgemeine Prinzipien des verwaltungsgerichtlichen Rechtsschutzes in Europa, DV 31 (1998), 1–28
Breuer, Rüdiger: Gerichtliche Kontrolle der Technik, NVwZ 1988, 104–115
Brockmöller, Annette: Die Entstehung der Rechtstheorie im 19. Jahrhundert in Deutschland, Baden-Baden 1997
Brohm, Winfried: Zum Funktionswandel der Verwaltungsgerichtsbarkeit, NJW 1984, 8–14
–, Die Konkurrentenklage, in: Erichsen, Hans-Uwe u.a. (Hg.), System des verwaltungsgerichtlichen Rechtsschutzes, Festschrift für Christian-Friedrich Menger, Köln u.a. 1985, 235–255
–, Die staatliche Verwaltung als eigenständige Gewalt und die Grenzen der Verwaltungsgerichtsbarkeit, DVBl. 1986, 321–331
–, Stellung und Funktion des Verwaltungsrichters, DV 24 (1991), 137–167
–, Verwaltungsgerichtsbarkeit im modernen Sozialstaat, DÖV 1982, 1–10
Brüggemann, Dieter: Judex statutor und judex investigator. Untersuchungen zur Abgrenzung zwischen Richtermacht und Parteienfreiheit im gegenwärtigen deutschen Zivilprozeß, Bielefeld 1968
Bruns, Rudolf: Zur Struktur des Prozesses, in: Rechts- und Staatswissenschaftliche Fakultät der Rheinischen Friedrich-Wilhelms-Universität Bonn (Hg.), Festschrift für Walter Schmidt-Rimpler, Karlsruhe 1957, 237–258
Bryde, Brun-Otto: Die Effektivität von Recht als Rechtsproblem, Berlin 1993
Bucher, Eugen: Das subjektive Recht als Normsetzungsbefugnis, Tübingen 1965
Buchwald, Katja: Der verwaltungsgerichtliche Organstreit. Eine verwaltungsprozessuale und normtheoretische Studie, Berlin 1998
Buermeyer, Volker: Rechtsschutzgarantie und Gerichtsverfahrensrecht. Zur Vereinbarkeit rechtlicher und faktischer Erschwernisse in den verwaltungsgerichtlichen Verfahrensordnungen mit Art. 19 Abs. 4 Satz 1 GG, Köln u.a. 1975
Bühler, Ottmar: Die subjektiven öffentlichen Rechte und ihr Schutz in der deutschen Verwaltungsrechtsprechung, Berlin u.a. 1914
–, Die Zuständigkeit der Zivilgerichte gegenüber der Verwaltung im Württembergischen Recht und ihre Entwicklung seit Anfang des 19. Jahrhunderts. Ein Beitrag zur Lehre von der Abgrenzung von Justiz und Verwaltung, Stuttgart 1911
Bullinger, Martin: Öffentliches Recht und Privatrecht, Stuttgart u.a. 1968
Bülow, Oskar: Civilprozessualistische Fiktionen und Wahrheiten, AcP 62 (1879), 1–96
–, Das Geständnisrecht. Ein Beitrag zur allgemeinen Theorie der Rechtshandlungen, Freiburg u.a. 1899
–, Gesetz und Richteramt, Leipzig 1885
–, Klage und Urteil. Eine Grundfrage des Verhältnisses zwischen Privatrecht und Prozeß, ZZP 31 (1903), 191–270
Bürck, Harald: Die Mitwirkung der Beteiligten bei der Sachaufklärung im sozialgerichtlichen Verfahren, DÖV 1982, 223–231

Burkholz, Bernhard: Der Untersuchungsgrundsatz im verwaltungsgerichtlichen Eilverfahren. Eine Untersuchung über die Bedeutung des Art. 920 ZPO im Verwaltungsprozeß, Berlin 1988

Canstein, Raban von: Die rationellen Grundlagen des Civilprozesses, Wien 1877

Classen, Claus Dieter: Die Europäisierung des Verwaltungsrechtsschutzes. Eine vergleichende Untersuchung zum deutschen, französischen und europäischen Verwaltungsprozeßrecht, Tübingen 1996

Cohn, Ernst Josef: Zur Ideologie des Zivilprozeßrechts, Kaufmann, Hilde u.a. (Hg.), Erinnerungsgabe für Max Grünhut, Marburg 1965, 31–45

Czajka, Dieter: Der Stand von Wissenschaft und Technik als Gegenstand richterlicher Sachaufklärung, DÖV 1982, 99–108

Dahlmanns, Gerhard J.: Der Strukturwandel des deutschen Zivilprozesses im 19. Jahrhundert. Untersuchungen zur Entwicklungsgeschichte der ZPO an Hand ausgewählter Gesetzgebungsarbeiten, Aalen 1971

Damrau, Jürgen: Die Entwicklung einzelner Prozeßmaximen seit der Reichszivilprozeßordnung von 1877, Paderborn 1975

Danckwerts, Justus: Die Verwaltungsgerichtsbarkeit im nationalsozialistischen Staate, in: Frank, Hans (Hg.), Deutsches Verwaltungsrecht, München 1937, 99–125.

Danwitz, Thomas von: Rechtliche Optimierungsgebote oder Rahmensetzungen für das Verwaltungshandeln?, DVBl. 1998, 928–941

Danz, Wilhelm August Friedrich: Grundsätze des ordentlichen Prozesses, 4. Aufl. 1806

Degenhart, Christoph: Gerichtsorganisation, in: Isensee, Josef/Kirchhof, Paul, Handbuch des Staatsrechts der Bundesrepublik Deutschland, Bd. III, 2. Aufl. Heidelberg 1990, § 75, 859–878

–, Gerichtsverfahren, in: Isensee, Josef/Kirchhof, Paul, Handbuch des Staatsrechts der Bundesrepublik Deutschland, Bd. III, 2. Aufl. Heidelberg 1990, § 76, 879–919

–, Präklusion im Verwaltungsprozeß, in: Erichsen, Hans-Uwe u.a. (Hg.), System des verwaltungsgerichtlichen Rechtsschutzes, Festschrift für Christian-Friedrich Menger, Köln u.a. 1985, 621–638

–, Das Verwaltungsverfahren zwischen Verwaltungseffizienz und Rechtsschutzauftrag, DVBl. 1982, 872–886

Degenkolb, Heinrich: Einlassungszwang und Urteilsnorm. Beiträge zur materiellen Theorie der Klagen insbesondere der Anerkennungsklagen, Leipzig 1877, Neudruck Aalen 1969

Dennewitz, Bodo: Die Systeme des Verwaltungsrechts. Ein Beitrag zur Geschichte der modernen Verwaltungswissenschaft, Hamburg 1948

Denninger, Erhard: Staatliche Hilfe zur Grundrechtsausübung durch Verfahren, Organisation und Finanzierung, in: Isensee, Josef/Kirchhof, Paul: Handbuch des Staatsrechts der Bundesrepublik Deutschland, Bd. V, Heidelberg 1990, § 113, 291–320

Dernburg, Heinrich: System des Römischen Rechts (Der Pandekten achte, umgearbeitete Auflage), Erster Teil, Berlin 1912

Detterbeck, Stefan: Streitgegenstand und Entscheidungswirkungen im Öffentlichen Recht, Tübingen 1995

–, Streitgegenstand, Justizgewährungsanspruch und Rechtsschutzanspruch, AcP 192 (1992), 325–340

Di Fabio, Udo: Risikoentscheidungen im Rechtsstaat. Zum Wandel der Dogmatik im öffentlichen Recht, insbesondere am Beispiel der Arzneimittelüberwachung, Tübingen 1994

–, Verwaltung und Verwaltungsrecht zwischen gesellschaftlicher Selbstregulierung und staatlicher Steuerung, VVDStRL 56 (1997), 235–282
Doehring, Erich: Die Erforschung des Sachverhalts im Prozeß, Berlin 1964
–, Geschichte der deutschen Rechtspflege seit 1500, Berlin 1953
Dolzer, Rudolf (Hg.): Kommentar zum Bonner Grundgesetz, Heidelberg, Stand 1995
Dörr, Dieter: Faires Verfahren. Gewährleistung im Grundgesetz der Bundesrepublik Deutschland, Kehl a. R. 1984
Dreier, Ralf: Zum Begriff der „Natur der Sache", Berlin 1965
–, Der Begriff des Rechts, in: Ders., Recht-Staat-Vernunft, Frankfurt/M. 1991, 95–119
–, Zur Einheit der praktischen Philosophie Kants. Kants Rechtsphilosophie im Kontext seiner Moralphilosophie, in: Ders., Recht-Moral-Ideologie, Frankfurt a.M. 1981, 286–315
Dreier, Horst: Hierarchische Verwaltung im demokratischen Staat, Tübingen 1991
Dürig, Julia: Beweismaß und Beweislast im Asylrecht, München 1990
Dworkin, Ronald: Taking Rights Seriously, London 1977
Dyroff, Anton: Bayerisches Verwaltungsgerichtsgesetz, 7. Aufl. 1928
Eberle, Norbert: Zur Rhetorik des zivilprozessualen Beweises, Frankfurt/M. 1989
Ehmke, Horst: „Ermessen" und „unbestimmter Rechtsbegriff" im Verwaltungsrecht, Tübingen 1960
–, Prinzipien der Verfassungsintepretation, in: VVDStRL 20 (1963), 53–102
–, „Staat" und „Gesellschaft" als verfassungstheoretisches Problem, in: Böckenförde, Wolfgang (Hg.), Staat und Gesellschaft, Darmstadt 1976, 241–274
Eichenberger, Kurt: Die richterliche Unabhängigkeit als staatsrechtliches Problem, Bern 1960
Eidenmüller, Horst: Effizienz als Rechtsprinzip, 2. Aufl. Tübingen 1998
Endemann, Wilhelm: Das deutsche Zivilprozeßrecht, Heidelberg 1868, Neudruck Allen 1969
Engelmann, A.: Der Civilprozeß. Geschichte und System. Bd. 2, 3. Heft: Der romanisch-kanonische Prozeß und die Entwicklung des Prozeßrechts in Deutschland bis zum Erlaß der deutschen Civilprozeßordnung, Breslau 1895
Engelmann, Klaus: Prozeßgrundsätze im Verfassungsprozeßrecht, Berlin 1977
Engisch, Karl: Logische Studien zur Gesetzesanwendung, 3. Aufl. Heidelberg 1963
Erfmeyer, Klaus: Die Beseitigung einer Ungewißheit über den Sachverhalt durch Abschluß eines Vergleichsvertrages, DVBl. 1998, 753–758
Erichsen, Hans-Uwe (Hg.): Allgemeines Verwaltungsrecht, 11. Aufl. Berlin u.a. 1998
–, Verfassungs- und verwaltungsgeschichtliche Grundlagen der Lehre vom fehlerhaften belastenden Verwaltungsakt und seiner Aufhebung im Prozeß – ein dogmengeschichtlicher Beitrag zu Rechtsbindung, Rechtswidrigkeit und Rechtsschutz im Bereich staatlicher Eingriffsverwaltung, Frankfurt/M. 1971
Esser, Josef: Grundsatz und Norm in der richterlichen Fortbildung des Privatrechts, Tübingen 1956
–, Vorverständnis und Methodenwahl in der Rechtsfindung, Frankfurt/M. 1970
Faber, Heiko: Der Wirtschaftlichkeitsvorbehalt der Inquisitionsmaxime- Eine Skizze zur Informationskostendämpfung im Verwaltungsprozeß, in: Festschrift zur 150-Jahr-Feier des Rechtsanwaltsvereins Hannover e.V. (1831–1981), Hannover 1981, 79–104
Feist, Hans-Joachim: Die Entstehung des Verwaltungsrechts als Rechtsdisziplin, Diss. jur. Köln 1967

Finkelnburg, Klaus: Zur Entwicklung der Abgrenzung der Verwaltungsgerichtsbarkeit im Verhältnis zu anderen Gerichtsbarkeiten durch das Merkmal der öffentlich-rechtlichen Streitigkeit, in: Erichsen, Hans-Uwe u.a. (Hg.), System des verwaltungsgerichtlichen Rechtsschutzes, Festschrift für Christian-Friedrich Menger, Köln u.a. 1985, 279–284

–, Das Gebot der Effektivität des Rechtsschutzes in der Rechtsprechung des Bundesverwaltungsgerichts, in: Bachof, Otto u.a. (Hg.), Verwaltungsrecht zwischen Freiheit, Teilhabe und Bindung. Festgabe aus Anlaß des 25jährigen Bestehens des Bundesverwaltungsgerichts, München 1978, 169–181

Fischer, Walter: Der Streit um die Verwaltungsgerichtsbarkeit unter besonderer Berücksichtigung der Verfahrensgestaltung, Düsseldorf 1940

Fleiner, Fritz: Institutionen des Deutschen Verwaltungsrechts, 2. Aufl. Tübingen 1912

Fleischmann, Max: Wörterbuch des Deutschen Staats- und Verwaltungsrechts, Bd.3, 2. Aufl. Tübingen 1914

Forsthoff, Ernst: Lehrbuch des Verwaltungsrechts, 10. Aufl. 1973

–, Recht und Sprache. Prolegomena zu einer richterlichen Hermeneutik, Halle 1940

-Die Umbildung des Verfassungsgesetzes, in: Barion, Hans u.a. (Hg.), Festschrift für Carl Schmitt, Berlin 1959, 35–62

Friedrichs, Karl: Die Besonderheiten des preußischen Verwaltungsstreitverfahrens im Verhältnis zu den Verfahren, welche über andere Rechtsstreitigkeiten stattfinden, und ihre Berechtigung, VerwArch 6 (1898), 358–560

–, Das Landesverwaltungsgesetz, Berlin 1910

–, Verwaltungsrechtspflege, Bd.2, Berlin 1921

Friesenhahn, Ernst: Über Begriff und Arten der Rechtsprechung unter besonderer Berücksichtigung der Staatsgerichtsbarkeit nach dem Grundgesetz und den westdeutschen Landesverfassungen, in: Festschrift für Richard Thoma, Tübingen 1950, 21–69

Frohn, Hansgeorg: Rechtliches Gehör und richterliche Entscheidung. Studie zur Verfassungsdimension des gerichtlichen Erkenntnisverfahrens, Berlin 1989

Frowein, Jochen Abr./Peukert, Wolfgang: EMRK-Kommentar, 2. Aufl. Kehl u.a. 1996

–, (Hg.): Die Kontrolldichte bei der gerichtlichen Überprüfung von Handlungen der Verwaltung, Berlin u.a. 1992

Funke, Gottlob Leberecht: Die Verwaltung in ihrem Verhältnis zur Justiz, die Grenzlinie zwischen beiden und die Verwaltungsjustiz, mit Berücksichtigung mehrerer deutscher Gesetzgebungen und insbesondere der sächsischen, Zwickau 1838

Gaertner, Gustav Friedrich: Kritik des Untersuchungs-Prinzips des Preußischen Civil-Prozesses, Berlin 1832

Gans, Eduard: Über die Untersuchungsmaxime des Preußischen Civilprozesses (Eine Rezension), in: Ders. (Hg.), Beiträge zur Revision der Preußischen Gesetzgebung, Berlin 1830–1832, 450–479

Gaul, Hans Friedhelm: Zur Frage nach dem Zweck des Zivilprozesses, AcP 168 (1968), 27–62

Geiger, Harald: Amtsermittlung und Beweiserhebung im Verwaltungsprozeß, BayVBl. 1999, 321–331

Gensler, Johann Caspar: Anmerkungen zu Mittermaier, Der neue Entwurf eines Gesetzbuches über das gerichtliche Verfahren in Civil-Rechtssachen. Bern 1819. Mit Bemerkungen, AcP 3 (1819), 289–324

Gerber, Carl Friedrich von: Grundzüge eines Systems des Deutschen Staatsrechts, 3. Aufl. Leipzig 1880

–, Über öffentliche Rechte, Tübingen 1852
Geschichte und Wirkungskreis des Reichs-Versicherungsamtsin: Handbuch der Unfallversicherung, Bd. 3, 3. Aufl. Leipzig 1910
Gierke, Otto: Die soziale Aufgabe des Privatrechts, Berlin 1889
Gneist, Rudolf von: Über die rechtliche Natur, die Zuständigkeit und die Verhandlungsform der Verwaltungsjurisdiction, in: Verhandlungen des 12. Deutschen Juristentages 1875, Bd. 3, 221–241
–, Der Rechtsstaat und die Verwaltungsgerichte in Deutschland, Berlin 1879
Gönner, Nicolaus Thaddäus von: Entwurf eines Gesetzbuchs über das gerichtliche Verfahren, 1. und 2. Band, Erlangen 1815
–, Handbuch des deutschen gemeinen Prozesses, 1. und 2. Band, 2. Aufl. Erlangen 1804
Goerlich, Helmut: Grundrechte als Verfahrensgarantien. Ein Beitrag zum Verständnis des Grundgesetzes für die Bundesrepublik Deutschland, Baden-Baden 1981
Goez, Karl: Die Verwaltungsrechtspflege in Württemberg, Tübingen/Leipzig 1902
Goldschmidt, James: Der Prozeß als Rechtslage. Eine Kritik des prozessualen Denkens, Berlin 1925
Görlitz, Axel: Verwaltungsgerichtsbarkeit in Deutschland, Neuwied u.a. 1970
Götz, Volkmar: Handlungsspielräume der Verwaltung und Kontrolldichte gerichtlichen Rechtsschutzes, Nachwort, in: Ders./Klein, Hans Hugo/Starck, Christian, Die öffentliche Verwaltung zwischen Gesetzgebung und richterlicher Kontrolle, München 1985, 251–256
Grawert, Rolf: Grenzen und Alternativen des gerichtlichen Rechtsschutzes in Verwaltungsstreitsachen, DVBl. 1983, 973–982
–, Preußische Verwaltungsgerichtsbarkeit, Die Verwaltung 1983, 66–80
–, Verwaltungsrechtsschutz in der Weimarer Republik, in: Erichsen, Hans-Uwe u.a. (Hg.), System des verwaltungsgerichtlichen Rechtsschutzes, Festschrift für Christian-Friedrich Menger, Köln u.a. 1985, 35–55
Grimm, Dieter: Zur politischen Funktion der Trennung von öffentlichem und privatem Recht in Deuschland, in: Ders., Recht und Staat der bürgerlichen Gesellschaft, Frankfurt/M. 1987, 84–103
–, Der Staat in der kontinentaleuropäischen Tradition, in: Ders., Recht und Staat der bürgerlichen Gesellschaft, Frankfurt/M. 1987, 53–83
Groeben, Hans von der/Thiesing, Jochen/Ehlermann, Claus-Dieter (Hg.): Kommentar zum EU-/EG-Vertrag, 5. Aufl. Baden-Baden 1997
Grolman, Karl von: Theorie des gerichtlichen Verfahrens in bürgerlichen Rechtsstreitigkeiten nach den gemeinen deutschen Gesetzen, 1. Aufl. Gießen und Darmstadt 1800
Groß, Thomas/Kainer, Friedemann: Die Verteilung der Verantwortung für die Tatsachenermittlung im Asylrecht, DVBl. 1997, 1315–1321
Grunsky, Wolfgang: Grundlagen des Verfahrensrechts, 2. Aufl. Bielefeld 1974
Grupp, Klaus: Mitwirkungspflichten im Verwaltungsverfahren, VerwA 1989, 44–73
Günther, Gotthard: Das metaphysische Problem einer Formalisierung der transzendental-dialektischen Logik, in: Ders., Beiträge zur Grundlegung einer operationsfähigen Dialektik, Bd. 1, Hamburg 1976, 159–248
Guttenberg, Ulrich: Zur Problematik von Anerkenntnis- und Verzichtsurteilen im Verwaltungsprozeß, VBlBW 1992, 244–249
Haag, Theodor August: „Effektiver Rechtsschutz“ – grundrechtlicher Anspruch oder Leerformel?, Konstanz 1986

Häberle, Peter: Effizienz und Verfassung, AöR 98 (1973), 625–635
–, Die Gemeinwohlproblematik in rechtswissenschaftlicher Sicht, Rechtstheorie 14 (1983), 257–284
–, Öffentliches Interesse als juristisches Problem, Bad Homburg 1970
Habermas, Jürgen: Faktizität und Geltung, 2. Aufl. Frankfurt 1992
–, Wahrheitstheorien, in: Fahrenbach, H. (Hg.), Wirklichkeit und Reflexion. Festschrift für W. Schulz, Pfullingen 1973, 211–265
Habscheid, Walther J.: Richtermacht oder Parteifreiheit. Über Entwicklungstendenzen des modernen Zivilprozesses, ZZP 81 (1968), 175–196
Hagen, Johann Josef: Elemente einer allgemeinen Prozeßlehre. Ein Beitrag zur allgemeinen Verfahrenstheorie, 1. Aufl. Freiburg/Br. 1972
Hahn, Bernhard: Kooperationsmaxime im Zivilprozeß. Grenzverschiebungen in der Verantwortung von Parteien und Gericht bei der Tatsachenbeschaffung und Sachverhaltserforschung im neuen Zivilprozeßrecht, Köln u.a. 1983
Hain, Karl-Eberhard: Die Grundsätze des Grundgesetzes. Eine Untersuchung zu Art. 79 Abs. 3 GG, Baden-Baden 1999
Hartwig, Matthias: Landesbericht Italien, in: Frowein, Jochen Abr., Die Kontrolldichte bei der gerichtlichen Überprüfung von Handlungen der Verwaltung, Berlin u.a. 1992, 59–79
Haueisen, Fritz: Untersuchungsgrundsatz und Mitwirkungspflicht der Beteiligten. Zur Auslegung des § 86 Abs. 1 VwGO und des § 103 SGG, NJW 1966, 764–765
–, Verwaltungsverfahren und verwaltungsgerichtliches Verfahren, DVBl. 1962, 881–888
Haverkämper, Jörn: Die verfassungsrechtlichen Grundlagen der Maximen des Verwaltungsprozeßrechts, Diss. Münster 1973
Heffter, August Wilhelm: Civil-Prozeß oder das gerichtliche Verfahren bei bürgerlichen Rechtsstreitigkeiten im Gebiete des Allgemeinen Landrechts für die Preußischen Staaten, Berlin 1856
–, Institutionen des römischen und teutschen Civil-Prozesses, Bonn 1825
Heffter, Heinrich: Die deutsche Selbstverwaltung im 19. Jahrhundert, 2. Aufl. Stuttgart 1969
Heine: Die Untersuchungsmaxime im Verwaltungsstreitverfahren und im Verfahren nach der Reichsversicherungsordnung, VerwArch 26 (1918), 431–465
Held, Jürgen: Der Grundrechtsbezug des Verwaltungsverfahrens, Berlin 1984
Hellwig, Konrad: System des Deutschen Zivilprozeßrechts, Erster Teil, Leipzig 1912
Henckel, Wolfram: Gedanken zur Entstehung und Geschichte der Zivilprozeßordnung, in: Baltzer, Johannes u.a. (Hg.), Gedächtnisschrift für Rudolf Bruns, München 1980, 117–128
–, Vom Gerechtigkeitswert verfahrensrechtlicher Normen, Göttingen 1966
-Parteilehre und Streitgegenstand im Zivilprozeß, Heidelberg 1961
–, Prozeßrecht und materielles Recht, Göttingen 1970
Henke, Wilhelm: Das subjektive öffentliche Recht, Tübingen 1968
–, Das subjektive Recht im System des öffentlichen Rechts, DÖV 1980, 621–633
Henne, Thomas: Verwaltungsrechtsschutz im Justizstaat. Das Beispiel des Herzogtums Braunschweig 1832–1896, Frankfurt a.M. 1995
Hennig, Werner u.a. (Bearb.): Sozialgerichtsgesetz, Neuwied, Stand: 2000
Herdegen, Matthias: Landesbericht Großbritannien, in: Frowein, Jochen Abr., Die Kontrolldichte bei der gerichtlichen Überprüfung von Handlungen der Verwaltung, Berlin u.a. 1992. 38–58

Herr, Robert/Schmidt, Eike: Partei- und Amtsmaxime, DRiZ 1988, 57–61
Hesse, Konrad: Bestand und Bedeutung der Grundrechte in der Bundesrepublik Deutschland, EuGRZ 1978, 427–438
Heyen, Erk Volkmar: Deutschland, in: Ders. (Hg.), Geschichte der Verwaltungsrechtswissenschaft in Europa. Stand und Probleme der Forschung, Jus Commune, Sonderheft 18, 1982, 29–50
–, Entwicklungsbedingungen der Verwaltungsrechtswissenschaft, Der Staat 1983, 21–32
Hill, Hermann: Verfassungsrechtliche Gewährleistungen gegenüber der staatlichen Strafgewalt, in: Isensee, Josef/Kirchhof, Paul, Handbuch des Staatsrechts der Bundesrepublik Deutschland, Bd. VI , Heidelberg 1989, § 156, 1305–1352
Hintze, Otto: Preußens Entwicklung zum Rechtsstaat, in: Ders., Regierung und Verwaltung, 2. Aufl. 1967, 97–163
Hippel, Fritz von : Wahrheitspflicht und Aufklärungspflicht der Parteien im Zivilprozeß, Frankfurt/M. 1939
Hoffmann-Riem, Wolfgang: Effizienz als Herausforderung an das Verwaltungsrecht, in: Ders./Schmidt-Aßmann, Eberhard (Hg.), Effizienz als Herausforderung an das Verwaltungsrecht, Baden-Baden 1998, 11–58
–, Reform des allgemeinen Verwaltungsrechts als Aufgabe – Ansätze am Beispiel des Umweltschutzes –, in: Hoffmann-Riem, Wolfgang/Schmidt-Aßmann, Eberhard/ Schuppert, Gunnar Folke (Hg.), Reform des allgemeinen Verwaltungsrechts, Baden-Baden 1993, 400–447
Hofmann, Rainer: Landesbericht Spanien, in: Frowein, Jochen Abr., Die Kontrolldichte bei der gerichtlichen Überprüfung von Handlungen der Verwaltung, Berlin u.a. 1992, 149–171
Hollerbach, Alexander: Art. Stahl, in: Staatslexikon der Görres-Gesellschaft, Bd. 5, Freiburg/Br. 1989, Sp. 244ff.
Hoppe, Werner: Verwaltungsverantwortung und Verwaltungsgerichtsbarkeit, DVBl. 1975, 684–695
Huber, Ernst-Rudolf: Deutsche Verfassungsgeschichte, Stuttgart 1960–1991
Huber, Peter M.: Konkurrenzschutz im Verwaltungsrecht. Schutzanspruch und Rechtsschutz bei Lenkungs- und Verteilungsentscheidungen der öffentlichen Verwaltung, Tübingen 1991
Hufen, Friedhelm: Fehler im Verwaltungsverfahren, 3. Aufl. Baden-Baden 1998
–, Heilung und Unbeachtlichkeit grundrechtsrelevanter Verfahrensfehler, NJW 1982, 2160–2169
–, Verwaltungsprozeßrecht, 2. Aufl. München 1996
Husen, Paulus van: Gesetz über die Verwaltungsgerichtsbarkeit in Bayern, Württemberg-Baden und Hessen, Stuttgart 1947
–, Die Vorarbeiten für eine bundesrechtliche Verwaltungsgerichtsordnung, DVBl. 1951, 558–656
Ibler, Martin: Rechtspflegender Rechtsschutz im Verwaltungsrecht. Zur Konrolldichte bei wertenden Behördenentscheidungen – vom Preußischen Oberverwaltungsgericht bis zum modernen Gerichtsschutz im Prüfungsrecht, Tübingen 1999
Ihering, Rudolf von: Geist des Römischen Rechts auf den verschiedenen Stufen seiner Entwicklung, Bd. 3, 5. Aufl. Leipzig 1906
Inoue, Harunori: Der Zivilprozeß – als gleichberechtigtes Dialogverfahren. Zur neueren Prozeßdiskussion im japanischen Zivilprozeß, ZZP 98 (1985), 378–402

Ipsen, Jörn: Die Bewältigung der wissenschaftlichen und technischen Entwicklungen durch das Verwaltungsrecht, VVDStRL 48 (1990), 177–206
–, Richterrecht und Verfassung, Berlin 1975
Isensee, Josef: Gemeinwohl und Staatsaufgaben im Verfassungstaat, in: Isensee, Josef/ Kirchhof, Paul, Handbuch des Staatsrechts der Bundesrepublik Deutschland, Bd. III, Heidelberg 1990, § 57, 3–82
Jauernig, Othmar: Verhandlungsmaxime, Inquisitionsmaxime und Streitgegenstand, Tübingen 1967
–, Zivilprozeßrecht, 25. Aufl. München 1998
Jellinek, Georg: Allgemeine Staatslehre, 3. Aufl. 1928, Neudruck Bad Homburg u.a. 1966
–, System der subjektiven öffentlichen Rechte, 2. Aufl. Tübingen 1905
Jellinek, Walter: Der Schutz des öffentlichen Rechts durch ordentliche und durch Verwaltungsgerichte (Fortschritte, Rückschritte und Entwicklungstendenzen sei der Revolution), VVDStRL 2 (1925), 8–80
–, Die Verwaltungsgerichtsbarkeit in der amerikanischen Zone, DRZ 1948, 269–273
Jesch, Dietrich: Gesetz und Verwaltung, Tübingen 1961
Jestaedt, Matthias: Grundrechtsentfaltung im Gesetz. Studien zur Interdependenz von Grundrechtsdogmatik und Rechtsgewinnungstheorie, Tübingen 1999
Jordan, Sylvester: Art. Administrativjustiz, in: Weiske, Julius (Hg.), Rechtslexikon für Juristen aller teutschen Staaten enthaltend die gesamte Rechtswissenschaft, Erster Band, Leipzig 1842, 134–155
Jost, Peter-J.: Effektivität von Recht aus ökonomischer Sicht, Berlin 1998
Kant, Immanuel: Die Metaphysik der Sitten, in: Weischedel, Wilhelm (Hg.), Theorie-Werkausgabe in 12 Bänden, Bd. 8, Frankfurt a.M. 1968, 10. Aufl. Frankfurt a.M. 1993
Kasper, Franz: Das subjektive Recht – Begriffsbildung und Bedeutungsmehrheit, Karlsruhe 1967
Kaufmann, Marcel: Europäische Integration und Demokratieprinzip, Baden-Baden 1997
–, Grundrechtlicher Anspruch auf Akteneinsicht als Voraussetzung der Demokratie?, in: Bertschi, Martin u.a. (Hg.), Demokratie und Freiheit. Vorträge der 39. Assistententagung Öffentliches Recht, Stuttgart 1999, 41–62
–, Politische Gestaltungsfreiheit als Rechtsprinzip, Staatswissenschaften und Staatspraxis 1997, 161–186
Kelsen, Hans: Allgemeine Staatslehre, Berlin 1925
–, Hauptprobleme der Staatsrechtslehre, entwickelt aus der Lehre vom Rechtssatze, Tübingen 1911
–, Reine Rechtslehre, 1. Aufl. Leipzig u.a. 1934, 2. Neudruck Aalen 1994
–, Reine Rechtslehre, 2. Aufl. Wien 1960
Kern, Eduard: Rechtspflege. Grundsätzliches und Übersicht, in: Anschütz, Gerhard/ Thoma, Richard (Hg.), Handbuch des Deutschen Staatsrechts Bd. 2, Tübingen 1982, § 95, 475–495
Kersting, Wolfgang: Die politische Philosophie des Gesellschaftsvertrages, Darmstadt 1994
Kiefner, Hans: Der Einfluß Kants auf Theorie und Praxis des Zivilrechts im 19. Jahrhundert, in: Blühdorn, Jürgen/Ritter, Joachim (Hg.), Philosophie und Rechtswissenschaft. Zum Problem ihrer Beziehung im 19. Jahrhundert, Frankfurt/M. 1969

Kimminich, Otto: Einführung in das Völkerrecht, 5. Aufl. Tübingen und Basel 1992
–, Die Verwaltungsgerichtsbarkeit in der Weimarer Republik, VBlBW 1988, 371–379
Kip, Hans-Gerhard: Das sogenannte Mündlichkeitsprinzip. Geschichte einer Episode des deutschen Zivilprozesses, Köln 1952
Klein, Franz: Vorlesungen über die Praxis des Civilprocesses, Wien 1900
–, Zeit- und Geistesströmungen im Prozesse, Dresden 1901, zit. nach Neudruck Frankfurt/M. 1942
Klein, Franz/Engel, Friedrich: Der Zivilprozeß Österreichs, Mannheim u.a. 1927
Klein, Friedrich: Tragweite der Generalklausel im Art. 19 Abs. 4 des Bonner Grundgesetzes, VVDStRL 8 (1950), 67–125
Klein, Hans Hugo: Bundesverfassungsgericht und Staatsraison. Über Grenzen der normativen Gebundenheit des Bundesverfassungsgerichts, Frankfurt a.M. 1968
–, Die Grundrechte im demokratischen Staat. Kritische Bemerkungen zur Auslegung der Grundrechte in der deutschen Staatsrechtslehre der Gegenwart, Stuttgart, Berlin u.a. 1972
–, Die grundrechtliche Schutzpflicht, DVBl. 1994, 489–497
–, Richterrecht und Gesetzesrecht, DRiZ 1972, 333–338
Kleinknecht, Theodor/Meyer, Karlheinz/Meyer-Goßner, Lutz: Strafprozeßordnung, 43. Aufl. München 1997
Klüber, Johann Ludwig: Staatsrecht des Rheinbundes, Tübingen 1808
Knauth, Rudolf: Die Gesetzgebung über die Verwaltungsrechtspflege in Thüringen, Berlin 1914
Koch, C.F.: Preußens Rechtsverfassung und wie sie zu reformieren sein möchte, Breslau 1843
Koch, Friedrich-Karl: Die historischen Grundlagen der Verwaltungsrechtspflege in Frankreich und deren Einfluß auf die Anfänge der Verwaltungsgerichtsbarkeit in Bayern, Würzburg 1980
Koch, Hans-Joachim/Rüßmann, Helmut: Juristische Begründungslehre. Eine Einführung in die Grundprobleme der Rechtswissenschaft, München 1982
Kohl, Wolfgang: Das Reichsverwaltungsgericht. Ein Beitrag zur Entwicklung der Verwaltungsgerichtsbarkeit in Deutschland, Tübingen 1991
Kohler, Josef: Der Prozeß als Rechtsverhältnis, Mannheim 1888
Köhler-Rott, Beate: Der Untersuchungsgrundsatz im Verwaltungsprozeß und die Mitwirkungslast der Beteiligten, München 1997
Kohlmeier, Philipp: Die Ausgestaltung der Verwaltungsrechtspflege in Baden, DÖV 1993, 618–624
Kollhosser, Helmut: Zur Stellung und zum Begriff der Verfahrensbeteiligten im Erkenntnisverfahren der freiwilligen Gerichtsbarkeit – zugleich ein Beitrag zum allgemeinen Verfahrensrecht, München 1970
König, Jürgen: Die Tatsachenermittlung im Verfahren vor dem Gerichtshof der Europäischen Gemeinschaften, Münster 1972
Kopp, Ferdinand O.: Der Beteiligtenbegriff des Verwaltungsverfahrensrechts, in: Schmitt Glaeser, Walter (Hg.), Verwaltungsverfahren. Festschrift zum 50jährigen Bestehen des Richard-Boorberg-Verlages, Stuttgart u.a. 1977, 159–183
–, Individueller Rechtsschutz und öffentliches Interesse in der Verwaltungsgerichtsbarkeit, BayVBl. 1980, 263–372
Kopp, Ferdinand O./Schenke, Rüdiger: Verwaltungsgerichtsordnung, 11. Aufl. München 1998

Krebs, Walter: Kompensation von Verfahrensfehlern durch gerichtlichen Rechtsschutz? – Zur Problematik des §46 VwVfG des Bundes und der Länder –, DVBl. 1984, 109–116

–, Kontrolle in staatlichen Entscheidungsprozessen. Ein Beitrag zur rechtlichen Analyse von gerichtlichen, parlamentarischen und Rechnungshof-Kontrollen, Heidelberg 1984

–, Subjektiver Rechtsschutz und objektive Rechtskontrolle, in: Erichsen, Hans-Uwe u.a. (Hg.), System des verwaltungsgerichtlichen Rechtsschutzes, Festschrift für Christian-Friedrich Menger, Köln u.a. 1985, 191–210

Kreitl, Dieter: Präklusion verspäteten Vorbringens im Verwaltungsprozeß?, BayVBl. 1982, 359–362

Kropshofer, Birger: Untersuchungsgrundsatz und anwaltliche Vertretung im Verwaltungsprozeß, Berlin 1981

Krüger, Erwin: Die Lehre vom „öffentlichen Interesse" in der Verwaltungsrechtswissenschaft, Diss. jur. Breslau 1932

Kuchinke, Kurt: Die vorbereitende richterliche Sachaufklärung (Hinweispflicht) im Zivil- und Verwaltungsprozeß, JuS 1967, 295–302

Kuhn, Otto: Die Trennung von Justiz und Administration. Ein Beitrag zur Staatsphilosophie und zum positiven deutschen Staatsrechte, Leipzig 1840 (anonym erschienen)

–, Das Wesen der deutschen Administrativjustiz, Dresden u.a. 1843

Kulenkamp, E.J.: Beyträge zu der Lehre von dem Verhältnisse der Rechts-Pflege zur Verwaltung nach der Verfassung Frankreichs und Westphalens, Göttingen 1813

Külz, Helmut R.: Verwaltungskontrolle unter dem Nationalsozialismus, KJ 1969, 167–378

Kunig, Philip: Das Rechtsstaatsprinzip, Tübingen 1986

Künne, Wolfgang: Wahrheit, in: Martens, Ekkehard/Schnädelbach, Herbert (Hg.), Philosophie. Ein Grundkurs, Bd. 1, Reinbek 1994

Küsters, Gerd-Walter: Kants Rechtsphilosophie, Darmstadt 1988

Laband, Paul: Das Staatsrecht des Deutschen Reiches, 5. Aufl. Tübingen 1911

Ladeur, Karl-Heinz: Gesetzesinterpretation, „Richterrecht" und Konventionsbildungin kognitivistischer Perspektive – Handeln unter Ungewißheitsbedingungen und richterliches Entscheiden –, ARSP 77 (1991), 176–194

–, Rechtssubjekt und Rechtsstruktur. Versuch über die Funktionsweise der Rechtssubjektivität, Gießen 1978

–, Sprachformation und Rechtsparadigma. Eine modelltheoretische Skizze zum Strukturwandel des deutschen Verwaltungsrechts im 20. Jahrhundert, in: Heyen, Erk Volkmar (Hg.), Wissenschaft und Recht der Verwaltung seit dem Ancien Régime (Ius commune, Sonderheft 21), Frankfurt/M. 1984, 189–210

Landmann, Robert von: Gewerbeordnung für das Deutsche Reich, 6. Aufl. Berlin 1911

Landsberg, Ernst: Geschichte der deutschen Rechtswissenschaft, Abt. 3, Halbband 2, 19. Jahrhundert bis etwa 1870, München 1910, Neudruck Aalen 1978

Lang, Arno: Untersuchungs- und Verhandlungsmaxime im Verwaltungsprozeß, VerwArch 52 (1961), 60–91, 175–195

Larenz, Karl: Methodenlehre der Rechtswissenschaft, 6. Aufl. Berlin u.a. 1991

Lassar, Gerhard: Der Schutz des öffentlichen Rechts durch ordentliche und durch Verwaltungsgerichte (Fortschritte, Rückschritte und Entwicklungstendenzen sei der Revolution), VVDStRL 2 (1925), 81

Laubinger, Hans-Werner: Grundrechtsschutz durch Gestaltung des Verwaltungsverfahrens, VerwArch 73 (1982), 60–85
Leipold, Dieter: Zivilprozeßrecht und Ideologie, JZ 1982, 441–448
Leisner, Walter: Privatinteressen als öffentliches Interesse, DÖV 1970, 217–223
Lemayer, Karl von: Apologetische Studien zur Verwaltungsgerichtsbarkeit, (Grünhuts) Zeitschrift für das Privat- und öffentliche Recht der Gegenwart 22 (1895), 353–488
Lent, Friedrich: Zur Unterscheidung von Lasten und Pflichten der Parteien im Zivilprozeß, ZZP 67 (1954), 344–356
Lepsius, Oliver: Steuerungsdiskussion, Systemtheorie und Parlamentarismuskritik, Tübingen 1999
Lerche, Clemens: Landesbericht Frankreich, in: Frowein, Jochen Abr., Die Kontrolldichte bei der gerichtlichen Überprüfung von Handlungen der Verwaltung, Berlin u.a. 1992, 1–37
Lerche, Peter: Die Verfassung als Quelle von Optimierungsgeboten?, in: Burmeister, Joachim (Hg.), Verfassungsstaatlichkeit. Festschrift für Klaus Stern, München 1997, 197–209
–, Die Verwaltungsgerichtsbarkeit im Geflecht der Rechtskontrollen, BayVBl. 1980, 257–263
Lévy-Bruhl, Henri: Soziologische Aspekte des Rechts, Berlin 1970
Lichtenberg, Werner: Der Grundsatz der Waffengleichheit auf dem Gebiet des Verwaltungsprozeßrechts, Diss. Münster 1974
Linde, Justus Timotheus: Lehrbuch des deutschen gemeinen Civilprozesses, Bonn 1825
Linder, Otto: Die Entstehung der Verwaltungsrechtspflege des Gemeinen Rats in Württemberg, Berlin 1940
Lipp, Volker: Das private Wissen des Richters. Zur Unparteilichkeit des Richters im Prozeß, Heidelberg 1995
Loening, Edgar: Gerichte und Verwaltungsbehörden in Brandenburg-Preußen, Halle 1914
–, Lehrbuch des Deutschen Verwaltungsrechts, Leipzig 1884
–, Die Rechtskraft verwaltungsgerichtlicher Urteile, VerwArch 7 (1899), 1–90
Lorenz, Dieter: Der grundrechtliche Anspruch auf subjektiven Rechtsschutz, AöR 105 (1980), 623–649
–, Der Rechtsschutz des Bürgers und die Rechtsweggarantie, München 1973
–, Die verfassungsrechtlichen Vorgaben des Art. 19 Abs. 4 GG für das Verwaltungsprozeßrecht, in: Erichsen, Hans-Uwe u.a. (Hg.), System des verwaltungsgerichtlichen Rechtsschutzes, Festschrift für Christian-Friedrich Menger, Köln u.a. 1985, 143–159
Lotz, Johann Friedrich Eusebius: Civilistische Abhandlungen, 2. Aufl. 1832
Luhmann, Niklas: Funktionale Methode und juristische Entscheidung, AöR 94 (1969), 1–31
–, Die Gesellschaft der Gesellschaft, 2 Bd., Frankfurt/M. 1997
–, Legitimation durch Verfahren, 3. Aufl. Frankfurt a.M. 1978
–, Staat und Staatsräson im Übergang von traditionaler Herrschaft zu moderner Politik, in: Ders., Gesellschaftsstruktur und Semantik Bd. 3, Frankfurt 1989, 65–148
–, Subjektive Rechte. Zum Umbau des Rechtsbewußtseins für die moderne Gesellschaft, in: Ders., Gesellschaftsstruktur und Semantik Bd. 2, Frankfurt/M. 1993, 45–104
–, Das Recht der Gesellschaft, Frankfurt 1993
–, Die Wissenschaft der Gesellschaft, Frankfurt 1992

Lüke, Gerhard: Grundsätze des Verwaltungsprozesses. Ein Beitrag zur allgemeinen Prozeßrechtslehre, JuS 1961, 41–50
Maetzel, Wolf Bogumil: Beweislast und Beweiserhebung im Verwaltungsprozeß, DÖV 1966, 520–528
Martens, Joachim: Die Behauptungslast im Steuerprozeß, StuW 1967, 369–390
–, Die eigenartige Beweislast im Steuerrecht, StuW 1981, 322–332
–, Konvergenztendenzen zwischen Zivil- und Verwaltungsprozeß, KritV 1989, 341–360
–, Die Praxis des Verwaltungsverfahrens, München 1985
Martens, Joachim: Verwaltungsvorschriften zur Beschränkung der Sachverhaltsermittlung, Köln 1980
Martens, Wolfgang: Öffentlich als Rechtsbegriff, Bad Homburg u.a. 1969
Martin, Christoph: Lehrbuch des Teutschen gemeinen bürgerlichen Prozesses, 12. Aufl. Leipzig 1838
–, Vorlesungen über die Theorie des deutschen gemeinen bürgerlichen Prozesses, Erster Band, Leipzig 1855
Martin, Suse: Wechselwirkungen zwischen Mitwirkungspflichten und Untersuchungspflicht im finanzgerichtlichen Verfahren, BB 1986, 1021–1030
Marx, Manfred: Die Notwendigkeit und Tragweite der Untersuchungsmaxime in den Verwaltungsprozeßgesetzen (VwGO, SGG, FGO), Frankfurt/M. 1985
Masing, Johannes: Die Mobilisierung des Bürgers für die Durchsetzung des Rechts. Europäische Impulse für eine Revision der Lehre vom subjektiv-öffentlichen Recht, Berlin 1997
Mauder, Johannes: Der Anspruch auf rechtliches Gehör, seine Stellung im System der Grundrechte und seine Auswirkung auf die Abgrenzungsproblematik zwischen Verfassungs- und Fachgerichtsbarkeit, München 1986
Maunz, Theodor/Schmidt-Bleibtreu, Bruno/Klein, Franz/Ulsamer, Gerhard: Bundesverfassungsgerichtsgesetz, München, Stand: 1999
Maurer, Hartmut: Allgemeines Verwaltungsrecht, 10. Aufl. München 1995
Mayer, Otto: Deutsches Verwaltungsrecht, Bd. 1, 3. Aufl. München u.a. 1924
–, Das Staatsrecht des Königreichs Sachsen, Tübingen 1909
Meinecke, Friedrich: Die Idee der Staatsräson in der neueren Geschichte, 3. Aufl. 1929, zit. nach: Ders., Werke, Bd. 1, hg. von Walter Hofer, München 1957
Menger, Christian-Friedrich: Allgemeine Prozeßgrundsätze in der Verwaltungsgerichtsordnung, in: Külz, Helmut R./Naumann, Richard (Hg.), Staatsbürger und Staatsgewalt, Bd. 2, Karlsruhe 1963, 427–447
–, Fragen zur Mitwirkung des Antragstellers im Verfahren der Sozialgerichtsbarkeit, in: Weber, Werner u.a. (Hg.), Rechtsschutz im Sozialrecht, Köln u.a. 1965, 145–171
–, Zur Geschichte der Verwaltungsgerichtsbarkeit in Deutschland, DÖV 1963, 726–729
–, System des verwaltungsgerichtlichen Rechtsschutzes. Eine verwaltungsrechtliche und prozeßvergleichende Studie, Tübingen 1954
Merkel, Adolf: Juristische Encyclopädie, 3. Aufl. Berlin 1904
Mes, Peter: Der Rechtsschutzanspruch, Köln u.a. 1970
Meyer, Georg: Lehrbuch des Deutschen Staatsrechts, 6. Aufl bearb. von G. Anschütz, Leipzig 1905
–, Lehrbuch des Deutschen Verwaltungsrechts, 4. Aufl. 1913
Michael, Alexander R.: Die Verteilung der objektiven Beweislast im Verwaltungsprozeß, Heidelberg 1976

Michaelis, Karl: Über das Verhältnis von logischer und praktischer Richtigkeit bei der sogenannten Subsumtion, in: Göttinger Festschrift für das Oberlandesgericht Celle, Göttingen 1961, 117–150
Minnigerode, Ludwig: Beitrag zur Beantwortung der Frage: Was ist Justiz- und was ist Administrativ-Sache, Darmstadt 1835
Mittermaier, Carl Joseph Anton: Beiträge zur Lehre von den Gegenständen des bürgerlichen Prozesses, AcP 4 (1821), 305–398
–, Der neue Entwurf eines Gesetzbuches über das gerichtliche Verfahren in Civil-Rechtssachen. Bern 1819. Mit Bemerkungen, AcP 3 (1819), 289–324
-Über die Ergebnisse der legislativen Tätigkeit in Bezug auf Civilprozeßgesetzgebung und Gerichtsorganisation seit 1830, AcP 18 (1834), 119–148
-Grundsätze des gemeinen deutschen Privatrechts, 1. Abt., 4. Aufl. Landshut 1830
–, Der gemeine deutsche bürgerliche Prozeß in Vergleichung mit den preußischen und französischen Civilverfahren und den neuesten Fortschritten der Prozeßgesetzgebung, 2. Aufl. Bonn 1822
–, Was hat der deutsche Prozeß im Ganzen und im Detail durch die neuere doctrinelle und legislative Behandlung gewonnen?, AcP 12 (1829), 133–158, 13 (1830), 95–117
–, Über das teutschrechtliche Verfahren bei dem Zeugenbeweis in Vergleichung mit dem preussischen und französischen Verfahren und den neuesten Fortschritten der Proceßgesetzgebung, AcP 5 (1822), 177–207
–, Verhältnis der Verwaltung und der Justiz in Bezug auf Streitigkeiten über Gegenstände der Regalität mit besonderer Beziehung auf das Wasserrecht, AcP 23 (1840), 125–166
Mohl, Robert von: Encyklopädie der Staatswissenschaften, 2. Aufl. Tübingen 1872
–, Die Geschichte und Literatur der Staatswissenschaften, Zweiter und Dritter Band, Erlangen 1856
–, Die Polizeiwissenschaft nach den Grundsätzen des Rechtsstaates, Zweiter Band, 2. Aufl. Tübingen 1844
–, Das Staatsrecht des Königreichs Württemberg Bd. 1. Das Verfassungsrecht, 2. Aufl. Tübingen 1840
Molitor, Erich: Über öffentliches Recht und Privatrecht, Karlsruhe 1949
Möllers, Christoph: Braucht das öffentliche Recht einen neuen Methoden- und Richtungsstreit?, VerwArch 1999, 187–207
Morstadt, Karl Eduard: Materialkritik von Martin's Civilprozeß-Lehrbuch: zugleich auf eine Mitcommentation von dessen Gegenstand berechnet, 2. Aufl. Heidelberg 1828
Mösbauer, Heinz: Befugnisgrenzen finanzgerichtlicher Sachaufklärung, BB 1977, 505–508
Mühl, Otto: Zur Stuktur des Verfassungs- und Verwaltungsprozesses im Verhältnis zum Zivilprozeß, in: Baltzer, Johannes u.a. (Hg.), Gedächtnisschrift für Rudolf Bruns, München 1980, 145–166
Müller, Otto: Die Begriffe der Verwaltungsrechtspflege und des Verwaltungsstreitverfahrens nach preußischem Recht, Berlin 1895
Müller, Friedrich: Juristische Methodenlehre, 6. Aufl. Berlin 1995
Münch, Ingo v./Kunig, Philip (Hg.): Grundgesetz-Kommentar Bd. 1, 4. Aufl. München 1992; Bd. 2, 3. Aufl. 1995
Musielak, Hans-Joachim: Die Grundlagen der Beweislast im Zivilprozeß, Berlin u.a. 1975
Mutius, Albert von: Gerichtsverfahren und Verwaltungsverfahren, in: Erichsen, Hans-

Uwe u.a. (Hg.), System des verwaltungsgerichtlichen Rechtsschutzes, Festschrift für Christian-Friedrich Menger, Köln u.a. 1985, 575–604
–, Grundrechtsschutz contra Verwaltungseffizienz im Verwaltungsverfahren, NJW 1982, 2150–2160
Naumann, Richard: Zum Stand der Beratungen über den Entwurf einer Bundes-Verwaltungsgerichtsordnung, DVBl. 1952, 584–589
Neurath, Otto: Gesammelte philosophische und methodologische Schriften, Bd. 2, Wien 1981
Nibler: Einige Worte über die Trennung der Gerichte in Civil- und Administrativgerichte, AcP 3 (1820), 374–398
Nierhaus, Michael: Beweismaß und Beweislast. Untersuchungsgrundsatz und Beteiligtenmitwirkung im Verwaltungsprozeß, München 1989
Niese, Werner: Doppelfunktionelle Prozeßhandlungen: ein Beitrag zur allgemeinen Prozeßrechtslehre, Göttingen 1950
Nomos-Kommentar zur Verwaltungsgerichtsordnung, hg. von Sodan/Ziekow, Baden-Baden 1996ff., Stand: 2000; zit: *Bearbeiter*, in: NKVwGO
Nörr, Knut Wolfgang: Naturrecht und Zivilprozeß. Studien zur Geschichte des deutschen Zivilprozeßrechts während der Naturrechtsperiode bis zum beginnenden 19. Jahrhundert, Tübingen 1987
–, Wissenschaft und Schrifttum zum deutschen Zivilprozeß im 19. Jahrhundert, Ius commune X (1981), 141–199
Oberländer, Otto: Verfassung und Verwaltung des Herzogtums Sachsen-Meiningen, Hannover 1909
Oesterley, Georg Heinrich: Handbuch des bürgerlichen und peinlichen Processes für das Königreich Hannover, 1. Theil. Bürgerlicher Prozeß, Göttingen, 1819
Ogorek, Regina: Individueller Rechtsschutz gegenüber der Staatsgewalt. Zur Entwicklung der Verwaltungsgerichtsbarkeit im 19. Jahrhundert, in: Kocka, Jürgen (Hg.), Bürgertum im 19. Jahrhundert. Deutschland im europäischen Vergleich, Bd. 1, München 1988
–, Richterkönig oder Subsumtionsautomat? Zur Justiztheorie im 19. Jahrhundert, Frankfurt/M. 1986
Ossenbühl, Fritz: Die Kontrolle von Tatsachenfeststellungen und Prognoseentscheidungen durch das Bundesverfassungsgericht, in: Starck, Christian (Hg.), Bundesverfassungsgericht und Grundgesetz, Tübingen 1976, 458–518
–, Verwaltungsvorschriften und Grundgesetz, Bad Homburg u.a. 1968
Osterloh, Robert: Lehrbuch des gemeinen, deutschen ordentlichen Civilprocesses, Bd. 1, Leipzig 1856
Pagenstecher, Max: Zur Lehre von der materiellen Rechtskraft, Berlin 1905, Nachdruck Frankfurt/M. 1968
Papier, Hans-Jürgen: Justizgewähranspruch, in: Isensee, Josef/Kirchhof, Paul, Handbuch des Staatsrechts der Bundesrepublik Deutschland, Bd. VI , Heidelberg 1989, § 153, 1221–1232
–, Rechtsschutzgarantie gegen die öffentliche Gewalt, in: Isensee, Josef/Kirchhof, Paul, Handbuch des Staatsrechts der Bundesrepublik Deutschland, Bd. VI , Heidelberg 1989, § 154, 1233–1270
Patzig, Günther: Satz und Tatsache, in: ders., Tatsachen, Normen, Sätze, Stuttgart 1980, 8–44

Pauly, Walter/Roscheck, Jan: Inanspruchnahme des Vorhabenträgers für Erfolgskontrollen im Rahmen der naturschutzrechtlichen Eingriffsregelung, DVBl. 1996, 784–791
Peschau, Hans-Hermann: Die Beweislast im Verwaltungsrecht, Berlin 1983
Pestalozza, Christian Graf von: Kritische Bemerkungen zu Methoden und Prinzipien der Grundrechtsauslegung in der Bundesrepublik Deutschland, Der Staat 1963, 425–449
–, Der Untersuchungsgrundsatz, in: Schmitt Glaeser, Walter (Hg.), Verwaltungsverfahren. Festschrift zum 50jährigen Bestehen des Richard-Boorberg-Verlages, Stuttgart u.a. 1977, 185–204
Petev, Valentin: Die spezifische Rationalität der richterlichen Entscheidungstätigkeit, in: Achterberg, Norbert (Hg.), Rechtsprechungslehre, Kön u.a. 1986, 565–586
Pfeifer, Michael: Der Untersuchungsgrundsatz und die Offizialmaxime im Verwaltungsverfahren, Basel 1980
Pfeiffer, Burkhard Wilhelm: Über das rechtliche Verhältnis der Justiz zur Administration, zum Zwecke einer genauen Sonderung des amtlichen Wirkungskreises der Gerichte und der Verwaltungsbehörden, in: Ders., Practische Ausführungen aus allen Theilen der Rechtswissenschaft, Bd. 3, Hannover 1831, 182–360
Pfizer, Carl von: Prüfung der neuesten Einwendungen gegen die Zulässigkeit der Verwaltungsjustiz und gegen ihren Umfang, Stuttgart 1833
–, Über die Grenzen zwischen Verwaltungs- und Ziviljustiz und über die Form bei Behandlung der Verwaltungs-Justiz, Stuttgart 1828
Philippi, Klaus Jürgen: Tatsachenfeststellung des Bundesverfassungsgerichts. Ein Beitrag zur rational-empirischen Fundierung verfassungsgerichtlicher Entscheidung, Saarbrücken 1971
Pietzcker, Jost: Verwaltungsverfahren zwischen Verwaltungseffizienz und Rechtsschutzauftrag, VVDStRL 41 (1983), 193–231
Planck, Julius Wilhelm: Lehrbuch des Deutschen Civilprozessrechts, Bd. 1, Nördlingen 1887
Pöhlmann, Karl: Über das Wesen der sogenannten administrativ-kontentiösen Sachen mit besonderer Rücksicht auf Bayern, Würzburg 1853
Poppitz, Johannes: Die Anfänge der Verwaltungsgerichtsbarkeit, AöR 73/74 (1942/43), 158–221/3–40
Prütting, Hanns: Gegenwartsprobleme der Beweislast, München 1983
–, Die Grundlagen des Zivilprozesses im Wandel der Gesetzgebung, NJW 1980, 361–367
Puchta, Georg Friedrich: Cursus der Institutionen, Bd. 1: Geschichte des Rechts bei dem römischen Volk mit einer Einleitung in der Rechtswissenschaft und Geschichte des römischen Civilprocesses, 10. Aufl. Leipzig 1893
–, Pandekten, 9. Aufl. Leipzig 1863
Puchta, Wolfgang Heinrich: Das Prozeßleitungsamt des deutschen Civilrichters, Gießen 1936
–, Über die Grenzen des Richteramts in bürgerlichen Rechtssachen, Nürnberg 1819
Quast, Gerd: Die Entstehungsgeschichte der hamburgischen Verwaltungsgerichtsbarkeit, Diss. jur. Hamburg 1974
Randelzhofer, Albrecht: Staatsgewalt und Souveränität, in: Isensee, Josef/Kirchhof, Paul (Hg.), Handbuch des Staatsrechts der Bundesrepublik Deutschland Bd. I, Heidelberg 1987, § 15, 691–708

Redeker, Konrad: Untersuchungsgrundsatz und Mitwirkung der Beteiligten im Verwaltungsprozeß, DVBl. 1981, 83–87

–, Verfahrensrechtliche Bindungen der Untersuchungsmaxime im Verwaltungsprozeß, in: Külz, Helmut R./Naumann, Richard (Hg.), Staatsbürger und Staatsgewalt, Bd. 2, Karlsruhe 1963, 475–495

Redeker, Konrad/v. Oertzen, Hans-Joachim: Verwaltungsgerichtsordnung, 12. Aufl. Stuttgart u.a. 1997

Regelsberger, Ferdinand: Pandekten I, Leipzig 1893

Reinhardt, Michael: Konsistente Jurisdiktion, . Grundlegung einer verfassungsrechtlichen Theorie der rechtsgestaltenden Rechtsprechung

Renaud, Achilles: Lehrbuch des Gemeinen deutschen Civilprozeßrechts, Leipzig 1867

Renauld, Achilles: Lehrbuch des Gemeinen deutschen Civilprozeßrechts, Leipzig 1867

Rescher, Nicholas: Die Kriterien der Wahrheit, in: Skirbekk, Gunnar (Hg.), Wahrheitstheorien. Eine Auswahl aus den Diskussionen über Wahrheit im 20. Jahrhundert, Frankfurt/M. 1977, 337–390

–, Wahrheit als ideale Kohärenz, in: Puntel, Lorenz B. (Hg.), Der Wahrheitsbegriff: neue Erklärungsversuche, Darmstadt 1987, 284–297

Richter, Martin: Die Untersuchungsmaxime im älteren Verwaltungsprozeß, Frankfurt/M. u.a. 1998

Riedel, Manfred: Der Begriff der „Bürgerlichen Gesellschaft“ und das Problem seines geschichtlichen Ursprungs, in: Böckenförde, Wolfgang (Hg.), Staat und Gesellschaft, Darmstadt 1976, 77–108

Riedel, Joachim: Das Postulat der Unparteilichkeit des Richters – Befangenheit und Parteilichkeit – im deutschen Verfassungs- und Verfahrensrecht, Berlin 1980

Rieß, Peter (Hg.): Löwe-Rosenberg, Strafprozeßordnung, 25. Aufl. 1999

Rimmelspacher, Bruno: Zur Prüfung von Amts wegen im Zivilprozeß, Göttingen 1966

Rinck, Karin: Die Auswirkungen von Verhandlungs- und Untersuchungsmaxime auf die Stoffsammlung, Diss. München 1987

Rödig, Jürgen: Die Theorie des gerichtlichen Erkenntnisverfahrens, Berlin u.a. 1973

Roellecke, Gerd: Aufgaben und Stellung des Bundesverfassungsgerichts im Verfassungsgefüge, in: Isensee, Josef/Kirchhof, Paul (Hg.), Handbuch des Staatsrechts der Bundesrepublik Deutschland, Bd. 2, Heidelberg 1987, § 53, 665–682

–, Die Bindung des Richters an Gesetz und Verfassung, VVDStRL 34 (1976), 7–42

–, Subjektive Rechte und politische Planung, AöR 114 (1989), 589–607

–, Die Verwaltungsgerichtsbarkeit im Grenzbereich zur Gesetzgebung, NJW 1978, 1776–1781

Rosenberg, Leo/Schwab, Karl Heinz/Gottwald, Peter: Zivilprozeßrecht, 15. Aufl. München 1993

Rott, Martin: Das verwaltungsrechtliche subjektive öffentliche Recht im Spiegel seiner Entwicklung im deutschen liberalen Rechtsstaat und in der französischen „théorie des droits subjectifs des administrés“, Gießen 1976

Rotteck, Carl von: Art. Justiz, in: Ders./Welcker, Carl. Staats-Lexikon Bd. 8, 2. Aufl. Altona 1847, 3–27

Roxin, Claus: Strafverfahrensrecht, 25. Aufl. München 1998

Rüfner, Wolfgang: Die Entwicklung der Verwaltungsgerichtsbarkeit, in: Jeserich, Kurt (Hg.), Deutsche Verwaltungsgeschichte, Bd. 3, Stuttgart 1983, 909–921

–, Verwaltungsrechtsschutz in Preußen von 1749 bis 1842, Bonn 1962

–, Verwaltungsrechtsschutz in Preußen im 18. und in der ersten Hälfte des 19. Jahrhunderts, in: Erichsen, Hans-Uwe u.a. (Hg.), System des verwaltungsgerichtlichen Rechtsschutzes, Festschrift für Christian-Friedrich Menger, Köln u.a. 1985, 3–20
–, Verwaltungsrechtsschutz im 19. Jahrhundert vor Einführung der Verwaltungsgerichtsbarkeit, DÖV 1963, 719–726
Rümelin, Max: Rechtspolitik und Doktrin in der bürgerlichen Rechtspflege, Tübingen 1926
Rupp, Hans Heinrich: Grundfragen der heutigen Verwaltungsrechtslehre, 2. Aufl. Tübingen 1991
–, Die Unterscheidung von Staat und Gesellschaft, in: Isensee, Josef/Kirchhof, Paul, Handbuch des Staatsrechts der Bundesrepublik Deutschland, Bd. 1, Heidelberg 1987, §28, 1187–1223
Rüthers, Bernd: Rechtstheorie, München 1999
Saage, Richard: Eigentum und Gesellschaft bei Immanuel Kant, Stuttgart u.a. 1973
Sarwey, Otto: Das öffentliche Recht und die Verwaltungsrechtspflege, Tübingen 1880
Sauer, Wilhelm: Allgemeine Prozeßrechtslehre. Zugleich eine systematische Schulung der zivilistischen und der kriminalistischen Praxis, Berlin u.a. 1951
v. Savigny, Friedrich Carl von: System des heutigen römischen Rechts, Berlin 1840–1851
Schäfer, Hans: Endlich eine bundeseinheitliche VwGO!, JZ 1960, 73–79
Schaper, Jan: Studien zur Theorie und Soziologie des gerichtlichen Verfahrens. Ein Beitrag zur Diskussion um Grundlagen und Grundbegriffe von Prozeß und Prozeßrecht, Berlin 1985
Schapp, Jan: Das subjektive Recht im Prozeß der Rechtsgewinnung, Berlin 1977
Schenke, Wolf-Rüdiger: Die Bedeutung der verfassungsrechtlichen Rechtsschutzgarantie des Art. 19 Abs. 4 GG, JZ 1988, 317–326
–, Verwaltungsprozeßrecht, Heidelberg 1993
Scheuner, Ulrich: Der Bereich der Regierung, in: Rechtsprobleme in Staat und Kirche. Festschrift für Rudolf Smend, Göttingen 1953, 252–303
Schiedermair, Rudolf: Die Anfänge der Verwaltungsgerichtsbarkeit in Bayern, in: Mikat, Paul (Hg.), Festschrift für Hermann Nottarp, Karlsruhe 1961, 173–185
Schink, Alexander: Amtsermittlung und Gefahrerforschung. Polizeiliche Eingriffsbefugnisse bei Verdachtslagen, DVBl. 1989, 1182–1188
Schlette, Volker: Die verwaltungsgerichtliche Kontrolle von Ermessensakten in Frankreich, Baden-Baden 1991
Schlosser, Hans: Situation, Zielsetzung und Perspektiven der rechtshistorischen Forschung zum Zivilprozeß. Ein Forschungsbericht, ZNR 1982, 42–51
Schmidt, Detlef: Die Unterscheidung von privatem und öffentlichem Recht, Baden-Baden 1985
Schmidt, Eike: Die Verhandlungsmaxime als Methodenproblem, DuR 1984, 24–38
Schmidt, Michael: Die Problematik der objektiven Beweislast im Steuerrecht, Berlin 1998
Schmidt, Richard: Lehrbuch des Deutschen Civilprozeßrechts, Leipzig 1898
Schmidt, Walter: Die Verwaltungsgerichtsbarkeit an den Grenzen des Verwaltungsrechtsschutzes, NJW 1978, 1769–1776
Schmidt-Aßmann, Eberhard: Art. 19 IV GG als Teil des Rechtsstaatsprinzips, NVwZ 1983, 1–6
–, Effizienz als Herausforderung an das Verwaltungsrecht – Perspektiven der verwaltungsrechtlichen Systembildung, in: Hoffman-Riem, Wolfgang/Ders. (Hg.), Effizienz als Herausforderung an das Verwaltungsrecht, Baden-Baden 1998, 245–269

–, Funktionen der Verwaltungsgerichtsbarkeit, in: Erichsen, Hans-Uwe u.a. (Hg.), System des verwaltungsgerichtlichen Rechtsschutzes, Festschrift für Christian-Friedrich Menger, Köln u.a. 1985, 107–123

–, Öffentliches Recht und Privatrecht: Ihre Funktionen als wechselseitige Auffangordnungen – Einleitende Problemskizze, in: Hoffmann-Riem, Wolfgang/Schmidt-Aßmann, Eberhard (Hg.), Öffentliches Recht und Privatrecht als wechselseitige Auffangordnungen, Baden-Baden 1996, 7–40

–, Der Rechtsstaat, in: Isensee, Josef/Kirchhof, Paul, Handbuch des Staatsrechts der Bundesrepublik Deutschland, Bd. I, Heidelberg 1987, §24, 987–1044

–, Zur Reform des allgemeinen Verwaltungsrechts – Reformbedarf und Reformansätze –, in: Hoffmann-Riem, Wolfgang/Schmidt-Aßmann, Eberhard/Schuppert, Gunnar Folke (Hg.), Reform des allgemeinen Verwaltungsrechts, Baden-Baden 1993, 11–63

–, Verwaltungsverantwortung und Verwaltungsgerichtsbarkeit, VVDStRL 34 (1976), 221–274

–, Verwaltungsverfahren, in: Isensee, Josef/Kirchhof, Paul (Hg.), Handbuch des Staatsrechts der Bundesrepublik Deutschland, Bd. III, Heidelberg 1990, §70, 623–652

Schmidt-Bleibtreu, Bruno/Klein, Franz: Kommentar zum Grundgesetz, 8. Aufl. Neuwied 1995

Schmidtchen, Dieter/Weth, Stephan (Hg.): Der Effizienz auf der Spur. Die Funktionsfähigkeit der Justiz im Lichte der ökonomischen Analyse des Rechts, Baden-Baden 1999

Schmidt-Jortzig, Edzard: Effektiver Rechtsschutz als Kernstück des Rechtsstaatsprinzips nach dem Grundgesetz, NJW 1994, 2569–2573

Schmidt-Preuß, Matthias: Kollidierende Privatinteressen im Verwaltungsrecht. Das subjektive öffentliche Recht im multipolaren Verwaltungsrechtsverhältnis, Berlin 1992

–, Veränderungen grundlegender Strukturen des deutschen (Umwelt-)Rechts durch das „Umweltgesetzbuch I", DVBl. 1998, 857–868

–, Verwaltung und Verwaltungsrecht zwischen gesellschaftlicher Selbstregulierung und staatlicher Steuerung, VVDStRL 56 (1997), 160–234

Schmitt, Carl: Verfassungslehre, 8. Aufl. Berlin 1993

Schmitt, K.J.: Über die Prozeßmaxime im Verwaltungsrechtsstreite, Zeitschrift für badische Verwaltung und Verwaltungs-Rechtspflege 1871, 245–251

Schmitt Glaeser, Walter: Die Position des Bürgers als Beteiligte im Entscheidungsverfahren gestaltender Verwaltung, in: Lerche, Peter/Schmitt Glaeser, Walter/Schmidt-Aßmann, Eberhard, Verfahren als staats- und verwaltungsrechtliche Kategorie, Heidelberg 1984, 35–96

Schneider, Jens-Peter: Kooperative Verwaltungsverfahren – Problemebenen der Kooperation in multilateralen Interessenstrukturen, aufgezeigt am Beispiel von Nachvollziehender Amtsermittlung, Vorhaben- und Erschließungsplan sowie Konfliktmittlung –, VerwArch 87 (1996), 38–67

–, Nachvollziehende Amtsermittlung bei der Umweltverträglichkeitsprüfung, Berlin 1990

Schneider, Hans: Gesetzgebung, 2. Aufl. Heidelberg 1991

–, Die Verwaltungsgerichtsbarkeit in Berlin, AöR 74 (1948), 239–253

Schoch, Friedrich: Die Europäisierung des verwaltungsgerichtlichen Rechtsschutzes, Berlin 2000

-Vorläufiger Rechtsschutz und Risikoverteilung im Verwaltungsrecht, Heidelberg 1988

Schoch, Friedrich/Schmidt-Aßmann, Eberhard/Pietzner, Rainer (Hg.): Verwaltungsgerichtsordnung, München, Stand: März 1999

Scholz, Rupert: Verwaltungsverantwortung und Verwaltungsgerichtsbarkeit, VVDStRL 34 (1976), 145–220

Schönfeld, Klaus Eckhard: Zur Verhandlungsmaxime im Zivilprozeß und in den übrigen Verfahrensarten – Die Modifikation des Prozeßrechts durch das Sozialstaatspostulat, Frankfurt/M. 1981

Schröder, Jan: Wissenschaft und Lehre der „praktischen Jurisprudenz" auf deutschen Universitäten an der Wende zum 19. Jahrhundert, Frankfurt/M. 1979

Schromek, Klaus-Dieter: Die Mitwirkungspflichten der am Verwaltungsverfahren Beteiligten – eine Grenze des Untersuchungsgrundsatzes, Frankfurt/M. 1989

Schubert, Werner: Französisches Privatrecht in Deutschland zu Beginn des 19. Jahrhunderts, Köln u.a. 1977

Schühly, Alfred: Ursprung und Weg der Verwaltungsrechtspflege in Baden, DÖV 1953, 613–618

Schultzenstein, Max: Der Entwurf eines Gesetzes für das Großherzogtum Oldenburg, betreffend die Verwaltungsgerichtsbarkeit, VerwArch 13 (1905), 329–3398

–, Die neuen deutschen Prozeßgesetze und das preußische Verwaltungsstreitverfahren, VerwArch 7 (1899), 263–304

–, Die Untersuchungs- und Verhandlungsmaxime in Vergleichung nach den einzelnen Prozeßarten, ZZP 43 (1913), 301–347

Schumann, Ekkehard: Das Rechtsverweigerungsverbot, ZZP 81 (1968), 79–102

Schumann, Helmut: Untersuchungsgrundsatz und Mitwirkungspflichten der Beteiligten, DStZ 1986, 583–588

Schwab, Karl Heinz: Zur Wiederbelebung des Rechtsschutzanspruchs, ZZP 81 (1968), 412–429

Schwartz, Johann Christoph: Vierhundert Jahre deutscher Zivilprozeß-Gesetzgebung. Darstellungen und Studien zur deutschen Rechtsgeschichte, Berlin 1898, Neudruck Aalen 1986

Schwarze, Jürgen: Der funktionale Zusammenhang von Verwaltungsverfahrensrecht und verwaltungsgerichtlichem Rechtsschutz, Berlin 1974

Sellmann, Martin: Entwicklung und Geschichte der Verwaltungsgerichtsbarkeit in Oldenburg, Oldenburg 1957

–, Der Weg zur neuzeitlichen Verwaltungsgerichtsbarkeit – ihre Vorstufen und dogmatischen Grundlagen, in: Külz, Helmut R./Naumann, Richard (Hg.), Staatsbürger und Staatsgewalt, Bd. 1, Karlsruhe 1963, 25–86

Seweloh: Die Einführung einer Verwaltungsgerichtsbarkeit in Hamburg, AöR 29 (1913), 1–38

Siebenpfeiffer, Ph. J.: Über die Frage unserer Zeit in Beziehung auf Gerechtigkeitspflege, Heidelberg 1823

Simon, Dieter: Die Unabhängigkeit des Richters, Darmstadt 1975

Simshäuser, Wilhelm: Zur Entwicklung des Verhältnisses von materiellem Recht und Prozeßrecht seit Savigny, Bielefeld 1965

Smid, Stefan: Rechtsprechung, . Zur Unterscheidung von Rechtsfürsorge und Prozeß

–, Richterliche Rechtserkenntnis. Zum Zusammenhang von Recht, richtigem Urteil und Urteilsfolgen im pluralistischen Staat, Berlin 1989

Sobota, Katharina: Das Prinzip Rechtsstaat. Verfassungs- und verwaltungsrechtliche Aspekte, Tübingen 1997

Söhn, Hartmut u.a. (Bearb.): Hübschmann/Hepp/Spitaler, Abgabenordnung. Finanzgerichtsordnung, 10. Aufl. Köln 1995, Stand: 1999

Sommermann, Karl-Peter: Staatsziele und Staatszielbestimmungen, Tübingen 1997
Spendel, Günter: Wahrheitsfindung im Strafprozeß, JuS 1964, 465–473
Spoerr, Wolfgang: Verwaltungsrechtsschutz in Großbritannien – Entwicklung und Reform –, VerwArch 82 (1991), 25–53
Stahl, Friedrich Julius von: Rechts- und Staatslehre auf der Grundlage christlischer Weltanschauung, 2. Aufl. Heidelberg 1846
Starck, Christian: Die Bindung des Richters an Gesetz und Verfassung, VVDStRL 34 (1976), 43–93
–, Rechtsvergleichung im öffentlichen Recht, JZ 1997, 1021–1030
–, Die Verfassungsauslegung, in: Isensee, Josef/Kirchhof, Paul (Hg.), Handbuch des Staatsrechts für die Bundesrepublik Deutschland, Bd. VII, Heidelberg 1992, § 164, 189–229
Starck, Christian (Hg.): Das Bonner Grundgesetz. Kommentar, begr. von Hermann v. Mangoldt und Friedrich Klein, Bd. 1 München 1999, Bd. 2 München 2000.
Stein, Friedrich: Grenzen und Beziehungen zwischen Justiz und Verwaltung, Tübingen 1912
–, Das private Wissen des Richters. Untersuchungen zum Beweisrecht beider Prozesse, Leipzig 1893
Stein-Jonas: Kommentar zur Zivilprozeßordnung, 20. Aufl. Tübingen 1984
Stelkens, Paul: Verwaltungsgerichtsbarkeit – Gerichtsbarkeit ohne Verwaltung, NVwZ 1982, 81–84
–, Verwaltungsgerichtsbarkeit in der Krise, DVBl. 1995, 1105–1114
Stelkens, Paul/Bonk, Heinz Joachim/Sachs, Michael: Verwaltungsverfahrensgesetz, 4. Aufl. München 1993
Stengel, Karl von: Art. Verwaltungsstreitverfahren, in: ders. (Hg.), Wörterbuch des Deutschen Verwaltungsrechts, Freiburg 1890, 768–796
–, Lehrbuch des Deutschen Verwaltungsrechts, Stuttgart 1886
–, Das öffentliche Recht und die Verwaltungsgerichtsbarkeit in Elsaß-Lothringen. Zugleich ein Beitrag zur Lösung der Frage, ob die Verwaltungs-Rechtsprechung den ordentlichen Gerichten zu übertragen ist., Annalen des Deutschen Reichs für Gesetzgebung, Verwaltung und Statistik 1876, 808–839, 897–930
–, Die Organisation der Preußischen Verwaltung nach den neuen Reformgesetzen, Leipzig 1884
–, Die Übertragung der Verwaltungs-Rechtsprechung an die ordentlichen Gerichte. Eine Erörterung zum Entwurfe der Deutschen Gerichtsverfassung, Annalen des Deutschen Reichs für Gesetzgebung, Verwaltung und Statistik 1875, Sp. 1313–1380
–, Die Verwaltungsgerichtsbarkeit und die öffentlichen Rechte, VerwArch 3 (1895), 177–232
Stern, Klaus: Qualität und Bedeutung der Prozeßgrundrechte für die Grundrechtsbindung der Rechtsprechung, in: Blümel, Willi u.a. (Hg.), Verwaltung im Rechtsstaat. Festschrift für Carl Hermann Ule, Köln u.a. 1987, 359–374
–, Das Staatsrecht der Bundesrepublik Deutschland, Bd. II, München 1980
Stier-Somlo, Fritz: Die Einwirkung des bürgerlichen Rechts auf das preußisch-deutsche Verwaltungsrecht, Berlin 1900
Stolleis, Michael: Geschichte des öffentlichen Rechts in Deutschland, Erster Band, München 1988; Zweiter Band, München 1992
–, Öffentliches Interesse als juristisches Problem, VerwArch 65 (1974), 1–30

–, Öffentliches Recht und Privatrecht im Prozeß der Entstehung des modernen Staates, in: Hoffmann-Riem, Wolfgang/Schmidt-Aßmann, Eberhard (Hg.), Öffentliches Recht und Privatrecht als wechselseitige Auffangordnungen, Baden-Baden 1996, 41–62
–, Die Verwaltungsgerichtsbarkeit im Nationalsozialismus, in: Erichsen, Hans-Uwe u.a. (Hg.), System des verwaltungsgerichtlichen Rechtsschutzes, Festschrift für Christian-Friedrich Menger, Köln u.a. 1985, 57–80
–, Verwaltungsrechtswissenschaft in der Bundesrepublik Deutschland, in: Simon, Dieter (Hg.), Rechtswissenschaft in der Bonner Republik, Frankfurt/M. 1994, 227–258
Struck, Gerhard: Interessenabwägung als Methode, in: Dubischar, Roland u.a. (Hg.), Dogmatik und Methode. Festschrift für Josef Esser, Kronbert 1975, 171–191
Stump, Ulrich: Preußische Verwaltungsgerichtsbarkeit 1875–1914. Verfassung – Verfahren – Zuständigkeit, Berlin 1980
Stürner, Rolf: Die Aufklärungspflicht der Parteien des Zivilprozesses, Tübingen 1976
–, Die richterliche Aufklärung im Zivilprozeß, Tübingen 1982
Tettinger, Peter J.: Fairneß und Waffengleichheit. Rechtsstaatliche Direktiven für Prozeß und Verwaltungsverfahren, München 1984
Teubner, Gunter/Willke, Helmut: Kontext und Autonomie: Gesellschaftliche Selbststeuerung durch reflexives Recht, in: Zeitschrift für Rechtssoziologie 1984, 4–35
Tezner, Friedrich: Die deutschen Theorien der Verwaltungsrechtspflege. Eine kritisch-orientierende Studie, VerwArch 8 (1900), 220–279, 475–557
Thieme, Werner: Über die Notwendigkeit einer Reform des Allgemeinen Verwaltungsrechts, DÖV 1996, 757–764
Thoma, Richard: Grundbegriffe und Grundsätze, in: Anschütz, Gerhard/Ders. (Hg.), Handbuch des Deutschen Staatsrechts Bd. 2, Tübingen 1982, § 71, 108–159
–, Die juristische Bedeutung der grundrechtlichen Sätze der Deutschen Reichsverfassung, in: Nipperdey, H.C. (Hg.), Grundrechte und Grundpflichten der Reichsverfassung, Bd. 1, Berlin 1929, 1–53
Thomas, Heinz/Putzo, Hans: Zivilprozeßordnung, 20. Aufl. München 1997
Thon, August: Rechtsnorm und subjectives Recht. Untersuchungen zur allgemeinen Rechtslehre, Weimar 1878
Tiegelkamp, Kurt: Geschichte und Stellung der Verhandlungsmaxime im deutschen Zivilprozeß seit dem jüngsten Reichsabschied, Köln 1940
Tietgen, Walter: Empfiehlt es sich, das Recht der Beweislast und der Beweiswürdigung durch gesetzliche Vorschriften fortzubilden und in welchem Sinne? Gutachten für den 46. Deutschen Juristentag, Verhandlungen des 46. Deutschen Juristentages, Bd. 1 (Gutachten), Teil 2 B, München 1966
Tonne, Michael: Effektiver Rechtsschutz durch staatliche Gerichte als Forderung des europäischen Gemeinschaftsrechts, Köln 1997
Trostel, Eugen: Die Verwaltungsgerichtsbarkeit von der Gründung bis zum Ausgang des Kaiserreichs, VBlBW 1988, 363–371
Turegg, Kurt Egon von: Die Prozeßmaximen im Verwaltungsprozeß. Beitrat zur Diskussion über den Rechtsweg für öffentlich-rechtliche Streitigkeiten, in: Nipperdey, H.C. (Hg.), Das deutsche Privatrecht in der Mitte des 20. Jahrhunderts. Festschrift für Heinrich Lehmann, Berlin 1956, Bd. 2, 849–868
Uerpmann, Robert: Das öffentliche Interesse. Seine Bedeutung als Tatbestandsmerkmal und als dogmatischer Begriff, Tübingen 1999

Ule, Carl Herrmann: Die geschichtliche Entwicklung des verwaltungsgerichtlichen Rechtsschutzes in der Nachkriegszeit, in: Erichsen, Hans-Uwe u.a. (Hg.), System des verwaltungsgerichtlichen Rechtsschutzes, Festschrift für Christian-Friedrich Menger, Köln u.a. 1985, 81–103
–, Für eine einheitliche Verwaltungsgerichtsordnung!, DVBl. 1950, 1–5, 41–44
–, Gesetz über das Bundesverwaltungsgericht, Berlin u.a. 1952
–, Die Verwaltungsgerichtsordnung, DVBl. 1960, 1–7
–, Verwaltungsverfahren und Verwaltungsprozeß, VerwArch 62 (1971), 114–134
–, Verwaltungsprozeßrecht, 9. Aufl. München 1987
–, Verwaltungsverfahrensrecht, 3. Aufl. Köln u.a. 1986
–, Zum Verhältnis von Zivilprozeß und Verwaltungsprozeß, DVBl. 1954, 137
–, Die zweite Tatsacheninstanz in der Verwaltungsgerichtsbarkeit im Licht der Rechtstatsachenforschung, DVBl. 1983, 440–446
Unruh, Georg Christoph von: Vom Gesetzesstaat zum Rechtsstaat – Zur verfassungsrechtlichen Bedeutung der Einführung der Verwaltungsgerichtsbarkeit im Jahre 1875, DVBl. 1975, 838–846
–, Die verfassungsrechtliche Bedeutung der preußischen Verwaltungsrechtspflege, in: Erichsen, Hans-Uwe u.a. (Hg.), System des verwaltungsgerichtlichen Rechtsschutzes, Festschrift für Christian-Friedrich Menger, Köln u.a. 1985, 21–34
–, Verwaltungsgerichtsbarkeit, in: Jeserich, Kurt (Hg.), Deutsche Verwaltungsgeschichte Bd. 4, Stuttgart 1985, 1178–1196
Volkmann, Julius: System des sächsischen Civil- und Administrativprozesses, Bd. 3, Leipzig 1845
Vollkommer, Max: Der Anspruch der Parteien auf ein faires Verfahren im Zivilprozeß, in: Baltzer, Johannes u.a. (Hg.), Gedächtnisschrift für Rudolf Bruns, München 1980, 195–219
–, Der Grundsatz der Waffengleichheit im Zivilprozeß – eine neue Prozeßmaxime?, in: Gottwald, Peter/Prütting, Hans (Hg.), Festschrift für Karl Heinz Schwab, München 1990, 503–520
Vossius, Oliver: Zu den dogmengeschichtlichen Grundlagen der Rechtsschutzlehre, Ebelsbach 1985
Voß, Ingo von: Die Verwaltungsgerichtsbarkeit in Hamburg von 1921 bis 1945, Witterschlick 1988
Voßkuhle, Andreas: Rechtsschutz gegen den Richter. Zur Integration der Dritten Gewalt in das verfassungsrechtliche Kontrollsystem vor dem Hintergrund des Art. 19 Abs. 4 GG, München 1993
Wach, Adolf: Der Feststellungsanspruch, Festgabe für Berhard Windscheid, Leipzig 1888, 73–138
–, Handbuch des Deutschen Civilprozessrechts, Bd. 1, Leipzig 1885
-Der Rechtsschutzanspruch, ZZP 32 (1904), 1–34
–, Vorträge über die Reichs-Civilproceßordnung, Bonn 1879
Wagner, Gerhard: Rudolf von Iherings Theorie des subjektiven Rechts und der berechtigenden Reflexwirkungen, AcP 1993, 319–347
Wahl, Rainer: Die doppelte Abhängigkeit des subjektiven öffentlichen Rechts, DVBl. 1996, 641–651
–, Verwaltungsverfahren zwischen Verwaltungseffizienz und Rechtsschutzauftrag, VVDStRL 41 (1983), 151–191

–, Das Verwaltungsverfahren bei Genehmigungsverfahren. Die nachvollziehende Amtsermittlung im UVP-Gesetz, in: Kroeschell, Karl (Hg.), Recht und Verfahren, Beidelberg 1993, 155–182
–, Der Vorrang der Verfassung, in: Der Staat 1981, 485–516
–, Der Vorrang der Verfassung und die Selbständigkeit des Gesetzesrechts, in: NVwZ 1984, 401–409
Wassermann, Rudolf: Die richterliche Gewalt. Macht und Verantwortung des Richters in der modernen Gesellschaft, Heidelberg 1985
–, Der soziale Zivilprozeß, Neuwied u.a. 1978
Weber, Max: Wirtschaft und Gesellschaft, 5., rev. Auflage, Studienausgabe, Tübingen 1980
Weber, Friedrich: Zur Methodik des Prozeßrechts, Studium Generale 1960, 183–193
Weber-Petras, Doris: Ordnungs- und Sollvorschriften im Strafprozeßrecht, Frankfurt/M. u.a. 1991
Weiler, G. von: Über Administrativ-Justiz, mit besonderer Rücksicht auf Frankreich und Baden, Archiv für die Rechtspflege und Gesetzgebung im Großherzogthum Baden, Bd. 1 (1830), 342–367
–, Über Verwaltung und Justiz und über die Grenzlinie zwischen beiden, 2. Aufl. Mannheim 1830
Weinacht, Paul-Ludwig: Staat. Studien zur Bedeutungsgeschichte des Wortes von den Anfängen bis ins 19. Jahrhundert, Berlin 1968
Weitzel, Jürgen: 100 Jahre Verwaltungsgerichtsbarkeit in Hessen, DVBl. 1975, 869–873
Weizel, Gideon: Das badische Gesetz vom 5. October 1863 über die Organisation der innern Verwaltung, Karlsruhe 1864
Werner, Fritz: „Verwaltungsrecht als konkretisiertes Verfassungsrecht", DVBl. 1959, 527–533
Wetzell, Georg Wilhelm: System des ordentlichen Civilprocesses, 1. Aufl. Leipzig 1861
Weyers, Hans-Leo: Über Sinn und Grenzen der Verhandlungsmaxime im Zivilprozeß, Dubischar u.a. (Hg.), Dogmatik und Methode, Festschrift für Josef Esser, Kronberg/Ts. 1975, 193–224
Wieacker, Franz: Privatrechtsgeschichte der Neuzeit, 2. Aufl. Göttingen 1967
Windscheid, Bernhard: Lehrbuch des Pandektenrechts Bd. 1, 9. Aufl. Frankfurt/M. 1906
Wolf, Manfred: Richter und Rechtspfleger im Zivilverfahren, ZZP 99 (1986), 361–406
Wolff, Heinrich A.: Die Pflicht der Beteiligten im Verwaltungsprozeß zur Wahrheit und zur Vollständigkeit, BayVBl. 1997, 585–590
Würthwein, Martin: Umfang und Grenzen des Parteieinflusses auf die Urteilsgrundlagen im Zivilprozeß, Berlin 1977
Wyduckel, Dieter: Ius Publicum. Grundlagen und Entwicklung des Öffentlichen Rechts und der deutschen Staatsrechtswissenschaft, Berlin 1984
Yoshimura, Tokushige: Streitgegenstand und Verfahrensmaximen, ZZP 1970, 245–266
Zachariae, Karl Salomo: Vierzig Bücher vom Staate, Bd. 4, Heidelberg 1840
Zettel, Günther: Der Beibringungsgrundsatz. Seine Struktur und Geltung im deutschen Zivilprozeßrecht, Berlin 1977
Zezschwitz, Friedrich von: Das Gemeinwohl als Rechtsbegriff, Marburg 1967
Zimmer, Gerhard: Funktion – Kompetenz – Legitimation. Gewaltenteilung in der Ordnung des Grundgesetzes, Berlin 1979
Zink, E.: Über die Ermittlung des Sachverhalts im französischen Civilprozesse, Bd. 1, München 1860

Zippelius, Reinhold: Allgemeine Staatslehre, 11. Aufl. München 1991
Zöpfl, Heinrich: Grundsätze des gemeinen deutschen Staatsrechts, mit besonderer Ruecksicht auf das allgemeine Staatsrecht und auf die neuesten Zeitverhaeltnisse, 5. Aufl. Leipzig 1863
Zorn, Philipp: Kritische Studien zur Verwaltungsgerichtsbarkeit, VerwArch 2 (1894), 74–147
–, Zum Problem der Verwaltungsgerichtsbarkeit, in: Festgabe der Bonner Juristischen Fakultät für Paul Krüger, Berlin 1911

Stichwortverzeichnis

Jus Publicum

Beiträge zum Öffentlichen Recht

Alphabetisches Verzeichnis

Heitsch, Christian: Die Ausführung der Bundesgesetze durch die Länder. 2001. *Band 77.*
Hellermann, Johannes: Örtliche Daseinsvorsorge und gemeindliche Selbstverwaltung. 2000. *Band 54.*
Hermes, Georg: Staatliche Infrastrukturverantwortung. 1998. *Band 29.*
Hösch, Ulrich: Eigentum und Freiheit. 2000. *Band 56.*
Hohmann, Harald: Angemessene Außenhandelsfreiheit im Vergleich. 2002. *Band 89.*
Holznagel, Bernd: Rundfunkrecht in Europa. 1996. *Band 18.*
Horn, Hans-Detlef: Die grundrechtsunmittelbare Verwaltung. 1999. *Band 42.*
Huber, Peter-Michael: Konkurrenzschutz im Verwaltungsrecht. 1991. *Band 1.*
Huster, Stefan: Die ethische Neutralität des Staates. 2002. *Band 90.*
Ibler, Martin: Rechtspflegender Rechtsschutz im Verwaltungsrecht. 1999. *Band 43.*
Jestaedt, Matthias: Grundrechtsentfaltung im Gesetz. 1999. *Band 50.*
Kadelbach, Stefan: Allgemeines Verwaltungsrecht unter europäischem Einfluß. 1999. *Band 36.*
Kämmerer, Jörn Axel: Privatisierung. 2001. *Band 73.*
Kahl, Wolfgang: Die Staatsaufsicht. 2000. *Band 59.*
Kaufmann, Marcel: Untersuchungsgrundsatz und Verwaltungsgerichtsbarkeit. 2002. *Band 91.*
Koch, Thorsten: Der Grundrechtsschutz des Drittbetroffenen. 2000. *Band 62.*
Korioth, Stefan: Der Finanzausgleich zwischen Bund und Ländern. 1997. *Band 23.*
Kluth, Winfried: Funktionale Selbstverwaltung. 1997. *Band 26.*
Kugelmann, Dieter: Die informatorische Rechtsstellung des Bürgers. 2001. *Band 65.*
Langenfeld, Christine: Integration und kulturelle Identität zugewanderter Minderheiten. 2001. *Band 80.*
Lehner, Moris: Einkommensteuerrecht und Sozialhilferecht. 1993. *Band 5.*
Leisner, Anna: Kontinuität als Verfassungsprinzip. 2002. *Band 83.*
Lepsius, Oliver: Besitz und Sachherrschaft im öffentlichen Recht. 2002. *Band 81.*
Lorz, Ralph Alexander: Interorganrespekt im Verfassungsrecht. 2001. *Band 70.*
Lücke, Jörg: Vorläufige Staatsakte. 1991. *Band 2.*
Luthe, Ernst-Wilhelm: Optimierende Sozialgestaltung. 2001. *Band 69.*
Manssen, Gerrit: Privatrechtsgestaltung durch Hoheitsakt. 1994. *Band 9.*
Masing, Johannes: Parlamentarische Untersuchungen privater Sachverhalte. 1998. *Band 30.*
Möstl, Markus: Die staatliche Garantie für die öffentliche Sicherheit und Ordnung. 2002. *Band 87.*
Morgenthaler, Gerd: Freiheit durch Gesetz. 1999. *Band 40.*
Morlok, Martin: Selbstverständnis als Rechtskriterium. 1993. *Band 6.*
Niedobitek, Matthias: Das Recht der grenzüberschreitenden Verträge. 2001. *Band 66.*
Oeter, Stefan: Integration und Subsidiarität im deutschen Bundesstaatsrecht. 1998. *Band 33.*

Pache, Eckhard: Tatbestandliche Abwägung und Beurteilungsspielraum. 2001. *Band 76.*
Pauly, Walter: Der Methodenwandel im deutschen Spätkonstitutionalismus. 1993. *Band 7.*
Pielow, Johann-Christian: Grundstrukturen öffentlicher Versorgung. 2001. *Band 58.*
Puhl, Thomas: Budgetflucht und Haushaltsverfassung. 1996. *Band 15.*
Reinhardt, Michael: Konsistente Jurisdiktion. 1997. *Band 24.*
Rodi, Michael: Die Subventionsrechtsordnung. 2000. *Band 52.*
Rossen, Helge: Vollzug und Verhandlung. 1999. *Band 39.*
Rozek, Jochen: Die Unterscheidung von Eigentumsbindung und Enteignung. 1998. *Band 31.*
Ruffert, Matthias: Vorrang der Verfassung und Eigenständigkeit des Privatrechts. 2001. *Band 74.*
Sacksofsky, Ute: Umweltschutz durch nicht-steuerliche Abgaben. 2000. *Band 53.*
Šarčević, Edin: Das Bundesstaatsprinzip. 2000. *Band 55.*
Schlette, Volker: Die Verwaltung als Vertragspartner. 2000. *Band 51.*
Schmidt-De Caluwe, Reimund: Der Verwaltungsakt in der Lehre Otto Mayers. 1999. *Band 38.*
Schroeder, Werner: Das Gemeinschaftsrechtssystem. 2002. *Band 86.*
Schulte, Martin: Schlichtes Verwaltungshandeln. 1995. *Band 12.*
Sobota, Katharina: Das Prinzip Rechtsstaat. 1997. *Band 22.*
Sodan, Helge: Freie Berufe als Leistungserbringer im Recht der gesetzlichen Krankenversicherung. 1997. *Band 20.*
Sommermann, Karl-Peter: Staatsziele und Staatszielbestimmungen. 1997. *Band 25.*
Storr, Stefan: Der Staat als Unternehmer. 2001. *Band 78.*
Trute, Hans-Heinrich: Die Forschung zwischen grundrechtlicher Freiheit und staatlicher Institutionalisierung. 1994. *Band 10.*
Uerpmann, Robert: Das öffentliche Interesse. 1999. *Band 47.*
Unruh, Peter: Der Verfassungsbegriff des Grundgesetzes. 2002. *Band 82.*
Wall, Heinrich de: Die Anwendbarkeit privatrechtlicher Vorschriften im Verwaltungsrecht. 1999. *Band 46.*
Wolff, Heinrich Amadeus: Ungeschriebenes Verfassungsrecht unter dem Grundgesetz. 2000. *Band 44.*
Volkmann, Uwe: Solidarität - Programm und Prinzip der Verfassung. 1998. *Band 35.*
Voßkuhle, Andreas: Das Kompensationsprinzip. 1999. *Band 41.*
Weiß, Wolfgang: Privatisierung und Staatsaufgaben. 2002. *Band 88.*
Ziekow, Jan: Über Freizügigkeit und Aufenthalt. 1997. *Band 21.*